BIBLIOTHÈQUE LATINE-FRANÇAISE

ŒUVRES COMPLÈTES

DE

SALLUSTE

AVEC LA

TRADUCTION FRANÇAISE DE LA COLLECTION PANCKOUKE

PAR CHARLES DUROZOIR

NOUVELLE ÉDITION, SOIGNEUSEMENT REVUE

PAR

M. J. P. CHARPENTIER

ET

M. FÉLIX LEMAISTRE

ET

PRÉCÉDÉES D'UNE NOUVELLE ÉTUDE SUR SALLUSTE

PAR M. CHARPENTIER

Inspecteur honoraire de l'Académie de Paris,
agrégé de la Faculté des lettres.

PARIS

GARNIER FRÈRES, LIBRAIRES-ÉDITEURS

6, RUE DES SAINTS-PÈRES, ET PALAIS-ROYAL, 215

OEUVRES

COMPLÈTES

DE SALLUSTE

PARIS. — IMP. ÉDOUARD BLOT, RUE SAINT-LOUIS, 46.

ŒUVRES COMPLÈTES
DE
SALLUSTE

AVEC LA

TRADUCTION FRANÇAISE DE LA COLLECTION PANCKOUKE

PAR CHARLES DUROZOIR

NOUVELLE ÉDITION, SOIGNEUSEMENT REVUE

PAR ET
M. J. P. CHARPENTIER M. FÉLIX LEMAISTRE

ET

PRÉCÉDÉ D'UNE NOUVELLE ÉTUDE SUR SALLUSTE

PAR M. CHARPENTIER

Inspecteur honoraire de l'Académie de Paris,
agrégé de la Faculté des lettres.

PARIS

GARNIER FRÈRES, LIBRAIRES-ÉDITEURS

6, RUE DES SAINTS-PÈRES, ET PALAIS-ROYAL, 215

1865

ÉTUDE
SUR
SALLUSTE

On regrette, en lisant Tite-Live, de n'avoir sur ce grand écrivain que très-peu de renseignements. On aimerait à connaître plus intimement l'homme dont l'âme sympathique et généreuse, s'identifiant avec les antiques vertus romaines, les a si bien peintes qu'il a dû les porter en lui-même, digne de cette liberté qu'il a célébrée alors même qu'elle n'était plus. On éprouve, à l'égard de Salluste, un sentiment tout contraire : on voudrait ne rien savoir de lui; il plairait de penser que celui qui, dans ses écrits et parfois hors de propos, s'est montré moraliste si sévère (1), a pratiqué ou du moins n'a pas publiquement outragé cette morale qu'il préconise si éloquemment : il est si doux d'estimer l'écrivain que l'on admire ! malheureusement il n'en est point ainsi. Les détails abondent sur la vie de Salluste; lui-même a pris soin de ne pas nous les épargner, et le contraste qui existait entre la gravité de ses écrits et la licence de ses mœurs révolta ses contemporains, et lui suscita une

(1) *Sallustius, gravissimus alienæ luxuriæ objurgator et censor.* Macrobe, *Saturn.*, lib, III, c. ix.

foule d'ennemis, de qui nous tenons la plupart des mémoires qui nous restent sur son compte; satires passionnées sans doute, mais qui contiennent des faits dont la plupart n'ont malheureusement jamais été démentis. Il est donc facile de parler de Salluste, et le président de Brosses l'a fait longuement; nous serons plus court et n'en dirons que ce qui, dans l'homme, se rapporte à l'historien; car c'est l'historien surtout que nous nous proposons d'examiner.

C. Sallustius Crispus naquit à Amiterne, ville du pays des Sabins, l'an de Rome 668 (87 avant J. C.), sous le septième consulat de Marius. Son père, comme plus tard le père d'Horace, le fit élever à Rome, mais avec moins de précaution sans doute et moins de vigilante sollicitude; car bientôt il s'y livra à tous les désordres qui, déjà, régnaient dans cette capitale du monde, où dominaient le luxe et la corruption. Aussi prodigue de son bien que peu scrupuleux sur les moyens de se procurer de l'argent, Salluste aurait, dit-on, été contraint de vendre la maison paternelle du vivant même de son père, qui en serait mort de chagrin; fait qui ne paraîtra guère vraisemblable à qui sait ce qu'était chez les Romains la puissance paternelle. Mais le plaisir ne lui fit point oublier l'étude, et, tandis que son cœur prit toute la mollesse de la cité corrompue où il avait passé ses premières années, son esprit retint toute l'austérité du sauvage et dur climat sous lequel il était né. « Il eut toujours, dit le président de Brosses, des lumières très-justes sur le bien et sur le mal. » C'est ainsi que, quelque dépravé qu'il pût être, il eut du moins, à vingt-deux ans, le bon esprit de ne pas se jeter, comme tant d'autres jeunes gens dont il partageait les déréglements, dans la conspiration de Catilina. Entrant dans la route qu'à Rome il fallait nécessairement prendre pour arriver aux honneurs, Salluste embrassa la carrière du barreau, mais sans beaucoup d'ardeur, ce semble; du moins il ne paraît pas qu'il s'y soit distingué.

La littérature grecque, et dans cette littérature, l'histoire, la politique, furent ses principales études. Dédaignant, il nous l'apprend lui-même (1), la chasse, l'agriculture et les autres exercices du corps, il ne s'occupa qu'à fortifier, par la lecture et la méditation, la trempe naturellement vigoureuse de son esprit. Il avait eu pour guide dans ses premières études et il conserva toujours pour conseil et pour ami (2) Atéius Pretextatus, rhéteur athénien, qui lui-même avait pris le surnom de philologue et qui tenait, à Rome, une école très-fréquentée.

Lorsqu'il fut en âge de briguer les charges publiques, Salluste parvint à la questure ; à quelle époque ? on ne le sait pas précisément. Si ce fut dès sa vingt-septième année, âge fixé par les lois, ce dut être l'an 696, sous le consultat de Lucius Calpurnius Pison et de Cæsonius Gabinius, l'année même de l'exil de Cicéron et du tribunat de Clodius. C'était pour la république un temps de troubles et de malheurs. Le triumvirat de Pompée, César et Crassus avait paralysé la marche régulière du gouvernement et comme suspendu la constitution romaine. Aux scènes tumultueuses qui avaient amené l'exil du père de la patrie succédèrent les rixes non moins déplorables qui provoquèrent son rappel. Clodius et Milon, démagogues également violents dans des causes différentes, présidaient à ces luttes sanglantes. Ce fut dans ces circonstances que Salluste arriva au tribunat, l'an de Rome 701, plus heureux en ceci que Caton, qui, dans le même temps, sollicita, sans les obtenir, plusieurs dignités, contraste que Salluste ne manque pas de relever à son avantage : « Que l'on considère, dit-il, en quel temps j'ai été élevé aux premières places et quels hommes n'ont pu y parvenir. » Salluste épousa les haines et les af-

---

(1) *Bell. Catil.*, c. IV.
(2) *Coluit postea familiarissime* (Scil. Ateius) *Caium Sallustium*. (Sueton., *de Illustr. gram.*, X.)

fections de Clodius, son ami intime; il trempa dans toutes ses intrigues, dans tous ses désordres publics. Outre son amitié pour Clodius, Salluste avait une raison particulière de haïr Milon, auquel il avait fait, comme époux, un de ces outrages et dont il avait reçu un de ces châtiments qu'il est également difficile d'oublier. Surpris en conversation criminelle avec la belle Fausta, épouse de Milon et fille du dictateur Sylla, il avait été rudement fustigé et mis à contribution pour une forte somme. Tribun du peuple, Salluste se montra, presque en toute occasion, l'ennemi de Pompée et le soutien des mauvais citoyens ; conduite coupable qu'il expia à la fin par un juste châtiment. L'an 704, les censeurs Appius Pulcher et L. Calpurnius Pison l'exclurent du sénat, à cause de ses débauches.

Une révolution l'avait rejeté hors de la vie politique, une révolution l'y ramena. César, après la conquête des Gaules, allait s'armer contre le sénat; son camp était l'asile de tous les séditieux, de tous les mécontents : Salluste devait naturellement s'y rendre; le parti de César, c'était son ancien parti, le parti populaire vers lequel il avait toujours incliné; déjà même, étant tribun, il s'était montré dévoué à César; il en fut donc bien accueilli. Bientôt il fut nommé questeur et rentra dans le sénat, deux ans après en avoir été banni. Pendant que César allait combattre Pompée en Grèce, Salluste resta en Italie, occupé des fonctions de sa charge, « dans l'exercice de laquelle, si l'on en croit un témoignage suspect, il ne s'abstint de vendre que ce qui ne trouva point d'acheteur (1). » De retour à Rome, l'an 708, César éleva Salluste à la préture. Salluste avait alors quarante ans. L'année suivante, il se maria avec Térentia, épouse divorcée de Cicéron. Longtemps Térentia avait exercé sur son premier mari

---

(1) *Quem honorem ita gessit, ut nihil in eo non venale habuerit, cujus aliquis emptor fuerit.* (Declam. in Sallust., VI.)

une autorité despotique; mais, las enfin de son caractère altier, de sa dureté envers sa propre fille et de ses prodigalités, Cicéron avait pris le parti de la répudier : « Au sortir d'une maison où elle aurait dû puiser la sagesse dans sa source la plus pure, elle n'eut pas honte d'aller se jeter dans les bras de Salluste, ennemi de son premier époux : » Cette réflexion est de saint Jérôme. Successivement épouse de Cicéron, de Salluste, elle se remaria ensuite au célèbre orateur Messala Corvinus, ayant eu cette singulière fortune d'être la femme des trois plus beaux génies de son siècle. Elle n'en resta pas là cependant; ayant survécu à ce troisième mari, elle épousa en quatrièmes noces Vibius Rufus, et ne mourut, selon Eusèbe, qu'à l'âge de cent dix-sept ans.

Lorsque César se disposait à aller combattre en Afrique les restes du parti de Pompée, Salluste reçut l'ordre de conduire au lieu du débarquement la dixième légion et quelques autres troupes destinées pour cette expédition. Mais, arrivés sur le bord de la mer, les soldats refusèrent d'aller plus loin, demandant leur congé et les récompenses que César leur avait promises. Salluste fit, pour les ramener à leur devoir, de vains efforts et pensa être victime de leur fureur; il fallut pour apaiser cette révolte tout l'ascendant de César. Salluste suivit César en Afrique en qualité de propréteur, et fut par lui chargé de s'emparer, avec une partie de la flotte, des magasins de l'ennemi dans l'île de Tercine, mission dans laquelle il réussit pleinement, il amena bientôt à son général, dont l'armée manquait de toute espèce de provisions, une grande quantité de blé. Après la victoire de Tapsus, Salluste obtint, avec le titre de proconsul, le gouvernement de la Numidie. Il commit dans sa province les plus violentes exactions; c'est ce qui fait dire à Dion Cassius : « César préposa Salluste, de nom au gouvernement, mais de fait à la ruine de ce pays. » En effet, parti de Rome entièrement ruiné, Salluste y revint en 710 avec d'immenses richesses. Toutefois les Africains ne le laissèrent pas d'abord jouir tranquillement du fruit de ses déprédations; ils vinrent à Rome l'accuser; mais il fut absous par César, auquel il abandonna des sommes considérables.

La mort de César termina la carrière politique de Salluste. Possesseur d'une grande fortune, il ne songea plus désormais qu'à passer, au sein des richesses, une vie voluptueuse et tranquille. Du fruit de ses rapines, il fit construire sur le mont Quirinal une magnifique habitation et planter des jardins vantés par les anciens comme la plus délicieuse promenade de Rome : la place qu'ils occupaient est aujourd'hui encore appelée les *Jardins de Salluste*. L'on a, dans les différentes fouilles qui y ont été faites, trouvé une grande partie de ces belles antiques qui attestent la perfection de l'art chez les anciens. Là, Auguste donnait ces fêtes des *douze Dieux* que Suétone a décrites; là Vespasien, Nerva, Aurélien fixèrent leur résidence habituelle. Salluste avait en outre acheté de vastes domaines et la belle maison de César, à Tibur. Ainsi Salluste passa les neuf dernières années de sa vie entre l'étude, les plaisirs et la société de gens de lettres illustres; chez lui se rassemblaient Messala Corvinus, Cornélius Nepos, Nigidius Figulus, et Horace, qui commençait à se faire connaître.

Salluste mourut l'an 718, sous le consulat de Cornificius et du jeune Pompée, dans la cinquante et unième année de sa vie. Il ne laissa pas d'enfants, mais seulement un fils adoptif, petit-fils de sa sœur. Il y eut à la cour d'Auguste un homme qui aurait pu partager avec Mécène ou lui disputer la faveur du prince. Semblable en plus d'un point à Mécène, comme lui il dissimulait, sous des apparences efféminées, la vigueur de son âme et l'activité d'un esprit supérieur aux plus grandes affaires. Modeste, fuyant l'éclat des honneurs, ainsi que Mécène encore, il ne voulut pas s'élever au-dessus de l'ordre des chevaliers et refusa la dignité de sénateur. Mais il surpassa bientôt par son crédit la plupart de ceux que décoraient les consulats et les triomphes. Tant que vécut Mécène, ce courtisan habile et discret eut la seconde place, puis bientôt la première dans les secrets des empereurs; tout-puissant auprès de Livie, qui l'avait porté à la faveur, il reconnaissait ce service en défendant ses intérêts dans les conseils du prince. Ressemblant en ceci encore à Mécène, que, à la fin de sa vie, il conserva plutôt les apparences de l'amitié du prince qu'un véritable pouvoir (1). Ce confident d'Auguste, ce second Mécène, ce fut Caius Sallustius Crispus, le neveu de l'historien, l'héritier de sa fortune et de ses magnifiques jardins. Ainsi, comme César, Salluste ne se survécut que dans son neveu!

Nous avons retracé la vie de Salluste, il nous faut maintenant examiner ses ouvrages; et, après l'homme, considérer l'historien.

Nous avons vu que la carrière politique de Salluste avait été interrompue par plusieurs disgrâces; ces disgrâces servirent son talent : son génie a profité des châtiments mêmes que méritaient ses vices. En 704, il est exclu du sénat; dans sa retraite forcée, il écrit la *Conjuration de Catilina*; envoyé en Numidie, il se fait l'historien du pays dont il avait été le fléau. La *Guerre de Jugurtha* est de 709; les *Lettres à César sur le gouvernement de la république* avaient été écrites, la première avant le passage de César en Grèce, en 705; la seconde, l'année suivante.

Ce sont ces ouvrages que nous allons examiner; mais auparavant il ne sera pas inutile de jeter un coup d'œil sur ce qu'avait été l'histoire romaine jusqu'au moment où Salluste la prit pour la porter à une hauteur qui n'a point été dépassée.

Rome eut de bonne heure l'instinct de sa grandeur et le

---

(1) Tacit., *Ann.*, III, 30.

sentiment de son éternité. Aussi, dès les premiers temps, s'occupa-t-elle de fixer, par quelques monuments grossiers mais solides, livres auguraux, livres des auspices, livres lintéens, livres des magistrats, livres pontificaux (1), le souvenir des événements qui la devaient conduire à la conquête du monde : elle gravait son histoire naissante sur la pierre des tombeaux et sur l'airain des temples. Quand les lettres commencèrent à pénétrer dans l'Italie, le génie romain s'éveilla tout d'abord à l'histoire. Une première génération d'historiens parut. Mais alors il se produisit un fait assez singulier et qui pourrait nous surprendre, si nous n'avions dans notre littérature un fait analogue. Les premiers historiens de Rome, Fabius Pictor, Lucius Cincius et plusieurs autres écrivirent en grec (2); c'est ainsi que chez nous longtemps l'histoire s'écrivit en latin, et cela non-seulement au moyen âge, mais au seizième siècle même, quand nous avions eu les Villehardoin, les Joinville, les Froissart. Il ne faut pas s'en étonner : une langue, alors même qu'elle paraît formée, n'est pas propre encore à porter le poids de l'histoire ; sa jeunesse peut convenir aux chroniques, aux mémoires; il faut pour l'histoire sa maturité. Caton l'Ancien inaugura pour la littérature romaine cette ère de l'histoire nationale, écrite en latin avec quelque éclat, comme il avait inauguré celle de l'éloquence. Sur les traces de Caton parurent L. Calpurnius Piso, C. Fannius, L. Cœlius Antipater, faibles et maigres annalistes plutôt qu'historiens, et que Cicéron estimait médiocrement (3). Au temps de Sylla, il se fit dans l'histoire, comme dans le reste de la littérature, un mouvement remarquable, une espèce d'émancipation. Écrite jusque-là par des patriciens ou du moins par des hommes libres, elle le fut pour la première fois par un affranchi, L. Otacilius

---

(1) M. Vict. le Clerc, *Des journaux chez les Romains.*
(2) Justin, *Préface.*
(3) *De Legibus*, 1, 2

Pillitus : autre ressemblance avec nos vieilles chroniques, qui, rédigées d'abord par des ecclésiastiques et dans les monastères comme les fastes romains l'étaient dans les temples, ne le furent que plus tard par des laïques. Une nouvelle génération d'écrivains s'éleva; mais, c'est Cicéron encore qui nous le dit, elle ne fit que reproduire l'ignorance et la faiblesse de ses devanciers. Sisenna seul faisait pressentir Salluste.

Pourquoi l'histoire, à Rome, a-t-elle ainsi été en retard sur l'éloquence? Il faut sans doute attribuer cette infériorité de l'histoire à la langue elle-même, qui n'avait pas encore acquis la régularité, la force, la gravité, la souplesse nécessaires à l'histoire. On conçoit que, maniée chaque jour à la tribune et par les esprits les plus puissants, la langue oratoire ait de bonne heure reçu de ces luttes de la parole et du génie un éclat, une vigueur, une abondance que ne lui pouvait donner le lent exercice de la composition, qui convient à l'histoire. L'insuffisance de la langue, c'est donc là une première cause de l'infériorité de l'histoire relativement à l'éloquence; ce n'en est pas la seule. Théocratique et patricienne à sa naissance, Rome conserva soigneusement ses traditions religieuses et politiques. Écrire l'histoire fut un privilége et presque un sacerdoce dont les pontifes et les patriciens voulurent, aussi longtemps qu'ils le purent, rester en possession, comme ils l'étaient de la religion et du droit. Le jour où, sous Sylla, une main d'affranchi tint ce burin de l'histoire que jusque-là des mains nobles avaient seules tenu, ce jour-là ne fut pas regardé comme moins fatal que celui où, par l'indiscrétion d'un Flavius, d'un scribe, avait été révélé le secret des formules. Il y eut enfin à ce retard de l'histoire une dernière cause et non moins profonde.

L'histoire ne se fait pas aussi simplement qu'on pourrait le croire. Le nombre, la grandeur, la variété des événements,

a.

y sont sans doute indispensables; ils en sont l'élément principal, la matière : ils n'en sont pas la condition même et la vie. Les événements qui souvent semblent, isolés et détachés les uns des autres, se succéder sans se suivre, ont une relation étroite, un enchaînement rigoureux, un ensemble et une unité qui en sont le secret et la lumière. Les contemporains voient bien les faits, mais ils ne les comprennent pas toujours et ne peuvent pas les comprendre; il leur faut, à ces faits, pour éclater dans toute leur vérité, un certain jour, un certain lointain et comme la profondeur même des siècles : avant Salluste cette perspective manquait aux historiens, et Salluste même ne l'a pas tout entière. Il l'a bien senti; aussi n'a-t-il pas cherché à faire ce qu'il n'aurait pu bien faire; il n'a pas entrepris d'écrire la suite de l'histoire romaine, mais des fragments de cette histoire, *carptim* : c'était montrer un grand sens. Cette histoire romaine, comment aurait-on pu l'écrire autrement que par morceaux détachés? elle n'était pas achevée encore : à ce grand drame, qui commence aux rois, se continue par les tribuns, se poursuit entre les Gracques et le sénat, entre Marius et Sylla, un dernier acte manquait; Salluste l'avait entrevu dans César, mais il ne devrait être complet que dans Auguste. Pour écrire en connaissance de cause l'histoire de la république, il fallait avoir assisté à sa chute : ce fut la fortune et la tristesse de Tite-Live; de même, Tacite n'a-t-il pu écrire l'histoire de l'empire que quand, les Césars épuisés, la vérité si longtemps outragée, *pluribus modis infracta*, reprit enfin ses droits sous la dynastie Flavienne, *nunc demum redit animus*. Pousserai-je ces considérations plus loin, et dirai-je que de nos jours non plus l'histoire de nos deux derniers siècles ne se peut écrire? nous connaissons l'exposition, le nœud; le dénoûment, nous ne l'avons pas encore.

Revenons à la *Conjuration de Catilina*, à laquelle ceci était un préambule nécessaire.

L'*Histoire de la conjuration de Catilina* fut, nous le savons, le coup d'essai de Salluste; aussi la critique a-t-elle pu justement y relever quelques défauts, soit pour la composition, soit même pour le style. Je ne parle pas de la préface, sur laquelle nous reviendrons, mais du lieu commun fort long qui suit la préface et forme comme un second avant-propos. Sans doute il n'était pas hors de raison que Salluste, ayant à nous raconter la tentative audacieuse de Catilina, remontât aux causes qui avaient pu la rendre possible; mais il le devait faire avec beaucoup plus de rapidité. Tacite, lui aussi, se proposant d'écrire l'histoire des empereurs, veut d'abord expliquer comment la république avait pu être remplacée par l'empire; mais avec quelle précision et quelle exactitude tout ensemble il le fait! Une page lui suffit à retracer toutes les phases politiques de Rome, depuis son origine jusqu'à Auguste : c'est là le modèle, trop souvent oublié, qu'il faut suivre. Ce préambule est donc un défaut dans la composition de *Catilina*. On a fait à Salluste de plus graves reproches : on l'a accusé d'injustice envers Cicéron; d'une espèce de connivence à l'égard de César; et, qui le croirait? d'un excès de sévérité à l'égard de Catilina.

L'antiquité nous a légué un monument de cette haine de Cicéron et de Salluste, dans deux déclamations que chacun d'eux est censé adresser au sénat contre son adversaire. S'il est prouvé que ces deux pièces furent composées dans le temps même où vécurent ces deux personnages, il n'est pas moins certain qu'ils n'en sont pas les auteurs. Ouvrage d'un rhéteur, on les attribue communément, à Vibius Crispus, et, avec plus de vraisemblance, à Marcus Porcius Latro, qui fut l'un des maîtres d'Ovide. Mais, tout apocryphes qu'elles sont, elles n'en attestent pas moins l'inimitié réciproque de ces deux personnages.

Salluste n'aimait donc pas Cicéron; cette haine a-t-elle

altéré en lui l'impartialité de l'historien? Je ne le pense. L'éloge qu'il fait de Cicéron est sobre assurément; cette épithète d'excellent consul ne caractérise guère les grands services rendus à la république par Cicéron, et j'avoue que les *Catilinaires* sont un utile contrôle et un indispensable complément du *Catilina*. Mais cette justice, toute brève qu'elle est, suffit, à la rigueur; on y peut entrevoir une réticence peu bienveillante, mais non un manque de fidélité historique. Il ne faut pas, d'ailleurs, oublier que Salluste n'écrit pas l'histoire du consulat de Cicéron, mais la conjuration de Catilina; et, dans son dessein, Cicéron n'est que sur le second plan. Toutefois, même avec cette réserve, il faut reconnaître qu'à l'égard de Cicéron Salluste aurait pu être plus explicite, et qu'en même temps qu'il taisait, autant qu'il était en lui, la gloire du consul, il jetait un voile complaisant sur la part que César avait prise à la conspiration; d'une part, retranchant de la harangue de Caton les éloges que celui-ci avait donnés à Cicéron (Velleius nous l'apprend), et de l'autre, supprimant les reproches que (Plutarque nous le dit) il adressait à César, qui, par une affectation de popularité et de clémence, compromettait la république et intimidait le sénat.

Avare de louanges pour Cicéron, Salluste a-t-il été trop sévère pour Catilina? Nul, dans l'antiquité, n'avait songé à lui adresser ce reproche; mais nous sommes dans un temps de réhabilitations, et Catilina a eu la sienne, qui lui est venue de haut et de loin. On lit dans le *Mémorial de Sainte-Hélène* : « Aujourd'hui, 22 mars 1822, l'empereur lisait dans l'*Histoire romaine* la conjuration de Catilina; il ne pouvait la comprendre telle qu'elle est tracée. Quelque scélérat que fût Catilina, observait-il, il devait avoir un objet; ce ne pouvait être celui de gouverner Rome, puisqu'on lui reprochait d'avoir voulu y mettre le feu aux quatre coins. L'empereur pensait que c'était plutôt quelque nouvelle faction à la façon de Marius et de Sylla, qui, ayant échoué, avait accumulé sur son chef toutes les accusations banales dont on les accable en pareil cas. » Cet éclaircissement que Napoléon désirait sur Catilina, deux historiens ont essayé de le donner (1).

Mais, nous le dirons : leurs raisons ou plutôt leurs hypothèses ne nous ont point convaincu. Catilina a eu, avec ses vices et ses crimes, quelque générosité et quelque grandeur d'âme : soit ; Salluste a recueilli sur lui et sur ses complices quelques bruits populaires et qui ne soutiennent pas la critique, et que d'ailleurs il ne donne que pour des bruits : je le veux ; Cicéron s'est laissé entraîner à quelques exagérations oratoires ; l'on a ajouté aux projets réels de Catilina tous ceux dont on charge les vaincus ; on lui a prêté des crimes gratuits ; eh bien, quand nous accorderions tout cela, et, avec l'histoire, nous ne l'accordons pas, la base même de la conjuration ne serait pas ébranlée ; il n'en resterait pas moins prouvé que Catilina avait résolu le bouleversement de la république sans autre but que le pillage, sans autres moyens que le meurtre et l'assassinat. Cela surprend, et cela est la vérité cependant : Catilina avait formé le projet de mettre Rome à feu et à sang, et il l'avait formé sans un de ces desseins qui certes ne justifient pas, mais qui expliquent les grands attentats, sans un but déterminé, uniquement pour se sauver ou périr dans le naufrage de Rome : conspirateur vulgaire et n'ayant guère de l'ambition que l'audace sans le génie. Non, Catilina n'a pas été calomnié ; s'il l'eût été, comment se fait-il que Salluste, l'ennemi de l'aristocratie et l'ennemi personnel de Cicéron, ait parlé de lui et des siens dans les mêmes termes qu'en a parlé Cicéron ? Mais, dit on, s'il eût réussi, il aurait été loué comme César l'a été : cette supposition n'est malheureusement que trop probable, mais elle

(1) M. Michelet, *Hist. romaine*, t. II, p. 227 ; M. de Lamartine, *César*. 1856.

ne change pas la question. Vainqueur de la liberté publique et glorifié, Catilina n'en serait pas moins coupable : le succès n'absout pas.

Relevant Catilina, il fallait bien un peu rabaisser Cicéron. Cicéron est un peureux et un glorieux qui s'est exagéré et a grossi le péril, pour se donner plus de mérite à l'avoir conjuré : en réalité, son héroïsme lui a peu coûté; la conjuration avait plus de surface que de profondeur (1). Pauvre Cicéron! inquiet et malheureux vieillard, dirai-je avec Pétrarque, je te reconnais! entre Catilina et César, tu as été sacrifié : tel est le sort de la modération. Ainsi ne pensait pas de toi Rome, quand elle te salua du nom mérité de père de la patrie; ainsi n'en pensait pas celui-là même qui, infidèle à la reconnaissance, t'abandonna au ressentiment d'Antoine; ainsi n'en penseront pas tous ceux qui aiment encore l'éloquence, la vertu, la liberté.

Outre ces reproches particuliers de prévention à l'égard de Catilina, de réticence envers Cicéron, on a critiqué dans son ensemble même l'ouvrage de Salluste. La *Conjuration de Catilina* manquerait de réalité et de vie; elle n'aurait rien qui caractérisât particulièrement la situation de Rome au moment où elle a éclaté : abstraite, en quelque sorte, des temps et des lieux, elle serait un drame plus qu'une histoire. Que Salluste ait omis certains détails qu'aime et recherche l'exactitude moderne; qu'il n'ait pas suffisamment fait connaître toutes les causes qui ont préparé cette conjuration, je n'en disconviens pas; mais assurément ni la vie ni la réalité ne manquent à son ouvrage, qui est un début, il est vrai, mais le début d'un maître.

La *Guerre de Jugurtha*, moins connue que la *Conjuration de Catilina*, qui longtemps lui a été préférée, est remise aujourd'hui à la place qui lui appartient, au-dessus du *Catilina*.

---

(1) Le *Civilisateur*, Cicéron.

Ce n'est pas qu'on n'en ait aussi blâmé la préface, et même plus généralement; mais, ce reproche écarté (nous l'examinerons en même temps que celui qui a été fait à la préface du *Catilina*), on s'accorde à louer également et la composition et le style de cet ouvrage. Ici évidemment Salluste est plus à l'aise. Il a, outre son expérience d'écrivain, la liberté même de son sujet, qui n'est plus l'histoire contemporaine. Aussi, dès le début, quelle franche allure et quel éclat! quelle vive et rapide narration! Combien les portraits déjà si vigoureusement tracés dans le *Catilina* sont ici d'une touche plus ferme encore et plus hardie! combien les contrastes sont mieux ménagés! Dans le *Catilina*, rien n'adoucit la sombre figure du conspirateur et n'égaye la tristesse du sujet. Ici, au contraire, quelle opposition habile entre Jugurtha, dont l'ambition ardente ne recule devant aucun forfait, et cet Adherbal si doux, si accommodant, si craintif! Avec quel art Salluste ne fait-il pas ressortir le caractère des divers personnages qu'il met en scène! ici, le prince du sénat Scaurus, chez qui la hauteur patricienne cache une cupidité trop savante pour se monter facile; là, le tribun Memmius, qui aime le peuple, mais qui hait encore plus la noblesse; plus loin, le préteur L. Cassius, le seul Romain que Jugurtha ne puisse mépriser. Et, dans ces portraits et ces contrastes, que de nuances délicates, de gradations heureuses! Quand Metellus paraît sur la scène, l'historien le met tout d'abord sur le premier plan; sur le second, Marius, lieutenant soumis et dévoué; mais du moment où, dans Utique, Marius a été, devant les autels des dieux, chercher des présages favorables à son élévation prochaine, il devient le principal personnage: le voilà enfin consul malgré Metellus. Mais, questeur de Marius, Sylla arrive à l'armée; c'est à lui que Bocchus livrera Jugurtha : Marius dès lors est effacé, et Metellus vengé. Salluste ne pénètre pas moins profondément les ressorts secrets qui font agir les personnages. Avec quelle vérité il nous peint toutes les incertitudes, toute la mobilité, toutes les variations, toute la perfidie du roi Bocchus ! « incertain s'il doit livrer son gendre à Sylla ou Sylla à son gendre, partagé entre les plus inquiétantes perplexités, il promet à Sylla, il promet à Jugurtha ; décidé seulement à trahir, il ne retrouve le calme que lorsque le moment décisif arrivé le force à choisir entre ces deux perfidies (1) ! »

Cependant tout habiles, tout frappants que sont ces contrastes, ce n'est pas ce qui, dans le *Jugurtha*, m'intéresse le plus. Au fond de cette histoire de Jugurtha, derrière ce drame qui se joue en Afrique, il y a une autre action dont, à y bien regarder, la guerre contre Jugurtha n'est qu'un acte et comme un épisode. Le véritable nœud et l'inévitable dénoûment de cette tragédie africaine, n'est pas à Cyrta, mais à Rome. En fait, ce n'est pas Metellus ou Marius qui sont aux prises avec Jugurtha, c'est le peuple et l'aristocratie. Aussi, en même temps qu'il nous décrit avec une rare exactitude, avec une rapidité entraînante, les événements militaires qui, sur le sol d'Afrique, semblent rendre la fortune indécise entre Jugurtha et les généraux romains, Salluste sait-il, par un art admirable, retenir ou ramener continuellement nos regards sur Rome ; il en représente les luttes intérieures, ces discordes du peuple et de la noblesse, cette soif des richesses, cette vénalité de tous les ordres, qui, mieux que ses ruses et son indomptable courage, soutiennent et enhardissent Jugurtha.

Si, pour la composition, la *Jugurthine* est bien supérieure à la *Catilinaire*, elle ne l'est pas moins pour le style. Dans la *Catilinaire*, la plume résiste quelquefois ; elle manque de souplesse et de naturel : le style a de l'apprêt ; mais, dans la *Jugurthine*, le grand écrivain se montre tout entier. « Les masses du style y sont en général moins détachées, moins

---

(1) Dussault, *Ann. littér.*, t. III, p. 19 et 20.

en relief; tout est lié, nuancé, fondu avec un art d'autant plus louable, qu'il est moins apparent. Les portraits y sont encadrés et développés avec moins de faste et d'affectation (1). »

Maintenant que nous avons examiné les deux chefs-d'œuvre de Salluste, la *Conjuration de Catilina* et la *Guerre de Jugurtha*, que faut-il penser des deux préfaces qui leur servent d'introduction? Je le sais : l'opinion générale les condamne, et elle les peut condamner à deux titres : au nom de l'art, au nom de la morale; au nom de l'art, comme un préambule déplacé, qui ne conduit pas à l'ouvrage et n'y tient pas; au nom de la morale, comme hypocrisie de l'homme vicieux qui se couvre du langage et du masque de la vertu. Examinons-les donc à ce double point de vue.

On passe plus volontiers condamnation sur la préface du *Catilina*; et, en effet, si elle ne se rattache pas étroitement à l'ouvrage, elle n'a pas la prétention d'y servir d'introduction; c'est tout simplement un avant-propos, une confidence que l'auteur fait au lecteur sur les motifs qui l'ont déterminé à écrire, sur les dispositions qu'il y veut apporter; une digression aussi, si l'on veut, sur l'étude, une espèce de profession de foi littéraire enfin, qui, considérée à part de l'ouvrage, comme elle le doit être, non-seulement n'a rien qui choque le goût, mais qui au contraire charme et plaît par un certain abandon et des détails que l'on regrette de ne pas trouver plus souvent dans les auteurs anciens. Combien ne serait-on pas heureux que Tacite nous eût ainsi mis dans le secret de son âme et de ses pensées! Il est moins facile, je l'avoue, de justifier le préambule du *Jugurtha*. C'est évidemment, dit-on, un morceau déplacé, une pièce à effet où, sans nécessité aucune, Salluste se met en scène, et où, en se faisant à contre-temps moraliste, il ne blesse pas seu-

---

(1) Dussault, *Annales littéraires*, t. III, p. 18.

lement le goût, il ment encore à la vérité, et veut se donner le masque de vertus qu'il n'a pas; comme Sénèque, qui écrivait sur la pauvreté avec un stylet d'or, il prêche la morale au milieu des richesses, fruit de ses déprédations. Sans doute mieux vaut quand l'exemple vient à l'appui du précepte; mais de ce qu'un homme qui n'est pas précisément vertueux préconise la vertu, de ce qu'un concussionnaire loue la pauvreté, faut-il conclure nécessairement que ses éloges sont une hypocrisie? ne serait-il pas aussi juste d'y voir un hommage rendu à la vertu, au désintéressement, une expiation morale en quelque sorte, au lieu d'un mensonge, l'aveu que si l'on n'a pas fait le bien, on en sent le prix et la beauté? Hélas! les hommes sont moins méchants qu'ils ne sont faibles, moins fourbes qu'ils ne sont inconséquents; le:

Video meliora proboque,
Deteriora sequor;

C'est à tous, plus ou moins, notre devise; c'était celle de Salluste : « Il louait dans les autres ce qu'on ne pouvait louer en lui. En s'éloignant de la pratique de la vertu, il en conservait le souvenir et l'estime, et il n'était pas du moins arrivé à l'excès de déréglement où tombent ceux qui, non-seulement suivent le vice, mais l'approuvent et le louent (1). »

D'ailleurs, qu'on y fasse attention : de quoi est-il question dans le préambule de *Jugurtha*? est-ce bien précisément un lieu commun de morale qu'y développe Salluste? Non; c'est encore un retour sur lui-même; il y expose simplement cette thèse : que l'intelligence est supérieure au corps, que les dons de l'esprit et de l'âme valent mieux, sont plus durables que les jouissances matérielles. Eh! mon Dieu! après tout Salluste ne dit guère là que ce qu'il éprouvait, ce

---

(1) Saint-Évremont, *Observations sur Salluste et sur Tacite*.

qu'il pensait! Ce fut en effet le caractère de Salluste de conserver au milieu de l'amour des plaisirs le goût de l'étude, et les vives clartés de l'intelligence dans la corruption du cœur. Salluste ne se ment point à lui-même et ne cherche pas à mentir à la postérité. C'est dans le silence de l'étude, dans le calme de la retraite, dans la satiété des plaisirs et le vide qu'ils laissent dans l'âme, que, seul avec lui-même, dans un de ces dégoûts qu'amènent l'âge et la réflexion, Salluste, dans un monologue mélancolique auquel il admet le lecteur, fait, involontairement plutôt que par artifice, cet aveu qu'au-dessus des richesses, au-dessus des jouissances du corps, il y a quelque chose de supérieur et d'immortel, l'intelligence et la vertu. Pourrions-nous lui en savoir mauvais gré? Pourquoi ne croirions-nous pas à sa sincérité, sinon à la sincérité de l'homme, du moins à celle de l'artiste, qui dans sa facilité d'émotion pense ce qu'il écrit, au moment du moins où il l'écrit? Séparez ce morceau de l'ouvrage; regardez-le comme une page détachée des mémoires de Salluste, et non comme la première de *Jugurtha*, ce sera peut-être encore une faute, mais une faute heureuse.

Après les deux préfaces du *Catilina* et du *Jugurtha*, ce que la critique, et la critique ancienne surtout a blâmé dans Salluste, ce sont les harangues. Selon Sénèque le rhéteur, si on les lit, c'est uniquement en faveur de ses histoires (1). Avant lui, un grammairien, Cassius Severus, avait avancé qu'il en était des harangues de Salluste comme des vers de Cicéron ou de la prose de Virgile (2); enfin Quintilien semble se ranger à cet avis, en conseillant aux orateurs de ne pas imiter la brièveté de Salluste (3). J'avoue que les habitudes

(1) *Orationes Sallustii in honorem historiarum leguntur.* (Seneca, rhetor, *Declam.*, lib. III.)
(2) Cassius Severus, *Apud fabric. Bib. lat.*, lib. II, c. xvi.
(3) Liv. IV, c. v; X, c. i.

de pensée et de style de Salluste ne sont pas précisément celles qui conviennent le mieux à l'éloquence; Quintilien observe justement que le style rapide et coupé qui domine dans ses compositions oratoires n'est pas celui qu'il faut au barreau, et il fait aux orateurs un précepte de ne le pas suivre. J'accepte donc, dans une certaine mesure, le reproche adressé à ces harangues: oui, elles n'ont pas l'abondance, l'éclat, le mouvement des discours de Tite-Live; mais, dénuées de naturel dans la forme, elles sont vraies dans le fond. Assurément Marius n'eût pas donné à ses phrases la précision savante que leur donne Salluste, mais des pensées que lui prête l'historien, des sentiments qu'il lui fait exprimer, il n'eût rien désavoué. Aux paroles de Catilina, on reconnaît le tribun, ami de Clodius. Un reproche plus sérieux a été fait à Salluste, ainsi qu'à Tite-Live, sur l'excessive longueur de leurs harangues; et ce reproche, ce sont deux historiens, Trogue Pompée et Vopiscus, qui le leur ont adressé (1). Il vaut d'être examiné.

Les harangues sont-elles un hors-d'œuvre dans les grands historiens de l'antiquité? Telle est, en d'autres termes, la question qui se cache sous l'observation de Trogue Pompée, reproduite par Vopiscus.

Il y a, il faut le reconnaître, dans l'usage que les historiens font des harangues directes comme un luxe d'éloquence scolastique que n'accepte guère notre goût moderne, un de ces mensonges de l'art que, jusqu'à un certain point, la raison peut blâmer. Mais, ceci une fois accordé, la vérité, une vérité profonde, est au fond de ces harangues. On s'est de nos jours beaucoup attaché à mettre dans l'histoire ce que l'on en appelle la philosophie. Je ne sais, mais il me semble que ce n'est pas là une découverte absolument nouvelle, et que

---

(1) *Pompeius Trogus in Livio et Sallustio reprehendit, quod conciones directas... operi suo interserendo historiæ modum excesserint.* Justin, lib. XXXVIII, c. III; Vopiscus, *Vie d'Aurélien.*

ce que nous cherchons, ce que nous croyons avoir créé, les anciens l'avaient bien un peu rencontré et connu; le mot, si je ne me trompe, est plus nouveau que la chose. Que sont, en effet, les harangues dans les historiens de Rome et d'Athènes? Est-ce simplement une occasion et un exercice d'éloquence, de vaines et oiseuses pièces de rhétorique qui se puissent sans inconvénient retrancher ou ajouter, des morceaux de rapport nullement nécessaires à l'harmonie et au jeu de l'ensemble, au développement des caractères, à l'exposition des événements, à la gradation de l'intérêt historique? Si c'étaient là, en effet, la nature et la condition des harangues, elles ne seraient pas seulement un hors-d'œuvre frivole, un accessoire déplacé, elles seraient un embarras et un grave défaut. Heureusement il n'en va pas ainsi. Les harangues dans les historiens sont, pour ainsi parler, la maîtresse pièce de leurs ouvrages; elles préparent, développent et résument tour à tour le sens des événements et le caractère des personnages; elles montrent les mobiles divers qui les font agir et tous les secrets ressorts des révolutions politiques. « Toutes ces harangues que se sont permises les historiens anciens ne peuvent-elles pas être considérées, à la forme près, comme de véritables digressions raisonnées, comme des développements d'observations qu'ils n'ont pas craint de répandre dans leurs histoires, qu'ils en ont même regardées comme des parties essentielles et qui en forment à la fois les points les plus lumineux et les plus beaux ornements (1)? » Les réflexions que l'historien n'a point mises dans le cours de la narration, qu'elles eussent interrompue, ou qu'il n'y a que discrètement répandues, pour n'en point ralentir ou suspendre la marche, il les presse ici, les condense, les rapproche pour en faire jaillir la lumière sur les faits qui, sans elles, resteraient obscurs.

---

(1) Dussault, *Annales littéraires*, n° 3, p. 504.

Ainsi présentées, ces réflexions ont un grand avantage : elles parlent elles-mêmes, si je puis ainsi dire, au lieu d'être énoncées par la bouche de l'historien. Comme sur la scène, les personnages dans leurs discours se livrent sans y penser au spectateur; ils sont vivants et animés; ils se meuvent et agissent, et nous donnent ainsi des événements une explication naturelle et dramatique, un sens simple et vrai, bien au-dessus des sentences que l'historien pourrait développer pour son propre compte : il y a donc là une réelle et profonde philosophie de l'histoire.

Tel est l'intérêt, telle est la légitimité des harangues dans les historiens anciens. Veut-on juger mieux encore de leur utilité et de leur importance et s'assurer avec quel art les historiens ont su les rattacher aux événements qu'ils racontent et en faire la préparation, le lien tout ensemble et le résumé de leurs récits? Qu'on les enlève, ces harangues, de la place qu'elles occupent, et à l'instant tous les faits perdront leur intérêt, leur sens avec leur unité; ils se détacheront les uns des autres, se succéderont sans se suivre, anneaux brisés d'une chaîne que rien ne retient plus. Ce n'est pas tout; faites sur les harangues la même épreuve, et vous aurez un résultat tout contraire. Séparées des récits qui y mènent, elles formeront encore une œuvre complète où tout se tient et s'enchaîne, où les événements se déroulent avec ordre, avec clarté, avec intérêt. Je ne sais rien de la conjuration de Catilina, de la guerre de Jugurtha, et je lis les harangues que Salluste prête à Catilina et à Marius; et, après les avoir lues, si je puis regretter quelques détails, quelques faits secondaires de ces deux grands événements, pour les causes mêmes qui les ont amenés, pour les passions et les intérêts divers des personnages, il ne me manquera rien. Ainsi donc, dans les harangues se trouvent réunis la beauté de la forme, l'unité historique, l'art avec la vérité.

J'ai excusé les préfaces de Salluste et cherché à imputer à bonne intention l'éloge qu'il y fait des vertus antiques; je ne m'en dédis pas, mais si quelque chose pouvait me faire changer d'opinion, ce seraient les deux *Lettres sur le gouvernement* adressées à César. Salluste n'est plus ici cet historien austère que nous avons vu; c'est un flatteur habile, un partisan de la tyrannie. Il y a toutefois entre ces deux lettres, composées, nous l'avons dit, à un certain intervalle l'une de l'autre, une différence qu'il est bon de remarquer. Quand la première fut écrite, la lutte entre César et la république était encore indécise; aussi Salluste y conseille-t-il la modération. Dans la seconde, il tient un tout autre langage; il y appelle la rigueur des lois au secours de la réforme des mœurs du peuple romain; il veut faire de César l'oppresseur du parti vaincu; on y sent l'emportement de la victoire. De ces deux lettres, la première semble avoir pour but d'assurer la domination de César; la seconde, de l'organiser : l'une est politique, l'autre est morale; toutes deux contiennent d'ailleurs de belles idées, un sens profond, une connaissance parfaite des causes qui ont amené la chute de la république, et même quelques conseils auxquels le dictateur ne dédaigna pas de conformer sa conduite. Ces lettres sont donc comme la première assise de cet édifice dont César jetait les fondements : l'empire commençait. La république était-elle condamnée à périr; et, en admettant qu'elle fût incapable de vivre, un citoyen, si grand qu'il fût, avait-il le droit de la renverser? Cette révolution a-t-elle été un bienfait, une satisfaction et un soulagement pour l'univers sur lequel pesait une aristocratie insolente, puissante pour le mal, impuissante pour le bien; faut-il saluer dans l'avénement de l'empire la naissance d'un pouvoir dont l'action unique et supérieure assurait aux peuples le repos avec l'égalité, et qui, étendant à toutes les nations ce droit de cité auparavant si restreint, a préparé, dans la paix romaine, la formation d'un nouveau monde? On pourrait pencher à ce sentiment. Mais, d'un autre côté, en voyant, sous les empereurs, l'esprit se retirer du monde, la raison s'affaiblir, la dignité humaine se dégrader, l'empire lui-même s'abimer sous les hontes, les folies, les cruautés du despotisme, et la civilisation aboutir par la servitude à la barbarie, on se prend à regretter cette liberté qui donnait aux âmes de l'énergie, de la grandeur aux caractères, de l'activité aux intelligences, à la parole une tribune, et qui, pendant tant de siècles, fit, avec la prospérité de Rome, sa gloire au dedans, sa force au dehors.

Mais ces *Lettres sur le gouvernement* sont-elles véritablement de Salluste? question par où j'aurais dû commencer. La majorité des commentateurs s'est prononcée pour lui; deux seuls ont protesté, et, le dirai-je? j'inclinerais à leur opinion. Quoi qu'il en soit, peut-être ne faudrait-il pas, comme on l'a fait quelquefois, donner à ces lettres une trop grande importance historique. Démagogue furieux, tribun turbulent, devenu le flatteur de César, quelle créance pourrait d'ailleurs mériter Salluste?

Dans l'intervalle qui s'écoula depuis l'an 710 jusqu'à sa mort, Salluste composa deux derniers ouvrages, l'*Histoire de Rome depuis la mort de Sylla* et la *Description du Pont-Euxin*. De ce dernier ouvrage il ne nous reste rien; nous avons de la grande histoire des fragments précieux, recueillis, classés avec autant de soin que de discernement par le président de Brosses, mais d'après lesquels nous ne pouvons apprécier le travail de Salluste : matière de regrets, plutôt que texte de jugement.

Cette revue des ouvrages de Salluste achevée, nous devons, pour la couronner, recueillir, peser les jugements qui ont été portés sur lui par les anciens et par les modernes : les critiques d'abord, puis les éloges.

Ce qu'on lui a d'abord reproché, c'est son obscurité, son affectation à employer, à rajeunir de vieux termes, et ce reproche, ce n'étaient pas des hommes médiocres qui le lui adressaient; c'était Auguste, juge habile des écrivains de son temps; Asinius Pollion, d'un goût si fin et si délicat; c'était le maître même de Salluste, ce Pretextatus que nous connaissons; c'est enfin Quintilien (1) qui nous a conservé cette épigramme sur l'auteur du *Jugurtha* :

> Et verba antiqui multum furate Catonis
> Crispe, jugurthinæ conditor historiæ.

Tous juges compétents, auxquels on peut joindre l'empereur Adrien, rhéteur couronné, espèce de Frédéric II, dont le goût bizarre n'admirait dans Salluste que l'affectation du vieux langage, et à qui même il préférait pour cette raison l'historien Célius.

A ces critiques adressées à Salluste, il en est une que l'on voudrait n'y pas ajouter : c'est celle de Tite-Live. Tite-Live reproche à Salluste les emprunts que, dans sa grande histoire surtout, il avait faits à Thucydide; et, selon lui, Salluste avait gâté tout ce qu'il avait pillé. Qu'est-ce qui a pu inspirer à Tite-Live cette remarque peu obligeante? Y faut-il voir une injustice de l'esprit de parti, Salluste ayant été pour César, Tite-Live pour Pompée? ou bien le sentiment peu honorable d'une rivalité jalouse? Je ne sais; peut-être tout simplement un goût littéraire différent : Tite-Live et Salluste se ressemblent si peu ! Il ne faut pas toujours prendre pour envie les oppositions des grands esprits entre eux et le jugement qu'ils portent les uns des autres. Corneille a pu dire à Racine avec une entière bonne foi « qu'il avait un grand talent pour la poésie, mais qu'il n'en avait point pour la tragédie; » c'était en lui erreur, mais non malveillance; et,

---

(1) Quintilien, lib. VIII, c. m.

à son tour, tout en admirant Corneille, Voltaire a pu relever ses défauts et ses incorrections; non toutefois peut-être sans un peu de cette humeur dont Tite-Live n'a pas non plus été exempt à l'égard de Salluste. Quoi qu'il en soit, en résumant ces jugements divers sur Salluste, ils se réduisent à ceci : archaïsme et imitation.

Le reproche d'archaïsme fait à Salluste porte en quelque sorte sur deux points : on le condamne au nom du goût; on le condamne aussi au nom de la sincérité, si je puis ainsi parler; on veut qu'en affectant d'employer les expressions et les tours de l'ancienne langue latine, Salluste ait eu l'intention de se donner par là un vernis d'antique rigidité, une apparence de moralité qu'il n'avait pas. Je ne crois guère à cette hypocrisie de Salluste sous forme littéraire. Cette recherche des tours et des expressions d'un autre âge était tout simplement en lui une affaire de goût particulier, semblable à ce retour qui, sous Marc-Aurèle, se fit dans les esprits vers l'ancienne littérature, et dont nous avons, dans les lettres de Fronton, de curieux témoignages ; c'était aussi l'influence du pays où il était né. La Sabine était une rude contrée et qui communiquait aux esprits quelque chose de l'âpreté de ses montagnes : Varron a, comme Salluste, quelque chose d'inculte, et qui tient plus de la langue de Caton que de celle de Cicéron.

Cependant, il est vrai, Salluste a imité Caton; cette imitation s'explique assez naturellement. Caton est le seul, nous l'avons vu, qui, avant Salluste, eût dans ses *Origines*, imprimé à l'histoire un cachet profond d'originalité (1). C'est lui qui, le premier, précurseur de Plutarque, a raconté l'histoire nationale en vue de l'histoire grecque, en vue de l'histoire romaine, opposant la gloire du peuple romain à celle de ses rivaux. Le seul fragment un peu étendu qui

---

(1) *Cato, romani generis disertissimus.* Salluste, *Fragments.*

nous soit parvenu de son ouvrage retrace le dévouement d'un tribun romain et de ses braves compagnons d'armes, que l'auteur compare à Léonidas et à ses trois cents Spartiates (1); dans un autre passage, cité par Cicéron (2), Caton avait mis en parallèle les plus célèbres constitutions de la Grèce et celle de Rome. On conçoit donc que Salluste ait dû profondément étudier Caton et que, dans ce commerce assidu avec lui, il se soit teint de ses couleurs; qu'il en ait emprunté certains tours et certaines expressions, la rudesse et la forme sentencieuse; mais, en ce faisant, Salluste n'a rien fait que de légitime et de nécessaire.

Il ne le faut pas oublier : la langue latine, la langue de l'histoire surtout, s'est formée lentement et difficilement; elle s'est formée, comme tout à Rome s'est formé, par un travail opiniâtre, par des conquêtes successives: elle n'est pas née spontanément comme en Grèce; elle n'a pas eu cet heureux épanouissement et cette vigoureuse beauté d'une langue primitive. Longtemps les expressions savantes, les nuances fines et légères, ont manqué aux écrivains latins, parce qu'ils n'avaient pas et la délicatesse des sentiments et ce tact exquis qui saisit et exprime les mouvements intérieurs de l'âme : la langue morale, la plus déliée, la plus profonde de toutes les expressions du cœur humain, est aussi la dernière à naître et à grandir. C'est à la créer, à la développer chez les Romains que Salluste s'est surtout attaché. Mais pour cela Caton lui était d'un faible secours; il s'est donc adressé ailleurs, il s'est adressé à Thucydide.

Jusqu'à quel point cette imitation de Thucydide aurait-elle été un plagiat? Pour répondre à cette question, la pièce principale du procès nous manque, car nous n'avons que de rares fragments de la grande histoire de Salluste, où se trouvaient, dit-on, ces emprunts maladroits qui étaient

(1) Aul. Gell., III, 7.
(2) *De Repub.*, II, 1.

presque des larcins. Mais, si nous ne la possédons plus, cette histoire, nous avons Thucydide; or, franchement, à part quelques pensées, quelques tours qu'il en a tirés, en quoi Salluste est-il la copie de Thucydide? Tous deux, il est vrai, se ressemblent par la concision, par la profondeur un peu obscure de la pensée; tous deux aiment le relief de l'expression et la recherche du tour; mais c'est là une conformité naturelle de leurs esprits; ils se sont rapprochés parce qu'ils se ressemblaient; Thucydide a pu avertir Salluste de son génie; ce génie, égal au sien, il ne l'a pas fait; singulier imitateur que quelques-uns, à tort, selon moi, préfèrent à l'original! « Bien que le principal mérite de Thucydide, dit Sénèque le Rhéteur, consiste dans la brièveté, Salluste le surpasse encore sur ce point et l'a vaincu en quelque sorte sur son propre terrain. Quelque précise que soit la phrase de l'auteur grec, on peut, sans en altérer le sens, en ôter quelque chose; mais, dans Salluste, supprimez un mot, et le sens est détruit. » Salluste, tout en imitant, a donc été original; il a poli et enrichi la langue latine et mérité cet éloge que lui donne un grammairien, d'avoir été un créateur : *Verborum novator*.

Voilà pour les critiques; quant aux éloges, ils abondent. Velleius Paterculus (1) met Salluste au niveau de Thucydide et au-dessus de Tite-Live; Tacite se fait gloire de l'imiter, et le déclare le plus brillant auteur des annales romaines (2); Quintilien le place sur la même ligne que Thucydide; il l'appelle historien d'un ordre plus élevé ; c'est, dit-il, avoir profité que de pouvoir le comprendre (3); Martial met Salluste au-dessus de toute comparaison :

  Hic erit, ut perhibent doctorum corda virorum,
   Primus romana Crispus in historia.

(1) *Æmulumque Thucydidis Sallustium*, lib. II.
(2) *Rerum romanarum florentissimus auctor*, Ann., lib. III, 30.
(3) Lib. II, c. v.

Tels sont, en mal et en bien, les jugements des anciens sur Salluste. Les modernes s'y sont en général tenus, penchant du reste du côté de l'éloge plutôt que vers celui du blâme. Le blâme cependant s'est rencontré. Un savant, Gruter, a contesté à Salluste cette brièveté que tous les anciens ont louée en lui (1). Selon Gruter, on pourrait, qui le croirait? retrancher au moins cinquante mots dans chacune des pages de Salluste, sans que le sens fût altéré; et, par un éloge qui revient presque à la critique de Gruter, Jules Scaliger, de paradoxale mémoire, a donné à Salluste la qualification du *plus nombreux des historiens*. Une critique attentive a vu aussi « quelquefois percer l'affectation dans ces incises si rapides et si vigoureuses, dans ces traits si tranchants et si heurtés que poursuit sans cesse le génie ardent de Salluste; » mais Lamothe-Levayer, Saint-Évremont, s'accordent à reconnaître dans Salluste un écrivain de génie, et semblent, comme les anciens, le préférer à Tite-Live et à Tacite, ainsi qu'on l'a fait plus récemment. « Salluste, dit M. Dussault, est l'écrivain le plus précis, le plus concis qu'ait produit la littérature latine, sans en excepter Tacite lui-même. Son goût est plus pur que celui de l'historien des empereurs, son expression plus franche, sa pensée plus dégagée de toute subtilité. » Si cette préférence donnée à Salluste était simplement une affaire de goût, nous n'aurions rien à dire; on peut en effet, selon le tour de son esprit, préférer Salluste à Tite-Live ou à Tacite; mais nous craignons que la supériorité attribuée à Salluste sur ses rivaux par le critique que nous venons de nommer ne soit pas purement une impression littéraire.

Nous lisons dans la préface d'un traducteur de Tacite, à même d'être bien informé (il était neveu de M. Suard) : « Peu après la victoire d'Austerlitz, le 30 janvier 1806, l'Institut

---

(1) *Subtilissimus brevitatis artifex*, Aul. Gell., lib. III, 1.

vint, ainsi que tous les corps de l'État, présenter à Napoléon un tribut d'hommages pour les victoires qui le rendaient maître de presque toute l'Europe; Arnault, président de l'Académie française, lui dit, entre autres paroles : « Vos « victoires ont chassé les barbares de l'Europe civilisée. Les « lettres, sire, ne sont point ingrates envers vous. L'Insti- « tut, en anticipant sur les éloges que l'histoire vous ré- « serve, est, comme elle, l'organe de la vérité. » Ce discours réveilla la susceptibilité de Napoléon; il parla des historiens avec sa sagacité ordinaire, et en vint bientôt à Tacite; puis, s'adressant à M. Suard, secrétaire perpétuel, il lui dit « qu'il devrait faire un commentaire sur Tacite, et rectifier « les erreurs et les faux jugements de l'historien. » M. Suard répondit : « que la renommée de Tacite était trop haute « pour que l'on pût jamais penser à la rabaisser. » Napoléon fut blessé aussi profondément que d'un trait de Tacite lui-même il chercha des commentateurs plus complaisants pour satisfaire son dépit contre le prince des historiens; il choisit dans un journal célèbre une plume savante et dévouée; l'article parut dans ce journal le 11 février de l'année 1806. Voici les paroles du journaliste :

« Nos écrivains philosophes, qui généralement méprisent assez les anciens, eurent pour Tacite une tendresse particulière. Sénèque et Tacite furent les objets de toute leur affection; Tacite surtout fixa leur enthousiasme; il devint pour eux le premier des écrivains; ils le regardèrent comme le plus beau modèle que l'antiquité eût transmis à l'imitation des temps modernes. Pourquoi cette espèce d'engouement exclusif pour Tacite? Pourquoi cette emphase avec laquelle on prononçait son nom? Pourquoi ce culte voué à un seul écrivain de l'antiquité? Il y a donc quelque chose de mystérieux dans le culte que nos écrivains philosophes avaient exclusivement voué à Tacite? On se demande comment il se fait que ces grands contempteurs de l'antiquité aient choisi pour leur idole un auteur ancien, qu'ils aient pu se résoudre à appeler sur lui tous les respects, toute la vénération de leur siècle. L'idée qu'on se forme ordinairement de Tacite ajoute encore au mystère de cette espèce de religion : on se représente un écrivain excessivement grave et sévère, dont l'obscurité a quelque chose de sacré, dont l'intelligence est interdite aux profanes, dont tous les mots sont des sentences, et dont toutes les sentences sont des oracles. Cette physionomie de l'historien des empereurs, ce caractère qui le distingue, est une des raisons du choix que nos philosophes en ont fait pour le présenter à l'adoration publique ; un écrivain de génie, dont le style eût été simple, clair et naturel, n'aurait pas aussi bien servi leur enthousiasme ; il n'y a pas beaucoup de mérite à admirer ce que tout le monde entend ; il est même piquant de diffamer ce que tout le monde admire. L'engouement des adorateurs d'un écrivain tel que Tacite n'avait presque pas de juges : il eût fallu entendre cet auteur pour apprécier la mesure d'admiration qu'il mérite. La haine des tyrans qui semble avoir guidé la plume et enflammé le génie de Tacite, les peintures énergiques et sublimes de la cour des empereurs romains qui se trouvent dans ses admirables ouvrages, étaient de plus une recommandation bien forte pour lui, auprès d'un parti qui haïssait essentiellement l'autorité, et qui ne pouvait souffrir le frein du gouvernement ; ces pauvres philosophes étaient tourmentés d'un esprit de faction et de révolte qui puisait sans cesse dans les écrits de Tacite de nouveaux aliments (1). »

Dix jours après, le 21 février, l'auteur de l'article que nous venons de rapporter en partie s'attaquait encore à Tacite.

Tacite était la préoccupation continuelle de Napoléon.

---

(1) C.-L.-F. Panckoucke, *Traduction de Tacite*, préface, p. 66.

On lit dans l'*Histoire du Consulat et de l'Empire :* « Napoléon, devisant un jour sciences, littérature, histoire, dans les bosquets de la Malmaison, dit : « Tacite nous explique fort bien comment les Césars s'étaient rendus odieux par leurs débauches et par leurs cruautés. Mais d'où vient que ces empereurs étaient en même temps les idoles du peuple? c'est ce que Tacite ne dit pas, et ce qu'il faudrait nous expliquer. » Napoléon se trompait; Tacite a fort bien dit et plus d'une fois ce qui faisait des empereurs les idoles du peuple. Dans le discours que Galba tient à Pison, il s'exprime ainsi : « Néron sera toujours regretté des mauvais citoyens, c'est à toi à faire en sorte qu'il ne le soit pas par les gens de bien. » Paroles admirablement commentées par Montesquieu : « Le peuple de Rome, ce qu'on appelait *plebs,* ne haïssait pas les plus mauvais empereurs. Caligula, Néron, Commode, Caracalla, étaient regrettés du peuple à cause même de leur folie; ils prodiguaient pour lui toutes les richesses de l'empire; et quand elles étaient épuisées, le peuple voyait sans peine dépouiller toutes les grandes familles; il jouissait des fruits de la tyrannie; et il en jouissait purement, car il trouvait sa sûreté dans sa bassesse. De tels princes haïssaient naturellement les gens de bien; ils savaient qu'ils n'en étaient pas approuvés. Indignés de la contradiction ou du silence d'un citoyen austère, enivrés des applaudissements de la populace, ils parvenaient à s'imaginer que leur gouvernement faisait la félicité publique, et qu'il n'y avait que des gens malintentionnés qui pussent le censurer (1). » A Sainte-Hélène même, Napoléon songeait encore à ce qu'il regardait comme une prévention de l'histoire à l'égard des empereurs romains : « En immolant César, Brutus ne voulut pas voir que son autorité était légitime, parce qu'elle était l'effet de l'opinion et de

---

(1) *Grandeur et décadence,* ch. **xv**.

la volonté du peuple (1). » Napoléon avait tort de se faire ainsi l'apologiste des empereurs, et d'y chercher comme une origine et une justification ; par le génie, par la gloire, par le malheur noblement supporté, il est autant au-dessus d'eux qu'à d'autres égards il en diffère profondément ; quoi qu'il en soit, d'après ce que nous venons de rapporter, on peut croire que la supériorité donnée à Salluste sur Tacite par le critique officiel n'était peut-être pas entièrement désintéressée, et qu'un sentiment autre que celui du goût, s'il ne dictait son jugement, pouvait cependant l'altérer. »

De nos jours, Tacite n'est guère plus heureux ; il vient de rencontrer un nouveau et éminent contradicteur, qui est en même temps un partisan de Salluste.

« La littérature latine ne possède aucun ouvrage qui renferme, sur l'état politique des Romains, les lumières qu'Aristote nous a données sur la république de Sparte, et Xénophon sur la république d'Athènes. Tacite est de tous les auteurs celui sur lequel on pourrait le plus compter, à cause de la trempe de son esprit sévèrement critique. L'entrée en matière de ses *Annales* fait espérer d'utiles révélations ; en quelques mots profonds et rapides, il montre le monde fatigué des guerres civiles, un besoin général de repos et de sécurité ; Auguste, maître de l'armée par ses largesses, du peuple par ses distributions, des nobles par ses faveurs, de tous par la douce tranquillité de son gouvernement ; enfin, la république s'effaçant peu à peu du souvenir d'une société qui, sous un sceptre protecteur, goûtait un repos dont elle avait été si longtemps privée. Ce tableau est d'une touche admirable. Il fait espérer que l'auteur, s'élevant à d'autres perspectives, éclairera de quelques traits lumineux les causes de cette décadence. Mais, il faut le dire, Tacite trompe ici notre attente. En général, Tacite, qui pénètre si avant

(1) *Précis sur les guerres civiles de Jules César*, par Napoléon.

dans le cœur humain, n'a pas la même portée pour sonder (quoiqu'il en ait la prétention) les plus hautes causes des événements. Son style ne cesse jamais d'être savant, pittoresque et viril; mais son génie demeure trop étranger au progrès de la société romaine. Il saisit en philosophe le caractère des individus; il ne sait pas s'inspirer de la philosophie d'une époque. Prenons, par exemple, un passage célèbre de ses *Annales*, celui où il expose les vicissitudes de la législation romaine. Ce tableau est semé de traits brillants et profonds, et la verve de l'auteur lance avec vigueur des sarcasmes accablants. Mais tout cet art, il faut bien l'avouer, prête une enveloppe éloquente à de graves erreurs et à d'inconcevables préjugés. Tacite affirme, en effet, que la perfection de la législation romaine s'est arrêtée à la loi des Douze tables : *Duodecim tabulæ finis æqui juris*. Depuis, la décadence a tout envahi. N'espérons donc pas trouver dans Tacite le fil conducteur que nous cherchons. Un auteur qui croit que tout est mal à partir des Douze tables ne prouve rien autre chose, sinon qu'avec des dispositions misanthropiques, un homme de génie, grand peintre et moraliste intègre, peut manquer du tact si nécessaire à l'histoire (1). » Nous ne rechercherons pas si l'auteur du passage que nous citons a bien donné à la phrase de Tacite son vrai sens, ce qui peut être contesté, et si l'historien des empereurs mérite le reproche qui lui est fait, de n'avoir pas vu ces progrès du droit romain qui ne furent sensibles qu'assez longtemps après lui, et furent l'œuvre du christianisme et non de l'empire; nous n'avons voulu constater qu'une chose : à savoir, qu'aujourd'hui, comme au commencement du siècle, comme au temps des articles officieux ou officiels, le vent est aussi favorable à Salluste qu'il est contraire à Tacite. Nous concevons très-bien, sans y acquiescer pour

---

(1) *Revue contemporaine*, 31 août 1855.

notre part, que l'on préfère Salluste à Tacite, et, nous le répétons, si cette préférence était uniquement littéraire, nous n'aurions rien à y voir : mais, ici encore, comme plus haut, en est-il bien ainsi ?

Laissons donc de côté ces considérations un peu étrangères à la littérature, et, abstraction faite des préoccupations contemporaines, cherchons quel est, parmi les historiens latins, le rang de Salluste; mais, pour le comparer, il le faut définir.

Quand Salluste entreprit d'écrire l'histoire, la langue de l'histoire, nous le savons, n'était pas faite à Rome; ce lui fut donc une nécessité de la créer. Cette nécessité s'accordait parfaitement avec la nature de son esprit. Salluste est avant tout un artiste en style; il en a la passion en même temps que le sentiment; il choisit, il façonne, il cisèle les mots : c'est le la Rochefoucauld de la langue latine. Mais ce soin minutieux a ses dangers. Continuellement occupé de donner du relief à l'expression, du trait à la pensée, de la concision à la phrase, Salluste n'évite pas toujours l'obscurité, la recherche, les chutes brusques et imprévues ; c'est le reproche que lui adressait Sénèque, qui se le fût justement appliqué. Ces scrupules dans Salluste ne s'arrêtent pas au style; il les a également dans le choix et pour la forme de ses ouvrages. Ne pas tenter d'embrasser toute l'histoire romaine, dont il ne pouvait, au temps où il écrivait, avoir le dernier mot, c'était, nous l'avons dit, une preuve de grand sens dans Salluste; mais il faut ajouter que c'était aussi un instinct éclairé du genre de son talent, plutôt profond qu'étendu, plus sobre que riche, plus fini que naturel. Dans ces tableaux détachés de l'histoire romaine, il peut plus facilement, jaloux qu'il est avant tout de l'effet de l'ensemble, plus que de l'exactitude des détails, composer les faits, placer les personnages, ménager les nuances, préparer les contrastes, en un mot, mettre en lumière ou laisser dans l'ombre ce qui peut faire briller ou couvrir ce talent de peindre qu'il possède au suprême degré : c'est le défaut de quelques-uns de ces portraits qu'il aime à tracer, morceaux d'apparat quelquefois plus que vivantes et fidèles images : historien, en qui l'écrivain ne disparaît pas toujours assez.

Sa narration, si rapide, si vive, si pittoresque, n'est pourtant pas à l'abri de toute critique. Salluste a le tour vif, l'expression rapide, l'allure fort dégagée en apparence ; mais, regardez-y de près, il n'avance pas autant qu'il se hâte ; ce qu'il ne dit pas sans beaucoup de peine en une suite de petites phrases brusques, saccadées, monotones et fatigantes par l'emploi excessif de l'infinitif de narration, Tite-Live vous le dira avec plus de charme et même plus de précision, dans une de ces magnifiques périodes où, sans rien précipiter, sans rien laisser en arrière, la pensée entraîne avec elle dans son cours limpide et majestueux toutes les incises qui la complètent.

Malgré ces défauts, Salluste est un écrivain incomparable. Son style a une suprême beauté de vigueur et d'éclat, de hardiesse et d'aisance, de séve abondante quoique contenue ; il a de ces mots qui illuminent toute une pensée, de ces traits qui éclairent toute une figure. Quoique colorées, ses expressions sont limpides et transparentes : sous les mots, on aperçoit les idées. C'est le propre, en effet, de cette intelligence fine, de cette raison élevée, de tout saisir d'une vue nette et de tout montrer sous une vive lumière ; tant cette même clarté qui resplendit dans son esprit, qui a conservé en lui, au milieu de ses vices, le sens du beau et de la vertu, lui révèle, avec une prompte et infaillible pénétration, les humeurs diverses des personnages, leurs intérêts, leurs passions ! Entre les différents mobiles qui peuvent décider le cœur humain, et qui souvent s'y combattent, il ne cherche pas, il n'interprète pas comme Tacite. Dans les ressorts si compliqués de l'âme, il saisit sur-le-champ, il montre celui qui la met en jeu, au moment où il la peint. La sûreté de son coup d'œil ne nous trompe et ne le trompe jamais : c'est un moraliste, comme Tacite, mais sans amertume; il ne peint les hommes ni pires ni meilleurs, mais tels qu'ils sont; ayant retiré de son expérience des affaires ce fruit qui est ordinairement le résultat de la vertu, la tolérance. En un mot, historien dramatique, politique profond, grand écrivain malgré quelques taches, tel est Salluste.

Salluste est-il supérieur ou inférieur à Tite-Live ? est-il au-dessus ou au-dessous de Tacite? Si nous ne suivions que notre goût particulier; si nous ne considérions que la pureté du style, la beauté de l'éloquence, le cours limpide et abondant de la narration, peut-être donnerions-nous la préférence à Tite-Live; à Tacite, si nous ne faisions attention qu'à la profondeur de la pensée, au pittoresque de l'expression, à l'âme sympathique de l'historien : sans oublier toutefois que Salluste est souvent aussi énergique et aussi concis que Tacite, sans être aussi tourmenté; aussi éclatant, aussi riche, quoique plus tempéré que Tite-Live et plus sobre. Mais, adoptant sur les trois historiens latins ce qu'un rhéteur a dit seulement de Tite-Live et de Tacite, nous aimons mieux reconnaître qu'ils sont « plutôt égaux que semblables (1), » et, comme on l'a heureusement exprimé, « les admirer tous ensemble que leur chercher des rangs. »

Maintenant comparerons-nous les historiens latins aux historiens grecs et déclarerons-nous les uns supérieurs aux autres? Assurément, nul plus que moi n'aime Tite-Live; nul n'est plus charmé de cette limpidité brillante, de cette abondance si choisie, de cette imagination si pittoresque : si j'avais un faible, je serais, avec la Harpe, pour l'historien de la république romaine. Mais qu'il m'en coûterait de lui sa-

---

(1) *Nam mihi egregie dixisse videtur Servilius Nonianus, pares eos magis quam similes.* Quintil., lib. X, c. 1.

crifier Hérodote! ces pages si imprégnées de fraîcheur, ces légendes si merveilleuses, cette prose si voisine de la poésie, ces histoires sœurs de l'épopée et comme elles inspirées par les muses! Et comment choisir entre Thucydide et Salluste, si concis tous deux, si énergiques, si profonds! et Xénophon? lui pourrait-on sacrifier César, presque aussi attique que lui dans son urbanité romaine? Quant à Tacite, il est à part dans sa grandeur comme dans ses défauts.

Mais pourquoi vouloir comparer ce qui est différent? Il y a, en effet, entre les historiens grecs et les historiens latins, avec quelques analogies, des dissemblances profondes. Les premiers écrivent pour ainsi dire dans la fraîcheur et dans la jeunesse du monde, sans modèles et aussi sans entraves, espérant beaucoup de la liberté et de l'avenir. Voyez Hérodote : ne se promène-t-il pas avec une curiosité, avec un plaisir d'enfant, à travers les pays et les siècles dont il a pu se procurer la connaissance? puis, à mesure qu'il avance dans son récit et qu'il approche de son siècle, il s'anime et s'élève jusqu'à ce qu'enfin, racontant les hauts faits qui avaient retenti autour de son berceau, il fasse entendre un chant de triomphe et de joie, au souvenir de Marathon et de Salamine, et salue dans la défaite des barbares la victoire de la civilisation. De même, dans Xénophon, l'histoire est pleine de naïveté et d'espérance; il admire les vertus plus qu'il ne critique les vices; il a vu de près la faiblesse de l'empire des Perses (1), et il se réjouit de l'avenir prochain qui fera triompher ses compatriotes de l'ennemi héréditaire de leur civilisation. Thucydide, je le sais, a moins de sérénité; il n'a pu ne pas reconnaître la décadence des mœurs de ses contemporains, mais elle est à ses yeux l'effet de la guerre : c'est un mal qui passera (2); il croit au malade assez d'énergie pour recouvrer sa santé première.

(1) *Hellen.*, VI, 1, 4.
(2) III, 82.

Il n'en est pas ainsi des historiens latins : Salluste, Tite-Live même, Tacite, écrivent sous une impression pénible et avec une préoccupation douloureuse. Comme Thucycide, Salluste voit la corruption de ses concitoyens, mais il la voit irrémédiable : « Deux vices opposés, dit-il, l'avarice et la débauche, éteignent en nous tout ce qu'il y avait dans nos aïeux de bon et d'énergique, et nous ne nous arrêterons plus sur cette pente rapide. » Tite-Live lui-même, qui, en écrivant l'histoire des premiers temps de Rome, s'en faisait contemporain par le cœur et par l'imagination : *mihi vetustas res scribenti, nescio quo pacto antiquus fit animus* (1), Tite-Live finit pourtant par être atteint de découragement; et il laissera, lui le Pompéien, échapper ces mots, qui sont presque l'excuse de César : « Nous sommes arrivés au point où nous ne pouvons plus ni souffrir nos maux ni en supporter le remède. » Et Tacite ? ah ! celui-là, c'est la douleur même ; cette république que Tite-Live avait du moins entrevue, elle est pour Tacite l'objet d'un inconsolable regret. Aussi quelle amertume dans ses plaintes : « Un long esclavage a tellement étouffé en nous tous les nobles sentiments, que nous ne savons plus faire usage de la liberté qu'on nous offre; nous avons fini par aimer l'inaction à laquelle d'abord nous ne nous résignions qu'en frémissant ! » Aussi, quelque ardent que soit son culte pour les anciennes vertus, quelque puissante que soit son imagination pour les ressusciter et les peindre, ne peut-il échapper aux impressions de la réalité; le contraste des temps qu'il regrette et de ceux qu'il est obligé de raconter frappe cruellement son esprit, et des réflexions tristes ou chagrines, des soupirs douloureux, viennent parfois interrompre le récit impassible de l'historien.

Ainsi l'histoire romaine n'a rien du calme, de la sérénité,

(1) L XLIII, 13.

j'ai presque dit, des illusions de l'histoire grecque : ici, il y a tranquillité, harmonie, élévation ; là, combat, discussion, douleur. Cette différence s'explique facilement. Venus les premiers, les historiens grecs étaient, pour ainsi dire, dans une heureuse ignorance des destinées des peuples; ils avaient l'expérience de la vie des individus; ils n'avaient pas celle de la vie des nations. Il n'en est pas ainsi des historiens latins: ils ont, outre leur propre expérience, l'expérience des nations qui les ont précédés; ils portent en quelque sorte le poids des siècles et ils ont le désenchantement de la vieillesse. En lisant les historiens grecs, les historiens romains y reconnaissaient la loi fatale de l'accroissement, de la grandeur, de la décadence; ils y retrouvaient le passé de leur propre histoire : ils y pressentaient son avenir. Mais, s'ils ont moins de naïveté, de grâce, que les historiens grecs, s'ils éveillent moins en nous, avec le sentiment du beau, les sympathies généreuses qui sont la vie et l'honneur de l'humanité, ils nous attachent par d'autres qualités. Leur pensée a plus de profondeur et une mélancolie qui n'est pas sans intérêt et sans grandeur; ils pénètrent plus avant dans la nature humaine, et, si le jour dont ils l'éclairent est quelquefois sombre, leur tristesse même a son charme et son instruction.

Au point de vue moral, les historiens latins se soutiennent donc à la hauteur des historiens grecs; mais, au point de vue de l'art, ceux-ci leur sont supérieurs ; ils ont, en effet, ce mérite suprême en toute œuvre de l'esprit de s'effacer complétement derrière leurs ouvrages, de n'y mettre pas leurs préoccupations personnelles : c'est le caractère d'Hérodote, c'est surtout celui de Thucydide. Uniquement épris de la vérité pure, il ne cherche pas à expliquer les événements, à les colorer; il les présente nus; à peine un voile, transparent comme la lumière du ciel grec, les couvre sans les embellir. Il n'est point orateur comme Tite-

Live, poëte comme Tacite; il ne plaide ni ne peint : sa passion, s'il en a une, c'est la recherche du vrai.

Les historiens latins n'ont pas, à beaucoup près, cette discrétion. Ce qui, au premier abord, frappe en eux, c'est leur physionomie nationale : Salluste, Tite-Live, Tacite, sont pleins de cette foi que l'univers appartient à Rome. Cette foi, elle est l'âme de leurs récits, l'originalité puissante de leurs œuvres; souvent même elle va jusqu'à l'égoïsme, jusqu'au mépris de l'humanité, et à justifier les actes les moins justifiables de l'ambition romaine. Oui, Rome, personnifiée dans ses historiens, ne voit, n'admire, ne souffre qu'elle-même; pour elle seule elle s'émeut, indifférente aux malheurs, aux larmes, à la destruction des peuples qui doutent, en lui résistant, de cette éternité que les destins lui ont promise. Que les historiens grecs sont différents ! Généreux, sympathiques à l'humanité, s'ils triomphent des victoires obtenues sur le grand roi, c'est que dans ces victoires ils voient pour les autres peuples, aussi bien que pour eux-mêmes, la défaite de l'esclavage et de la barbarie par la liberté et la civilisation, le triomphe de la Grèce sur l'Orient. J'aime donc mieux les Grecs; mais je dois respecter, sinon admirer dans les historiens latins cet égoïsme patriotique. Le génie romain se peint tout entier dans son histoire; il s'y peint avec toute sa personnalité et sa dureté; et, pourtant, malgré cette préoccupation continuelle d'égoïsme, à cause de cette préoccupation peut-être, l'histoire romaine a un singulier intérêt; toute façonnée qu'elle est à l'image du peuple roi, elle attache fortement; c'est qu'à Rome, entre les plébéiens et les patriciens, il se joue sur le Forum un drame où le monde tout entier est engagé : c'est la lutte du droit contre la force. L'histoire qui, en Grèce, n'a qu'un acteur, les hommes libres, ici en a deux, le peuple et la noblesse; l'intérêt est donc double. De la lutte des plébéiens et des patriciens date en effet le premier affranchissement de l'humanité ; dans la Grèce dominent encore le despotisme de l'Orient et la jalousie de la liberté, qui se montre dans l'abaissement de l'Ilote : le combat des deux ordres, le sénat et le peuple, est, à Rome, le premier pas vers cette égalité que l'empire a bien pu préparer, mais que le christianisme seul a donnée au monde.

C'est ce sentiment de patriotisme qui nous attache si fortement dans Tite-Live et dans Tacite, et qui, dans Salluste, quand il regrette l'antique simplicité des mœurs, prend un accent qui est presque celui de la vertu. C'est lui, du moins, c'est ce sentiment qui lui révèle, avec un tact si prompt et si sûr, les causes de ces vices secrets qui minent la constitution romaine, qui, déjà atteinte dans les luttes de Marius et de Sylla, ouvertement menacée par l'audace de Catilina, doit succomber sous le génie non moins hardi, mais plus habile de César. Salluste, et c'est là son trait distinctif, se distingue entre tous les historiens par un sens profond, par une connaissance pratique des hommes et des affaires. « Sa politique, dit Saint-Évremont, est juste, noble, généreuse. » Mably lui rend le même témoignage : « Voyez Salluste, c'était sans doute un fort malhonnête homme ; mais, s'élevant par les lumières de son génie au-dessus de lui-même, il ne prend point le faste, les richesses, les voluptés et la vaste étendue des provinces de la république pour des signes et des preuves de sa prospérité. Il voit Rome qui chancelle sous le poids des richesses et qui est prête à se vendre si elle trouve un acheteur. J'aime une histoire qui m'instruit, étend ma raison, et qui m'apprend à juger de ce qui se passe sous mes yeux et à prévoir la fortune des peuples où je vis par celle des étrangers (1). » Juge aussi éclairé des hommes et des faits qu'il est écrivain ferme et précis, Salluste n'exa-

(1) *De la manière d'écrire l'histoire.*

gère et n'affaiblit rien : « Chez lui, dit saint Augustin, le vrai s'embellit sans jamais s'altérer (1). » Si Tacite est le livre des penseurs, Salluste doit être celui des hommes d'État. Sans doute, on désirerait que chez lui l'autorité de l'homme vînt confirmer les leçons du moraliste; mais, si l'on ne sent pas dans ses écrits l'accent ému du patriotisme comme dans Tite-Live, comme dans Tacite l'indignation de la vertu, il en a du moins le respect et comme un regret intellectuel, sinon moral; il plaît moins peut-être, il ne touche pas autant : il instruit davantage.

J.-P. CHARPENTIER.

(1) *Sallustius nobilitatæ veritatis historicus* : de Civitate Dei, I, c. v.

AVERTISSEMENT

Nous avons pris, pour cette édition des œuvres complètes de Salluste, la traduction justement estimée de M. Ch. du Rozoir, ancien professeur d'histoire au lycée Louis-le-Grand ; traduction d'un tour naturel et facile ; d'un style sain, élégant et agréable, d'une grande fidélité de sens et d'expression, et qui seulement laissait parfois désirer un peu plus de concision et de vigueur ; nous avons revu attentivement, et avec le même soin, le texte et les notes. Dans ce travail, nous avons été heureusement secondé par M. F. Lemaistre, habile humaniste et littérateur d'un goût délicat.

A l'exemple du président de Brosses, et contrairement à l'usage adopté par presque tous les éditeurs ou traducteurs de Salluste, M. du Rozoir avait donné le *Jugurtha* avant le *Catilina* : nous faisons comme lui. Sans doute, en plaçant le *Catilina* avant le *Jugurtha*, il y a cet avantage, que l'on suit mieux les progrès du style et de la manière de l'écrivain ; mais cet arrangement a l'inconvénient de présenter les faits dans l'ordre inverse à celui où ils se sont passés ; on éprouve comme un certain malaise à revenir ainsi en arrière et à remonter le courant de l'histoire. D'ailleurs, en mettant le *Jugurtha* avant le *Catilina*, on ne fait que ce qui s'est toujours fait pour les œuvres de Tacite, sans que personne y ait trouvé à redire. Tout le monde sait que les *histoires* ont été composées avant les *annales* ; et pourtant qui donnerait les *annales* après les *histoires* dérouterait singulièrement le lecteur. Il n'y a point de raison d'en agir pour Salluste autrement que pour Tacite. On aura donc dans cette édition : 1° la guerre de Jugurtha; 2° la conjuration de Catilina; 3° les lettres à César sur le gouvernement de la république; 4° tous les fragments véritables jusqu'ici recueillis de la grande histoire de Salluste; fragments que M. Ch. du Rozoir, tout en s'aidant du travail du président de Brosses, a vérifiés avec plus d'exactitude et restitués avec plus de sûreté aux livres et à la place auxquels ils appartenaient. Ainsi cette traduction de Salluste formera un corps d'histoire complet depuis la guerre de Jugurtha jusqu'à la dictature de César.

GUERRE DE JUGURTHA

SALLUSTE

GUERRE DE JUGURTHA

I. C'est à tort que les hommes se plaignent de leur condition, sous prétexte que leur vie, si faible et si courte, serait gouvernée par le hasard plutôt que par la vertu. Loin de là; quiconque voudra y penser reconnaîtra qu'il n'y a rien de plus grand, de plus élevé, que la nature de l'homme, et que c'est moins la force ou le temps qui lui manque, que le bon esprit d'en faire usage. Guide et souveraine de la vie humaine, que l'âme tende à la gloire par le chemin de la vertu, alors elle trouve en elle sa force, sa puissance, son illustration : elle se passe même de la fortune, qui ne peut donner ni ôter à personne la probité, l'habileté, ni aucune qualité estimable. Si, au contraire, subjugué par des passions déréglées, l'homme s'abandonne à l'indolence et aux plaisirs des sens, à peine a-t-il goûté ces funestes délices, il voit s'évanouir et s'éteindre, par suite de sa coupable inertie, et ses forces, et ses années, et

BELLUM JUGURTHINUM

I. Falso queritur de natura sua genus humanum, quod, imbecilla atque ævi brevis, forte potius quam virtute regatur : nam contra, reputando, neque majus aliud neque præstabilius invenias, magisque naturæ industriam hominum, quam vim aut tempus deesse. Sed dux atque imperator vitæ mortalium animus est; qui, ubi ad gloriam virtutis via grassatur, abunde pollens potensque et clarus est, neque fortunæ eget; quippe probitatem, industriam, alias artes bonas, neque dare neque eripere cuiquam potest. Sin, captus pravis cupiditatibus, ad inertiam et voluptates corporis pessum datus, est perniciosa lubidine paulisper usus; ubi per secordiam vires, tempus, ingenium defluxere, naturæ infirmitas

son talent. Alors il accuse la débilité de son être et s'en prend aux circonstances du mal dont lui seul est l'auteur. Si les humains avaient autant de souci des choses vraiment bonnes que d'ardeur à rechercher celles qui leur sont étrangères, inutiles et même nuisibles, ils ne seraient pas plus maîtrisés par les événements qu'ils ne les maîtriseraient eux-mêmes, et s'élèveraient à ce point de grandeur, que, sujets à la mort, ils devraient à la gloire un nom impérissable.

II. L'homme étant composé d'un corps et d'une âme, tous les objets extérieurs, aussi bien que toutes ses affections, tiennent de la nature de l'un ou de l'autre. Or la beauté, l'opulence, la force physique et tous les autres biens de ce genre passent vite; mais les œuvres éclatantes du génie sont immortelles comme l'âme. En un mot, les avantages du corps et de la fortune ont une fin, comme ils ont eu un commencement. Tout ce qui a pris naissance doit périr, tout ce qui s'est accru, décliner; mais l'âme incorruptible, éternelle, souveraine du genre humain, fait tout, maîtrise tout et ne connaît pas de maître. Combien donc est surprenante la dépravation de ceux qui, entièrement livrés aux plaisirs du corps, passent leur vie dans le luxe et dans la mollesse, tandis que leur esprit, la meilleure et la plus noble portion de leur être, ils le laissent honteusement sommeiller dans l'ignorance et dans l'inertie, oubliant qu'il est pour l'âme tant de moyens divers d'arriver à la plus haute illustration!

III. Parmi ces moyens, les magistratures, les commandements, enfin toute participation aux affaires publiques, ne me

---

accusatur; suam quisque culpam auctores ad negotia transferunt. Quod si hominibus bonarum rerum tanta cura esset, quanto studio aliena ac nihil profutura, multumque etiam periculosa petunt; neque regerentur magis quam regerent casus; et eo magnitudinis procederent, ubi pro mortalibus gloria æterni fierent.

II. Nam uti genus hominum compositum ex anima et corpore, ita res cunctæ studiaque omnia nostra, corporis alia, alia animi naturam sequuntur. Igitur præclara facies, magnæ divitiæ, ad hoc vis corporis, alia hujuscemodi omnia, brevi dilabuntur; at ingenii egregia facinora, sicuti anima, immortalia sunt. Postremo corporis et fortunæ bonorum, ut initium, sic finis est; omnia orta occidunt, et aucta senescunt ; animus incorruptus, æternus, rector humani generis, agit atque habet cuncta, neque ipse habetur. Quo magis pravitas eorum admiranda est, qui, dediti corporis gaudiis, per luxum atque ignaviam ætatem agunt; ceterum ingenium, quo neque melius, neque amplius aliud in natura mortalium est, incultu atque secordia torpescere sinunt : quum præsertim tam multæ variæque sint artes animi, quibus summa claritudo paratur.

III. Verum ex his magistratus et imperia, postremo omnis cura rerum publi-

paraissent guère dignes d'être recherchés dans le temps présent : car ce n'est pas au mérite qu'on accorde les honneurs; et ceux qui les ont acquis par des voies frauduleuses n'y trouvent ni sûreté, ni plus de considération. En effet, obtenir par violence le gouvernement de sa patrie ou des sujets de la république (1), dût-on devenir tout-puissant et corriger les abus, est toujours une extrémité fâcheuse; d'autant plus que les révolutions traînent à leur suite les massacres, la fuite des citoyens, et mille autres mesures de rigueur (2). D'un autre côté, se consumer en efforts inutiles, pour ne recueillir, après tant de peine, que des inimitiés, c'est l'excès de la folie, à moins qu'on ne soit possédé de la basse et funeste manie de faire en pure perte, à la puissance de quelques ambitieux, le sacrifice de son honneur et de sa liberté.

IV. Au reste, parmi les autres occupations qui sont du ressort de l'esprit, il n'en est guère de plus importante que l'art de retracer les événements passés. Tant d'autres ont vanté l'excellence de ce travail, que je m'abstiens d'en parler, d'autant plus qu'on pourrait attribuer à une vanité déplacée les éloges que je donnerais à ce qui fait l'occupation de ma vie. Je le pressens, d'ailleurs : comme j'ai résolu de me tenir désormais éloigné des affaires publiques, certaines gens ne manqueront pas de traiter d'amusement frivole un travail si intéressant et si utile; notamment ceux pour qui la première des études consiste à faire leur cour au peuple, et à briguer sa faveur par des festins. Mais que ces censeurs considèrent et dans quel temps j'obtins les magistratures, et quels hommes ne purent alors y parvenir, et quelle espèce de gens se sont depuis introduits dans le sénat;

carum, minume mihi hac tempestate cupiunda videntur: quoniam neque virtuti honos datur, neque illi, quibus per fraudem jus fuit, tuti aut eo magis honesti sunt. Nam vi quidem regere patriam aut parentes, quanquam et possis, et delicta corrigas, tamen importunum est; quum præsertim omnes rerum mutationes cædem, fugam, aliaque hostilia portendant. Frustra autem niti, neque aliud, se fatigando, nisi odium quærere, extremæ dementiæ est : nisi forte quem inhonesta et perniciosa lubido tenet, potentiæ paucorum decus atque libertatem suam gratificari.

IV. Ceterum, ex aliis negotiis quæ ingenio exercentur, inprimis magno usui est memoria rerum gestarum : cujus de virtute, quia multi dixere, prætereundum puto; simul, ne per insolentiam quis existumet memet studium meum laudando extollere. Atque ego credo fore qui, quia decrevi procul a republica ætatem agere, tanto tamque utili labori meo nomen inertiæ imponant : certe, quibus maxuma industria videtur, salutare plebem, et conviviis gratiam quærere. Qui si reputaverint, et quibus ego temporibus magistratus adeptus sum, et quales viri idem adsequi nequiverint, et postea quæ genera hominum in senatum per-

ils demeureront assurément convaincus que c'est par raison, et non par une lâche indolence, que mon esprit s'est engagé dans une nouvelle carrière, et que mes loisirs deviendront plus profitables à la république que l'activité de tant d'autres.

J'ai souvent ouï raconter que Q. Maximus, P. Scipion (3), et d'autres personnages illustres de notre patrie, avaient coutume de dire qu'à la vue des images de leurs ancêtres leurs cœurs se sentaient embrasés d'un violent amour pour la vertu. Assurément ni la cire, ni des traits inanimés, ne pouvaient par eux-mêmes produire une telle impression ; c'était le souvenir de tant de belles actions qui échauffait le cœur de ces grands hommes du feu de l'émulation, et cette ardeur ne pouvait se calmer que quand, à force de vertu, ils avaient égalé la glorieuse renommée de leurs modèles. Quelle différence aujourd'hui ! Qui, au milieu de cette corruption générale, ne le dispute à ses ancêtres en richesses et en profusions, plutôt qu'en probité et en talents ? Les hommes nouveaux eux-mêmes, qui autrefois s'honoraient de surpasser les nobles en vertu, c'est maintenant par la fraude, par les brigandages, et non plus par les bonnes voies, qu'ils arrivent aux commandements militaires et aux magistratures : comme si la préture, le consulat, enfin toutes les dignités, avaient par elles-mêmes de la grandeur et de l'éclat, et que l'estime qu'on doit en faire ne dépendît pas de la vertu de ceux qui les possèdent. Mais, dans mon allure trop franche, je me laisse emporter un peu loin par l'humeur et le chagrin que me donnent les mœurs de mon temps. J'arrive au sujet de mon livre.

---

venerint; profecto existumabunt me magis merito quam ignavia judicium animi mutavisse, majusque commodum ex otio meo, quam ex aliorum negotiis, reipublicæ venturum.

Nam sæpe audivi Q. Maxumum, P. Scipionem, præterea civitatis nostræ præclaros viros, solitos ita dicere, quum majorum imagines intuerentur, vehementissume sibi animum ad virtutem accendi. Scilicet non ceram illam, neque figuram, tantam vim in sese habere; sed memoria rerum gestarum eam flammam egregiis viris in pectore crescere, neque prius sedari quam virtus eorum famam atque gloriam adæquaverit. At contra, quis est omnium, his moribus, quin divitiis et sumtibus, non probitate neque industria, cum majoribus suis contendat? Etiam homines novi, qui antea per virtutem soliti erant nobilitatem antevenire, furtim et per latrocinia potius quam bonis artibus ad imperia et honores nituntur : proinde quasi prætura et consulatus, atque alia omnia hujuscemodi, per se ipsa clara, magnifica sint; ac non perinde habeantur, ut eorum qui sustinent virtus est. Verum ego liberius altiusque processi, dum me civitatis morum piget tædetque; nunc ad inceptum redeo.

V. J'entreprends d'écrire la guerre que le peuple romain a soutenue contre Jugurtha, roi de Numidie, d'abord parce qu'elle fut considérable, sanglante, et marquée par bien des vicissitudes ; en second lieu, parce que ce fut alors que pour la première fois le peuple mit un frein à l'orgueil tyrannique de la noblesse. Cette grande querelle, qui confondit tous les droits divins et humains, parvint à un tel degré d'animosité, que la fureur des partis n'eut d'autre terme que la guerre civile et la désolation de l'Italie. Avant d'entrer en matière, je vais reprendre d'un peu plus haut quelques faits dont la connaissance jettera du jour sur cette histoire.

Durant la seconde guerre punique, alors qu'Annibal, général des Carthaginois, porta de si cruelles atteintes à la gloire du nom romain, puis à la puissance de l'Italie, Masinissa, roi des Numides (4), admis dans notre alliance par P. Scipion, à qui ses exploits valurent plus tard le surnom d'Africain, nous servit puissamment par ses nombreux faits d'armes. Pour les récompenser, après la défaite des Carthaginois et la prise du roi Syphax, qui possédait en Afrique un vaste et puissant royaume, le peuple romain fit don à Masinissa de toutes les villes et terres conquises. Masinissa demeura toujours avec nous dans les termes d'une alliance utile et honorable ; et son règne ne finit qu'avec sa vie. Après sa mort, Micipsa, son fils, hérita seul de sa couronne, la maladie ayant emporté Gulussa et Manastabal, frères du nouveau roi. Micipsa fut père d'Adherbal et d'Hiempsal ; il fit élever dans son palais, avec la même distinction que ses propres enfants, Jugurtha, fils de son frère Manas-

---

V. Bellum scripturus sum quod populus romanus cum Jugurtha, rege Numidarum, gessit; primum quia magnum et atrox, variaque victoria fuit; dein quia tum primum superbiæ nobilitatis obviam itum est : quæ contentio divina et humana cuncta permiscuit, eoque vecordiæ processit, uti studiis civilibus bellum atque vastitas Italiæ finem faceret. Sed, priusquam hujuscemodi rei initium expedio, pauca supra repetam; quo ad cognoscendum omnia illustria magis magisque in aperto sint.

Bello punico secundo, quo dux Carthaginiensium Hannibal, post magnitudinem nominis romani, Italiæ opes maxume adtriverat, Masinissa, rex Numidarum, in amicitiam receptus a P. Scipione, cui postea Africano cognomen ex virtute fuit, multa et præclara rei militaris facinora fecerat : ob quæ, victis Carthaginiensibus, et capto Syphace, cujus in Africa magnum atque late imperium valuit, populus romanus quascunque urbes et agros manu ceperat, regi dono dedit. Igitur amicitia Masinissæ bona atque honesta nobis permansit : sed imperii vitæque ejus finis idem fuit. Dein Micipsa filius regnum solus obtinuit, Manastabale et Gulussa fratribus morbo absumtis. Is Adherbalem et Hiempsalem ex sese genuit, Jugurthamque, Manastabalis fratris filium, quem Masinissa,

tabal, bien que Masinissa l'eût laissé dans une condition privée, comme étant né d'une concubine (5).

VI. Dès sa première jeunesse, Jugurtha, remarquable par sa force, par sa beauté, et surtout par l'énergie de son caractère, ne se laissa point corrompre par le luxe et par la mollesse; il s'adonnait à tous les exercices en usage dans son pays, montait à cheval, lançait le javelot, disputait le prix de la course aux jeunes gens de son âge; et, bien qu'il eût la gloire de les surpasser tous, tous le chérissaient. A la chasse, qui occupait encore une grande partie de son temps, toujours des premiers à frapper le lion et d'autres bêtes féroces, il en faisait plus que tout autre, et c'était de lui qu'il parlait le moins.

Micipsa fut d'abord charmé de ces premiers succès, dans l'idée que le mérite de Jugurtha ferait la gloire de son règne : bientôt, quand il vint à considérer, d'une part, le déclin de ses ans et l'extrême jeunesse de ses fils, puis, de l'autre, l'ascendant sans cesse croissant de Jugurtha, il fut vivement affecté de ce parallèle, et diverses pensées agitèrent son âme. C'était avec effroi qu'il songeait combien par sa nature l'homme est avide de dominer et prompt à satisfaire cette passion; sans compter que l'âge du vieux roi, et celui de ses enfants, offriraient à l'ambition de ces facilités qui souvent, par l'appât du succès, jettent dans les voies de la révolte des hommes même exempts d'ambition. Enfin, l'affection des Numides pour Jugurtha était si vive, qu'attenter aux jours d'un tel prince, eût exposé Micipsa aux dangers d'une sédition ou d'une guerre civile.

VII. Ces difficultés arrêtèrent le monarque, et il reconnut

quod ortus ex concubina erat, privatum reliquerat, eodem cultu, quo liberos suos, domi habuit.

VI. Qui ubi primum adolevit, pollens viribus, decora facie, sed multo maxume ingenio validus, non se luxu neque inertiæ corrumpendum dedit; sed, uti mos gentis illius est, equitare, jaculari, cursu cum æqualibus certare; et, quum omnes gloria anteiret, omnibus tamen carus esse; ad hoc, pleraque tempora in venando agere, leonem atque alias feras primus aut in primis ferire; plurimum facere, minumum ipse de se loqui.

Quibus rebus Micipsa tametsi initio lætus fuerat, existumans virtutem Jugurthæ regno suo gloriæ fore, tamen, postquam hominem adolescentem, exacta sua ætate, parvis liberis, magis magisque crescere intellegit, vehementer negotio permotus, multa cum animo suo volvebat. Terrebat natura mortalium, avida imperii et præceps ad explendam animi cupidinem : præterea opportunitas suæque et liberorum ætatis, quæ etiam mediocres viros spe prædæ transvorsos agit; ad hoc studia Numidarum in Jugurtham accensa; ex quibus, si talem virum interfecisset, ne qua seditio aut bellum oriretur, anxius erat.

VII. His difficultatibus circumventus, ubi videt neque per vim neque insidiis

que ni par force ni par ruse il n'était possible de faire périr un homme entouré de la faveur populaire. Mais, voyant Jugurtha valeureux, passionné pour la gloire militaire, il résolut de l'exposer aux périls, et de tenter par cette voie la fortune. Aussi, lorsque, dans la guerre de Numance, Micipsa fournit aux Romains un secours d'infanterie et de cavalerie, il donna Jugurtha pour chef aux Numides qu'il envoyait en Espagne, se flattant qu'il y succomberait victime ou de sa valeur téméraire ou de la fureur des ennemis : l'événement fut entièrement contraire à l'attente de Micipsa. Jugurtha, dont l'esprit n'était pas moins pénétrant qu'actif, s'appliqua d'abord à étudier le caractère de Scipion (6), général de l'armée romaine, et la tactique des ennemis. Son activité, sa vigilance, son obéissance modeste, et sa valeur intrépide, qui en toute occasion allait au-devant des dangers, lui attirèrent bientôt la plus belle renommée : il devint l'idole des Romains et la terreur des Numantins. Il était à la fois brave dans les combats et sage dans les conseils, qualités opposées qu'il est bien difficile de réunir : l'une menant d'ordinaire à la timidité par trop de prudence, et l'autre à la témérité par trop d'audace. Aussi presque toujours Scipion se reposa-t-il sur lui de la conduite des expéditions les plus périlleuses : il l'avait mis au nombre de ses amis, et le chérissait chaque jour davantage. En effet, il ne voyait jamais échouer aucun des projets conçus ou exécutés par ce jeune prince. Jugurtha intéressait encore par la générosité de son cœur et par les agréments de son esprit : aussi forma-t-il avec un grand nombre de Romains l'amitié la plus étroite.

opprimi posse hominem tam acceptum popularibus, quod erat Jugurtha manu promtus et adpetens gloriæ militaris, statuit eum objectare periculis, et eo modo fortunam tentare. Igitur, bello Numantino, Micipsa quum populo romano equitum atque peditum auxilia mitteret, sperans, vel ostentando virtutem, vel hostium sævitia facile occasurum, præfecit Numidis quos in Hispaniam mittebat. Sed ea res longe aliter ac ratus erat evenit. Nam Jugurtha, ut erat impigro atque acri ingenio, ubi naturam P. Scipionis, qui tum Romanis imperator, et morem hostium cognovit, multo labore, multaque cura, præterea modestissume parendo, et sæpe obviam eundo periculis, in tantam claritudinem brevi pervenerat, ut nostris vehementer carus, Numantinis maxumo terrori esset. Ac sane, quod difficillumum in primis est, et prœlio strenuus erat, et bonus consilio; quorum alterum ex providentia timorem, alterum ex audacia temeritatem, adferre plerumque solet. Igitur imperator omnes fere res asperas per Jugurtham agere, in amicis habere, magis magisque in dies amplecti: quippe cujus neque consilium neque inceptum ullum frustra erat. Huc accedebat munificentia animi, et ingenii sollertia, quis rebus sibi multos ex Romanis familiari amicitia conjunxerat.

VIII. A cette époque on comptait dans notre armée beaucoup d'hommes nouveaux et des nobles plus avides de richesses que jaloux de la justice et de l'honneur ; gens factieux, puissants à Rome, plus connus que considérés chez nos alliés. Ces hommes ne cessaient d'enflammer l'ambition de Jugurtha, qui n'était déjà que trop vive, en lui promettant qu'après la mort de Micipsa il se verrait seul maître du royaume de Numidie ; que son rare mérite l'en rendait digne, et qu'à Rome tout se vendait.

Prêt à congédier les troupes auxiliaires après la destruction de Numance, et à rentrer lui-même dans ses foyers, P. Scipion combla Jugurtha d'éloges et de récompenses, à la vue de l'armée ; puis, le conduisant dans sa tente, il lui recommanda en secret de cultiver l'amitié du peuple romain entier, plutôt que celle de quelques citoyens ; de ne point s'accoutumer à gagner les particuliers par des largesses ; ajoutant qu'il était peu sûr d'acheter d'un petit nombre ce qui dépendait de tous ; que, si Jugurtha voulait persister dans sa noble conduite, il se frayerait infailliblement un chemin facile à la gloire et au trône, mais qu'en voulant y arriver trop tôt, ses largesses mêmes contribueraient à le perdre.

IX. Après avoir ainsi parlé, Scipion congédia le prince, en le chargeant de remettre à Micipsa une lettre ainsi conçue : « Votre cher Jugurtha a montré la plus grande valeur dans la guerre de Numance. Je ne doute pas du plaisir que je vous fais en lui rendant ce témoignage. Ses services lui ont mérité mon affection ; il ne tiendra pas à moi qu'il n'obtienne de même celle du sénat et du peuple romain. Comme votre ami, je vous féli-

---

VIII. Ea tempestate in exercitu nostro fuere complures novi atque nobiles, quibus divitiæ bono honestoque potiores erant, factiosi, domi potentes, apud socios clari magis quam honesti ; qui Jugurthæ non mediocrem animum pollicitando accendebant, si Micipsa rex occidisset, fore uti solus imperii Numidiæ potiretur ; in ipso maxumam virtutem ; Romæ omnia venalia esse.

Sed postquam, Numantia deleta, P. Scipio dimittere auxilia, ipse revorti domum decrevit ; donatum atque laudatum magnifice pro concione Jugurtham in prætorium abduxit. Ibique secreto monuit, uti potius publice quam privatim amicitiam populi romani coleret ; neu quibus largiri insuesceret : periculose a paucis emi quod multorum esset : si permanere vellet in suis artibus, ultro illi et gloriam et regnum venturum ; sin properantius pergeret, suamet ipsum pecunia præcipitem casurum.

IX. Sic locutus, cum litteris, quas Micipsæ redderet, dimisit. Earum sententia hæc erat : « Jugurthæ tui bello Numantino longe maxuma virtus fuit ; quam rem tibi certo scio gaudio esse. Nobis ob merita carus est : uti idem senatui sit

cite : vous possédez un neveu digne de vous et de son aïeul Masinissa. »

Le roi, à qui cette lettre du général romain confirmait ce que la renommée lui avait appris, fut ébranlé par le mérite et par le crédit de Jugurtha, et, faisant violence à ses propres sentiments, il entreprit de le gagner par des bienfaits. Il l'adopta sur-le-champ, et par son testament l'institua son héritier, conjointement avec ses fils. Peu d'années après, accablé par l'âge, par la maladie, et sentant sa fin prochaine, il fit venir Jugurtha, puis, en présence de ses amis, de ses parents et de ses deux fils, Adherbal et Hiempsal, lui adressa le discours suivant :

X. « Vous étiez enfant, Jugurtha, vous étiez orphelin, sans avenir et sans fortune : je vous recueillis, je vous approchai de mon trône, comptant que par mes bienfaits je vous deviendrais aussi cher qu'à mes propres enfants, si je venais à en avoir (7). Cet espoir n'a point été trompé. Sans parler de vos autres grandes et belles actions, vous avez à Numance, d'où vous revîntes en dernier lieu, comblé de gloire et votre roi et votre patrie; votre mérite a resserré les liens de notre amitié avec les Romains et fait revivre en Espagne la renommée de notre maison ; enfin, ce qui est bien difficile parmi les hommes, votre gloire a triomphé de l'envie. Aujourd'hui que la nature a marqué le terme de mon existence, je vous demande, je vous conjure par cette main que je presse, par la fidélité que vous devez à votre roi, de chérir ces enfants qui sont nés vos parents, et qui par mes bontés sont devenus vos frères. N'allez point préférer des liaisons nouvelles avec des étrangers à celles que le

---

et populo romano, summa ope nitemur. Tibi quidem pro nostra amicitia gratulor : en habes virum dignum te atque avo suo Masinissa. »

Igitur rex, ubi quæ fama acceperat ex litteris imperatoris ita esse cognovit, quum virtute viri, tum gratia permotus, flexit animum suum, et Jugurtham beneficiis vincere adgressus est; statimque adoptavit, et testamento pariter cum filiis hæredem instituit. Sed ipse paucos post annos, morbo atque ætate confectus, quum sibi finem vitæ adesse intellegeret, coram amicis et cognatis, item Adherbale et Hiempsale filiis, dicitur hujuscemodi verba cum Jugurtha habuisse :

X. « Parvum ego, Jugurtha, te, amisso patre, sine spe, sine opibus, in meum regnum accepi, existumans non minus me tibi quam liberis, si genuissem, ob beneficia carum fore; neque ea res falsum me habuit. Nam, ut alia magna et egregia tua omittam, novissume rediens Numantia, meque regnumque meum gloria honoravisti; tua virtute nobis Romanos ex amicis amicissumos fecisti; in Hispania nomen familiæ renovatum ; postremo, quod difficillumum inter mortales, gloria invidiam vicisti. Nunc, quoniam mihi natura vitæ finem facit, per hanc dextram, per regni fidem moneo obtestorque, uti hos, qui tibi genere pro-

1.

sang établit entre vous. Ni les armées ni les trésors ne sont les appuis d'un trône, mais les amis, dont l'affection ne s'acquiert pas plus par la force des armes qu'elle ne s'achète au poids de l'or : on ne l'obtient que par de bons offices et par la loyauté. Or, pour un frère, quel meilleur ami qu'un frère? et quel étranger trouverez-vous dévoué si vous avez été l'ennemi des vôtres? Je vous laisse un trône, inébranlable si vous êtes vertueux, chancelant si vous cessez de l'être. L'union fait prospérer les établissements les plus faibles, la discorde détruit les plus florissants. C'est particulièrement à vous, Jugurtha, qui avez sur ces enfants la supériorité de l'âge et de la sagesse, c'est à vous qu'il appartient de prévenir un pareil malheur. Songez que, dans toute espèce de lutte, le plus puissant, alors même qu'il est l'offensé, passe pour l'agresseur, par cela même qu'il peut davantage. Adherbal, et vous, Hiempsal, chérissez, respectez ce prince illustre : imitez ses vertus, et faites tous vos efforts pour qu'on ne dise pas, en voyant mes enfants, que l'adoption m'a mieux servi que la nature. »

XI. Bien que Jugurtha comprît que le langage du roi était peu sincère, bien qu'il eût lui-même des projets très-différents, il fit néanmoins la réponse affectueuse qui convenait à la circonstance. Micipsa meurt peu de jours après. Dès qu'ils eurent célébré ses obsèques avec une magnificence vraiment royale, les jeunes rois se réunirent pour conférer sur toutes les affaires de l'État. Hiempsal, le plus jeune des trois, était d'un caractère altier; depuis longtemps il méprisait Jugurtha à cause de l'inégalité qu'imprimait à sa naissance la basse extraction de sa

---

pinqui, beneficio meo fratres sunt, caros habeas; neu malis alienos adjungere, quam sanguine conjunctos retinere. Non exercitus neque thesauri præsidia regni sunt; verum amici, quos neque armis cogere, neque auro parare queas : officio et fide pariuntur. Quis autem amicior quam frater fratri? aut quem alienum fidum invenies, si tuis hostis fueris? Equidem ego vobis regnum trado firmum, si boni eritis; sin mali, imbecillum : nam concordia parvæ res crescunt, discordia maximæ dilabuntur. Ceterum ante hos te, Jugurtha, qui ætate et sapientia prior es, ne aliter quid eveniat providere decet. Nam, in omni certamine, qui opulentior est, etiam si accepit injuriam, quia plus potest, facere videtur. Vos autem, Adherbal et Hiempsal, colite, observate talem hunc virum; imitamini virtutem, et enitimini ne ego meliores liberos sumsisse videar, quam genuisse. »

XI. Ad ea Jugurtha, tametsi regem ficta locutum intellegebat, et ipse longe aliter animo agitabat, tamen pro tempore benigne respondit. Micipsa paucis diebus post moritur. Postquam illi, more regio, justa magnifice fecerant, reguli in unum convenere, uti inter se de cunctis negotiis disceptarent. Sed Hiempsal, qui minumus ex illis, natura ferox, etiam antea ignobilitatem Jugurthæ, quia ma-

mère : il prit la droite d'Adherbal, pour ôter à Jugurtha la place du milieu, qui chez les Numides est regardée comme la place d'honneur. Cependant, fatigué des instances de son frère, il cède à la supériorité de l'âge, et consent, non sans peine, à se placer de l'autre côté.

Les princes eurent un long entretien sur l'administration du royaume. Jugurtha, entre autres propositions, mit en avant l'abolition de toutes les lois, de tous les actes rendus depuis cinq ans, attendu la faiblesse d'esprit où l'âge avait fait tomber Micipsa. « J'y consens volontiers, répliqua Hiempsal; aussi bien est-ce dans les trois dernières années que l'adoption vous a donné des droits au trône. » Cette parole fit sur le cœur de Jugurtha une impression profonde, qui ne fut point assez remarquée. Depuis ce moment, agité par son ressentiment et par ses craintes, il machine, il dispose, il médite sans relâche les moyens de faire périr Hiempsal par de secrètes embûches ; mais, ces mesures détournées entraînant trop de retardements au gré de son implacable haine, il résolut d'accomplir sa vengeance, à quelque prix que ce fût.

XII. Dans la première conférence qui eut lieu entre les jeunes rois, ainsi que je l'ai dit, ils étaient convenus, attendu leur désunion, de se partager entre eux les trésors et les provinces du royaume : ils avaient pris jour pour ces deux opérations; et ils devaient commencer par les trésors. En attendant, les jeunes rois se retirèrent, chacun de son côté, dans des places voisines de celles où étaient déposées ces richesses. Le hasard voulut que Hiempsal vînt loger à Thirmida, dans la maison du premier licteur de Jugurtha (8), et cet homme avait toujours été cher

---

terno genere impar erat, despiciens, dextra Adherbalem adsedit, ne medius ex tribus, quod apud Numidas honori ducitur, Jugurtha foret. Dein tamen, uti ætati concederet, fatigatus a fratre, vix in partem alteram transductus est.

Ibi quum multa de administrando imperio dissererent, Jugurtha inter alias res jacit : oportere quinquennii consulta omnia et decreta rescindi; nam per ea tempora confectum annis Micipsam parùm animo valuisse. Tum idem Hiempsal placere sibi respondit; nam ipsum illum tribus his proxumis annis adoptatione in regnum pervenisse. Quod verbum in pectus Jugurthæ altius, quam quisquam ratus, descendit. Itaque ex eo tempore, ira et metu anxius, moliri, parare, atque ea modo animo habere, quibus Hiempsal per dolum caperetur. Quæ ubi tardius procedunt, neque lenitur animus ferox, statuit quovis modo inceptum perficere.

XII. Primo conventu, quem ab regulis factum supra memoravi, propter dissensionem placuerat dividi thesauros, finesque imperii singulis constitui. Itaque tempus ad utramque rem decernitur, sed maturius ad pecuniam distribuendam Reguli interea in loca propinqua thesauris, alius alio, concessere. Sed Hiempsal in oppido Thirmida forte ejus domo utebatur, qui, proxumus lictor Jugurthæ,

et agréable à son maître. Jugurtha comble de promesses l'agent que lui offre le hasard, et le détermine, sous prétexte de visitter sa maison, à faire faire de fausses clefs pour en ouvrir les portes, parce qu'on remettait tous les soirs les véritables à Hiempsal. Quant à Jugurtha, il devait, lorsqu'il en serait temps, se présenter en personne à la tête d'une troupe nombreuse. Le Numide exécuta promptement ses ordres, et, d'après ses instructions, il introduisit pendant la nuit les soldats de Jugurtha. Dès qu'ils ont pénétré dans la maison, ils se séparent pour chercher le roi, égorgent et ceux qui sont plongés dans le sommeil, et ceux qui se trouvent sur leur passage, fouillent les lieux les plus secrets, enfoncent les portes, répandent partout le tumulte et la confusion. On trouve enfin Hiempsal cherchant à se cacher dans la chambre d'une esclave, où, dans sa frayeur et dans son ignorance des lieux, il s'était d'abord réfugié. Les Numides, qui en avaient reçu l'ordre, portent sa tête à Jugurtha.

XIII. Le bruit de ce forfait, aussitôt répandu par toute l'Afrique, remplit d'effroi Adherbal et tous les fidèles sujets qu'avait eus Micipsa. Les Numides se divisent en deux partis : le plus grand nombre se déclare pour Adherbal, mais Jugurtha eut pour lui l'élite de l'armée. Il rassemble le plus de troupes qu'il peut, ajoute à sa domination les villes, de gré ou de force, et se prépare à envahir toute la Numidie. Adherbal avait déjà envoyé des ambassadeurs à Rome pour informer le sénat du meurtre de son frère et de sa propre situation. Néanmoins, comptant sur la supériorité du nombre, il ne laissa pas de tenter le sort des armes ; mais, dès qu'on en vint à combattre, il fut

carus acceptusque ei semper fuerat. Quem ille casu ministrum oblatum promissis onerat, impellitque uti tanquam suam visens domum eat, portarum claves adulterinas paret; nam veræ ad Hiempsalem referebantur : ceterum, ubi res postularet, se ipsum cum magna manu venturum. Numida mandata brevi conficit : atque, ut doctus erat, noctu Jugurthæ milites introducit. Qui postquam in ædes irrupere, diversi regem quærere; dormientes alios, alios occursantes interficere; scrutari loca abdita; clausa effringere; strepitu et tumultu omnia miscere : quum Hiempsal interim reperitur, occultans sese tugurio mulieris ancillæ, quo initio pavidus et ignarus loci perfugerat. Numidæ caput ejus, ut jussi erant, ad Jugurtham referunt.

XIII. Ceterum fama tanti facinoris per omnem Africam brevi divulgatur; Adherbalem omnesque qui sub imperio Micipsæ fuerant, metus invadit. In duas partes discedunt : plures Adherbalem sequuntur, sed illum alterum bello meliores. Igitur Jugurtha quam maximas potest copias armat, urbes partim vi, alias voluntate, imperio suo adjungit : omni Numidiæ imperare parat. Adherbal, tametsi Romam legatos miserat, qui senatum docerent de cæde fratris et fortunis suis, tamen, fretus multitudine militum, parabat armis contendere. Sed

vaincu, et du champ de bataille il se réfugia dans la province romaine, d'où il prit le chemin de Rome.

Cependant Jugurtha, après l'entier accomplissement de ses desseins et la conquête de toute la Numidie, réfléchissant à loisir sur son crime, commence à craindre le peuple romain, et, pour fléchir ce juge redoutable, il n'a d'espoir que dans ses trésors et dans la cupidité de la noblesse. Il envoie donc à Rome, peu de jours après, des ambassadeurs avec beaucoup d'or et d'argent, et leur prescrit de combler de présents ses anciens amis, de lui en acquérir de nouveaux, enfin, de ne point hésiter à acheter par leurs largesses tous ceux qu'ils y trouveraient accessibles. Arrivés à Rome, les ambassadeurs, suivant les instructions de leur maître, envoient des dons magnifiques à ceux qui lui sont unis par les liens de l'hospitalité, ainsi qu'aux sénateurs les plus influents. Tout change alors; l'indignation violente de la noblesse fait place aux plus bienveillantes, aux plus favorables dispositions. Gagnés, les uns par des présents, les autres par des espérances, ils circonviennent chacun des membres du sénat, pour empêcher qu'on ne prenne une résolution trop sévère contre Jugurtha. Dès que les ambassadeurs se crurent assurés du succès, au jour fixé, les deux parties sont admises devant le sénat. Alors Adherbal prit, dit-on, la parole en ces termes :

XIV. « Sénateurs, Micipsa, mon père, me prescrivit en mourant de considérer la couronne de Numidie comme un pouvoir qui m'était délégué, et dont vous aviez la disposition souveraine : il m'ordonna de servir le peuple romain de tous mes efforts, tant en paix qu'en guerre, et de vous regarder comme

---

ubi res ad certamen venit, victus ex prælio profugit in Provinciam, ac deinde Romam contendit.

Tum Jugurtha, patratis consiliis, postquam omni Numidia potiebatur, in otio facinus suum cum animo reputans, timere populum romanum, neque adversus iram ejus usquam, nisi in avaritia nobilitatis et pecunia sua, spem habere. Itaque paucis diebus cum auro et argento multo Romam legatos mittit; quis præcipit uti primum veteres amicos muneribus expleant; deinde novos acquirant; postremo quæcunque possint largiundo parare, ne cunctentur. Sed ubi Romam legati venere, et, ex præcepto regis, hospitibus, aliisque quorum ea tempestate auctoritas pollebat, magna munera misere, tanta commutatio incessit, uti ex maxuma invidia in gratiam et favorem nobilitatis Jugurtha veniret. Quorum pars spe, alii præmio inducti, singulos ex senatu ambiundo, nitebantur ne gravius in eum consuleretur. Igitur, legati ubi satis confidunt, die constituto, senatus utrisque datur. Tum Adherbalem hoc modo locutum accepimus :

XIV. « Patres conscripti, Micipsa pater meus moriens præcepit uti regnum Numidiæ tantummodo procuratione existumarem meum; ceterum jus et imperium penes vos esse : simul eniterer domi militiæque quam maxumo usui esse

des parents, comme des alliés. En me conduisant d'après ces maximes, je devais trouver dans votre amitié une armée, des richesses, et l'appui de ma couronne. Je me disposais à suivre ces leçons de mon père, lorsque Jugurtha, l'homme le plus scélérat que la terre ait porté, m'a, au mépris de votre puissance, chassé de mes États et de tous mes biens, moi, le petit-fils de Masinissa, moi, l'allié et l'ami héréditaire du peuple romain.

« Sénateurs, puisque je devais descendre à ce degré d'infortune, j'aurais voulu pouvoir solliciter votre secours plutôt par mes services que par ceux de mes ancêtres, et surtout avoir droit à votre appui sans en avoir besoin, ou du moins, s'il me devenait nécessaire, ne le réclamer que comme une dette. Mais, puisque l'innocence ne peut se défendre par elle-même, et qu'il n'a pas dépendu de moi de faire de Jugurtha un autre homme, je me suis réfugié auprès de vous, sénateurs, avec le regret bien amer d'être forcé de vous être à charge avant de vous avoir été utile.

« D'autres rois, après avoir été vaincus par vos armes, ont obtenu votre amitié, ou dans leurs périls ont brigué votre alliance. Notre famille, au contraire, s'unit au peuple romain pendant la guerre de Carthage, alors que l'honneur de votre amitié était plus à rechercher que votre fortune. Vous ne voudrez pas, sénateurs, qu'un descendant de cette famille, qu'un petit-fils de Masinissa, réclame vainement votre assistance. Quand, pour l'obtenir, je n'aurais d'autre titre que mon infortune, moi monarque, puissant naguère par ma naissance, ma

---

populo romano; vos mihi cognatorum, vos in affinium locum ducerem : si ea fecissem, in vestra amicitia exercitum, divitias, munimenta regni habere. Quæ quum præcepta parentis mei agitarem, Jugurtha, homo omnium quos terra sustinet sceleratissumus, contemto imperio vestro, Masinissæ me nepotem, et jam ab stirpe socium et amicum populo romano, regno fortunisque omnibus expulit.

« Atque ego, patres conscripti, quoniam eo miseriarum venturus eram, vellem, potius ob mea quam ob majorum beneficia, posse auxilium petere; ac maxume deberi mihi beneficia a populo romano, quibus non egerem; secundum ea, si desideranda erant, uti debitis uterer. Sed quoniam parum tuta per se ipsa probitas, neque mihi in manu fuit, Jugurtha qualis foret; ad vos confugi, patres conscripti, quibus, quod miserrumum, cogor prius oneri quam usui esse.

« Ceteri reges, aut bello victi in amicitiam a vobis recepti, aut in suis dubiis rebus societatem vestram adpetiverunt. Familia nostra cum populo romano bello carthaginiensi amicitiam instituit; quo tempore magis fides ejus quam fortuna petenda erat. Quorum progeniem vos, patres conscripti, nolite pati me nepotem Masinissæ frustra a vobis auxilium petere. Si ad impetrandum nihil caussæ ha-

considération, mes armées, aujourd'hui flétri par la disgrâce, sans ressources, et sans autre espoir que des secours étrangers, il serait de la dignité du peuple romain de réprimer l'injustice et d'empêcher un royaume de s'accroître par le crime. Et cependant je suis expulsé des provinces dont le peuple romain fit don à mes ancêtres, et d'où mon père et mon aïeul, unis à vous, chassèrent Syphax et les Carthaginois. Vos bienfaits me sont ravis, sénateurs, et mon injure devient pour vous un outrage.

« Hélas! quel est mon malheur! Voilà donc, ô Micipsa, mon père, le fruit de tes bienfaits! Celui que tu fis l'égal de tes enfants, et que tu appelas au partage de ta couronne, devait-il devenir le destructeur de ta race? Notre famille ne connaîtra donc jamais le repos? serons-nous toujours dans le sang, dans les combats et dans l'exil? Tant que Carthage a subsisté, nous pouvions nous attendre à toutes ces calamités : nos ennemis étaient à nos portes; vous, Romains, nos amis, vous étiez éloignés : notre unique espoir était dans nos armes. Mais depuis que l'Afrique est purgée de ce fléau, nous goûtions avec joie les douceurs de la paix, nous n'avions plus d'ennemis, si ce n'est peut-être ceux que vous nous auriez ordonné de combattre. Et voilà que tout à coup Jugurtha, dévoilant son insupportable audace, sa scélératesse et son insolente tyrannie, assassine mon frère, son proche parent, et fait du royaume de sa victime le prix de son forfait. Puis, après avoir vainement tenté de me prendre aux mêmes piéges, il me chasse de mes États et de mon palais, alors que, vivant sous votre empire, je n'avais à

---

berem præter miserandam fortunam; quod paullo ante rex, genere, fama atque copiis potens, nunc deformatus ærumnis, inops, alienas opes exspecto; tamen erat majestatis romani populi prohibere injuriam, neque pati cujusquam regnum per scelus crescere. Verum ego his finibus ejectus sum quos majoribus meis populus romanus dedit; unde pater et avus una vobiscum expulere Syphacem et Carthaginienses. Vestra beneficia mihi erepta sunt, patres conscripti : vos in mea injuria despecti estis.

« Eheu me miserum! Huccine, Micipsa pater, beneficia evasere, uti quem tu parem cum liberis regnique participem fecisti, is potissumum stirpis tuæ exstinctor sit? Nunquamne ergo familia nostra quieta erit? semperne in sanguine, ferro, fuga, versabimur? Dum Carthaginienses incolumes fuere, jure omnia sæva patiebamur : hostes ab latere, vos amici procul, spes omnis in armis erat. Postquam illa pestis ex Africa ejecta est, læti pacem agitabamus : quippe quis hostis nullus, nisi forte quem jussissetis. Ecce autem ex improviso Jugurtha, intoleranda audacia, scelere atque superbia sese efferens, fratre meo atque eodem propinquo suo interfecto, primum regnum ejus sceleris sui prædam fecit : post, ubi me iisdem dolis nequit capere, nihil minus quam vim aut bellum exspe-

redouter ni violence ni guerre. Il me laisse, comme vous voyez, dénué de tout, couvert d'humiliation, et réduit à me trouver plus en sûreté partout ailleurs que dans mes États.

« J'avais toujours pensé, sénateurs, et mon père me l'a souvent répété, que ceux qui cultivaient avec soin votre amitié s'imposaient de pénibles devoirs, mais que d'ailleurs ils étaient à l'abri de toute espèce de danger (9). Ma famille, autant qu'il fut en son pouvoir, vous a servis dans toutes vos guerres; maintenant que vous êtes en paix, c'est à vous, sénateurs, à pourvoir à notre sûreté. Nous étions deux frères; mon père nous en donna un troisième dans Jugurtha, croyant nous l'attacher par ses bienfaits. L'un de nous deux est mort assassiné; l'autre, qui est devant vos yeux, n'a échappé qu'avec peine à ses mains fratricides. Hélas! que me reste-t-il à faire? à qui recourir de préférence dans mon malheur? Tous les appuis de ma famille sont anéantis. Mon père a payé son tribut à la nature; mon frère a succombé victime d'un parent cruel qui devait plus qu'un autre épargner sa vie; mes alliés, mes amis, tous mes parents enfin, ont subi chacun des tourments divers. Prisonniers de Jugurtha, les uns ont été mis en croix, les autres livrés aux bêtes; quelques-uns, qu'on laisse vivre, traînent au fond de noirs cachots, dans le deuil et le désespoir, une vie plus affreuse que la mort. Quand je conserverais encore tout ce que j'ai perdu, quand mes appuis naturels ne se seraient pas tournés contre moi, si quelque malheur imprévu était venu fondre sur ma tête, ce serait encore vous que j'implorerais, sénateurs, vous à qui la majesté de votre empire fait un devoir de maintenir partout le bon droit et de réprimer l'in-

---

ctantem in imperio vestro, sicuti videtis, extorrem patria, domo, inopem et coopertum miseriis effecit ut ubivis tutius quam in meo regno essem.

« Ego sic existumabam, patres conscripti, ut prædicantem audiveram patrem meum, qui vestram amicitiam colerent, eos multum laborem suscipere; ceterum ex omnibus maxume tutos esse. Quod in familia nostra fuit, præstitit uti in omnibus bellis vobis adesset : nos uti per otium tuti simus, in manu vestra est, patres conscripti. Pater nos duos fratres reliquit; tertium, Jugurtham, bereficiis suis ratus nobis conjunctum fore. Alter eorum necatus, alterius ipse ego manus impias vix effugi. Quid agam? quo potissumum infelix accedam? generis præsidia omnia exstincta sunt : pater, uti necesse erat, naturæ concessit; fratri, quem minume decuit, propinquus per scelus vitam eripuit : adfines, amicos, propinquos ceteros, alium alia clades oppressit; capti ab Jugurtha, pars in crucem acti, pars bestiis objecti; pauci, quibus relicta anima, clausi in tenebris, cum mœrore et luctu, morte graviorem vitam exigunt. Si omnia quæ aut amisi, aut ex necessariis adversa facta sunt, incolumia manerent; tamen, si quid ex improviso accidisset, vos implorarem, patres conscripti, quibus, pro magnitudine im-

justice. Mais aujourd'hui, banni de ma patrie, de mon palais, sans suite, dépourvu des marques de ma dignité, où diriger mes pas? à qui m'adresser? à quelles nations, à quels rois, quand votre alliance les a tous rendus ennemis de ma famille? Sur quel rivage puis-je aborder où je ne trouve encore les marques multipliées des hostilités qu'y portèrent mes ancêtres? Est-il quelque peuple qui puisse compatir à mes malheurs, s'il a jamais été votre ennemi?

« Telle est, en un mot, sénateurs, la politique que nous a enseignée Masinissa : « Ne nous attacher qu'au peuple romain, « ne point contracter d'autres alliances, ni de nouvelles ligues : « alors nous trouverions dans votre amitié d'assez puissants « appuis, ou si la fortune venait à abandonner votre empire, « c'était avec lui que nous devions périr. » Votre vertu et la volonté des dieux vous ont rendus puissants et heureux; tout vous est prospère, tout vous est soumis. Il ne vous en est que plus facile de venger les injures de vos alliés. Tout ce que je crains, c'est que l'amitié peu éclairée de quelques citoyens pour Jugurtha n'égare leurs intentions. J'apprends qu'ils n'épargnent ni démarches, ni sollicitations, ni importunités auprès de chacun de vous, pour obtenir que vous ne décidiez rien en l'absence de Jugurtha, et sans l'avoir entendu. Suivant eux, mes imputations sont fausses, et ma fuite simulée : j'aurais pu demeurer dans mes États. Puissé-je, ô ciel! voir le parricide auteur de toutes mes infortunes réduit à mentir de même! Puissiez-vous, quelque jour, vous et les dieux immortels, prendre souci des affaires humaines! Et cet homme si fier de l'élévation

---

perii, jus et injurias omnes curæ esse decet. Nunc vero, exul patria, domo, solus, et omnium honestarum rerum egens, quo accedam? aut quos adpellem? nationesne, an reges, qui omnes familiæ nostræ ob vestram amicitiam infesti sunt? an quoquam adire licet, ubi non majorum meorum hostilia monumenta plurima sint? aut quisquam nostri misereri potest, qui aliquando vobis hostis fuit?

« Postremo, Masinissa nos ita instituit, patres conscripti, ne quem coleremus nisi populum romanum; ne societates, ne fœdera nova acciperemus; abunde magna præsidia nobis in vestra amicitia fore : si huic imperio fortuna mutaretur, una nobis occidendum esse. Virtute ac dis volentibus magni estis et opulenti; omnia secunda et obedientia sunt : quo facilius sociorum injurias curare licet. Tantum illud vereor, ne quos privata amicitia Jugurthæ, parum cognita, transvorsos agat : quos ego audio maxuma ope niti, ambire, fatigare vos singulos, ne quid de absente, incognita caussa, statuatis : fingere me verba, fugam simulare, cui licuerit in regno manere. Quod utinam illum, cujus impio facinore in has miserias projectus sum, eadem hæc simulantem videam! Et aliquando aut apud vos, aut apud deos immortales, rerum humanarum cura oriatur! Næ ille, qui nunc sceleribus suis ferox atque præclarus est, omnibus malis excruciatus,

qu'il doit à ses crimes, désormais en proie à tous les malheurs ensemble, expiera son ingratitude envers notre père, l'assassinat de mon frère et les maux qu'il m'a faits.

« Faut-il le dire, ô mon frère chéri! si la vie te fut sitôt arrachée par la main qui devait le moins y attenter, ton sort est à mes yeux plus digne d'envie que de regrets. Avec l'existence, ce n'est pas un trône que tu as perdu : tu as échappé aux horreurs de la fuite, de l'exil, de l'indigence, et de tous les maux qui m'accablent. Quant à moi, malheureux, précipité du trône de mes ancêtres dans un abîme d'infortunes, je présente au monde le spectacle des vicissitudes humaines. Incertain du parti que je dois prendre, poursuivrai-je ta vengeance, privé moi-même de toute protection? Songerai-je à remonter sur mon trône, tandis que ma vie et ma mort dépendent de secours étrangers? Ah! que la mort n'est-elle une voie honorable de terminer ma destinée! Mais n'encourrais-je pas un juste mépris, si, par lassitude de mes maux, j'allais céder la place à l'oppresseur? Je ne peux désormais vivre avec honneur ni mourir sans honte. Je vous en conjure, sénateurs, par vous-mêmes, par vos enfants, par vos ancêtres, par la majesté du peuple romain, secourez-moi dans mon malheur, opposez-vous à l'injustice, et puisque le trône de Numidie vous appartient, ne souffrez pas qu'il soit plus longtemps souillé par le crime et par sang de notre famille. »

XV. Après qu'Adherbal eut cessé de parler, les ambassadeurs de Jugurtha, comptant plus sur leurs largesses que sur la bonté de leur cause, répondirent en peu de mots qu'Hiempsal avait

---

impietatis in parentem nostrum, fratris mei necis, mearumque miseriarum, graves pœnas reddet!

« Jam jam, frater animo meo carissume, quanquam tibi immaturo, et unde minume decuit, vita erepta est; tamen lætandum magis quam dolendum puto casum tuum. Non enim regnum, sed fugam, exilium, egestatem, et omnes has quæ me premunt ærumnas, cum anima simul amisisti. At ego infelix, in tanta mala præcipitatus ex patrio regno, rerum humanarum spectaculum præbeo : incertus quid agam, tuas ne injurias persequar, ipse auxilii egens; an regno consulam, cujus vitæ necisque potestas ex opibus alienis pendet? Utinam emori fortunis meis honestus exitus esset, neu vivere contemtus viderer, si, defessus malis, injuriæ concessissem¹ Nunc neque vivere lubet, neque mori licet sine dedecore. Patres conscripti, per vos, per liberos atque parentes vestros, per majestatem populi romani, subvenite misero mihi : ite obviam injuriæ; nolite pati regnum Numidiæ, quod vestrum est, per scelus et sanguinem familiæ nostræ tabescere. »

XV. Postquam rex finem loquendi fecit, legati Jugurthæ, largitione magis quam caussa freti, paucis respondent : Hiempsalem ob sævitiam suam ab Numi-

été tué par les Numides à cause de sa cruauté; qu'Adherbal, vaincu après avoir été l'agresseur, venait se plaindre du tort qu'il n'avait pu faire; que Jugurtha priait le sénat de ne pas le croire différent de ce qu'on l'avait vu à Numance, et de le juger plutôt sur ses actions que sur les paroles de ses ennemis. Adherbal et les ambassadeurs s'étant retirés, le sénat passe sur-le-champ à la délibération. Les partisans de Jugurtha et beaucoup d'autres, corrompus par l'intrigue, tournent en dérision les paroles d'Adherbal, et par leurs éloges exaltent le mérite de son adversaire. Leur influence sur l'assemblée, leur éloquence, tous les moyens sont épuisés pour pallier le crime et la honte d'un vil scélérat, comme s'il se fût agi de leur propre honneur. Il n'y eut qu'un petit nombre de sénateurs qui, préférant aux richesses la justice et la vertu, votèrent pour que Rome secourût Adherbal, et punît sévèrement le meurtre de son frère. Cet avis fut surtout appuyé par Émilius Scaurus, homme d'une naissance distinguée, actif, factieux, avide de pouvoir, d'honneurs, de richesses, mais habile à cacher ses défauts. Témoin de l'éclat scandaleux et de l'impudence avec lesquels on avait répandu les largesses du roi, il craignit, ce qui arrive en pareil cas, de se rendre odieux en prenant part à cet infâme trafic, et contint sa cupidité habituelle.

XVI. La victoire cependant demeura au parti qui, dans le sénat, sacrifiait la justice à l'argent ou à la faveur. On décréta que dix commissaires iraient en Afrique partager entre Jugurtha et Adherbal les États qu'avaient possédés Micipsa. A la tête de cette députation était Lucius Opimius, personnage fameux et alors tout-puissant dans le sénat, pour avoir,

---

dis interfectum; Adherbalem, ultro bellum inferentem, postquam superatus sit, queri quod injuriam facere nequivisset; Jugurtham ab senatu petere ne alium putarent ac Numantiæ cognitus esset, neu verba inimici ante facta sua ponerent. Deinde utrique curia egrediuntur. Senatus statim consulitur : fautores legatorum, præterea magna pars, gratia depravati, Adherbalis dicta contemnere; Jugurthæ virtutem extollere laudibus; gratia, voce, denique omnibus modis, pro alieno scelere et flagitio, sua quasi pro gloria, nitebantur. At contra pauci, quibus bonum et æquum divitiis carius, subveniundum Adherbali, et Hiempsalis mortem severe vindicandam censebant : sed ex omnibus maxume Æmilius Scaurus, homo nobilis, impiger, factiosus, avidus potentiæ, honoris, divitiarum; ceterum vitia sua callide occultans. Is postquam videt regis largitionem famosam impudentemque, veritus, quod in tali re solet, ne polluta licentia invidiam accenderet, animum a consueta lubidine continuit.

XVI. Vicit tamen in senatu pars illa, qui vero pretium aut gratiam anteferebant. Decretum fit, uti decem legati regnum quod Micipsa obtinuerat inter Jugurtham et Adherbalem dividerent. Cujus legationis princeps fuit L. Opimius,

pendant son consulat, après le meurtre de C. Gracchus et de M. Fluvius Flaccus, cruellement abusé de cette victoire de la noblesse sur le peuple. Bien qu'à Rome Jugurtha se fût déjà assuré de l'amitié d'Opimius, il n'oublia rien pour le recevoir avec la plus haute distinction, et à force de dons, de promesses, il l'amena au point de sacrifier sa réputation, son devoir, en un mot toutes ses convenances personnelles, aux intérêts d'un prince étranger. Les autres députés, attaqués par les mêmes séductions, se laissent presque tous gagner. Peu d'entre eux préférèrent le devoir à l'argent. Dans le partage de la Numidie entre les deux princes, les provinces les plus fertiles et les plus peuplées, dans le voisinage de la Mauritanie, furent adjugées à Jugurtha; celles qui, par la quantité des ports et des beaux édifices, avaient plus d'apparence que de ressources réelles, échurent à Adherbal.

XVII. Mon sujet semble exiger que je dise quelques mots sur la position de l'Afrique et sur les nations avec lesquelles nous avons eu des guerres ou des alliances. Quant aux pays et aux peuples que leur climat brûlant, leurs montagnes et leurs déserts rendent moins accessibles, il me serait difficile d'en donner des notions certaines. Pour le reste, j'en parlerai très-brièvement.

Dans la division du globe terrestre, la plupart des auteurs regardent l'Afrique comme la troisième partie du monde, quelques-uns n'en comptent que deux, l'Asie et l'Europe, et comprennent l'Afrique dans la dernière. Elle a pour bornes, à l'occident, le détroit qui joint notre mer à l'Océan; à l'orient, un vaste plateau incliné, que les habitants nomment *Catabathmon*.

---

homo clarus, et tum in senatu potens, quia consul, C. Graccho et M. Fulvio Flacco interfectis, acerrume victoriam nobilitatis in plebem exercuerat. Eum Jugurtha, tametsi Romae in amicis habuerat, tamen adcuratissume recepit: dando et pollicitando perfecit uti famae, fidei, postremo omnibus suis rebus, commodum regis anteferret. Reliquos legatos eadem via adgressus, plerosque capit: paucis carior fides quam pecunia fuit. In divisione, quae pars Numidiae Mauretaniam adtingit, agro, viris opulentior, Jugurthae traditur; illam alteram, specie quam usu potiorem, quae portuosior et aedificiis magis exornata erat, Adherbal possedit.

XVII. Res postulare videtur Africae situm paucis exponere, et eas gentes, quibuscum nobis bellum aut amicitia fuit, adtingere. Sed quae loca et nationes ob calorem aut asperitatem, item solitudines, minus frequentata sunt, de iis haud facile compertum narraverim: cetera quam paucissumis absolvam.

In divisione orbis terrae, plerique in parte tertia Africam posuere; pauci tantummodo Asiam et Europam esse; sed Africam in Europa. Ea fines habet ab occidente fretum nostri maris et Oceani; ab ortu solis declivem latitudinem;

La mer y est orageuse, les côtes offrent peu de ports, le sol y est fertile en grains, abondant en pâturages, dépouillé d'arbres; les pluies et les sources y sont rares. Les hommes y sont robustes, légers à la course, durs au travail : à l'exception de ceux que moissonne le fer ou la dent des bêtes féroces, la plupart meurent de vieillesse, car rien n'y est plus rare que d'être emporté par la maladie. En revanche, il s'y trouve quantité d'animaux d'espèce malfaisante. Pour ce qui est des premiers habitants de l'Afrique, de ceux qui sont venus ensuite, et du mélange de toutes ces races, je vais, au risque de contrarier les idées reçues, rapporter en peu de mots les traditions que je me suis fait expliquer d'après les livres puniques, qui venaient, dit-on, du roi Hiempsal: elles sont conformes à la croyance des habitants du pays. Au surplus, je laisse aux auteurs de ces livres la garantie des faits.

XVIII. Les premiers habitants de l'Afrique furent les Gétules et les Libyens, nations farouches et grossières, qui se nourrissaient de la chair des animaux sauvages et broutaient l'herbe comme des troupeaux. Ils ne connaissaient ni le frein des mœurs et des lois, ni l'autorité d'un maître. Sans demeures fixes, errant à l'aventure, leur seul gîte était là où la nuit venait les surprendre. A la mort d'Hercule, qui périt en Espagne, selon l'opinion répandue en Afrique, son armée, composée d'hommes de toutes les nations, se trouva sans chef, tandis que vingt rivaux s'en disputaient le commandement : aussi ne tarda-t-elle pas à se disperser. Dans le nombre, les Mèdes, les Perses et les Arméniens passèrent en Afrique sur leurs navi-

---

quem locum Catabathmon incolæ adpellant. Mare sævum, importuosum; ager frugum fertilis, bonus pecori, arbori infecundus : cœlo terraque penuria aquarum. Genus hominum salubri corpore, velox, patiens laborum : plerosque senectus dissolvit, nisi qui ferro aut bestiis interiere; nam morbus haud sæpe quemquam superat. Ad hoc malefici generis plurima animalia. Sed qui mortales initio Africam habuerint, quique postea accesserint, aut quomodo inter se permixti sint; quanquam ab ea fama quæ plerosque obtinet diversum est; tamen, uti ex libris punicis, qui regis Hiempsalis dicebantur, interpretatum nobis est, utique rem sese habere cultores ejus terræ putant, quam paucissumis dicam. Ceterum fides ejus rei penes auctores erit.

XVIII. Africam initio habuere Gætuli et Libyes, asperi, inculti; quis cibus erat caro ferina, atque humi pabulum uti pecoribus. Hi neque moribus, neque lege, neque imperio cujusquam, regebantur : vagi, palantes, qua nox coegerat, sedes habebant. Sed postquam in Hispania Hercules, sicuti Afri putant, interiit, exercitus ejus, compositus ex variis gentibus, amisso duce, ac passim multis, sibi quisque, imperium petentibus, brevi dilabitur. Ex eo numero Medi, Persæ et Armenii, navibus Africam transvecti, proxumos nostro mari locos occupavere.

res, et occupèrent les contrées voisines de notre mer (10). Les Perses s'approchèrent davantage de l'Océan. Ils se firent des cabanes avec les carcasses de leurs vaisseaux renversés; le pays ne leur fournissait point de matériaux, et ils n'avaient pas la faculté d'en tirer d'Espagne, ni par achat ni par échange, l'étendue de la mer et l'ignorance de la langue empêchant le commerce. Insensiblement ces Perses se mêlèrent aux Gétules par des mariages, et comme, dans leurs fréquentes excursions, ils avaient changé souvent de demeures, ils se donnèrent eux-mêmes le nom de Numides. Encore aujourd'hui, les habitations des paysans numides, appelées *mapales*, ressemblent assez, par leur forme oblongue et par leurs toits cintrés, à des carènes de vaisseaux.

Aux Mèdes et aux Arméniens se joignirent les Libyens, peuple plus voisin de la mer d'Afrique que les Gétules, qui étaient plus sous le soleil, et tout près de la zone brûlante. Ils ne tardèrent pas à bâtir des villes, car, n'étant séparés de l'Espagne que par un détroit, ils établirent avec ce pays un commerce d'échange. Les Libyens altérèrent peu à peu le nom des Mèdes; et, dans leur idiome barbare, les appelèrent Maures (11).

Ce furent les Perses dont la puissance prit surtout un accroissement rapide : et bientôt l'excès de leur population força les jeunes gens de se séparer de leurs pères, et d'aller, sous le nom de Numides, occuper, près de Carthage, le pays qui porte aujourd'hui leur nom. Les colons anciens et nouveaux, se prêtant un mutuel secours, subjuguèrent ensemble, soit par la force, soit par la terreur de leurs armes, les nations voisines, et étendirent au loin leur nom et leur gloire : particulièrement

---

Sed Persæ intra Oceanum magis; iique alveos navium inversos pro tuguriis habuere, quia neque materia in agris, neque ab Hispanis emundi aut mutandi copia erat : mare magnum et ignara lingua commercia prohibebant. Hi paullatim per connubia Gætulos sibi miscuere; et quia, sæpe tentantes agros, alia, deinde alia loca petiverant, semet ipsi Numidas adpellavere. Ceterum, adhuc ædilicia Numidarum agrestium, quæ mapalia illi vocant, oblonga, incurvis lateribus tecta, quasi navium carinæ sunt.

Medis autem et Armeniis accessere Libyes (nam hi propius mare Africum agitabant; Gætuli sub sole magis, haud procul ab ardoribus): hique matura oppida habuere; nam, freto divisi ab Hispania, mutare res inter se instituerant. Nomen eorum paullatim Libyes corrupere, barbara lingua Mauros, pro Medis, adpellantes.

Sed res Persarum brevi adolevit; ac postea nomine Numidæ, propter multitudinem a parentibus digressi, possedere ea loca quæ proxume Carthaginem Numidia adpellatur. Dein, utrique alteris freti, finitumos armis aut metu sub imperium coegere; nomen gloriamque sibi addidere; magis hi qui ad nostrum

ceux qui, plus rapprochés de notre mer, avaient trouvé dans les Libyens des ennemis moins redoutables que les Gétules. Enfin, toute la partie inférieure de l'Afrique fut occupée par les Numides, et toutes les tribus vaincues par les armes prirent le nom du peuple conquérant, et se confondirent avec lui.

XIX. Dans la suite, des Phéniciens, les uns pour délivrer leur pays d'un surcroît de population, les autres par des vues ambitieuses, engagèrent à s'expatrier la multitude indigente et quelques hommes avides de nouveautés. Ils fondèrent, sur la côte maritime, Hippone, Hadrumète et Leptis. Ces villes, bientôt florissantes, devinrent l'appui ou la gloire de la mère patrie. Pour ce qui est de Carthage, j'aime mieux n'en pas parler que d'en dire trop peu, puisque mon sujet m'appelle ailleurs.

En venant de Catabathmon, qui sépare l'Égypte de l'Afrique, la première ville qu'on rencontre le long de la mer est Cyrène, colonie de Théra, puis les deux Syrtes, et entre elles la ville de Leptis, ensuite les Autels des Philènes, qui marquaient la limite de l'empire des Carthaginois du côté de l'Égypte; puis viennent les autres villes puniques. Tout le reste du pays, jusqu'à la Mauritanie, est occupé par les Numides. Très-près de l'Espagne sont les Maures; enfin, les Gétules au-dessus de la Numidie. Les uns habitent des cabanes; les autres, plus barbares encore, sont toujours errants. Après eux sont les Éthiopiens, et plus loin, des contrées dévorées par les feux du soleil.

Lors de la guerre de Jugurtha, le peuple romain gouvernait

---

mare processerant, quia Libyes quam Gætuli minus bellicosi. Denique Africæ pars inferior pleraque ab Numidis possessa est; victi omnes in gentem nomenque imperantium concessere.

XIX. Postea Phœnices, alii multitudinis domi minuendæ gratia, pars imperii cupidine, sollicitata plebe et aliis novarum rerum avidis, Hipponem, Hadrumetum, Leptim, aliasque urbes, in ora maritima condidere : hæque brevi multum auctæ, pars originibus præsidio, aliæ decori fuere. Nam de Carthagine silere melius puto quam parum dicere, quoniam alio properare tempus monet.

Igitur ad Catabathmon, qui locus Ægyptum ab Africa dividit, secundo mari, prima Cyrene est, colonia Thereon, ac deinceps duæ Syrtes, interque eas Leptis; dein Philenon Aræ, quem, Ægyptum versus, finem imperii habuere Carthaginienses; post aliæ punicæ urbes. Cetera loca usque ad Mauretaniam Numidæ tenent : proxume Hispaniam Mauri sunt. Super Numidiam Gætulos accepimus, partim in tuguriis, alios incultius vagos agitare; post eos Æthiopas esse; dein loca exusta solis ardoribus.

Igitur bello Jugurthino pleraque ex punicis oppida et fines Carthaginiensium,

par ses magistrats presque toutes les villes puniques, ainsi que tout le territoire possédé en dernier lieu par les Carthaginois. Une grande partie du pays des Gétules et de la Numidie, jusqu'au fleuve Mulucha, obéissait à Jugurtha. Le roi Bocchus étendait sa domination sur tous les Maures : ce prince ne connaissait les Romains que de nom, et nous-mêmes nous ne l'avions jusqu'alors connu ni comme allié ni comme ennemi.

En voilà assez, je pense, sur l'Afrique et sur ses habitants, pour l'intelligence de mon sujet.

XX. Lorsque, après le partage du royaume, les commissaires du sénat eurent quitté l'Afrique, et que Jugurtha, malgré ses appréhensions, se vit en pleine possession du prix de ses forfaits, il demeura plus que jamais convaincu, comme ses amis le lui avaient affirmé à Numance, que tout dans Rome était vénal. Enflammé d'ailleurs par les promesses de ceux qu'il venait de combler de présents, il tourne toutes ses pensées sur le royaume d'Adherbal. Il était actif et belliqueux, et celui qu'il voulait attaquer, doux, faible, inoffensif, était de ces princes qu'on peut impunément insulter, et qui sont trop craintifs pour devenir jamais redoutables. Jugurtha entre donc brusquement à la tête d'une troupe nombreuse dans les États d'Adherbal, enlève les hommes et les troupeaux, avec un riche butin; brûle les maisons, et fait ravager par sa cavalerie presque tout le pays; puis il reprend, ainsi que toute sa suite, le chemin de son royaume. Il pensait qu'Adherbal, sensible à cette insulte, s'armerait pour la venger, ce qui deviendrait une occasion de guerre. Mais celui-ci sentait toute l'infériorité de ses moyens militaires, et d'ailleurs il comptait plus sur l'amitié du peuple

---

quos novissume habuerant, populus romanus per magistratus administrabat; Gætulorum magna pars et Numidia usque ad flumen Mulucham sub Jugurtha erant : Mauris omnibus rex Bocchus imperitabat, præter nomen, cetera ignarus populi romani; itemque nobis neque bello neque pace antea cognitus.

De Africa et ejus incolis ad necessitudinem rei satis dictum.

XX. Postquam, regno diviso, legati Africa discessere, et Jugurtha, contra timorem animi, præmia sceleris adeptum sese videt; certum ratus, quod ex amicis apud Numantiam acceperat, omnia Romæ venalia esse; simul et illorum pollicitationibus accensus, quos paullo ante muneribus expleverat, in regnum Adherbalis animum intendit. Ipse acer, bellicosus; at is quem petebat, quietus, imbellis, placido ingenio, opportunus injuriæ, metuens magis quam metuendus. Igitur ex improviso fines ejus cum magna manu invadit; multos mortales cum pecore atqua alia præda capit, ædificia incendit, pleraque loca hostiliter cum equitatu accedit. Dein cum omni multitudine in regnum suum convertit, existumans dolore permotum Adherbalem injurias suas manu vindicaturum, eamque rem belli caussam fore. At ille, quod neque se parem armis existumabat, et

romain que sur la fidélité des Numides. Il se borne à envoyer à Jugurtha des ambassadeurs pour se plaindre de ses attaques. Quoiqu'ils n'eussent rapporté qu'une réponse outrageante, Adherbal résolut de tout souffrir plutôt que de recommencer une guerre dont il s'était d'abord si mal trouvé. Cette conduite fut loin de calmer l'ambition de Jugurtha, qui déjà s'était approprié dans sa pensée tout le royaume de son frère. Comme la première fois, ce n'est plus avec une troupe de fourrageurs, mais suivi d'une armée nombreuse qu'il entre en campagne, et qu'il aspire ouvertement à l'entière domination de la Numidie. Partout, sur son passage il répand le ravage dans les villes, dans les campagnes, et emporte un immense butin. Il redouble ainsi la confiance des siens et la terreur des ennemis.

XXI. Placé dans l'alternative d'abandonner son royaume ou de s'armer pour le défendre, Adherbal cède à la nécessité : il lève des troupes et marche à la rencontre de Jugurtha. Les deux armées s'arrêtent non loin de la mer, près de la ville de Cirta; mais le déclin du jour les empêche d'en venir aux mains. Dès que la nuit fut bien avancée, à la faveur de l'obscurité, qui régnait encore, les soldats de Jugurtha, au signal donné, se jettent sur le camp ennemi. Les Numides d'Adherbal sont mis en fuite et dispersés, les uns à moitié endormis, les autres comme ils prennent leurs armes. Adherbal, avec quelques cavaliers, se réfugie dans Cirta; et s'il ne s'y fût trouvé une multitude d'Italiens assez considérable pour écarter des murailles les Numides qui le poursuivaient, un seul jour aurait vu commencer et finir la guerre entre les deux rois. Jugurtha in-

---

amicitia populi romani magis quam Numidis fretus erat, legatos ad Jugurtham de injuriis questum misit : qui tametsi contumeliosa dicta retulerant, prius tamen omnia pati decrevit quam bellum sumere, quia tentatum antea secus cesserat. Neque tamen eo magis cupido Jugurthæ minuebatur : quippe qui totum ejus regnum animo jam invaserat. Itaque non, ut antea, cum prædatoria manu, sed magno exercitu comparato, bellum gerere cœpit, et aperte totius Numidiæ imperium petere. Ceterum, qua pergebat, urbes, agros vastare, prædas agere; suis animum, terrorem hostibus augere.

XXI. Adherbal uti intellegit eo processum, uti regnum aut relinquendum esset, aut armis retinendum, necessario copias parat, et Jugurthæ obvius procedit. Interim haud longe a mari, prope Cirtam oppidum, utriusque consedit exercitus; et quia diei extremum erat, prælium non inceptum. Ubi plerumque noctis processit, obscuro etiam tum lumine, milites Jugurthini, signo dato, castra hostium invadunt; semisomnos partim, alios arma sumentes, fugant funduntque. Adherbal cum paucis equitibus Cirtam profugit; et, ni multitudo togatorum fuisset, quæ Numidas insequentes mœnibus prohibuit, uno die inter duos reges cœptum atque patratum bellum foret. Igitur Jugurtha oppidum cir-

vestit donc la ville : tours, mantelets, machines de toutes espèces, rien n'est épargné pour la faire tomber en sa puissance. Il voulait, par la promptitude de ses coups, prévenir le retour des ambassadeurs, qu'il savait avoir été envoyés à Rome par Adherbal avant la bataille. Cependant le sénat, informé de cette guerre, députe en Afrique trois jeunes patriciens chargés de signifier aux deux princes ce décret : « Le sénat et le peuple romain veulent et entendent qu'ils mettent bas les armes, qu'ils terminent leurs différends par les voies de droit, et non par la guerre : ainsi l'exige la dignité de Rome et des deux rois. »

XXII. Les commissaires romains mirent d'autant plus de célérité dans leur voyage, qu'à Rome, au moment de leur départ, on parlait déjà du combat et du siége de Cirta; mais on ne soupçonnait pas la gravité de l'événement. Au discours de ces envoyés, Jugurtha répondit que rien n'était plus cher et plus sacré pour lui que l'autorité du sénat; que, dès sa plus tendre jeunesse, il s'était efforcé de mériter l'estime des plus honnêtes gens; que c'était à ses vertus, et non pas à ses intrigues, qu'il avait dû l'estime du grand Scipion; que ces mêmes titres, et non le défaut d'enfants, avaient déterminé Micipsa à l'admettre par adoption au partage de sa couronne; qu'au reste, plus il avait montré d'honneur et de courage dans sa conduite, moins son cœur était disposé à tolérer un affront; qu'Adherbal avait formé un complot secret contre sa vie; que pour lui, sur la preuve du crime, il avait voulu le prévenir; que ce serait, de la part du peuple romain, manquer aux convenances et à la

---

cumsedit; vineis, turribusque, et machinis omnium generum, expugnare adgreditur, maxume festinans tempus legatorum antecapere, quos, ante prælium factum, Romam ab Adherbale missos audiverat. Sed postquam senatus de bello eorum accepit, tres adolescentes in Africam legantur, qui ambo reges adeant, senatus populique romani verbis nuntient : Velle et censere eos ab armis discedere; de controversiis suis jure potius quam bello disceptare : ita seque illisque dignum fore.

XXII. Legati in Africam maturantes veniunt, eo magis quod Romæ, dum proficisci parant, de prœlio facto et oppugnatione Cirtæ audiebatur : sed is rumor clemens erat. Quorum Jugurtha accepta oratione respondit sibi neque majus quidquam neque carius auctoritate senati esse : ab adolescentia ita enisum uti ab optumo quoque probaretur; virtute, non malitia, P. Scipioni, summo viro, placuisse; ob easdem artes ab Micipsa, non penuria liberorum, in regnum adoptatum esse; ceterum, quo plura bene atque strenue fecisset, eo animum suum injuriam minus tolerare : Adherbalem dolis vitæ suæ insidiatum; quod ubi comperisset, sceleri obviam isse : populum romanum neque recte neque pro

justice que de lui défendre ce qui est autorisé par le droit des gens; qu'au surplus il allait incessamment envoyer à Rome des ambassadeurs pour donner toutes les explications nécessaires. Là-dessus on se sépara, et les ambassadeurs n'eurent pas la possibilité de conférer avec Adherbal.

XXIII. Dès qu'il les croit sortis de l'Afrique, Jugurtha, désespérant de prendre d'assaut la place de Cirta, à cause de sa position inexpugnable, l'environne d'un mur de circonvallation et d'un fossé, élève des tours, les garnit de soldats, tente jour et nuit les assauts, les surprises, prodigue aux défenseurs de la place les offres ou les menaces, exhorte les siens à redoubler de courage, enfin épuise tous les moyens avec une prodigieuse activité. Adherbal se voit réduit aux plus cruelles extrémités, pressé par un ennemi implacable, sans espoir de secours, manquant de tout, hors d'état de prolonger la guerre. Parmi ceux qui s'étaient réfugiés avec lui dans Cirta, il choisit deux guerriers intrépides, et autant par ses promesses que par la pitié qu'il sait leur inspirer pour son malheur, il les détermine à gagner de nuit le prochain rivage à travers les retranchement ennemis, et à se rendre ensuite à Rome.

XXIV. En peu de jours les Numides accomplissent leur mission; la lettre d'Adherbal fut lue au sénat. En voici le contenu:

« Ce n'est pas ma faute, sénateurs, si j'envoie souvent vous implorer; mais les violences de Jugurtha m'y contraignent: il est si acharné à ma ruine, qu'il méprise la colère des dieux et la vôtre, et qu'il préfère mon sang à tout le reste. Depuis cinq

---

bono facturum, si ab jure gentium sese prohibuerint : postremo de omnibus rebus legatos Romam brevi missurum. Ita utrique digrediuntur. Adherbalis adpellandi copia non fuit.

XXIII. Jugurtha ubi eos Africa decessisse ratus est, neque, propter loci naturam, Cirtam armis expugnare potest; vallo atque fossa mœnia circumdat, turres exstruit, easque-præsidiis firmat : præterea dies, noctes, aut per vim, aut dolis tentare; defensoribus mœnium præmia modo, modo formidinem ostentare; suos hortando ad virtutem erigere; prorsus intentus cuncta parare. Adherbal ubi intellegit omnes suas fortunas in extremo sitas, hostem infestum, auxilii spem nullam, penuria rerum bellum trahi non posse; ex his qui una Cirtam profugerant, duos maxume impigros delegit, eos, multa pollicendo, ac miserando casum suum, confirmat uti per hostium munitiones noctu ad proxumum mare, dein Romam pergerent.

XXIV. Numidæ paucis diebus jussa efficiunt : litteræ Adherbalis in senatu recitatæ, quarum sententia hæc fuit :

« Non mea culpa sæpe ad vos oratum mitto, patres conscripti; sed vis Jugurthæ subigit : quem tanta lubido exstinguendi me invasit, uti neque vos neque deos immortales in animo habeat; sanguinem meum quam omnia malit.

mois je suis assiégé par ses troupes, moi, l'ami et l'allié du peuple romain ! Ni les bienfaits de Micipsa mon père, ni vos décrets, ne me protégent contre sa fureur. Pressé par ses armes et par la famine, je ne sais ce que je dois le plus appréhender. Ma situation déplorable m'empêche de vous en écrire davantage au sujet de Jugurtha. Aussi bien ai-je déjà éprouvé qu'on a peu de foi aux paroles des malheureux. Seulement, je n'ai pas de peine à comprendre qu'il porte ses prétentions au delà de ma perte; car il ne peut espérer d'avoir à la fois ma couronne et votre amitié : laquelle des deux lui tient le plus au cœur? C'est ce qu'il ne laisse douteux pour personne. Il a commencé par assassiner mon frère Hiempsal; il m'a chassé ensuite du royaume de mes pères. Sans doute, nos injures personnelles peuvent vous être indifférentes : mais c'est votre royaume que ses armes ont envahi; c'est le chef que vous avez donné aux Numides qu'il tient assiégé. Quant aux paroles de vos ambassadeurs, mes périls font assez connaître le cas qu'il peut en faire. Quel moyen reste-t-il, si ce n'est la force de vos armes, pour le faire rentrer dans le devoir? Certes, je voudrais que tout ce que j'allègue dans cette lettre, et tout ce dont je me suis plaint devant le sénat, fussent de vaines chimères, sans que mes malheurs attestassent la vérité de mes paroles; mais, puisque je suis né pour être la preuve éclatante de la scélératesse de Jugurtha, ce n'est plus aux infortunes qui m'accablent que je vous supplie de me soustraire, mais à la puissance de mon ennemi et aux tortures qu'il me prépare. Le royaume de Numidie vous appartient, disposez-en à votre gré ; mais, pour ma personne, arrachez-la aux mains impies de Jugurtha. Je

---

Itaque quintum jam mensem, socius et amicus populi romani, armis obsessus teneor; neque mihi Micipsæ patris beneficia, neque vestra decreta auxiliantur. Ferro an fame acrius urgear, incertus sum. Plura de Jugurtha scribere dehortatur fortuna mea : etiam antea expertus sum parum fidei miseris esse. Nisi tamen intellego illum supra quam ego sum petere, neque simul amicitiam vestram et regnum meum sperare : utrum gravius existumet, nemini occultum est. Nam initio occidit Hiempsalem fratrem meum; dein patrio regno me expulit. Quæ sane fuerint nostræ injuriæ, nihil ad vos. Verum nunc vestrum regnum armis tenet; me quem imperatorem Numidis posuistis, clausum obsidet: legatorum verba quanti fecerit, pericula mea declarant. Quid reliquum, nisi vis vestra, quo moveri possit? Nam ego quidem vellem, et hæc quæ scribo, et quæ antea in senatu questus sum, vana forent potius, quam miseria mea fidem verbis faceret. Sed quoniam eo natus sum, ut Jugurthæ scelerum ostentui essem, non jam mortem neque ærumnas, tantummodo inimici imperium et cruciatus corporis deprecor. Regno Numidiæ, quod vestrum est, uti lubet, consulite : me

vous en conjure par la majesté de votre empire, par les saints nœuds de l'amitié, s'il vous reste encore quelque ressouvenir de mon aïeul Masinissa. »

XXV. Après la lecture de cette lettre, quelques sénateurs furent d'avis d'envoyer aussitôt en Afrique une armée au secours d'Adherbal, et subsidiairement de délibérer sur la désobéissance de Jugurtha envers les commissaires du sénat. Mais les partisans du roi réunirent de nouveau leurs efforts pour faire rejeter le décret; et, comme il arrive dans presque toutes les affaires, le bien général fut sacrifié à l'intérêt particulier.

On envoya toutefois en Afrique une députation d'hommes recommandables par l'âge, par la naissance et par l'éminence des dignités dont ils avaient été revêtus. De ce nombre était M. Scaurus, dont j'ai déjà parlé, consulaire et alors prince du sénat. Ces nouveaux commissaires, cédant à l'indignation publique et aux instances des Numides, s'embarquent au bout de trois jours, et, ayant bientôt abordé à Utique, ils écrivent à Jugurtha de se rendre à l'instant dans la Province romaine; qu'ils étaient envoyés vers lui par le sénat.

En apprenant que des personnages illustres, et dont il connaissait l'immense crédit dans Rome, étaient venus pour traverser son entreprise, Jugurtha, partagé entre la crainte et l'ambition, chancelle pour la première fois dans ses résolutions : il craignait la colère du sénat s'il n'obéissait à ses envoyés; mais son aveugle passion le poussait à consommer son crime. A la fin, le mauvais parti l'emporte dans cette âme ambitieuse. Il déploie son armée tout autour de Cirta, et donne

---

ex manibus impiis eripite, per majestatem imperii, per amicitiæ fidem, si ulla apud vos memoria remanet avi mei Masinissæ. »

XXV. His litteris recitatis, fuere qui exercitum in Africam mittendum censerent, et quamprimum Adherbali subveniundum ; de Jugurtha interim uti consuleretur, quoniam non paruisset legatis. Sed ab iisdem regis fautoribus summa ope enisum ne decretum fieret. Ita bonum publicum, ut in plerisque negotiis solet, privata gratia devictum.

Legantur tamen in Africam majores natu, nobiles, amplis honoribus usi : in quis M. Scaurus, de quo supra memoravimus, consularis, et tum in senatu princeps. Hi, quod in invidia res erat, simul et ab Numidis obsecrati, triduo navim ascendere : dein brevi Uticam adpulsi litteras ad Jugurtham mittunt, quam ocissume ac Provinciam accedat; seque ad eum ab senatu missos.

Ille ubi accepit homines claros, quorum auctoritatem Romæ pollere audiverat, contra inceptum suum venisse; primo commotus, metu atque lubidine divorsus agitabatur. Timebat iram senati, ni paruisset legatis : porro animus cupidine cæcus ad inceptum scelus rapiebat. Vicit tamen in avido ingenio pravum consilium. Igitur exercitu circumdato, summa vi Cirtam irrumpere nititur,

un assaut général : en forçant ainsi la troupe peu nombreuse des assiégés à diviser ses efforts, il se flattait de faire naître par force ou par ruse quelque chance de victoire. L'événement trompa son attente, et il ne put, comme il l'avait espéré, se rendre maître de la personne d'Adherbal avant d'aller trouver les commissaires du sénat. Ne voulant point par de plus longs délais irriter Scaurus, qu'il craignait plus que tous les autres, il se rend dans la Province romaine, suivi de quelques cavaliers. Néanmoins, malgré les menaces terribles qui lui furent faites de la part du sénat, il persista dans son refus de lever le siége. Après bien des paroles inutiles, les députés partirent sans avoir rien obtenu.

XXVI. Dès qu'on fut instruit à Cirta du vain résultat de cette ambassade, les Italiens, dont la valeur faisait la principale défense de la place, s'imaginent qu'en cas de reddition volontaire la grandeur du nom romain garantirait la sûreté de leurs personnes. Ils conseillent donc à Adherbal de se rendre à Jugurtha, avec la ville, en stipulant seulement qu'il aurait la vie sauve, et de se reposer pour le reste sur le sénat. De toutes les déterminations, la dernière qu'aurait prise l'infortuné prince eût été de s'abandonner à la foi de Jugurtha; mais comme, en cas de refus, ceux qui lui donnaient ce conseil avaient le pouvoir de l'y contraindre, il obtempéra à l'avis des Italiens, et se rendit. Jugurtha fait tout aussitôt périr Adherbal au milieu des tortures (12); il fit ensuite passer au fil de l'épée tous les Numides sortis de l'enfance, et les Italiens indistinctement, selon qu'ils se présentaient à ses soldats armés.

XXVII. Cette sanglante catastrophe est bientôt connue à

---

maxume sperans, diducta manu hostium, aut vi aut dolis sese casum victoriæ inventurum. Quod ubi secus procedit, neque, quod intenderat, efficere potest uti, prius quam legatos conveniret, Adherbalis potiretur; ne, amplius morando, Scaurum, quem plurimum metuebat, incenderet, cum paucis equitibus in Provinciam venit. Ac tametsi senati verbis minæ graves nuntiabantur, quod oppugnatione non desisteret; multa tamen oratione consumta, legati frustra discessere.

XXVI. Ea postquam Cirtæ audita sunt, Italici, quorum virtute mœnia defensabantur, confisi, deditione facta, propter magnitudinem populi romani inviolatos sese fore, Adherbali suadent uti seque et oppidum Jugurthæ tradat; tantum ab eo vitam paciscatur; de ceteris senatui curæ fore. At ille, tametsi omnia potiora fide Jugurthæ rebatur, tamen quia penes eosdem, si adversaretur, cogendi potestas erat, ita, uti censuerant Italici, deditionem facit. Jugurtha in primis Adherbalem excruciatum necat; dein omnes puberes Numidas, et negotiatores promiscue, uti quisque armatis obvius, interfecit.

XXVII. Quod postquam Romæ cognitum, et res in senatu agitari cœpta, iidem

Rome. Le sénat s'assemble pour en délibérer : on voit encore les mêmes agents de Jugurtha chercher par leurs interruptions, par leur crédit, et même aussi par des querelles, à gagner du temps, à affaiblir l'impression d'un crime si atroce; et si C. Memmius, tribun désigné, homme énergique, ennemi déclaré de la puissance des nobles, n'eût remontré au peuple que ces menées de quelques factieux n'avaient pour but que de procurer l'impunité à Jugurtha, l'indignation se fût sans doute refroidie dans les lenteurs des délibérations : tant avaient de puissance et l'or du Numide et le crédit de ses partisans. Le sénat, qui a la conscience de ses prévarications, craint d'exaspérer le peuple, et, en vertu de la loi Sempronia (13), il assigne aux consuls de l'année suivante les provinces d'Italie et de Numidie. Ces consuls furent P. Scipion Nasica et L. Bestia Calpurnius. Le premier eut pour département l'Italie; la Numidie échut au second. On leva ensuite l'armée destinée à passer en Afrique; on pourvut à sa solde, ainsi qu'aux diverses dépenses de la guerre.

XXVIII. Ce ne fut pas sans surprise que Jugurtha reçut la nouvelle de ces préparatifs; car il était fortement convaincu que tout se vendait à Rome. Il envoie en ambassade, vers le sénat, son fils et deux de ses plus intimes confidents. Pour instructions, il leur recommande, comme à ceux qu'il avait députés après la mort d'Hiempsal, d'attaquer tout le monde avec de l'or. A leur approche de Rome, le consul Bestia mit en délibération si on leur permettrait d'entrer : le sénat décréta qu'à moins qu'ils ne vinssent remettre et le royaume et la

illi ministri regis, interpellando, ac sæpe gratia, interdum jurgiis, trahendo tempus, atrocitatem facti leniebant. Ac ni C. Memmius, tribunus plebis designatus, vir acer et infestus potentiæ nobilitatis, populum romanum edocuisset id agi, uti per paucos factiosos Jugurthæ scelus condonaretur, profecto omnis invidia, prolatandis consultationibus, dilapsa foret : tanta vis gratiæ atque pecuniæ regis erat! Sed ubi senatus delicti conscientia populum timet, lege Sempronia, provinciæ futuris consulibus, Numidia atque Italia, decretæ : consules declarantur P. Scipio Nasica, L. Bestia Calpurnius; Calpurnio Numidia, Scipioni Italia obvenit. Deinde exercitus, qui in Africam portaretur, scribitur : stipendium, alia quæ bello usui forent, decernuntur.

XXVIII. At Jugurtha, contra spem nuntio accepto, quippe cui, Romæ omnia venum ire, in animo hæserat; filium et cum eo duo familiares ad senatum legatos mittit : hisque, ut illis quos, Hiempsale interfecto, miserat, præcipit omnes mortales pecunia adgrediantur. Qui postquam Romam adventabant, senatus a Bestia consultus est, placeretne legatos Jugurthæ recipi mœnibus; iique decrevere, nisi regnum ipsumque deditum venissent, uti in diebus proximis

personne de Jugurtha, ils eussent à sortir de l'Italie sous dix jours. Le consul fait signifier ce décret aux Numides, qui regagnent leur patrie sans avoir rempli leur mission.

Cependant Calpurnius, ayant mis son armée en état de partir, se donne pour lieutenants des patriciens factieux dont il espérait que le crédit mettrait à couvert ses prévarications. De ce nombre était Scaurus, dont j'ai déjà indiqué le caractère et la politique. Quant à Calpurnius, il joignait aux avantages extérieurs d'excellentes qualités morales, mais elles étaient ternies par sa cupidité. Du reste, patient dans les travaux, doué d'un caractère énergique, prévoyant, il connaissait la guerre, et ne craignait ni les dangers ni les surprises. Les légions, après avoir traversé l'Italie, s'embarquèrent à Rhegium pour la Sicile, et de là passèrent en Afrique. Calpurnius, qui avait fait d'avance ses approvisionnements, fond avec impétuosité sur la Numidie; il fait une foule de prisonniers, et prend de vive force plusieurs villes.

XXIX. Mais sitôt que Jugurtha, par ses émissaires, eut fait briller l'or à ses yeux, et ressortir les difficultés de la guerre dont le consul était chargé, son cœur, gâté par l'avarice, se laissa facilement séduire. Au reste, il prit pour complice et pour agent de toutes ses menées ce même Scaurus, qui, dans le principe, tandis que tous ceux de sa faction étaient déjà vendus, s'était prononcé avec le plus de chaleur contre le prince numide. Mais cette fois la somme fut si forte, qu'oubliant l'honneur et le devoir il se laissa entraîner dans le crime (14). Jugurtha avait eu d'abord seulement en vue d'obtenir à prix

---

decem Italia decederent. Consul Numidis ex senati decreto nuntiari jubet. Ita infectis rebus illi domum discedunt.

Interim Calpurnius, parato exercitu, legat sibi homines nobiles, factiosos, quorum auctoritate, quæ deliquisset, munita fore sperabat : in quis fuit Scaurus, cujus de natura et habitu supra memoravimus. Nam in consule nostro multæ bonæque artes animi et corporis erant, quas omnes avaritia præpediebat. Patiens laborum, acri ingenio, satis providens, belli haud ignarus, fermissumus contra pericula et insidias. Sed legiones per Italiam Rhegium, atque inde Siciliam, porro ex Sicilia in Africam transvectæ. Igitur Calpurnius, initio paratis commeatibus, acriter Numidiam ingressus est, multos mortales, et urbes aliquot, pugnando capit.

XXIX. Sed ubi Jugurtha per legatos pecunia tentare, bellique quod administrabat asperitatem ostendere cœpit; animus, æger avaritia, facile conversus est. Ceterum socius et administer omnium consiliorum adsumitur Scaurus : qui, tametsi a principio, plerisque ex factione ejus corruptis, acerrume regem impugnaverat, tamen magnitudine pecuniæ a bono honestoque in pravum abstractus est. Sed Jugurtha primum tantummodo belli moram redimebat, existumans

d'or que le consul ralentît ses opérations, afin de lui donner le temps de faire agir à Rome son argent et son crédit. Mais, dès qu'il eut appris que Scaurus s'était associé aux intrigues de Calpurnius, il conçut de plus hautes espérances, il se flatta d'avoir la paix, et résolut d'aller en personne en régler avec eux toutes les conditions. Pour lui servir d'otage, le consul envoie son questeur Sextius à Vacca, ville appartenant à Jugurtha. Le prétexte de ce voyage était d'aller recevoir les grains que Calpurnius avait exigés publiquement des ambassadeurs de Jugurtha pour prix de la trêve accordée à ce prince, en attendant sa soumission.

Le roi vint donc au camp des Romains, comme il l'avait résolu. Il ne dit que quelques mots en présence du conseil, pour disculper sa conduite et pour offrir de se rendre à discrétion. Le reste se règle dans une conférence secrète avec Bestia et Scaurus. Le lendemain, on recueille les voix, pour la forme, sur les articles en masse, et la soumission de Jugurtha est agréée. Ainsi qu'il avait été prescrit en présence du conseil, trente éléphants, du bétail, un grand nombre de chevaux, avec une somme d'argent peu considérable, sont remis au questeur. Calpurnius retourne à Rome pour l'élection des magistrats; et, dès ce moment, en Numidie comme dans notre armée, tout se passa comme en temps de paix.

XXX. Dès qu'à Rome la renommée eut divulgué le dénoûment des affaires d'Afrique et quels moyens l'avaient amené, il ne fut question en tous lieux et dans toutes les réunions que de l'étrange conduite du consul. Le peuple était dans l'indignation, les sénateurs dans la perplexité, incertains s'ils devaient

---

sese aliquid interim Romæ pretio aut gratia effecturum : postea vero quam participem negotii Scaurum acceperat, in maxumam spem adductus recuperandæ pacis, statuit cum eis de omnibus pactionibus præsens agere. Ceterum interea, fidei caussa, mittitur a consule Sextius quæstor in oppidum Jugurthæ Vaccam; cujus rei species erat acceptio frumenti quod Calpurnius palam legatis imperaverat, quoniam deditionis mora induciæ agitabantur.

Igitur rex, uti constituerat, in castra venit : ac pauca, præsenti consilio, locutus de invidia facti sui, atque in deditionem uti acciperetur; reliqua cum Bestia et Scauro secreta transigit : dein postero die, quasi per saturam exquisitis sententiis, in deditionem accipitur. Sed, uti pro consilio imperatum, elephanti triginta, pecus atque equi multi, cum parvo argenti pondere, quæstori traduntur. Calpurnius Romam ad magistratus rogandos proficiscitur. In Numidia et exercitu nostro pax agitabatur.

XXX. Postquam res in Africa gestas, quoque modo actæ forent, fama divolgavit, Romæ per omnes locos et conventus de facto consulis agitari : apud plebem gravis invidia; patres solliciti erant; probarentne tantum flagitium, an

sanctionner une telle prévarication ou annuler le décret du consul. Le grand crédit de Scaurus, qu'on savait être le conseil et le complice de Bestia, les détournait surtout de se déclarer pour la raison et pour la justice.

Cependant, à la faveur des hésitations et des lenteurs du sénat, C. Memmius, dont j'ai déjà fait connaître le caractère indépendant et la haine contre la puissance des nobles, anime par ses discours le peuple à faire justice. Il l'exhorte à ne point déserter la cause de la patrie et de la liberté; il lui remet sous les yeux les attentats multipliés et l'arrogance de la noblesse; enfin il ne cesse d'employer tous les moyens d'enflammer l'esprit de la multitude. Comme à cette époque l'éloquence de Memmius eut beaucoup de renom et d'influence, j'ai jugé convenable de transcrire ici (15) quelqu'une de ses nombreuses harangues, et j'ai choisi de préférence celle qu'il prononça en ces termes devant le peuple, après le retour de Bestia :

XXXI. « Que de motifs m'éloigneraient de vous, Romains, si l'amour du bien public ne l'emportait : la puissance d'une faction, votre patience, l'absence de toute justice, surtout la certitude que la vertu a plus de périls que d'honneurs à attendre. J'ai honte, en effet, de dire combien, depuis ces quinze dernières années, vous avez servi de jouet à l'insolence de quelques oppresseurs, avec quelle ignominie vous avez laissé périr sans vengeance les défenseurs de vos droits, à quel excès de bassesse et de lâcheté vos âmes se sont abandonnées. Aujourd'hui même, que vous avez prise sur vos ennemis, vous ne vous réveillez pas. Vous tremblez encore devant ceux qui de-

---

decretum consulis subverterent, parum constabat : ac maxume eos potentia Scauri, quod is auctor et socius Bestiæ ferebatur, a vero bonoque impediebat.

Ac C. Memmius, cujus de libertate ingenii et odio potentiæ nobilitatis supra diximus, inter dubitationem et moras senati, concionibus populum ad vindicandum hortari; monere ne rempublicam, ne libertatem suam desererent; multa superba, crudelia facinora nobilitatis ostendere : prorsus intentus omni modo plebis animum accendebat. Sed, quoniam ea tempestate Memmii facundia clara pollensque fuit, decere existumavi unum ex tam multis orationem perscribere; ac potissumum quæ in concione post reditum Bestiæ hujuscemodi verbis disseruit :

XXXI. « Multa me dehortantur a vobis, Quirites, ni studium reipublicæ omnia superet : opes factionis, vestra patientia, jus nullum, ac maxume, quod innocentiæ plus periculi quam honoris est. Nam illa quidem piget dicere, his annis quindecim quam ludibrio fueritis superbiæ paucorum; quam fœde quamque inulti perierint vestri defensores; ut vobis animus ab ignavia atque secordia corruptus sit : qui ne nunc quidem obnoxiis inimicis exsurgitis, atque etiam

vraient être saisis d'effroi devant vous ; mais, malgré de si justes motifs pour garder le silence, mon courage me fait une loi d'attaquer encore la puissance de cette faction : non, je n'hésiterai point à user de cette liberté que j'ai reçue de mes ancêtres : le ferai-je inutilement ou avec fruit ? cela dépend de vous seuls, ô mes concitoyens ! Je ne vous exhorte point à imiter l'exemple si souvent donné par vos pères, de repousser l'injustice les armes à la main ; il n'est ici besoin ni de violence ni de scission (16) : il suffit de leur infâme conduite pour précipiter la ruine de vos adversaires.

« Après l'assassinat de Tiberius Gracchus, qui, disaient-ils, aspirait à la royauté, le peuple romain se vit en butte à leurs rigoureuses enquêtes. De même, après le meurtre de Caïus Gracchus et de Marcus Fulvius, combien de gens de votre ordre n'a-t-on pas fait mourir en prison ! A l'une et à l'autre époque, ce ne fut pas la loi, mais leur caprice seul qui mit fin aux massacres. Au surplus, j'y consens : rendre au peuple ses droits, c'est aspirer à la royauté, et je tiens pour légitime tout ce qui ne pourrait être vengé sans faire couler le sang des citoyens.

« Dans ces dernières années, vous gémissiez en secret de la dilapidation du trésor public, et de voir les rois et des peuples libres, tributaires de quelques nobles, de ceux-là qui seuls sont en possession de l'éclat des hautes dignités et des grandes richesses. Cependant c'était trop peu pour eux de pouvoir impunément commettre de tels attentats. Ils ont fini par livrer aux ennemis de l'État vos lois, la dignité de votre empire, et tout ce qu'il y a de sacré aux yeux des dieux et des hommes. Après ces nouveaux crimes, éprouvent-ils quelque honte,

---

nunc timetis, quibus decet terrori esse. Sed quanquam hæc talia sunt, tamen obviam ire factionis potentiæ animus subigit. Certe ego libertatem quæ mihi a parente tradita est experiar : verum id frustra, an ob rem faciam, in vestra manu situm est, Quirites. Neque ego vos hortor, quod sæpe majores vestri fecere, uti contra injurias armati eatis. Nihil vi, nihil secessione opus est : necesse est suomet ipsi more præcipites eant.

« Occiso Tiberio Graccho, quem regnum parare aiebant, in plebem romanam quæstiones habitæ sunt. Post C. Gracchi et M. Fulvii cædem, item multi vestri ordinis in carcere necati sunt : utriusque cladis non lex, verum lubido eorum finem fecit. Sed sane fuerit regni paratio, plebi sua restituere : quidquid sine sanguine civium ulcisci nequitur, jure factum sit.

« Superioribus annis taciti indignabamini ærarium expilari ; reges et populos liberos paucis nobilibus vectigal pendere ; penes eosdem et summam gloriam et maxumas divitias esse : tamen hæc talia facinora impune suscepisse parum habuere. Itaque postremo leges, majestas vestra, divina et humana omnia hostibus tradita sunt. Neque eos, qui fecere, pudet aut pœnitet ; sed incedunt per ora

quelque repentir? Ils se montrent insolemment à vos regards tout brillants de magnificence, faisant parade, les uns de leurs consulats et de leurs sacerdoces, les autres de leurs triomphes, comme s'ils avaient lieu de s'honorer de ces distinctions usurpées. Des esclaves achetés à prix d'argent n'endurent point les mauvais traitements de leurs maîtres, et vous, Romains, nés pour commander, vous supportez patiemment l'esclavage!

« Mais que sont-ils donc, ceux qui ont envahi la république? Des scélérats couverts de sang, dévorés d'une monstrueuse cupidité; les plus criminels et en même temps les plus orgueilleux de tous les hommes. Pour eux, la bonne foi, l'honneur, la religion, la vertu, sont, tout comme le vice, des objets de trafic. Les uns ont fait périr des tribuns du peuple; les autres vous ont intenté d'injustes procédures; la plupart ont versé votre sang, et ces excès sont leur sauvegarde : plus ils sont criminels, plus ils se voient en sûreté. Cette terreur, que devait leur inspirer le sentiment de leurs propres forfaits, ils l'ont, grâce à votre lâcheté, fait passer dans vos âmes. Chez eux, mêmes désirs, mêmes haines, mêmes craintes : voilà ce qui les fait agir tous comme un seul homme; mais si une pareille union constitue l'amitié entre les honnêtes gens, elle devient conspiration entre les méchants.

« Si vous étiez aussi zélés pour votre liberté qu'ils ont d'ardeur pour la tyrannie, la république ne serait certainement pas, comme aujourd'hui, livrée à la déprédation, et les faveurs que donnent vos suffrages redeviendraient le prix de la vertu, et non plus de l'audace. Vos ancêtres, pour conquérir les droits et fonder la dignité de leur ordre, firent scission en armes et

---

vestra magnifici; sacerdotia et consulatus, pars triumphos suos ostentantes; perinde quasi ea honori, non prædæ, habeant. Servi ære parati imperia injusta dominorum non perferunt : vos, Quirites, imperio nati, æquo animo servitutem toleratis!

« At qui sunt hi qui rempublicam occupavere? Homines sceleratissumi, cruentis manibus, immani avaritia, nocentissumi, iidemque superbissumi; quis fides, decus, pietas, postremo honesta atque inhonesta omnia, quæstui sunt. Pars eorum occidisse tribunos plebis, alii quæstiones injustas, plerique cædem in vos fecisse, pro munimento habent. Ita, quam quisque pessume fecit, tam maxume tutus est; metum a scelere suo ad ignaviam vestram transtulere : quos omnes eadem cupere, eadem odisse, eadem metuere, in unum coegit. Sed hæc inter bonos amicitia, inter malos factio est.

« Quod si tam vos libertatis curam haberetis, quam illi ad dominationem accensi sunt, profecto neque respublica, sicuti nunc, vastaretur; et beneficia vestra penes optumos, non audacissumos, forent. Majores vestri, parandi juris et majestatis constituendæ gratia, bis, per secessionem, armati Aventinum occupavere:

se retirèrent en armes sur le mont Aventin. Et vous, pour conserver cette liberté que vous tenez d'eux, vous ne feriez pas les derniers efforts! Que dis-je? vous les feriez avec d'autant plus d'ardeur, qu'il y a plus de honte à perdre ce qu'on possède qu'à ne l'avoir jamais acquis.

« On me dira : Que proposez-vous donc? De faire justice de ces hommes qui ont livré la république à l'ennemi. Qu'ils soient poursuivis, non par la violence et par le meurtre (ces moyens dignes d'eux ne le sont pas de vous), mais d'après une procédure régulière et sur le témoignage de Jugurtha lui-même. S'il est réellement en état de soumission, il ne manquera pas d'obéir à vos ordres; s'il les méprise, vous saurez à quoi vous en tenir et sur cette paix et sur cette soumission, qui laisse à Jugurtha l'impunité de ses crimes, à quelques hommes d'immenses richesses, à la république la honte et le dommage.

« Mais peut-être leur tyrannie ne vous pèse-t-elle pas encore assez; peut-être préférez-vous au temps où nous vivons celui où les royaumes, les provinces, les lois, les droits des citoyens, les jugements, la guerre et la paix, en un mot, toutes les choses divines et humaines étaient livrées au caprice souverain de quelques ambitieux, alors que vous, qui formez le peuple romain, ce peuple invincible, ce peuple roi des nations, vous vous estimiez heureux qu'ils daignassent vous laisser l'existence; car, pour la servitude, qui de vous aurait osé la repousser? Quant à moi, bien que je regarde comme le comble du déshonneur, pour un homme de cœur, de se laisser impunément outrager, je consentirais encore à vous voir pardonner

---

vos pro libertate quam ab illis accepistis, non summa ope nitemini, atque eo vehementius, quod majus dedecus est parta amittere, quam omnino non paravisse?

« Dicet aliquis: Quid igitur censes? Vindicandum in eos qui hosti prodidere rempublicam; non manu neque vi (quod magis vos fecisse quam illis accidisse indignum), verum quæstionibus et indicio ipsius Jugurthæ. Qui, si dediticius est, profecto jussis vestris obediens erit : sin ea contemnit, scilicet existumabitis qualis illa pax, aut deditio, ex qua ad Jugurtham scelerum impunitas, ad paucos maxumæ divitiæ, in rempublicam damna, dedecora pervenerint.

« Nisi forte nondum etiam vos dominationis eorum satietas tenet, et illa, quam hæc tempora, magis placent, quum regna, provinciæ, leges, jura, judicia, bella, paces, postremo divina et humana omnia, penes paucos erant: vos autem, hoc est, populus romanus, invicti ab hostibus, imperatores omnium gentium, satis habebatis animam retinere. Nam servitutem quidem quis vestrum recusare audebat? Atque ego, tametsi viro flagitiosissumum existumo impune injuriam accepisse, tamen vos hominibus sceleratissumis ignoscere, quoniam cives sunt,

aux plus scélérats des hommes, puisqu'ils sont vos concitoyens, si votre indulgence ne devait entraîner votre ruine : car telle est leur insupportable perversité, qu'ils comptent pour rien l'impunité de leurs crimes passés, si pour l'avenir on ne leur ravit le pouvoir de mal faire; et vous serez en proie à d'éternelles alarmes, en vous voyant placés entre l'esclavage et la nécessité de combattre pour votre liberté. Eh! pourriez-vous compter sur une réconciliation sincère avec eux? Ils veulent dominer, vous voulez être libres; ils veulent faire le mal, vous, l'empêcher; enfin, ils traitent vos alliés en ennemis, vos ennemis en alliés. Quelle paix, quel accord peut-on se promettre dans des dispositions si contraires?

« Je crois donc devoir vous en avertir, vous en conjurer, ne laissez pas un si grand crime impuni. Il ne s'agit pas ici de l'enlèvement des deniers publics, ni d'argent extorqué violemment aux alliés; ces excès, quelle que soit leur gravité, aujourd'hui passent inaperçus, tant ils sont communs. Mais on a sacrifié au plus dangereux de vos ennemis et l'autorité du sénat et la majesté de votre empire : dans Rome et dans les camps, la république a été vendue. Si ces crimes ne sont pas poursuivis, s'il n'est fait justice des coupables, il ne nous reste plus qu'à vivre en esclaves et en sujets; car faire impunément tout ce qu'on veut, c'est être vraiment roi. Ce n'est pas, Romains, que je vous exhorte à vouloir de préférence trouver vos concitoyens coupables plutôt qu'innocents; tout ce que je vous demande, c'est de ne pas sacrifier les honnêtes gens pour faire grâce aux pervers. Considérez, d'ailleurs, que dans une république il vaut beaucoup mieux oublier

---

æquo animo paterer, nisi misericordia in perniciem casura esset. Nam et illis, quantum importunitatis habent, parum est impune male fecisse, nisi deinde faciundi licentia eripitur : et vobis æterna sollicitudo remanebit, quum intelligetis aut serviundum esse, aut per manus libertatem retinendam. Nam fidei quidem aut concordiæ quæ spes? Dominari illi volunt; vos liberi esse : facere illi injurias; vos prohibere : postremo sociis vestris veluti hostibus, hostibus pro sociis utuntur. Potestne in tam diversis mentibus pax aut amicitia esse?

« Quare moneo hortorque ne tantum scelus impunitum omittatis. Non peculatus ærarii factus est, neque per vim sociis ereptæ pecuniæ : quæ quanquam gravia, tamen consuetudine jam pro nihilo habentur. Hosti acerrumo prodita senati auctoritas, proditum imperium vestrum : domi militiæque respublica venalis fuit. Quæ nisi quæsita erunt, ni vindicatum in noxios, quid reliquum, nisi ut illis qui ea fecere obedientes vivamus? nam impune quælibet facere, id est regem esse. Neque ego vos, Quirites, hortor ut malitis cives vestros perperam quam recte fecisse; sed ne, ignoscendo malis, bonos perditum eatis. Ad hoc in republica multo præstat beneficii quam maleficii immemorem esse. Bonus

le bien que le mal : l'homme vertueux qu'on néglige devient seulement moins zélé ; le méchant en devient plus audacieux. Considérez enfin que prévenir l'injustice, c'est le moyen de n'avoir que rarement besoin de secours contre ses atteintes. »

XXXII. Par de tels discours souvent répétés, Memmius détermine le peuple à envoyer L. Cassius, alors préteur (17), vers Jugurtha, que, sous la garantie de la foi publique, il amènerait à Rome. On espérait que les dépositions de ce monarque ne manqueraient pas de jeter du jour sur les prévarications de Scaurus et des autres sénateurs accusés d'avoir reçu de l'argent. Tandis que ceci se passe à Rome, les chefs à qui Bestia avait laissé le commandement de l'armée de Numidie, commettaient, à l'exemple de leur général, une foule d'excès odieux. Les uns, séduits par l'or, rendirent à Jugurtha ses éléphants; d'autres lui vendirent ses transfuges; plusieurs pillèrent les provinces avec lesquelles nous étions en paix : tant la contagion de l'avarice avait infecté toutes les âmes!

La proposition de Memmius ayant été adoptée, à la grande consternation de toute la noblesse, le préteur Cassius alla trouver Jugurtha. Malgré les terreurs de ce prince et les justes défiances que lui inspiraient ses remords, Cassius réussit à lui persuader, puisqu'il s'était rendu au peuple romain, de s'en remettre à sa clémence plutôt que de provoquer sa colère. Il lui engagea d'ailleurs sa propre foi, qui n'était pas de moindre poids, aux yeux de Jugurtha, que la foi publique : tant était grande alors l'opinion qu'on avait de la loyauté de Cassius!

---

tantummodo segnior fit, ubi negligas; at malus improbior. Ad hoc, si injuriæ non sint, haud sæpe auxilii egeas. »

XXXII. Hac atque alia hujuscemodi sæpe dicundo, Memmius populo persuadet uti L. Cassius, qui tum prætor erat, ad Jugurtham mitteretur; eumque, interposita fide publica, Romam duceret, quo facilius, indicio regis, Scauri et reliquorum quos pecuniæ captæ arcessebant, delicta patefierent. Dum hæc Romæ geruntur, qui in Numidia relicti a Bestia exercitui præerant, sequuti morem imperatoris, plurima et flagitiosissuma facinora fecere. Fuere qui, auro corrupti, elephantos Jugurthæ traderent; alii perfugas vendere, et pars ex pacatis prædas agebant : tanta vis avaritiæ in animos eorum, veluti tabes, invaserat.

At Cassius, perlata rogatione a C. Memmio, ac perculsa omni nobilitate, ad Jugurtham proficiscitur; ei que timido, et ex conscientia diffidenti rebus suis, persuadet, quoniam se populo romano dedidisset, ne vim, quam misericordiam, experiri mallet. Privatim præterea fidem suam interponit, quam ille non minoris quam publicam ducebat : talis ea tempestate fama de Cassio erat!

XXXIII. En conséquence, **Jugurtha**, renonçant au faste royal pour prendre l'extérieur le plus propre à exciter la compassion, arrive à Rome avec Cassius. Quoiqu'il fût doué d'une grande force de caractère, et rassuré d'ailleurs par tous ces hommes dont le crédit et la scélératesse avaient, comme je l'ai dit ci-dessus, favorisé tous ses attentats, il s'assure à grands frais du tribun du peuple C. Bébius, dont l'impudente hardiesse devait le mettre sûrement à couvert de l'action des lois et de toute espèce de danger. Cependant C. Memmius convoque l'assemblée : le peuple était fort animé contre Jugurtha ; les uns voulaient qu'il fût mis en prison ; les autres, que, s'il ne révélait ses complices, il fût livré au supplice comme un ennemi public, selon la coutume de nos ancêtres. Memmius, consultant plutôt la dignité du peuple romain que son indignation, calme cette effervescence et apaise les esprits irrités. Il proteste en outre, autant qu'il est en lui, contre toute violation de la foi publique. Le silence s'étant rétabli, il fait comparaître Jugurtha, et, prenant la parole, il lui rappelle les crimes dont il s'est souillé tant à Rome qu'en Numidie, et lui représente ses attentats contre son père et ses frères, ajoutant qu'encore que les agents à l'aide desquels il a commis ces forfaits lui fussent connus, le peuple romain voulait cependant obtenir un aveu formel de sa bouche ; que si Jugurtha disait la vérité, il devait mettre sa confiance dans la loyauté et dans la clémence du peuple romain ; mais que, s'il s'obstinait à se taire, il se perdrait lui-même avec toutes ses espérances, sans sauver ses complices.

XXXIV. Quand Memmius eut cessé de parler, et que Jugurtha reçut l'ordre de répondre, le tribun du peuple C. Bébius, gagné

XXXIII. Igitur Jugurtha, contra decus regium, cultu quam maxume miserabili, cum Cassio Romam venit. Ac tametsi in ipso magna vis animi erat, confirmatus ab omnibus quorum potentia aut scelere cuncta ea gesserat quæ supra memoravimus, C. Bæbium tribunum plebis magna mercede parat, cujus impudentia contra jus et injurias omnes munitus foret. At C. Memmius, advocata concione, quanquam regi infesta plebes erat, et pars in vincula duci jubebat, pars, ni socios sceleris aperiret, more majorum de hoste supplicium sumi ; dignitati quam iræ magis consulens, sedare motus et animos mollire ; postremo confirmare fidem publicam per sese inviolatam fore. Post, ubi silentium cœpit, producto Jugurtha, verba facit : Romæ Numidiæque facinora ejus memorat : scelera in patrem fratresque ostendit : quibus juvantibus quibusque ministris ea egerit, quanquam intelligat populus romanus, tamen velle manifesta magis ex illo habere : si vera aperiret, in fide et clementia populi romani magnam spem illi sitam : sin reticeat, non sociis saluti fore, sed se suasque spes corrupturum.

XXXIV. Dein, ubi Memmius dicundi finem fecit, et Jugurtha respondere jussus

par argent, comme je l'ai dit ci-dessus, ordonna au prince de garder le silence. Bien que la multitude, indignée, s'efforçât d'effrayer Bébius par ses clameurs, par ses regards, souvent même par ses gestes menaçants, enfin par tous les emportements que suggère la fureur, l'impudence du tribun l'emporta cependant. Le peuple ainsi joué (18) se retire; Jugurtha, Bestia et tous ceux qu'avaient inquiétés les poursuites reprennent une nouvelle assurance.

XXXV. Il se trouvait alors à Rome un Numide nommé Massiva, fils de Gulussa et petit-fils de Masinissa. Il avait, dans la querelle des princes, pris parti contre Jugurtha, puis, après la reddition de Cirta et la mort d'Adherbal, quitté l'Afrique en fugitif. Spurius Albinus, qui, avec Q. Minucius Rufus, venait de succéder à Calpurnius Bestia dans le consulat, engage le prince à profiter de sa qualité de descendant de Masinissa, de la haine publique et des terreurs qui poursuivent Jugurtha, pour demander au sénat la couronne de Numidie. Impatient d'avoir une guerre à conduire, le consul aurait tout bouleversé plutôt que de languir dans l'inaction. La province de Numidie lui était échue, et la Macédoine à Minucius. Dès les premières démarches de Massiva, Jugurtha sentit qu'il trouverait peu de support chez ses amis; les remords, le trouble des uns, la mauvaise réputation des autres, les craintes de tous, leur ôtaient la faculté d'agir. Il charge donc Bomilcar, son parent, qui lui était entièrement dévoué, de gagner, à force d'or, sa ressource ordinaire, des assassins pour faire périr Massiva, en secret, s'il était possible; sinon, de toute autre manière.

est, C. Bæbius, tribunus plebis, quem pecunia corruptum supra diximus, regem tacere jubet : ac tametsi multitudo quæ in concione aderat, vehementer accensa, terrebat eum clamore, voltu, sæpe impetu, atque aliis omnibus quæ ira fieri amat, vicit tamen impudentia. Ita populus ludibrio habitus ex concione discessit : Jugurthæ Bestiæque, et ceteris quos illa quæstio exagitabat, animi augescunt.

XXXV. Erat ea tempestate Romæ Numida quidam, nomine Massiva, Gulussæ filius, Masinissæ nepos : qui, quia in dissensione regum Jugurthæ advorsus fuerat, dedita Cirta et Adherbale interfecto, profugus ex Africa abierat. Huic Sp. Albinus, qui proxumo anno post Bestiam cum Q. Minucio Rufo consulatum gerebat, persuadet, quoniam ex stirpe Masinissæ sit, Jugurtham quo ob scelera invidia cum metu urgeat, regnum Numidiæ ab senatu petat. Avidus consul belli gerundi movere quam senescere omnia malebat. Ipsi provincia Numidia, Minucio Macedonia evenerat. Quæ postquam Massiva agitare cœpit, neque Jugurthæ in amicis satis præsidii est, quod eorum alium conscientia, alium mala fama et timor impediebat; Bomilcari, proxumo ac maxume fido sibi, imperat, pretio, sicuti multa confecerat, insidiatores Massivæ paret, ac maxume occulte; sin id parum procedat, quovis modo Numidam interficiat.

Bomilcar exécuta promptement les ordres du roi : des hommes faisant métier de semblables commissions sont chargés par lui d'épier les allées et les venues de Massiva, de remarquer les lieux et les heures; puis, au moment opportun, l'embuscade est dressée. Un des assassins apostés, attaquant Massiva avec trop peu de précaution, le tua ; mais pris sur le fait, il céda aux exhortations d'un grand nombre de personnes, et surtout du consul Albinus, et découvrit tout le complot. L'on mit donc en accusation, plutôt par des motifs d'équité et de justice qu'en vertu du droit des gens, Bomilcar, qui était de la suite d'un prince venu à Rome sous la garantie de la foi publique.

Quant à Jugurtha, auteur manifeste du crime, il persiste à lutter contre l'évidence, jusqu'à ce qu'il reconnaisse que son or et son crédit échoueront contre l'horreur d'un pareil forfait. Aussi, quoique, dès l'ouverture des débats, il eût présenté cinquante de ses amis pour caution de Bomilcar, moins soucieux de leur épargner des sacrifices (19) que jaloux de son autorité, il renvoie secrètement Bomilcar en Numidie, dans la crainte que ses sujets n'appréhendassent désormais de lui obéir, si cet agent était livré au supplice. Lui-même partit peu de jours après, sur l'ordre que lui avait intimé le sénat de quitter l'Italie. On prétend qu'au sortir de Rome il jeta souvent en silence ses regards sur cette ville, et s'écria : « Ville vénale, qui périrait bientôt si elle trouvait un acheteur! »

XXXVI. La guerre recommence : Albinus fait promptement transporter en Afrique des vivres, de l'argent, et tout ce qui est

---

Bomilcar mature regis mandata exsequitur : et per homines, talis negotii artifices, itinera egressusque ejus, postremo loca atque tempora cuncta, explorat: deinde, ubi res postulabat, insidias tendit. Igitur unus ex eo numero, qui ad cædem parati, paullo inconsultius Massivam adgreditur, illum obtruncat : sed ipse deprehensus, multis hortantibus, et in primis Albino consule, indicium profitetur. Fit reus, magis ex æquo bonoque, quam ex jure gentium, Bomilcar, comes ejus qui Romam fide publica venerat.

At Jugurtha, manifestus tanti sceleris, non prius omisit contra verum niti, quam animum advortit supra gratiam atque pecuniam suam invidiam facti esse. Igitur quanquam in priore actione ex amicis quinquaginta vades dederat; regno magis quam vadibus consulens, clam in Numidiam Bomilcarem dimittit, veritus ne reliquos populares metus invaderet parendi sibi, si de illo supplicium sumtum foret. Et ipse paucis diebus profectus est, jussus ab senatu Italia decedere. Sed postquam Roma egressus est, fertur sæpe eo tacitus respiciens postremo dixisse : Urbem venalem, et mature perituram si, emtorem invenerit.

XXXVI. Interim Albinus, renovato bello, commeatum, stipendium, alia quæ

nécessaire aux troupes : lui-même se hâte de partir, pour qu'avant les comices, dont l'époque n'était pas éloignée, il pût, par la force des armes, par la soumission spontanée de l'ennemi, ou par toute autre voie, mettre fin à cette guerre. Jugurtha, au contraire, traîne en longueur toutes les opérations, et fait naître délais sur délais. Il promet de se rendre, puis il affecte de la défiance; il plie devant l'ennemi qui le presse, et bientôt après, pour ne pas décourager les siens, il le presse à son tour : c'est ainsi qu'il se joue du consul par ses continuels ajournements de la guerre et de la paix. Quelques-uns soupçonnèrent alors Albinus d'avoir été d'intelligence avec le roi : ils attribuaient à une collusion frauduleuse, et non à la lâcheté, le ralentissement si prompt d'une guerre si activement commencée. Le temps s'étant ainsi écoulé, on touchait au jour des comices (20) : alors Albinus laissa l'armée sous la conduite de son frère, le propréteur Aulus, et partit pour Rome.

XXXVII. La république était alors cruellement agitée par les dissensions des tribuns du peuple. P. Lucullus et L. Annius prétendaient, malgré l'opposition de leurs collègues, se faire continuer dans leur magistrature : cette querelle, qui dura toute l'année (21), empêchait la tenue des comices. Pendant ces retards, Aulus, qui, comme nous l'avons dit, était resté au camp avec le titre de propréteur, conçut l'espoir, ou de terminer la guerre, ou d'extorquer de l'argent au roi numide par la terreur des armes romaines. Au mois de janvier, il fait sortir ses troupes de leurs quartiers, à marches forcées, par un temps

militibus usui forent, maturat in Africam portare; ac statim ipse profectus, uti ante comitia, quod tempus haud longe aberat, armis aut deditione, aut quovis modo, bellum conficeret. At contra Jugurtha trahere omnia, et alias, deinde alias moræ caussas facere; polliceri deditionem, ac deinde metum simulare; instanti cedere, et paullo post, ne sui diffiderent, instare : ita belli modo, modo pacis mora, consulem ludificare. Ac fuere qui tum Albinum haud ignarum consilii regis existumarent; neque ex tanta properantia tam facile tractum bellum secordia magis quam dolo crederent. Sed postquam, dilapso tempore, comitiorum dies adventabat, Albinus, Aulo fratre in castris propraetore relicto, Romam decessit.

XXXVII. Ea tempestate, Romæ seditionibus tribuniciis atrociter respublica agitabatur. P. Lucullus et L. Annius, tribuni plebis, resistentibus collegis, continuare magistratum nitebantur : quæ dissensio totius anni comitia impediebat. Ea mora in spem adductus Aulus, quem pro prætore in castris relictum supra diximus, aut conficiundi belli, aut terrore exercitus ab rege pecuniæ capiundæ, milites mense januario ex hibernis in expeditionem evocat : magnis itineribus, hieme aspera, pervenit ad oppidum Suthul, ubi regis thesauri erant. Quod quan-

fort rude, et s'approche de Suthul, où étaient les trésors de Jugurtha. Cette place, grâce à la rigueur de la saison et à l'avantage de sa position, ne pouvait être prise ni même assiégée : autour de ses murailles, bâties sur le bord d'un roc escarpé, s'étendait une plaine fangeuse, que les pluies de l'hiver avaient changée en marais. Cependant, soit pour intimider le roi par une attaque simulée, soit qu'il fût aveuglé par l'espoir de soumettre une ville remplie de trésors, Aulus dresse des mantelets (22), élève des terrasses (23), et presse tous les travaux utiles au succès de son entreprise.

XXXVIII. Convaincu de la présomption et de l'impéritie du lieutenant d'Albinus, l'artificieux Jugurtha s'applique à redoubler sa folle confiance, en lui envoyant maintes ambassades suppliantes, tandis que lui-même, feignant de l'éviter, conduit son armée dans des lieux coupés de bois et de défilés. Enfin, il décide Aulus, sous l'espoir d'un accommodement, à quitter Suthul, et à le poursuivre, comme s'il fuyait, à travers des régions écartées, où ses prévarications seraient tenues plus secrètes. Cependant, par d'habiles émissaires, il travaille jour et nuit à séduire l'armée romaine, à corrompre les centurions et les chefs de la cavalerie. Les uns doivent passer à l'ennemi ; les autres, au signal donné, abandonner leur poste.

Lorsque Jugurtha eut tout disposé selon ses vues, tout à coup, au milieu de la nuit, une multitude de Numides cerne le camp d'Aulus. Dans la surprise où cette attaque imprévue jette les soldats romains, les uns prennent leurs armes, les autres se cachent, quelques-uns rassurent les plus timides ; le trouble règne partout. La foule des ennemis, le ciel obscurci par la nuit et

---

quam et sævitia temporis, et opportunitate loci, neque capi neque obsideri poterat ; nam circum murum, situm in prærupti montis extremo, planities limosa hiemalibus aquis paludem fecerat; tamen, aut simulandi gratia, quo regi formidinem adderet, aut cupidine cæcus, ob thesauros, oppidi potiundi, vineas agere, aggerem jacere, alia quæ incepto usui forent, properare.

XXXVIII. At Jugurtha, cognita vanitate atque imperitia legati, subdolus ejus augere amentiam; missitare supplicantes legatos; ipse, quasi vitabundus, per saltuosa loca et tramites exercitum ductare. Denique Aulum spe pactionis perpulit, uti, relicto Suthule, in abditas regiones sese, veluti cedentem, insequeretur; ita delicta occultiora fore. Interea per homines callidos die noctuque exercitum tentabat: centuriones ducesque turmarum, partim uti transfugerent, corrumpere; alii, signo dato, locum uti desererent.

Quæ postquam ex sententia instruxit, intempesta nocte, de improviso multitudine Numidarum Auli castra circumvenit. Milites romani, tumultu perculsi insolito, arma capere alii, alii se abdere, pars territos confirmare, trepidare omni-

par les nuages, et le danger présent de tout côté laissent douter s'il est plus sûr de fuir que de rester à son poste. Parmi les troupes qui, ainsi que nous venons de le dire, s'étaient laissé gagner, une cohorte de Liguriens, avec deux escadrons thraces et quelques simples soldats, passèrent du côté de Jugurtha. Le premier centurion de la troisième légion introduisit les ennemis à travers le retranchement qu'il s'était chargé de défendre : ce fut par là que s'élancèrent tous les Numides. Les nôtres fuirent honteusement, en jetant leurs armes, et se retirèrent sur une hauteur voisine : la nuit et le pillage du camp arrêtèrent les ennemis dans la poursuite de leur victoire.

Le lendemain, dans une entrevue avec Aulus, Jugurtha lui dit que, s'il était maître du propréteur et de l'armée romaine, il voulait bien toutefois, en considération de l'instabilité des choses humaines, et pourvu qu'Aulus signât la paix, laisser partir sains et saufs tous les Romains, après les avoir fait passer sous le joug ; qu'enfin il leur donnait dix jours pour évacuer la Numidie. Quelque dures, quelque ignominieuses que fussent ces conditions, les Romains, comme il fallait les accepter ou mourir (24), souscrivirent au traité dicté par Jugurtha.

XXXIX. Ces événements, dès qu'ils sont connus dans Rome, y répandent la crainte et la désolation. Les uns s'affligent pour la gloire de l'empire ; d'autres, dans leur ignorance des vicissitudes de la guerre, craignent déjà pour l'indépendance de la république : tous s'indignent contre Aulus, ceux surtout qui, ayant fait la guerre avec distinction, ne pouvaient lui pardonner d'avoir, les armes à la main, cherché son salut dans l'igno-

---

bus locis : vis magna hostium; cœlum nocte atque nubibus obscuratum; periculum anceps : postremo fugere an manere tutius foret in incerto erat. Sed ex eo numero, quos paullo ante corruptos diximus, cohors una Ligurum, cum duabus turmis Thracum, et paucis gregariis militibus, transiere ad regem : et centurio primi pili tertiæ legionis, per munitionem, quam, uti defenderet, acceperat, locum hostibus introeundi dedit : eaque Numidæ cuncti irrupere. Nostri fœda fuga; plerique, abjectis armis, proxumum collem occupavere. Nox atque præda castrorum hostes, quo minus victoria uterentur, remorata sunt.

Dein Jugurtha postero die cum Aulo in colloquio verba facit : tametsi ipsum cum exercitu fame, ferro, clausum tenet, tamen se humanarum rerum memorem, si secum fœdus faceret, incolumes sub jugum missurum; præterea uti diebus decem Numidia decederet. Quæ quanquam gravia et flagitii plena erant, tamen, quia mortis metu mutabantur, sicuti regi libuerat, pax convenit.

XXXIX. Sed ubi ea Romæ comperta sunt, metus atque mœror civitatem invasere : pars dolore pro gloria imperii; pars insolita rerum bellicarum timere libertati : Aulo omnes infesti, ac maxume qui bello sæpe præclari fuerant, quod armatus, dedecore potius quam manu, salutem quæsiverat. Ob ea consul Albinus,

minie plutôt que dans sa valeur. Le consul Albinus, redoutant pour lui la haine publique et les dangers que provoque le crime de son frère, soumet le traité à la délibération du sénat. Cependant il lève des recrues, demande des renforts aux alliés et aux Latins, et pourvoit à toutes choses avec activité. Le sénat, comme il était juste, déclare que, sans son autorisation et celle du peuple, aucun traité n'a pu être valablement conclu (25). Le consul part quelques jours après pour l'Afrique; mais, sur l'opposition des tribuns du peuple, il ne peut embarquer avec lui les troupes qu'il venait de lever. Toute notre armée, depuis l'évacuation de la Numidie, aux termes du traité, était en quartiers d'hiver dans la Province romaine. Dès son arrivée, Albinus brûlait de poursuivre Jugurtha, pour apaiser l'indignation soulevée contre son frère; mais, quand il eut reconnu que les soldats, outre la honte de leur fuite, étaient, par le relâchement de la discipline, livrés à la licence et à la débauche, il demeura convaincu que, dans l'état des choses, il n'y avait pour lui aucune entreprise à former.

XL. Cependant, à Rome, le tribun C. Mamilius Limetanus fit au peuple une proposition tendant à informer contre ceux qui, par leurs conseils, avaient engagé Jugurtha à désobéir aux décrets du sénat; qui, dans leurs ambassades ou dans leurs commandements, avaient reçu de l'argent de ce prince, ou lui avaient livré des éléphants et des transfuges, enfin qui avaient traité de la paix ou de la guerre avec les ennemis. A cette proposition personne n'osa résister ouvertement, ni ceux qui se sentaient coupables, ni ceux qui redoutaient les dangers de l'irritation des partis : les uns et les autres

---

ex delicto fratris invidiam ac deinde periculum timens, senatum de fœdere consulebat. Et tamen interim exercitui supplementum scribere, ab sociis et nomine latino auxilia arcessere, denique modis omnibus festinare. Senatus ita, uti par fuerat, decernit, suo atque populi injussu nullum potuisse fœdus fieri. Consul, impeditus a tribunis plebis ne quas paraverat copias secum portaret, paucis diebus in Africam proficiscitur. Nam omnis exercitus, uti convenerat, Numidia deductus, in Provincia hiemabat. Postquam eo venit, quanquam persequi Jugurtham et mederi fraternæ invidiæ animus ardebat, cognitis militibus, quos præter fugam, soluto imperio, licentia atque lascivia corruperat, ex copia rerum statuit nihil sibi agitandum.

XL. Interea Romæ C. Mamilius Limetanus, tribunus plebis, rogationem ad populum promulgat, uti quæreretur in eos quorum consilio Jugurtha senati decreta neglexisset, quique ab eo in legationibus, aut imperiis, pecunias accepissent; qui elephantos, quique perfugas tradidissent; item qui de pace, aut bello, cum hostibus pactiones fecissent. Huic rogationi partim conscii sibi, alii ex partium invidia pericula metuentes, quoniam aperte resistere non poterant, quin

craignaient de paraître approuver les prévarications et tous les crimes dénoncés par les tribuns. Mais indirectement, par le moyen de leurs amis, surtout d'un grand nombre de citoyens du Latium et d'alliés italiens, ils firent naître mille obstacles. On ne saurait croire avec quelle force, quelle persévérance de volonté, le peuple décréta cette mesure (26), moins, il est vrai, par zèle pour la république, qu'en haine de la noblesse, à qui elle préparait bien des maux : tant la fureur des partis est extrême!

Tandis que tous les nobles sont frappés de terreur, Marcus Scaurus, que nous avons vu lieutenant de Bestia, parvient, au milieu de la joie du peuple, de la déroute de son parti et de l'agitation qui règne dans la ville entière, à se faire nommer l'un des trois commissaires dont la loi de Mamilius provoquait la création. Les enquêtes ne s'en firent pas moins avec dureté (27), avec violence, d'après des oui-dire et le caprice du peuple. Ainsi l'exemple souvent donné par la noblesse fut imité par le peuple dans cette circonstance : la prospérité le rendit insolent.

XLI. L'usage de se diviser en parti populaire et en faction du sénat, puis tous les excès résultant de cette distinction, avaient pris naissance à Rome peu d'années auparavant (28) au sein même du repos et de l'abondance (29), que les mortels regardent comme les plus précieux des biens. Avant la destruction de Carthage, le peuple et le sénat romain gouvernaient de concert la république avec douceur et modération. Les honneurs et la puissance n'étaient le sujet d'aucun débat entre les citoyens : la crainte des ennemis maintenait les bons principes dans l'É-

---

illa et alia talia placere sibi faterentur, occulte per amicos, ac maxume per homines nominis latini et socios italicos, impedimenta parabant. Sed plebes incredibile memoratu est quam intenta fuerit, quantaque vi rogationem jusserit, magis odio nobilitatis, cui mala illa parabantur, quam cura reipublicæ : tanta lubido in partibus !

Igitur ceteris metu perculsis, M. Scaurus, quem legatum Bestiæ supra docuimus, inter lætitiam plebis et suorum fugam, trepida etiam tum civitate, quum ex Mamilia rogatione tres quæsitores rogarentur, effecerat uti ipse in eo numero crearetur. Sed quæstio exercita aspere violenterque, ex rumore et lubidine plebis. Ut sæpe nobilitatem, sic ea tempestate plebem, ex secundis rebus insolentia ceperat.

XLI. Ceterum mos partium popularium et senati factionum, ac deinde omnium malarum artium, paucis ante annis Romæ ortus, otio et abundantia earum rerum quæ prima mortales ducunt. Nam ante Carthaginem deletam populus et senatus romanus placide modesteque inter se rempublicam tractabant : neque gloriæ neque dominationis certamen inter cives erat. Metus hostilis in bonis artibus

tat; mais, dès que les esprits furent affranchis de cette terreur salutaire, l'orgueil et la mollesse, compagnes ordinaires de la prospérité, s'introduisirent aussitôt dans Rome. Ainsi ce qu'on avait tant désiré aux jours d'infortune, le repos, devint, quand on l'eut obtenu, plus rude et plus amer que l'adversité même. On vit désormais la noblesse abuser sans mesure de sa prééminence, le peuple de sa liberté; chacun attirer à soi, empiéter, envahir; et la république, placée entre deux factions contraires, fut misérablement déchirée.

Toutefois la noblesse, groupée en une seule faction, eut l'avantage, et le peuple, dont la force était désunie, dispersée dans la masse, perdit sa puissance. Le caprice de quelques individus décida toutes les affaires au dedans et au dehors : pour eux seuls étaient la fortune publique, les provinces, les magistratures, les distinctions et les triomphes; au peuple étaient réservés le service militaire et l'indigence. Le butin fait à l'armée devenait la proie des généraux et de quelques favoris. Les parents, les jeunes enfants des soldats, avaient-ils quelque voisin puissant (30), on les chassait de leurs foyers. Armée du pouvoir, une cupidité sans frein et sans bornes usurpa, profana, dépeupla tout; rien ne fut épargné, rien ne fut respecté, jusqu'à ce que cette noblesse elle-même eut creusé l'abîme qui devait l'engloutir. En effet, dès qu'il s'éleva du sein de la noblesse (31) quelques hommes qui préféraient une gloire véritable à la domination la plus injuste, il y eut ébranlement dans l'État, et l'on vit naître des dissensions civiles semblables aux grandes commotions qui bouleversent la terre.

---

civitatem retinebat; sed ubi illa formido mentibus discessit, scilicet ea quæ secundæ res amant, lascivia atque superbia, incessere. Ita, quod in adversis rebus optaverant, otium, postquam adepti sunt, asperius acerbiusque fuit. Namque cœpere nobilitas dignitatem, populus libertatem, in lubidinem vertere, sibi quisque ducere, trahere, rapere. Ita omnia in duas partes abstracta sunt : respublica, quæ media fuerat, dilacerata.

Ceterum nobilitas factione magis pollebat : plebis vis, soluta atque dispersa, in multitudine minus poterat. Paucorum arbitrio belli domique agitabatur; penes eosdem ærarium, provinciæ, magistratus, gloriæ triumphique erant; populus militia atque inopia urgebatur. Prædas bellicas imperatores cum paucis diripiebant : interea parentes aut parvi liberi militum, ut quisque potentiori continis erat, sedibus pellebantur. Ita, cum potentia avaritia sine modo modestiaque invadere, polluere et vastare omnia; nihil pensi neque sancti habere. quoad semet ipsa præcipitavit. Nam ubi primum ex nobilitate reperti sunt qui veram gloriam injustæ potentiæ anteponerent, moveri civitas, et dissensio civilis, quasi permixtio terræ, oriri cœpit.

XLII. Dès que Tibérius et C. Gracchus, dont les ancêtres avaient, dans la guerre punique et dans quelques autres, contribué à l'agrandissement de la république, entreprirent de reconquérir la liberté du peuple et de démasquer les crimes de quelques hommes, la noblesse, épouvantée parce qu'elle se sentait coupable, sut par le moyen, tantôt des alliés, tantôt des Latins, quelquefois même des chevaliers romains qu'avait éloignés du peuple l'espoir d'être associés à la puissance patricienne (32), mettre obstacle aux tentatives des Gracques. D'abord Tibérius, tribun du peuple, puis, quelques années après, Caïus, triumvir pour l'établissement des colonies (33), qui s'était engagé dans les mêmes voies, et avec lui M. Fulvius Flaccus, tombèrent sous le fer des nobles. A dire vrai, les Gracques, dans l'ardeur de la victoire, ne montrèrent point assez de modération ; car l'homme de bien aime mieux succomber que de repousser l'injustice par des moyens criminels (34). La noblesse usa de la victoire avec acharnement : elle se délivra d'une foule de citoyens par le fer ou par l'exil, se préparant ainsi plus de dangers pour l'avenir que de puissance réelle. C'est ce qui, presque toujours, a fait la perte des grands États : un parti veut triompher de l'autre à quelque prix que ce soit, et exercer sur les vaincus les plus cruelles vengeances. Mais, si je voulais exposer en détail, et selon l'importance du sujet, la fureur des partis et tous les vices de notre république, le temps me manquerait plutôt que la matière. Je reprends donc mon récit.

XLIII. Après le traité d'Aulus et la honteuse retraite de notre armée, Metellus et Silanus (35), consuls désignés, tirèrent

---

XLII. Nam postquam Tiberius et C. Gracchus, quorum majores punico atque aliis bellis multum reipublicæ addiderant, vindicare plebem in libertatem et paucorum scelera patefacere cœpere; nobilitas noxia, atque eo perculsa, modo per socios ac nomen latinum, interdum per equites romanos, quos spes societatis a plebe dimoverat, Gracchorum actionibus obviam ierat; et primo Tiberium, dein paucos post annos eadem ingredientem Caium, tribunum alterum, alterum triumvirum coloniis deducendis, cum M. Fulvio Flacco ferro necaverat. Et sane Gracchis, cupidine victoriæ, haud satis moderatus animus fuit : sed bono vinci satius est, quam malo more injuriam vincere. Igitur ea victoria nobilitas ex lubidine sua usa, multos mortales ferro aut fuga exstinxit, plusque in reliquum sibi timoris quam potentiæ addidit. Quæ res plerumque magnas civitates pessum dedit; dum alteri alteros vincere quovis modo, et victos acerbius ulcisci volunt. Sed de studiis partium et omnibus civitatis moribus si singulatim, aut pro magnitudine parem disserere, tempus quam res maturius deserat : quamobrem ad inceptum redeo.

XLIII. Post Auli fœdus exercitusque nostri fœdam fugam, Q. Metellus et

au sort les provinces. La Numidie échut à Metellus (36), homme actif, énergique, d'une réputation intacte, également respecté de tous les partis, bien qu'il fût opposé à celui du peuple. Dès son entrée en fonctions, pensant qu'il ne devait pas attendre le concours de son collègue (37), il dirigea exclusivement ses pensées vers la guerre dont il se trouvait chargé. Comme il n'avait aucune confiance dans l'ancienne armée, il enrôle des soldats, tire des secours de tous côtés, rassemble des armes, des traits, des chevaux, des équipages militaires, des vivres en abondance, enfin pourvoit à tout ce qui devait être utile dans une guerre où l'on pouvait s'attendre à beaucoup de vicissitudes et de privations. Tout concourut à l'accomplissement de ses dispositions : le sénat par son autorité, les alliés, les Latins et les rois, par leur empressement à envoyer des secours spontanés, enfin tous les citoyens par l'ardeur de leur zèle. Tout étant prêt, arrangé selon ses désirs, Metellus part pour la Numidie, laissant ses concitoyens pleins d'une confiance fondée sur ses grands talents et particulièrement sur son incorruptible probité ; car, jusqu'à ce jour, c'était la cupidité des magistrats romains qui avait ébranlé notre puissance en Numidie et accru celle des ennemis.

XLIV. Dès que Metellus fut arrivé en Afrique, le proconsul Albinus lui remit une armée sans vigueur, sans courage, redoutant les fatigues comme les périls, plus prompte à parler qu'à se battre, pillant les alliés, pillée elle-même par l'ennemi, indocile au commandement, livrée à la dissolution. Le nouveau général conçoit plus d'inquiétude en voyant la démorali-

---

M. Silanus, consules designati, provincias inter se partiverant : Metelloque Numidia evenerat, acri viro, et quanquam adoverso populi partibus, fama tamen æquabili et inviolata. Is, ubi primum magistratum ingressus est, alia omnia sibi cum collega ratus, ad bellum quod gesturus erat animum intendit. Igitur diffidens veteri exercitui, milites scribere, præsidia undique arcessere : arma, tela, equos, cetera instrumenta militiæ parare : ad hoc commeatum affatim, denique omnia quæ bello vario et multarum rerum egenti usui esse solent. Ceterum ad ea patranda, senati auctoritate socii nomenque latinum, reges ultro auxilia mittere, postremo omnis civitas summo studio adnitebatur. Itaque, ex sententia omnibus rebus paratis compositisque, in Numidiam proficiscitur, magna spe civium, quum propter bonas artes, tum maxume quod adversum divitias animum invictum gerebat, et avaritia magistratuum ante id tempus in Numidia nostræ opes contusæ, hostiumque auctæ erant.

XLIV. Sed ubi in Africam venit, exercitus ei traditur a Sp. Albino proconsule, iners, imbellis, neque periculi neque laboris patiens, lingua quam manu promptior, prædator ex sociis et ipse præda hostium, sine imperio et modestia habitus. Ita imperatori novo plus ex malis moribus sollicitudinis, quam ex copia militum

sation de ses troupes que de confiance et d'espoir dans leur nombre. Aussi, quoique le retard des comices eût abrégé le temps de la campagne, et que Metellus sût que l'attente des événements préoccupait tous les citoyens, il résolut pourtant de ne point commencer la campagne qu'il n'eût forcé les soldats à plier sous le joug de l'ancienne discipline.

Consterné de l'échec qu'avaient essuyé son frère et l'armée, Albinus avait pris la résolution de ne point sortir de la Province romaine; aussi, durant tout le temps que dura son commandement, tint-il constamment ses troupes stationnées dans le même endroit, jusqu'à ce que l'infection de l'air ou le manque de fourrages le forçât d'aller camper ailleurs. Mais la garde du camp ne se faisait point selon les règles militaires : on ne se fortifiait plus; s'écartait qui voulait du drapeau; les valets d'armée, pêle-mêle avec les soldats, erraient jour et nuit, et dans leurs courses dévastaient les champs, attaquaient les maisons de campagne, enlevaient à l'envi les esclaves et les troupeaux, puis les échangeaient avec des marchands contre des vins étrangers et d'autres denrées semblables. Ils vendaient aussi le blé des distributions publiques (38), et achetaient du pain au jour le jour. Enfin, tout ce que la parole peut exprimer, et l'imagination concevoir de honteux en fait de mollesse et de dissolution, était encore au-dessous de ce qui se voyait dans cette armée.

XLV. Au milieu de ces difficultés, Metellus, à mon avis, se montra non moins grand, non moins habile que dans ses opérations contre l'ennemi : tant il sut garder un juste milieu entre une excessive rigueur et une condescendance coupable.

---

auxilii aut spei bonæ, accedebat. Statuit tamen Metellus, quanquam et æstivorum tempus comitiorum mora imminuerat, et exspectatione eventi civium animos intentos putabat, non prius bellum adtingere, quam majorum disciplina milites laborare coegisset.

Nam Albinus, Auli fratris exercitusque clade perculsus, postquam decreverat non egredi provincia, quantum temporis æstivorum in imperio fuit, plerumque milites stativis castris habebat, nisi quum odor aut pabuli egestas locum mutare subegerat. Sed neque muniebantur, neque more militari vigiliæ deducebantur , uti cuique lubebat, ab signis aberat; lixæ permixti cum militibus diu noctuque vagabantur, et palantes agros vastare, villas expugnare, pecoris et mancipiorum prædas certantes agere; eaque mutare cum mercatoribus vino advectitio, et aliis talibus : præterea, frumentum publice datum vendere, panem in dies mercari : postremo, quæcumque dici aut fingi queunt ignaviæ luxuriæque probra, in illo exercitu cuncta fuere, et alia amplius.

XLV. Sed in ea difficultate Metellum, non minus quam in rebus hostilibus, magnum et sapientem virum fuisse comperior, tanta temperantia inter ambitio-

Par un édit, il fit d'abord disparaître ce qui entretenait la mollesse, prohiba dans le camp la vente du pain ou de tout autre aliment cuit (39), défendit aux valets de suivre l'armée, aux simples soldats d'avoir, dans les campements ou dans les marches, des esclaves ou des bêtes de somme. Quant aux autres désordres, il y mit un frein par l'adresse. Chaque jour, prenant des routes détournées, il levait son camp, qu'il faisait, comme en présence de l'ennemi, entourer d'une palissade et d'un fossé, multipliant les postes et les visitant lui-même avec ses lieutenants. Dans les marches, il se plaçait tantôt à la tête, tantôt en arrière, quelquefois au centre, afin que personne ne quittât son rang, qu'on se tînt serré autour de ses drapeaux, et que le soldat portât lui-même ses vivres et ses armes (40). C'est ainsi qu'en prévenant les fautes, plutôt qu'en les punissant, le consul eut bientôt rétabli la discipline de l'armée.

XLVI. Informé par ses émissaires des mesures que prenait Metellus, dont à Rome il avait pu par lui-même apprécier l'incorruptible vertu, Jugurtha commence à se défier de sa fortune, et cette fois, enfin, il s'efforce d'obtenir la paix par une véritable soumission. Il envoie au consul des ambassadeurs dans l'appareil de suppliants (41), et qui ne demandent que la vie sauve pour lui et pour ses enfants; sur tout le reste, il se remet à la discrétion du peuple romain. Metellus connaissait déjà, par expérience, la perfidie des Numides, la mobilité de leur caractère et leur amour pour le changement. Il prend donc en particulier chacun des ambassadeurs, les sonde adroitement, et, les trouvant dans des dispositions favorables à ses vues, il leur

---

nem sævitiamque moderatum. Namque edicto primum adjumenta ignaviæ sustulisse, ne quisquam in castris panem aut quem alium coctum cibum venderet; ne lixæ exercitum sequerentur; ne miles gregarius in castris, neve in agmine, servum aut jumentum haberet : ceteris arte modum statuisse. Præterea transvorsis itineribus quotidie castra movere; juxta ac si hostes adessent, vallo atque fossa munire; vigilias crebras ponere, et ipse cum legatis circumire : item in agmine, in primis modo, modo in postremis, sæpe in medio adesse, ne quispiam ordine egrederetur, uti cum signis frequentes incederent, miles cibum et arma portaret. Ita, prohibendo a delictis magis quam vindicando exercitum brevi confirmavit.

XLVI. Interea Jugurtha, ubi quæ Metellus agebat ex nuntiis accepit, simul de innocentia ejus certior Romæ factus, diffidere suis rebus; ac tum demum veram deditionem facere conatus est. Igitur legatos ad consulem cum suppliciis mittit, qui tantummodo ipsi liberisque vitam peterent, alia omnia dederent populo romano. Sed Metello jam antea experimentis cognitum erat genus Numidarum infidum, ingenio mobili, novarum rerum avidum. Itaque legatos, alium ab alio divorsos, adgreditur; ac paullatim tentando, postquam opportunos cognovit,

persuade, à force de promesses, de lui livrer Jugurtha mort ou vif; puis, en audience publique, il les charge de transmettre une réponse conforme aux désirs de leur roi (42). Quelques jours après, à la tête d'une armée bien disposée, remplie d'ardeur, il entre en Numidie. Nul appareil de guerre ne s'offre à ses regards; aucun habitant n'avait quitté sa chaumière; les troupeaux et les laboureurs étaient répandus dans les champs. A chaque ville ou bourgade, les préfets du roi venaient au-devant du consul lui offrir du blé, des transports pour ses vivres, enfin une obéissance entière à ses ordres. Toutefois Metellus n'en fit pas moins marcher son armée avec autant de précaution et dans le même ordre que si l'ennemi eût été présent. Il envoyait au loin en reconnaissance, convaincu que ces marques de soumission n'étaient que simulées, et qu'on ne cherchait que l'occasion de le surprendre. Lui-même, avec les cohortes armées à la légère, les frondeurs et les archers d'élite, il marchait aux premiers rangs. Son lieutenant, C. Marius (43), à la tête de la cavalerie, veillait à l'arrière-garde. Sur chacun des flancs de l'armée était échelonnée la cavalerie auxiliaire, aux ordres des tribuns des légions et des préfets des cohortes, et les vélites (44), mêlés à cette troupe, étaient prêts à repousser sur tous les points les escadrons ennemis. Jugurtha était si rusé, il avait une telle connaissance du pays et de l'art militaire, que, de loin ou de près, en paix ou en guerre ouverte, on ne savait quand il était le plus à craindre.

XLVII. Non loin de la route que suivait Metellus, était une ville numide nommée Vacca, le marché le plus fréquenté de

---

multa pollicendo persuadet uti Jugurtham maxume vivum, sin id parum procedat, necatum sibi traderent : ceterum palam, quæ ex voluntate forent, regi nuntiare jubet. Deinde ipse paucis diebus, intento atque infesto exercitu, in Numidiam procedit : ubi, contra belli faciem, tuguria plena hominum, pecora cultoresque in agris erant: ex oppidis et mapalibus præfecti regis obvii procedebant, parati frumentum dare, commeatum portare, postremo omnia quæ imperarentur facere. Neque Metellus idcirco minus, sed pariter ac si hostes adessent, munito agmine incedere, late explorare omnia, illa deditionis signa ostentui credere, et insidiis locum tentare. Itaque ipse cum expeditis cohortibus, item funditorum et sagittariorum delecta manu, apud primos erat : in postremo C. Marius legatus cum equitibus curabat : in utrumque latus auxiliarios equites tribunis legionum et præfectis cohortium dispertiverat, uti cum his permixti velites, quocunque accederent, equitatus hostium propulsarent. Nam in Jugurtha tantus dolus, tantæque peritia locorum et militiæ erat, uti, absens an præsens, pacem an bellum gerens, perniciosior esset, in incerto haberetur.

XLVII. Erat, haud longe ab eo itinere quo Metellus pergebat, oppidum Numidarum, nomine Vacca, forum rerum venalium totius regni maxume celebra-

tout le royaume. Là s'étaient établis et venaient trafiquer un grand nombre d'Italiens. Le consul, à la fois pour éprouver les dispositions de l'ennemi, et, si on le laissait faire, pour s'assurer l'avantage d'une place d'armes (45), y mit garnison, et y fit transporter des grains, ainsi que d'autres munitions de guerre. Il jugeait, avec raison, que l'affluence des négociants et l'abondance des denrées dans cette ville seraient d'un grand secours à son armée pour le renouvellement et la conservation de ses approvisionnements. Cependant Jugurtha envoie des ambassadeurs qui redoublent d'instances et de supplications afin d'obtenir la paix : hors sa vie et celle de ses enfants, il abandonnait tout à Metellus. Le consul agit avec ces envoyés comme avec leurs devanciers; il les séduit, les engage à trahir leur maître, et les renvoie chez eux, sans accorder ni refuser au roi la paix qu'il demandait; puis, au milieu de ces retards, il attend l'effet de leurs promesses.

XLVIII. Jugurtha, comparant la conduite de Metellus avec ses discours, reconnut qu'on le combattait avec ses propres armes; car, en lui portant des paroles de paix, on ne lui faisait pas moins la guerre la plus terrible. Une place très-importante venait de lui être enlevée; les ennemis prenaient connaissance du pays et tentaient la fidélité de ses peuples. Il cède donc à la nécessité, et se décide à prendre les armes. En épiant la direction que prend l'ennemi, il conçoit l'espoir de vaincre par l'avantage des lieux. Il rassemble donc le plus qu'il peut de troupes de toutes armes, prend des sentiers détournés, et devance l'armée de Metellus.

---

tum; ubi et incolere et mercari consueverant italici generis multi mortales. Huc consul, simul tentandi gratia, et, si paterentur opportunitates loci, præsidium imposuit; præterea imperavit frumentum, et alia quæ bello usui forent, comportare ; ratus id, quod res monebat, frequentiam negotiatorum et commeantium juvaturum exercitum, et jam paratis rebus munimento fore. Inter hæc negotia, Jugurtha impensius modo legatos supplices mittere, pacem orare; præter suam liberorumque vitam omnia Metello dedere : quos item, uti priores, consul illectos ad proditionem domum dimittebat; regi pacem quam postulabat neque abnuere, neque polliceri, et inter eas moras promissa legatorum exspectare.

XLVIII. Jugurtha ubi Metelli dicta cum factis composuit, ac se suis artibus tentari animadvortit (quippe cui verbis pax nuntiabatur, ceterum re bellum asperrumum erat; urbs maxuma alienata, ager, hostibus cognitus, animi popularium tentati), coactus rerum necessitudine, statuit armis certare. Igitur, explorato hostium itinere, in spem victoriæ abductus ex opportunitate loci, quas maxumas copias potest omnium generum parat, ac per tramites occultos exercitum Metelli antevenit.

Dans la partie de la Numidie qu'Adherbal avait eue en partage, coule le fleuve Muthul, qui prend sa source au midi : à vingt mille pas environ, se prolonge une chaîne de montagnes parallèle à son cours, déserte, stérile et sans culture : mais du milieu s'élève une espèce de colline (46), dont le penchant, qui s'étend fort au loin, est couvert d'oliviers, de myrtes, et d'autres arbres qui naissent dans un terrain aride et sablonneux. Le manque d'eau rend la plaine intermédiaire entièrement stérile, sauf la partie voisine du fleuve, qui est garnie d'arbres, et que fréquentent les laboureurs et les troupeaux.

XLIX. Ce fut le long de cette colline, qui, comme nous l'avons dit, s'avance dans une direction oblique au prolongement de la montagne, que Jugurtha s'arrêta, en serrant les lignes de son armée. Il mit Bomilcar à la tête des éléphants et d'une partie de son infanterie, puis lui donna ses instructions sur ce qu'il devait faire : lui-même se porta plus près de la montagne avec toute sa cavalerie et l'élite de ses fantassins. Parcourant ensuite tous les escadrons et toutes les compagnies (47), il leur demande, il les conjure, au nom de leur valeur et de leur victoire récente, de défendre sa personne et ses États contre la cupidité des Romains. Ils vont avoir à combattre contre ceux qu'ils ont déjà vaincus et fait passer sous le joug : en changeant de chef, ces Romains n'ont pas changé d'esprit. Pour lui, tout ce qui peut dépendre de la prévoyance d'un général, il l'a su ménager aux siens : la supériorité du poste et la connaissance des lieux contre des ennemis qui les ignorent, sans compter que les Numides ne leur sont inférieurs ni par le nombre ni par l'ex-

Erat, in ea parte Numidiæ, quam Adherbal in divisione possederat, flumen oriens a meridie, nomine Muthul; a quo aberat mons ferme millia passuum xx, tractu pari, vastus ab natura et humano cultu : sed ex eo medio quasi collis oriebatur, in immensum pertinens, vestitus oleastro ac myrtetis, aliisque generibus arborum quæ humi arido atque arenoso gignuntur. Media autem planities deserta, penuria aquæ, præter flumini propinqua loca : ea consita arbustis pecore atque cultoribus frequentabantur.

XLIX. Igitur in eo colle, quem transvorso itinere porrectum docuimus, Jugurtha, extenuata suorum acie, consedit : elephantis et parti copiarum pedestrium Bomilcarem præfecit, eumque edocet quæ ageret ; ipse propior montem cum omni equitatu pedites dilectos collocat. Dein singulas turmas atque manipulos circumiens monet atque obtestatur uti, memores pristinæ virtutis et victoriæ, seque regnumque suum ab Romanorum avaritia defendant; cum his certamen fore quos antea victos sub jugum miserint; ducem illis, non animum, mutatum; quæ ab imperatore decuerint omnia suis provisa; locum superiorem, uti prudentes cum imperitis, ne pauciores cum pluribus, aut rudes cum bello

périence. Qu'ils se tiennent donc prêts et attentifs au premier signal, pour fondre sur les Romains : ce jour doit couronner tous leurs travaux et toutes leurs victoires, ou devenir pour eux le commencement des plus affreux malheurs. Jugurtha s'adresse ensuite à chaque homme ; reconnaît-il un soldat qu'il avait récompensé pour quelque beau fait d'armes, soit par de l'argent, soit par des grades, il lui rappelle cette faveur, et le propose comme exemple aux autres ; enfin, selon le caractère de chacun, il promet, menace, supplie, emploie tous les moyens pour exciter le courage.

Cependant Metellus, ignorant les mouvements de l'ennemi, descend la montagne à la tête de son armée ; il regarde, et reste d'abord en doute sur ce qu'il aperçoit d'extraordinaire ; car les Numides et leurs chevaux étaient embusqués dans les broussailles ; et, quoique les arbres ne fussent pas assez élevés pour les couvrir entièrement, il était difficile de les distinguer, tant à cause de la nature du terrain que de la précaution qu'ils prenaient de se cacher, ainsi que leurs enseignes. Bientôt, ayant découvert l'embuscade, le consul suspendit un instant sa marche et changea son ordre de bataille. Sur son flanc droit, qui était le plus près de l'ennemi, il disposa sa troupe en trois lignes, distribua les frondeurs et les archers entre les corps d'infanterie légionnaire, et rangea sur les ailes toute la cavalerie. En peu de mots, car le temps pressait, il exhorta ses soldats; puis il les conduisit dans la plaine, en conservant l'ordre d'après lequel la tête de l'armée en était devenue le flanc.

L. Quand il vit que les Numides ne faisaient aucun mouvement et ne descendaient point de la colline, craignant que, par

---

melioribus, manum consererent. Proinde parati intentique essent, signo dato, Romanos invadere : illum diem aut omnes labores et victorias confirmaturum, aut maxumarum ærumnarum initium fore. Ad hoc viritim, uti quemque ob militare facinus pecunia aut honore extulerat, commonefacere beneficii sui, et eum ipsum aliis ostentare; postremo, pro cujusque ingenio, pollicendo, minitando, obtestando, alium alio modo excitare.

Quum interim Metellus, ignarus hostium, monte degrediens cum exercitu, conspicatur, primo dubius quidnam insolita facies ostenderet (nam inter virgulta equi Numidæque consederant, neque plane occultati humilitate arborum, et tamen incerti quidnam esset, quum natura loci, tum dolo ipsi atque signa militaria obscurati); dein, brevi cognitis insidiis, paullisper agmen constitit. Ibi commutatis ordinibus, in dextro latere, quod proxumum hostes erat, triplicibus subsidiis aciem instruxit ; inter manipulos funditores et sagittarios dispertit; equitatum omnem in cornibus locat, ac pauca pro tempore milites hortatus, aciem, sicuti instruxerat, transvorsis principiis, in planum deducit.

L. Sed, ubi Numidas quietos neque colle degredi animadvortit, veritus, ex anni

la chaleur de la saison et par le manque d'eau, la soif ne consumât son armée, Metellus détache son lieutenant Rutilius (48) avec les cohortes armées à la légère et une partie de la cavalerie, pour aller vers le fleuve s'assurer d'avance d'un camp ; car il s'imaginait que les ennemis, par de fréquentes attaques dirigées sur ses flancs, retarderaient sa marche, et que, peu confiants dans la supériorité de leurs armes, ils tenteraient d'accabler les Romains par la fatigue et la soif. Metellus, ainsi que le demandaient sa position et la nature du terrain, s'avance au petit pas, comme il avait fait en descendant de la montagne; il place Marius derrière la première ligne ; pour lui, il se met à la tête de la cavalerie de l'aile gauche, qui, dans la marche, était devenue la tête de la colonne (49).

Dès que Jugurtha voit l'arrière-garde de Metellus dépasser le front des Numides, il envoie environ deux mille fantassins occuper la montagne d'où les Romains venaient de descendre, afin que, s'ils étaient battus, ils ne pussent s'y retirer ni s'y retrancher. Alors il donne tout à coup le signal et fond sur les ennemis. Une partie des Numides taille en pièces les dernières lignes; d'autres attaquent à la fois l'aile droite et l'aile gauche; pleins d'acharnement, ils pressent, harcèlent, mettent partout le désordre dans les rangs. Ceux mêmes des Romains qui, montrant le plus de résolution, avaient été au-devant des Numides, déconcertés par leurs mouvements incertains, sont blessés de loin, et ne peuvent ni joindre ni frapper leurs adversaires. Instruits d'avance par Jugurtha, les cavaliers numides, dès qu'un escadron romain se détache pour les charger, se retirent, non pas en masse, ni du même côté, mais en rompant leurs

---

tempore et inopia aquæ, ne siti conficeretur exercitus, Rutilium legatum cum expeditis cohortibus et parte equitum præmisit ad flumen, uti locum castris antecaperet, existumans hostes crebro impetu et transvorsis præliis iter suum remoraturos, et, quoniam armis diffiderent, lassitudinem et sitim militum tentaturos. Dein ipse, pro re atque loco, sicuti monte descenderat, paullatim procedere; Marium post principia habere; ipse cum sinistræ alæ equitibus esse, qui in agmine principes facti erant.

At Jugurtha, ubi extremum agmen Metelli primos suos prætergressum videt, præsidio quasi duum millium peditum montem occupat, qua Metellus descenderat, ne forte cedentibus adversariis receptui ac post munimento foret ; dein, repente signo dato, hostes invadit. Numidæ, alii postremos cædere, pars a sinistra ac dextra tentare, infensi adesse atque instare, omnibus locis Romanorum ordines conturbare; quorum etiam qui firmioribus animis obvii hostibus fuerant, ludificati incerto prælio, ipsi modo eminus sauciabantur; neque contra feriundi aut manum conserendi copia erat. Antea jam docti ab Jugurtha equites, ubicunque Romanorum turba insequi cœperat, non confertim neque in unum sese

rangs. Si les Romains persistent à les poursuivre, les Numides, profitant de l'avantage du nombre (50), viennent prendre en queue ou en flanc leurs escadrons épars. D'autres fois, la colline les favorise encore mieux que la plaine ; car les chevaux numides, habitués à cette manœuvre, s'échappent facilement à travers les broussailles, tandis que les inégalités d'un terrain qu'ils ne connaissent point arrêtent les nôtres à chaque pas.

LI. Ce combat, marqué par tant de vicissitudes, offrit dans son ensemble un spectacle de confusion, d'horreur et de désolation. Séparés de leurs compagnons, les uns fuient, les autres poursuivent ; les drapeaux et les rangs sont abandonnés ; là où le péril l'a surpris, chacun se défend et cherche à repousser l'attaque : dards, épées, hommes, chevaux, ennemis, citoyens, tout est confondu; la prudence ni la voix des chefs ne décident rien, le hasard conduit tout; et déjà le jour était très-avancé, que l'issue du combat demeurait incertaine.

Enfin, les deux armées étant accablées de chaleur et de fatigue, Metellus, qui voit les Numides ralentir leurs efforts, rassemble peu à peu ses soldats, rétablit leurs rangs, et oppose quatre cohortes légionnaires (51) à l'infanterie numide, dont la plus grande partie, épuisée de fatigue, était allée se reposer sur la colline. En même temps il supplie, il exhorte les siens (52) à ne pas se laisser abattre, à ne pas abandonner la victoire à un ennemi qui fuit; il leur représente qu'ils n'ont ni camp ni retranchement pour protéger leur retraite, que leur unique ressource est dans leurs armes.

Jugurtha cependant ne reste point oisif : il parcourt le champ

---

recipiebant, sed alius alio quam maxume divorsi. Ita numero priores, si ab persequendo hostes deterrere nequiverant, disjectos ab tergo aut lateribus circumveniebant : sin opportunior fugæ collis quam campi fuerant; ea vero consueti Numidarum equi facile inter virgulta evadere; nostros asperitas et insolentiâ loci retinebat.

LI. Ceterum facies totius negotii varia, incerta, fœda atque miserabilis : dispersi a suis pars cedere, alii insequi; neque signa neque ordines observare; ubi quemque periculum ceperat, ibi resistere ac propulsare : arma, tela, equi, viri, hostes, cives permixti ; nihil consilio neque imperio agi; fors omnia regere. Itaque multum diei processerat, quum etiam tum eventus in incerto erat.

Denique, omnibus labore et æstu languidis, Metellus ubi videt Numidas minus instare, paullatim milites in unum conducit, ordines restituit, et cohortes legionarias quatuor advorsum pedites hostium collocat. Eorum magna pars superioribus locis fessa consederat. Simul orare, hortari milites ne deficerent, neu paterentur hostes fugientes vincere : neque illis castra esse, neque munimentum ullum, quo cedentes tenderent : in armis omnia sita.

Sed ne Jugurtha quidem interea quietus : circumire, hortari, renovare prælium,

de bataille, exhorte ses troupes, rétablit le combat, et lui-même, à la tête de ses meilleurs soldats, fait les derniers efforts, soutient les siens, pousse vivement ceux des ennemis qu'il voit ébranlés, et, quant à ceux dont il reconnaît l'intrépidité, il sait les contenir en les combattant de loin.

LII. Ainsi luttaient ensemble ces deux grands capitaines, avec une égale habileté, mais avec des moyens différents. Metellus avait pour lui la valeur de ses soldats, contre lui le désavantage du terrain : tout secondait Jugurtha, tout, excepté son armée. Enfin, les Romains, convaincus qu'il n'ont aucun moyen de retraite, ni la possibilité de forcer l'ennemi à combattre, pressés d'ailleurs par la nuit tombante (53), exécutent l'ordre de leur général, et se font jour en franchissant la colline. Chassés de ce poste, les Numides se dispersent et fuient. Il n'en périt qu'un petit nombre : leur vitesse, jointe au peu de connaissance que nous avions du pays (54), les sauva presque tous.

Cependant Bomilcar, chargé par Jugurtha, comme nous l'avons dit, de la conduite des éléphants et d'une partie de l'infanterie, avait, dès qu'il s'était vu devancer par Rutilius, conduit au pas ses soldats dans la plaine; et, tandis que le lieutenant de Metellus pressait sa marche pour arriver au fleuve vers lequel il avait été détaché en avant, Bomilcar prit son temps pour ranger son armée dans l'ordre convenable, sans cesser d'être attentif aux mouvements des deux corps d'armée ennemis. Dès qu'il sut que Rutilius, libre de toute inquiétude, venait d'asseoir son camp, et qu'en même temps il entendit redoubler les clameurs du côté où combattait Jugurtha, Bomilcar craignit

---

et ipse cum delectis tentare omnia; subvenire suis, hostibus dubiis instare; quos firmos cognoverat, eminus pugnando retinere.

LII. Eo modo inter se duo imperatores, summi viri, certabant : ipsi pares, ceterum opibus disparibus : nam Metello virtus militum erat, locus adversus; Jugurthæ alia omnia, præter milites, opportuna. Denique Romani, ubi intelligunt neque sibi perfugium esse, neque ab hoste copiam pugnandi fieri, et jam die vesper erat, adverso colle, sicuti præceptum fuerat, evadunt. Amisso loco, Numidæ fusi fugatique; pauci interiere; plerosque velocitas et regio hostibus ignara tutata sunt.

Interea Bomilcar, quem elephantis et parti copiarum pedestrium præfectum ab Jugurtha supra diximus, ubi eum Rutilius prætergressus est, paullatim suos in æquum locum deducit; ac, dum legatus ad flumen, quo præmissus erat, festinans pergit, quietus, uti res postulabat, aciem exornat; neque remittit quid ubique hostis ageret explorare. Postquam Rutilium consedisse jam, et animo vacuum accepit, simulque ex Jugurthæ prælio clamorem augeri, veritus ne lega-

que le lieutenant du consul, attiré par le bruit, ne vînt secourir les Romains dans leur position critique; alors, pour lui couper le chemin, il déploya sur un front plus large ses troupes, que, dans son peu de confiance en leur valeur, il avait tenues fort serrées (55). Dans cet ordre, il marche droit au camp de Rutilius.

LIII. Les Romains aperçoivent tout à coup un grand nuage de poussière, car les arbustes dont ce lieu était couvert empêchaient la vue de s'étendre. Ils pensèrent d'abord que le vent soulevait le sable de cette plaine aride; mais, comme le nuage s'élevait toujours également et se rapprochait graduellement suivant les mouvements de l'armée, leurs doutes cessent : ils prennent leurs armes à la hâte, et, dociles aux ordres de leurs chefs, se rangent devant le camp. Dès que l'on est en présence, on s'attaque de part et d'autre avec de grands cris. Les Numides tinrent ferme, tant qu'ils crurent pouvoir compter sur le secours de leurs éléphants; mais, dès qu'ils virent ces animaux embarrassés dans les branches des arbres, séparés les uns des autres et enveloppés par l'ennemi, ils prirent la fuite, la plupart en jetant leurs armes, et s'échappèrent sains et saufs, à la faveur de la colline et de la nuit qui commençait. Quatre éléphants furent pris; tous les autres, au nombre de quarante, furent tués.

Malgré la fatigue de la marche, du campement, du combat, et la joie de la victoire (56), les Romains, comme Metellus se faisait attendre plus longtemps qu'on n'avait pensé, s'avancent au-devant de lui, en bon ordre, avec précaution : les ruses des Numides ne permettaient ni relâche ni négligence. Lorsque, dans l'obscu-

---

tus, cognita re, laborantibus suis auxilio foret, aciem, quam, diffidens virtuti militum, arte statuerat, quo hostium itineri obficeret, latius porrigit, eoque modo ad Rutilii castra procedit.

LIII. Romani ex improviso pulveris vim magnam animadvortunt; nam prospectum ager arbustis consitus prohibebat. Et primo rati humum aridam vento agitari : post, ubi æquabilem manere, et, sicuti acies movebatur, magis magisque adpropinquare vident ; cognita re, properantes arma capiunt, ac pro castris, sicuti imperabatur, consistunt : deinde, ubi propius ventum, utrinque magno clamore concurritur. Numidæ, tantummodo remorati, dum in elephantis auxilium putant: postquam impeditos ramis arborum, atque ita disjectos circumveniri vident, fugam faciunt; ac plerique, abjectis armis, collis aut noctis quæ jam aderat auxilio, integri abeunt. Elephanti quatuor capti; reliqui omnes, numero quadraginta, interfecti.

At Romani, quanquam itinere atque opere castrorum et prælio fessi lætique erant; tamen, quod Metellus amplius opinione morabatur, instructi intentique obviam procedunt : nam dolus Numidarum nihil languidi neque remissi patiebatur. Ac primo, obscura nocte, postquam haud procul inter se erant, strepitu

rité de la nuit, les deux armées se rapprochèrent, au bruit de leur marche, elles se crurent réciproquement en présence de l'ennemi, et devinrent l'une pour l'autre un sujet d'alarme et de tumulte. Cette méprise aurait amené la plus déplorable catastrophe, si, de part et d'autre, des cavaliers détachés en éclaireurs n'eussent reconnu la vérité. Aussitôt la crainte fait place à l'allégresse; les soldats, dans leur ravissement, s'abordent l'un l'autre; on raconte, on écoute ce qui s'est passé ; chacun porte aux nues ses actes de bravoure. Car ainsi vont les choses humaines : la victoire permet même au lâche de se vanter ; les revers rabaissent jusqu'aux plus braves.

LIV. Metellus demeure campé quatre jours dans ce lieu; il donne tous ses soins aux blessés, décerne les récompenses militaires méritées dans les deux combats, adresse publiquement à toutes ses troupes des félicitations et des actions de grâces, puis les exhorte à montrer le même courage pour des travaux désormais plus faciles : après avoir combattu pour la victoire, leurs efforts, disait-il, n'auraient plus pour but que le butin. Cependant il envoie des transfuges et d'autres émissaires adroits, afin de découvrir chez quel peuple s'était réfugié Jugurtha (57), ce qu'il projetait, s'il n'avait qu'une poignée d'hommes ou bien une armée, et quelle était sa contenance depuis sa défaite.

Ce prince s'était retiré dans des lieux couverts de bois et fortifiés par la nature. Là, il rassemblait une armée plus nombreuse à la vérité que la première, mais composée d'hommes lâches, faibles, plus propres à l'agriculture et à la garde des troupeaux qu'à la guerre. Il en était réduit à cette extrémité, parce que, chez les Numides, personne, excepté les cavaliers de

---

velut hostes adventare, alteri apud alteros formidinem simul et tumultum facere: et pene imprudentia admissum facinus miserabile, ni utrinque præmissi equites rem exploravissent. Igitur, pro metu repente gaudium exortum, milites alius alium læti adpellant, acta edocent atque audiunt; sua quisque fortia facta ad cœlum ferre. Quippe res humanæ ita sese habent : in victoria vel ignavis gloriari licet ; advorsæ res etiam bonos detractant.

LIV. Metellus, in iisdem castris quatriduo moratus, saucios cum cura reficit, meritos in præliis more militiæ donat, universos in concione laudat, atque agit gratias; hortatur ad cetera, quæ levia sunt, parem animum gerant; pro victoria satis jam pugnatum, reliquos labores pro præda fore. Tamen interim transfugas et alios opportunos, Jugurtha ubi gentium aut quid agitaret, cum paucisne esset an exercitum haberet, uti sese victus gereret, exploratum misit.

At ille sese in loca saltuosa et natura munita receperat; ibique cogebat exercitum numero hominum ampliorem, sed hebetem infirmumque, agri ac pecoris magis quam belli cultorem. Id ea gratia eveniebat quod, præter regios equites,

4

sa garde, ne suit le roi après une déroute. Chacun se retire où il juge à propos; et cette désertion n'est point regardée comme un déshonneur: les mœurs de la nation l'autorisent.

Convaincu que Jugurtha n'a point laissé fléchir son courage indomptable, et que pour les Romains va recommencer une guerre où rien ne se fera que selon le bon plaisir de l'ennemi, où ils ne combattront jamais qu'avec des chances inégales, où enfin la victoire leur sera plus désastreuse que la défaite aux Numides, Metellus se décide à éviter les engagements et les batailles rangées, pour adopter un nouveau plan d'opérations. Il se dirige dans les cantons les plus riches de la Numidie, ravage les champs, prend les châteaux et les places peu fortifiées ou sans garnison, les livre aux flammes, passe au fil de l'épée tout ce qui est en état de porter les armes, et abandonne au soldat le reste de la population. La terreur de ces exécutions fait qu'on livre aux Romains une foule d'otages, qu'on leur apporte des blés en abondance, et tout ce dont ils peuvent avoir besoin. Partout où ils le jugent nécessaire, ils laissent des garnisons.

Cette manœuvre inspire au roi de bien plus vives alarmes que l'échec récemment éprouvé par son armée. Tout son espoir était d'éviter l'ennemi, et il se voit forcé d'aller le chercher : faute d'avoir pu se défendre dans ses positions, il est réduit à combattre sur le terrain choisi par son adversaire. Cependant il prit le parti qui, dans sa position critique, lui parut encore le meilleur. Il laisse dans les cantonnements le gros de son armée, et lui-même, avec l'élite de sa cavalerie, s'attache à suivre Metellus. La nuit, dérobant sa marche par des routes détournées (58), il attaque à l'improviste ceux des Romains qui er-

---

nemo omnium Numidarum ex fuga regem sequitur: quo cujusque animus fert eo discedunt; neque id flagitium militiæ ducitur : ita se mores habent.

Igitur Metellus, ubi videt regis etiam tum animum ferocem; bellum renovari, quod nisi ex illius lubidine geri non posset; præterea iniquum certamen sibi cum hostibus, minore detrimento illos vinci, quam suos vincere ; statuit, non præliis neque acie, sed alio more bellum gerundum. Itaque in Numidiæ loca opulentissima pergit ; agros vastat; multa castella et oppida, temere munita aut sine præsidio, capit incenditque; puberes interficit; alia omnia militum præda esse. Ea formidine multi mortales Romanis dediti obsides; frumentum et alia quæ usui forent adfatim præbita; ubicunque res postulabat, præsidium impositum.

Quæ negotia multo magis quam prælium male pugnatum ab suis regem terrebant : quippe cui spes omnis in fuga sita sequi cogebatur; et qui sua loca defendere nequiverat, in alienis bellum gerere. Tamen ex copia, quod optumum videbatur consilium capit : exercitum plerumque in iisdem locis opperiri jubet; ipse cum delectis equitibus Metellum sequitur nocturnis et aviis itineribus;

rent dans la campagne : la plupart étaient sans armes et furent tués ; le reste fut pris ; pas un seul n'échappa sans blessure, et, suivant l'ordre qu'ils en avaient reçu, les Numides, avant qu'aucun secours arrivât du camp, se retirèrent sur les hauteurs voisines.

LV. La joie la plus vive se répandit dans Rome, à la nouvelle des exploits de Metellus, quand on sut que ce général et ses soldats s'étaient montrés dignes de leurs ancêtres ; que, dans un poste désavantageux, il avait su vaincre par son courage ; qu'il était maître du territoire ennemi, et que ce Jugurtha, si orgueilleux naguère, grâce à la lâcheté d'Aulus, était maintenant réduit à trouver sa sûreté dans la fuite et dans ses déserts. Le sénat, pour ces heureux succès, décrète de publiques actions de graces aux dieux immortels. Rome, auparavant tremblante et inquiète de l'issue de la guerre, respire l'allégresse ; la gloire de Metellus est à son comble.

Mais il n'en montra que plus d'ardeur à s'assurer de la victoire, à l'accélérer par tous les moyens, sans cependant jamais donner prise à l'ennemi. Il n'oubliait pas qu'à la suite de la gloire marche toujours l'envie : aussi, plus sa renommée avait d'éclat, plus il évitait de la compromettre. Depuis que Jugurtha avait surpris l'armée romaine, elle ne se débandait plus pour piller. Fallait-il aller au fourrage ou à la provision, les cohortes (59) et toute la cavalerie servaient d'escorte. Il divisa son armée en deux corps, commandés, l'un par lui-même, l'autre par Marius, et les occupa moins à piller qu'à incendier les campagnes. Les deux corps avaient chacun leur camp, assez près l'un de l'autre. S'il était besoin de se prêter main-forte, ils se

---

ignoratus Romanos palantes repente adgreditur. Eorum plerique inermes cadunt, multi capiuntur, nemo omnium intactus profugit; et Numidæ, priusquam ex castris subveniretur, sicuti jussi erant, in proxumos colles discedunt.

LV. Interim Romæ gaudium ingens ortum, cognitis Metelli rebus : ut seque et exercitum more majorum gereret ; in adverso loco, victor tamen virtute fuisset; hostium agro potiretur; Jugurtham, magnificum ex Auli secordia, spem salutis in solitudine aut fuga coegisset habere. Itaque senatus ob ea feliciter acta diis immortalibus supplicia decernere ; civitas, trepida antea et sollicita de belli eventu, læta agere ; fama de Metello præclara esse.

Igitur eo intentior ad victoriam niti, omnibus modis festinare, cavere tamen necubi hosti opportunus fieret : meminisse post gloriam invidiam sequi. Ita, quo clarior erat, eo magis anxius. Neque, post insidias Jugurthæ, effuso exercitu, prædari. Ubi frumento aut pabulo opus erat, cohortes cum omni equitatu præsidium agitabant; exercitus partim ipse, reliquos Marius ducebat : sed igni magis quam præda ager vastabatur. Duobus locis, haud longe inter se, castra

réunissaient; mais, ce cas excepté, ils agissaient séparément pour répandre plus loin la terreur et la fuite.

Cependant Jugurtha les suivait le long des collines, épiant le moment et le lieu propres à l'attaque; là où il apprenait que les Romains devaient porter leurs pas, il gâtait les fourrages et empoisonnait les sources, si rares dans ce pays : il se montrait tantôt à Metellus, tantôt à Marius, tombait sur les derniers rangs, et regagnait aussitôt les hauteurs; puis il revenait menacer l'un, harceler l'autre; enfin, ne livrant jamais de bataille, ne laissant jamais de repos, il réussissait à empêcher l'ennemi d'accomplir ses desseins.

LVI. Le général romain, fatigué des ruses continuelles d'un ennemi qui ne lui permet pas de combattre, prend le parti d'assiéger Zama, ville considérable, et le boulevard de la partie du royaume où elle était située. Il prévoyait que, selon toute apparence, Jugurtha viendrait au secours de ses sujets assiégés, et qu'une bataille se livrerait. Le Numide, que des transfuges ont instruit de ce qui se prépare, devance Metellus par des marches forcées : il vient exhorter les habitants à défendre leurs murs, et leur donne pour auxiliaires les transfuges. C'étaient, de toutes les troupes royales, celles dont il était le plus sûr, vu leur impuissance de le trahir (60). Il promet en outre aux habitants d'arriver lui-même, quand il en sera temps, à la tête d'une armée. Ces dispositions faites, il se retire dans des lieux très-couverts. Là, il apprend bientôt que Marius, avec quelques cohortes, a reçu l'ordre de se détourner de la route pour aller chercher du blé à Sicca : c'était la ville qui,

---

faciebant : ubi vi opus erat, cuncti aderant; ceterum, quo fuga atque formido latius crescerent, divorsi agebant.

Eo tempore Jugurtha per colles sequi; tempus aut locum pugnæ quærere; qua venturum hostem audierat, pabulum et aquarum fontes, quorum penuria erat, corrumpere; modo se Metello, interdum Mario ostendere; postremos in agmine tentare, ac statim in colles regredi; rursus aliis, post aliis minitari; neque prælium facere, neque otium pati; tantummodo hostem ab incepto retinere.

LVI. Romanus imperator, ubi se dolis fatigari videt, neque ab hoste copiam pugnandi fieri, urbem magnam, et, in ea parte qua sita erat, arcem regni, nomine Zamam, statuit oppugnare; ratus id, quod negotium poscebat, Jugurtham laborantibus suis auxilio venturum, ibique prælium fore. At ille, quæ parabantur a perfugis edoctus, magnis itineribus Metellum antevenit : oppidanos hortatur mœnia defendant, additis auxilio perfugis; quod genus ex copiis regis, quia fallere nequibant, firmissumum : præterea pollicetur in tempore semet cum exercitu adfore. Ita compositis rebus, in loca quam maxume occulta discedit, ac post paullo cognoscit Marium ex itinere frumentatum cum paucis cohortibus Siccam missum : quod oppidum primum omnium post malam pugnam ab rege

la première, avait abandonné Jugurtha après sa défaite : il accourt de nuit sous ses murs, avec quelques cavaliers d'élite, et au moment où les Romains en sortaient, il les attaque aux portes. En même temps, élevant la voix, il exhorte les habitants à envelopper nos cohortes par derrière; il ajoute que la fortune leur offre l'occasion d'un brillant exploit; que, s'ils en profitent, désormais, lui sur son trône, eux dans l'indépendance, pourront vivre exempts de toute crainte. Si Marius ne se fût porté en avant, après avoir sans retard évacué la ville, tous ses habitants, ou au moins le plus grand nombre, auraient certainement abandonné son parti : tant les Numides sont mobiles dans leurs affections! Les soldats de Jugurtha sont un instant soutenus par la présence de leur roi; mais, dès qu'ils se sentent pressés plus vivement par les ennemis, ils prennent la fuite après une perte assez légère.

LVII. Marius arrive à Zama. Cette ville, située dans une plaine, était plus fortifiée par l'art que par la nature : abondamment pourvue d'armes et de soldats, elle ne manquait d'aucun des approvisionnements nécessaires. Metellus, après avoir fait toutes les dispositions convenables aux circonstances et aux lieux, investit entièrement la place avec son armée ; il marque à chacun de ses lieutenants le poste qu'il doit attaquer, puis donne le signal : en même temps un grand cri s'élève sur toute la ligne. Les Numides n'en sont pas effrayés : fermes et menaçants, ils attendent sans trouble l'assaut. L'attaque commence : les Romains, suivant que chacun a plus ou moins de courage, ou lancent de loin des balles de plomb et des pierres, ou s'approchent (61) pour saper la muraille et pour l'escala-

---

defecerat. Eò cum delectis equitibus noctu pergit, et jam egredientibus Romanis in porta pugnam facit : simul magna voce Siccenses hortatur uti cohortes ab tergo circumveniant; fortunam præclari facinoris casum dare; si id fecerint, postea sese in regno, illos in libertate sine metu ætatem acturos. Ac ni Marius signa inferre atque evadere oppidum properavisset, profecto cuncti, aut magna pars Siccensium, fidem mutavissent : tanta mobilitate sese Numidæ agunt! Sed milites Jugurthini, paullisper ab rege sustentati, postquam majore vi hostes urgent, paucis amissis, profugi discedunt.

LVII. Marius ad Zamam pervenit. Id oppidum, in campo situm, magis opere quam natura munitum erat; nullius idoneæ rei egens, armis virisque opulentum. Igitur Metellus, pro tempore atque loco paratis rebus, cuncta mœnia exercitu circumvenit. Legatis imperat ubi quisque curaret : deinde, signo dato, undique simul clamor ingens oritur. Neque ea res Numidas terret ; infensi intentique sine tumultu manent : prælium incipitur. Romani, pro ingenio quisque, pars eminus glande aut lapidibus pugnare; alii succedere, ac murum modo sub-

der, et brûlent de combattre corps à corps. De leur côté, les assiégés roulent des pierres sur les plus avancés, puis font pleuvoir des pieux, des dards enflammés et des torches enduites de poix et de soufre (62). Quant à ceux qui sont restés à l'écart, leur lâcheté ne les soustrait point au danger; la plupart sont blessés par les traits partis des machines ou de la main des Numides. Ainsi le péril, mais non l'honneur, est égal pour le brave comme pour le lâche.

LVIII. Tandis que l'on combat ainsi sous les murs de Zama, Jugurtha, à la tête d'une troupe nombreuse, fond inopinément sur le camp des ennemis (63) : ceux qui en avaient la garde la faisaient négligemment, et ne s'attendaient à rien moins qu'à une attaque. Il force une des portes : nos soldats, frappés d'une terreur soudaine, pourvoient à leur sûreté, chacun selon son caractère; les uns fuient, les autres prennent leurs armes; la plupart sont tués ou blessés. De toute cette multitude, quarante soldats seulement, fidèles à l'honneur du nom romain, se forment en peloton, et s'emparent d'une petite éminence, d'où les efforts les plus soutenus ne peuvent les chasser. Les traits qu'on leur lance de loin, cette poignée d'hommes les renvoie, sans que, pour ainsi dire, un seul porte à faux sur la masse de leurs assaillants. Si les Numides se rapprochent, alors cette vaillante élite, déployant une vigueur irrésistible, les taille en pièces, les disperse, les met en fuite.

Metellus en était au plus fort de ses attaques, lorsqu'il entendit derrière lui les cris des ennemis : il tourne bride, et voit les fuyards se diriger de son côté, ce qui lui indique que ce

---

fodere, modo scalis adgredi : cupere prœlium in manibus facere. Contra ea oppidani in proxumos saxa volvere; sudes, pila, præterea pice et sulphure tædam mixtam, ardentia mittere. Sed nec illos qui procul manserant timor animi satis muniverat : nam plerosque jacula tormentis aut manu emissa volnerabant; parique periculo, sed fama impari, boni atque ignavi erant.

LVIII. Dum apud Zamam sic certatur, Jugurtha ex improviso castra hostium cum magna manu invadit : remissis qui in præsidio erant, et omnia magis quam prælium exspectantibus, portam irrumpit. At nostri, repentino metu percûlsi, sibi quisque pro moribus consulunt; alii fugere, alii arma capere : magna pars volnerati aut occisi. Ceterum ex omni multitudine non amplius quadraginta, memores nominis romani, grege facto, locum cepere paullo quam alii editiorem; neque inde maxuma vi depelli quiverunt, sed tela eminus missa remittere, pauci in pluribus minus frustrati; sin Numidæ proprius accessissent, ibi vero virtutem ostendere, et eos maxuma vi cædere, fundere atque fugare.

Interim Metellus, quum acerrume rem gereret, clamorem hostilem ab tergo accepit : dein, converso equo, animadvortit fugam ad se vorsum fieri : quæ res indicabat populares esse. Igitur equitatum omnem ad castra propere mittit, ac

sont les Romains. Il détache aussitôt Marius vers le camp avec toute la cavalerie et les cohortes des alliés; puis, les larmes aux yeux, il les conjure, au nom de leur amitié et de la république, de ne pas souffrir qu'un pareil affront soit fait à une armée victorieuse, ni que l'ennemi se retire impunément. Marius exécute promptement ces ordres. Jugurtha, embarrassé dans les retranchements de notre camp, voyant une partie de ses cavaliers s'élancer par-dessus les palissades, les autres se presser dans des passages étroits où ils se nuisent par leur précipitation, se retire enfin dans des positions fortes, avec une perte considérable. Metellus, sans être venu à bout de son entreprise, est forcé, par la nuit, de rentrer dans son camp avec son armée.

LIX. Le lendemain, avant de sortir pour attaquer la place, il ordonne à toute sa cavalerie de former ses escadrons devant la partie du camp par où Jugurtha était survenu la veille. La garde des portes, et celle des postes les plus voisins de l'ennemi, sont réparties entre les tribuns. Metellus marche ensuite sur Zama, donne l'assaut; et, comme le jour précédent, Jugurtha sort de son embuscade, et fond tout à coup sur les nôtres; les plus avancés laissent un moment la crainte et la confusion pénétrer dans leurs rangs, mais leurs compagnons d'armes reviennent les soutenir. Les Numides n'auraient pu résister longtemps, si leurs fantassins, mêlés aux cavaliers, n'eussent, dans le choc, porté des coups terribles. Appuyée de cette infanterie, la cavalerie numide, au lieu de charger et de se replier ensuite, selon sa manœuvre habituelle, poussait à toute bride à travers nos rangs, les rompait, les enfonçait, et livrait à ces agiles fantassins des ennemis à moitié vaincus.

statim C. Marium cum cohortibus sociorum; eumque lacrumans per amicitiam perque rempublicam obsecrat, ne quam contumeliam remanere in exercitu victore, neve hostes inultos abire sinat. Ille brevi mandata efficit. At Jugurtha munimento castrorum impeditus, quum alii super vallum præcipitarentur, alii in angustiis ipsi sibi properantes objicerent, multis amissis, in loca munita sese recepit. Metellus, infecto negotio, postquam nox aderat, in castra cum exercitu revortitur.

LIX. Igitur postero die, prius quam ad obpugnandum egrederetur, equitatum omnem in ea parte qua regis adventus erat pro castris agitare jubet; portas et proxuma loca tribunis dispertit; deinde ipse pergit ad oppidum, atque, ut superiore die, murum adgreditur. Interim Jugurtha ex occulto repente nostros invadit. Qui in proxumo locati fuerant, paullisper territi perturbantur : reliqui cito subveniunt. Neque diutius Numidæ resistere quivissent, ni pedites cum equitibus permixti magnam cladem in congressu facerent : quibus illi freti, non, ut equestri prælio solet, sequi, dein cedere; sed advorsis equis concurrere, implicare ac perturbare aciem; ita expeditis peditibus suis hostes pene victos dare.

LX. Dans le même temps, on combattait avec ardeur sous les murs de Zama. A tous les postes où commande un lieutenant ou quelque tribun, l'effort est le plus opiniâtre : personne ne met son espoir dans autrui; chacun ne compte que sur soi. Les assiégés, avec la même ardeur, combattent et font face à l'ennemi sur tous les points : de part et d'autre on est plus occupé à porter des coups qu'à s'en garantir. Les clameurs mêlées d'exhortations, de cris de joie, de gémissements, et le fracas des armes, s'élèvent jusqu'au ciel; les traits volent de tous côtés.

Cependant les défenseurs de la place, pour peu que leurs ennemis ralentissent leurs attaques, portaient leurs regards attentifs sur le combat de la cavalerie; et, selon les chances diverses qu'éprouvait Jugurtha, vous les eussiez vus livrés à la joie ou à la crainte. Comme s'ils eussent été à portée d'être aperçus ou entendus par leurs compatriotes, ils avertissaient, exhortaient, faisaient signe de la main, et se donnaient tous les mouvements d'hommes qui veulent lancer ou éviter des traits. Marius remarque cette préoccupation, car il commandait de ce côté; il ralentit à dessein la vivacité de ses attaques, affecte du découragement, et laisse les Numides contempler à leur aise le combat que livre leur roi; puis, au moment où l'intérêt qu'ils prennent à leurs compatriotes les occupe tout entiers, il donne tout à coup le plus vigoureux assaut à la place. Déjà nos soldats, portés sur les échelles, étaient prêts à saisir le haut de la muraille, lorsque les assiégés accourent, lancent sur eux des pierres, des feux, toutes sortes de projectiles. Les nôtres tiennent ferme d'abord; bientôt deux ou trois échelles se rompent;

LX. Eodem tempore apud Zamam magna vi certabatur. Ubi quisque legatus aut tribunus curabat, eo acerrume niti; neque alius in alio magis quam in sese spem habere. Pariter oppidani agere, obpugnare, aut parare omnibus locis : avidius alteri alteros sauciare quam semet tegere. Clamor permixtus hortatione, lætitia, gemitu, item strepitus armorum ad cœlum ferri; tela utrinque volare.

Sed illi qui mœnia defensabant, ubi hostes paullulum modo pugnam remiserant, intenti prælium equestre prospectabant. Eos, uti quæque Jugurthæ res erant, lætos modo, modo pavidos animadvorteres : ac, sicuti audiri a suis aut cerni possent, monere alii, alii hortari, aut manu significare, aut niti corporibus, et huc, illuc, quasi vitabundi, aut jacientes tela, agitare. Quod ubi Mario cognitum est, nam is in ea parte curabat, consulto lenius agere, ac diffidentiam rei simulare: pati Numidas sine tumultu regis prælium visere. Ita illis studio suorum adstrictis, repente magna vi murum adgreditur : et jam scalis egressi milites prope summa ceperant, quum oppidani concurrunt, lapides, ignem, alia præterea tela ingerunt. Nostri primo resistere; deinde, ubi unæ atque alteræ

ceux qui étaient dessus tombent écrasés, les autres se sauvent comme ils peuvent, peu d'entre eux sains et saufs, la plupart criblés de blessures. Enfin, la nuit fait, de part et d'autre, cesser le combat.

LXI. Metellus reconnut bientôt l'inutilité de ses tentatives : il ne pouvait prendre la ville, et Jugurtha n'engageait de combat que par surprise ou avec l'avantage du poste : d'ailleurs, la campagne touchait à sa fin. Le consul lève donc le siége de Zama, met garnison dans les villes qui s'étaient soumises volontairement, et que protégeaient suffisamment leur situation ou leurs remparts, puis il conduit le reste de son armée dans la Province romaine qui confine à la Numidie. A l'exemple des autres généraux, il ne donna point ce temps au repos et aux plaisirs. Comme les armes avaient peu avancé la guerre, il résolut d'y substituer la trahison, et de se servir des amis de Jugurtha pour lui tendre des embûches. J'ai parlé de Bomilcar, qui suivit ce prince à Rome, et qui, après avoir donné des cautions, se déroba secrètement à la condamnation qu'il avait encourue pour le meurtre de Massiva (64). L'extrême faveur dont il jouissait auprès de Jugurtha lui donnait toute facilité pour le trahir. Metellus cherche à séduire ce Numide par de grandes promesses, et l'attire d'abord à une entrevue mystérieuse. Là, il lui donne sa parole « qu'en livrant Jugurtha mort ou vif il obtiendra du sénat l'impunité et la restitution de tous ses biens. » Bomilcar se laisse aisément persuader. Déloyal par caractère, il avait encore la crainte que, si la paix se faisait avec les Romains, son supplice ne fût une des conditions du traité.

---

scalæ comminutæ, qui supersteterant adflicti sunt; ceteri, quoquo modo potuere, pauci integri, magna pars confecti volneribus, abeunt. Denique utrinque prælium nox diremit.

LXI. Metellus, postquam videt frustra inceptum, neque oppidum capi, neque Jugurtham nisi ex insidiis aut suo loco pugnam facere, et jam æstatem exactam esse, ab Zama discedit : et in his urbibus quæ ad se defecerant, satisque munitæ loco aut mœnibus erant, præsidia imponit : ceterum exercitum in provinciam, quæ proxuma est Numidiæ, hiemandi gratia collocat. Neque id tempus, ex aliorum more, quieti aut luxuriæ concedit; sed, quoniam armis bellum parum procedebat, insidias regi per amicos tendere, et eorum perfidia pro armis ut parat. Igitur Bomilcarem, qui Romæ cum Jugurtha fuerat, et inde, vadibus datis, clam Massivæ de nece judicium fugerat, quod ei per maxumam amicitiam maxuma copia fallendi erat, multis pollicitationibus adgreditur : ac primo efficit uti ad se colloquendi gratia occultus veniat : dein fide data, si Jugurtham vivum aut necatum tradidisset, fore ut illi senatus impunitatem et sua omnia concederet, facile Numidæ persuadet, quum ingenio infido, tum metuenti ne, si pax cum Romanis fieret, ipse per conditiones ad supplicium traderetur.

LXII. A la première occasion favorable, voyant Jugurtha livré à l'inquiétude, au sentiment de ses malheurs, il l'aborde, lui conseille, et même le conjure, les larmes aux yeux, de pourvoir enfin à sa sûreté, à celle de ses enfants et de la nation numide qui a si bien mérité de lui : dans tous les combats, ils ont été vaincus; leur territoire est dévasté; un grand nombre d'entre eux ont péri ou sont prisonniers; les ressources du royaume sont épuisées : assez et trop peut-être, Jugurtha a mis à l'épreuve la valeur de ses soldats et sa fortune; il doit craindre que, pendant qu'il temporise, les Numides ne pourvoient eux-mêmes à leur salut.

Par ces discours et d'autres propos semblables, Bomilcar décide enfin le monarque à la soumission : des ambassadeurs sont envoyés au général romain (65) pour lui déclarer que Jugurtha est prêt à souscrire à tout ce qui lui serait ordonné, et à livrer sans nulle réserve sa personne et ses États à la foi de Metellus. Le consul fait aussitôt venir des divers cantonnements tous les sénateurs (66) qui s'y trouvaient, et s'en forme un conseil, auquel il adjoint d'autres officiers qu'il estime aptes à y prendre place (67); puis, en vertu d'un décret de ce conseil, rendu selon les formes anciennes, il enjoint à Jugurtha, représenté par ses ambassadeurs, de donner deux cent mille livres pesant d'argent, tous ses éléphants, plus une certaine quantité d'armes et de chevaux. Ces conditions accomplies sans délai, Metellus ordonne que tous les transfuges lui soient rendus chargés de chaînes. La plupart furent effectivement livrés (68) : quelques-uns, dès les préliminaires du traité, s'étaient sauvés en Mauritanie, auprès du roi Bocchus.

LXII. Is, ubi primum opportunum, Jugurtham anxium ac miserantem fortunas suas accedit, monet atque lacrumans obtestatur, uti aliquando sibi, liberisque, et genti Numidarum optume meritæ, provideat : omnibus præliis sese victos, agrum vastatum, multos mortales captos aut occisos, regni opes comminutas esse : satis sæpe jam et virtutem militum, et fortunam tentatam caveret ne, illo cunctante, Numidæ sibi consulant.

His atque talibus aliis ad deditionem regis animum impellit. Mittuntur ad imperatorem legati : Jugurtham imperata facturum, ac sine ulla pactione sese regnumque suum in illius fidem tradere. Metellus propere cunctos senatorii ordinis ex hibernis arcessiri jubet : eorum, atque aliorum quos idoneos ducebat, consilium habet. Ita more majorum, ex consilii decreto, per legatos Jugurthæ imperat argenti pondo ducenta millia, elephantos omnes, equorum et armorum aliquantum. Quæ postquam sine mora facta sunt, jubet omnes perfugas vinctos adduci. Eorum magna pars, ut jussum erat, adducti; pauci, quum primum deditio cœpit, ad regem Bocchum in Mauretaniam abierant.

Lorsque Jugurtha se voit ainsi dépouillé de ses armes, de ses plus braves soldats et de ses trésors, et qu'il est appelé lui-même à Tisidium pour y recevoir de nouveaux ordres (69), il chancelle encore une fois dans ses résolutions : sa mauvaise conscience commence à craindre les châtiments dus à ses crimes. Enfin, après bien des journées passées dans l'hésitation, où tantôt, abattu par ses malheurs, tout lui semble préférable à la guerre, tantôt il songe en lui-même combien la chute est lourde du trône à l'esclavage, et que c'est en pure perte qu'il aura sacrifié tous ses moyens de défense, il se décide à recommencer la guerre plus que jamais. À Rome, le sénat avait, dans la répartition des provinces, prorogé la Numidie à Metellus.

LXIII. Vers ce même temps, il arriva que, Marius offrant un sacrifice aux dieux, dans Utique, l'aruspice lui prédit (70) de grandes et mémorables destinées, assurant que, fort du secours des dieux, il accomplirait les desseins qu'il avait dans l'âme; qu'il pouvait, sans se lasser, mettre sa fortune à l'épreuve; que tout lui serait prospère (71). Dès longtemps, en effet, Marius nourrissait le plus violent désir d'arriver au consulat. Pour y parvenir, il réunissait tous les titres, excepté l'illustration des ancêtres : talents, probité, connaissance profonde de l'art militaire, courage indomptable dans les combats, simplicité dans la paix (72); enfin, un mépris des richesses et des voluptés égal à sa passion pour la gloire. Né à Arpinum, où il passa toute son enfance, dès qu'il fut d'âge à supporter les fatigues de la guerre, il s'adonna entièrement aux exercices des camps, et point du tout à l'éloquence des Grecs ni aux formes de l'urbanité romaine. Au milieu de ces louables occupations, son âme

---

Igitur, Jugurtha, ubi armis virisque et pecunia spoliatus, quum ipse ad imperandum Tisidium vocaretur, rursus cœpit flectere animum suum, et ex mala conscientia digna timere. Denique, multis diebus per dubitationem consumtis, quum modo, tædio rerum advorsarum, omnia bello potiora duceret; interdum secum ipse reputaret quam gravis casus in servitium ex regno foret; multis magnisque præsidiis nequidquam perditis, de integro bellum sumit. Romæ senatus de provinciis consultus Numidiam Metello decreverat.

LXIII. Per idem tempus Uticæ forte C. Mario per hostias diis supplicante, magna atque mirabilia portendi haruspex dixerat : proinde, quæ animo agitabat, fretus diis ageret : fortunam quam sæpissume experiretur; cuncta prospera eventura. At illum jam antea consulatus ingens cupido exagitabat : ad quem capiundum, præter vetustatem familiæ, alia omnia abunde erant : industria, probitas, militiæ magna scientia, animus belli ingens, domi modicus, lubidinis et divitiarum victor, tantummodo gloriæ avidus. Sed is natus, et omnem pueritiam Arpini actus, ubi primum ætas militiæ patiens fuit, stipendiis faciundis, non græca facundia neque urbanis munditiis sese exercuit : ita inter artes bonas

s'était fortifiée de bonne heure loin de la corruption. Lorsqu'en premier lieu il sollicita, auprès du peuple, le tribunat militaire, bien que presque aucun citoyen ne le connût personnellement, sa réputation lui valut les suffrages spontanés de toutes les tribus. Dès ce moment, il s'éleva successivement de magistrature en magistrature, et, dans toutes ses fonctions, il se montra toujours supérieur à son emploi. Cependant, à cette époque, cet homme si distingué, que son ambition perdit par la suite (73), n'osait encore briguer le consulat; car alors, si le peuple disposait des autres magistratures, la noblesse se transmettait de main en main cette dignité suprême, dont elle était exclusivement en possession. Tout homme nouveau, quels que fussent sa renommée et l'éclat de ses actions, paraissait indigne de cet honneur (74) : il était comme souillé par la tache de sa naissance.

LXIV. Toutefois, les paroles de l'aruspice s'accordant avec les ambitieux désirs de Marius, celui-ci demande à Metellus son congé pour aller se mettre au nombre des candidats. Bien que ce général réunît à un degré supérieur mérite, renommée, et mille autres qualités désirables dans un homme vertueux, il n'était pas exempt de cette hauteur dédaigneuse qui est le défaut général de la noblesse. Frappé d'abord de cette démarche sans exemple, il en témoigne à son questeur toute sa surprise, et lui conseille, en ami, de ne pas s'engager dans un projet si chimérique ; de ne pas élever ses pensées au-dessus de sa condition ; il lui objecte que les mêmes prétentions ne conviennent pas à tous; qu'il devait se trouver satisfait de sa position, et surtout se bien garder de solliciter du peuple romain ce qui ne

---

integrum ingenium brevi adolevit. Ergo, ubi primum tribunatum militarem a populo petit, plerisque faciem ejus ignorantibus, facile notus per omnes tribus declaratur. Deinde ab eo magistratu alium post alium sibi peperit : semperque in potestatibus eo modo agitabat, uti ampliore, quam gerebat, dignus haberetur. Tamen is ad id locorum talis vir (nam postea ambitione præceps datus est) consulatum petere non audebat. Etiam tum alios magistratus plebes, consulatum nobilitas inter se per manus tradebat : novus nemo tam clarus, neque tam egregiis factis erat, quin is indignus illo honore et quasi pollutus haberetur.

LXIV. Igitur, ubi Marius haruspicis dicta eodem intendere videt, quo cupido animi hortabatur, ab Metello, petundi gratia, missionem rogat : cui quanquam virtus, gloria atque alia optanda bonis superabant, tamen inerat contemtor animus et superbia, commune nobilitatis malum. Itaque, primum commotus insolita re, mirari ejus consilium, et quasi per amicitiam monere, ne tam prava inciperet, neu super fortunam animum gereret : non omnia omnibus cupiunda esse ; debere illi res suas satis placere : postremo caveret id petere a populo

pouvait que lui attirer un refus mérité. Voyant que ces représentations et d'autres discours semblables n'avaient point ébranlé Marius, Metellus ajouta, « que, dès que les affaires publiques lui en laisseraient le loisir, il lui accorderait sa demande. » Marius ne cessant de réitérer les mêmes sollicitations, on prétend que le proconsul lui dit : « Qui vous presse de partir ? il sera assez temps pour vous de demander le consulat quand mon fils se mettra sur les rangs. » Or ce jeune homme, qui servait alors sous les yeux de son père, était à peine dans sa vingtième année (75).

Cette réponse enflamme encore plus Marius pour la dignité qu'il convoite, en l'irritant profondément contre son général. Dès ce moment, il n'a pour guides de ses actions que l'ambition et la colère, de tous les conseillers les plus funestes : démarches, discours, tous les moyens lui semblent bons (76) pour se concilier la faveur populaire : aux soldats qu'il commande dans leurs quartiers d'hiver, il accorde le relâchement de la discipline; devant les marchands romains, qui se trouvaient en grand nombre à Utique, il ne cesse de parler de la guerre d'un ton à la fois frondeur et fanfaron : Qu'on lui donne seulement la moitié de l'armée, et en peu de jours il amènera Jugurtha chargé de chaînes; le général traînait exprès la guerre en longueur, parce que, bouffi de vanité, orgueilleux comme un roi, il se complaisait dans le commandement. Ces discours faisaient d'autant plus d'impression sur ceux auxquels ils s'adressaient, que la durée de la guerre compromettait leur fortune : les gens pressés ne trouvent jamais qu'on aille assez vite (77).

---

romano quod illi jure negaretur. Postquam hæc atque talia dixit, neque animus Marii flectitur, respondit, ubi primum potuisset per negotia publica, facturum sese quæ peteret. Ac postea sæpius eadem postulanti fertur dixisse, ne festinaret abire; satis mature illum cum filio suo consulatum petiturum. Is eo tempore contubernio patris ibidem militabat, annos natus circiter viginti.

Quæ res Marium, quum pro honore quem adfectabat, tum contra Metellum, vehementer accenderat. Ita, cupidine atque ira, pessumis consultoribus, grassari; neque facto ullo neque dicto abstinere, quod modo ambitiosum foret : milites, quibus in hibernis præerat, laxiore imperio quam antea habere : apud negotiatores, quorum magna multitudo Uticæ erat, criminose simul et magnifice de bello loqui : dimidia pars exercitus sibi permitteretur, paucis diebus Jugurtham in catenis habiturum ; ab imperatore consulto trahi, quod homo inanis, et regiæ superbiæ, imperio nimis gauderet. Quæ omnia illis eo firmiora videbantur, quod diuturnitate belli res familiaris corruperant, et animo cupienti nihil satis festinatur.

LXV. Il y avait alors dans notre armée un Numide nommé Gauda, fils de Manastabal et petit-fils de Masinissa, à qui Micipsa, par testament, avait substitué ses États (78). Les infirmités dont il était accablé avaient un peu affaibli son esprit. Metellus, à qui il avait demandé d'avoir, selon la prérogative des rois, son siége auprès de celui du consul, et pour sa garde un escadron de cavalerie romaine, lui avait refusé l'un et l'autre : le siége, parce que cet honneur n'était déféré qu'à ceux que le peuple romain avait reconnus rois ; la garde, parce qu'il eût été honteux pour des cavaliers romains (79) de servir de satellites à un Numide.

Marius aborde le prince mécontent, et l'engage à se servir de lui pour tirer vengeance des affronts de leur général. Ses paroles flatteuses exaltent cette tête faible : — « Il est roi, homme de mérite, petit-fils de Masinissa : Jugurtha une fois pris ou tué, le royaume de Numidie lui reviendra sur-le-champ ; ce qui ne tarderait pas à s'accomplir, si, consul, Marius était chargé de cette guerre. » — En conséquence, et Gauda, et les chevaliers romains (80) tant militaires que négociants, poussés, les uns par l'ambitieux questeur, le plus grand nombre par l'espoir de la paix, écrivent à leurs amis, à Rome, dans un sens très-défavorable à Metellus (81), et demandent Marius pour général. Ainsi, pour lui faire obtenir le consulat, se forma la plus honorable coalition de suffrages. D'ailleurs, à cette époque, le peuple, voyant la noblesse humiliée par la loi Mamilia (82), cherchait à élever des hommes nouveaux. Tout conspirait ainsi en faveur de Marius.

LXV. Erat præterea in exercitu nostro Numida quidam, nomine Gauda, Manastabalis filius, Masinissæ nepos, quem Micipsa testamento secundum hæredem scripserat : morbis confectus, et ob eam causam mente paullum imminuta. Cui Metellus petenti, more regum, uti sellam juxta poneret ; item postea, custodiæ caussa, turman equitum romanorum, utrumque negaverat : honorem, quod eorum modo foret quos populus romanus reges adpellavisset ; præsidium, quod contumeliosum in eos foret, si equites romani satellites Numidæ traderentur.

Hunc Marius anxium adgreditur, atque hortatur uti contumeliarum imperatoris cum suo auxilio pœnas petat. Hominem ob morbos animo parum valido secunda oratione extollit : illum regem, ingentem virum, Masinissæ nepotem esse : si Jugurtha captus aut occisus, imperium Numidiæ sine mora habiturum : id adeo mature posse evenire, si ipse consul ad id bellum missus foret. Itaque et illum et equites romanos, milites et negotiatores. alios ipse, plerosque spes pacis impellit. uti Romam ad suos necessarios aspere in Metellum de bello scribant. Marium imperatorem poscant. Sic illi a multis mortalibus honestissuma suffragatione consulatus petebatur. Simul ea tempestate plebes, nobilitate fusa per legem Mamiliam, novos extollebat. Ita Mario cuncta procedere.

LXVI. Cependant Jugurtha, ne songeant plus à se rendre, recommence la guerre, et fait tous ses préparatifs avec autant de soin que de promptitude : il rassemble son armée, puis, pour ramener les villes qui l'avaient abandonné, emploie la terreur ou les promesses ; il fortifie les places, fait fabriquer ou achète des armes, des traits, et réunit tous les moyens de défense que l'espoir de la paix lui avait fait sacrifier ; il attire à lui les esclaves romains, et veut séduire par son or jusqu'aux soldats de nos garnisons ; partout il excite à la révolte par la corruption ; tout est remué par ses intrigues. Ses manœuvres réussissent auprès des habitants de Vacca, où Metellus, lors des premières ouvertures pacifiques de Jugurtha, avait fait mettre garnison : Importunés par les supplications de leur roi, pour lequel ils n'avaient jamais eu d'éloignement, les principaux habitants forment entre eux un complot en sa faveur ; car le peuple, qui, par habitude, et surtout chez les Numides, est inconstant, séditieux, ami des révolutions, ne soupirait qu'après un changement, et détestait l'ordre et le repos (83). Toutes les dispositions prises, les conjurés fixent l'exécution du complot au troisième jour : c'était une fête solennisée dans toute l'Afrique, et qui semblait inviter à la joie et au plaisir, mais nullement à la crainte. Au temps marqué, les centurions, les tribuns militaires, puis même le commandant de la place, T. Turpilius Silanus, sont chacun invités chez quelqu'un des principaux habitants, et tous, à l'exception de Turpilius, massacrés au milieu du festin. Les conjurés tombent ensuite sur nos soldats, qui, profitant de la fête et de l'absence de leurs officiers, couraient la ville sans armes. Les gens du peuple prennent part au mas-

LXVI. Interim Jugurtha postquam, omissa deditione, bellum incipit, cum magna cura parare omnia, festinare, cogere exercitum : civitates, quæ ab se defecerant, formidine, aut ostentando præmia, adfectare ; communire suos locos ; arma, tela, alia quæ spe pacis amiserat, reficere, aut commercari ; servitia Romanorum adlicere, et eos ipsos qui in præsidiis erant pecunia tentare ; prorsus nihil intactum neque quietum pati ; cuncta agitare. Igitur Vaccenses, quo Metellus initio, Jugurtha pacificante, præsidium imposuerat, fatigati regis suppliciis, neque antea voluntate alienati, principes civitatis inter se conjurant : nam volgus, uti plerumque solet, et maxime Numidarum, ingenio mobili, seditiosum atque discordiosum erat ; cupidum novarum rerum, quieti et otio advorsum : dein, compositis inter se rebus, diem tertium constituunt, quod is festus celebratusque per omnem Africam ludum et lasciviam magis quam formidinem ostentabat. Sed ubi tempus fuit, centuriones tribunosque militares, et ipsum præfectum oppidi T. Turpilium Silanum, alius alium domos suas invitant : eos omnes, præter Turpilium, inter epulas obtruncant : postea milites palantes, inermos, quippe in tali die ac sine imperio, adgrediuntur. Idem plebes facit,

sacre; les uns initiés au complot par la noblesse, les autres attirés par le goût de pareilles exécutions : dans leur ignorance de ce qui s'est fait, de ce qui se prépare, le désordre, un changement nouveau, est tout ce qui les flatte.

LXVII. Dans cette alarme imprévue, les soldats romains, déconcertés, ne sachant quel parti prendre, courent précipitamment vers la citadelle où étaient leurs enseignes et leurs boucliers; mais un détachement ennemi placé devant les portes, qui étaient fermées, leur coupe ce moyen de retraite, tandis que les femmes et les enfants lancent sur eux à l'envi, du haut des toits, des pierres et tout ce qui leur tombe sous la main. Ils ne peuvent éviter ce double péril, et la force est impuissante contre le sexe et l'âge le plus faibles. Braves ou lâches, aguerris ou timides, tous succombent sans défense. Dans cet horrible massacre, au milieu de l'acharnement des Numides, au sein d'une ville fermée de toutes parts, Turpilius seul, de tous les Italiens, échappa sans blessure. Dut-il son salut à la pitié de son hôte, à quelque convention tacite ou bien au hasard? Je l'ignore; mais l'homme qui, dans un pareil désastre, préféra une vie honteuse à une renommée sans tache paraît criminel et méprisable.

LXVIII. Quand Metellus apprit ce qui s'était passé à Vacca, dans sa douleur, il se déroba quelque temps aux regards; mais bientôt, la colère et le ressentiment se mêlant à ses regrets, il fait toutes ses dispositions pour en tirer une prompte vengeance. Avec la légion de son quartier d'hiver et le plus qu'il peut rassembler de cavaliers numides, il part sans ses bagages, au cou-

---

pars edocti ab nobilitate, alii studio talium rerum incitati, quis acta consiliumque ignorantibus tumultus ipse et res novæ satis placebant.

LXVII. Romani milites, improviso metu, incerti ignarique quid potissumum facerent, trepidare ad arcem oppidi, ubi signa et scuta erant : præsidium hostium, portæ ante clausæ fugam prohibebant : ad hoc, mulieres puerique pro tectis ædificiorum saxa, et alia quæ locus præbebat, certatim mittere. Ita neque caveri anceps malum, neque a fortissumis infirmissumo generi resisti posse : juxta boni malique, strenui et imbelles inulti obtruncati. In ea tanta asperitate, sævissumis Numidis et oppido undique clauso, Turpilius unus ex omnibus Italicis profugit intactus : id misericordiane hospitis, an pactione, an casu ita evenerit, parum comperimus; nisi, quia illi in tanto malo turpis vita fama integra potior, improbus intestabilisque videtur.

LXVIII. Metellus, postquam de rebus Vaccæ actis comperit, paullisper mœstus e conspectu abit : deinde, ubi ira et ægritudo permixta, cum maxuma cura ultum ire injurias festinat. Legionem, cum qua hiemabat, et, quam plurimos potest, Numidas equites pariter cum occasu solis expeditos educit : et postera die cir-

cher du soleil. Le lendemain, vers la troisième heure (84), il arrive dans une espèce de plaine environnée de tous côtés par de petites éminences. Là, voyant ses soldats harassés par la longueur du chemin, et disposés à refuser tout service, il leur apprend qu'ils ne sont plus qu'à mille pas de Vacca, et qu'il est de leur honneur de supporter encore un reste de fatigue pour aller venger leurs braves et malheureux concitoyens; puis il fait briller à leurs yeux l'espoir d'un riche butin. Ce discours relève leur courage : Metellus fait marcher sa cavalerie en première ligne sur un plan étendu, et serrer le plus possible les rangs à l'infanterie, avec ordre de cacher les drapeaux.

LXIX. Les habitants de Vacca, à la première vue d'une armée qui marchait vers leur ville, crurent d'abord, ainsi qu'il était vrai, que c'étaient les Romains, et ils fermèrent leurs portes. Mais, comme cette armée ne dévastait point la campagne, et que ceux qui s'avançaient les premiers étaient des Numides, alors les Vaccéens se persuadent que c'était Jugurtha, et, transportés de joie, ils vont au devant de lui. Tout à coup les cavaliers et les fantassins, à un signal donné, s'élancent à la fois : les uns taillent en pièces la foule qui sortait de la ville, les autres courent aux portes, une partie s'empare des tours. Le ressentiment et l'espoir du butin triomphent de la lassitude. Ainsi les Vaccéens n'eurent que deux jours à se féliciter de leur perfidie. Tout, dans cette grande et opulente cité, fut mis à mort ou livré au pillage. Turpilius, le commandant de la ville, que nous avons vu ci-dessus échapper seul au massacre général, cité par Metellus pour rendre compte de sa conduite, se justifia mal, fut

---

citer horam tertiam pervenit in quamdam planitiem, locis paullo superioribus circumventam. Ibi milites, fessos itineris magnitudine, et jam abnuentes omnia, docet, oppidum Vaccam non amplius mille passuum abesse : decere illos reliquum laborem æquo animo pati, dum pro civibus suis, viris fortissumis atque miserrumis, pœnas caperent : præterea prædam benigne ostentat. Sic animis eorum arrectis, equites in primo late, pedites quam artissume ire, signa occultare jubet.

LXIX. Vaccenses ubi animum advortere ad se vorsum exercitum pergere, primo, uti erat res, Metellum rati, portas clausere; deinde, ubi neque agros vastari, et eos, qui primi aderant, Numidas equites vident; rursum Jugurtham arbitrati, cum magno gaudio obvii procedunt. Equites peditesque, repente signo dato, alii volgum effusum oppido cædere; alii ad portas festinare; pars turres capere; ira atque prædæ spes amplius quam lassitudo posse. Ita Vaccenses biduum modo ex perfidia lætati : civitas magna et opulens pœnæ cuncta aut prædæ fuit. Turpilius, quem præfectum oppidi unum ex omnibus profugisse supra ostendimus, jussus a Metello caussam dicere, postquam sese parum ex-

condamné, battu de verges, et décapité, car il n'était que citoyen latin (85).

LXX. Dans ce même temps, Bomilcar dont les conseils avaient poussé Jugurtha à une soumission, que la crainte lui avait fait ensuite rétracter, devenu suspect à ce prince, qu'il suspectait lui-même, veut sortir de cette position : il cherche quelque ruse pour perdre le roi ; nuit et jour cette idée obsède son esprit. A force de tentatives, il parvient enfin à s'adjoindre pour complice Nabdalsa, homme distingué par sa naissance, ses grandes richesses, et fort aimé de ses compatriotes. Celui-ci commandait ordinairement un corps d'armée séparé du roi, et suppléait le roi dans toutes les affaires auxquelles ne pouvait suffire Jugurtha, fatigué ou occupé de soins plus importants ; ce qui avait valu à Nabdalsa de la gloire et des richesses.

Ces deux hommes, dans un conciliabule, prirent jour pour l'exécution du complot : au reste, ils convinrent de régler leur conduite d'après les circonstances. Nabdalsa part pour l'armée, qui était en observation près des quartiers d'hiver des Romains, afin de les empêcher de dévaster impunément la campagne ; mais, épouvanté de l'énormité du crime, au jour marqué, il ne vint point, et ses craintes arrêtèrent le complot. Alors Bomilcar, à la fois impatient de consommer son entreprise, et inquiet des alarmes de son complice, qui pouvait renoncer à leur premier projet pour prendre une résolution contraire, lui envoya, par des émissaires fidèles, une lettre dans laquelle il lui reprochait sa mollesse et son défaut de résolution ; puis, attestant les dieux qui avaient reçu ses serments, il l'engageait à ne pas faire tourner à leur ruine les promesses de Metellus, ajoutant que la

---

purgat, condemnatus verberatusque, capite pœnas solvit : nam is civis ex Latio erat.

LXX. Per idem tempus Bomilcar, cujus impulsu Jugurtha deditionem, quam metu deseruit, inceperat, suspectus regi, et ipse eum suspiciens, novas res cupere, ad perniciem ejus dolum quærere, diu noctuque fatigare animum. Denique omnia tentando, socium sibi adjungit Nabdalsam, hominem nobilem, magnis opibus, carum acceptumque popularibus suis ; qui plerumque seorsum ab rege exercitum ductare, et omnes res exsequi solitus erat, quæ Jugurthæ fesso, aut majoribus adstricto, superaverant : ex quo illi gloria opesque inventæ.

Igitur utriusque consilio dies insidiis statuitur : cetera, uti res posceret, ex tempore parari placuit. Nabdalsa ad exercitum profectus, quem inter hiberna Romanorum jussus habebat, ne ager, inultis hostibus, vastaretur. Is postquam magnitudine facinoris perculsus, ad tempus non venit, metusque rem impediebat ; Bomilcar, simul cupidus incepta patrandi, et timore socii anxius, ne, omisso vetere consilio, novum quæreret, litteras ad eum per homines fideles mittit, in quis mollitiem secordiamque viri accusare, testari deos, per quos ju-

dernière heure de Jugurtha avait sonné; que seulement il était encore incertain s'il périrait victime de leur courage ou de celui de Metellus; qu'enfin il réfléchît sérieusement à ce qu'il préférait, des récompenses ou du supplice.

LXXI. A l'arrivée de cette lettre, Nabdalsa, fatigué de l'exercice qu'il avait pris, s'était jeté sur son lit. Après avoir lu ce que lui marquait Bomilcar, l'inquiétude, puis bientôt, comme c'est l'ordinaire dans l'accablement d'esprit, le sommeil s'empara de lui. Il avait pour secrétaire un Numide, qui, possédant sa confiance et son affection, était dans le secret de tous ses desseins, excepté du dernier. Dès que cet homme apprit qu'il était arrivé des lettres, pensant que, selon l'habitude, on pouvait avoir besoin de son ministère et de ses avis, il entra dans la tente de son maître. Nabdalsa dormait : la lettre était négligemment posée sur le chevet au-dessus de sa tête. Le secrétaire la prend et la lit tout entière. Aussitôt, muni de cet indice du complot, il court vers le roi. Nabdalsa, réveillé peu d'instants après, ne trouve plus la lettre : il apprend ce qui vient de se passer, et se met d'abord à la poursuite du dénonciateur; mais, n'ayant pu l'atteindre, il se rend près de Jugurtha pour l'apaiser. Il lui dit qu'un serviteur perfide n'avait fait que le prévenir dans la démarche que lui-même se disposait à faire; puis, les larmes aux yeux, il conjure le roi, au nom de l'amitié et de sa fidélité passée, de ne pas le soupçonner d'un pareil crime.

LXXII. Le roi, dissimulant ses véritables sentiments, lui répondit avec douceur. Après avoir fait périr Bomilcar et beaucoup d'autres reconnus ses complices, il fit violence à son cour-

---

ravisset; præmia Metelli in pestem ne converteret; Jugurthæ exitium adesse; ceterum suane an virtute Metelli periret, id modo agitari : proinde reputaret cum animo suo, præmia an cruciatum mallet.

LXXI. Sed quum hæ litteræ adlatæ, forte Nabdalsa, exercito corpore fessus, in lecto quiescebat. Ubi cognitis Bomilcaris verbis, primo cura, deinde, uti ægrum animum solet, somnus cepit. Erat ei Numida quidam negotiorum curator, fidus acceptusque, et omnium consiliorum, nisi novissumi, particeps. Qui postquam adlatas litteras audivit, ex consuetudine ratus opera aut ingenio suo opus esse, in tabernaculum introit; dormiente illo epistolam, super caput in pulvino temere positam, sumit ac perlegit. Dein propere, cognitis insidiis, ad regem pergit. Nabdalsa, post paullo experrectus, ubi neque epistolam reperit, et rem omnem, uti acta, cognovit, primo indicem persequi conatus : postquam id frustra fuit, Jugurtham placandi gratia accedit; quæ ipse paravisset facere perfidia clientis sui præventa : lacrumans obtestatur per amicitiam, perque sua antea fideliter acta, ne super tali scelere suspectum sese haberet.

LXXII. Ad ea rex, aliter atque animo gerebat, placide respondit. Bomilcare aliisque multis, quos socios insidiarum cognoverat, interfectis, iram oppresserat,

roux contre Nabdalsa, de peur d'exciter une sédition. Mais, depuis ce temps, il n'y eut plus de repos pour Jugurtha, ni le jour ni la nuit : en tel lieu, avec telle personne et à telle heure que ce fût, il ne se croyait plus en sûreté, craignant ses sujets à l'égal de ses ennemis, épiant tout ce qui l'environnait, s'épouvantant au moindre bruit, couchant la nuit tantôt dans un lieu, tantôt dans un autre, au mépris des bienséances du trône. Quelquefois il s'éveillait en sursaut, saisissait ses armes, et poussait des cris : les terreurs dont il était obsédé allaient jusqu'à la démence (86).

LXXIII. A peine instruit, par des transfuges, de la triste fin de Bomilcar et de la découverte de la conspiration, Metellus se hâte de faire ses préparatifs comme pour une guerre toute nouvelle. Marius ne cessait de l'importuner pour son congé : Metellus, ne pouvant attendre de grands services d'un questeur qu'il n'aimait pas, et qu'il avait offensé, le laisse enfin partir (87). A Rome, le peuple, ayant eu connaissance des lettres concernant Metellus et Marius, avait reçu volontiers l'opinion qu'elles exprimaient sur l'un et sur l'autre. La noblesse du proconsul n'était plus pour lui un titre d'honneur, comme naguère, mais de réprobation ; et la basse naissance du questeur était un titre de plus à la faveur populaire. Du reste, à l'égard de l'un et de l'autre, l'esprit de parti influa beaucoup plus que la considération des bonnes ou des mauvaises qualités. Cependant des magistrats factieux ne cessent d'agiter la multitude. Dans tous les groupes, ils accusent Metellus de haute trahison, et préconisent outre mesure le mérite de Marius. Enfin, ils échauffent tellement l'esprit de la populace, que les artisans, les labou-

---

ne qua ex eo negotio seditio oriretur. Neque post id locorum Jugurthæ dies, aut nox ulla quieta fuere ; neque loco, neque mortali cuiquam, aut tempori satis credere ; cives, hostes juxta metuere ; circumspectare omnia, et omni strepitu pavescere ; alio atque alio loco, sæpe contra decus regium, noctu requiescere : interdum somno excitus, arreptis armis, tumultum facere : ita formidine, quasi vecordia, exagitari.

LXXIII. Igitur Metellus, ubi de casu Bomilcaris et indicio patefacto ex perfugis cognovit, rursus, tanquam ad integrum bellum, cuncta parat festinatque. Marium, fatigantem de profectione, simul et invisum et offensum, sibi parum idoneum ratus, domum dimittit. Et Romæ plebes litteris. quæ de Metello ac Mario missæ erant, cognitis, volenti animo de ambobus acceperant. Imperatori nobilitas, quæ antea decori, invidiæ esse : at illi alteri generis humilitas favorem addiderat. Ceterum in utroque magis studia partium, quam bona aut mala sua, moderata. Præterea seditiosi magistratus volgum exagitare, Metellum omnibus concionibus capitis arcessere, Marii virtutem in majus celebrare. Denique plebes

reurs, et tous les citoyens qui n'avaient d'autre existence, d'autre crédit, que le travail de leurs mains, quittent leur ouvrage pour faire cortége à Marius, se privant ainsi du nécessaire afin de hâter son élévation. Ainsi, pour l'abaissement de la noblesse, après une longue suite d'années (88), on vit le consulat déféré à un homme nouveau. Bientôt après, le peuple, consulté par Manilius Mancinus, l'un de ses tribuns, sur le choix du général qui serait chargé de la guerre de Jugurtha, proclame Marius avec acclamation. Le sénat avait quelque temps auparavant désigné Metellus; mais son décret fut comme non avenu.

LXXIV. Cependant, privé de ses amis, dont il avait fait périr la plupart, ou qui, par crainte, s'étaient réfugiés chez les Romains ou chez le roi Bocchus, Jugurtha, ne pouvant faire la guerre sans lieutenants, et redoutant de se fier à de nouveaux confidents, après tant de perfidie de la part des anciens, était en proie à l'incertitude, à l'irrésolution. Mécontent de sa fortune, de ses projets, et de tout le monde, il changeait tous les jours de routes et d'officiers, tantôt marchant contre l'ennemi, tantôt s'enfonçant dans les déserts; mettant aujourd'hui son espoir dans la fuite, le lendemain dans ses armes; ne sachant s'il devait plus se défier de la valeur de ses sujets que de leur fidélité; enfin, partout où il dirigeait ses pensées, il ne voyait que malheurs et revers. Au milieu de ces tergiversations, Metellus se montre tout à coup avec son armée. Jugurtha dispose, range ses troupes à la hâte, et l'action est engagée. Là où le roi combattit en personne, les Numides firent quelque résistance;

---

sic accensa, uti opifices agrestesque omnes, quorum res fidesque in manibus sitæ erant, relictis operibus frequentarent Marium, et sua necessaria post illius honorem ducerent. Ita, perculsa nobilitate, post multas tempestates novo homini consulatus mandatur. Et postea populus a tribuno plebis Manilio Mancino rogatus, quem vellet cum Jugurtha bellum gerere, frequens Marium jussit. Senatus paullo ante Metello decreverat : ea res frustra fuit.

LXXIV. Eodem tempore Jugurtha, amissis amicis (quorum plerosque ipse necaverat; ceteri formidine, pars ad Romanos, alii ad regem Bocchum profugerant); quum neque bellum geri sine administris posset, et novorum fidem, in tanta perfidia veterum, experiri periculosum duceret, varius incertusque agitabat; neque illi res, neque consilium, aut quisquam hominum satis placebat; itinera præfectosque in dies mutare; modo adversum hostes, interdum in solitudines pergere; sæpe in fuga, ac post paullo spem in armis habere; dubitare, virtuti popularium, an fidei minus crederet : ita, quocunque intenderat, res adversæ erant. Sed inter eas moras repente sese Metellus cum exercitu ostendit. Numidæ ab Jugurtha pro tempore parati instructique : dein prælium incipitur. Qua in parte rex adfuit, ibi aliquandiu certatum; ceteri omnes ejus milites primo

partout ailleurs, ils furent, dès le premier choc, enfoncés, mis en fuite. Les Romains prirent une assez grande quantité d'armes et de drapeaux, mais firent peu de prisonniers; car presque toujours, dans les combats, les Numides doivent leur salut moins à leurs armes qu'à la vitesse de leurs pieds.

LXXV. Cette déroute ne fit qu'accroître le découragement et les défiances de Jugurtha. Suivi des transfuges et d'une partie de sa cavalerie, il gagne les déserts, puis Thala, ville grande et riche, où étaient ses trésors, et l'attirail pompeux qui entourait l'enfance de ses fils. Dès que Metellus est instruit de ces détails, quoiqu'il n'ignorât pas qu'entre la ville de Thala et le fleuve le plus voisin, s'étendait, sur un espace de cinquante milles, une plaine immense et aride, toutefois, dans l'espérance de terminer la guerre par la conquête de cette place, il résolut de surmonter toutes les difficultés de la route, et de vaincre la nature elle-même. Par ses ordres, les bêtes de somme, débarrassées de tous les bagages, sont chargées de blé pour dix jours, ainsi que d'outres et d'autres vaisseaux propres à contenir de l'eau. On met ensuite en réquisition tout ce qu'on trouve d'animaux domestiques, pour porter des vases de toute espèce, surtout des vases de bois, trouvés dans les cabanes des Numides. Aux habitants des cantons voisins, qui, depuis la fuite de Jugurtha, s'étaient donnés à lui, Metellus enjoint de charrier de l'eau en abondance, puis il indique à chacun le jour et le lieu où il doit se trouver. Le proconsul lui-même fait charger ses bêtes de somme de l'eau du fleuve que nous avons dit être le plus proche de la ville. Toutes ces précautions prises,

---

concursu pulsi fugatique. Romani signorum et armorum aliquanto numero, hostium paucorum potiti : nam ferme Numidas in omnibus præliis pedes magis, quam arma tuta sunt.

LXXV. Ea fuga Jugurtha impensius modo rebus suis diffidens, cum perfugis et parte equitatus in solitudines, dein Thalam pervenit in oppidum magnum et opulentum, ubi plerique thesauri, filiorumque ejus multus pueritiæ cultus erat. Quæ postquam Metello comperta, quanquam inter Thalam flumenque proxumum, spatio millium quinquaginta, loca arida atque vasta esse cognoverat; tamen spe patrandi belli, si ejus oppidi potitus foret, omnes asperitates supervadere, ac naturam etiam vincere adgreditur. Igitur omnia jumenta sarcinis levari jubet, nisi frumento dierum decem; ceterum utres modo, et alia aquæ idonea portari. Præterea conquirit ex agris, quam plurimum potest, domiti pecoris; co imponit vasa cujusque modi, pleraque lignea, collecta ex tuguriis Numidarum. Ad hoc finitumis imperat, qui se post regis fugam Metello dederant, quam plurimum quisque aquæ portarent; diem locumque, ubi præsto forent, prædicit. Ipse ex flumine, quam proxumam oppido aquam supra diximus, jumenta onerat. Eo modo instructus, ad Thalam proficiscitur. Deinde ubi

il marche vers Thala. Arrivé dans l'endroit qu'il avait assigné aux Numides, son camp à peine assis et fortifié, il tomba tout à coup une telle quantité de pluie, que l'armée eut de l'eau bien au delà de ses besoins. En outre, la provision qui fut apportée surpassa les espérances. Les Numides, comme il arrive aux peuples tout nouvellement soumis, avaient fait plus qu'il ne leur était demandé. Mais nos soldats, par un sentiment de religion, employèrent de préférence l'eau de pluie. Cet incident accrut merveilleusement leur courage; car ils y virent la preuve que les dieux immortels daignaient prendre soin d'eux. Le lendemain, contre l'attente de Jugurtha, les Romains arrivent à Thala. Les habitants, qui croyaient leur ville bien défendue par l'extrême difficulté de ses approches, furent confondus d'une entreprise si grande et si extraordinaire; cependant ils se disposèrent activement au combat : autant en firent les Romains.

LXXVI. Convaincu que tout est possible à Metellus (89), puisque les armes, les traits, les positions, le temps, enfin la nature elle-même, qui commande à toutes choses, rien n'avait résisté à son habileté, Jugurtha se sauve nuitamment de la ville, avec ses enfants et une grande partie de ses trésors. Depuis ce moment, il ne s'arrêta jamais plus d'un jour ou d'une nuit dans le même lieu, sous prétexte que ses affaires lui commandaient cette précipitation, mais en effet par la crainte de nouvelles trahisons, n'espérant les éviter qu'au moyen de ces continuels changements de séjour; car de pareils complots demandent du loisir et une occasion favorable.

Metellus, voyant les habitants de Thala prêts à combattre vail-

---

ad id loci ventum, quo Numidis præceperat, et castra posita munitaque sunt, tanta repente cœlo missa vis aquæ dicitur, ut ea modo exercitui satis superque foret. Præterea commeatus spe amplior; quia Numidæ, sicuti plerique in nova deditione, officia intenderant. Ceterum milites, religione, pluvia magis usi; eaque res multum animis eorum addidit; nam rati sese dis immortalibus curæ esse. Deinde, postero die, contra opinionem Jugurthæ, ad Thalam perveniunt. Oppidani, qui se locorum asperitate munitos crediderant, magna atque insolita re perculsi, nihilo segnius bellum parare : idem nostri facere.

LXXVI. Sed rex nihil jam infectum Metello credens, quippe qui omnia, arma, tela, locos, tempora, denique naturam ipsam, ceteris imperitantem, industria vicerat, cum liberis et magna parte pecuniæ ex oppido noctu profugit. Neque postea in ullo loco amplius una die aut una nocte moratus, simulabat sese negotii gratia properare. Ceterum proditionem timebat, quam vitare posse celeritate putabat; nam talia consilia per otium et ex opportunitate capi.

At Metellus, ubi oppidanos prælio intentos, simul oppidum et operibus et

lamment pour défendre leur ville si bien fortifiée par la nature et par l'art, investit les murs d'une palissade et d'un fossé. Ensuite, dans les endroits les plus convenables, il fait dresser des mantelets, puis élever des terrasses, sur lesquelles on hisse des tours (90) pour mettre à couvert les ouvrages et les travailleurs. A ces moyens d'attaque, les assiégés se hâtent d'opposer leurs moyens de défense : de part et d'autre rien n'est oublié. Les Romains, fatigués de tant de travaux et de périls, après quarante jours de siége, s'emparèrent du corps de la place seulement; car tout le butin avait été détruit par les transfuges. Dès qu'ils avaient vu le bélier commencer à battre les murailles (91), les déserteurs, se voyant perdus sans ressource, transportèrent au palais du roi l'or, l'argent, et tout ce qu'il y avait de plus précieux dans la ville. Là, après s'être gorgés de vin et de bonne chère, ils livrèrent au même incendie ces trésors, le palais et leurs personnes. Ainsi le châtiment qu'ils redoutaient de la part de l'ennemi, après leur défaite, ils se l'infligèrent volontairement eux-mêmes.

LXXVII. Au moment de la prise de Thala, des députés de la ville de Leptis vinrent prier Metellus de leur envoyer une garnison et un gouverneur. Un certain Hamilcar, disaient-ils, homme noble, factieux, cherchait à bouleverser l'État. Contre lui, l'autorité des magistrats et des lois était sans force. Sans un prompt secours, les plus grands dangers menaçaient l'existence d'une ville alliée de Rome. Les habitants de Leptis avaient en effet, dès le commencement de la guerre de Jugurtha, député vers le consul Bestia, et ensuite à Rome, pour demander notre

---

loco munitum videt, vallo fossaque mœnia circumvenit. Deinde locis ex copia maxume idoneis vineas agere, aggerem jacere, et super aggerem impositis turribus opus et administros tutari. Contra hæc oppidani festinare, parare : prorsus ab utrisque nihil reliquum fieri. Denique Romani, multo ante labore præliisque fatigati, post dies quadraginta, quam eo ventum erat, oppido modo potiti; præda omnis ab perfugis corrupta. Ii postquam murum arietibus feriri, resque suas adflictas vident, aurum atque argentum et alia quæ prima ducuntur, domum regiam comportant : ibi vino et epulis onerati, illaque, et domum, et semet igni corrumpunt; et quas victi ab hostibus pœnas metuerant, eas ipsi volentes pependere.

LXXVII. Sed pariter quum capta Thala legati ex oppido Lepti ad Metellum venerant, orantes, uti præsidium præfectumque eo mitteret: Hamilcarem quemdam, hominem nobilem, factiosum, novis rebus studere; advorsum quem neque imperia magistratuum, neque leges valerent : ni id festinaret, in summo periculo suam salutem, illorum socios fore. Nam Leptitani jam inde a principio belli Jugurthini ad Bestiam consulem, et postea Romam miserant, amicitiam socie-

alliance et notre amitié. Depuis qu'ils les avaient obtenues, ils s'étaient montrés d'utiles et fidèles alliés; tous les ordres de Bestia, d'Albinus et de Metellus, ils les avaient exécutés avec zèle. Aussi ce dernier leur accorda facilement leur demande; il leur donna pour garnison quatre cohortes de Liguriens, et C. Annius pour gouverneur.

LXXVIII. Leptis fut bâtie par des Sidoniens, qui fuyant leur patrie en proie aux discordes civiles, débarquèrent sur ce rivage. Elle est située entre les deux Syrtes, qui tirent leur nom de la disposition même des lieux (92); car ce sont deux golfes presque à l'extrémité de l'Afrique, de grandeur inégale, mais de même nature. Près du rivage, leurs eaux sont très-profondes; partout ailleurs la mer y est, au gré du hasard ou de la tempête, tantôt fort haute, tantôt n'offrant que des bas-fonds; car, dès que la vague s'enfle et que les vents se déchaînent, les flots entraînent du limon, du sable et d'énormes rochers : ainsi l'aspect des lieux change avec les vents.

La langue des Leptitains s'est altérée par leur mélange avec le sang numide : à cela près, ils ont conservé les lois et la plupart des usages sidoniens, d'autant plus facilement qu'ils vivaient fort éloignés de la résidence du roi. Entre Leptis et la partie la plus peuplée de la Numidie s'étendent au loin de vastes déserts.

LXXIX. Puisque les affaires de Leptis nous ont conduit dans ces contrées, il ne sera pas hors de propos de raconter un trait héroïque et admirable de deux Carthaginois : le lieu même nous y fait penser.

---

tatemque rogatum. Deinde, ubi ea impetrata, semper boni fidelesque mansere, et cuncta a Bestia, Albino Metelloque imperata navi fecerant. Itaque ab imperatore facile, quæ petebant, adepti. Emissæ eo cohortes Ligurum quatuor, et C. Annius præfectus.

LXXVIII. Id oppidum ab Sidoniis conditum, quos accepimus, profugos ob discordias civiles, navibus in eos locos venisse: ceterum situm inter duas Syrtes, quibus nomen ex re inditum. Nam duo sunt sinus prope in extrema Africa, impares magnitudine, pari natura : quorum proxuma terræ præalta sunt; cetera, uti fors tulit, alta, alia in tempestate, vadosa. Nam ubi mare magnum esse, et sævire ventis cœpit, limum arenamque et saxa ingentia fluctus trahunt : ita facies locorum cum ventis simul mutatur.

Ejus civitatis lingua modo conversa connubio Numidarum; leges cultusque pleraque sidonica : quæ eo facilius retinebant, quod procul ab imperio regis ætatem agebant. Inter illos et frequentem Numidiam multi vastique loci erant.

LXXIX. Sed quoniam in has regiones per Leptitanorum negotia venimus, non indignum videtur egregium atque mirabile facinus duorum Carthageniensium memorare : eam rem locus admonuit.

Dans le temps que les Carthaginois donnaient la loi à presque toute l'Afrique, les Cyrénéens n'étaient guère moins riches et moins puissants. Entre les deux États était une plaine sablonneuse, toute unie, sans fleuve ni montagne qui marquât leurs limites. De là une guerre longue et sanglante entre les deux peuples, qui, de part et d'autre, eurent des légions, ainsi que des flottes détruites et dispersées, et virent leurs forces sensiblement diminuées. Les vaincus et les vainqueurs, également épuisés, craignant qu'un troisième peuple ne vînt les attaquer, convinrent, à la faveur d'une trêve, qu'à un jour déterminé des envoyés partiraient de chaque ville, et que le lieu où ils se rencontreraient deviendrait la limite des deux territoires. Deux frères nommés Philènes, que choisit Carthage, firent la route avec une grande célérité; les Cyrénéens arrivèrent plus tard. Fut-ce par leur faute ou par quelque accident? c'est ce que je ne saurais dire; car, dans ces déserts, les voyageurs peuvent se voir arrêtés par les ouragans aussi bien qu'en pleine mer; et, lorsqu'en ces lieux tout unis, dépourvus de végétation, un vent impétueux vient à souffler, les tourbillons de sable qu'il soulève remplissent la bouche et les yeux, et empêchent de voir et de continuer son chemin (93). Les Cyrénéens, se trouvant ainsi devancés, craignent, à leur retour dans leur patrie, d'être punis du dommage qu'ils lui avaient fait encourir. Ils accusent les Carthaginois d'être partis de chez eux avant le temps prescrit; ils soutiennent que la convention est nulle, et se montrent disposés à tout plutôt que de céder la victoire. Les Carthaginois consentent à de nouvelles conditions,

---

Qua tempestate Carthaginienses pleræque Africæ imperitabant, Cyrenenses quoque magni atque opulenti fuere. Ager in medio arenosus, una specie : neque flumen, neque mons erat, qui fines eorum discerneret; quæ res eos in magno diuturnoque bello inter se habuit. Postquam utrinque legiones, item classes fusæ fugatæque, et alteri alteros aliquantum adtriverant; veriti ne mox victos victoresque defessos alius adgrederetur, per inducias sponsionem faciunt, uti certo die legati domo proficiscerentur; quo in loco inter se obvii fuissent, is communis utriusque populi finis haberetur. Igitur Carthagine duo fratres missi, quibus nomen Philænis erat, maturavere iter pergere : Cyrenenses tardius iere. Id secordiane an casu acciderit, parum cognovi. Ceterum solet in illis locis tempestas haud secus atque in mari retinere : nam ubi per loca æqualia et nuda gignentium ventus coortus arenam humo excitavit, ea magna vi agitata, ora oculosque implere solet : ita prospectu impedito, morari iter. Postquam Cyrenenses aliquanto posteriores se esse vident, et ob rem corruptam domi pœnas metuunt, criminari Carthaginienses ante tempus domo digressos; conturbare rem; denique omnia malle quam victi abire. Sed quum Pœni aliam conditionem,

pourvu qu'elles soient égales. Les Grecs (94) leur laissent le choix ou d'être enterrés vifs à l'endroit qu'ils prétendaient fixer pour limites de leur pays, ou de laisser avancer leurs adversaires jusqu'où ils voudraient, sous la même condition. Les Philènes acceptent la proposition ; ils font à leur patrie le sacrifice de leurs personnes et de leur vie, et sont enterrés vifs (95). Les Carthaginois élevèrent sur le lieu même des autels aux frères Philènes, et leur décernèrent d'autres honneurs au sein de leur ville. Maintenant je reviens à mon sujet.

LXXX. Jugurtha, après la perte de Thala, voyant que rien ne pouvait résister à Metellus, traverse de vastes déserts, avec un petit nombre d'hommes, et arrive jusque chez les Gétules, nation sauvage et grossière, qui ne connaissait pas encore le nom romain. Il rassemble en corps d'armée cette nombreuse population, l'accoutume insensiblement à garder ses rangs, à suivre les drapeaux, à obéir au commandement, enfin à exécuter les autres manœuvres de la guerre. En outre, pour mettre le roi Bocchus dans ses intérêts, il gagne les ministres de ce prince avec de grands présents et de plus grandes promesses. Aidé de leurs secours, il s'adresse au monarque lui-même, et l'entraîne dans une guerre contre les Romains. Bocchus inclinait d'autant plus facilement vers ce parti, que, dès le commencement de la guerre contre Jugurtha, il avait envoyé des ambassadeurs à Rome pour solliciter notre alliance, et que cette demande, qui venait alors si à propos, fut écartée par les intrigues de quelques hommes qu'aveuglait la cupidité, et qui trafiquaient également de l'honneur et de la honte. Il faut

---

tantummodo æquam, peterent, Græci optionem Carthaginiensium faciunt, vel illi, quos fines populo suo peterent, ibi vivi obruerentur; vel eadem conditione sese, quem in locum vellent, processuros. Philæni, conditione probata, seque, vitamque reipublicæ condonavere : ita vivi obruti. Carthaginienses in eo loco Philænis fratribus aras consecravere; aliique illis domi honores instituti. Nunc ad rem redeo.

LXXX. Jugurtha postquam, amissa Thala, nihil satis firmum contra Metellum putat, per magnas solitudines cum paucis profectus, pervenit ad Gætulos; genus hominum ferum incultumque, et eo tempore ignarum nominis romani. Eorum multitudinem in unum cogit : ac paullatim consuefacit ordines habere, signa sequi, imperium observare, item alia militaria facere. Præterea regis Bocchi proxumos magnis muneribus et majoribus promissis ad studium sui perducit : Quis adjutoribus regem adgressus, impellit uti adversum Romanos bellum suscipiat. Id ea gratia faciliùs proniusque fuit, quod Bocchus initio hujusce belli legatos Romam miserat, fœdus et amicitiam petitum. Quam rem, opportunissumam incepto bello, pauci impediverant, cæci avaritia, cui omnia honesta atque

ajouter que précédemment une fille de Bocchus avait épousé Jugurtha (96); mais de telles unions, chez les Numides comme chez les Maures, ne forment que des liens bien légers; chacun d'eux, selon ses facultés, prend plusieurs épouses, les uns dix, les autres davantage, les rois encore plus. Le cœur de l'époux étant ainsi partagé entre un si grand nombre de femmes, aucune d'elles n'est traitée par lui comme sa compagne : toutes lui sont également indifférentes.

LXXXI. Cependant les armées des deux rois opérèrent leur jonction dans un lieu convenu. Là, après des serments réciproques, Jugurtha enflamme par ses discours l'esprit de Bocchus contre les Romains : il allègue leurs injustices, leur insatiable cupidité : ce sont, dit-il, les ennemis communs de tous les peuples; ils ont pour faire la guerre à Bocchus le même motif que pour la faire à Jugurtha et à toutes les nations : cette passion de commander à qui toute autre puissance fait obstacle. Maintenant c'était à Bocchus, naguère aux Carthaginois, puis au roi Persée, à en faire l'expérience; enfin quiconque paraît puissant devient par cela même l'ennemi des Romains. Après ce discours et d'autres semblables, les deux rois prennent le chemin de Cirta, où Metellus avait déposé le butin, les prisonniers et les bagages. Jugurtha se flattait, ou de faire une conquête importante, s'il prenait cette ville; ou, si les Romains venaient la secourir, d'engager une bataille; car le rusé Numide n'avait rien de plus pressé que d'entraîner Bocchus à une rupture ouverte, sans lui laisser le temps de choisir d'autre parti que la guerre.

---

inhonesta vendere mos erat. Etiam antea Jugurthæ filia Bocchi nupserat. Verum ea necessitudo apud Numidas Maurosque levis ducitur; quod singuli, pro opibus quisque, quam plurimas uxores, denas alii, alii plures, habent; sed reges eo amplius : ita animus multitudine distrahitur; nulla pro socia obtinet; pariter omnes viles sunt

LXXXI. Igitur in locum ambobus placitum exercitus conveniunt. Ibi, fide data et accepta, Jugurtha Bocchi animum oratione accendit : Romanos injustos, profunda avaritia, communes omnium hostes esse : eamdem illos caussam belli cum Boccho habere, quam secum et cum aliis gentibus, lubidinem imperitandi, quis omnia regna adversa sint : tum sese, paullo ante Carthaginienses, item regem Persen, post, uti quisque opulentissumus videatur, ita Romanis hostem fore. His atque aliis talibus dictis ad Cirtam oppidum iter constituunt; quod ibi Metellus prædam captivosque et impedimenta locaverat. Ita Jugurtha ratus, aut, capta urbe, operæ pretium fore, aut, si Romanus auxilio suis venisset, prælio sese certaturos. Nam callidus id modo festinabat Bocchi pacem imminuere, ne, moras agitando, aliud quam bellum mallet.

LXXXII. Dès qu'il eut appris la coalition des deux rois, le proconsul ne se hasarde plus à présenter le combat indistinctement dans tous les lieux, comme il avait coutume de faire à l'égard de Jugurtha, si souvent vaincu. Il se contente d'attendre ses adversaires dans un camp retranché, non loin de Cirta, voulant se donner le temps de connaître les Maures, pour combattre avec avantage ces nouveaux ennemis. Cependant des lettres de Rome lui donnèrent l'assurance que la province de la Numidie était donnée à Marius, dont il savait déjà l'élévation au consulat. Consterné de cette nouvelle plus qu'il ne convenait à la raison et à sa dignité, Metellus ne put ni retenir ses larmes, ni modérer sa langue. Cet homme, doué d'ailleurs de si éminentes qualités, s'abandonna trop vivement à son chagrin. Les uns attribuaient cette faiblesse à l'orgueil, d'autres au ressentiment d'une âme honnête qui reçoit un affront; la plupart, au regret de se voir arracher une victoire qu'il tenait déjà dans ses mains. Pour moi, je sais que l'élévation de Marius, plus que sa propre injure, déchirait l'âme de Metellus, et qu'il eût éprouvé moins de chagrin, si la province qui lui était enlevée eût été confiée à tout autre qu'à Marius.

LXXXIII. Réduit à l'inaction par la douleur, et regardant comme une folie de poursuivre à ses risques et périls une guerre qui lui devenait étrangère, il envoie des députés à Bocchus, pour lui représenter qu'il ne devait pas, sans motif, se faire l'ennemi du peuple romain; qu'il avait une belle occasion d'obtenir son alliance et son amitié, bien préférables à la guerre; que, quelque confiance qu'il eût en ses forces, il ne

---

LXXXII. Imperator, postquam de regum societate cognovit, non temere, neque, uti sæpe jam victo Jugurtha consueverat, omnibus locis pugnandi copiam facit. Ceterum haud procul ab Cirta, castris munitis, reges opperitur; melius ratus, cognitis Mauris, quoniam is novus hostis accesserat, ex commodo pugnam facere. Interim Roma per litteras certior fit, provinciam Numidiam Mario datam, nam consulem factum jam antea acceperat. Quis rebus supra bonum atque honestum perculsus, neque lacrumas tenere, neque moderari linguam : vir egregius in aliis artibus, nimis molliter ægritudinem pati. Quam rem alii in superbiam vortebant; alii bonum ingenium contumelia accensum esse ; multi, quod jam parta victoria ex manibus eriperetur. Nobis satis cognitum, illum magis honore Marii, quam injuria sua excruciatum, neque tam anxie laturum fuisse, si adempta provincia alii, quam Mario traderetur.

LXXXIII. Igitur eo dolore impeditus, et quia stultitiæ videbatur alienam rem periculo suo curare, legatos ad Bocchum mittit, postulatum, ne sine caussa hostis populo romano fieret: habere eum magnam copiam societatis amicitiæque conjungendæ, quæ potior bello esset : quanquam opibus confideret, non debere incerta

devait pas sacrifier le certain pour l'incertain; que toute guerre est facile à entreprendre, mais très malaisée à terminer; que celui qui la commence n'est pas le maître de la finir; qu'il est permis, même au plus lâche, de prendre les armes, mais qu'on ne les dépose qu'au gré du vainqueur (97); enfin, que Bocchus, dans son intérêt et dans celui de son royaume, ne devait pas associer sa fortune florissante au sort désespéré de Jugurtha. A ces ouvertures, le roi répondit avec assez de modération qu'il désirait la paix, mais qu'il était touché des malheurs de Jugurtha; que, si son gendre était pour sa part admis à traiter, tout serait bientôt d'accord. Metellus, d'après cette proposition de Bocchus, lui envoie de nouveaux députés. Le monarque agrée une partie de leurs demandes, et rejette les autres. Ainsi, à la faveur de ces députations successives, le temps s'écoula, et, comme l'avait désiré Metellus, les hostilités furent suspendues.

LXXXIV. Dès que Marius, porté, comme nous l'avons dit, au consulat, par les vœux ardents du peuple, en eut obtenu la province de la Numidie, lui, de tout temps l'ennemi des nobles, il donne un libre essor à son animosité, et ne cesse de les attaquer (98), soit en corps, soit individuellement. Il répétait tout haut que son consulat était une dépouille conquise sur des vaincus : on l'entendait, en outre, parler de lui en termes magnifiques; des nobles, avec l'expression du mépris. Toutefois il s'occupe avant tout de pourvoir aux besoins de la guerre, sollicite un supplément aux légions (99), demande des troupes auxiliaires aux peuples, aux rois, aux alliés, et fait un appel à tout ce que le Latium avait de plus vaillants soldats : la plu-

---

pro certis mutare : omne bellum sumi facile, ceterum ægerrume desinere; non in ejusdem potestate initium ejus et finem esse; incipere cuivis, etiam ignavo, licere, deponi quum victores velint. Proinde sibi regnoque consuleret; neu florentes res suas cum Jugurthæ perditis misceret. Ad ea rex satis placide verba facit : Sese pacem cupere, sed Jugurthæ fortunarum misereri; si eadem illi copia fieret, omnia conventura. Rursus imperator contra postulata Bocchi nuntios mittit. Ille probare partim, alia abnuere. Eo modo sæpe ab utroque missis remissisque nuntiis tempus procedere, et, ex Metelli voluntate, bellum intactum trahi.

LXXXIV. At Marius, ut supra diximus, cupientissuma plebe consul factus, postquam ei provinciam Numidiam populus jussit, antea jam infestus nobilitati, tum vero multus atque ferox instare; singulos modo, universos lædere; dictitare, sese consulatum ex victis illis spolia cepisse, alia præterea magnifica pro se, et illis dolentia. Interim, quæ bello opus erant, prima habere; postulare legionibus supplementum, auxilia a populis et regibus sociisque arcessere : præterea ex Latio fortissumum quemque, plerosque militiæ, paucos fama cogni-

part lui étaient connus pour avoir servi sous ses yeux, les autres, de réputation. Par ses sollicitations, il force jusqu'aux vétérans à partir avec lui. Le sénat, malgré son aversion pour Marius, n'osait rien lui refuser ; il avait même décrété avec joie le supplément demandé, dans la pensée que la répugnance du peuple pour le service militaire ferait perdre à Marius ou les ressources sur lesquelles il comptait pour la guerre, ou sa popularité. Mais l'attente du sénat fut déçue, tant était vif chez les plébéiens le désir de suivre Marius ! Chacun se flattait de revenir dans ses foyers vainqueur, riche de butin, et se repaissait des plus belles espérances. Une harangue de Marius n'avait pas peu contribué à exalter les esprits. En effet, dès qu'il eut obtenu les décrets qu'il avait sollicités, au moment de procéder à l'enrôlement, il convoqua le peuple, tant pour l'exhorter que pour exhaler contre la noblesse sa haine accoutumée, et parla en ces termes :

LXXXV. « Je sais, Romains, que la plupart de vos magistrats ont une conduite bien différente pour briguer le pouvoir, et pour l'exercer quand ils l'ont obtenu : d'abord actifs, souples, modestes, puis passant leur vie dans la mollesse et dans l'orgueil. Moi, je pense, au contraire, qu'autant la république entière est au-dessus du consulat et de la préture, autant on doit mettre, pour la bien gouverner, plus de soin que pour briguer ces honneurs. Je ne me dissimule pas combien l'insigne faveur que vous m'avez accordée m'impose d'obligations. Faire les préparatifs de la guerre et à la fois ménager le trésor public, contraindre au service ceux à qui on ne voudrait

---

tos accire, et ambiendo cogere homines emeritis stipendiis secum proficisci. Neque illi senatus, quanquam adversus erat, de ullo negotio abnuere audebat: ceterum supplementum etiam lætus decreverat, quia neque plebi militia volenti putabatur, et Marius aut belli usum, aut studia volgi amissurus. Sed ea res frustra sperata : tanta lubido cum Mario eundi plerosque invaserat! Sese quisque præda locupletem, victorem domum rediturum, alia hujuscemodi animis trahebant ; et eos non paullum oratione sua Marius arrexerat : nam postquam, omnibus, quæ postulaverat, decretis, milites scribere volt, hortandi caussa, simul et nobilitatem, uti consueverat, exagitandi, concionem populi advocavit. Deinde hoc modo disseruit.

LXXXV. « Scio ego, Quirites, plerosque non isdem artibus imperium a vobis petere, et, postquam adepti sunt, gerere : primo industrios, supplices, modicos esse ; dehinc per ignaviam et superbiam ætatem agere. Sed mihi contra ea videtur. Nam quo universa respublica pluris est, quam consulatus aut prætura, eo majore cura administrari, quam hæc peti, debere. Neque me fallit, quantum, cum maxumo beneficio vestro, negotii sustineam : Bellum parare, simul et ærario

point déplaire, pourvoir à tout au dedans et au dehors, malgré les envieux, les opposants, les factieux, c'est, Romains, une tâche plus rude qu'on ne pense.

« Les autres, du moins, s'ils ont failli (100), l'ancienneté de leur noblesse, les brillants exploits de leurs aïeux, le crédit de leurs proches et de leurs alliés, le nombre de leurs clients, sont là pour les protéger. Pour moi, toutes mes espérances sont en moi seul ; c'est par mon courage et mon intégrité qu'il me faut les soutenir : car, auprès de ceux-là, tous les autres appuis sont bien faibles (101). Je le vois, Romains, tous les regards sont fixés sur moi : les citoyens honnêtes et justes me sont favorables, parce que mes services profiteront à la république. La noblesse n'attend que le moment de l'attaque (102) : je dois donc redoubler d'efforts pour que vous ne soyez point opprimés (103), et que son attente soit trompée. La vie que j'ai menée depuis mon enfance jusqu'à ce jour m'a donné l'habitude des travaux et des périls : la conduite qu'avant vos bienfaits je tenais sans espoir de salaire, maintenant que j'en ai pour ainsi dire reçu la récompense, je ne m'aviserai pas de m'en départir. La modération dans le pouvoir est difficile aux ambitieux qui, pour parvenir, ont fait semblant d'être honnêtes gens ; mais chez moi, qui ai consacré toute ma vie à la pratique des vertus, l'habitude de bien faire est devenue naturelle. Vous m'avez chargé de la guerre contre Jugurtha : la noblesse s'est irritée de ce choix. Réfléchissez mûrement, je vous prie, s'il ne vaudrait pas mieux changer votre décret, et, parmi cette foule de nobles, chercher pour cette expédition, ou pour toute autre semblable,

---

parcere ; cogere ad militiam quos nolis offendere ; domi forisque omnia curare, et ea agere inter invidos, occursantes, factiosos, opinione, Quirites, asperius est.

« Ad hoc, alii si deliquere, vetus nobilitas, majorum facta fortia, cognatorum et adfinium opes, multæ clientelæ, omnia hæc præsidio adsunt ; mihi spes omnes in memet sitæ, quas necesse est et virtute et innocentia tutari : nam alia infirma sunt. Et illud intellego, Quirites, omnium ora in me conversa esse : æquos bonosque favere; quippe benefacta mea reipublicæ procedunt ; nobilitatem locum invadendi quærere : quo mihi acrius adnitendum est, ut neque vos capiamini, et illi frustra sint. Ita ad hoc ætatis a pueritia fui, ut omnes labores, pericula consueta habeam. Quæ ante vestra beneficia gratuito faciebam, ea uti, accepta mercede, deseram, non est consilium, Quirites. Illis difficile est in potestatibus temperare, qui per ambitionem sese probos simulavere : mihi, qui omnem ætatem in optumis artibus egi, bene facere jam ex consuetudine in naturam vertit. Bellum me gerere cum Jugurtha jussistis ; quam rem nobilitas ægerrume tulit. Quæso, reputate cum animis vestris, num id mutare melius sit, si quem ex illo globo nobilitatis ad hoc, aut aliud tale negotium mittatis, hominem veteris pro-

un homme de vieille lignée, qui comptât beaucoup d'aïeux, et pas une seule campagne ; à savoir, pour que, dans une si importante mission, ignorant toute chose, troublé, se hâtant mal à propos, il prenne quelque plébéien qui lui enseigne ses devoirs. Oui, cela n'arrive que trop souvent : celui que vous avez chargé du commandement cherche un autre homme qui lui commande. J'en connais, Romains, qui ont attendu leur élévation au consulat pour commencer à lire l'histoire de nos pères et les préceptes des Grecs sur l'art militaire : hommes qui font tout hors de saison ; car, bien que, dans l'ordre des temps, l'exercice d'une magistrature ne puisse précéder l'élection, il n'en est pas moins la première chose pour l'importance et pour les résultats (104).

« Maintenant, Romains, à ces patriciens superbes, comparez Marius, homme nouveau : ce qu'ils ont ouï raconter, ce qu'ils ont lu, je l'ai vu ou fait moi-même ; l'instruction qu'ils ont prise dans les livres, je l'ai reçue dans les camps : estimez donc ce qui vaut le mieux des paroles ou des actions. Ils méprisent ma naissance ; moi, je méprise leur lâcheté. On peut m'objecter, à moi, le tort de la fortune, à eux on objectera leur infamie personnelle. D'après mon sentiment, la nature, notre mère commune, fait tous les hommes égaux ; le plus brave est le plus noble. Si l'on pouvait demander aux pères d'Albinus ou de Bestia, qui d'eux ou de moi ils voudraient avoir engendrés, croyez-vous qu'ils ne répondraient pas qu'ils voudraient avoir pour fils les plus vertueux ? S'ils se croient en droit de me mépriser, qu'ils méprisent donc leurs aïeux, ennoblis comme moi par leur vertu. Ils sont jaloux de mon illustration, qu'ils le

---

sapiæ ac multarum imaginum, et nullius stipendii : scilicet ut in tanta re, ignarus omnium, trepidet, festinet, sumat aliquem ex populo monitorem officii. Ita plerumque evenit, ut quem vos imperare jussistis, is sibi imperatorem alium quærat. Ac ego scio, Quirites, qui postquam consules facti sunt, acta majorum et Græcorum militaria præcepta legere cœperint, homines præposteri : nam gerere quam fieri, tempore posterius, re atque usu prius est.

« Comparate nunc, Quirites, cum illorum superbia me hominem novum. Quæ illi audire et legere solent eorum partim vidi, alia egomet gessi : quæ illi literis, ego militando didici. Nunc vos existumate facta an dicta pluris sint. Contemnunt novitatem meam, ego illorum ignaviam ; mihi fortuna, illis probra objectantur. Quanquam ego naturam unam et communem omnium existumo, sed fortissumum quemque generosissumum. Ac si jam ex patribus Albini aut Bestiæ quæri posset, mene, an illos ex se gigni maluerint, quid responsuros creditis, nisi, sese liberos quam optumos voluisse? Quod si jure me despiciunt, faciant idem majoribus suis, quibus, uti mihi, ex virtute nobilitas cœpit. Invi-

soient aussi de mes travaux, de mon intégrité, de mes périls : car c'est à ce prix que je l'ai acquise. Mais, aveuglés par l'orgueil, ils se conduisent comme s'ils dédaignaient les honneurs que vous dispensez, et ils les sollicitent comme s'ils les avaient mérités par leur conduite. Certes, ils s'abusent d'une étrange manière, de vouloir réunir en eux des choses si incompatibles : les lâches douceurs de l'indolence et les récompenses de la vertu. Lorsque, dans vos assemblées ou dans le sénat, ils prennent la parole, leurs discours ne roulent que sur l'éloge de leurs ancêtres : en rappelant les belles actions de ces grands hommes, ils pensent se donner à eux-mêmes du relief. Loin de là ; plus la vie des uns eut d'éclat, plus la lâcheté des autres est dégradante. Et c'est une vérité incontestable : la gloire des ancêtres est comme un flambeau (105) qui ne permet point que les vertus ni les vices de leurs descendants restent dans l'obscurité.

« Pour moi, Romains, je suis dépourvu de cet avantage ; mais, ce qui est beaucoup plus glorieux, il m'est permis de parler de mes exploits. Maintenant voyez quelle est leur injustice ! Ils se font un titre d'une vertu qui n'est pas la leur, et ils ne veulent pas que je m'en fasse un de la mienne ; sans doute, parce que je n'ai point d'aïeux, parce que ma noblesse commence à moi, comme s'il ne valait pas mieux en être soi-même l'auteur, que de dégrader celle qui vous est transmise.

« Certes, je n'ignore pas que, s'ils veulent me répondre, ils ne manqueront point de phrases élégantes et habilement tournées ; mais, comme à l'occasion de l'éclatant bienfait que j'ai

---

dent honori meo : ergo invideant et labori, innocentiæ, periculis etiam meis, quoniam per hæc illum cepi. Verum homines corrupti superbia ita ætatem agunt, quasi vestros honores contemnant; ita hos petunt, quasi honeste vixerint. Næ illi falsi sunt, qui diversissumas res pariter exspectant, ignaviæ voluptatem et præmia virtutis. Atque etiam quum apud vos, aut in senatu verba faciunt, pleraque oratione majores suos extollunt; eorum fortia facta memorando clariores sese putant : quod contra est. Nam quanto vita illorum præclarior, tanto horum secordia flagitiosior. Et profecto ita se res habet : majorum gloria posteris quasi lumen est; neque bona, neque mala in occulto patitur.

« Hujusce rei ego inopiam patior, Quirites; verum id quod multo præclarius est, meamet facta mihi dicere licet. Nunc videte quam iniqui sint : quod ex aliena virtute sibi adrogant, id mihi ex mea non concedunt; scilicet, quia imagines non habeo, et quia mihi nova nobilitas est, quam certe peperisse melius est, quam acceptam corrupisse.

« Equidem ego non ignoro, si jam respondere velint, abunde illis facundam et compositam orationem fore. Sed in maxumo vestro beneficio, quum omnibu

reçu de vous, ils nous déchirent vous et moi, en toute occasion, par leurs mauvais propos, je n'ai pas cru devoir me taire, de peur qu'ils prissent pour un aveu de la conscience le silence de la modestie. Ce n'est pas toutefois que personnellement aucun discours puisse me nuire : vrais, ils sont nécessairement à mon avantage; faux, ma conduite et mes mœurs les démentent. Cependant, puisqu'ils incriminent vos décrets, pour m'avoir confié un honneur insigne et une importante expédition, examinez, oui, examinez bien si vous avez lieu de revenir sur votre décision. Je ne puis, pour justifier votre confiance, étaler les images, les triomphes ou les consulats de mes ancêtres; mais je produirai, s'il le faut, des javelines, un étendard, des colliers, vingt autres dons militaires, et les cicatrices qui sillonnent ma poitrine (106). Voilà mes images, voilà ma noblesse : comme eux, je ne les ai pas recueillis par héritage; moi seul, je les ai obtenus à force de travaux et de périls.

« Mes discours sont sans apprêt (107) : je ne m'en embarrasse guère. La vertu brille assez d'elle-même ; c'est à eux qu'il faut de l'art pour cacher par de belles phrases la turpitude de leurs actions. Je n'ai point étudié l'art littéraire des Grecs (108), me souciant peu de l'apprendre, puisqu'il n'a pas rendu plus vertueux ceux qui l'enseignaient. Mais j'ai appris des choses bien autrement utiles à la république : à frapper l'ennemi, à garder un poste, à ne rien craindre que le déshonneur (109), à endurer également le froid et le chaud, à coucher sur la dure, à supporter à la fois la faim et la fatigue. Voilà par quelles leçons j'instruirai les soldats : on ne me verra pas les faire vivre

---

locis me vosque maledictis lacerent, non placuit reticere, ne quis modestiam in conscientiam duceret. Nam me quidem, ex animi sententia, nulla oratio lædere potest : quippe vera necesse est bene prædicet; falsam vita moresque mei superant. Sed quoniam vestra consilia accusantur, qui mihi summum honorem et maximum negotium imposuistis; etiam atque etiam reputate num id pœnitendum sit. Non possum fidei caussa, imagines, neque triumphos, aut consulatus majorum meorum, ostentare; at, si res postulet, hastas, vexillum, phaleras, alia militaria dona, præterea cicatrices adverso corpore. Hæ sunt meæ imagines; hæc nobilitas, non hæreditate relicta, ut illa illis; sed quæ ego plurimis laboribus et periculis quæsivi.

« Non sunt composita verba mea; parum id facio, ipsa se virtus satis ostendit: illis artificio opus est, uti turpia facta oratione tegant. Neque literas græcas didici : parum placebat eas discere; quippe quæ ad virtutem doctoribus nihil profuerunt At illa multo optuma reipublicæ doctus sum : hostem ferire, præsidia agitare, nihil metuere, nisi turpem famam; hiemem et æstatem juxta pati; humi requiescere; eodem tempore inopiam et laborem tolerare. His ego præ-

dans la gêne, et vivre, moi, dans l'abondance. Je ne fonderai pas ma gloire sur leurs travaux. Ainsi le commandement se montre tutélaire, ainsi doit-il s'exercer entre concitoyens (110) : car se livrer à la mollesse et infliger à l'armée les rigueurs de la discipline, c'est agir en tyran, et non pas en général. C'est en pratiquant ces maximes, et d'autres semblables, que vos ancêtres ont fait la gloire de l'État et la leur.

« Appuyée sur leurs noms, la noblesse, qui ressemble si peu à ces grands hommes, ose nous mépriser, nous qui sommes leurs émules : elle réclame de vous tous les honneurs, non comme la récompense du mérite, mais comme un droit acquis. Étrange erreur de l'orgueil ! Leurs ancêtres leur ont transmis tout ce qu'ils pouvaient leur transmettre, richesses, images, souvenirs glorieux de ce qu'ils furent ; mais la vertu, ils ne la leur ont point léguée, et ne pouvaient la leur léguer ; seule elle ne peut ni se donner ni se recevoir (111). Ils m'accusent de vilenie et de grossièreté, parce que je m'entends mal à ordonner les apprêts d'un festin, que je n'ai point d'histrions à ma table, et que mon cuisinier ne me coûte pas plus cher qu'un garçon de charrue (112). J'en conviens bien volontiers ; car mon père et d'autres personnages d'une vie irréprochable m'ont enseigné que ces futilités conviennent aux femmes, et le travail aux hommes ; qu'il faut au brave moins de richesses que de gloire, et que ses armes, et non ses ameublements, sont sa parure. Eh bien donc ! qu'ils la mènent toujours, cette vie qui leur plaît tant, qui leur est si chère ; qu'ils fassent l'amour, qu'ils boivent, et que, comme ils consumèrent leur adolescence, ils

---

ceptis milites hortabor : neque illos arte colam, me opulenter; neque gloriam meam laborem illorum faciam. Hoc est utile, hoc civile imperium. Namque quum tute per mollitiem agas, exercitum supplicio cogere, id est dominum non imperatorem esse. Hæc atque talia majores vestri faciundo, seque remque publicam celebravere.

« Quis nobilitas freta, ipsa dissimilis moribus, nos illorum æmulos contemnit; et omnes honores, non ex merito, sed quasi debitos, a vobis repetit. Ceterum homines superbissumi procul errant. Majores eorum omnia quæ licebat, illis reliquere, divitias, imagines, memoriam sui præclaram : virtutem non reliquere; neque poterant : ea sola neque datur dono, neque accipitur. Sordidum me et incultis moribus aiunt; quia parum scite convivium exorno, neque histrionem ullum, neque pluris pretii coquum, quam villicum, habeo. Quæ mihi lubet confiteri : nam ex parente meo, et ex sanctis viris ita accepi, munditias mulieribus, viris laborem convenire ; omnibusque bonis oportere plus gloriæ, quam divitiarum; arma, non supellectilem, decori esse. Quin ergo, quod juvat, quod carum æstumant, id semper faciant : ament, potent : ubi adolescentiam habuere, ibi

passent leur vieillesse au milieu des festins, esclaves de leur ventre et des appétits les plus honteux : qu'ils nous laissent la sueur, la poussière, toutes les fatigues, à nous qui les trouvons mille fois plus douces que leurs orgies. Mais il n'en est point ainsi : ces hommes infâmes, après s'être souillés de toutes les turpitudes, cherchent à ravir aux gens de bien les récompenses de la vertu. Ainsi, par une monstrueuse injustice, la luxure et la lâcheté, ces détestables vices, ne nuisent point à ceux qui s'y complaisent, et perdent la république innocente de ces excès.

« Maintenant que je leur ai répondu comme il convenait à mon caractère, et non pas à leurs honteux déréglements, j'ajouterai quelques mots dans l'interêt de l'État. Premièrement, Romains, ayez bonne opinion des affaires de la Numidie : car tout ce qui jusqu'à présent a fait l'appui de Jugurtha, vous l'avez écarté, je veux dire l'avarice, l'impéritie, l'orgueil. De plus, vous avez là une armée qui connaît le pays, mais qui certes fut plus brave qu'heureuse, et dont une grande partie a été sacrifiée par l'avarice ou par la témérité des chefs. Vous donc, qui avez l'âge de la milice, joignez vos efforts aux miens, prenez en main la défense de la république ; que personne désormais ne soit intimidé par les malheurs que d'autres ont éprouvés ou par l'arrogance des généraux. Dans les marches, dans les combats, guide et compagnon de vos perils, je serai toujours avec vous : entre vous et moi tout sera commun. Et, je puis le dire, grâce à la protection des dieux, tout nous vient à point, le succès, le butin, la gloire. Lors même que

---

senectutem agant, in conviviis, dediti ventri et turpissumæ parti corporis : sudorem, pulverem, et alia talia relinquant nobis, quibus illa epulis jucundiora sunt. Verum non est ita : nam ubi se omnibus flagitiis dedecoravere turpissumi viri, bonorum præmia ereptum eunt. Ita injustissume luxuria et ignavia, pessumæ artes, illis, qui coluere eas, nihil obficiunt ; reipublicæ innoxiæ cladi sunt.

« Nunc quoniam illis, quantum mores mei, non illorum flagitia, poscebant, respondi ; pauca de republica loquar. Primum omnium de Numidia bonum habetote animum, Quirites. Nam quæ ad hoc tempus Jugurtham tutata sunt, omnia removistis, avaritiam, imperitiam, superbiam. Deinde exercitus ibi est locorum sciens ; sed mehercule magis strenuus, quam felix : nam magna pars avaritia aut temeritate ducum adtrita est. Quamobrem vos, quibus militaris ætas, adnitimini mecum et capessite rempublicam, neque quemquam ex calamitate aliorum, aut imperatorum superbia, metus cepit. Egomet in agmine, in prælio, consultor idem, et socius periculi, vobiscum adero, meque vosque in omnibus rebus juxta geram. Et profecto, dis juvantibus, omnia matura sunt, victoria,

ces avantages seraient éloignés ou incertains, il serait encore du devoir des bons citoyens de venir au secours de la république. En effet, la lâcheté ne rend personne immortel (113), et jamais père n'a désiré pour ses enfants une vie éternelle, mais bien une vie pure et honorable. J'en dirais davantage, Romains, si les paroles pouvaient donner du courage aux lâches. Quant aux braves, j'en ai, je pense, dit assez pour eux (114). »

LXXXVI. Ainsi parla Marius. Voyant que par sa harangue il a affermi le courage du peuple, il se hâte d'embarquer des vivres, de l'argent, et tous les approvisionnements nécessaires. A la tête de ce convoi, il fait partir son lieutenant Aulus Manlius. Pour lui, il enrôle des soldats, non dans l'ordre des classes, suivant l'ancienne coutume, mais indistinctement, selon qu'ils se présentaient, et prolétaires la plupart, faute, selon les uns, de trouver des riches ; selon d'autres, calcul d'ambition de la part du consul (115), qui devait à cette classe infime de citoyens son crédit et son élévation ; et, en effet, pour qui aspire à la puissance, les plus utiles auxiliaires sont les plus indigents (116), qui, n'ayant rien à ménager, puisqu'ils ne possèdent rien, regardent comme légitime tout ce qui leur vaut un salaire. Marius part pour l'Afrique avec des troupes plus nombreuses même que le décret ne l'avait autorisé, et, en peu de jours, il aborde à Utique. L'armée lui est remise par le lieutenant P. Rutilius. Metellus avait évité la présence de Marius ; il ne voulait pas être témoin de ce dont il n'avait pu supporter la nouvelle

---

præda, aus ; quæ si dubia aut procul essent, tamen omnis bonos reipublicæ subvenire decebat. Etenim ignavia nemo immortalis factus : neque quisquam parens liberis, uti æterni forent, optavit; magis, uti boni honestique vitam exigerent. Plura dicerem, Quirites, si timidis virtutem verba adderent; n: m strenuis abunde dictum puto. »

LXXXVI. Hujuscemodi oratione habita, Marius postquam plebis animos arrectos videt, propere commeatu, stipendio, armis, aliis utilibus navis onerat; cum his A. Manlium legatum proficisci jubet. Ipse interea milites scribere, non more majorum, neque ex classibus, sed uti cujusque lubido erat, capite censos plerosque. Id factum alii inopia bonorum, alii per ambitionem consulis memorabant; quod ab eo genere celebratus auctusque erat, et homini potentiam quærenti egentissimus quisque opportunissimus : cui neque sua curæ, quippe quæ nulla sunt, et omnia cum pretio honesta videntur. Igitur Marius cum majore aliquanto numero, quam decretum erat, in Africam profectus, diebus paucis Uticam advehitur. Exercitus ei traditur a P. Rutilio legato. Nam Metellus conspectum Marii fugerat, ne videret ea, quæ audita animus tolerare nequiverat.

LXXXVII. Le consul, ayant complété les légions et les cohortes auxiliaires, marche vers un pays fertile et riche en butin. Tout ce qui est pris, il l'abandonne aux soldats. Il assiége ensuite des châteaux et des villes mal défendues tant par leur assiette que par leurs garnisons, et livre, tantôt dans un lieu, tantôt dans un autre, une foule de combats, tous peu importants. Par là, les nouvelles recrues s'accoutument à se battre sans crainte; ils voient que les fuyards sont pris ou tués; que les plus braves courent le moins de danger; que c'est avec les armes que l'on protége la liberté, la patrie, la famille, tous les intérêts; qu'elles donnent la gloire et les richesses. Ainsi l'on ne distingua bientôt plus les jeunes soldats d'avec les vieux : même valeur les animait tous.

A la nouvelle de l'arrivée de Marius, les rois se retirèrent chacun de leur côté dans des lieux de très-difficile accès. Ainsi l'avait décidé Jugurtha, dans l'espoir de pouvoir attaquer bientôt les Romains dispersés, qui, délivrés de toute crainte, ne manqueraient pas, comme il arrive presque toujours, de marcher avec moins d'ordre et de précaution.

LXXXVIII. Cependant Metellus était parti pour Rome, où, contre son attente, il fut reçu avec des transports de joie. L'envie était désarmée, et il devint également cher au peuple et au sénat (117).

Quant à Marius, avec autant d'activité que de prudence, il porte un œil également attentif sur la position de l'ennemi et sur la sienne, remarque ce qui peut leur être réciproquement favorable ou contraire. Il épie la marche des deux rois, prévient leurs projets ou leurs stratagèmes, tient continuellement

---

LXXXVII. Sed consul, expletis legionibus cohortibusque auxiliariis, in agrum fertilem et præda onustum proficiscitur. Omnia ibi capta militibus donat. Dein castella et oppida natura et viris parum munita adgreditur; prælia multa, ceterum alia levia aliis locis facere. Interim novi milites sine metu pugnæ adesse; videre fugientis capi, occidi; fortissumum quemque tutissumum; armis libertatem, patriam parentesque et alia omnia tegi. gloriam atque divitias quæri. Sic brevi spatio novi veteresque coaluere, et virtus omnium æqualis facta.

At reges, ubi de adventu Marii cognoverunt, divorsi in locos difficilis abeunt. Ita Jugurthæ placuerat speranti mox effusos hostis invadi posse; Romanos, sicuti plerosque, remoto metu, laxius licentiusque futuros.

LXXXVIII. Metellus interea Romam profectus contra spem suam, lætissumis animis excipitur; plebi patribusque, postquam invidia decesserat, juxta carus.

Sed Marius impigre prudenterque suorum et hostium res pariter attendere; cognoscere quid boni utrisque, aut contra esset; explorare itinera regum; consilia et invidias antevenire; nihil apud se remissum, neque apud illos **tutum**

les siens en haleine (118) et l'ennemi en échec. Ainsi, les Gétules (119) et Jugurtha, qui venaient de piller nos alliés, se virent à leur retour attaqués et battus ; le prince lui-même, surpris non loin de Cirta, fut contraint d'abandonner ses armes. Bientôt, considérant que ces expéditions, bien que glorieuses, ne terminaient pas la guerre, Marius résolut d'assiéger successivement toutes les villes qui, par la force de leur garnison ou de leur position, pouvaient favoriser les projets de l'ennemi ou contrarier les siens. Ainsi Jugurtha allait être ou privé de ses garnisons, s'il se laissait enlever ses places, ou forcé de combattre. Quant à Bocchus, il avait, par ses émissaires, donné plusieurs fois au consul l'assurance « qu'il désirait l'amitié du peuple romain, et qu'on n'avait à craindre de sa part aucune hostilité. » Etait-ce un piége, afin de nous surprendre avec plus d'avantage, ou inconstance de caractère, qui le faisait pencher tantôt pour la paix, tantôt pour la guerre? C'est ce qu'on ne saurait facilement décider.

LXXXIX. Le consul, suivant son plan, attaque les villes et les châteaux fortifiés, employant, pour les enlever à l'ennemi, ici la force, là les menaces ou les présents. D'abord, il s'attache aux moindres places, dans la pensée que, pour secourir les siens, Jugurtha se déciderait à en venir aux mains. Mais, apprenant qu'il était éloigné, et occupé d'autres projets, il jugea qu'il était temps de tenter des entreprises plus importantes et plus difficiles. Au milieu de vastes solitudes, était une ville grande et forte, nommée Capsa, et dont Hercule Libyen passe pour le fondateur. Exempts d'impôts depuis le règne de Jugurtha, traités avec douceur, ses habitants passaient pour être

---

pati. Itaque et Gætulos, et Jugurtham, ex sociis nostris prædam agentes, sæpe adgressus itinere fuderat, ipsumque regem haud procul ab oppido Cirta armis exuerat. Quæ postquam gloriosa modo, neque belli patrandi cognovit, statuit urbis, quæ viris aut loco pro hostibus, et advorsum se, opportunissumæ erant, singulas circumvenire; ita Jugurtham aut præsidiis nudatum, si ea pateretur, aut prælio certaturum. Nam Bocchus nuntios ad eum sæpe miserat. « velle populi romani amicitiam, ne quid ab se hostile timeret. » Id simulaveritne, quo improvisus gravior accideret, an mobilitate ingenii pacem atque bellum mutare solitus, parum exploratum.

LXXXIX. Sed consul, uti statuerat, oppida castellaque munita adire ; partim vi, alia metu, aut præmia ostentando, avortere ab hostibus. Ac primo mediocria gerebat, existumans Jugurtham ob suos tutandos in manus venturum : sed ubi procul abesse, et aliis negotiis intentum accepit, majora et aspera adgredi tempus visum. Erat inter ingentis solitudines oppidum magnum atque valens, nomine Capsa, cujus conditor Hercules Libys memorabatur. Ejus cives apud

dévoués à ce prince. Ils étaient protégés contre l'ennemi par leurs fortifications, leurs armes, et le nombre de leurs combattants, mais encore plus par d'affreux déserts. Car, excepté les environs de la ville, tout le reste de la contrée est inhabité, inculte, privé d'eau, infesté de serpents, dont la férocité, comme celle de toutes les bêtes sauvages, devient plus terrible encore par le manque de nourriture. D'ailleurs, rien n'irrite comme la soif les serpents, déjà si dangereux par eux-mêmes.

Tout dans la conquête de cette ville excite au plus haut degré l'ambition de Marius, et son importance pour la suite de la guerre, et la difficulté de l'entreprise et la gloire éclatante qu'avait procurée à Metellus la prise de Thala. En effet, ces deux villes étaient peu différentes par leur force et par leur position, seulement tout près de Thala se trouvaient quelques sources, et les habitants de Capsa n'avaient dans l'enceinte de leur ville qu'une fontaine d'eau vive; ils se servaient aussi d'eau de pluie. Là, comme dans la partie de l'Afrique dont les solitudes arides s'étendent loin de la mer, la disette d'eau est d'autant plus supportable, que les Numides ne se nourrissent guère que de lait et de la chair des animaux sauvages, sans y ajouter le sel et tous ces assaisonnements qui irritent le palais. Ils ne mangent et ne boivent que pour la faim et pour la soif, et non pour satisfaire une dispendieuse sensualité.

XC. Le consul, après avoir tout examiné, se reposa, je crois, sur la protection des dieux ; car, contre de si grandes difficultés, qu'aurait pu la puissance humaine? De plus, il avait à craindre la disette de grains, parce que les Numides aiment

---

Jugurtham immunes, levi imperio, et ob ea fidelissumi habebantur; muniti advorsum hostis non mœnibus modo, et armis atque viris, verum etiam multo magis locorum asperitate. Nam, præter oppida propinqua, alia omnia vasta, inculta, egentia aquæ, infesta serpentibus, quarum vis, sicuti omnium ferarum, inopia cibi acrior. Ad hoc natura serpentium ipsa perniciosa, siti magis, quam alia re, accenditur.

Ejus potiundi Marium maxuma cupido invaserat, quum propter usum belli, tum quia res aspera videbatur. Et Metellus oppidum Thalam magna gloria ceperat, haud dissimiliter situm munitumque, nisi quod apud Thalam haud longe a mœnibus aliquot fontes erant. Capsenses una modo, atque ea intra oppidum, jugi aqua, cetera pluvia utebantur. Id ibique, et in omni Africa, quæ procul a mari incultius agebat, eo facilius tolerabatur, quia Numidæ plerumque lacte et ferina carne vescebantur, neque salem, neque alia irritamenta gulæ quærebant: cibus illis advorsum famen atque sitim, non lubidini, neque luxuriæ erat.

XC. Igitur consul, omnibus exploratis, credo, dis fretus (nam contra tantas difficultates consilio satis providere non poterat : quippe etiam frumenti inopia tentabatur, quod Numidæ pabulo pecoris magis quam arvo student, et quod-

mieux laisser leurs terres en pâturages qu'en céréales; et le peu qui venait d'en être récolté, ils l'avaient, d'après l'ordre du roi, transporté dans des places fortes. Enfin, les champs étaient alors dépouillés de leurs produits, car on touchait à la fin de l'été. Toutefois Marius concerte ses mesures aussi sagement que pouvait le permettre la circonstance. Il confie à la cavalerie auxiliaire la conduite de tout le bétail enlevé les jours précédents. Il ordonne à son lieutenant, A. Manlius, d'aller avec les troupes légères l'attendre à Laris, où étaient déposés le trésor et les vivres de l'armée. Il lui promet de venir bientôt le rejoindre, après avoir pillé le pays. Ainsi, dissimulant son projet, il se dirige vers le fleuve Tana.

XCI. Dans la marche, il fit faire chaque jour à son armée une distribution égale de bétail par centuries et par escadrons, et veilla à ce qu'on fabriquât des outres avec les peaux. Ainsi il suppléa au manque de grains, et en même temps, sans laisser pénétrer son secret, il se ménagea les ustensiles dont il avait besoin. Enfin, au bout de six jours, lorsqu'on fut arrivé au fleuve, une grande quantité d'outres se trouva faite. Là, Marius établit un camp légèrement fortifié, ordonne aux soldats de prendre de la nourriture, puis de se tenir prêts à partir au coucher du soleil, et, débarrassés de tout leur bagage, de ne se charger que d'eau, eux et leurs bêtes de somme. A l'heure fixée, on décampe; puis, après avoir marché toute la nuit, on s'arrête : on fait de même le lendemain; enfin, le troisième jour, bien avant le lever de l'aurore, on arrive dans un lieu couvert d'éminences, et qui n'était pas à plus de deux milles

---

cunque natum fuerat, jussu regis in loca munita contulerant; ager autem aridus et frugum vacuus ea tempestate, nam æstatis extremum erat; tamen pro rei copia satis providenter exornat. Pecus omne quod superioribus diebus prædæ fuerat, equitibus auxiliariis agendum adtribuit. A. Manlium legatum cum cohortibus expeditis ad oppidum Laris, ubi stipendium et commeatum locaverat, ire jubet, dicitque se prædabundum post paucos dies eodem venturum. Sic incepto suo occulto pergit ad flumen Tanam.

XCI. Ceterum in itinere quotidie pecus exercitui per centurias, item turmas, æqualiter distribuerat, et ex coriis utres uti fierent, curabat : simul et inopiam frumenti lenire, et, ignaris omnibus, parare quæ mox usui forent. Denique sexto die, quum ad flumen ventum est, maxuma vis utrium effecta. Ibi castris levi munimento positis, milites cibum capere, atque, uti simul cum occasu solis egrederentur, paratos esse jubet; omnibus sarcinis abjectis, aqua modo seque et jumenta onerare. Dein, postquam tempus visum, castris egreditur, noctemque totam itinere facto, consedit : idem proxuma facit. Dein tertia, multo ante lucis adventum, pervenit in locum tumulosum, ab Capsa non amplius duum

de Capsa. Là, Marius fait halte avec toutes ses troupes, et se tient caché le mieux qu'il lui est possible. Aussitôt que le jour paraît, les Numides, ne redoutant aucune hostilité, sortent en grand nombre de la ville : à l'instant Marius ordonne à toute sa cavalerie et aux fantassins les plus agiles de se porter au pas de course sur Capsa, et de s'emparer des portes. Lui-même les suit en toute hâte, mais en bon ordre et sans permettre au soldat de piller. Dès que les habitants s'aperçurent du danger, le tumulte, l'excès de la crainte et de l'étonnement, enfin, la perte d'une partie de leurs concitoyens faits prisonniers hors des remparts, tout les oblige à se rendre. Cependant la ville est livrée aux flammes, tous les Numides en âge de porter les armes sont passés au fil de l'épée, le reste est vendu, et le butin partagé aux soldats. Exécution sanglante, contraire au droit de la guerre, et dont on ne doit pourtant accuser ni la cruauté ni l'avarice du consul (120); mais cette place, position très-avantageuse pour Jugurtha, était pour nous d'un difficile accès, et ses habitants, race mobile, perfide, ne pouvaient être enchaînés ni par la crainte ni par les bienfaits.

XCII. Après avoir accompli, sans perdre un seul homme, une entreprise si importante, Marius, déjà grand et illustre, parut plus grand et plus illustre encore : ses projets les plus hasardés passaient pour l'effort du génie et du courage. Ses soldats, charmés de la douceur de son commandement, et enrichis sous ses drapeaux, l'élevaient jusqu'au ciel ; les Numides le redoutaient comme un être au-dessus de l'humanité ; enfin les alliés, aussi bien que les ennemis, lui attribuant une intelligence di-

---

millium intervallo; ibique, quam occultissume potest, cum omnibus copiis opperitur. Sed ubi dies cœpit, et Numidæ, nihil hostile metuentes, multi oppido egressi, repente omnem equitatum, et cum his velocissumos pedites cursu tendere ad Capsam, et portas obsidere jubet. Deinde ipse intentus propere sequi, neque milites prædari sinere. Quæ postquam oppidani cognovere, res trepidæ, metus ingens, malum improvisum, ad hoc pars civium extra mœnia in hostium potestate, coegere uti deditionem facerent. Ceterum oppidum incensum; Numidæ puberes interfecti; alii omnes venum dati; præda militibus divisa. Id facinus contra jus belli, non avaritia neque scelere consulis admissum; sed quia locus Jugurthæ opportunus, nobis aditu difficilis; genus hominum mobile, infidum, neque beneficio neque metu coercitum.

XCII. Postquam tantam rem Marius, sine ullo suorum incommodo, patravit, magnus et clarus antea, major et clarior haberi cœpit. Omnia non bene consulta, in virtutem trahebantur; milites modesto imperio habiti, simul et locupletes, ad cœlum ferre; Numidæ magis quam mortalem timere; postremo omnes socii atque hostes credere illi aut mentem divinam, aut deorum nutu cuncta

vine, croyaient qu'il n'agissait que par l'inspiration des dieux. Ce succès obtenu, le consul marche rapidement vers d'autres villes ; quelques-unes, malgré la résistance des Numides, tombent en son pouvoir ; beaucoup d'autres, abandonnées par les habitants, qu'effrayait le désastre de Capsa, sont par ses ordres livrées aux flammes : partout il porte le carnage et la désolation.

Après s'être ainsi rendu maître de beaucoup de villes, la plupart sans coup férir, il forme une nouvelle entreprise, qui, sans offrir les mêmes dangers que la conquête de Capsa, n'en était pas moins difficile. Non loin du fleuve Mulucha, limite entre les États de Bocchus et ceux de Jugurtha, dans une plaine d'ailleurs unie, s'élevait, à une hauteur prodigieuse, un énorme rocher, dont le sommet était couronné par un château de médiocre grandeur, où l'on n'arrivait que par un sentier étroit : tout le reste du roc était de sa nature aussi escarpé que si la main de l'homme l'eût taillé à dessein. Dans ce château étaient les trésors du roi; Marius employa donc tous ses efforts pour s'en emparer; mais le hasard le servit mieux que ses prévisions. En effet, ce fort, suffisamment pourvu de troupes et d'armes, renfermait beaucoup de grains et une source d'eau vive. Les terrasses, les tours, et les autres machines de siége ne pouvaient être dressées sur un semblable emplacement. Le chemin conduisant au château était fort étroit, et de tous côtés coupé à pic : c'était avec un grand péril et sans nul avantage qu'on mettait en jeu les mantelets; car, pour peu qu'on les approchât de la place, ils étaient détruits à coups de pierres ou par la flamme ; nos soldats ne pouvaient, vu l'escarpement du

---

portendi. Sed consul, ubi ea res bene evenit, ad alia oppida pergit; pauca, repugnantibus Numidis, capit ; plura deserta, propter Capsensium miserias, igni corrumpit: luctu atque cæde omnia complentur.

Denique multis locis potitus, ac plerisque exercitu incruento, ad aliam rem adgreditur, non eadem asperitate qua Capsensium, ceterum haud secus difficilem. Namque haud longe a flumine Mulucha, quod Jugurthæ Bocchique regnum disjungebat, erat inter ceteram planitiem mons saxeus, mediocri castello satis patens, in immensum editus, uno perangusto aditu relicto; nam omnis, natura, velut opere atque consulto, præceps. Quem locum Marius, quod ibi regis thesauri erant, summa vi capere intendit; sed ea res forte, quam consilio, melius gesta. Nam castello virorum atque armorum satis, magna vis frumenti et fons aquæ ; aggeribus turribusque et aliis machinationibus locus importunus; iter castellanorum angustum admodum, utrinque præcisum. Vineæ cum ingenti periculo frustra agebantur : nam quum eæ paullum processerant, igni aut lapidibus corrumpebantur; milites neque pro opere consistere, propter iniquita-

terrain, se tenir en avant des ouvrages, ni travailler sans danger sous les mantelets. Les plus entreprenants étaient tués ou blessés, les autres perdaient courage.

XCIII. Cependant Marius, après bien des journées perdues en travaux inutiles, tombe dans la perplexité : renoncera-t-il à une entreprise jusqu'à présent sans résultat? ou se reposera-t-il sur la fortune, qui tant de fois l'a si heureusement servi? Il passe ainsi bien des jours et des nuits, travaillé par ces incertitudes. Enfin, un Ligurien (121), simple soldat des cohortes auxiliaires, sorti du camp pour chercher de l'eau, du côté de la citadelle opposé à celui de l'attaque, remarque par hasard des limaçons qui rampaient dans une crevasse du rocher. Il en ramasse un, puis deux, puis davantage, et guidé par le désir d'en trouver d'autres, il gravit insensiblement jusqu'au sommet de la montagne. Assuré que cet endroit était entièrement solitaire, il cède, penchant naturel à l'homme, à la curiosité d'observer des lieux inconnus. Là, par hasard, un grand chêne avait poussé ses racines dans les fentes du roc : sa tige, d'abord inclinée, s'était ensuite redressée, et élevée dans une direction verticale, selon la loi commune de tous les végétaux. Le Ligurien, s'appuyant tantôt sur les branches, tantôt sur les saillies du rocher, peut, à loisir, reconnaître l'esplanade du château : les Numides étaient tous occupés à se défendre contre les assiégeants.

Après avoir fait toutes ces remarques, qu'il comptait bientôt mettre à profit, il descend par le même chemin, non pas sans réflexion, comme il était monté, mais en sondant le terrain, et

tem loci, neque inter vineas sine periculo administrare: optumus quisque cadere, aut sauciari; ceteris metus augeri.

XCIII. At Marius, multis diebus et laboribus consumtis, anxius trahere cum animo, omittercine inceptum, quoniam frustra erat; an fortunam opperiretur, qua sæpe prospere usus. Quæ quum multos dies, noctes, æstuans agitaret, forte quidam Ligus, ex cohortibus auxiliariis miles gregarius, castris aquatum egressus, haud procul ab latere castelli quod advorsum præliantibus erat, animum advortit inter saxa repentis cochleas; quarum quum unam atque alteram, dein plures peteret; studio legundi, paullatim prope ad summum montis egressus est. Ubi postquam solitudinem intellexit, more humani ingenii, cupido ignara visundi animum vortit. Et forte in eo loco grandis ilex coaluerat inter saxa, paullulum modo prona, dein flexa atque aucta in altitudinem, quo cuncta gignentium natura fert : cujus ramis modo, modo eminentibus saxis, nisus Ligus, castelli planitiem perscribit, quod cuncti Numidæ intenti præliantibus aderant.

Exploratis omnibus quæ mox usui fore ducebat, eadem regreditur, non temere, uti adscenderat, sed tentans omnia et circumspiciens. Itaque Marium

en examinant toutes choses avec soin. Aussitôt il va trouver Marius, lui raconte ce qui lui est arrivé, l'exhorte à faire une tentative sur le château du côté par où il était descendu, et s'offre à servir lui-même de guide, à prendre la première part du péril. Marius envoie sur-le-champ, avec le Ligurien, quelques-uns de ceux qui étaient présents, pour s'assurer de la créance qu'on peut accorder aux promesses de cet homme. Chacun d'eux, selon son caractère, juge l'entreprise aisée ou difficile. Cependant le consul sent quelque peu se ranimer son espoir. Parmi les trompettes et les cors de l'armée, il choisit cinq hommes des plus agiles, et leur adjoint, pour les soutenir, quatre centurions. Tous reçoivent l'ordre d'obéir au Ligurien ; puis le jour suivant est fixé pour l'escalade.

XCIV. Au temps marqué, tout est disposé, préparé, et la petite troupe se dirige vers l'endroit convenu. Les centurions (122) d'ailleurs avaient, d'après l'avis de leur guide, quitté leurs armes et leurs insignes; la tête découverte pour mieux voir, les pieds nus pour grimper plus facilement le long des rochers. A leur dos étaient attachés leur épée et leur bouclier fait de cuir, à la manière des Numides, afin que le poids en fût plus léger et le choc moins bruyant. Le Ligurien les précède : aux pointes de rochers et aux vieilles racines qui formaient saillie, il attache des nœuds coulants qui retiennent les soldats et les aident à gravir plus aisément : quelquefois il donne la main à ceux qu'effraye une route si nouvelle ; quand la montée devient plus roide, il les fait passer devant lui l'un après l'autre, et désarmés ; puis il les suit en portant leurs armes. Aux pas qui

---

propere adit; acta edocet; hortatur, ab ea parte, qua ipse descenderat, castellum tentet; pollicetur sese itineris periculique ducem. Marius cum Ligure, promissa ejus cognitum, ex præsentibus misit; quorum, uti cujusque ingenium erat, ita rem difficilem aut facilem nuntiavere. Consulis animus tamen paullum erectus. Itaque ex copia tubicinum et cornicinum, numero quinque quam velocissumos delegit, et cum his, præsidio qui forent, quatuor centuriones : omnis Liguri parere jubet, et ei negotio proxumum diem constituit.

XCIV. Sed ubi ex præcepto tempus visum, paratis compositisque omnibus, ad locum pergit. Ceterum illi qui centuriis præerant, præducti ab duce, arma ornatumque mutaverant, capite atque pedibus nudis, uti prospectus nisusque per saxa facilius foret; super terga gladii et scuta; verum ea Numidica ex coriis, ponderis gratia simul, et offensa quo levius streperent. Igitur prægrediens Ligus saxa, et si quæ vetustate radices eminebant, laqueis vinciebat, quibus adlevati facilius adscenderent. Interdum timidos insolentia itineris levare manu; ubi paullo asperior adscensus, singulos præ se inermos mittere, deinde ipse cum illorum armis sequi; quæ dubia nisu videbantur potissumus tentare, ac sæpius

paraissent les plus difficiles à franchir, le premier il sonde le terrain, montant, descendant plusieurs fois, et se jetant aussitôt de côté, pour inspirer son audace à ses compagnons.

Enfin, après bien du temps et des fatigues, ils arrivent au château, abandonné de ce côté, parce que, ce jour-là comme les précédents, les Numides faisaient face aux assiégeants. Marius est informé, par ses courriers, de ce que vient de faire le Ligurien, et, bien que toute la journée il n'eût point cessé de harceler les ennemis, il exhorte ses troupes, sort de dessous les galeries, ordonne à ses soldats de former la tortue (123), et met en mouvement ses machines, ses archers et ses frondeurs, pour tenir de loin l'ennemi en échec.

Les Numides, qui précédemment avaient plusieurs fois renversé, incendié les mantelets des assiégeants, ne cherchaient déjà plus une défense derrière les murs du château : ils passaient les jours et les nuits campés au devant du rempart, injuriant les Romains, reprochant à Marius sa folle témérité, et menaçant nos soldats des fers de Jugurtha : le succès les rendait insolents. Tandis que Romains et Numides combattent tous avec ardeur, les premiers pour la gloire et l'empire, les autres pour leur salut, tout à coup par derrière sonnent les trompettes. D'abord fuient et les femmes et les enfants qu'avait attirés le spectacle du combat, puis ceux des assiégés qui étaient le plus près du rempart, puis tous les habitants armés ou sans armes. Dans ce moment, les Romains pressent plus vivement les ennemis, les renversent et se contentent de les blesser; puis, marchant sur le corps de ceux qu'ils ont tués, ils se dis-

---

eadem adscendens descendensque, dein statim digrediens, ceteris audaciam addere.

Igitur diu multumque fatigati, tandem in castellum perveniunt, desertum ab ea parte, quod omnes, sicuti aliis diebus, advorsum hostis aderant. Marius, ubi ex nunciis, quæ Ligus egerat, cognovit, quanquam toto die intentos prœlio Numidas habuerat, tum vero cohortatus milites, et ipse extra vineas egressus, testudine acta succedere, et simul hostem tormentis sagittariisque et funditoribus eminus terrere.

At Numidæ, sæpe antea vineis Romanorum subvorsis, item incensis, non castelli mœnibus sese tutabantur; sed pro muro dies noctesque agitare, maledicere Romanis, ac Mario vecordiam objectare, militibus nostris Jugurthæ servitium minari, secundis rebus feroces esse. Interim omnibus Romanis hostibusque prœlio intentis, magna utrinque vi, pro gloria atque Imperio his, illis pro salute certantibus, repente a tergo signa canere; ac primo mulieres et pueri, qui visum processerant, fugere; deinde, uti quisque muro proxumus erat, postremo cuncti armati inermesque. Quod ubi accidit, eo acrius Romani instare, fundere, ac plerosque tantummodo sauciare, dein super occisorum corpora,

putent à l'envi la gloire d'escalader le rempart. Pas un seul ne s'arrête pour piller : ainsi le hasard répara la témérité de Marius, et une faute ajouta à sa gloire.

XCV. Cependant le questeur L. Sylla arrive au camp avec un corps considérable de cavalerie levé dans le Latium et chez les alliés, opération pour laquelle il avait été laissé à Rome. Mais, puisque mon sujet m'a conduit à nommer ce grand homme, il me paraît à propos de donner une idée de son caractère et de ses mœurs. Aussi bien n'aurai-je pas ailleurs occasion de parler de ce qui concerne Sylla; et L. Sisenna (124), le meilleur et le plus exact de ses historiens, ne me paraît pas s'être exprimé sur son compte avec assez d'indépendance.

Sylla était d'une famille patricienne, presque entièrement déchue par la nullité de ses ancêtres. Il possédait également et à un éminent degré les lettres grecques et latines. Doué d'une grande âme, il était passionné pour le plaisir, mais plus encore pour la gloire; livré dans ses loisirs à toutes les recherches de la volupté, jamais pourtant il ne sacrifiait les devoirs aux plaisirs : toutefois il viola les convenances à l'égard de son épouse. Éloquent, adroit, facile en amitié, sachant tout feindre avec une incroyable profondeur de génie, il prodiguait toutes choses, et surtout l'argent. Plus heureux qu'aucun autre mortel jusqu'à sa victoire sur ses concitoyens (125), sa fortune ne fut jamais supérieure à ses talents, et bien des gens ont douté s'il devait plus à son courage qu'à son bonheur. Quant à ce qu'il a fait depuis, dois-je plutôt rougir que craindre d'en parler? Je ne sais.

---

vadere, avidi gloriæ, certantes murum petere; neque quemquam omnium præda morari. Sic forte correcta Marii temeritas gloriam ex culpa invenit.

XCV. Ceterum, dum ea res geritur, L. Sulla, quæstor, cum magno equitatu in castra venit; quos uti ex Latio et a sociis cogeret, Romæ relictus erat. Sed, quoniam tanti viri res admonuit, idoneum visum est de natura cultuque ejus paucis dicere. Neque enim alio loco de Sullæ rebus dicturi sumus : et L. Sisenna optume et diligentissume omnium, qui eas res dixere, persecutus, parum mihi libero ore locutus videtur.

Igitur Sulla gentis patriciæ, familia prope jam exstincta majorum ignavia, litteris græcis atque latinis juxta, atque doctissume, eruditus; animo ingenti, cupidus voluptatum, sed gloriæ cupidior; otio luxurioso; tamen ab negotiis nunquam voluptas remorata, nisi quod de uxore potuit honestius consuli; facundus, callidus, et amicitia facilis; ad simulanda negotia altitudo ingenii incredibilis; multarum rerum, ac maxume pecuniæ largitor. Atque felicissumo omnium ante civilem victoriam, nunquam super industriam fortuna fuit; multique dubitavere fortior an felicior esset. Nam postea quæ fecerit, incertum **habeo, pudeat magis, an pigeat disserere.**

XCVI. Sylla arriva donc en Afrique, comme je viens de le dire, amenant à Marius un corps de cavalerie. De novice, d'ignorant même qu'il était dans le métier des armes, il ne tarda pas à y devenir le plus habile de tous. Affable envers les soldats, ses bienfaits accueillaient et souvent prévenaient leurs nombreuses demandes ; n'acceptant de service qu'à son corps défendant, il rendait la pareille avec plus d'empressement qu'on n'en met à payer une dette, sans jamais exiger pour lui de retour, uniquement occupé qu'il était d'accroître le nombre de ses obligés. Sérieux ou enjoués, ses propos s'adressaient même aux derniers soldats. Dans les travaux, dans les rangs, dans les gardes de nuit, il savait se multiplier, et toutefois n'attaquait jamais, défaut trop ordinaire à une coupable ambition, la réputation du consul, ni celle d'aucun homme estimable; seulement, pour le conseil et pour l'exécution, il ne pouvait souffrir que personne l'emportât sur lui, et il était supérieur à la plupart. Voilà par quelles qualités, par quels moyens, Sylla devint bientôt cher à Marius et à l'armée.

XCVII. Cependant, après avoir perdu Capsa, d'autres places fortes et importantes, et une partie de ses trésors, Jugurtha envoie à Bocchus des courriers pour lui mander d'amener au plus tôt ses troupes dans la Numidie : il était temps de livrer bataille. Apprenant que ce prince diffère, qu'il hésite et pèse tour à tour les chances de la paix et de la guerre, le Numide corrompt par des présents, comme il l'a déjà fait, les confidents de Bocchus, et promet à ce prince lui-même le tiers de la Numidie, si les Romains sont chassés de l'Afrique, ou si un traité

XCVI. Igitur Sulla, ut supra dictum, postquam in Africam atque in castra Marii cum equitatu venit, rudis antea et ignarus belli, sollertissumus omnium in paucis tempestatibus factus est. Ad hoc milites benigne adpellare; multis rogantibus, aliis per se ipse dare beneficia, invitus accipere; sed ea properantius quam æs mutuum reddere : ipse ab nullo repetere; magis id laborare, ut illi quam plurimi deberent; joca atque seria cum humillumis agere; in operibus, in agmine atque ad vigilias multus adesse; neque interim, quod prava ambitio solet, consulis aut cujusquam boni famam lædere; tantummodo neque consilio, neque manu priorem alium pati; plerosque antevenire. Quis rebus et artibus brevi Mario militibusque carissumus factus.

XCVII. At Jugurtha, postquam oppidum Capsam aliosque locos munitos et sibi utilis, simul et magnam pecuniam amiserat, ad Bocchum nuncios mittit, quam primum in Numidiam copias adduceret; prælii faciundi tempus adesse. Quem ubi cunctari accepit, dubium belli atque pacis rationes trahere : rursus, uti antea, proxumos ejus donis corrumpit, ipsique Mauro pollicetur Numidiæ

qui laisse à Jugurtha tout son territoire vient terminer la guerre.

Séduit par cette promesse, Bocchus, avec des forces nombreuses, se joint à Jugurtha. Après avoir ainsi réuni leurs armées, au moment où Marius part pour ses quartiers d'hiver, ils l'attaquent, lorsqu'il restait à peine une heure de jour. Ils comptaient que la nuit, qui déjà approchait, serait, en cas de revers, une protection pour eux, sans devenir, en cas de succès, un obstacle, car ils connaissaient les lieux; dans les deux cas, au contraire, les ténèbres seraient nuisibles aux Romains. A peine donc le consul a-t-il été de toutes parts averti de l'approche de l'ennemi, que déjà l'ennemi paraît. L'armée n'a pu encore se ranger en bataille, ou rassembler ses bagages, ou enfin recevoir aucun signal, aucun ordre, que déjà les cavaliers maures et gétules, non point en escadrons ni en bataille, mais par pelotons, et comme les a rassemblés le hasard, tombent sur nos soldats.

Ceux-ci, au milieu de la surprise et de l'effroi général, rappelant cependant leur valeur, prennent leurs armes ou protégent contre les traits de l'ennemi ceux qui les prennent; plusieurs montent à cheval et courent faire face aux Numides : c'est une attaque de brigands plutôt qu'un combat régulier; il n'y a ni rangs ni drapeaux; aux uns l'ennemi tranche la tête, aux autres il perce les flancs; tels qui combattent vaillamment de front se trouvent attaqués par derrière; il n'est plus d'armes, plus de courage qui puisse les défendre; l'ennemi est

---

partem tertiam, si aut Romani Africa expulsi, aut, integris suis finibus, bellum compositum foret.

Eo præmio illectus Bocchus, cum magna multitudine Jugurtham accedit. Ita amborum exercitu conjuncto, Marium jam in hiberna proficiscentem, vix decima parte die reliqua invadunt : rati noctem, quæ jam aderat, victis sibi munimento, fore; et, si vicissent, nullo impedimento, quia locorum scientes erant : contra Romanis utrumque casum in tenebris difficiliorem. Igitur simul consul ex multis de hostium adventu cognovit, et ipsi hostes aderant : et prius quam exercitus aut instrui, aut sarcinas colligere, denique antequam signum aut imperium ullum accipere quivit, equites mauri atque gætuli, non acie, neque ullo more prœlii, sed catervatim, uti quosque fors conglobaverat, in nostros concurrunt.

Qui omnes trepidi improviso metu, ac tamen virtutis memores, aut arma capiebant, aut capientis alios ab hostibus defensabant; pars equos adscendere, obviam ire hostibus; pugna latrocinio magis quam prœlio similis fieri; sine signis, sine ordinibus, equites, pedites permixti; cædere alios, alios obtruncare; multos, contra advorsos acerrume pugnantis, ab tergo circumvenire : neque

supérieur en nombre, et les a enveloppés de toutes parts. Enfin, les vieux soldats romains, et les nouveaux, qui, grâce à leur exemple, savent la guerre, profitent ou du terrain ou du hasard qui les rapproche, se forment en cercle, et par là, couverts et en état de défense de toutes parts, soutiennent le choc des ennemis.

XCVIII. Dans un moment si critique, Marius, toujours intrépide, n'a rien perdu de son sang-froid ; avec son escadron, qu'il a composé de l'élite des braves plutôt que de ses favoris, il se porte partout, tantôt soutenant ceux des siens qu'il voit accablés, tantôt enfonçant les ennemis là où leurs rangs sont le plus serrés ; son bras protége les soldats, puisqu'il ne peut, au milieu du trouble général, leur faire entendre ses ordres. Déjà le jour était fini, et les Barbares ne se ralentissaient point, et, persuadés, d'après l'ordre de leurs rois, que la nuit leur serait favorable, ils nous pressaient avec une nouvelle fureur. Alors Marius prend conseil de sa position, et, voulant assurer aux siens un lieu pour la retraite, il s'empare de deux hauteurs voisines l'une de l'autre. L'une, peu spacieuse pour un campement, était rafraîchie par une source abondante ; l'autre offrant une position favorable, par son élévation et son escarpement, n'exigeait que peu d'ouvrages pour devenir inexpugnable. Marius ordonne donc à Sylla de passer la nuit auprès de la source avec la cavalerie. Pour lui, au milieu des ennemis non moins en désordre que les Romains, réunissant de proche en proche ses soldats dispersés, il en forme un seul corps, qu'il conduit au pas accéléré sur la seconde hauteur.

virtus, neque arma satis tegere; quod hostes numero plures et undique circumfusi. Denique Romani veteres, novique, et ob ea scientes belli, si quos locus, aut casus conjunxerat, orbes facere; atque ita ab omnibus partibus simul tecti et instructi, hostium vim sustentabant.

XCVIII. Neque in eo tam aspero negotio territus Marius, aut magis quam antea demisso animo fuit: sed cum turma sua, quam ex fortissumis magis quam familiarissumis paraverat, vagari passim ; ac modo laborantibus suis succurrere; modo hostis, ubi confertissumi obstiterant, invadere : manu consulere militibus, quoniam imperare, conturbatis omnibus, non poterat. Jamque dies consumptus erat, quum tamen Barbari nihil remittere, atque, uti reges præceperant, noctem pro se rati, acrius instare. Tum Marius ex copia rerum consilium trahit, atque, uti suis receptui locus esset, collis duos propinquos inter se occupat. Quorum in uno, castris parum amplo, fons aquæ magnus erat; alter usui opportunus, quia magna parte editus et præceps, pauca munimento quærebat. Ceterum apud aquam Sullam cum equitibus noctem agitare jubet. Ipse paulatim dispersos milites, neque minus hostibus conturbatis, in unum contrahit; dein cunctos pleno gradu in collem subducit.

Par la force de cette position, les deux rois se voient obligés de mettre fin au combat. Cependant ils ne laissent pas leurs troupes s'éloigner : toute cette multitude se répand sans ordre autour des deux hauteurs. Alors, allumant des feux de tous côtés, les Barbares, pendant la plus grande partie de la nuit, témoignent leur joie, selon leur coutume, par des danses bruyantes, et par des cris confus. Leurs chefs aussi sont enivrés d'orgueil : pour n'avoir pas fui, ils se croient vainqueurs. Les Romains, de leurs hauteurs environnées de ténèbres, dominant toute la plaine, observaient à leur aise toute cette scène de tumulte, et c'était pour eux un puissant encouragement.

XCIX. Pleinement rassuré par l'impéritie des ennemis, Marius prescrit d'observer le plus rigoureux silence, et défend aux trompettes de sonner, selon l'usage, pour les veilles de la nuit ; puis, à peine le jour commence-t-il à poindre, à peine l'ennemi fatigué vient-il de céder au sommeil, que tout à coup les trompettes des gardes avancées, ceux des cohortes, des escadrons, des légions, sonnent à la fois la charge, et les soldats, poussant un grand cri, s'élancent hors des portes. A ce bruit effroyable et nouveau pour eux, Maures et Gétules, subitement réveillés, ne savent ni fuir, ni prendre leurs armes, ni rien faire, ni rien prévoir pour leur défense ; tant le bruit et les cris de nos soldats, et l'abandon où ils se trouvent contre notre brusque attaque, au milieu de cet affreux tumulte, les ont épouvantés et comme anéantis ! Enfin ils sont, sur tous les points, taillés en pièces et mis en fuite ; la plus grande partie de leurs armes et de leurs étendards tombent en notre pouvoir, et ils eurent plus d'hommes tués dans ce combat que dans tous

---

Ita reges, loci difficultate coacti, prœlio deterrentur. Neque tamen suos longius abire sinunt; sed, utroque colle multitudine circumdato, effusi consedere. Dein crebris ignibus factis, plerumque noctis Barbari suo more lætari, exsultare, strepere vocibus : ipsi duces feroces, quia non fugerent, pro victoribus agere. Sed ea cuncta Romanis ex tenebris et editioribus locis facilia visu magnoque hortamento erant.

XCIX. Plurimum vero Marius imperitia hostium confirmatus, quam maxumum silentium haberi jubet; ne signa quidem, uti per vigilias solebant, canere; deinde, ubi lux adventabat, defessis jam hostibus et paullo ante somno captis, de improviso vigiles, item cohortium, turmarum, legionum tubicines simul omnis signa canere, milites clamorem tollere atque portis erumpere. Mauri atque Gætuli ignoto et horribili sonitu repente exciti, neque fugere, neque arma capere, neque omnino facere aut providere quidquam poterant. Ita cunctos strepitu, clamore, nullo subveniente, nostris instantibus, tumultu, terrore, formido, quasi vecordia, ceperat. Denique omnes fusi fugatique. Arma et signa

les précédents : car le sommeil et l'excès de la terreur les avaient empêchés de fuir.

C. Bientôt Marius continue sa route vers ses quartiers d'hiver, que, pour la facilité des approvisionnements, il avait résolu d'établir dans des villes maritimes. Cependant la victoire ne lui inspire ni négligence ni orgueil : comme s'il était en présence de l'ennemi, il marche toujours en bataillon carré. Sylla, avec la cavalerie, commandait l'extrême droite ; à la gauche, A. Manlius, avec les frondeurs, les archers et les cohortes liguriennes ; enfin, à l'avant et à l'arrière-garde, étaient placés des tribuns avec quelques compagnies armées à la légère. Les transfuges, sang vil, mais qui connaissaient parfaitement les lieux, éclairaient la marche de l'ennemi. Le consul, comme s'il n'eût rien prescrit, veillait à tout, se portait auprès de tous, et distribuait, à qui de droit, l'éloge ou la réprimande ; toujours armé, toujours sur ses gardes, il voulait que le soldat le fût toujours aussi. Non moins vigilant pour la défense du camp que pendant la marche, il faisait veiller aux portes des cohortes tirées des légions, et en avant du camp une partie de la cavalerie auxiliaire. Il en plaçait d'autres dans des retranchements au-dessus de la palissade d'enceinte, faisant même la ronde en personne, non qu'il craignît l'inexécution de ses ordres, mais afin que le soldat, en voyant son général partager ses travaux, s'y portât toujours de bonne volonté. Et certes, dans cette circonstance, comme dans tout le cours de cette guerre, ce fut par l'honneur bien plus que par le châtiment que Marius maintint la discipline dans son armée : désir

---

militaria pleraque capta, pluresque eo prœlio, quam omnibus superioribus interempti : nam somno et metu insolito impedita fuga.

C. Dein Marius, uti cœperat, in hiberna, quæ, propter commeatum, in oppidis maritumis agere decreverat. Neque tamen secors victoria, aut insolens factus ; sed pariter ac in conspectu hostium, quadrato agmine incedere. Sulla cum equitatu apud dextumos : in sinistra A. Manlius cum funditoribus et sagittariis ; præterea cohortes Ligurum curabat ; primos et extremos cum expeditis manipulis tribunos locaverat. Perfugæ, minume cari, et regionum scientissumi, hostium iter explorabant. Simul consul, quasi nullo imposito, omnia providere, apud omnis adesse, laudare, increpare merentîs ; ipse armatus intentusque, item milites cogebat. Neque secus, atque iter facere, castra munire ; excubitum in portas cohortis ex legionibus, pro castris equites auxiliarios mittere ; præterea alios super vallum in munimentis locare, vigilias ipse circumire, non tam diffidentia futuri, quæ imperavisset, quam uti militibus exæquatus cum imperatore labos volentibus esset. Et sane Marius illo et aliis temporibus belli pudore magis quam malo exercitum coercebat : quod multi per ambitionem fieri aiebant ;

ambitieux de flatter le soldat, ont dit quelques-uns; d'au[tres]
ont prétendu qu'habitué dès l'enfance à une vie dure il s'é[tait]
fait un plaisir de tout ce qui est une peine pour les au[tres].
Quoi qu'il en soit, par cette conduite, Marius servit aussi bi[en]
et aussi glorieusement l'État qu'il l'eût fait par la rigueur d[u]
commandement.

CI. Enfin, le quatrième jour, non loin de la ville de Cirta, les éclaireurs se montrent de tous côtés à la fois, ce qui annonçait l'approche de l'ennemi. Mais comme, venant de divers points, ils faisaient tous le même rapport, le consul, incertain sur l'ordre de bataille qu'il doit choisir, ne change rien à ses dispositions, et, prêt à faire face de toutes parts, il attend de pied ferme. Ainsi fut trompé l'espoir de Jugurtha, qui avait partagé ses troupes en quatre corps, comptant que, sur ce nombre, quelques-uns au moins surprendraient l'ennemi en queue.

Cependant Sylla, qui se trouve atteint le premier, exhor[te] les siens, en forme un escadron bien serré, et fond sur les Maures. Le reste de ses cavaliers, gardant leur position, se garantissent des traits lancés de loin ; tout ennemi qui vient à leur portée tombe sous leurs coups. Pendant que la cavalerie est ainsi engagée (126), Bocchus attaque l'arrière-garde des Romains avec un corps d'infanterie que son fils Volux lui avait amené, mais qu'un retard dans sa marche avait empêché de se trouver au dernier combat. Marius était alors à l'avant-garde, contre laquelle Jugurtha dirigeait sa principale attaque. Le Numide, ayant appris l'arrivée de Bocchus, accourt secrètement, avec quelques hommes de sa suite, vers l'infanterie de

---

pars quod a pueritia consuetam duritiam, et alia quæ ceteri miserias vocant, voluptati habuisset. Nisi tamen res publica pariter, ac sævissumo imperio, bene atque decore gesta.

CI. Igitur quarto denique die, haud longe ab oppido Cirta undique simul speculatores citi sese ostendunt; qua re hostis adesse intellegitur. Sed quia divorsi redeuntes, alius ab alia parte, atque omnes idem significabant, consul, incertus quonam modo aciem instrueret, nullo ordine commutato, advorsum omnia paratus, ibidem opperitur. Ita Jugurtham spes frustrata, qui copias in quatuor partis distribuerat, ratus ex omnibus æque aliquos ab tergo hostibus venturos.

Interim Sulla, quem primum adtigerant, cohortatus suos, turmatim et quam maxume confertis equis ipse aliique Mauros invadunt : ceteri in loco manentes ab jaculis eminus emissis corpora tegere, et, si qui in manus venerant, obtruncare. Dum eo modo equites prœliantur, Bocchus cum peditibus, quos Volux filius ejus adduxerat (neque in priore pugna, in itinere morati, adfuerant), postremam Romanorum aciem invadunt. Tum Marius apud primos agebat, quod ibi Jugurtha cum plurimis. Dein Numida, cognito Bocchi adventu, clam cum

son alllié : là, il s'écrie en latin (car il avait appris notre langue devant Numance), que toute résistance de la part des nôtres est inutile, qu'il vient de tuer Marius de sa propre main ; en même temps il fait voir son épée teinte du sang d'un de nos fantassins qu'il avait bravement mis hors de combat. Cette nouvelle, bien plus par l'horreur que par la confiance qu'elle inspire, jette l'épouvante dans nos rangs. De leur côté, les Barbares sentent redoubler leur courage, et poussent avec une nouvelle ardeur les Romains abattus. Déjà les nôtres étaient presque en fuite, lorsque Sylla, après avoir taillé en pièces le corps qu'il avait eu à combattre, revient et prend les Maures en flanc. Bocchus s'éloigne aussitôt.

Cependant Jugurtha, qui veut soutenir partout les siens, et retenir la victoire, qu'il a pour ainsi dire dans les mains, se voit entouré par notre cavalerie ; tous ses gardes tombent à droite, à gauche ; enfin, seul, il se fait jour au travers de nos traits, qu'il sait éviter. De son côté, Marius, après avoir repoussé la cavalerie, vole au secours des siens, dont il vient d'apprendre l'échec. Enfin les ennemis sont battus de toutes parts. Alors quel horrible spectacle dans ces plaines découvertes ! Les uns poursuivent, les autres fuient ; ici on égorge, là on fait des prisonniers ; hommes, chevaux, gisent abattus ; les blessés, et le nombre en est grand, ne peuvent ni fuir ni supporter le repos ; un instant ils se relèvent avec effort, et retombent aussitôt : aussi loin enfin que la vue peut s'étendre, ce ne sont que monceaux de traits, d'armes et de cadavres ; et dans les intervalles, une terre abreuvée de sang.

---

paucis adl pedites convortit : ibi latine (nam apud Numantiam loqui didicerat) exclamat, « nostros frustra pugnare ; paullo ante Marium sua manu interfectum ; » simul gladium sanguine oblitum ostendere, quem in pugna, satis impigre occiso pedite nostro, cruentaverat. Quod ubi milites accepere, magis atrocitate rei, quam fide nuncii terrentur : simulque Barbari animos tollere, et in perculsos acrius incedere. Jamque paullum ab fuga aberant, quum Sulla, profligatis quos advorsum ierat, Mauris ab latere incurrit. Bocchus statim avortitur.

At Jugurtha, dum sustentare suos et prope jam adeptam victoriam retinere pit, circumventus ab equitibus, dextra, sinistra omnibus occisis, solus inter tela hostium vitabundus erumpit. Atque interim Marius, fugatis equitibus, occurrit auxilio suis, quos pelli jam acceperat. Denique hostes undique fusi. Tum spectaculum horribile campis patentibus : sequi, fugere ; occidi, capi ; equi, viri adflicti ; ac multi volneribus acceptis, neque fugere posse, neque quietem pati ; niti modo, ac statim concidere : postremo omnia, qua visus erat, constrata telis, armis, cadaveribus ; et inter ea humus infecta sanguine.

CII. Dès lors assuré de la victoire, le consul gagne enfin Cirta, premier but de sa marche. Cinq jours après la seconde défaite des Barbares, arrivent dans cette ville des députés de Bocchus; d'après les instructions de leur roi, ils demandent à Marius d'envoyer auprès de lui deux hommes investis de toute sa confiance, et avec lesquels Bocchus discutera ses intérêts et ceux du peuple romain. Marius fait aussitôt partir L. Sylla (127) et A. Manlius. Quoique venus sur la demande du roi, ils crurent cependant devoir lui faire les premières ouvertures, soit pour changer ses dispositions hostiles, s'il pensait à rester ennemi, soit, dans le cas où il souhaiterait la paix, pour la lui faire désirer plus ardemment. Cédant à l'éloquence le privilége que l'âge lui donnait, Manlius laissa la parole à Sylla, qui adressa au roi ce peu de paroles :

« O roi Bocchus ! notre joie est grande de voir que les dieux aient inspiré à un homme tel que vous la résolution de préférer enfin la paix à la guerre, de ne pas souiller la noblesse de son caractère en s'associant au plus détestable des hommes, à un Jugurtha, et en même temps de nous épargner la dure nécessité de punir également votre erreur et sa profonde scélératesse. Le peuple romain, d'ailleurs, a mieux aimé, dès sa plus faible origine, se faire des amis qu'enchaîner des esclaves, et il a trouvé plus sûr de régner par l'affection que par la force. Quant à vous, aucune alliance ne vous est plus favorable que la nôtre ; d'abord l'éloignement préviendra entre nous tout motif de mésintelligence, sans nous empêcher de vous servir comme si nous étions proches voisins; ensuite, si nous avons

CII. Post ea loci consul, haud dubie jam victor, pervenit in oppidum Cirtam, quo initio profectus intenderat. Eo post diem quintum, quam iterum Barbari male pugnaverant, legati a Boccho veniunt, qui regis verbis ab Mario petivere, « duo quam fidissumos ad eum mitteret; velle de se, et de populi romani commodo, cum is dissererc. » Ille statim L. Sullam et A. Manlium ire jubet. Qui quanquam acciti ibant, tamen placuit verba apud regem facere : ingenium aut avorsum uti flecterent; aut cupidum pacis vehementius accenderent. Itaque Sulla, cujus facundiæ, non ætati, a Manlio concessum, pauca verba hujuscemodi locutus :

« Rex Bocche, magna lætitia nobis est, quum te talem virum di monuere, uti aliquando pacem quam bellum malles; neu te optumum cum pessumo omnium Jugurtha miscendo commaculares : simul nobis demeres acerbam necessitudinem, pariter te errantem, et illum sceleratissumum persequi. Ad hoc, populo romano jam a principio inopi melius visum amicos quam servos quærere; tutius rati volentibus quam coactis imperitare. Tibi vero nulla opportunior nostra amicitia : primum, quod procul absumus, in quo offensæ minu-

bien assez de sujets, nous n'avons ni nous, ni personne, jamais assez d'amis. Et plût aux dieux qu'ils vous eussent ainsi inspiré dès le commencement! Certes, vous auriez aujourd'hui reçu du peuple romain plus de bienfaits que vous n'en avez essuyé de maux. Mais, puisque la fortune, qui maîtrise la plupart des événements humains, a voulu vous faire éprouver notre pouvoir aussi bien que notre bienveillance, aujourd'hui qu'elle vous offre l'occasion, hâtez-vous, achevez votre ouvrage. Il se présente à vous bien des moyens faciles de faire oublier votre erreur par vos services. Enfin, pénétrez-vous bien de cette pensée, que jamais le peuple romain n'a été vaincu en générosité; pour ce qu'il vaut à la guerre, vous le savez par vous-même. »

A ce discours, Bocchus répond avec douceur et courtoisie. Après quelques mots de justification, il ajoute que « ce n'est pas dans un esprit hostile, mais pour la défense de ses États, qu'il a pris les armes; que, la partie de la Numidie d'où il avait chassé Jugurtha étant devenue sa propriété par le droit de la guerre, il n'a pu la laisser dévaster par Marius; qu'en outre, les députés qu'il avait précédemment envoyés à Rome pour obtenir notre alliance avaient essuyé un refus; qu'au reste il ne veut plus parler du passé, et que, si Marius le permet, il va envoyer une seconde ambassade au sénat. » Cette proposition est accueillie; mais bientôt, à l'instigation de ses confidents, le Barbare changea de résolution. Instruit de la mission de Sylla et de Manlius, Jugurtha en avait craint le résultat, et il les avait gagnés par des présents.

---

mum, gratia par ac si prope adessemus : dein, quod parentes abunde habemus, amicorum neque nobis, neque cuiquam omnium, satis. Atque hoc utinam a principio tibi placuisset! Profecto ex populo romano multo plura bona accepisses, quam mala perpessus es. Sed quoniam humanarum rerum fortuna pleraque regit, cui scilicet placuit te et vim et gratiam nostram experiri : nunc quando per illam licet, festina, atque ut cœpisti perge. Multa atque opportuna habes, quo facilius errata officiis superes. Postremo hoc in pectus tuum demitte, nunquam populum romanum beneficis victum : nam bello quid valeat, tute scis. »

Ad ea Bocchus placide et benigne : simul pauca pro delicto verba facit : « Se non hostili animo, sed ob regnum tutandum, arma cepisse; nam Numidiæ partem unde vi Jugurtham expulerit, jure belli suam factam; eam vastari ab Mario pati nequivisse : præterea missis antea Romam legatis, repulsum ab amicitia. Ceterum vetera omittere, ac tum, si per Marium liceret, legatos ad senatum missurum. » Dein, copia facta, animus Barbari ab amicis flexus, quos Jugurtha, cognita legatione Sullæ et Manlii, metuens id quod parabatur, donis corruperat.

CIII. Cependant Marius, après avoir distribué ses troupes dans les quartiers d'hiver, traverse le désert à la tête des cohortes armées à la légère et d'une partie de la cavalerie, et va faire le siège d'une forteresse royale où Jugurtha avait mis en garnison tous les transfuges. Alors nouvelle détermination de Bocchus : soit qu'il eût réfléchi sur la fatale issue des deux derniers combats, soit qu'il se rendît aux conseils de ceux de ses confidents que Jugurtha n'avait pu corrompre, il choisit dans la foule de ses courtisans cinq hommes dont le dévouement, les talents et la résolution lui sont connus. Il les charge d'aller, comme députés, auprès de Marius, puis à Rome, si le consul y consent, avec pleins pouvoirs d'y négocier et d'y conclure la paix à quelque prix que ce soit.

Ils partent aussitôt pour les quartiers des Romains; mais, chemin faisant, ils sont attaqués et dépouillés par des brigands gétules. Tremblants, dans l'état le plus misérable, ils se réfugient auprès de Sylla, que le consul, partant pour son expédition, avait laissé avec la qualité de préteur. Sylla les reçut, non comme des ennemis sans foi, ainsi qu'ils le méritaient, mais avec égard et générosité. Cette conduite fit croire aux Barbares qu'on accusait à tort les Romains d'avarice, et que Sylla, qui les traitait avec tant de munificence, ne pouvait être que leur ami. En effet, dans ce temps encore, on connaissait à peine les largesses intéressées; point de libéralité qui ne passât pour une preuve de bienveillance : tout don semblait offert par le cœur.

Ils communiquent donc au questeur les instructions de Boc-

CIII. Marius interea, exercitu in hibernis composito, cum expeditis cohortibus et parte equitatus proficiscitur in loca sola, obsessum turrim regiam, quo Jugurtha perfugas omnîs præsidium imposuerat. Tum rursus Bocchus, seu reputando quæ sibi duobus prœliis venerant, seu admonitus ab amicis, quos incorruptos Jugurtha reliquerat, ex omni copia necessariorum quinque delegit, quorum et fides cognita, et ingenia validissuma erant. Eos ad Marium, ac dein, si placeat, Romam legatos ire jubet; agendarum rerum, et quocunque modo belli componendi licentiam ipsis permittit.

Illi mature ad hiberna Romanorum proficiscuntur : deinde itinere a gætulis latronibus circumventi spoliatique, pavidi, sine decore, ad Sullam perfugiunt; quem consul in expeditionem proficiscens pro prætore reliquerat. Eos ille non pro vanis hostibus, ut meriti erant, sed accurate ac liberaliter habuit. Qua re Barbari et famam Romanorum avaritiæ falsam, et Sullam, ob munificentiam in sese, amicum rati. Nam etiam tum largitio multis ignara; munificus nemo putabatur, nisi pariter volens; dona omnia in benignitate habebantur.

Igitur quæstori mandata Bocchi patefaciunt; simul ab eo petunt, uti fautor

chus; ils lui demandent en même temps son appui, ses conseils; ils vantent, dans un long discours, les forces, la loyauté, la grandeur de leur souverain ; ils ajoutent tout ce qu'ils croient utile à leur cause ou propre à gagner la bienveillance. Enfin, après que Sylla leur a tout promis, et les a instruits de la manière dont ils doivent parler à Marius et ensuite au sénat, ils restent auprès de lui environ quarante jours, attendant le consul.

CIV. Marius, de retour à Cirta, sans avoir réussi dans son entreprise, est instruit de l'arrivée des députés ; il les fait venir, ainsi que Sylla, L. Bellienus, préteur à Utique, et en outre tous les sénateurs qui étaient dans la province. Avec eux, il prend connaissance des instructions données par Bocchus, de la demande qu'il fait au consul d'envoyer ses ambassadeurs à Rome, et de son offre d'une suspension d'armes pendant les négociations. Sylla et la majorité du conseil agréent ces propositions ; quelques-uns s'y opposent avec dureté, oubliant sans doute l'instabilité, l'inconstance des prospérités humaines, toujours prêtes à se changer en revers. Cependant les Maures ont tout obtenu ; et trois d'entre eux partent pour Rome avec Cn. Octavius Rufus, questeur, qui avait apporté la solde des troupes en Afrique; les deux autres retournent vers leur roi. Bocchus apprit d'eux avec plaisir le résultat de leur mission, surtout la bienveillance et le bon accueil de Sylla. Arrivés à Rome, ses ambassadeurs (128) demandent grâce pour l'erreur de leur maître, qui n'a failli que par le crime de Jugurtha, sollicitent l'alliance et l'amitié du peuple romain. On répond : « Le sénat et le peuple romain n'oublient ni les bienfaits ni les injures;

---

consultorque sibi adsit : copias, fidem, magnitudinem regis sui, et alia quæ aut utilia, aut benevolentiæ credebant, oratione extollunt : dein, Sulla omnia pollicito, docti quo modo apud Marium, item apud senatum, verba facerent, circiter dies xl ibidem opperiuntur.

CIV. Marius, postquam infecto quo intenderat negotio, Cirtam redit ; de adventu legatorum certior factus, illosque et Sullam venire jubet, item L. Bellienum, prætorem Utica, præterea omnis undique senatorii ordinis, quibuscum mandata Bocchi cognoscit ; in quibus legatis potestas eundi Romam fit, et ab consule interea induciæ postulabantur. Ea Sullæ et plerisque placuere : pauci ferocius decernunt, scilicet ignari humanarum rerum, quæ fluxæ et mobiles semper in adversa mutant. Ceterum Mauri, impetratis omnibus rebus, tres Romam profecti cum Cn. Octavio Rufo, qui quæstor stipendium in Africam portaverat : duo ad regem redeunt. Ex his Bocchus quum cetera, tum maxume benignitatem et studium Sullæ lubens accepit. Romæ legatis ejus, postquam errasse regem et Jugurthæ scelere lapsum deprecati sunt, amicitiam et fœdus petentibus hoc modo respondetur : « Senatus et populus romanus beneficii et

cependant, puisque Bocchus se repent, on lui pardonne sa faute : alliance et amitié lui seront accordées quand il l'aura mérité. »

CV. Informé de cette réponse, Bocchus écrit à Marius pour le prier de lui envoyer Sylla, qui prononcera comme arbitre sur leurs intérêts communs. Sylla reçoit ordre de partir avec une escorte composée de cavaliers, de fantassins, de frondeurs baléares, puis d'archers et d'une cohorte de Péligniens ; ils sont armés comme les vélites ; ils pourront ainsi accélérer leur marche, et ils seront suffisamment garantis contre les traits légers des Numides. Enfin, après une route de cinq jours, Volux, fils de Bocchus, se montre tout à coup dans ces vastes plaines avec mille chevaux tout au plus. Cette troupe éparse et sans ordre paraît à Sylla et à tous ses soldats beaucoup plus nombreuse. On craint que ce ne soit l'ennemi. Chacun prend aussitôt son poste, dispose ses traits, ses armes, et se tient prêt ; mais ce léger accès de crainte cède bientôt à l'espérance, sentiment naturel à des vainqueurs en présence de ceux qu'ils avaient souvent vaincus. Cependant des cavaliers, envoyés en reconnaissance, annoncent, ce qui était en effet, qu'on n'avait à craindre aucune hostilité.

CVI. Volux arrive, et, s'adressant au questeur, se dit envoyé par son père au devant des Romains pour leur servir d'escorte. Ils marchent donc sans crainte avec lui jusqu'au lendemain. Mais le jour suivant, à peine a-t-on établi le camp, que tout à coup, sur le soir, le Maure, avec un air de trouble, accourt vers

---

injuriæ memor esse solet. Ceterum Boccho quoniam pœnitet, delicti gratiam facit. Fœdus et amicitia dabuntur quum meruerit. »

CV. Quis rebus cognitis, Bocchus per litteras a Mario petivit uti Sullam ad se mitteret, cujus arbitratu de communibus negotiis consuleretur. Is missus cum præsidio equitum atque peditum, funditorum balearium; præterea sagittarii et cohors peligna cum velitaribus armis, itineris properandi caussa; neque his secus, atque aliis armis, advorsum tela hostium, quod ea levia sunt, muniti. Sed itinere, quinto denique die, Volux, filius Bocchi, repente in campis patentibus cum mille non amplius equitibus sese ostendit; qui, temere et effuse euntes, Sullæ aliisque omnibus et numerum ampliorem vero, et hostilem metum efficiebant. Igitur sese quisque expedire, arma atque tela tentare, intendere; timor aliquantus, sed spes amplior, quippe victoribus, et advorsum eos quos sæpe vicerant. Interim equites exploratum præmissi rem, uti erat, quietam nuntiant.

CVI. Volux adveniens quæstorem adpellat, se a patre Boccho obviam illis, simul et præsidio missum. Deinde eum et proxumum diem sine metu conjuncti eunt. Post, ubi castra locata, et die vesper erat, repente Maurus incerto voltu ad

Sylla. « Il vient d'apprendre par ses éclaireurs que Jugurtha n'est pas loin, » il faut donc fuir secrètement avec lui pendant la nuit; il l'en conjure avec instance.

Le Romain répond avec fierté : Il ne peut craindre le Numide, vaincu tant de fois par ses armes; il se repose entièrement sur la bravoure des siens; même, dans le cas d'un désastre inévitable, il demeurerait pour ne point trahir ceux qu'il commande, ni conserver, par une fuite honteuse, une vie incertaine, et que pourrait, quelques instants plus tard, terminer la première maladie. Au surplus, il approuve le conseil que lui donne Volux, de lever le camp pendant la nuit, et ordonne aussitôt que les soldats, après avoir soupé, allument dans le camp le plus de feux qu'ils pourront, et qu'ensuite à la première veille ils partent en silence. Tous étaient accablés des fatigues de cette marche nocturne ; et Sylla, au lever du soleil, traçait déjà son camp, lorsque des cavaliers maures annoncent que Jugurtha a pris position à environ deux mille pas devant eux. A cette nouvelle, l'épouvante gagne nos soldats, ils se croient trahis par Volux, environnés d'ambuscades : quelques-uns même parlent de faire justice du traître, et de ne pas laisser un tel attentat sans vengeance.

CVII. Sylla partage ces soupçons; toutefois il protége le Maure contre toute violence : il exhorte les siens « à conserver leur courage : plus d'une fois, leur dit-il, une poignée de braves a triomphé d'ennemis sans nombre; moins vous vous épargnerez dans le combat, moins vous aurez à craindre; quelle honte pour le guerrier, dont les bras sont armés, de chercher une défense

---

Sullam adcurrit : « sibi ex speculatoribus cognitum Jugurtham haud procul abesse : » simul, uti noctu clam secum profugeret, rogat atque hortatur.

Ille animo feroci negat se toties fusum Numidam pertimescere : virtuti suorum satis credere; etiam si certa pestis adesset, mansurum potius quam, proditis quos ducebat, turpi fuga incertæ ac forsitan post paullo morbo interituræ vitæ parceret. Ceterum ab eodem monitus, uti noctu proficiscerentur, consilium adprobat, ac statim milites cœnatos esse, in castris ignis quam creberrumos fieri, dein prima vigilia silentio egredi jubet. Jamque nocturno itinere fessis omnibus, Sulla pariter cum ortu solis castra metabatur, quum equites mauri nuntiant, Jugurtham circiter duum millium intervallo ante consedisse. Quod postquam auditum, tum vero ingens metus nostros invadit; credere proditos a Voluce et insidiis circumventos. Ac fuere qui dicerent manu vindicandum, neque apud illum tantum scelus inultum relinquendum.

CVII. At Sulla, quanquam eadem æstumabat, tamen ab injuria Maurum prohibet: suos hortatur, « uti fortem animum gererent; sæpe antea paucis strenuis advorsum multitudinem pugnatum; quanto sibi in prœlio minus pepercissent,

dans ses pieds, qui sont sans armes, et de tourner à l'ennemi, par l'excès de la crainte, la partie du corps qui ne peut ni voir ni parer les coups! » Ensuite, après avoir pris le grand Jupiter à témoin du crime et de la perfidie de Bocchus, il ordonne à Volux, puisqu'il a agi en ennemi, de sortir du camp. Volux le conjure, les larmes aux yeux, « de renoncer à une telle pensée; il lui proteste qu'il ne l'a trahi en rien : il faut tout imputer à la sagacité de Jugurtha, qui, par ses espions, avait eu sans doute connaissance de sa marche. Il ajoute que Jugurtha, qui n'a point une troupe considérable, et qui n'a de ressource et d'espoir que dans Bocchus, n'osera rien ouvertement en présence du fils de son protecteur : le meilleur parti lui semble donc de passer hardiment au milieu du camp de Jugurtha. Quant à lui, soit qu'on détache en avant, soit qu'on laisse en arrière l'escorte de ses Maures, il ira seul avec Sylla. » Un tel expédient, dans l'embarras où l'on se trouve, est adopté. Les Romains se mettent en marche à l'instant. Surpris de leur arrivée imprévue, Jugurtha hésite, reste en suspens; ils passent sans obstacle, et arrivent en peu de jours à leur destination.

CVIII. Auprès de Bocchus était alors un Numide, nommé Aspar, admis dans son intime familiarité. Jugurtha l'avait envoyé pour défendre ses intérêts et pour épier avec adresse les desseins du roi maure, sitôt qu'il avait appris que Sylla avait été mandé par ce prince. Près de Bocchus était aussi Dabar, fils de Massugrada, de la famille de Masinissa (129), mais illégitime du côté maternel, car son père était né d'une concubine. Les agré-

---

tanto tutiores fore; nec quemquam decere, qui manus armaverit, ab inermis pedibus auxilium petere, in maxumo metu nudum et cæcum corpus ad hostis vortere. » Deinde Volucem, quoniam hostilia faceret, maxumum Jovem obtestatus, ut sceleris atque perfidiæ Bocchi testis adesset, castris abire jubet. Ille lacrumans orare, « ne ea crederet; nihil dolo factum, magis calliditate Jugurthæ, cui videlicet speculanti iter suum cognitum esset. Ceterum, quoniam neque ingentem multitudinem haberet, et spes opesque ejus ex patre suo penderent, illum nihil palam ausurum, quum ipse filius adesset; quare optumum factum videri, per media ejus castra palam transire; sese, vel præmissis, vel ibidem relictis Mauris, solum cum Sulla iturum. » Ea res, ut in tali negotio, probata, ac statim profecti; quia de improviso acciderant, dubio atque hæsitante Jugurtha, incolumes transeunt. Deinde, paucis diebus, quo ire intenderant, perventum.

CVIII. Ibi cum Boccho Numida quidam, Aspar nomine, multum et familiariter agebat : præmissus ab Jugurtha, postquam Sullam accitum audierat, orator, et subdole speculatum Bocchi consilia; præterea Dabar Massugradæ filius, ex gente Masinissæ, ceterum materno genere impar (nam pater ejus ex concubina ortus

ments de son esprit le rendaient cher et agréable à Bocchus, qui, ayant eu plusieurs fois l'occasion de reconnaître son attachement pour Rome, l'envoya aussitôt annoncer à Sylla qu'il était prêt à faire tout ce que demanderait le peuple romain ; que Sylla fixât lui-même le jour, le lieu, le moment d'une entrevue ; aucun engagement antérieur n'entraverait leur délibération : la présence de l'envoyé de Jugurtha ne devait lui causer aucun ombrage : on ne l'avait appelé que pour rendre leur négociation plus facile ; c'était, d'ailleurs, le meilleur moyen de prévenir les entreprises de ce prince artificieux. Quant à moi, j'en suis convaincu, Bocchus, agissant d'après la foi punique (130) plutôt que d'après les motifs qu'il mettait en avant, amusait en même temps les Romains et le Numide par l'espérance de la paix ; longtemps il délibéra en lui-même s'il livrerait Jugurtha aux Romains, ou Sylla au Numide, et ses affections, qui nous étaient contraires, ne cédèrent qu'à la crainte, qui parla pour nous (131).

CIX. Sylla répond qu'il dira peu de choses en présence d'Aspar : le reste se traitera en secret, avec le roi seul, ou avec le moins possible de témoins ; il dicte en même temps la réponse que Bocchus devra lui faire publiquement. L'entrevue ayant donc lieu comme il l'avait demandé, Sylla dit qu'il a été envoyé par le consul pour demander à Bocchus s'il voulait la paix ou la guerre. Alors le roi, comme on le lui a prescrit, ordonne à Sylla de revenir dans dix jours : il n'a encore pris aucune détermination, mais il donnera alors sa réponse ; puis ils se séparent et retournent dans leur camp. Mais, bien avant dans la nuit, Bocchus mande en secret Sylla ; ils n'admettent l'un et

---

erat), Mauro ob ingenii multa bona carus acceptusque : quem Bocchus fidum Romanis multis antea tempestatibus expertus, illico ad Sullam nuntiatum mittit, « paratum sese facere quæ populus romanus vellet : colloquio diem, locum, tempus ipse deligeret ; consulta sese omnia cum illo integra habere ; neu Jugurthæ legatum pertimesceret ; quo res communis licentius gereretur ; nam ab insidiis ejus aliter caveri nequivisse. » Sed ego comperior Bocchum magis punica fide, quam ob quæ prædicabat, simul Romanos et Numidam spe pacis adtinuisse, multumque cum animo suo volvere solitum, Jugurtham Romanis, an illi Sullam traderet ; lubidinem advorsum nos, metum pro nobis suasisse.

CIX. Igitur Sulla respondit : « pauca coram Aspare locuturum ; cetera occulte, aut nullo, aut quam paucissumis præsentibus ; » simul edocet quæ responderentur. Postquam, sicuti voluerat, congressi, dicit : « se missum a consule venisse quæsitum ab eo pacem an bellum agitaturus foret. » Tum rex, uti præceptum, post diem decimum redire jubet ; ac nihil etiam nunc decrevisse, sed illo die responsurum. Deinde ambo in sua castra digressi. Sed ubi plerumque noctis processit, Sulla a Boccho occulte arcessitur : ab utroque tantummodo fidi

l'autre que des interprètes sûrs, et pour médiateur Dabar, homme irréprochable (132), également estimé de tous deux. Dès l'abord Bocchus adresse à Sylla ces paroles :

CX. « Monarque le plus puissant de ces contrées et de tous les rois que je connais, je n'ai jamais pensé que je pusse un jour avoir des obligations à un simple particulier. Oui, Sylla, avant de vous avoir connu, j'ai souvent accordé mon appui aux uns quand ils me l'ont demandé, aux autres de mon propre mouvement, et jamais je n'ai eu besoin de celui de personne. J'ai perdu cet avantage ; mais, loin de m'en affliger comme feraient bien d'autres, je m'en félicite, et je m'estimerai heureux d'avoir eu besoin de votre amitié, que mon cœur préfère à tout. Oui, vous pouvez me mettre à l'épreuve : armes, soldats, trésors, prenez tout, disposez de tout ; tant que vous vivrez, ne croyez pas que ma reconnaissance soit jamais satisfaite, elle sera toujours entière ; enfin, quels que soient vos souhaits, si j'en suis informé, vous ne les formerez pas en vain ; car, à mon avis, il est plus humiliant pour un roi d'être vaincu en générosité que par les armes. Quant aux intérêts de Rome, dont vous êtes auprès de moi le mandataire, voici en peu de mots ma déclaration. Je n'ai point fait, je n'ai jamais eu l'intention de faire la guerre au peuple romain : mes frontières ont été attaquées : je les ai défendues les armes à la main ; mais je passe là-dessus, puisque vous le désirez ; faites comme vous l'entendrez la guerre à Jugurtha. De mon côté, je ne franchirai pas le fleuve Mulucha, qui servait de limite entre Micipsa et moi, et j'empêcherai Jugurtha de le traverser. Au reste, si vous me faites

---

interpretes adhibentur : præterea Dabar internuntius, sanctus vir et ex sententia ambobus. Ac statim sic rex incipit :

CX. «Nunquam ego ratus sum fore, uti rex maximus in hac terra, et omnium quos novi, privato homini gratiam deberem. Et hercle, Sulla, ante te cognitum, multis orantibus, aliis ultro egomet opem tuli ; nullius indigui. Id imminutum, quod ceteri dolere solent, ego lætor : fuerit mihi pretium eguisse aliquando amicitiæ tuæ, qua apud animum meum nihil carius habeo. Id adeo experiri licet : arma, viros, pecuniam, postremo quidquid animo lubet, sume, utere ; et, quoad vives, nunquam redditam gratiam putaveris ; semper apud me integra erit : denique nihil, me sciente, frustra voles. Nam ut ego æstumo, regem armis quam munificentia vinci, minus flagitiosum. Ceterum de republica vestra, cujus curator huc missus es, paucis accipe. Bellum ego populo romano neque feci, neque factum unquam volui : finis meos adversum armatos armis tutus sum. Id omitto, quando vobis ita placet : gerite, uti voltis, cum Jugurtha bellum. Ego flumen Mulucham, quod inter me et Micipsam fluit, non egrediar ; neque Ju-

quelque demande digne de Rome et de moi, vous n'essuierez point un refus. »

CXI. A ce discours Sylla répond, sur ce qui lui est personnel, en peu de mots et avec réserve : il s'étend beaucoup sur la paix et sur les intérêts des deux nations. Enfin, il déclare franchement au roi « que toutes ses promesses ne toucheront guère le sénat ni le peuple romain, qui ont eu sur lui l'avantage des armes; il lui faut donc faire quelque chose qui paraisse plus dans l'intérêt de Rome que dans le sien ; il en a, dès l'instant même, le moyen, puisqu'il peut s'assurer de la personne de Jugurtha ; s'il le livre aux Romains, alors on lui aura de réelles obligations; l'amitié de Rome, son alliance, une partie de la Numidie, qu'il peut demander dès à présent, tout cela va sur-le-champ être à lui. » Bocchus, au premier abord, refuse vivement : « Le voisinage, la parenté, une alliance enfin, sont pour lui de puissants obstacles; il craint même, s'il manque à sa foi, de s'aliéner ses propres sujets, qui ont de l'affection pour Jugurtha et de l'éloignement pour les Romains. » Cependant, lassé des instances réitérées de Sylla, il promet, d'assez bonne grâce, de faire tout ce que voudra celui-ci. Du reste, tous deux arrêtent leurs mesures pour faire croire à la paix, que désire ardemment le Numide, fatigué de la guerre. Leur perfide complot ainsi concerté, ils se séparent.

CXII. Le lendemain, le roi mande Aspar, l'envoyé de Jugurtha ; il lui dit qu'il a, « par l'organe de Dabar, appris de Sylla que l'on peut, au moyen d'un traité, mettre fin à la guerre ; qu'il ait donc à demander à son maître quelles sont ses inten-

---

gurtham id intrare sinam : præterea, si quid meque vobisque dignum petiveris, haud repulsus abibis. »

CXI. Ad ea Sulla pro se breviter et modice, de pace et de communibus rebus multis disseruit. Denique regi patefacit, « quod polliceatur, senatum et populum romanum, quoniam amplius armis valuissent, non in gratiam habituros : faciundum aliquid, quod illorum magis, quam sua, retulisse videretur. Id adeo in promptu esse, quoniam Jugurthæ copiam haberet : quem si Romanis tradidisset, fore ut illi plurimum deberetur ; amicitiam fœdus, Numidiæ partem, quam nunc peteret, ultro adventuram. » Rex primo negitare : «, adfinitatem, cognationem, præterea fœdus intervenisse : ad hoc metuere ne, fluxa fide usus, popularium animos avorteret; quis et Jugurtha carus, et Romani invisi erant. » Denique sæpius fatigatus, leniter et ex voluntate Sullæ omnia se facturum promittit. Ceterum ad simulandam pacem, cujus Numida, defessus bello, avidissumus, quæ utilia visa, constituunt. Ita, composito dolo, digrediuntur.

CXII. At rex postero die Asparem, Jugurthæ legatum, adpellat : « sibi per Dabarem ex Sulla cognitum posse conditionibus bellum componi : quamobrem

tions. » Aspar, joyeux, se rend au camp de Jugurtha. Il en reçoit des instructions sur tous les points, et, hâtant son retour, il arrive, au bout de huit jours, auprès de Bocchus. Voici ce qu'il annonce : « Jugurtha accédera volontiers à tout ce que l'on exigera ; il a peu de confiance en Marius; plus d'une fois déjà, ses traités, conclus avec les généraux romains, n'ont point été ratifiés ; au surplus, si Bocchus veut travailler pour leurs intérêts communs, et arriver à une paix définitive, il doit faire en sorte que toutes les parties intéressées aient une entrevue, comme pour négocier, et là il livrera Sylla à Jugurtha ; dès qu'un personnage si important sera entre ses mains, le sénat et le peuple romain voudront à tout prix faire la paix, et n'abandonneront pas un patricien illustre, que son zèle pour l'État, et non sa lâcheté, aurait fait tomber au pouvoir de l'ennemi. »

CXIII. A cette proposition, le Maure reste plongé dans une longue rêverie; il promet enfin. Pensait-il à tromper Jugurtha? était-il de bonne foi? C'est ce que nous ne saurions décider. Chez les rois, les résolutions sont, la plupart du temps, aussi mobiles qu'absolues, souvent tout à fait contradictoires. Ensuite, à des heures et dans un lieu convenus, Bocchus mande auprès de lui tantôt Sylla, tantôt l'envoyé de Jugurtha ; il les accueille tous deux avec bienveillance, et leur fait les mêmes promesses : l'un et l'autre sont également pleins de joie et d'espérance. Dans la nuit qui précéda le jour fixé pour la conférence, le Maure appela près de lui ses amis; puis, prenant un autre parti, il les congédia aussitôt. Livré ensuite, dit-on, à

---

regis sui sententiam exquireret. » Ille lætus in castra Jugurthæ venit. Deinde ab illo cuncta edoctus, properato itinere, post diem octavum redit ad Bocchum, et ei nuntiat, « Jugurtham cupere omnia quæ imperarentur, facere; sed Mario parum confidere; sæpe antea cum imperatoribus romanis pacem conventam frustra fuisse. Ceterum Bocchus, si ambobus consultum et ratam pacem vellet, daret operam ut una ab omnibus, quasi de pace, in colloquium veniretur; ibique sibi Sullam traderet. Quum talem virum in potestatem haberet, fore uti, jussu senatus atque populi romani fœdus fieret : neque hominem nobilem, non sua ignavia, sed ob rempublicam, in hostium potestate relictum iri. »

CXIII. Hæc Maurus secum ipse diu volvens, tandem promisit. Ceterum dolo, an vere, parum comperimus. Sed plerumque regiæ voluntates, ut vehementes, sic mobiles, sæpe ipsæ sibi adversæ. Postea tempore et loco constituto, Bocchus Sullam modo, modo Jugurthæ legatum adpellare, benigne habere, idem ambobus polliceri; illi pariter læti, ac spei bonæ pleni. Sed, nocte ea, quæ proxuma fuit ante diem colloquio decretum, Maurus, adhibitis amicis, ac statim, immutata voluntate, remotis, dicitur secum ipse multa agitavisse, voltu, colore,

mille réflexions, il changeait, à chaque résolution nouvelle, de contenance et de visage, trahissant ainsi, malgré son silence, les secrètes agitations de son âme.

Il finit pourtant par faire venir Sylla, et prend avec lui des dispositions pour la perte du Numide. Ensuite, dès que le jour fut venu, informé de l'approche de Jugurtha, Bocchus, avec quelques amis et notre questeur, sort au devant du prince comme pour lui faire honneur, et se place sur une éminence d'où il pouvait être vu très-facilement des exécuteurs du complot. Le Numide s'y rend aussi, accompagné de la plupart de ses amis, et sans armes, selon la convention. Tout à coup, à un signal donné, la troupe sort de l'embuscade et enveloppe Jugurtha de toutes parts. Tous ceux de sa suite sont égorgés; il est chargé de chaînes et livré à Sylla, qui le mène à Marius (133).

CXIV. Vers ce même temps, nos généraux Q. Cépion et M. Manlius se firent battre par les Gaulois. A cette nouvelle, toute l'Italie trembla d'effroi. Les Romains avaient alors, comme de nos jours, la pensée que tous les autres peuples doivent céder à leur courage, mais qu'avec les Gaulois, quand on combat, il ne s'agit plus de gloire, mais du salut de la République. Dès qu'on sut à Rome la guerre de Numidie terminée, et que Jugurtha y était amené chargé de chaînes, Marius, quoique absent, fut nommé consul (154), et on lui décerna le département de la Gaule. Ensuite, aux calendes de janvier, il triompha consul (135), ce qui était une haute distinction. En lui résidaient alors la force et l'espoir de la République.

ac motu corporis pariter, atque animo varius; quæ scilicet, tacente ipso, occulta pectoris patefecisse.

Tamen postremo Sullam arcessiri jubet, et ex ejus sententia Numidæ insidias tendit. Deinde, ubi dies advenit, et ei nuntiatum est Jugurtham haud procul abesse, cum paucis amicis et quæstore nostro, quasi obvius honoris caussa, procedit in tumulum facillumum visu insidiantibus. Eodem Numida cum plerisque necessariis suis, inermus, ut dictum, accedit; ac statim, signo dato, undique simul ex insidiis invaditur. Ceteri obtruncati : Jugurtha Sullæ vinctus traditur, et ab eo ad Marium deductus.

CXIV. Per idem tempus advorsum Gallos, ab ducibus nostris, Q. Cæpione et M. Manlio male pugnatum. Quo metu Italia omnis contremuerat. Illique, et inde ad nostram memoriam Romani sic habuere : alia omnia virtuti suæ prona esse; cum Gallis pro salute, non pro gloria, certare. Sed postquam bellum in Numidia confectum, et Jugurtham vinctum adduci Romam nunciatum est; Marius consul absens factus, et ei decreta provincia Gallia : isque kalendis januariis magna gloria consul triumphavit. Ea tempestate spes atque opes civitatis in illo sitæ.

FIN DE LA GUERRE DE JUGURTHA.

NOTES

DE LA GUERRE DE JUGURTHA.

(1) ..... Des sujets de la république.....

Le mot de *parentes* (venant de *parere*, obéir) signifie ici les sujets, et non les parents ; nous verrons plus bas (ch. cii) ce mot dans le même sens : *Nam parentes abunde habemus.*

(2) ..... Mille autres mesures de rigueur.....

Ici, selon le président de Brosses, Salluste paraît avoir en vue Sylla, dont le but, en s'emparant du pouvoir despotique, fut à la fois de se venger de ses ennemis et de faire triompher sa faction, puis de remettre en vigueur les anciennes lois, et de remédier aux désordres que les tumultes du parti populaire avaient introduits dans la république. Le Père d'Otteville prétend que c'est à César que notre historien faisait allusion.

(3) ..... Q. Maximus, P. Scipion.

Il s'agit ici de Q. Fabius Maximus Verrucosus, surnommé *Cunctator*, et du premier Africain.

(4) ..... Masinissa, roi des Numides.

Gala régnait en Numidie au temps de la seconde guerre punique, et fut père de Masinissa. Syphax était alors roi des Massésyliens ou Numides orientaux. La guerre s'étant allumée en Espagne entre les Carthaginois et les Romains, les deux Scipions se liguèrent avec Syphax. Les Carthaginois, de leur côté, s'allièrent avec Gala, et Sophonisbe, fille d'Asdrubal Giscon, fiancée à Masinissa, fut comme le nœud de cette alliance. Masinissa, après avoir ravagé la Numidie de Syphax, et forcé ce prince à s'enfuir en Mauritanie, passe en Espagne à l'armée d'Asdrubal. Syphax en son absence rentra dans ses États, et se rendit à son tour si redoutable aux Carthaginois, que, pour acheter son alliance, ils lui donnèrent en mariage, à l'insu d'Asdrubal, la belle Sophonisbe. Masinissa, qui avait puissamment contribué à la défaite des deux Scipions, outré de cette perfidie, se jeta dans le parti des Romains, et fit alliance avec Scipion l'Africain. Le roi Gala mourut dans l'intervalle : Isalac, le plus âgé de ses frères, lui succéda, selon les lois du royaume. Isalac, que Tite-Live nomme *Æsalcès*, mourut bientôt après, et eut pour successeur Capusa, son fils aîné, en l'absence de Masinissa ; mais il fut tué par Mezetal, autre prince de la famille royale, qui trouva, dans son alliance avec Syphax et les Carthaginois, l'appui de son usurpation. Masinissa, de retour en Afrique, fit d'abord assez malheureusement la guerre contre Mezetal et Syphax. Réduit à ne plus posséder qu'une montagne vers l'orient de la Numidie, il vécut pendant quelque temps plus en brigand qu'en roi : poursuivi dans son dernier asile par Bocchar, lieutenant de Syphax, il fut dangereusement blessé, n'échappa à ses ennemis qu'en traversant une rivière rapide où l'on crut qu'il s'était noyé, et le bruit de sa mort se répandit en Afrique. Après d'autres vicissitudes, il devint, avec deux mille Numides, l'auxiliaire de Scipion l'Africain, et contribua à la défaite d'Asdrubal et à la conquête des États de Syphax. Cette partie de la vie de Masinissa et son funeste hyménée avec Sophonisbe, qui remplissent de si belles pages dans Tite-Live, et qui ont fait le sujet de plusieurs tragédies modernes (du Trissin, de Mairet, de Corneille et de Voltaire, entre autres), sont beaucoup trop connus pour qu'on entre ici dans aucun détail. Après la seconde guerre punique (an 552 de R., 200 av. J. C.), il fut récompensé par les Romains, comme le dit Salluste. Dès l'an 199, ce prince, assuré de trouver des appuis dans le sénat, porta ses prétentions sur divers cantons limitrophes appartenant aux Carthaginois. Pendant cinquante-deux ans que dura encore son règne, il leur fit plusieurs fois la guerre, et leur enleva différents territoires. Enfin, l'an 152, il s'arma pour la dernière fois contre eux, et remporta sur eux, l'an 149, une victoire dont le résultat fut de hâter l'exécution du plan que Rome avait formé pour la destruction de Carthage. Quoique âgé de plus de quatre-vingt-dix ans, Masinissa combattit en personne dans cette journée.

(5) ..... Né d'une concubine.

Il y a ici une équivoque grammaticale : *quem* se rapporte-t-il à Jugurtha ou à Manastabal? qui des deux était né d'une concubine? Tous les traducteurs, à l'exception du président de Brosses, ont pensé que c'était Jugurtha. Beauzée et Lebrun ont motivé leur opinion sur deux passages de Salluste. Cet historien a dit précédemment « après sa mort (de Masinissa), Micipsa, son fils, hérita seul de la couronne, la maladie ayant emporté Gulussa et Manastabal, frères du nouveau roi. » Cette phrase prouve évidemment que Manastabal était héritier légitime de son père, et que ce n'était point lui *que Masinissa avait laissé dans une condition privée, comme étant né d'une concubine*. Plus loin, Salluste (ch. xi) ajoute que *dès longtemps Hiempsal méprisait Jugurtha comme au-dessous de lui, à cause de la tache qu'imprimait à sa naissance la qualité de sa mère*

(6) ..... Scipion

Il s'agit ici de Scipion Émilien, fils de Paul-Émile, petit-fils, par adoption, du grand Scipion l'Africain, et le même qui avait fait le partage de la succession de Masinissa entre ses enfants. Il fut, comme son aïeul d'adoption, surnommé l'*Africain*, après avoir détruit Carthage.

(7) ..... Si je venais à en avoir.

Ces mots, *si genuissem*, négligés par quelques traducteurs, font entendre que Jugurtha avait perdu son père avant que Micipsa eût des enfants.

(8) ..... Dans la maison du premier licteur de Jugurtha.

D'anciens traducteurs ont rendu *proxumus lictor Jugurthæ* par cette expression, *son capitaine des gardes*. Ils n'avaient pas réfléchi que Salluste, qui connaissait bien les mœurs et les coutumes de l'Afrique, n'aurait pas employé cette expression toute romaine, s'il n'avait eu ses motifs. En effet, Masinissa, à qui le sénat de Rome avait décerné les ornements des magistratures curules, avait introduit en Numidie quelques-unes des institutions de Rome ; et, comme des préteurs, des consuls, ce prince et ses successeurs se faisaient probablement précéder par des licteurs armés de faisceaux.

(9) ..... A l'abri de toute espèce de danger.

« Quoique le titre de leur allié (des Romains), dit Montesquieu, fût une espèce de servitude, il était néanmoins très-recherché ; car il était sûr que l'on ne recevrait d'injures que d'eux, et l'on avait sujet d'espérer qu'elles seraient moindres. »

(10) ..... Notre mer.

C'est ainsi que les Romains désignaient la *mer Méditerranée*, parce que leurs possessions l'entouraient en grande partie ou même entièrement. Ils la regardaient comme faisant partie de leur empire ; d'autres l'appelaient *Internum mare* (la mer Intérieure).

(11) ..... Les appelèrent Maures.

Ce changement du nom de *Mède* en celui de *Maure*, n'a rien de conforme aux analogies. Ici Salluste a mal rencontré, ou il a été trompé. Cependant, observe le président de Brosses, il nous apprend lui-même, sans s'en apercevoir, d'où est tiré le nom de *Maure*, lorsqu'il nous dit que ces peuples furent les premiers de la côte d'Afrique qui commercèrent avec l'Espagne. *Maure*, en langage africain, signifie *commerçant*.

(12) ..... Adherbal au milieu des tortures....

Diodore de Sicile, dans un fragment du liv. XXXIV de son *Histoire*, rapporte les démêlés d'Adherbal et de Jugurtha d'une manière tout à fait conforme au récit de Salluste ; mais il ne parle pas de la part que les Italiens eurent à la reddition du malheureux Adherbal. Voici comme il raconte cette catastrophe : « Jugurtha, faisant de nouveaux ouvrages autour de la ville, réduisit, par la famine, son frère à se rendre : de sorte qu'Adherbal, sortant revêtu de ses habits royaux, comme abandonnant le trône, et ne demandant que la vie, ne laissa pas d'être tué par son frère, qui foula en même temps aux pieds et les droits des suppliants et ceux de la parenté la plus proche ; mais, poussant encore plus loin sa vengeance, il fit battre de verges et mourir ensuite tous les Italiens qui avaient été du parti d'Adherbal. »

(13) ..... En vertu de la loi Sempronia.

Cette loi, rendue par un des Gracques, portait que le sénat, avant l'élection des consuls pour l'année suivante, déclarerait d'avance quelles seraient les provinces assignées à ces magistrats.

(14) ..... Se laissa entraîner dans le crime.

Florus a dit que *Jugurtha triompha de la vertu romaine en la personne de Scaurus* (liv. III, ch. II).

(15) ..... Transcrire ici.

Cette expression *perscribere* semblerait donner la preuve que ce discours de Memmius est un monument historique; mais, comme on y reconnaît d'un bout à l'autre les formes et le style de Salluste, il faut bien en conclure, avec les plus savants philologues, que ce mot *perscribere*, qui ne veut dire autre chose que transcrire, est un mensonge gratuit de notre historien.

(16) ..... Ni de scission.

Je me sers du mot *scission*, qui rend exactement le *secessione* de Salluste. Et, en effet, la retraite du peuple sur le mont Sacré, à laquelle il fait allusion ici, n'était rien moins qu'une révolte.

(17) ..... L. Cassius, alors préteur.

Fils d'un consul, L. Cassius Ravilia Longinus avait été consul en 626, puis censeur deux ans après. Il montra dans cette magistrature une telle sévérité, que, bien qu'il ne fût point d'usage de revenir à la charge de préteur, après s'être élevé à des dignités plus considérables, le peuple l'appela de nouveau à cette magistrature, non pour une année seulement, mais pour l'exercer aussi longtemps que dureraient les affaires à l'occasion desquelles on l'avait nommé. Cassius était regardé par les Romains, dit Cicéron, comme le plus intègre et le plus habile des juges qu'ils eussent eus en matière criminelle;

Sa méthode consistait à porter les recherches sur l'homme qui avait eu intérêt au crime, *cui bono fuisset* (*pro Roscio*, cap. xxx). Ailleurs, Cicéron ajoute que ce ne fut point à des manières agréables et généreuses, mais à une sévérité austère, que Cassius dut sa popularité (*Brutus*, cap. xxv). Valère-Maxime dit que le tribunal de ce juge sévère était l'écueil des accusés, *scopulus reorum;* mais sa sévérité était d'autant plus estimable, qu'elle tombait sur les hommes puissants comme sur les simples plébéiens.

(18) ..... Le peuple ainsi joué se retire.

L'histoire romaine n'offre pas d'exemple plus remarquable de l'omnipotence du *veto* des tribuns, et en même temps de l'audacieuse impudence avec laquelle ils en abusaient. C'en était fait de la constitution romaine du moment que des tribuns vendus s'accoutumaient à user, au profit d'une noblesse corrompue et ambitieuse, de cette arme redoutable qui ne leur avait été confiée que dans l'intérêt du peuple et de sa liberté. Toutefois on doit admirer le respect que le peuple porta, dans cette occasion, à l'inviolabilité du tribunat.

(19) ..... De leur épargner des sacrifices.

Dureau Delamalle a traduit ainsi cette phrase : *Plus jaloux de se conserver une couronne que la vie à ses ôtages.* Il a été trop loin; il ne s'agissait pas de la vie pour les ôtages de Bomilcar, mais d'une simple amende, *quam ne multa damnarentur vades*, dit dans ses notes M. Burnouf, en cela d'accord avec Lebrun, de Brosses et d'autres traducteurs plus anciens.

(20) ..... Au jour des comices.

Les comices, à cette époque, se tenaient au milieu de l'année pour que les consuls désignés pussent entrer en charge dès le 1ᵉʳ janvier de l'année suivante.

(21) Cette querelle, qui dura toute l'année...

Le latin porte *quæ dissensio totius anni comitia impediebat*. J'ai entendu cette phrase autrement que les traducteurs qui m'ont précédé, et que les divers commentateurs de Salluste. Ils font tomber le sens de ces mots *totius anni* sur *comitia*; j'ai au contraire cru devoir les appliquer à *dissensio;* voici mes motifs : *comitia totius anni*, qu'on n'a pu rendre jusqu'ici d'une manière claire qu'en traduisant les *comices pour l'élection des magistrats*, me semble une redondance qui n'est point dans le style de Salluste; 2° quelques lignes plus bas, Salluste représente Aulus sortant de ses quartiers d'hiver au mois de janvier, ce qui prouve que la querelle, excitée par les tribuns, dura depuis l'époque ordinaire des comices jusqu'au commencement de l'année suivante, époque à laquelle les nouveaux magistrats devaient prendre possession de leur magistrature. *Voyez la note précédente.*

(22) ..... Aulus dresse des mantelets.

Végèce (liv. IV, ch. xv) donne la description de ces machines appelées par les Romains *vineæ*, et plus tard *militari barbaricoque usu causiæ*, comme l'observe cet auteur. « C'étaient des constructions légères destinées à faciliter au soldat assiégeant l'approche de la muraille. Elles formaient une espèce de cabane portative, soutenue par quatre soliveaux, haute de huit pieds, large de sept, longue de seize, ayant un double toit de planches légères et de claies, disposé en appentis, et recouvert de diverses garnitures molles pour amortir l'effet des projectiles lancés par les assiégés. Les côtés étaient munis de claies d'osier, garnies de cuir cru et de couvertures de laines, afin de les défendre des flèches et du feu. On joignait plusieurs mantelets de suite pour former, par leur assemblage, une espèce de galerie couverte sous laquelle les assiégeants s'avançaient jusqu'au pied de la muraille. Le président de Brosses conjecture ici que les soldats de Metellus employèrent en cette occasion une espèce de mantelets de construction plus simple, appelés *plutei*, pupitres. Cette machine, élevée sur un seul soliveau, n'avait qu'un simple parement destiné à protéger le soldat contre les coups de l'ennemi. »

(23) Élève des terrasses.

Pour élever des terrasses ou cavaliers, on faisait d'abord une enceinte carrée de palissades et de claies capables de retenir la terre. Les assiégeants, protégés par leurs pupitres, *plutei*, y jetaient de la terre, des bois, des fascines, etc., et, quand la surface était unie en forme d'esplanade, on y hissait ou l'on y construisait des tours auxquelles ces terrasses ou cavaliers donnaient plus d'exhaussement

(Végèce, liv. IV, ch. xv). Jules César, dans ses *Commentaires* (liv. II, ch. xii), a, dans la même phrase, renfermé l'énonciation de toutes les machines de siége dont il est question dans Salluste : *Celeriter vineis ad oppidum actis, aggere jacto, turribusque constitutis*, etc.

(24) ..... Comme il fallait les accepter ou mourir.

J'ai adopté ici, pour notre texte, cette version, *quia mortis metu mutabantur*, qui a pour elle l'opinion de M. Burnouf, et qui a été rendue de la manière la plus heureuse par Dureau Delamalle. Ici, l'acception de *mutare* peut être rendue mot à mot par cette expression française : *prendre en échange*. C'est ainsi qu'Horace a dit, liv. I, *Ode* xvii :

> Velox amœnum sæpe Lucretilem
> Mutat Lycæo Faunus.

D'anciennes éditions portent : *quia mortis metu mutabant*. Cette version a été adoptée par plus d'un traducteur, qui a rendu ce membre de phrase par ces mots : *les Romains ébranlés par la crainte de la mort*.

(25) ..... N'a pu être valablement conclu.

Ces mêmes faits sont rapportés par Tite-Live, *Epitome* LXIV; par Florus, liv. III, ch. i; par Eutrope, liv. IV. Ammien Marcellin juge, comme Salluste, que le sénat était en droit de casser ce traité, et qu'il ne fit en cela que suivre l'exemple de ce qui s'était passé lors de la capitulation conclue avec les Samnites, aux Fourches Caudines, ou après le traité fait par Mancinus avec les Numantins. « C'était, observe le président de Brosses, un des grands traits de la politique romaine, que de désavouer, en semblable occasion, les chefs qui avaient traité : bon moyen de toujours gagner et de ne jamais perdre. »

(26) ..... Le peuple décréta cette mesure.

A ces mots que nous avons conservés dans notre texte, *quantaque vi rogationem jusserit*, plus d'un éditeur a ajouté ces mots *decreverit, voluerit*, redondance absolument contraire au style de Salluste, et qui vient de quelques gloses des copistes, trop légèrement adoptées par ces éditeurs. M. Burnouf, dans son édition, en a fait justice.

(27) Les enquêtes ne s'en firent pas moins avec dureté.....

En exécution de la loi de Mamilius, on mit en jugement Calpurnius Bestia, Albinus, Opimius, Caton, petit-fils de Caton le Censeur et de Paul-Émile, et Sergius Galba, célèbre orateur. Les quatre premiers avaient été consuls. Galba était membre du collége des pontifes; tous les cinq furent exilés. Opimius, ce chef si puissant du parti de la noblesse, mourut oublié dans cet exil, que lui du moins avait si bien mérité.

(28) ..... Peu d'années auparavant.

En effet, la destruction de Carthage, qui eut lieu l'an 608 de Rome, précéda de trente-cinq ans la guerre de Jugurtha.

(29) ..... Au sein même du repos et de l'abondance.....

Ces réflexions de Salluste ont un rapport frappant avec celles que présente Florus, au chap. XVII du liv. III de son *Abrégé*, dans lequel il énumère les causes qui conduisirent Rome aux sanglantes séditions des Gracques, de Saturninus, à la guerre Sociale, à celle des Gladiateurs, etc., etc. Lucain (*Pharsale*, liv. Ier, vers 162 et suiv.), Velleius Paterculus (liv. II, ch. Ier), Tacite (*Hist.*, liv. II, ch. XXXVIII), enfin Juvénal, ont à l'envi présenté des réflexions analogues sur les funestes résultats, pour Rome, de la destruction de sa rivale. Salluste (*Catil.* X) reviendra sur ce sujet.

(30) Les parents, les jeunes enfants des soldats.....

On pourrait croire que ce trait est exagéré, si l'on ne voyait Horace condamner le même genre de spoliation :

> Quid, quod usque proximos
> Revellis agri terminos, et ultra
> Limites clientium
> Salis avarus? pellitur paternos
> In sinu ferens deos,
> Et uxor, et vir, sordidosque natos.
> (*Carm.* II, 18.)

(31) ..... Du sein de la noblesse.

Salluste veut parler ici des Gracques, qui étaient de famille patricienne, et tenaient à la noblesse par leurs alliances et par les charges curules dont leurs ancêtres avaient constamment été revêtus depuis la seconde guerre punique. Cette réflexion si politique et si profonde de notre historien a rappelé à M. Burnouf un des plus beaux traits oratoires de Mirabeau. On sait que cet orateur avait répudié sa noblesse pour être élu député du tiers-état. « Dans tous les pays, dans tous les âges, a-t-il dit dans un discours adressé au tiers-état de Provence, les aristocrates ont implacablement poursuivi les amis du peuple; et si, par je ne sais quelle combinaison de la fortune, il s'en est élevé quelqu'un dans leur sein (*ex nobilitate*), c'est celui-là surtout qu'ils ont frappé, avides qu'ils étaient d'inspirer la terreur par le choix de la victime. Ainsi périt le dernier des Gracques de la main des patriciens; mais, atteint du coup mortel, il lança de la poussière vers le ciel en attestant les dieux vengeurs, et de cette poussière naquit Marius. »

(32) ..... D'être associés à la puissance patricienne

Placés entre la noblesse et le peuple, les chevaliers romains étaient trop ambitieux pour se contenter de ce rang intermédiaire; aussi penchaient-ils toujours pour l'ordre sénatorial. C. Gracchus, par la loi Sempronia, les mit en désaccord avec le sénat en leur conférant le pouvoir judiciaire.

(33) ..... Caïus, triumvir.....

Après avoir fait passer la loi Agraire, Tiberius fit nommer trois commissaires pour le partage des terres : c'étaient C. Gracchus son frère, Appius Claudius son beau-père, et Tiberius lui-même.

(34) ..... Par des moyens criminels.

Ici, Salluste relève, avec une impartialité méritoire dans un ennemi de la noblesse, ce qu'il put y avoir de blâmable dans la conduite de C. Gracchus. Le président de Brosses, pour appuyer l'opinion de son auteur, cite à ce sujet une lettre de Cornélie à Caïus son fils, qui prouve combien elle était loin d'approuver ses desseins. Un seul passage indiquera le sens de cette lettre, qu'on trouve dans les fragments de Cornelius Nepos. « Vous résistez à une mère mourante! Vous bouleversez la république! vous dites qu'il est beau de se venger de ses ennemis; certes personne plus que moi n'applaudirait à votre vengeance, si vous pouviez la poursuivre sans compromettre la république, etc. »

(55) ..... Silanus.

M. Julius Silanus fut vaincu dans les Gaules par les Cimbres, l'année même de son consulat. Il fut père de Silanus, consul désigné, en l'année de la conspiration de Catilina.

(36) ..... Metellus.

Q. Cécilius Metellus, surnommé dans la suite le Numidique, de l'illustre maison Cécilia, est, dit le président de Brosses, le seul homme de bien parmi les personnages qui jouent un rôle considérable dans cette histoire. Velleius Paterculus et Cicéron le louent comme orateur et pour ses vertus publiques; Valère-Maxime, Florus, Appien, Aurelius Victor, en un mot tous les auteurs anciens sont remplis de ses éloges. Plutarque avait écrit sa vie, que nous n'avons plus.

(37) ..... Pensant qu'il ne devait pas attendre le concours de son collègue, il dirigea exclusivement toutes ses pensées vers la guerre.....

Ces mots *alia omnia sibi cum collega ratus* n'avaient jusqu'ici été entendus que par un seul traducteur, M. Lebrun. M. Burnouf en a donné l'interprétation la plus satisfaisante dans son commentaire latin; et c'est à lui que je dois d'avoir le premier rendu aussi exactement en français ce membre de phrase où brille l'inimitable concision de Salluste. Traduits littéralement, ces mots veulent dire *pensant que toute autre chose était à faire à lui, avec son collègue, il dirigea*; mais cela ne serait pas supportable en français. J'ai dû y substituer ce gallicisme : *pensant qu'il ne devait pas attendre le concours de son collègue*, etc. Ici, ces mots *alia omnia*, emportent absolument le même sens que cette expression négative *nequaquam hoc*; témoin cette formule pour exprimer que le sénat de Rome n'accueillait point une proposition : *senatus in alia omnia discessit.* On la retrouve dans les lettres de Cicéron, liv. I, *épît.* II : *De tribus legatis, frequentes ierunt in alia omnia;* en français : « à l'égard des trois commissaires, la majorité se déclara pour tout autre parti. » Dans Pline le Jeune, liv. III, *épît.* XIV, cette locution est plusieurs fois citée dans le même sens et comme formule judiciaire : « *Qui hæc sentitis, in hanc partem: qui* ALIA OMNIA, *in illam partem ite, qua sentitis?* » *examina singula verba, expende,* « *qui hæc censetis,* » *hoc est, qui relegandos putatis,* « *in hanc partem,* » *id est in eam in qua sedet qui censuit relegandos.* « *Qui* ALIA OMNIA : » *animadvertis, ut non contenta lex dicere :* « ALIA » *addiderit* OMNIA. *Num ergo dubium est,* ALIA OMNIA *sentire eos, qui occidunt quam qui relegant?* En français : « *Vous qui êtes d'une telle opinion, passez de ce côté : vous qui êtes de toute autre, rangez-vous du côté de celui dont vous suivez l'avis?* Examinez, je vous prie, et pesez chaque mot : *vous qui êtes d'un tel avis,* c'est-à-dire vous qui pensez qu'on doit reléguer les affranchis, *passez de ce côté-là,* c'est-à-dire du côté où est assis l'auteur de cet avis... *Vous qui êtes* DE TOUT AUTRE AVIS. Vous voyez que la loi ne s'est pas contentée de dire D'UN AUTRE, mais de TOUT AUTRE. Or peut-on douter que celui qui ne veut que reléguer est de TOUT AUTRE AVIS que celui qui veut qu'on fasse mourir? » Revenons à la phrase de Salluste : *sibi cum collega (esse)* est une locution analogue à celle-ci : *quid mihi tecum?* ainsi, comme l'a observé M. Burnouf, il était bien inutile de charger le texte de Salluste du mot *communia,* qu'on ne trouve dans aucun manuscrit.

(38) ..... Le blé des distributions publiques.

On distribuait au soldat romain non du pain chaque jour, mais du blé pour un mois. De Brosses évalue à soixante livres de blé la ration de chaque soldat d'infanterie. Le cavalier recevait sept médimnes d'orge par mois et deux de froment. Le médimne fait environ la moitié du sétier de France.

(39) ..... Ou de tout autre aliment cuit.

« Q. Metellus, dit Frontin (*Stratag.,* liv. IV, ch. I), dans la guerre de Jugurtha rétablit la discipline par une pareille sévérité : il défendit aux soldats d'user d'autres viandes que de celles qu'ils avaient eux-mêmes fait rôtir ou bouillir. »

(40) ..... Portât lui-même ses vivres et ses armes.

« Le soldat romain, dit Cicéron (*Tusc.*, liv. II, ch. xvi), marche extraordinairement chargé. Il faut qu'il porte tous ses ustensiles et ses vivres pour plus de quinze jours, outre les pieux et les palissades pour enclore le camp, en arrivant le soir. On ne parle pas du bouclier, du casque, ni du reste de l'armure, qui ne sont pas plus comptés, dans le poids que le soldat porte, que ses bras et ses mains : car le proverbe militaire dit que les armes sont les membres du soldat. » *Voyez* encore Valère-Maxime, liv. II, ch. vii, n° 2.

(41) ..... Dans l'appareil des suppliants.

Ces mots *cum suppliciis* signifient ou *supplications* orales, ou cet appareil de suppliants qui consistait à se présenter à l'ennemi avec des branches d'olivier ou de verveine pour demander la paix.

(42) ..... Une réponse conforme aux désirs de leur roi.

« Metellus, faisant la guerre à Jugurtha, dit Frontin, engagea les ambassadeurs que lui envoya ce prince à trahir leur maître. D'autres leur ayant succédé, il en agit de même, aussi bien qu'avec ceux qui vinrent vers lui en troisième lieu ; mais, s'il ne put réussir à ce que Jugurtha lui fût livré vivant, il n'en retira pas moins un avantage réel de toutes ces trahisons : car, les lettres qu'il avait écrites aux confidents du roi ayant été interceptées, Jugurtha sévit contre eux tous ; et, après s'être privé de ses conseillers, de ses amis, il ne put en trouver d'autres. » (*Strat.*, liv. I, ch. viii, n° 8.) Ce n'était pas à de semblables ruses que descendaient les Camille et les Fabricius ; et cependant Metellus passait pour l'un des hommes les plus vertueux de son temps! Ce qui choque encore davantage les idées que nous avons de la morale et du droit des gens, c'est de voir Salluste ne pas désapprouver une semblable perfidie, et Frontin la confondre avec les stratagèmes qu'autorise la guerre, et la citer pour modèle.

(43) ..... C. Marius.

Il naquit à Cirréaton, petit village du territoire d'Arpinum. Il était fils de Marius Gratidius, dont la sœur avait épousé Tullius Cicéron, aïeul du célèbre orateur. La famille de Marius ayant été de tout temps sous la clientèle de la maison Cécilia, ses parents l'envoyèrent à Rome, et le mirent sous la protection de Metellus, dont il devait payer les bontés par la plus horrible ingratitude. Il fit ses premières armes à Numance, sous Scipion Émilien, qui ne tarda pas à deviner un grand capitaine dans l'obscur centurion d'Arpinum. Quelques années après, l'an 634 de Rome, Marius obtint le tribunat par la protection de Metellus; et c'est dès lors qu'il commença à se déclarer l'ennemi de la noblesse. Ayant proposé sur les élections une loi contraire à l'autorité des patriciens, il alla jusqu'à menacer de la prison le consul Cotta et Metellus son bienfaiteur, s'ils continuaient à s'y opposer. Au sortir du tribunat, il brigua vainement l'édilité curule ; puis, s'étant le même jour rabattu sur l'édilité plébéienne, il essuya un second refus ; mais, peu découragé par ce double revers, il demanda quelque temps après la préture, et ne l'obtint qu'en achetant les suffrages du peuple. Accusé pour ce délit, il échappa, par le partage égal des voix, à la condamnation qu'il méritait. Marius tint une conduite honorable dans sa préture et dans le gouvernement de l'Espagne, d'où il revint pauvre. De retour à Rome, malgré son défaut d'éloquence et de fortune, il acquit une grande considération par sa fermeté, son énergie et la simplicité de sa manière de vivre. Ces qualités le firent admettre dans la maison Julia, et il épousa la tante de Jules César. Lors de la guerre de Numidie, Metellus, qui aimait Marius et le connaissait pour un très-habile officier, le choisit pour son lieutenant.

(44) ..... Les vélites.

C'étaient de jeunes soldats agiles et vigoureux, dressés à la manœuvre de la cavalerie et de l'infanterie. Tite-Live (liv. XXVI, ch. iv), Valère-Maxime (liv. II, ch. iii, n° 3) et Frontin (liv. IV, ch. vii, n° 29) nous apprennent que cette milice fut inventée par le centurion Q. Névius, au siége de Capoue, pendant la seconde guerre punique (an de Rome 542). Valère-Maxime ajoute que, de son temps, on honorait encore la mémoire de cet habile officier. Appien d'Alexandrie (*de Bellis punic.*) et Végèce (liv. III, ch. xxiv) attestent qu'on employait les vélites pour porter le désordre dans les corps d'éléphants. Ce nom de *velites* venait de *volitare, quasi volitantes*, a prétendu un des glossateurs du texte de Végèce; *velites dicuntur expediti milites*, dit Festus, au texte duquel se trouve cette glose non moins suspecte : *quasi volites, id est volantes*.

(45) ..... Pour s'assurer l'avantage d'une place d'armes.

Il y a dans notre texte *et si paterentur opportunitates loci, etc.* Ce passage a donné lieu à une grande variété de versions : les uns, comme d'Otteville, Lebrun et M. Burnouf, adoptent *et si paterentur opportunitates loci;* d'autres, comme M. Mollevaut, ajoutent le mot *opperiundi* à cette phrase, qu'ils écrivent ainsi : *et opperiundi si paterentur opportunitates loci.* J'ai suivi la version adoptée par Beauzée et Dureau Delamalle ; mais, quelle que soit celle que l'on choisisse, il faut toujours beaucoup d'efforts pour comprendre la pensée de Salluste, que l'excessive concision du style dérobe presque au lecteur.

(46) ..... Du milieu s'élève une espèce de colline.

Le président de Brosses, qui, du reste, donne des explications si satisfaisantes sur la bataille de Muthul, me paraît avoir mal compris ce passage : c'était du milieu de la montagne, et non pas du milieu de la plaine intermédiaire, que s'élevait cette colline. Cela posé, il est assez facile de comprendre le récit de la bataille que raconte ici Salluste. Au reste, j'ai pour moi l'autorité de d'Otteville, Beauzée, M. Mollevaut, M. Burnouf. Lebrun et Dureau Delamalle ont entendu comme de Brosses.

(47) ..... Tous les escadrons et toutes les compagnies.

Singulas turmas atque manipulos. On a blâmé Salluste d'avoir employé ces termes de la tactique romaine pour désigner les divers corps de l'armée numide : ce reproche me paraît peu fondé. Depuis le règne de Masinissa, les rois numides s'étaient attachés à établir dans leurs États des coutumes et des dénominations romaines. C'est ainsi que, dans des précédents chapitres, Salluste nous a parlé du *premier licteur de Jugurtha*, des *préfets* de ce prince. Ne se rappelle-t-on pas qu'après la seconde guerre punique le sénat envoya à Masinissa les ornements des magistratures curules, et que ce prince se fit gloire de s'en revêtir ?

(48) ..... Rutilius.

Publius Rutilius Rufus « était, dit Velleius Paterculus, le plus honnête homme, non-seulement de son siècle, mais qui ait jamais vécu. » On le regardait comme le plus versé de tous les Romains dans la philosophie stoïque, qu'il avait étudiée sous Panétius. Cicéron rappelle avec éloge la gravité digne avec laquelle Rutilius parlait en public. Il servit avec distinction en qualité de tribun militaire au siége de Numance, sous les ordres de Scipion Émilien. Plus tard il fut questeur de Mucius Scévola, ce vertueux personnage qui, dans le gouvernement de l'Asie, montra tant d'équité, de douceur et de désintéressement. Il fut ensuite tribun du peuple, puis préteur; enfin Metellus le choisit pour son lieutenant. Quand on eut ôté à celui-ci le commandement de la guerre de Numidie, Rutilius revint à Rome, ne voulant pas servir sous Marius. Consul l'an 648 de Rome, il forma les troupes avec lesquelles Marius vainquit les Cimbres. En 660, il prit avec chaleur la défense de la province d'Asie contre les vexations des publicains. Dès ce moment il se vit en butte à la haine des chevaliers romains, qui lui intentèrent une accusation de péculat. Il se défendit avec simplicité, sans descendre à l'attitude de suppliant. Malgré son innocence reconnue, il fut déclaré convaincu, et se retira à Smyrne, où il passa le reste de ses jours, entièrement livré à l'étude. Lorsque Mithridate fit massacrer tous les citoyens romains qui se trouvaient en Asie, Rutilius eut le bonheur d'échapper à la mort. Sylla, vainqueur de Mithridate, lui proposa de revenir à Rome avec lui; Rutilius s'y refusa « pour ne pas faire, dit Valère-Maxime, quelque chose contre les lois. » Durant son exil, il écrivit en langue grecque l'histoire romaine de son temps. Il composa ses Mémoires, dont Tacite fait l'éloge dans la *Vie d'Agricola*.

(49) ..... La tête de la colonne.

Ici, par le mot *principes*, il ne faut pas entendre les *princes*, c'est-à-dire le corps de troupes qui portait ce nom, mais bien ceux qui marchaient les premiers.

(50) ..... Profitant de l'avantage du nombre.

Cortius, et après lui Desmares, le Masson, de Brosses, d'Otteville, Lebrun, Mollevaut et Burnouf appliquent aux Numides ces mots *numero priores*. Beauzée et Dureau Delamalle les font rapporter aux Romains. La construction de la phrase, et même l'intelligence du sens, n'excluent ni l'une ni l'autre de ces deux explications; mais, dans le doute, je me suis décidé pour celle qui compte en sa faveur la majorité des suffrages.

(51) ..... Quatre cohortes légionnaires.

C'est mal à propos que Salluste se sert du mot *cohortes;* car la division des légions en cohortes est postérieure à la bataille de Muthul, puisqu'elle fut l'ouvrage de Marius pendant son second consulat, deux ans après cette bataille, l'an de Rome 647. Au reste, ce genre d'inadvertance est très-commun chez les historiens anciens; Tite-Live l'a commise fort souvent à l'occasion des cohortes. Ainsi, dans son liv. XXIV, ch. xxxiv, en racontant le siége de Syracuse, il fait mention des *vélites,* qui ne furent institués que deux ans après.

(52) ..... Il exhorte les siens.

Une des grandes difficultés pour les traducteurs d'auteurs latins, ce sont les discours indirects, qui se rencontrent si souvent dans Tite-Live et dans Tacite, comme dans Salluste. « Ces discours indirects sont durs et fatigants en français, observe d'Otteville, au lieu qu'ils ont de la grâce en latin. Il est à présumer que l'auteur qu'on traduit, si c'est un homme de goût, les aurait évités en écrivant dans notre langue. Les historiens latins ont travaillé et poli avec soin le discours direct. Telles sont les harangues que Salluste met dans la bouche de César, de Caton et de Marius même, le moins éloquent des Romains. Ils ont au contraire laissé brut et sans ornements le discours indirect : l'un est l'édifice entier, l'autre n'en est que la charpente et les matériaux. » De ces réflexions faut-il conclure qu'un traducteur peut se donner la licence de changer en discours directs ceux que son auteur a laissés sous l'autre forme? D'Otteville répond avec raison qu'on doit rarement prendre cette latitude. « La majesté de l'histoire, ajoute ce critique, n'aurait-elle pas lieu de rougir de la ressemblance qu'un trop grand nombre de discours directs lui donnerait avec nos romans modernes? »

(53) ..... Par la nuit tombante.

Et jam die vesper erat. Ici, *die* est pour *diei,* comme dans ce vers de Virgile, *Géorg.,* liv. I, v. 208 :

Libra *die* somnique pares ubi fecerit horas.

Servius en prend occasion de remarquer que c'était là l'ancienne forme du génitif, et que Salluste avait dit encore *acie pars* pour *aciei;* mais le passage auquel fait allusion Servius est perdu, tandis que, dans le chapitre xcvII de la *Guerre de Jugurtha*, nous voyons que notre historien dit encore *vix decima parte die reliqua* pour *diei.*

(54) ..... Au peu de connaissance que nous avions du pays.

Ici, *ignara* est pour *ignota*. Salluste a usé précédemment de la même locution, en disant *ignara lingua* (*voyez* ci-dessus, ch. xvIII) pour *ignorata*. M. Burnouf signale un exemple semblable dans les *Annales* de Tacite (liv. XV, ch. LXVII) : *Cui enim ignaram fuisse sævitiam Neronis?*

(55) ..... Il avait tenues fort serrées.

Arte statuerat. Ici, *arte* est pour *arcte* adverbe, qui signifie étroitement.

(56) ..... Et la joie de la victoire.

Fessi lætique erant. J'ai adopté cette version, qui a pour elle l'autorité des Mss. et celle d'Havercamp, de Cortius et de M. Burnouf. D'ailleurs, rien n'est plus contraire à la brièveté de Salluste que cette version adoptée par plusieurs éditeurs : *fessi lassique.*

(57) ..... Chez quel peuple s'était réfugié Jugurtha.

J'ai interprété tout autrement cette phrase qu'on ne l'a fait jusqu'à présent : *Jugurtha ubi gentium.* Tous les autres traducteurs ont mis *en quel lieu était Jugurtha;* mais cela ne rend pas la force du mot *gentium.* Si *ubi gentium* avait été mis par Salluste pour *ubinam*, il y aurait ici une emphase bien gratuite. Metellus ne pouvait-il pas supposer que Jugurtha s'était retiré chez les Gétules ou chez les Maures, comme il le fit plus tard?

(58) La nuit, dérobant sa marche par des routes détournées.....

« On raconte, dit Frontin (liv. II, ch. I, n° 13), que Jugurtha, se souvenant de l'épreuve qu'il avait faite de la valeur romaine, avait coutume de n'engager d'action qu'au déclin du jour, afin que, si ses troupes étaient mises en fuite par l'ennemi, elles pussent couvrir leur retraite à la faveur de la nuit. »

(59) ..... Les cohortes.

Il s'agit ici des cohortes des alliés ; et, dans ce cas, cette expression n'est point un anachronisme.

(60) ..... Leur impuissance de le trahir.

Par la crainte des horribles supplices qui les attendaient s'ils venaient à tomber en la puissance des Romains. Valère-Maxime (liv. II, ch. VII) en donne divers exemples : Q. Fabius Maximus leur fit couper les mains (n° 11); Scipion, le premier Africain, les fit mettre en croix (n° 12) ; le second Africain les livra aux bêtes (n° 13); Paul-Émile les fit fouler aux pieds par les éléphants (n° 14).

(61) ..... Les autres s'approchent.

Le texte de cette phrase a été interpolé par des éditeurs ou par des traducteurs qui ne l'avaient pas comprise. *Romani, pro ingenio quisque,* dit Salluste, *pars eminus glande, aut lapidibus pugnare, alii succedere, ac murum modo suffodere, modo scalis adgredi : cupere prœlium in manibus facere.* L'explication de ces mots, *pro ingenio,* etc., « selon que chacun a plus ou moins de courage, » se trouve dans l'opposition des uns, qui se contentent de jeter de loin des projectiles, *pars eminus,* etc., « et des autres, qui s'approchent de la muraille, brûlant de combattre de près, » *alii succedere,* etc.; mais des éditeurs, faute de comprendre *succedere,* qui veut dire s'approcher des murailles, *succedere muris,* ont cru la phrase incomplète, et, avant ce membre de phrase, ont ajouté *evadere alii.* M. Burnouf, dans son édition, a, d'après Cortius, fait justice de cette interpolation.

(62) ..... Des torches enduites de poix et de soufre.

Il y a dans le latin *præterea pice et sulfure tædam mixtam.* D'autres éditeurs, entre autres M. Burnouf, adoptent une version différente : *Picem sulfure et tæda mixtam.* « *Tæda*, dit ce savant philologue, *sing. numero, hic sumetur non pro una aliqua face, sed pro materia ipsa, qua faces seu tædæ fiunt.* »

Le président de Brosses cite à ce sujet un fragment de Quadrigarius, ancien historien antérieur à Salluste, et qui avait écrit, dans ses *Annales*, l'histoire du siége de Zama. En rapportant de quelle manière Metellus faisait soutenir ceux qui montaient à l'assaut par les frondeurs et par les archers, Quadrigarius remarque qu'en pareil cas ces sortes de troupes ont beaucoup d'avantage sur celle du même genre, qui défendent la muraille. « Car, dit-il, ceux qui se servent de l'arc et de la fronde ne peuvent jamais tirer juste de haut en bas. Leurs traits n'incommodaient que fort peu les soldats de Metellus ; au lieu que les coups de ces sortes d'armes, étant beaucoup plus sûrs de bas en haut, défendaient aux assiégés l'approche de leurs créneaux. »

(63) ..... Sur le camp des ennemis.

Castra hostium. On a remarqué que cet endroit est du petit nombre de ceux où Salluste appelle les Romains *les ennemis*.

(64) ..... Pour le meurtre de Massiva.

Voyez ci-dessus, ch. xxxv. Le lecteur a pu remarquer avec quel soin Salluste affecte de rappeler en peu de mots des circonstances qu'il a déjà rapportées, ce qui donne à sa narration quelque chose de l'exactitude du style archaïque. Le traducteur français doit respecter ce caractère particulier du style de notre auteur, et ne pas se permettre de rejeter ces répétitions, comme le P. d'Otteville l'a fait en cet endroit

(65) Des ambassadeurs sont envoyés au général romain.....

Salluste ne dit pas qu'ils furent gagnés par Metellus ; mais Frontin, dans un passage déjà cité, le dit positivement : *Eodem consilio usus est et adversus tertios.* « Il suivit la même conduite à l'égard d'une troisième ambassade. » (*Strat.*, liv. I, ch. VIII, n° 8.)

(66) ..... Tous les sénateurs.

Les sénateurs qui se trouvaient à l'armée étaient les lieutenants du consul, les questeurs, et même les tribuns des quatre premières légions. Cicéron (discours *pour Cluentius*, ch. LIV) parle des tribuns de ces légions comme ayant voix au sénat.

(67) ..... Aptes à y prendre place.

Idoneos ne veut pas dire *les plus habiles*, *les plus dignes*, comme l'ont entendu plusieurs traducteurs ; mais ceux qui, par leur grade, étaient aptes à être appelés à ce conseil de guerre. Au surplus, on voit, dans les *Commentaires de César*, que les conseils de guerre se composaient de la plupart des tribuns militaires et des centurions de première classe : *compluresque tribuni militum et primorum ordinum centuriones*. (*De Bell. gall.*, lib. V, cap. XXIX.)

(68) La plupart furent effectivement livrés.

Trois mille transfuges furent livrés, dit Paul Orose, outre trois cents ôtages et une grande quantité de blé (liv. V, ch. XIV).

(69) ..... Pour y recevoir de nouveaux ordres.

Ad imperandum, qui se trouve dans le texte, est ici pour *ut ei imperaretur* ; et prouve, entre mille exemples, que les gérondifs latins ont le sens actif ou passif. Ainsi, dans le ch. V ci-dessus, nous avons vu *quo ad cognoscendum* (pour *ut cognoscantur*) *omnia illustria magis magisque in aperto sunt*; dans Justin (liv. XVII, ch. III), *Athenas erudiendi* (pour *ut erudiretur*) *gratia missus*; dans Velleius (liv. II, ch. XV), *ut cives romanos ad censendum* (pour *ut censerentur*) *ex provinciis in Italiam revocaverint*. M. Burnouf, dans son Commentaire, cite encore plusieurs exemples de cette singularité philologique.

La loyauté réprouve assurément la conduite de Metellus à l'égard de Jugurtha ; mais elle avait pour elle l'approbation du sénat de Rome, dont la politique n'était jamais gênée par aucune considération d'honneur ou d'équité. C'est ce qui a fait dire à Montesquieu : « Quelquefois ils traitaient de la paix avec un prince sous des conditions raisonnables ; et, lorsqu'il les avait exécutées, ils en ajoutaient de telles, qu'il était forcé de recommencer la guerre. Ainsi, quand ils se furent fait livrer par Jugurtha ses éléphants, ses chevaux, ses trésors, ses transfuges, ils lui demandaient de livrer sa personne ; chose qui, étant pour un prince le dernier des malheurs, ne peut jamais être une condition de paix.

(70) ..... L'aruspice lui prédit.

Marius prétendait avoir eu de tout temps des présages de sa grandeur future. Plutarque, dans la vie de ce Romain, rapporte tous les contes qu'il sut répandre parmi le vulgaire ignorant, et qui semblaient annoncer son élévation. Mais, comme l'observe fort bien le président de Brosses, parmi ces présages, on doit mettre au premier rang le jugement que Scipion Émilien porta sur Marius au siège de Numance, où, selon Velleius, *Jugurtha ac Marius sub eodem Africano militantes in iisdem castris didicere, quæ postea in contrariis facerent.* Cet oracle d'un grand homme valait bien celui du prêtre d'Utique, et l'on ne doit pas douter qu'il n'ait, plus que tout autre motif, enflammé l'ambition de Marius. Quoi qu'il en soit, cet illustre Romain parut toute sa vie ajouter une foi entière à ces prédictions. Était-il la première dupe de ces prestiges ? c'est ce qu'on ne saurait décider. L'ignorance et la grossièreté de Marius n'étaient pas affectées ; mais il n'en est pas moins vrai que la rudesse de ses manières cachait l'esprit le plus subtil et le plus rusé. Nous ne déciderons pas, comme de Brosses, que Marius avait lui-même dicté la prédiction du prêtre d'Utique. L'enthousiasme qu'inspiraient à tant de Romains les vertus incultes du lieutenant de Metellus, les espérances que le parti populaire attachait à son élévation, peuvent bien avoir fait tout le prodige.

(71) ..... Que tout lui serait prospère.

Cuncta prospera eventura. Ici, *prospera* est pour l'adverbe *prospere*. Ainsi, dans la *Catilinaire* (ch. xxvi) : *Quæ occulte tentaverat aspera fœdaque evenerant,* pour *aspere fœdeque.*

(72) ..... Simplicité dans la paix.

Velleius Paterculus fait de Marius un portrait à peu près semblable : *Natus agresti loco, hirtus atque horridus, vitaque sanctus : quantum bello optimus tantum pace pessimus, immodicus gloriæ, insatiabilis, impotens, semperque inquietus* (lib. II, cap. x). Ailleurs ce même historien, en rapportant la mort de Marius, ajoute : *Vir in bello hostibus, in otio civibus infestissimus, quietisque impatientissimus.* (*Ibid.*, cap. xvi.)

(73) ..... Que son ambition perdit par la suite.

Après Plutarque (*in Mario*) et Appien (*de Bell. civ.*, lib. I), on peut consulter Valère-Maxime sur les étranges vicissitudes qui marquèrent la vie de Marius (liv. VI, ch. ix, n° 14).

(74) ..... Indigne de cet honneur.

Salluste présente à peu près les mêmes réflexions au sujet des difficultés que Cicéron eut à vaincre pour arriver au consulat (*Bell. Catil.*, ch. xxiii). En effet, le triomphe de Sylla sur la faction populaire avait placé la République presque dans la même situation où elle se trouvait après la mort des Gracques. Et il est assurément bien digne de remarque que deux citoyens natifs d'Arpinum, unis par les liens du sang (car Cicéron était, par les femmes, neveu de Marius), aient, à quarante ans d'intervalle, éprouvé les mêmes difficultés pour parvenir au consulat.

(75) ..... A peine dans sa vingtième année.

Plutarque (*Vie de Marius*) rapporte ce même propos de Metellus. Or l'âge fixé par les lois pour le consulat était de quarante-trois ans. Marius aurait donc eu vingt-quatre ans à attendre avant de se mettre sur les rangs. Le mot était d'autant plus injurieux, que ce plébéien ambitieux, né l'an de Rome 698 (156 av. J.-C.), était alors dans sa quarante-huitième année. Le fils de Metellus s'appelait Q. Cécilius Metellus; il fut surnommé *Pius* dans la suite, à cause du zèle pieux avec lequel il sollicita du peuple le rappel de son père, qu'avait fait exiler l'ingrat Marius. Ici se trouve quelque différence entre Salluste et le témoignage de Frontin au sujet de la première campagne du jeune Metellus. Par ces mots : *Contubernio patris ibidem militabat*, notre historien semble faire entendre qu'il vivait pour ainsi dire sur le pied d'égalité avec son père. Le consul Metellus, au contraire, selon Frontin, bien qu'aucune loi ne lui défendît d'admettre son fils sous la même tente que lui, voulut cependant qu'il vécût comme un simple soldat : *Q. Metellus consul, quamvis nulla lege impediretur quin filium contubernalem perpetuum haberet, maluit tamen in ordine merere*. Il est probable que c'est Frontin qui a le mérite de l'exactitude pour cette petite circonstance, sur laquelle Salluste, occupé de la suite des faits, n'a sans doute pas arrêté son attention.

(76) ..... Tous les moyens lui semblent bons.

Diodore (fragments du liv. XXXIV) présente la conduite de Marius sous des couleurs plus honorables ; mais il est à croire que Velleius Paterculus, Plutarque, et surtout Salluste, ont été mieux informés.

(77) ..... Les gens pressés ne trouvent jamais qu'on aille assez vite.

D'autres traducteurs ont dit : *Et que la cupidité ne sait jamais attendre.* Ce sens est assurément très-plausible ; mais j'ai voulu conserver l'espèce de vague qui se trouve dans la phrase de Salluste.

(78) ..... Avait substitué ses États.

D'après cette disposition testamentaire de Micipsa, Gauda serait devenu l'héritier du trône en cas de décès d'Adherbal, d'Hiempsal et de Jugurtha.

(79) ..... Pour des cavaliers romains

Il y a dans le latin *equites;* quelques traducteurs ont rendu ce mot par *chevaliers romains,* ce qui est absurde. *Duplices fuerunt equites,* dit Rosin (*Antiquit. rom.*), *alii oppositi peditatui in exercitu, quales fuerunt omnes qui equo privato meruerunt, et illi nihil ad hunc ordinem* (*equitum roman.*) *pertinuerunt.* Salluste n'énonce pas tous les motifs de ressentiment qu'avait Gauda contre Metellus, qui lui avait refusé de lui remettre entre les mains certains transfuges numides. (*Voyez* les *Fragments de Dion Cassius.*)

(80) ..... Et les chevaliers romains, tant militaires que négociants.

Il est bien évident ici que, par ces mots : *et equites romanos, milites et negotiatores,* Salluste n'indique pas trois sortes, mais un seul ordre de personnes, qui, attachées à la classe des chevaliers romains, servaient les unes dans l'armée, les autres faisaient le commerce à Utique. On sait, en effet, que les chevaliers romains exerçaient à la fois le négoce et la perception des impôts dans les provinces.

(81) ..... Très-défavorable à Metellus.

On lit dans les fragments d'Appien sur la guerre de Numidie, que Metellus n'était pas aimé des troupes à cause de la rigueur avec laquelle il faisait observer la discipline. « Ainsi, ajoute Dion Cassius, les calomnies que Marius débitait contre lui étaient écoutées avec avidité, aussi bien par les soldats que par les commerçants d'Afrique, et par le menu peuple de Rome. » (*Fragments recueillis par Valois.*)

(82) ..... Par la loi Mamilia.

Salluste désigne ainsi la loi qu'avait fait rendre le tribun C. Mamilius Limetanus, suivant la coutume des Romains de donner aux lois le nom de ceux qui les avait proposées. (*Voyez* le ch. XL.)

(83) ..... Détestait l'ordre et le repos.

Quelque peu porté que doive être un traducteur à ajouter à Salluste, voici cependant un de ces passages en style pour ainsi dire *archaïque*, où, pour la liaison des idées, il faut bien qu'il ait recours à la paraphrase.

(84) ..... Vers la troisième heure.

Les Romains comptaient douze heures de jour depuis le lever jusqu'au coucher du soleil : ainsi la troisième heure était alors ce qu'est pour nous neuf heures du matin; un peu plus tôt en été, un peu plus tard en hiver.

(85) ..... Il n'était que citoyen latin.

Les lois pénales ne prononçaient pas la mort contre les citoyens romains, dont le dernier supplice était l'exil ; mais cette disposition, établie successivement par les lois Porcia et Sempronia, n'était pas observée à l'armée pour un citoyen qui avait commis quelque faute grave contre son devoir. L'histoire en fournit plusieurs exemples, et l'on ne voit pas pourquoi Salluste fait ici cette distinction. Au reste, si l'on en croit Plutarque (*Vie de Marius*), Turpilius était innocent, et sa condamnation fut l'ouvrage de Marius. Il avait échappé au massacre de Vacca, « parce qu'il traitait, dit Plutarque, doucement et gracieusement les habitants d'icelle. » Metellus avait voté pour l'absoudre; mais, son avis n'ayant pas prévalu, il fut obligé de prononcer l'arrêt de mort. L'innocence de Turpilius fut depuis reconnue. On conçoit la douleur de ses juges. Seul, le féroce Marius s'en réjouit. Il se vanta « d'avoir attaché au cou de Metellus une furie vengeresse du sang de son hôte qu'il avait fait mourir à tort. » Metellus, selon Appien, fit mourir aussi tous les principaux habitants de Vacca.

(86) ..... Allaient jusqu'à la démence.

Ce tableau énergique des angoisses de Jugurtha rappelle un passage de *Télémaque* (liv. III), dans lequel Fénelon a, sous le nom de Pygmalion, décrit les terreurs continuelles dont Cromwell était obsédé. « Tout l'agite, tout l'inquiète, le ronge; il a peur de son ombre : il ne dort ni nuit ni jour... On ne le voit presque jamais ; il est seul, triste, abattu, au fond de son palais; ses amis mêmes n'osent l'aborder de peur de lui devenir suspects. Une garde terrible tient toujours des épées nues et des piques levées autour de sa maison. Trente chambres qui communiquent les unes aux autres, et dont chacune a une porte de fer et six gros verrous, sont le lieu où il se renferme : on ne sait jamais dans laquelle de ces chambres il couche, et on assure qu'il ne couche jamais deux nuits de suite dans la même, de peur d'y être égorgé, » etc. Après Fénelon, M. Villemain, dans la *Vie de Cromwell*, a retracé les mêmes particularités, et tout le morceau paraît le plus heureusement inspiré par Salluste : « Menacé par de continuels complots, effrayé de vivre au milieu des haines innombrables qu'il avait soulevées contre lui, épouvanté du prix immense que l'on pouvait attacher à sa mort, redoutant la main d'un ami, le glaive d'un émissaire de Charles ou d'un fanatique, il portait sous ses vêtements une cuirasse, des pistolets, des poignards, n'habitait jamais deux jours de suite la même chambre, craignait ses propres gardes, s'alarmait de la solitude, sortait rarement, par de brusques apparitions, au milieu d'une escorte nombreuse; changeait et mêlait sa route, et, dans la précipitation de ses voyages, portait quelque chose d'inquiet, d'irrégulier, d'inattendu, comme s'il avait toujours eu à déconcerter un plan de conspiration ou à détourner le bras d'un assassin. » Ces derniers traits s'appliquent plus particulièrement, comme imitation, à ce qu'ajoute Salluste, au chapitre LXXIV, sur l'affreuse situation d'esprit de Jugurtha.

(87) ..... Et qu'il avait offensé, le laisse enfin partir.

Simul et invisum et offensum sibi. Des éditions portent *invitum* au lieu d'*invisum ;* mais ce mot fait pléonasme après cette circonstance notée par Salluste, *fatigantem de profectione,* tandis que l'opposition est parfaitement juste entre *invisum* et *offensum.* — *Le laisse enfin partir.* Plutarque rapporte que Metellus ne laissa partir Marius que douze jours avant les comices. En deux jours et une nuit celui-ci fit le long trajet qu'il y avait du camp jusqu'à Utique ; puis de là, après quatre jours de navigation, il arriva en Italie, et se hâta de se présenter devant l'assemblée du peuple pour solliciter le consulat.

(88) ..... Après une longue suite d'années.

Post multas tempestates. Quelques traducteurs ont rendu ces mots par ceux-ci : *Après beaucoup de troubles ;* contre-sens. On sait d'ailleurs que cette élection de Marius se fit sans aucune opposition. (PLUTARQUE, *Vie de Marius.*) Salluste emploie les mêmes expressions dans sa *Catilinaire* (ch. LIII) : *multis tempestatibus.*

(89) ..... Convaincu que tout est possible à Metellus.

Ici le mot *infectum* ne doit pas être pris dans le sens du participe passif ; mais, dans une acception plus générale, Térence a dit (*Eun.*, acte III, sc. v, v. 20) :

Amore cogente, nihil est *infectum* cupientibus.

Infectum est pris ici dans le même sens que chez notre auteur, c'est-à-dire dans la même acception qu'*invictus* (*qui non vinci potest*), *incorruptus* (*qui non corrumpi,* etc.).

(90) ..... Sur lesquelles on hisse des tours.

Les tours dont les assiégeants se servaient pour l'attaque d'une ville étaient d'énormes machines carrées, de dix à douze pieds de large sur chaque face, et proportionnées en élévation à la hauteur du mur de la place, qu'elles devaient toujours excéder. La charpente de chaque tour était garnie de cuir cru pour empêcher les assiégés d'y mettre le feu. On posait les tours sur des roues, et on les faisait avancer à force de bras vers la muraille. Elles étaient divisées en trois étages : dans le bas était la machine du bélier pour battre le pied des remparts ; au milieu une espèce de pont-levis qu'on abattait sur la crête du mur, et par lequel les soldats, logés dans cette partie de la tour, faisaient une invasion sur les remparts, d'où ils chassaient les assiégés. Le dessus était une plate-forme entourée d'une balustrade. Là se tenaient des archers et des soldats armés de longues piques pour écarter les défenseurs de la muraille. (VÉGÈCE, liv. IV, ch. xvii).

(91) ..... Le bélier commença à battre les murailles.

L'historien Josèphe (de Bello judaic., lib. III, cap. xv) donne une ample description de cette machine, dont Végèce se contente d'énoncer l'usage, parce que, sans doute, elle était trop connue de son temps pour être décrite (lib. IV, cap. xiii, xvii et xxiii). On attribue généralement l'invention du bélier à Epeus, l'un des chefs grecs au siége de Troie (PLINE, liv. VII, ch. lvi); mais Vitruve (liv. X, ch. xix) prétend qu'il fut imaginé par les Carthaginois au siége de Gades. Il fut, par la suite des temps, perfectionné par Cétras de Chalcédoine ; enfin, au siége de Byzance, par Polyde le Thessalien, qui servait sous les ordres de Philippe, roi de Macédoine et père d'Alexandre.

(92) ..... Les deux Syrtes, qui tirent leur nom de la disposition même des lieux.

Syrtes vient du mot grec σύρειν, qui veut dire *attirer*, parce qu'il semble que les vaisseaux y soient attirés par le tournoiement des flots. Varron attribue ce mouvement continuel du fond de la mer à des bouffées de vent souterrain qui viennent de la côte, et qui poussent tout à coup de côté et d'autre les flots et les sables. Virgile a dépeint ce phénomène dans sa description de la tempête qui fit périr une partie de la flotte troyenne sur la côte d'Afrique :

> Tres Eurus ab alto,
> In brevia et Syrtes urget, miserabile visu ;
> Illiditque vadis, atque aggere cingit arenæ.
> Æneid., lib. I, v, 110.

On lit dans Lucain (*Pharsale*, liv. IX) une description des Syrtes assez conforme à celle de Salluste. Voici les traits principaux pris de la traduction de Brébeuf, avec quelques modifications :

> Des dieux irrésolus ces ouvrages douteux
> Ne sont ni mer ni terre, et sont toutes les deux.
> Pour *repousser* les eaux ou leur *servir* de couche,
> Pour ne céder jamais à leur vague farouche,
> Ou pour céder toujours à leurs flots courroucés,
> Leur assiette est trop basse ou ne l'est pas assez.
> Par des bancs spacieux ici l'onde est brisée,
> Là par des flots captifs la terre est divisée.
> . . . .

(93) ..... Et de continuer son chemin.

Sulpice Sévère, Pomponius Mela et Solin confirment ces détails, présentés d'une manière si animée par Salluste. « Dans ce malheureux pays, dit Solin, la mer a les dangers de la terre, et la terre, ceux de la mer. La vase fait échouer le voyageur dans les Syrtes, et le vent le fait échouer dans les sables. » Lucain (*Pharsale*, liv. IX) a également fait la description de ce désolant fléau des déserts de la Numidie. Citons encore la traduction trop dédaignée de Brébeuf :

> La terre leur fournit la tourmente des flots.
> Le vent n'y trouve point de monts qui le maîtrisent,
> De forêt qui le lasse, ou de rocs qui le brisent.
> Trop libre en sa fureur, il porte dans les champs
> Des nuages de terre et des syrtes volants.
> Les sables agités et la poussière émue
> Égarent les Romains en leur frappant la vue ;
> Et des noirs tourbillons les insolents efforts
> Meurtrissent le visage et repoussent les corps.
> . . . .

M. Burnouf, dont le Commentaire offre de si riches études sur Salluste, a eu l'heureuse idée de rappeler à cette occasion un des plus beaux passages des *Martyrs* (liv. XI) : « Soudain de l'extrémité du désert accourt un tourbillon, dit M. de Châteaubriand ; le sol, emporté devant nous, manque à nos pas, tandis que d'autres colonnes de sables enlevées derrière nous roulent sur nos têtes. Égaré dans un labyrinthe de tertres mouvants et semblables entre eux, le guide déclare qu'il ne reconnaît plus sa route, etc. »

(94) ..... Les Grecs.

C'est-à-dire les Cyrénéens, qui étaient Grecs d'origine.

(95) ..... Et sont enterrés vifs.

Valère-Maxime a aussi raconté l'histoire des Philènes (liv. V, ch. vi); il fait même, à leur sujet, des réflexions très-belles. Pline (liv. V, ch. iv) dit que les autels des Philènes étaient des monceaux de sables; mais il n'en restait déjà plus de trace dès le temps de Strabon. Des critiques ont traité de fable cette merveilleuse anecdote, qui cependant n'a rien d'invraisemblable; et c'est sans doute le cas de leur appliquer ce que Salluste dit lui-même sur les faits qui sortent de la classe ordinaire : *Quæ sibi quisque facilia factu putat, æquo animo accipit; supra ea, veluti ficta, pro falsis habentur.* (*Catil.*, cap. III.)

(96) ..... Une fille de Bocchus avait épousé Jugurtha.

Quelques éditions, au lieu de *Jugurthæ filia Bocchi nupserat*, portent *Boccho nupserat*, d'où plusieurs critiques et le P. d'Otteville ont conclu que Bocchus était gendre de Jugurtha. Cette difficulté provient des manuscrits de Salluste, qui, par leur diversité, autorisent l'une et l'autre opinion. Après Cortius, le président de Brosses et M. Burnouf, je me suis déterminé par l'autorité de Florus, qui fait Jugurtha gendre de Bocchus (liv. III, ch. 1), et par les expressions mêmes de Salluste, *Jugurthæ filia Bocchi nupserat*, telles que les a citées le grammairien Nonius, dont l'ouvrage est plus ancien qu'aucun manuscrit qui nous reste de notre historien. Ceux qui font Bocchus gendre de Jugurtha se fondent sur un passage de Plutarque (*Vie de Marius*), et principalement sur une médaille qui représente Bocchus livrant Jugurtha à Sylla. Or, dans cette médaille, Jugurtha, enchaîné et le visage couvert d'une longue barbe, paraît plus âgé que Bocchus; mais la circonstance a pu engager l'artiste à donner au prince captif cet air de vieillesse.

(97) ..... Au gré du vainqueur.

Silius Italicus a exprimé la même pensée :

> Non est, mihi credite, non est
> Arduus in pugnas ferri labor; una reclusis
> Omnes jam portis in campum effuderit hora.
> Magnum illud solisque datum, quos mitis euntis
> Jupiter adspexit, magnum est ex hoste reverti.

Remarquons en passant combien le style du poëte est inférieur à celui de l'historien.

(98) ..... Et ne cesse de les attaquer.

Plutarque rapporte à peu près dans les mêmes termes les propos que tenait Marius contre la noblesse. Il donne aussi la substance du discours que va lui faire tenir directement Salluste.

(99) ..... Un supplément aux légions.

Ainsi que Beauzée, j'ai dit *supplément*, et non pas *recrue*, parce qu'il s'agit probablement d'une augmentation que Marius fit en effet au nombre ordinaire dont était composée la légion. Avant lui elle était de quatre mille hommes, et il la porta jusqu'à six mille deux cents.

(100) ..... S'ils ont failli.

La même pensée se trouve exprimée par Cicéron (*second Discours sur la loi Agraire*, ch. XXXVI) : *Quemadmodum quum petebam, nulli me vobis auctores generis mei commendarunt : sic si quid deliquero, nullæ sunt imagines, quæ me a vobis deprecentur.*

(101) ..... Tous les autres appuis sont bien faibles.

Ici ces mots, *nam cetera infirma sunt*, ont été entendus différemment par presque tous ceux qui m'ont précédé : *car les autres appuis me manquent*, ont-ils traduit; mais, pesant plutôt que comptant les autorités, j'ai suivi le sens indiqué par Dureau Delamalle et M. Burnouf. En effet, l'autre version ne serait qu'une froide et inutile répétition de *mihi spes omnes in memet sitæ*, qui se trouve deux lignes plus haut. Marius est d'autant plus fondé à dire ce que notre traduction lui prête, que tout récemment un Posthumius Albinus, un Calpurnius, un Galba, un Caton, venaient d'être condamnés à l'exil pour leurs concussions, malgré l'éclat de leur noblesse et tous les appuis qu'ils auraient pu trouver dans leurs alliances et leurs nombreux clients.

(102) ..... N'attend que le moment de l'attaque.

Ici je diffère de tous les traducteurs, sans en excepter Dureau Delamalle ; mais j'ai pour moi l'interprétation de M. Burnouf. En effet, selon ce que Marius avait intérêt à faire croire, ce n'était pas seulement contre lui, mais contre le peuple entier que la noblesse était conjurée. Ce qui le prouve, c'est qu'il ajoute : *mihi adnitendum est ne vos capiamini;* et ici il faut entendre *capiamini* dans le sens d'*opprimamini.* Ce n'était pas pour lui, mais pour ses concitoyens qu'il pouvait avouer ses craintes.

(103) ..... Que vous ne soyez point opprimés.

Tous les traducteurs ont entendu *capiamini* dans le sens de *decipiamini*, parce qu'ils n'avaient pas compris la portée du mot *invadendi* qui précède. C'est encore M. Burnouf qui a indiqué ce nouveau sens. *Capiamini*, dit-il, *ejusdem translationis est quam invadendi. Qui enim invadit vult capere*

(104) ..... Pour l'importance et pour les résultats.

C'est encore un sens indiqué par M. Burnouf, sur un passage qu'aucun traducteur n'avait compris ou du moins rendu d'une manière satisfaisante.

(105) ..... La gloire des ancêtres est comme un flambeau.

Il faut encore citer ici les poëtes qui offrent une imitation de ces belles maximes, que Salluste met dans la bouche de Marius :

> Incipit ipsorum contra te stare parentum
> Nobilitas, claremque facem præferre pudendis.
> Juvenal, sat. VIII, v. 138.

> Mais, fussiez-vous issu d'Hercule en droite ligne,
> Si vous ne faites voir qu'une bassesse indigne,
> Ce long amas d'aïeux que vous diffamez tous
> Sont autant de témoins qui parlent contre vous ;
> Et tout ce grand éclat de leur gloire ternie
> Ne sert plus que de jour à votre ignominie.
> Boileau, *Sat.* v.

(106) ..... Les cicatrices qui sillonnent ma poitrine.

> Si je n'ai point d'aïeux, comptez mes cicatrices.
> Ducis, *Othello*, acte I, sc. 5.

(107) ..... Mes discours sont sans apprêt.....

Né sous un ciel sauvage et nourri loin des cours,
On ne m'a point appris à farder mes discours.
Ducis, *Othello*, acte I, sc. vii.

(108) ..... L'art littéraire des Grecs.

Marius ne put jamais souffrir aucun homme de lettres, si ce n'est le poëte Archias, qui avait composé un poëme sur ses conquêtes. Il croyait aussi que les éloges d'un homme comme Plotius devaient ajouter à sa gloire. C'est ce qui a donné lieu à Cicéron (*pro Archia*, c. ix) de remarquer qu'il n'est point d'homme si ennemi des Muses qui ne les trouve agréables quand elles chantent ses louanges.

(109) ..... Que le déshonneur.

Summum crede nefas animam præferre pudori.
Juvénal, sat. VIII, v. 83.

(110) ..... Ainsi doit-il s'exercer entre concitoyens.

Civile imperium, c'est-à-dire *cive dignum civibus imperante* (Burnouf). Tite-Live a dit (liv. VI, ch. cl) : *sermonem minime civilem ;* c'est-à-dire un discours dans lequel les droits des citoyens étaient attaqués.

(111) ..... Ni se recevoir.

Sénèque a dit : *Bona mens nec commodatur, nec emitur; et puto, si venalis esset, non haberet emptorem : at mala quotidie emitur.* (Ep. XXVII.)

(112) ..... Plus cher qu'un valet de charrue.

« Chez nos ancêtres, dit Tite-Live, le cuisinier était le moindre des domestiques d'une maison, et celui dont les gages étaient les plus modiques. Aujourd'hui les choses sont bien changées ; ce qui était un service est devenu un art. » (Liv. VIII, ch. ii.)

(113) La lâcheté ne rend personne immortel.

> Mors et fugacem persequitur virum.
> HORAT., *Carm.*, III, 2.

(114) ..... Assez pour eux.

Ce discours de Marius est peut-être le plus éloquent qu'on lise dans Salluste ; on sait cependant que Marius n'était rien moins que disert : aussi la plupart des critiques n'ont pas hésité à faire honneur à cet historien de cette composition oratoire. Le président de Brosses est d'un avis tout opposé ; il trouve cette harangue *d'un style grossier, sans méthode, pleine de redites, conforme au peu d'éducation de Marius*, et se croit obligé de s'excuser de *n'avoir pas cru devoir en user de même dans sa traduction*. Pour trouver cette harangue originale, il se fonde sur ce que Plutarque (*in Mario*), en rapportant en substance le discours de Marius, présente des idées et même des expressions conformes à celles que Salluste met dans la bouche de ce général. Mais qui saurait dire aujourd'hui que le biographe qui vivait sous les Antonins ne les a pas puisées dans Salluste lui-même ? « Quoi qu'il en soit, observe le judicieux M. Burnouf, il est certain que cette harangue est de la main de Salluste, mais composée de telle sorte, qu'on y retrouve la vivante image de Marius. En effet, d'un bout à l'autre, c'est le style de notre historien, sa manière, le choix bizarre de ses expressions, parmi lesquelles on reconnaît des mots dérivés du grec que Marius n'employa certainement jamais. Mais ces pensées sans apprêt, grossières même, tirées de la vie agricole, et cette censure acerbe des vices de la noblesse qui revient sans cesse, donnent une idée véritable de son caractère. S'il est vrai enfin qu'il n'ait pas prononcé ce discours, il n'en est aucune expression qui ne lui convienne parfaitement. »

(115) ..... Calcul d'ambition de la part du consul.

Montesquieu a dit : « Marius prit toutes sortes de gens dans les légions, et la république fut perdue. » Ce grand écrivain me semble ici énoncer dans un sens trop absolu une observation que Salluste n'a exprimée que d'une manière hypothétique. Marius pouvait-il faire autrement que d'enrôler les pauvres dont l'excessive population surchargeait Rome, au lieu de forcer à s'enrôler de riches réfractaires ? Était-il le maître d'en agir autrement ? Si, par la suite, il ne se fût as servi de ces soldats pris dans les dernières classes pour opprimer et proscrire le parti du sénat, n'aurait-on pas dû au contraire louer comme une mesure sage et prévoyante de sa part l'enrôlement d'une multitude indigente et factieuse?

(116) *Les plus indigents.....*

Salluste présente la même réflexion dans la *Catilinaire*, chap. xxxvii : *Egestas facile habetur sine damno.* C'est dans le même sens que Pétrone a dit : *Inops audacia tuta est.*

(117) ..... *Cher au peuple et au sénat.*

Salluste passe un peu légèrement sur ce qui concerne Metellus depuis son retour de Numidie. Après un triomphe magnifique attesté par Velleius, Aulu-Gelle et Eutrope, cet habile général fut accusé de concussion par le tribun Manlius ; mais les juges ne jetèrent pas même les yeux sur ses registres, qu'il leur présenta ; aucun d'eux ne voulut paraître douter de la probité de cet illustre Romain. (Cicéron, *Discours pour Corn. Balbus.*)

(118) ..... *Les siens en haleine.*

Plutarque (*Vie de Marius*) et Frontin (liv. IV, ch. i, n° 7) donnent le détail des travaux énormes que Marius imposait à son armée. Pour que les chariots de bagage n'embarrassassent point sa marche, il obligeait le soldat à porter derrière son dos ses vivres, sa tente et tous ses effets d'équipement roulés en un ballot, ce qui faisait un fardeau excessif pour des gens chargés d'une cuirasse, de leurs javelines et d'un bouclier, et qui avaient en outre, sur le dos, de gros pieux pour retrancher le camp. On nomma, par plaisanterie, *mulets de Marius*, les soldats de ce général ainsi chargés. Plutarque (*ibid.*) assigne une origine différente à ce dicton.

(119) ..... *Les Gétules.*

Outre les Gétules, dit Paul Orose, Jugurtha avait encore tiré de l'armée de Bocchus une très-grosse troupe de cavalerie maure, avec laquelle il faisait à tout moment des courses précipitées, qui, tenant sans cesse en haleine l'armée romaine, la fatiguaient au dernier point.

(120) ..... Ni la cruauté ni l'avarice du consul.

Salluste, en excusant la conduite atroce de Marius, donne la mesure de la politique romaine, qui, dans l'intérêt de l'État, se croyait tout permis contre les ennemis du dehors. C'est ce qui a fait dire au P. d'Otteville : « Périssent la politique et ses lois si elles autorisent une conduite aussi barbare! »

(121) ..... Un Ligurien.

Les habitants de la Ligurie étaient extrêmement agiles, comme tous les montagnards. Frontin (liv. III, ch. IX) a fait un abrégé de tout cet endroit de Salluste.

(122) ..... Les centurions.

Cette expression de Salluste, *qui centuriis præerant*, a fait croire à quelques commentateurs que quatre centuries avaient été détachées avec leurs chefs pour accompagner le Ligurien ; mais Cortius a relevé cette erreur. Dix hommes seulement furent chargés de cette entreprise, au succès de laquelle un plus grand nombre aurait été un obstacle. C'est pour ce motif que Marius désignait cinq musiciens, qui, avec le bruit de leurs instruments, devaient porter la frayeur parmi les Numides. Cependant il est juste d'observer que Frontin dit que les soldats les plus agiles concoururent avec les centurions et les musiciens à cette périlleuse tentative; mais de cette addition d'un petit nombre d'hommes, à quatre cents, il y a une différence notable. En effet, le Ligurien aurait-il pu trouver la force de rendre à quatre cents soldats tous les services que Salluste énumère? Et les faibles appuis qui purent résister au poids de dix ou quinze hommes, ne se seraient-ils pas écroulés sous le fardeau successif de quatre cents?

(123) ..... Former la tortue.

Cette manœuvre consistait à ce que les soldats, serrant et disposant leurs rangs en conséquence, élevassent et joignissent leurs boucliers sur leurs têtes, de manière à être tous à l'abri des traits de l'ennemi, comme la tortue sous ses écailles. L'assemblage de la tortue était si serré, que de fort lourds fardeaux ne parvenaient pas à la rompre. Dion Cassius assure qu'elle était capable de porter même des chevaux et des chariots, et que l'on employait quelquefois cette manœuvre pour leur faire traverser des ravins. Ammien Marcellin rapporte qu'au siége des places maritimes on formait la tortue sur des barques fortement amarrées ensemble, afin d'attaquer la muraille du côté de l'eau. Voyez, sur ce point, une note très-détaillée du président de Brosses, puis une autre de M. Burnouf, qui, ainsi qu'il le dit lui-même, l'a puisée dans Juste-Lipse.

(124) ..... L. Sisenna.

Si Salluste appelle Sisenna le meilleur et le plus exact des historiens, Cicéron en fait un éloge à peu près semblable (*Brutus*). « On peut, dit-il, juger de ses talents par l'Histoire qu'il a écrite, supérieure, sans contredit, à toutes celles qui l'ont précédée; elle est néanmoins bien éloignée de la perfection. » L'Histoire de Sisenna avait vingt-deux livres, commençant à la prise de Rome par les Gaulois, et se terminant aux guerres civiles de Sylla. Il avait traduit les *Milésiennes* d'Aristide, si l'on en croit Ovide:

Vertit Aristidem Sisenna : nec obfuit illi
Historiæ turpes inseruisse jocos.

(125) ..... Jusqu'à sa victoire sur ses concitoyens.

Sylla n'avait pas pris le surnom d'*Heureux*, même après ses victoires sur Mithridate; il ne le prit qu'après avoir couronné ses sanglantes proscriptions par le meurtre du jeune Marius. « Il l'eût porté à plus juste titre, dit Velleius, s'il eût cessé de vivre le jour qu'il acheva de vaincre. »

(126) ..... Pendant que la cavalerie est ainsi engagée.

P. Orose a donné une description de cette bataille, assez différente de celle Salluste, et les probabilités de la plus grande exactitude ne sont pas pour lui. Selon Orose, on combattit pendant trois jours : les deux premiers ne décidèrent rien ; seulement les Romains, entourés par soixante mille hommes de cavalerie, serrés sur un espace étroit où ils ne pouvaient ni fuir ni se défendre, firent des pertes énormes. « Enfin, le troisième jour, Marius au désespoir, se fit jour avec son bataillon à travers l'armée ennemie, jusque sur un terrain plus spacieux, d'où il battit en retraite. Mais la cavalerie africaine continuait d'inquiéter beaucoup les flancs du bataillon, et même tuait à coups de traits un grand nombre de soldats du centre ; outre que l'ardeur du soleil, la fatigue et la soif achevaient d'abattre les forces des nôtres. Par un coup du ciel inespéré, une grosse pluie qui tomba sur ces entrefaites fut le salut de l'armée romaine. Elle rafraîchit et désaltéra nos troupes, en même temps qu'elle mouilla les armes des ennemis et les rendit inutiles ; car leurs javelots, qu'ils ne retiennent pas comme chez nous avec une courroie, glissaient dans leurs mains et n'avaient plus de force. Leurs boucliers de cuir d'éléphant prenaient l'eau comme une éponge, et devinrent si lourds, qu'il fallut les jeter à terre ; alors l'épouvante se répandit parmi eux, les nôtres reprirent courage, les chargèrent, et les mirent en déroute. Les deux rois prirent la fuite, laissant leurs troupes à la merci des Romains, qui passèrent cinquante mille hommes au fil de l'épée. Depuis cette défaite, le roi de Mauritanie ne voulut plus entendre parler de continuer la guerre, et songea à faire sa paix particulière. » (Liv. V, chap. xiv.)

(127) ..... L. Sylla.

Il semble que dans cette guerre de Numidie la fortune, qui voulait punir Marius de son ingratitude envers Metellus son général, ait ménagé à l'heureux Sylla mainte occasion d'éclipser celui dont il était le questeur, sans jamais cesser de le servir avec dévouement et loyauté. Les deux batailles que vient de peindre Salluste avec tant d'éclat et d'énergie en fournissent la preuve. Dans la première, Marius, surpris d'abord et contraint à reculer, charge son questeur, qui commande la cavalerie, d'occuper une hauteur rafraîchie par une source abondante, et dont la possession, après avoir assuré la retraite et le bien-être des Romains, doit leur procurer pour le lendemain une revanche complète sur les Barbares, qui, se croyant vainqueurs, sont campés négligemment dans la plaine. Quatre jours après, nouveau combat contre les deux rois africains. Jugurtha, qui se surpasse lui-même, est près d'arracher la victoire aux Romains qui forment le corps de bataille, et auxquels il fait croire que Marius est tué ; mais Sylla, toujours à la tête de la cavalerie, après avoir repoussé l'aile gauche des ennemis, survient en ce moment décisif, prend Bocchus en flanc, le réduit à fuir, et force Jugurtha de se dessaisir d'une victoire qu'il avait pour ainsi dire surprise. Enfin, Marius, qui s'était porté à son avant-garde menacée, revient pour achever l'ouvrage si bien commencé par son lieutenant.

(128) ..... Arrivés à Rome, ses ambassadeurs.

Le président de Brosses cite un fragment curieux de Diodore de Sicile sur cette négociation : « Des cinq ambassadeurs que le roi de Mauritanie avait envoyés à Utique, trois partirent pour Rome avec Octavius Ruson ; les deux autres retournèrent vers leur maître, à qui ils n'oublièrent pas de faire le récit de la manière généreuse dont Sylla en avait usé à leur égard. Leurs conseils achevèrent de décider l'esprit du roi, déjà fort en balance, à faire sa paix en livrant Jugurtha, puisque Marius ne voulait entendre à aucun traité sans cette condition. Bocchus, pour se rendre plus sûrement maître de la personne du roi numide, renforça son armée, sous prétexte d'en envoyer une partie contre les Éthiopiens occidentaux, de qui les Maures avaient reçu quelque insulte. Il envoya en effet faire une course sur les terres de cette nation, qui habite le mont Atlas, et qui est fort différente des Éthiopiens orientaux. Iphicrates, à propos de cette expédition, raconte des choses fort extraordinaires sur les curiosités naturelles de ce pays-là ; il rapporte que les Maures y virent des chameaux-léopards, des serpents appelés par les naturels *thises*, gros comme des éléphants et de la figure d'un taureau (c'est peut-être le *céraste* ou *serpent cornu*) ; des roseaux si gros, qu'un seul de leurs nœuds contenait huit pots d'eau (ce sont des cannes de bambou) ; et une espèce d'asperge beaucoup plus grosse que toutes celles que l'on connaît, et dont le roi Bocchus fit présent à sa femme. »

(129) ..... Massugrada, de la famille de Masinissa

Il était frère de Micipsa.

(130) ..... D'après la foi punique.

Salluste me semble ici employer bien mal à propos cette expression injurieuse pour les ennemis de Rome, dans le récit d'une négociation où Sylla ne fit pas beaucoup d'honneur à la bonne foi romaine.

(131) ..... Qui parla pour nous.

Il ne sera pas sans intérêt de reproduire les mêmes détails présentés d'une manière non moins piquante par Plutarque : « Sylla, dit ce biographe traduit par Amyot, s'alla mettre en très-grand danger, en commettant sa personne à la foi d'un roi barbare pour en prendre un autre, attendu mêmement que celui en qui il se fiait usait de si grande déloyauté envers ses plus proches alliés ; toutesfois Bocchus ayant les deux en sa puissance, et s'étant lui-même rangé à ce point de nécessité, qu'il était force qu'il trahît ou l'un ou l'autre, après avoir longuement disputé en lui-même lequel il ferait plus tôt, à la fin exécuta le dessein de la première trahison, et délivra Jugurtha entre les mains de Sylla. »

(132) ..... Homme irréprochable.

On ne peut, en vérité, trop s'étonner de voir Salluste qualifier d'une épithète si honorable, *sanctus vir*, un homme mêlé à une si honteuse négociation.

(133) ..... Livré à Sylla, qui le mène à Marius.

« Il est bien vrai, dit Plutarque, que celui qui triompha de cette prise fut Marius ; mais l'envie qu'on lui portait faisait qu'on attribuait la gloire du fait à Sylla, ce qui secrètement fâchait fort Marius ; mêmement que Sylla, qui, de sa nature, était hautain, et qui lors commençait, d'une vie basse, obscure et inconnue, à venir pour la première fois en quelque lumière entre ses citoyens, et à goûter les prémices des honneurs, en devint si ambitieux et si convoiteux de gloire, qu'il en fit graver l'histoire en un anneau qu'il porta toujours depuis, et s'en servit de cachet. La gravure était le roi Bocchus qui livrait, et Sylla qui recevait Jugurtha prisonnier. Ces choses déplaisaient fort à Marius... Voilà, *continue le même historien*, la première source de cette pestilente et mortelle inimitié qui, depuis, fut toujours entre Marius et Sylla, laquelle pensa perdre et ruiner la ville de Rome et son empire de fond en comble : d'autant que plusieurs, portant envie à la gloire de Marius, allaient disant que cet acte de la prise de Jugurtha appartenait à Sylla ;... et attribuaient le commencement et les principaux exploits de cette guerre à Metellus, et les derniers, avec la consommation finale, à Sylla ; afin que le peuple ne l'eût plus en si grande estime, ni en telle recommandation, qu'il l'avait eu auparavant... Davantage l'inimitié commencée entre lui et Marius se ralluma par une occasion nouvelle de l'ambition du roi Bocchus, lequel, en partie pour s'insinuer de plus en plus en la bonne grâce du peuple romain, et en partie aussi pour gratifier Sylla, donna et dédia au temple de Jupiter Capitolin des images de la Victoire, qui portaient des trophées, et auprès d'elles l'image de Jugurtha, qu'il délivrait entre les mains de Sylla ; le tout de fin or. Cela fit sortir Marius hors de soi, de dépit et de jalousie qu'il en eut, ne pouvant supporter qu'un autre s'attribuât la gloire de ses faits, tellement qu'il était bien résolu d'abattre ces images-là et de les ôter par force. Sylla aussi, d'un autre côté, s'opiniâtrait à les vouloir maintenir au lieu où elles avaient été mises ; et il y en eut d'autres aussi qui se prirent à défendre la cause de Sylla : tellement que, pour la querelle de ces deux personnages, la ville était toute prête de tomber en grande combustion ; n'eût été que la guerre des alliés de l'Italie, qui de longtemps se couvait et fumait, s'enflamma tout à un coup contre la ville de Rome ; ce qui réprima un peu pour l'heure la sédition. » Valère-Maxime présente des détails analogues sur les causes de la haine de Marius et de Sylla : « Marius, selon cet auteur (liv. VIII, ch. xiv, n° 4,) lui en voulait surtout de l'affectation que mettait son rival à se servir du cachet sur lequel était gravée la scène qui avait terminé la guerre de Numidie. Toute la vie, Sylla voulut se servir de ce cachet pour la signature de ses lettres, quoiqu'il eût depuis fait tant de choses au prix desquelles celle-ci n'était rien. » *Voyez*, sur ces faits, Tite-Live, *Epitome* LXVI ; Florus, liv. III, ch. i ; Pline, liv. XXXVII, ch. iv.

(134) ..... Quoique absent fut nommé consul.

Ce fut vers l'an 650 de Rome, un an après son premier consulat ; c'était une double infraction aux lois qui voulaient qu'un citoyen sollicitât le consulat en personne, et que dix ans s'écoulassent d'un premier consulat à l'autre. L'exemple du premier Scipion l'Africain, mais surtout le danger de la patrie, l'emporta sur l'autorité des lois et des usages (Plutarque, *Vie de Marius*). Cicéron, dans le discours *sur les provinces consulaires*, rapporte que les plus grands ennemis de Marius, Crassus, Scaurus, et même les Metellus, furent d'avis de lui conférer cette dignité.

(135) ..... Il triompha consul.

C'était la première fois qu'on voyait un Romain triompher le même jour qu'il prenait possession du consulat.

Ici Salluste termine la guerre de Numidie ; mais il nous laisse ignorer quel fut le sort de Jugurtha et celui de la Numidie. Plutarque supplée à ce silence, que justifie suffisamment la manière impétueuse dont notre historien conduit sa narration.

Après avoir orné le triomphe de son vainqueur, Jugurtha fut saisi par les licteurs, qui déchirèrent sa robe, et lui meurtrirent les oreilles pour s'emparer de ses anneaux ; ils le jetèrent ensuite tout nu dans une fosse profonde. Conservant jusqu'au dernier moment le même sang-froid qu'il avait pris dans l'exécution des plus grands crimes, le meurtrier d'Adherbal s'écria en souriant : « O dieux ! que vos étuves sont froides ! » Après avoir lutté six jours contre la faim, il expira enfin. Il avait environ cinquante-quatre ans.

Eutrope (livre IV) et quelques autres prétendent que Jugurtha fut étranglé en prison. Sur quelques vieux manuscrits de Salluste, on lit deux vers latins portant qu'il fut précipité de la roche Tarpéienne.

Si cupis ignotum Jugurthæ discere lethum :
Tarpeiæ rupis pulsus ad ima ruit.

Un autre manuscrit, cité par Cortius, offre cet autre distique :

Nosse cupis vulgo non cognita fata Jugurthæ :
Ut Plutarchus ait, carcere clausus obit.

Enfin, M. Burnouf a trouvé, dans le manuscrit A de la Bibliothèque royale, douze vers sur la mort de Jugurtha et de ses fils, dont il cite seulement ceux-ci :

..... Eadem natos sors abstulit illius ambos,
Culpaque perjuri traxit utrosque patris.

En effet, Appien d'Alexandrie nous apprend que Masentha, l'un d'eux, gardé en prison dans la ville de Venouse, fut quelques années après, lors de la guerre Sociale, délivré par Pappius, l'un des chefs latins, qui, l'ayant revêtu des ornements royaux, se servit de lui pour engager la cavalerie numide à déserter les drapeaux des Romains.

Toute la Numidie ne fut pas réduite en province romaine, après le triomphe de Marius. La partie limitrophe de la Mauritanie fut donnée au roi Bocchus. On en laissa une autre portion à Hiempsal II, fils de Gulussa, et petit-fils de Masinissa. Il eut pour successeur Juba Ier. Enfin, la partie de la Numidie qui confinait à la province romaine d'Afrique fut réunie au domaine de la république.

FIN DES NOTES DE LA GUERRE DE JUGURTHA.

CONJURATION DE CATILINA

CONJURATION DE CATILINA

I. Tout homme qui veut l'emporter sur les autres animaux doit faire tous ses efforts pour ne point passer obscurément sa vie comme les brutes, que la nature a courbées vers la terre, esclaves de leurs appétits grossiers. Or toutes nos facultés résident dans l'âme et dans le corps (1) : nous employons de préférence l'âme à commander, le corps à obéir (2) : l'une nous est commune avec les dieux, l'autre avec les bêtes. Aussi me paraît-il plus juste de rechercher la gloire par les facultés de l'esprit que par celles du corps, et, puisque la vie qui nous est donnée est courte, de laisser de nous la plus longue mémoire. Car l'éclat des richesses et de la beauté est fugitif et peu durable : il n'appartient qu'à la vertu de se rendre célèbre et immortelle.

Ce fut longtemps parmi les hommes un grand sujet de discussion, si la force du corps contribuait plus aux succès militaires que les lumières de l'esprit : en effet, avant d'entreprendre, il faut réfléchir (3), et, après avoir réfléchi, promptement exécu-

CONJURATIO CATILINARIA

I. Omnis homines, qui sese student præstare ceteris animalibus, summa ope niti decet vitam silentio ne transeant, veluti pecora, quæ natura prona atque ventri obedientia finxit. Sed nostra omnis vis in animo et corpore sita : animi imperio, corporis servitio, magis utimur. Alterum nobis cum dis, alterum cum belluis, commune est. Quo mihi rectius videtur ingenii quam virium opibus gloriam quærere, et quoniam vita ipsa qua fruimur brevis est, memoriam nostri quam maxume longam efficere : nam divitiarum et formæ gloria fluxa atque fragilis, virtus clara æternaque habetur.

Sed diu magnum inter mortalis certamen fuit, vi ne corporis, an virtute animi res militaris magis procederet : nam et prius quam incipias consulto, et, ubi

ter. Ainsi ces deux choses impuissantes, chacune en soi, se prêtent un mutuel secours.

II. Aussi, dans l'origine des sociétés (4), les rois (premier nom qui sur la terre ait désigné le pouvoir), se livrant à des goûts divers, exerçaient, les uns leur esprit, les autres leur corps. Alors la vie des hommes était exempte de convoitise : chacun était content de ce qu'il possédait. Plus tard, depuis qu'en Asie Cyrus, en Grèce les Lacédémoniens et les Athéniens, eurent commencé à subjuguer des villes et des nations, à trouver dans l'amour de la domination un motif de guerre, et à mesurer la gloire sur l'étendue des conquêtes, l'expérience et la pratique firent enfin comprendre que dans la guerre le génie obtient la principale influence. Si les rois et les chefs de nations voulaient déployer dans la paix la même force d'âme que dans la guerre, les affaires humaines seraient sujettes à moins de variations et d'instabilité ; on ne verrait pas les États passer d'une main à l'autre, et n'offrir que changement et confusion : car la puissance se conserve aisément par les mêmes moyens qui l'ont établie. Mais, dès que, prenant la place de l'activité, de la tempérance et de la justice, la mollesse, la débauche et l'orgueil se sont emparés de l'âme, avec les mœurs change la fortune, et toujours le pouvoir passe du moins habile au plus capable. Agriculture, marine, constructions, tous les arts sont le domaine de l'intelligence. Cependant une foule d'hommes livrés à leurs sens et au sommeil, sans instruction, sans culture, ont traversé la vie comme des voyageurs. Pour eux, con-

---

consulueris, mature facto opus est. Ita, utrumque per se indigens, alterius auxilio veget.

II. Igitur initio reges (nam in terris nomen imperii id primum fuit) diversi ; pars ingenium, alii corpus exercebant : etiam tum vita hominum sine cupiditate agitabatur ; sua cuique satis placebant. Postea vero quam in Asia Cyrus, in Græcia Lacedæmonii et Athenienses, cœpere urbes atque nationes subigere, lubidinem dominandi caussam belli habere, maxumam gloriam in maxumo imperio putare, tum demum periculo atque negotiis compertum est in bello plurimum ingenium posse. Quod si regum atque imperatorum animi virtus in pace ita uti in bello valeret, æquabilius atque constantius sese res humanæ haberent, neque aliud alio ferri, neque mutari ac misceri omnia, cerneres : nam imperium facile his artibus retinetur quibus initio partum est. Verum, ubi pro labore desidia, pro continentia et æquitate lubido atque superbia invasere, fortuna simul cum moribus immutatur. Ita imperium semper ad optumum quemque a minus bono transfertur. Quæ homines arant, navigant, ædificant, virtuti omnia parent. Sed multi mortales, dediti ventri atque somno, indocti incultique, vitam sicuti peregrinantes transegere : quibus, profecto contra naturam,

tre le vœu de la nature, le corps fut une source de plaisirs et l'âme un fardeau. Pour moi, je ne mets pas de différence entre leur vie et leur mort, puisque l'une et l'autre sont vouées à l'oubli (5). En un mot, celui-là seul me paraît vivre réellement et jouir de son existence, qui, adonné à un travail quelconque, cherche à se faire un nom par de belles actions ou par des talents estimables. Et dans la variété infinie des choses humaines la nature indique à chacun la route qu'il doit suivre.

III. Il est beau de bien servir sa patrie ; mais le mérite de bien dire n'est pas non plus à dédaigner. Dans la paix comme dans la guerre on peut se rendre illustre, et ceux qui font de belles actions, comme ceux qui les écrivent, obtiennent des louanges. Or, selon moi, bien qu'il ne revienne pas à l'historien la même gloire qu'à son héros, sa tâche n'en est pas moins fort difficile. D'abord, le récit doit répondre à la grandeur des actions : ensuite, si vous relevez quelque faute, la plupart des lecteurs taxent vos paroles d'envie et de malveillance ; puis, quand vous retracez les hautes vertus et la gloire des bons citoyens, chacun n'accueille avec plaisir que ce qu'il se juge en état de faire : au delà, il ne voit qu'exagération et mensonge (6).

Pour moi, très-jeune encore, mon goût me porta, comme tant d'autres, vers les emplois publics ; et, dans cette carrière, je rencontrai beaucoup d'obstacles. Au lieu de la pudeur, du désintéressement, du mérite, régnaient l'audace, la corruption, l'avarice. Bien que mon âme eût horreur de ces excès, auxquels elle était étrangère, c'était cependant au milieu de tant de désordres que ma faible jeunesse, séduite par l'am-

---

corpus voluptati, anima oneri, fuit. Eorum ego vitam mortemque juxta æstumo, quoniam de utraque siletur. Verum enim vero is demum mihi vivere atque frui anima videtur, qui, aliquo negotio intentus, præclari facinoris aut artis bonæ famam quærit. Sed in magna copia rerum aliud alii natura iter ostendit.

III. Pulchrum est bene facere reipublicæ : etiam bene dicere haud absurdum est. Vel pace vel bello clarum fieri licet : et qui fecere, et qui facta aliorum scripsere, multi laudantur. Ac mihi quidem, tametsi haudquaquam par gloria sequatur scriptorem et auctorem rerum, tamen imprimis arduum videtur res gestas scribere : primum, quod facta dictis sunt exæquanda ; dehinc, quia plerique, quæ delicta reprehenderis, malivolentia et invidia dicta putant : ubi de magna virtute et gloria bonorum memores, quæ sibi quisque facilia factu putat, æquo animo accipit ; supra ea, veluti ficta, pro falsis ducit.

Sed ego adolescentulus, initio, sicuti plerique, studio ad rempublicam latus sum ; ibique mihi advorsa multa fuere. Nam pro pudore, pro abstinentia, pro virtute, audacia, largitio, avaritia, vigebant. Quæ tametsi animus aspernabatur,

bition, se trouvait engagée. Et moi qui chez les autres désapprouvais ces mœurs perverses, comme je n'étais pas moins qu'eux dévoré de la soif des honneurs, je me vis avec eux en butte à la médisance et à la haine (7).

IV. Aussi, dès qu'après tant de tourments et de périls mon âme eut retrouvé le calme, et que j'eus résolu de passer le reste de ma vie loin des affaires publiques, mon dessein ne fut pas de consumer dans la mollesse et le désœuvrement ce précieux loisir, ni de me livrer à l'agriculture ou à la chasse, occupations toutes matérielles; mais, revenu à l'étude, dont une malheureuse ambition m'avait trop longtemps detourné, je conçus le projet d'écrire, par partie séparées, l'histoire du peuple romain, selon que chaque événement me paraîtrait digne de mémoire : et je pris d'autant plus volontiers ce parti, qu'exempt de crainte et d'espérance j'ai l'esprit entièrement détaché des factions qui divisent la république. Je vais donc raconter brièvement, et le plus fidèlement que je pourrai, la Conjuration de Catilina, entreprise, à mon avis, des plus mémorables! Tout y fut inouï, et le crime et le danger. Quelques détails sur le caractère de son auteur me paraissent nécessaires avant de commencer mon récit.

V. Lucius Catilina (8), issu d'une noble famille, avait une grande force d'esprit et de corps, mais un naturel méchant et pervers. Dès son adolescence, les guerres intestines, les meurtres, les rapines, les émotions populaires, charmaient son âme; et tels furent les exercices de sa jeunesse. D'une constitution à supporter la faim, le froid, les veilles, au delà de ce qu'on

---

insolens malarum artium, tamen, inter tanta vitia, imbecilla ætas ambitione corrupta tenebatur : ac me, quum ab reliquorum malis moribus dissentirem, nihilo minus honoris cupido, eadem, qua ceteros, fama atque invidia, vexabat.

IV. Igitur, ubi animus ex multis miseriis atque periculis requievit, et mihi reliquam ætatem a republica procul habendam decrevi, non fuit consilium secordia atque desidia bonum otium conterere; neque vero agrum colendo, aut venando, servilibus officiis intentum, ætatem agere : sed, a quo incepto studio me ambitio mala detinuerat, eodem regressus, statui res gestas populi romani carptim, ut quæque memoria digna viderentur, perscribere; eo magis quod mihi a spe, metu, partibus reipublicæ, animus liber erat. Igitur de Catilinæ conjuratione, quam verissume potero, paucis absolvam; nam id facinus inprimis ego memorabile existumo, sceleris atque periculi novitate. De cujus hominis moribus pauca prius explananda sunt, quam initium narrandi faciam.

V. Lucius Catilina, nobili genere natus, fuit magna vi et animi et corporis, sed ingenio malo pravoque. Huic ab adolescentia bella intestina, cædes, rapinæ, discordia civilis, grata fuere; ibique juventutem suam exercuit. Corpus patiens

pourrait croire; esprit audacieux, rusé (9), fécond en ressources, capable de tout feindre et de tout dissimuler; convoiteux du bien d'autrui, prodigue du sien, fougueux dans ses passions, il avait assez d'éloquence, de jugement fort peu : son esprit exalté (10) méditait incessamment des projets démesurés, chimériques, impossibles. On l'avait vu, depuis la dictature de L. Sylla (11), se livrer tout entier à l'ambition de s'emparer du pouvoir : quant au choix des moyens, pourvu qu'il régnât seul, il ne s'en souciait guère. Cet esprit farouche était chaque jour plus tourmenté par l'embarras de ses affaires domestiques et par la conscience de ses crimes : double effet toujours plus marqué des désordres dont je viens de parler. Enfin il trouva un encouragement dans les mœurs dépravées d'une ville travaillée de deux vices, les pires en sens contraire, le luxe et l'avarice (12).

Le sujet même (13), puisque je viens de parler des mœurs de Rome, semble m'inviter à reprendre les choses de plus haut, à exposer brièvement les principes de nos ancêtres, la manière dont ils ont gouverné la république au dedans comme au dehors, l'état de splendeur où ils l'ont laissée; puis par quel changement insensible (14), de la plus florissante et de la plus vertueuse, elle est devenue la plus perverse et la plus dissolue.

VI. La ville de Rome, si j'en crois la tradition, fut fondée et habitée d'abord par les Troyens fugitifs (15), qui, sous la conduite d'Énée, erraient sans avoir de demeure fixe : à eux se joignirent les Aborigènes, race d'hommes sauvages, sans lois, sans gouvernement, libres et indépendants. Dès qu'une fois ils

---

inediæ, vigiliæ, algoris, supra quam cuiquam credibile est. Animus audax, subdolus, varius; cujus rei libet simulator ac dissimulator; alieni adpetens, sui profusus; ardens in cupiditatibus : satis loquentiæ, sapientiæ parum. Vastus animus immoderata, incredibilia, nimis alta, semper cupiebat. Hunc, post dominationem Lucii Sullæ, lubido maxuma invaserat reipublicæ capiundæ : neque, id quibus modis adsequeretur, dum sibi regnum pararet, quidquam pensi habebat. Agitabatur magis magisque in dies animus ferox inopia rei familiaris, et conscientia scelerum; quæ utraque his artibus auxerat quas supra memoravi. Incitabant præterea corrupti civitatis mores, quos pessuma ac diversa inter se mala, luxuria atque avaritia, vexabant.

Res ipsa hortari videtur quoniam de moribus civitatis tempus admonuit, supra repetere, ac paucis instituta majorum, domi militiæque quomodo rempublicam habuerint, quantamque reliquerint, utque paullatim immutata, ex pulcherruma, pessuma ac flagitiosissuma facta sit, disserere.

VI. Urbem Romam, sicuti ego accepi, condidere atque habuere initio Trojani, qui, Ænea duce profugi, sedibus incertis vagabantur; cumque his Aborigines, genus hominum agreste, sine legibus, sine imperio, liberum atque solutum. Hi

furent réunis dans les mêmes murs, bien que différents d'origine, de langage et de manière de vivre, ils se confondirent avec une incroyable et merveilleuse facilité. Mais, lorsque l'État formé par eux eut acquis des citoyens, des mœurs, un territoire, et parut avoir un certain degré de force et de prospérité, l'envie, selon la destinée presque inévitable des choses humaines, naquit de leur puissance. Les rois des nations voisines les attaquent; peu de peuples alliés leur prêtent secours; les autres, frappés de crainte, se tiennent loin du péril; mais les Romains, au dedans comme au dehors, toujours en éveil, s'empressent, se disposent, s'exhortent l'un l'autre, vont au-devant de l'ennemi, et de leurs armes couvrent leur liberté, leur patrie, leurs familles; puis, le danger repoussé par le courage, ils volent au secours de leurs alliés, de leurs amis, et, en rendant plutôt qu'en recevant des services (16), se ménagent des alliances.

Un gouvernement fondé sur les lois, monarchique de nom, les régissait. Des hommes choisis, dont le corps était affaibli par les années, mais l'âme fortifiée par l'expérience, formaient le conseil public : l'âge, ou la nature de leurs fonctions, leur fit donner le nom de *Pères*. Dans la suite, lorsque l'autorité des rois, qui n'avait été créée que pour la défense de la liberté et l'agrandissement de l'État, eut dégénéré en une orgueilleuse tyrannie, la forme du gouvernement changea; un pouvoir annuel et deux chefs (17) furent établis. Par cette combinaison l'on se flattait de préserver le cœur humain de l'insolence qu'inspire la continuité du pouvoir.

---

postquam in una mœnia convenere, dispari genere, dissimili lingua, alius alio more viventes, incredibile memoratu est quam facile coaluerint. Sed postquam res eorum civibus, moribus, agris aucta, satis prospera satisque pollens videbatur, sicuti pleraque mortalium habentur, invidia ex opulentia orta est.. Igitur reges populique finitumi bello tentare : pauci ex amicis auxilio esse; nam ceteri, metu percussi, a periculis aberant. At Romani, domi militiæque intenti, festinare, parare; alius alium hortari; hostibus obviam ire; libertatem, patriam, parentesque armis tegere. Post, ubi pericula virtute propulerant, sociis atque amicis auxilia portabant; magisque dandis quam accipiundis beneficiis amicitias parabant.

Imperium legitimum, nomen imperii regium habebant. Delecti, quibus corpus annis infirmum, ingenium sapientia validum, reipublicæ consultabant : hi, vel ætate vel curæ similitudine, *Patres*, appellabantur. Post, ubi regium imperium, quod initio conservandæ libertatis atque augendæ reipublicæ fuerat, in superbiam dominationemque convertit, immutato more, annua imperia binosque imperatores sibi fecere. Eo modo minume posse putabant per licentiam insolescere animum humanum.

VII. Alors chacun à l'envi put s'élever et déployer tous ses talents. Aux rois, en effet, les méchants font moins ombrage que les gens de bien (18), et le mérite d'autrui est pour eux toujours redoutable. On croirait à peine combien il fallut peu de temps à Rome devenue libre pour se rendre puissante, tant s'était fortifiée en elle la passion de la gloire! La jeunesse, dès qu'elle était en état de supporter les travaux guerriers, apprenait l'art militaire dans les camps mêmes et par la pratique. C'était pour de belles armes, pour des coursiers de bataille, et non pour des courtisanes et des festins, qu'on les voyait se passionner. Pour de tels hommes il n'y avait point de fatigue extraordinaire (19), point de lieu d'un accès rude ou difficile, point d'ennemi redoutable sous les armes; leur courage avait tout dompté d'avance.

Mais une lutte de gloire encore plus grande s'était établie entre eux : c'était à qui porterait les premiers coups à l'ennemi, escaladerait une muraille, et par de tels exploits fixerait sur lui les regards : là étaient pour eux la vraie richesse, la bonne renommée, la vraie noblesse. Insatiables d'honneur, ils étaient libéraux d'argent; ils voulaient une gloire sans bornes et des richesses médiocres. Je pourrais rappeler dans quels lieux le peuple romain, avec une poignée d'hommes, a défait les armées les plus nombreuses, et combien il a pris de villes fortifiées par la nature; mais ce récit m'entraînerait trop loin de mon sujet.

VIII. Oui, assurément, la fortune exerce sur toutes choses son influence (20) : son caprice, plutôt que la vérité, dispense la

---

VII. Sed ea tempestate cœpere se quisque extollere, magisque ingenium in promptu habere : nam regibus boni quam mali suspectiores sunt, semperque his aliena virtus formidolosa est ; sed civitas, incredibile memoratu est, adepta libertate, quantum brevi creverit : tanta cupido gloriæ incesserat! Jam primum juventus simul laboris ac belli patiens erat, in castris per usum militiam discebat : magisque in decoris armis et militaribus equis, quam in scortis atque conviviis lubidinem habebat. Igitur talibus viris non labos insolitus, non locus ullus asper aut arduus erat; non armatus hostis formidolosus : virtus omnia domuerat.

Sed gloriæ maxumum certamen inter ipsos erat : sic quisque hostem ferire, murum adscendere, conspici, dum tale facinus faceret, properabat : eas divitias, eam bonam famam magnamque nobilitatem putabant. Laudis avidi, pecuniæ liberales erant : gloriam ingentem, divitias honestas, volebant. Memorare possem quibus in locis maxumas hostium copias populus romanus parva manu fuderit, quas urbis natura munitas pugnando ceperit, ni ea res longius nos ab incepto traheret.

VIII. Sed profecto fortuna in omni re dominatur : ea res cunctas, ex lubidine

gloire ou l'oubli aux actions des mortels. Les exploits des Athéniens, j'aime à le reconnaître, ne manquent ni de grandeur, ni d'éclat, seulement ils sont un peu au-dessous de leur renommée. Mais, comme ce pays a produit de grands écrivains (21), le monde entier a placé au premier rang les actions des Athéniens. On a jugé de la valeur de ceux qui les ont faites par la hauteur où les a placées le génie de leurs historiens. Mais le peuple romain n'a jamais eu cet avantage, parce qu'à Rome le citoyen le plus habile était aussi le plus livré aux affaires; point d'emploi qui exerçât l'esprit à l'exclusion du corps; les plus vertueux aimaient mieux bien faire que bien dire, et mériter la louange par leurs services que de raconter eux-mêmes ceux des autres.

IX. Ainsi donc dans la paix et dans la guerre les bonnes mœurs étaient également pratiquées : union parfaite; point d'avarice; la justice et l'honneur s'appuyaient moins sur les lois que sur le penchant naturel (22). Les querelles, les animosités, les haines, on les réservait pour les ennemis du dehors : entre eux, les citoyens ne disputaient que de vertu. Magnifiques dans le culte des dieux, économes dans leur intérieur, nos pères étaient fidèles à l'amitié. Intrépidité dans les combats, équité lorsque la paix succédait à la guerre, tel était le double fondement de la prospérité publique et privée. Et, à cet égard, je trouve des exemples bien frappants : plus souvent dans la guerre on en a puni pour avoir attaqué l'ennemi contre l'ordre du général, ou quitté trop tard le champ de bataille, que pour

---

magis quam ex vero, celebrat obscuratque. Atheniensium res gestæ, sicuti ego æstumo, satis amplæ magnificæque fuere, verum aliquanto minores tamen quam fama feruntur. Sed quia provenere ibi scriptorum magna ingenia, per terrarum orbem Atheniensium facta pro maxumis celebrantur. Ita eorum qui ea fecere virtus tanta habetur, quantum verbis eam potuere extollere præclara ingenia. At populo romano nunquam ea copia fuit, quia prudentissumus quisque negotiosus maxume erat ; ingenium nemo sine corpore exercebat : optumus quisque facere, quam dicere ; sua ab aliis benefacta laudari, quam ipse aliorum narrare, malebat.

IX. Igitur domi militiæque boni mores colebantur. Concordia maxuma, minuma avaritia erat : jus bonumque apud eos non legibus magis quam natura valebat. Jurgia, discordias, simultates, cum hostibus exercebant : cives cum civibus de virtute certabant. In suppliciis deorum magnifici, domi parci, in amicis fideles erant. Duabus his artibus, audacia in bello, ubi pax evenerat æquitate, seque remque publicam curabant. Quarum rerum ego maxuma documenta hæc habeo, quod in bello sæpius vindicatum est in eos qui contra imperium in hostem pugnaverant, quique tardius revocati, prœlio excesserant,

s'être permis d'abandonner leur drapeau ou de céder le terrain à un ennemi victorieux. Dans la paix ils faisaient sentir leur autorité plutôt par des bienfaits que par la crainte; offensés, ils aimaient mieux pardonner que punir (23).

X. Mais, une fois que, par son énergie et son équité, la république se fut agrandie; qu'elle eut vaincu des rois puissants, subjugué des nations farouches et de grands peuples; que Carthage, rivale de l'empire romain (24), eut péri sans retour, que toutes les mers nous furent ouvertes, la fortune ennemie commença à se montrer cruelle, à tout troubler. Les mêmes hommes qui avaient supporté sans peine les travaux, les dangers, l'incertitude et la rigueur des événements ne trouvèrent dans le repos et dans les richesses, objets d'envie pour les autres, qu'embarras et misère. D'abord s'accrut la soif de l'or, puis celle du pouvoir : telle fut la source de tous les maux. L'avarice, en effet, étouffa la bonne foi, la probité et toutes les autres vertus; à leur place elle inspira l'orgueil, la cruauté, l'oubli des dieux, la vénalité. L'ambition força nombre d'hommes à la fausseté, leur apprit à renfermer leur pensée dans leur cœur, pour en exprimer une autre par leur langage, à régler leurs amitiés ou leurs haines, non sur leurs sentiments, mais sur leurs intérêts, et à porter la bienveillance moins dans le cœur que sur le visage. Ces vices ne firent d'abord que de faibles progrès, et furent quelquefois punis. Bientôt, lorsque la contagion, semblable à la peste, eut partout fait invasion, un changement s'opéra dans la république : son gouvernement, si juste et si parfait, devint cruel et intolérable.

---

quam qui signa relinquere, aut, pulsi, loco cedere ausi erant; in pace vero quod beneficiis magis quam metu imperium agitabant, et, accepta injuria, ignoscere quam persequi malebant.

X. Sed ubi labore atque justitia respublica crevit; reges magni bello domiti, nationes feræ et populi ingentes vi subacti; Carthago, æmula imperii romani, ab stirpe interiit; cuncta maria terræque patebant : sævire fortuna ac miscere omnia cœpit. Qui labores, pericula, dubias atque asperas res facile toleraverant, iis otium, divitiæ, optandæ aliis, oneri miseriæque fuere. Igitur primo pecuniæ, deinde imperii, cupido crevit : ea quasi materies omnium malorum fuere. Namque avaritia fidem, probitatem ceterasque artis bonas, subvertit; pro his superbiam, crudelitatem, deos neglegere, omnia venalia habere, edocuit. Ambitio multos mortalis falsos fieri subegit; aliud clausum in pectore, aliud in lingua promptum habere; amicitias inimicitiasque non ex re, sed ex commodo, æstumare; magisque vultum, quam ingenium, bonum habere. Hæc primo paullatim crescere, interdum vindicari. Post, ubi contagio, quasi pestilentia, invasit, civitas immutata, imperium ex justissumo atque optumo crudele intolerandumque factum.

XI. Cependant l'ambition plutôt que la cupidité tourmenta d'abord les cœurs. Ce vice, en effet, a plus d'affinité avec la vertu; car la gloire, les honneurs, le pouvoir, l'homme de bien et le méchant les recherchent également; mais le premier veut y parvenir par la bonne voie; le second, au défaut des moyens honorables, prétend y arriver par la ruse et l'intrigue. La cupidité fait sa passion des richesses (25), que le sage ne convoita jamais : ce vice, comme imprégné d'un venin dangereux, énerve le corps et l'âme la plus virile : il est sans bornes, insatiable; ni l'opulence ni la pauvreté ne peuvent le corriger. Mais, après que L. Sylla, dont les armes avaient reconquis la république (26), eut fait à de louables commencements succéder de funestes catastrophes, on ne vit que rapine et brigandage : l'un de convoiter une maison, l'autre un champ; les vainqueurs, ne connaissant ni mesure ni pudeur, se portent aux plus infâmes, aux plus cruels excès contre des citoyens. Ajoutez que L. Sylla, pour s'attacher l'armée qu'il avait commandée en Asie, l'avait laissée vivre dans le relâchement et la licence. L'oisiveté de séjours enchanteurs, voluptueux, avait facilement énervé la mâle rudesse du soldat. Là, commença, pour l'armée romaine, l'habitude de faire l'amour et de boire, la passion des statues, des tableaux, des vases ciselés, l'usage de les enlever aux particuliers et au public (27), de dépouiller les temples, et de ne respecter ni le sacré ni le profane. Aussi de tels soldats, après la victoire, n'ont-ils rien laissé aux vaincus. Et en effet, si la prospérité fait chanceler l'âme des sages, comment, avec leur dépravation, ces hommes-là auraient-ils usé modérément de la victoire?

XI. Sed primo magis ambitio, quam avaritia, animos hominum exercebat : quod tamen vitium propius virtutem erat. Nam gloriam, honorem, imperium, bonus et ignavus æque sibi exoptant : sed ille vera via nititur; huic quia bonæ artes desunt, dolis atque fallaciis contendit. Avaritia pecuniæ studium habet, quam nemo sapiens concupivit. Ea, quasi venenis malis imbuta, corpus animumque virilem effeminat : semper infinita, insatiabilis, neque copia neque inopia minuitur. Sed, postquam L. Sulla, armis recepta republica, ex bonis initiis malos eventus habuit, rapere omnes, trahere; domum alius, alius agros cupere; neque modum, neque modestiam victores habere; fœda crudeliaque in civibus facinora facere. Huc accedebat, quod L. Sulla exercitum, quem in Asia ductaverat, quo sibi fidum faceret, contra morem majorum, luxuriose nimisque liberaliter habuerat. Loca amœna, voluptaria, facile in otio ferocis militum animos molliverant. Ibi primum insuevit exercitus populi romani amare, potare; signa, tabulas pictas, vasa cælata, mirari; ea privatim ac publice rapere, delubra spoliare; sacra profanaque omnia polluere. Igitur hi milites, postquam victoriam adepti sunt, nihil reliqui victis fecere. Quippe secundæ res sapientium animos fatigant, nedum illi, corruptis moribus, victoriæ temperarent.

XII. Dès que les richesses eurent commencé à être honorées, et qu'à leur suite vinrent distinctions, dignités, pouvoir, la vertu perdit son influence, la pauvreté devint un opprobre, et l'antique simplicité fut regardée comme une affectation malveillante. Par les richesses on a vu se répandre parmi notre jeunesse, avec l'orgueil, la débauche et la cupidité ; puis les rapines, les profusions, la prodigalité de son patrimoine, la convoitise de la fortune d'autrui, l'entier mépris de l'honneur, de la pudicité, des choses divines et humaines, des bienséances et de la modération. C'est chose curieuse, après avoir vu construites, à Rome et dans nos campagnes, ces maisons qu'on prendrait pour des villes, d'aller visiter ensuite les temples érigés aux dieux par nos pères, les plus religieux des mortels !

Mais leur piété faisait l'ornement des temples, et leur gloire celui de leurs demeures : ils n'enlevaient aux ennemis que le pouvoir de nuire ; mais les Romains d'aujourd'hui, les plus lâches des hommes, mettent le comble à leurs attentats en enlevant à des alliés ce qu'après la victoire nos braves ancêtres avaient laissé à des ennemis : on dirait que commettre l'injustice est pour eux le véritable usage de la puissance.

XIII. Pourquoi rappellerais-je ici des choses incroyables pour quiconque ne les a pas vues : des montagnes aplanies, des mers couvertes de constructions (28) par maints particuliers ? Ces gens-là me semblent s'être joués de leurs trésors ; car, pouvant en jouir avec sagesse, ils se dépêchaient d'en faire un honteux abus. Dans leurs débauches, dans leurs festins, dans toutes leurs dépenses, mêmes déréglements. Les hommes se prostituaient

---

XII. Postquam divitiæ honori esse cœpere, et eas gloria, imperium, potentia, sequebatur: hebescere virtus, paupertas probro haberi, innocentia pro malivolentia duci cœpit. Igitur ex divitiis juventutem luxuria atque avaritia cum superbia invasere; rapere, consumere, sua parvi pendere, aliena cupere ; pudorem, pudicitiam, divina atque humana promiscua, nihil pensi neque moderati habere. Operæ pretium est, quum domos atque villas cognoveris, in urbium modum exædificatas, visere templa deorum quæ nostri majores, religiosissumi mortales, fecere.

Verum illi delubra deorum pietate, domos suas gloria, decorabant; neque victis quidquam, præter injuriæ licentiam, eripiebant. At hi contra, ignavissumi homines, per summum scelus, omnia ea sociis adimere, quæ fortissumi viri victores hostibus reliquerant : proinde quasi injuriam facere, id demum esset imperio uti.

XIII. Nam quid ea memorem quæ, nisi iis qui videre, nemini credibilia sunt, a privatis compluribus subversos montes, maria constrata esse? Quibus mihi, videntur ludibrio fuisse divitiæ; quippe, quas honeste habere licebat, abuti per turpitudinem properabant. Sed lubido stupri, ganeæ, ceterique cultus, non mi-

comme des femmes, et les femmes affichaient leur impudicité. Pour leur table, ils mettaient à contribution toutes les terres et toutes les mers (29), ils dormaient sans besoin de sommeil, n'attendant pas la faim, la soif, la lassitude, en un mot en prévenant tous les besoins. Après avoir, en ces débordements, consumé son patrimoine, la jeunesse se précipitait dans le crime. Une fois imbue de ces habitudes perverses, l'âme se passait difficilement de ces vaines fantaisies; de là une ardeur immodérée pour rechercher tous les moyens d'acquérir et de dépenser.

XIV. Au sein d'une ville si grande et si corrompue, Catilina (et rien n'était plus naturel) vit se grouper autour de lui tous les vices et tous les crimes : c'était là son cortége. Le libertin, l'adultère qui, par l'ivrognerie, le jeu, la table, la débauche, avait dissipé son patrimoine; tout homme qui s'était abîmé de dettes pour se racheter d'une bassesse ou d'un crime; en un mot, tout ce qu'il pouvait y avoir dans la république de parricides, de sacriléges, de repris de justice, ou qui, pour leurs méfaits, redoutaient ses sentences; comme aussi ceux dont la main et la langue parjure, exercées au meurtre des citoyens, soutenaient l'existence; tous ceux enfin que tourmentaient l'infamie, la misère ou le remords (30), c'étaient là les compagnons, les familiers de Catilina. Et, si quelqu'un, encore pur de crime, avait le malheur de se lier avec lui d'amitié, entraîné par la séduction de son commerce journalier, il ne tardait pas à devenir en tout semblable aux autres. Mais c'était surtout des jeunes gens que Catilina recherchait l'intimité (31) : ces âmes tendres et flexibles à cette époque de la vie se laissaient

nor incesserat : viros pati muliebria, mulieres pudicitiam in propatulo habere; vescendi caussa, terra marique omnia exquirere; dormire prius quam somni cupido esset; non famem aut sitim, neque lassitudinem opperiri, sed ea omnia luxu antecapere. Hæc juventutem, ubi familiares opes defecerant, ad facinora incendebant. Animus, imbutus malis artibus, haud facile lubidinibus carebat : eo profusius omnibus modis quæstui atque sumptui deditus erat.

XIV. In tanta tamque corrupta civitate, Catilina, id quod factu facillumum erat, omnium flagitiorum atque facinorum circum se, tanquam stipatorum, catervas habebat. Nam quicunque impudicus, adulter, ganeo, manu, ventre, pene, bona patria laceraverat; quique alienum æs grande conflaverat, quo flagitium aut facinus redimeret; præterea omnes undique parricidæ, sacrilegi, convicti judiciis, aut pro factis judicium timentes; ad hoc, quos manus atque lingua perjurio aut sanguine civili alebat; postremo, omnes quos flagitium, egestas, conscius animus, exagitabat : ii Catilinæ proxumi familiaresque erant. Quod si quis etiam a culpa vacuus in amicitiam ejus inciderat, quotidiano usu atque illecebris facile par similisque ceteris efficiebatur. Sed maxume adoles-

prendre facilement à ses piéges : car, selon le goût de leur âge qui dominait en eux, aux uns il procurait des courtisanes; pour les autres il achetait des chiens et des chevaux; enfin il ne ménageait ni l'or ni les plus honteuses complaisances pour les avoir dans sa dépendance et à sa dévotion. Quelques-uns, je le sais, en ont conclu que les jeunes gens qui fréquentaient la maison de Catilina n'y conservaient guère leur chasteté; mais des conjectures tirées d'autres faits, sans qu'on pût alléguer rien de positif, avaient seules donné lieu à ce bruit.

XV. Et, en effet, livré dès son adolescence à d'affreux désordres, Catilina avait séduit une vierge de noble famille (32), puis une vestale (33), et commis maints excès également contraires aux lois et à la religion. Plus tard, il s'éprit d'amour pour Aurelia Orestilla, chez qui, hors la beauté, jamais honnête homme ne trouva rien de louable. Mais, craignant un fils déjà grand qu'il avait eu d'un premier mariage, Orestilla hésitait à l'épouser; il tua, assure-t-on, ce fils, et il passe pour constant que, par la mort de ce fils, il ouvrit ainsi dans sa maison un champ libre à cet horrible hymen (34). Ce forfait, si je ne me trompe, a été l'un des principaux motifs qui lui firent hâter son entreprise : cette âme impure, ennemie des dieux et des hommes, ne pouvait trouver de repos ni dans la veille ni dans le sommeil, tant le remords faisait de ravages dans ce cœur bourrelé! Son teint pâle, son affreux regard, sa démarche tantôt lente, tantôt précipitée, tout, en un mot, dans ses traits, dans l'expression de son visage, annonçait le trouble de son cœur.

centium familiaritates adpetebat : eorum animi, molles et ætate fluxi, dolis haud difficulter capiebantur. Nam uti cujusque studium ex ætate flagrabat, aliis scorta præbere, aliis canes atque equos mercari; postremo neque sumptui neque modestiæ suæ parcere, dum illos obnoxios fidosque faceret. Scio fuisse onnullos qui ita æstumarent juventutem, quæ domum Catilinæ frequentabat, arum honeste pudicitiam habuisse; sed ex aliis rebus magis, quam quod cuiquam id compertum foret, hæc fama valebat.

XV. Jam primum adolescens Catilina multa nefanda stupra fecerat, cum virgine nobili, cum sacerdote Vestæ, et alia hujuscemodi contra jus fasque. Postremo captus amore Aureliæ Orestillæ, cujus præter formam nihil unquam bonus laudavit; quod ea nubere illi dubitabat, timens privignum adulta ætate, pro certo creditur, necato filio, vacuam domum scelestis nuptiis fecisse. Quæ quidem res mihi imprimis videtur caussa fuisse facinoris maturandi; namque animus impurus, dis hominibusque infestus, neque vigiliis neque quietibus sedari poterat : ita conscientia mentem excitam vastabat! Igitur colos exsanguis, fœdi oculi, citus modo, modo tardus incessus, prorsus in facie vultuque veordia inerat.

XVI. Quant à cette jeunesse qu'il avait su gagner par ses séductions, comme je viens de le dire, il avait mille manières de la former au crime. De quelques-uns il disposait comme faussaires et faux témoins : honneur, fortune, périls, ils devaient tout sacrifier, tout mépriser. Puis, quand il les avait perdus de réputation et avilis, il leur commandait des crimes plus importants. Manquait-il dans le moment de prétexte pour faire le mal, il leur faisait surprendre, égorger comme des ennemis ceux dont il n'avait point à se plaindre; ainsi, de peur que l'inaction n'engourdît leur bras ou leur cœur, il aimait mieux être méchant et cruel sans nécessité. Comptant sur de tels amis, sur de tels associés, alors que par tout l'empire les citoyens étaient écrasés de dettes, et que les soldats de Sylla, la plupart ruinés par leurs profusions, encore pleins du souvenir de leurs rapines et de leur ancienne victoire, ne désiraient que la guerre civile, Catilina forma le projet d'asservir la république. D'armée, point en Italie : Cn. Pompée (35) faisait la guerre aux extrémités de la terre : pour Catilina enfin, grand espoir de briguer le consulat (36) : le sénat sans défiance; partout une tranquillité, une sécurité entières : toutes circonstances singulièrement favorables à Catilina.

XVII. Ce fut donc vers les calendes de juin, sous le consulat de L. César et de C. Figulus, qu'il commença à s'ouvrir séparément à chacun de ses amis : encourageant les uns, sondant les autres; leur montrant ses moyens, la république sans défense, et les grands avantages attachés au succès de la conjuration. Dès qu'il s'est suffisamment assuré des dispositions de chacun, il réunit en assemblée tous ceux qui étaient les plus

---

XVI. Sed juventutem quam, ut supra diximus, illexerat, multis modis mala facinora edocebat. Ex illis testes signatoresque falsos commodare; fidem, fortunas, pericula vilia habere; post, ubi eorum famam atque pudorem adtriverat, majora alia imperabat. Si caussa peccandi in præsens minus suppetebat, nihilo minus insontes, sicuti sontes, circumvenire, jugulare : scilicet, ne per otium torpescerent manus aut animus, gratuito potius malus atque crudelis erat. His amicis sociisque confisus Catilina, simul quod æs alienum per omnis terras ingens erat, et quod plerique Sullani milites, largius suo usi, rapinarum et victoriæ veteris memores, civile bellum exoptabant, opprimundæ reipublicæ consilium cepit. In Italia nullus exercitus; Cn. Pompeius in extremis terris bellum gerebat; ipsi consulatum petundi magna spes; senatus nihil sane intentus; tutæ tranquillæque res omnes : sed ea prorsus opportuna Catilinæ.

XVII. Igitur, circiter kalendas junias, L. Cæsare et C. Figulo consulibus, primo singulos adpellare : hortari alios, alios tentare : opes suas, imparatam rempublicam, magna præmia conjurationis docere. Ubi satis explorata sunt quæ voluit, in unum omnis convocat quibus maxima necessitudo et plurimum au-

obérés et les plus audacieux. Il s'y trouva, de l'ordre des sénateurs, P. Lentulus Sura (37), P. Autronius, L. Cassius Longinus, C. Cethegus, P. et Ser. Sulla, tous deux fils de Servius, L. Vargunteius, Q. Annius, M. Porcius Léca, L. Bestia, Q. Curius ; puis, de l'ordre des chevaliers, M. Fulvius Nobilior (38), L. Statilius, P. Gabinius Capiton, C. Cornelius ; en outre, plusieurs personnes des colonies et des municipes, tenant aux premières familles de leur pays. L'entreprise comptait encore d'autres complices, mais un peu plus secrets, nobles personnages dirigés par l'espoir de dominer, plutôt que par l'indigence ou par quelque autre nécessité de position. Au reste, presque toute la jeunesse romaine, surtout les nobles, favorisaient les desseins de Catilina. Pouvant au sein du repos vivre avec magnificence et dans la mollesse, ils préféraient au certain l'incertain, et la guerre à la paix. Quelques-uns même ont cru dans le temps que M. Licinius Crassus (39) n'avait point ignoré le complot ; et que, mécontent de voir à la tête d'une grande armée Pompée qu'il détestait, il voulait à sa puissance en opposer une autre, quelle qu'elle fût. Il se flattait d'ailleurs, si la conspiration réussissait, de devenir facilement le chef du parti. Mais déjà, auparavant, quelques hommes avaient formé une conjuration dans laquelle était Catilina. Je vais en parler le plus fidèlement qu'il me sera possible.

XVIII. Sous le consulat de L. Tullus et de M'. Lepidus (40), les consuls désignés, P. Autronius et P. Sylla, convaincus d'avoir violé les lois sur la brigue, avaient été punis. Peu de temps après, Catilina, accusé de concussion, se vit exclu de la

---

daciæ. Eo convenere senatorii ordinis P. Lentulus Sura, P. Autronius, L. Cassius Longinus, C. Cethegus, P. et Servius Sullæ Servii filii, L. Vargunteius, Q. Annius, M. Porcius Læca, L. Bestia, Q. Curius : præterea ex equestri ordine M. Fulvius Nobilior, L. Statilius, P. Gabinius Capito, C. Cornelius : ad hoc multi ex coloniis et municipiis, domi nobiles. Erant præterea complures paullo occultius consilii hujusce participes nobiles, quos magis dominationis spes hortabatur, quam inopia aut alia necessitudo. Ceterum juventus pleraque, sed maxume nobilium, Catilinæ inceptis favebat. Quibus in otio vel magnifice vel molliter vivere copia erat, incerta pro certis, bellum quam pacem malebant. Fuere item ea tempestate qui crederent M. Licinium Crassum non ignarum ejus consilii fuisse ; quia Cn. Pompeius invisus ipsi, magnum exercitum ductabat ; cujusvis opes voluisse contra illius potentiam crescere ; simul confisum, si conjuratio valuisset, facile apud illos principem se fore. Sed antea item conjuravere pauci contra rempublicam, in quibus Catilina : de quo, quam verissume potero, dicam.

XVIII. L. Tullo, M'. Lepido consulibus, P. Autronius et P. Sulla, designati consules, legibus ambitus interrogati, pœnas dederant. Post paullo Catilina,

candidature au consulat, faute d'avoir pu se mettre sur les rangs dans le délai fixé par la loi. Il y avait alors à Rome un jeune noble, Cn. Pison (41), d'une audace sans frein, plongé dans l'indigence, factieux et poussé au bouleversement de l'État autant par sa détresse que par sa perversité naturelle. Ce fut à lui que, vers les nones de décembre (42), Catilina et Autronius s'ouvrirent du dessein qu'ils avaient formé d'assassiner dans le Capitole, aux calendes de janvier (43), les consuls L. Cotta et L. Torquatus. Eux devaient prendre les faisceaux, et envoyer Pison avec une armée pour se rendre maître des deux Espagnes. Ce complot découvert, les conjurés remirent leur projet de massacre aux nones de février (44) : car ce n'étaient pas seulement les consuls, c'étaient presque tous les sénateurs que menaçaient leurs poignards. Si, à la porte du sénat, Catilina ne s'était trop hâté de donner le signal à ses complices, ce jour eût vu se consommer le pire forfait qui se fût encore commis depuis la fondation de Rome. Mais, comme il ne se trouva pas assez de conjurés avec des armes, cette circonstance fit échouer le projet.

XIX. Plus tard Pison, nommé à la questure, fut envoyé avec le titre de propréteur dans l'Espagne citérieure, par le crédit de Crassus, qui le savait ennemi de Pompée. Le sénat, d'ailleurs, lui avait sans peine accordé une province; d'un autre côté, il était bien aise d'écarter du sein de la république un homme taré; d'une autre part, les gens de bien (45) se flattaient généralement de trouver en lui un appui; car déjà la puissance de Cn. Pompée commençait à paraître redoutable. Mais, dans sa

pecuniarum repetundarum reus, prohibitus erat consulatum petere, quod intra legitimos dies profiteri nequiverit. Erat eodem tempore Cn. Piso, adolescens nobilis summæ audaciæ, egens, factiosus, quem ad perturbandam rempublicam inopia atque mali mores stimulabant. Cum hoc Catilina et Autronius, circiter nonas decembres consilio communicato, parabant in Capitolio kalendis januariis L. Cottam et L. Torquatum consules interficere ; ipsi, fascibus correptis, Pisonem cum exercitu ad obtinendas duas Hispanias mittere. Ea re cognita, rursus in nonas februarias consilium cædis transtulerant. Jam tum non consulibus modo, sed plerisque senatoribus, perniciem machinabantur : quod ni Catilina maturasset pro curia signum sociis dare, eo die, post conditam Urbem romanam, pessumum facinus patratum foret. Quia nondum frequentes armati convenerant, ea res consilium diremit.

XIX. Postea Piso in citeriorem Hispaniam quæstor pro prætore missus est, adnitente Crasso, quod eum infestum inimicum Cn. Pompeio cognoverat. Neque tamen senatus provinciam invitus dederat : quippe fœdum hominem a republica procul esse volebat, simul, quia boni quam plures præsidium in eo putabant, et jam tum potentia Cn. Pompeii formidolosa erat. Sed is Piso, in provincia, ab

province, Pison fut tué, durant une marche, par quelques cavaliers espagnols de son armée. Il en est qui prétendent que ces barbares n'avaient pu supporter l'injustice, la hauteur, la dureté de son commandement : selon d'autres, ses cavaliers, anciens et dévoués clients de Cn. Pompée (46), avaient exécuté ses ordres en massacrant Pison ; et jamais jusqu'alors les Espagnols n'avaient commis un tel attentat, bien que par le passé ils eussent eu beaucoup à souffrir du despotisme et de la cruauté. Pour nous, laissons ce fait dans le doute : en voilà assez sur la première conjuration.

XX. Catilina, voyant rassemblés ceux que j'ai nommés tout à l'heure, bien qu'il eût eu avec chacun d'eux de longues et fréquentes conférences, n'en croit pas moins utile de leur adresser une exhortation en commun. Il les conduit dans l'endroit le plus retiré de sa maison ; et là, sans témoins, il leur tient ce discours :

« Si votre courage (47) et votre dévouement m'étaient moins connus, en vain une occasion favorable se serait présentée ; en vain de hautes espérances et la domination seraient entre mes mains ; et moi je n'irais pas, me confiant à des hommes faibles et sans caractère, poursuivre l'incertain pour le certain. Mais souvent, et dans des circonstances décisives, j'ai reconnu votre énergie et votre dévouement à ma personne ; j'ai donc osé concevoir l'entreprise la plus vaste et la plus glorieuse : d'ailleurs, prospérités et disgrâces, tout entre nous, vous me l'avez prouvé, est commun ; car avoir les mêmes volontés, les mêmes répugnances, voilà ce qui constitue une amitié solide.

---

equitibus hispanis quos in exercitu ductabat, iter faciens, occisus est. Sunt qui ita dicant imperia ejus injusta, superba, crudelia, barbaros nequivisse pati : alii autem, equites illos, Cn. Pompeii veteres fidosque clientes, voluntate ejus Pisonem adgressos ; nunquam Hispanos praeterea tale facinus fecisse, sed imperia sæva multa antea perpessos. Nos eam rem in medio relinquemus. De superiore conjuratione satis dictum.

XX. Catilina, ubi eos quos paullo ante memoravi convenisse videt, tametsi cum singulis multa sæpe egerat, tamen in rem fore credens universos adpellare et cohortari, in abditam partem ædium secedit ; atque ibi, omnibus arbitris procul amotis, orationem hujuscemodi habuit :

« Ni virtus fidesque vestra satis spectata mihi forent, nequidquam opportuna res cecidisset ; spes magna, dominatio in manibus frustra fuissent : neque ego, per ignaviam aut vana ingenia, incerta pro certis captarem. Sed, quia multis et magnis tempestatibus vos cognovi fortes fidosque mihi, eo animus ausus maximum atque pulcherrumum facinus incipere : simul, quia vobis eadem quæ mihi bona malaque intellexi ; nam idem velle atque nolle, ea demum firma amicitia est.

« Le projet que j'ai formé, déjà vous en avez tous été instruits en particulier. Oui, de jour en jour s'enflamme mon courage, lorsque je considère quelle existence nous est réservée si nous ne savons conquérir notre liberté. Depuis que le gouvernement est tombé aux mains et au pouvoir d'un petit nombre d'hommes puissants, les rois, les tétrarques, sont devenus leurs tributaires : les peuples, les nations, leur payent des impôts ; et nous autres, tous tant que nous sommes, pleins de courage, de vertu, nobles ou roturiers, nous avons été une vile populace, sans crédit, sans influence, à la merci de ceux que nous ferions trembler si la république était ce qu'elle doit être. Aussi crédit, puissance, honneurs, richesses, tout est pour eux et pour leurs créatures : à nous ils laissent les exclusions, les accusations, les condamnations, l'indigence.

« Jusques à quand, ô les plus courageux des hommes ! souffrirez-vous de tels affronts ? Ne vaut-il pas mieux mourir avec courage que de perdre honteusement une vie misérable et déshonorée, après avoir servi de jouet à l'orgueil de nos tyrans ? Mais qu'ai-je dit ? j'en atteste les dieux et les hommes ! la victoire est dans nos mains ; nous avons la force de l'âge, la vigueur de l'âme ; chez eux, au contraire, surchargés d'ans et de richesses, tout a vieilli. Il ne s'agit que de mettre la main à l'œuvre, le reste ira de soi-même. En effet, qui peut, s'il a un cœur d'homme, les voir sans indignation regorger de richesses, qu'ils prodiguent à bâtir sur la mer, à aplanir des montagnes, tandis que nous manquons des choses les plus nécessaires à la vie ? à élever deux palais (48) ou plus à la suite l'un de

---

« Sed ego quæ mente agitavi, omnes jam antea diversi audistis. Ceterum mihi in dies magis animus accenditur, quum considero quæ conditio vitæ futura sit, nisi nosmet ipsi vindicamus in libertatem. Nam, postquam respublica in paucorum potentium jus atque ditionem concessit, semper illis reges, tetrarchæ vectigales esse : populi, nationes, stipendia pendere : ceteri omnes, strenui, boni, nobiles atque ignobiles, vulgus fuimus; sine gratia, sine auctoritate; his obnoxii quibus, si respublica valeret, formidini essemus. Itaque omnis gratia, potentia, honos, divitiæ, apud illos sunt, aut ubi illi volunt : repulsas nobis reliquere, pericula, judicia, egestatem.

« Quæ quousque tandem patiemini, fortissumi viri? Nonne emori per virtutem præstat, quam vitam miseram atque inhonestam, ubi alienæ superbiæ ludibrio fueris, per dedecus amittere? Verum enim vero, pro deum atque hominum fidem! victoria nobis in manu est. Viget ætas, animus valet : contra illis, annis atque divitiis omnia consenuerunt. Tantummodo incepto opus est : cetera res expediet. Etenim quis mortalium, cui virile ingenium, tolerare potest illis divitias superare, quas profundant in exstruendo mari et montibus coæquandis, nobis rem familiarem etiam ad necessaria deesse? illos binas, aut

l'autre, tandis que nous n'avons nulle part un foyer domestique ? Ils ont beau acheter tableaux, statues, vases précieux, élever pour abattre, puis reconstruire après, enfin prodiguer, tourmenter leur or de mille manières, jamais, en dépit de leurs extravagances, ils ne peuvent triompher de leurs trésors. Et pour nous, misère à la maison, dettes au dehors, embarras présent, perspective plus affreuse encore. Que nous reste-t-il enfin, sinon le misérable souffle qui nous anime? Que ne sortez-vous donc de votre léthargie? La voilà, la voilà, cette liberté que vous avez si souvent désirée : avec elle les richesses, la considération, la gloire, sont devant vos yeux, toutes récompenses que la fortune réserve aux vainqueurs. L'entreprise elle-même, l'occasion, vos périls, votre détresse, les magnifiques dépouilles de la guerre, tout, bien plus que mes paroles, doit exciter votre courage. Général ou soldat, disposez de moi : ni ma tête ni mon bras ne vous fera faute. Tels sont les projets que, consul, j'accomplirai, j'espère, avec vous, à moins que ma confiance ne m'abuse, et que vous ne soyez plus disposés à obéir qu'à commander. »

XXI. Après avoir entendu ce discours, ces hommes qui, avec tous maux en abondance, n'avaient ni bien ni espérance aucune, et pour qui c'était déjà un grand avantage de troubler la paix publique, ne se mettent pas moins la plupart à demander à Catilina quel était son but, quelles seraient les chances de la guerre, le prix de leurs services, et quelles étaient partout les forces et les espérances du parti. Alors Catilina leur promet l'abolition des dettes, la proscription des riches, les

---

amplius, domos continuare; nobis larem familiarem nusquam ullum esse? Quum tabulas, signa, toreumata emunt; nova diruunt, alia ædificant; postremo omnibus modis pecuniam trahunt, vexant : tamen summa lubidine divitias vincere nequeunt. At nobis domi inopia, foris æs alienum : mala res, spes multo asperior. Denique, quid reliqui habemus, præter miseram animam? Quin igitur expergiscimini? En illa, illa quam sæpe optastis, libertas ! præterea divitiæ, decus, gloria, in oculis sita sunt : fortuna ea omnia victoribus præmia posuit. Res, tempus, pericula, egestas, belli spolia magnifica, magis quam oratio, hortentur. Vel imperatore, vel milite me utimini : neque animus, neque corpus a vobis aberit. Hæc ipsa, ut spero, vobiscum consul agam : nisi forte me animus fallit, et vos servire magis, quam imperare, parati estis. »

XXI. Postquam accepere ea homines, quibus mala abunde omnia erant, sed neque res neque spes bona ulla; tametsi illis quieta movere magna merces videbatur, tamen postulare plerique, uti proponeret, quæ conditio belli foret, quæ præmia armis peterent, quid ubique opis aut spei haberent. Tum Catilina polliceri tabulas novas, proscriptionem locupletium, magistratus, sacerdotia,

magistratures, les sacerdoces, le pillage, et tous les autres excès qu'autorisent la guerre et l'abus de la victoire. En outre il leur confie que Pison dans l'Espagne citérieure, et P. Sittius de Nucérie (49), à la tête d'une armée en Mauritanie, prennent part à ses projets : C. Antonius (50) briguait le consulat; il espérait l'avoir pour collègue; c'était son ami intime, pressé d'ailleurs par tous les besoins; avec lui, une fois consul, il donnera le signal d'agir. A ces promesses il joint mille imprécations contre tous les gens de bien ; puis, appelant par son nom chacun des conjurés, il les comble de louanges : à l'un il parle de son indigence, à l'autre de sa passion favorite, à plusieurs des poursuites et de l'infamie qui les menacent, à beaucoup de la victoire de Sylla et du butin qu'elle leur avait procuré. Lorsqu'il voit tous les esprits enflammés, il leur recommande d'appuyer sa candidature, et congédie l'assemblée.

XXII. On disait dans le temps qu'après avoir prononcé son discours Catilina, voulant lier par un serment les complices de son crime, fit passer à la ronde des coupes remplies de sang humain (51) mêlé avec du vin; puis, lorsqu'en proférant des imprécations ils en eurent tous goûté, comme cela se pratique dans les sacrifices, Catilina s'ouvrit à eux de ses projets. Son but était, disait-on, d'avoir une plus forte garantie de leur discrétion réciproque par la complicité d'un si noir forfait. Plusieurs cependant regardaient cette anecdote et beaucoup d'autres semblables comme inventées par ceux qui, dans l'espoir d'affaiblir la haine qui, dans la suite, s'éleva contre Cicéron, exagéraient l'atrocité du crime dont il avait puni les auteurs.

---

rapinas, alia omnia quæ bellum atque lubido victorum fert. Præterea esse in Hispania citeriore Pisonem, in Mauritania cum exercitu P. Sittium Nucerinum, consilii sui participes : petere consulatum C. Antonium, quem sibi collegam fore speraret, hominem et familiarem, et omnibus necessitudinibus circumventum : cum eo se consulem initium agendi facturum. Ad hoc, maledictis increpat omnis bonos : suorum unumquemque nominans laudare; admonebat alium egestatis, alium cupiditatis suæ, complures periculi aut ignominiæ, multos victoriæ Sullanæ, quibus ea prædæ fuerat. Postquam omnium animos alacris videt, cohortatus ut petitionem suam curæ haberent, conventum dimisit.

XXII. Fuere, ea tempestate, qui dicerent Catilinam, oratione habita, quum ad jusjurandum popularis sceleris sui adigeret, humani corporis sanguinem, vino permixtum, in pateris circumtulisse; inde, quum per exsecrationem omnes degustavissent, sicuti in solemnibus sacris fieri consuevit, aperuisse consilium suum, atque eo dictitare fecisse, quo inter se fidi magis forent, alius alii tanti facinoris conscii. Nonnulli ficta et hæc multa præterea existumabant ab his qui Ciceronis invidiam, quæ postea orta est, leniri credebant atrocitate

Quant à moi, ce fait si grave ne m'a jamais paru suffisamment prouvé.

XXIII. Dans cette réunion se trouvait Q. Curius, d'une maison sans doute assez illustre, mais couvert de crimes et d'opprobre : les censeurs l'avaient chassé du sénat pour ses infamies. Chez lui la forfanterie n'était pas moindre que l'audace; incapable de taire ce qu'il avait appris, il l'était également de cacher ses propres crimes; enfin, dans ses conversations comme dans ses actions, il n'avait ni règle ni mesure. Il entretenait depuis longtemps un commerce adultère avec Fulvie (52), femme d'une naissance distinguée. Se voyant moins bien traité par elle depuis que l'indigence l'avait rendu moins généreux, tantôt prenant un air de triomphe, il lui promettait monts et merveilles, tantôt il la menaçait d'un poignard si elle ne se rendait à ses désirs; en somme, il avait avec elle un ton plus arrogant que de coutume. Fulvie, ayant pénétré la cause de procédés si extraordinaires, ne crut pas devoir garder le secret sur le danger qui menaçait la république; mais, sans nommer son auteur, elle raconte à plusieurs personnes ce qu'elle sait, n'importe comment, de la conjuration de Catilina. Ce fut cette circonstance surtout qui entraîna tous les esprits à confier le consulat à M. Tullius Cicéron : dans tout autre moment, l'orgueil de la noblesse se serait révolté d'un pareil choix : elle aurait cru le consulat profané, si, même avec un mérite supérieur, un homme nouveau l'avait obtenu; mais, à l'approche du péril, l'envie et l'orgueil se turent (53).

---

sceleris eorum qui pœnas dederant. Nobis ea res pro magnitudine parum comperta est.

XXIII. Sed in ea conventione fuit Q. Curius, natus haud obscuro loco, flagitiis atque facinoribus coopertus; quem censores senatu probri gratia amoverant. Huic homini non minor vanitas quam audacia; neque reticere quæ audierat, neque suamet ipse scelera occultare. Prorsus neque dicere neque facere quidquam pensi habebat. Erat ei cum Fulvia, muliere nobili, stupri vetus consuetudo; cui quum minus gratus esset, quia inopia minus largiri poterat, repente glorians, maria montisque polliceri cœpit, minari interdum ferro, nisi obnoxia foret; postremo ferocius agitare quam solitus erat. At Fulvia, insolentiæ Curii caussa cognita, tale periculum reipublicæ haud occultum habuit : sed, sublato auctore, de Catilinæ conjuratione quæ quoque modo audierat compluribus narravit. Ea res inprimis studia hominum accendit ad consulatum mandandum M. Tullio Ciceroni : namque antea pleraque nobilitas invidia æstuabat, et quasi pollui consulatum credebant, si eum, quamvis egregius, homo novus adeptus foret; sed, ubi periculum advenit, invidia atque superbia postfuere.

XXIV. Les comices, s'étant donc réunis, proclamèrent consuls M. Tullius et C. Antonius. Ce choix jeta d'abord la consternation parmi les conjurés. Mais la fureur de Catilina n'en fut point calmée; c'étaient chaque jour au contraire de nouvelles mesures, des amas d'armes faits en Italie dans des localités favorables à ses projets, de l'argent emprunté par son crédit ou par celui de ses amis pour l'envoyer à Fésules à un certain Mallius (54), qui plus tard fut le premier à en venir aux mains. Ce fut alors, dit-on, que Catilina engagea dans son parti un nombre considérable d'hommes de toutes les classes. Il s'attacha même quelques femmes (55), qui d'abord avaient trouvé dans la prostitution le moyen de faire grande dépense; mais, l'âge ayant mis des bornes à leurs bénéfices, sans en mettre à leur luxe, elles avaient contracté des dettes énormes. Par ces femmes, Catilina comptait soulever les esclaves dans la ville, incendier Rome, faire entrer leurs maris dans son parti, sinon les égorger.

XXV. Parmi elles était Sempronie (56), qui avait commis maints forfaits, d'une audace virile (57). Pour la naissance et pour la beauté, comme du côté de son mari et de ses enfants, elle n'avait eu qu'à se louer de la fortune. Savante dans la littérature grecque et latine, elle chantait et dansait avec une perfection peu séante à une femme honnête; elle y joignait bien d'autres talents, qui sont des instruments de volupté, et à la décence et à la pudeur elle préféra toujours les plaisirs. De son argent ou de sa réputation, que ménageait-elle le moins? c'est un point que malaisément on déciderait : tellement em-

---

XXIV. Igitur, comitiis habitis, consules declarantur M. Tullius et C. Antonius. Quod factum primo popularis conjurationis concusserat. Neque tamen Catilinæ furor minuebatur; sed in dies plura agitare; arma per Italiam locis opportunis parare; pecuniam, sua aut amicorum fide sumptam mutuam, Fæsulas ad Mallium quemdam portare, qui postea princeps fuit belli faciundi. Ea tempestate plurimos cujusque generis homines adscivisse sibi dicitur; mulieres etiam aliquot, quæ primo ingentis sumptus stupro corporis toleraverant; post, ubi ætas tantummodo quæstui, neque luxuriæ, modum fecerat, æs alienum grande conflaverant. Per eas se Catilina credebat posse servitia urbana sollicitare, Urbem incendere, viros earum vel adjungere sibi, vel interficere.

XXV. Sed in his erat Sempronia, quæ multa sæpe virilis audaciæ facinora commiserat. Hæc mulier genere atque forma, præterea viro, liberis, satis fortunata : litteris græcis atque latinis docta; psallere, saltare, elegantius quam necesse est probæ; multa alia, quæ instrumenta luxuriæ, sed ei cariora semper omnia quam decus atque pudicitia fuit. Pecuniæ an famæ minus parceret, haud facile decerneres : lubidine sic accensa, ut sæpius peteret viros quam peteretur.

portée par le libertinage, qu'elle cherchait plûtôt les hommes qu'elle n'en était recherchée. Souvent, au reste, avant la conjuration, elle avait violé sa foi, nié des dépôts, trempé dans des assassinats : la débauche et l'indigence l'avaient précipitée de crime en crime. Avec tout cela, d'un esprit agréable, sachant faire des vers, manier la plaisanterie, se plier tour à tour au ton de la modestie, de la sensibilité, du libertinage; du reste, toujours remplie d'enjouement et de grâces.

XXVI. Ses dispositions prises, Catilina n'en sollicitait pas moins le consulat pour l'année suivante (58), espérant que, s'il était consul désigné, il trouverait dans C. Antonius un instrument docile. Cependant il ne restait pas dans l'inaction, et il cherchait tous les moyens possibles d'attenter à la vie de Cicéron. Celui-ci, de son côté, pour se garantir, ne manquait ni de ruse ni d'astuce. Dès le commencement de son consulat, il avait, par le moyen de Fulvie, obtenu, à force de promesses, que Q. Curius, dont je viens de parler, l'instruirait des desseins de Catilina. En outre, en donnant à son collègue C. Antonius l'assurance d'un gouvernement (59), il l'avait déterminé à ne point prendre parti contre la république. Il avait autour de sa personne une escorte d'amis et de clients, qui, sans en avoir l'air, veillaient à sa sûreté. Lorsque le jour des comices fut venu, et que Catilina n'eut réussi ni dans sa demande du consulat ni dans les embûches qu'il avait dressées au Champ-de-Mars contre Cicéron (60), il résolut d'en venir à la guerre ouverte et de tenter les derniers coups, puisque toutes ses manœuvres clandestines avaient tourné à son désavantage et à sa confusion.

Sed ea sæpe antehac fidem prodiderat, creditum abjuraverat, cædis conscia fuerat, luxuria atque inopia præceps abierat. Verum ingenium ejus haud absurdum; posse versus facere, jocum movere, sermone uti vel modesto, vel molli, vel procaci. Prorsus multæ facetiæ, multusque lepos inerat.

XXVI. His rebus comparatis, Catilina nihilo minus in proxumum annum consulatum petebat; sperans, si designatus foret, facile se ex voluntate Antonio usurum. Neque interea quietus erat, sed omnibus modis insidias parabat Ciceroni. Neque illi tamen ad cavendum dolus aut astutiæ deerant. Namque, a principio consulatus sui, multa pollicendo per Fulviam, effecerat ut Q. Curius, de quo paullo ante memoravi, consilia Catilinæ sibi proderet. Ad hoc collegam suum Antonium pactione provinciæ perpulerat, ne contra rempublicam sentiret. Circum se præsidia amicorum atque clientium occulte habebat. Postquam dies comitiorum venit, et Catilinæ neque petitio, neque insidiæ quas consuli in Campo fecerat, prospere cessere, constituit bellum facere et extrema omnia experiri; quoniam quæ occulte tentaverat, aspera fœdaque evenerant.

XXVII. Il envoie donc C. Mallius à Fésules (61) et dans cette partie de l'Étrurie qui l'avoisine; dans le Picénum, un certain Septimius de Camerte (62); et dans l'Apulie, C. Julius (63); enfin, d'autres conjurés en divers endroits, où il les juge le plus utiles à ses desseins (64). Cependant, à Rome, il mène de front diverses intrigues, tendant des piéges au consul, disposant tout pour l'incendie, plaçant des hommes armés dans des postes avantageux; lui-même, portant des armes, ordonne aux uns d'en faire autant, exhorte les autres à se tenir toujours en haleine et prêts à agir : jour et nuit infatigable, il ne dort point, il est insensible à la fatigue et à l'insomnie (65); enfin, voyant que tant d'activité ne produit aucun résultat, il charge M. Porcius Léca (66) de rassembler une seconde fois les principaux conjurés au milieu de la nuit : alors, après s'être plaint de leur manque d'énergie, il leur apprend que d'avance il a dépêché Mallius vers cette multitude d'hommes qu'il avait disposés à prendre les armes; qu'il a dirigé d'autres chefs sur d'autres lieux favorables, pour commencer les hostilités; lui-même désire vivement partir pour l'armée dès que préalablement il se sera défait de Cicéron : cet homme était le plus grand obstacle à ses desseins.

XXVIII. Tandis que tous les autres s'effrayent ou balancent, C. Cornelius, chevalier romain, offre son ministère; à lui se joint L. Vargunteius, sénateur, et ils arrêtent que, cette nuit même, dans peu d'instants, ils se rendront avec des hommes armés chez Cicéron, comme pour le saluer, et que, le surprenant ainsi chez lui à l'improviste et sans défense, il le feront

---

XXVII. Igitur C. Mallium Fæsulas atque in eam partem Etruriæ, Septimium quemdam Camertem in agrum picenum, C. Julium in Apuliam, dimisit; præterea alium alio, quem ubique opportunum credebat. Interea Romæ multa simul moliri; consuli insidias tendere, parare incendia, opportuna loca armatis hominibus obsidere; ipse cum telo esse, item alios jubere; hortari uti semper intenti paratique essent; dies noctesque festinare, vigilare, neque insomniis neque labore fatigari. Postremo, ubi multa agitanti nihil procedit, rursus intempesta nocte conjurationis principes convocat per M. Porcium Læcam : ibique, multa de ignavia eorum questus, docet, « se Mallium præmisisse ad eam multitudinem quam ad capiunda arma paraverat; item alios in alia loca opportuna, qui initium belli facerent; seque ad exercitum proficisci cupere, si prius Ciceronem oppressisset; eum suis consiliis multum obficere. »

XXVIII. Igitur, perterritis ac dubitantibus ceteris, C. Cornelius, eques romanus, operam suam pollicitus, et cum eo L. Vargunteius senator, constituere ea nocte paullo post, cum armatis hominibus, sicuti salutatum introire ad Cice-

tomber sous leurs coups. Curius, voyant de quel danger est menacé Cicéron, lui fait aussitôt savoir par Fulvie le coup qui se prépare. Les conjurés, trouvant la porte fermée, en furent pour la honte d'avoir médité un forfait odieux. Cependant Mallius, dans l'Étrurie, excitait à la révolte le peuple, qui, par misère et par esprit de vengeance, désirait une révolution, ayant, sous la domination de Sylla, perdu ses terres et tous ses biens. Mallius ameuta en outre les brigands de toute espèce qui affluaient dans cette contrée, et quelques soldats des colonies de Sylla, auxquels la débauche et le luxe n'avaient rien laissé de leurs immenses rapines.

XXIX. A la nouvelle de ces mouvements, Cicéron, doublement inquiet, car il ne lui était plus possible par ses propres moyens de défendre plus longtemps Rome contre tous ces complots, et il n'avait pas de renseignements assez positifs sur la force et sur la destination de l'armée de Mallius, rend compte au sénat de ce qui n'était déjà que trop connu par la rumeur publique. Le sénat, se conformant à l'usage reçu dans les circonstances périlleuses, décrète que « les consuls prendront des mesures pour que la république n'éprouve aucun dommage (67). » Cette puissance suprême que, d'après les institutions de Rome, le sénat confère au magistrat, consiste à lever des troupes, à faire la guerre, à contenir dans le devoir, par tous les moyens, les alliés et les citoyens, à exercer souverainement, tant à Rome qu'au dehors, l'autorité civile et militaire. Dans tout autre cas, sans l'ordre exprès du peuple, aucune de ces prérogatives n'est attribuée au consul.

---

ronem, ac de improviso domi suæ imparatum confodere. Curius ubi intellegit quantum periculi consuli impendeat, propere per Fulviam dolum qui parabatur enunciat. Ita illi, janua prohibiti, tantum facinus frustra susceperant. Interea Mallius in Etruria plebem sollicitare, egestate simul ac dolore injuriæ novarum rerum cupidam, quod, Sullæ dominatione, agros bonaque omnia amiserat; præterea latrones cujusque generis, quorum in ea regione magna copia erat; nonnullos ex Sullanis colonis, quibus lubido atque luxuria ex magnis rapinis nihil reliqui fecerant.

XXIX. Ea quum Ciceroni nunciarentur, ancipiti malo permotus, quod neque Urbem ab insidiis privato consilio longius tueri poterat, neque exercitus Mallii quantus aut quo consilio foret satis compertum habebat, rem ad senatum refert, jam antea volgi rumoribus exagitatam. Itaque, quod plerumque in atroci negotio solet, senatus decrevit, *darent operam consules ne quid respublica detrimenti caperet*. Ea potestas per senatum, more romano, magistratui maxuma permittitur; exercitum parare, bellum gerere, coercere omnibus modis socios atque civis; domi militiæque imperium atque judicium summum habere: aliter, sine populi jussu, nulli earum rerum consuli jus est.

XXX. Peu de jours après, le sénateur L. Sénius lut dans le sénat une lettre (68) qu'il dit lui avoir été apportée de Fésules. On lui mandait que, le sixième jour avant les calendes de novembre (69), Mallius avait pris les armes à la tête d'un nombre immense d'habitants. En même temps, comme il arrive d'ordinaire en de telles conjonctures, les uns annoncent des prodiges (70); d'autres, des rassemblements, des transports d'armes; enfin que, dans Capoue et dans l'Apulie, on fomente une guerre d'esclaves. Un décret du sénat envoie donc Q. Marcius Rex (71) à Fésules, et Q. Metellus Creticus dans l'Apulie et dans les pays voisins. Ces deux généraux victorieux restaient aux portes de Rome, n'ayant pu encore obtenir les honneurs du triomphe, par les cabales de quelques hommes habitués à trafiquer de l'équité comme de l'injustice. D'un autre côté, sont envoyés à Capoue Q. Pompeius Rufus (72), et dans le Picénum Q. Metellus Céler (73), tous deux préteurs, avec l'autorisation « de lever une armée selon les circonstances et le danger. » On décrète en outre que « quiconque aura donné des indices sur la conjuration dirigée contre la république, recevra, s'il est esclave, la liberté et cent mille sesterces (74); s'il est libre, deux cent mille sesterces, avec sa grâce en cas de complicité : » on ordonne aussi que « les troupes de gladiateurs seront disséminées à Capoue et dans d'autres municipes, selon leur importance, et que dans Rome seront établis de toutes parts des postes commandés par des magistrats subalternes. »

XXXI. Ces dispositions répandent le trouble parmi les citoyens; l'aspect de Rome n'est plus reconnaissable. A ces trans-

---

XXX. Post paucos dies L. Sænius senator in senatu litteras recitavit, quas Fæsulis adlatas sibi dicebat : in quibus scriptum erat C. Mallium arma cepisse, cum magna multitudine, ante diem VI kalendas novembris. Simul, id quod in tali re solet, alii portenta atque prodigia nunciabant; alii, conventus fieri, arma portari, Capuæ atque in Apulia servile bellum moveri. Igitur senati decreto Q. Marcius Rex Fæsulas, Q. Metellus Creticus in Apuliam circumque loca missi (ii utrique ad Urbem imperatores erant, impediti ne triumpharent, calumnia paucorum quibus omnia honesta atque inhonesta vendere mos erat), sed prætores Q. Pompeius Rufus Capuam, Q. Metellus Celer in agrum picenum ; iisque permissum : « uti pro tempore atque periculo exercitum compararent. » Ad hoc decrevere, « si quis indicavisset de conjuratione quæ contra rempublicam facta erat, præmium servo libertatem et sestertia centum; libero impunitatem ejus rei, et sestertia ducenta : » itemque, « uti gladiatoriæ familiæ Capuam et in cetera municipia distribuerentur, pro cujusque opibus; Romæ per totam urbem vigiliæ haberentur, iisque minores magistratus præessent. »

XXXI. Quibus rebus permota civitas, atque immutata Urbis facies : ex summa

ports de joie et de débauche, qu'avait fait naître une longue tranquillité, succède tout à coup une tristesse profonde. On court, on s'agite : plus d'asile, plus d'homme auquel on ose se confier : sans avoir la guerre, on n'a plus la paix ; chacun mesure à ses craintes l'étendue du péril. Les femmes, que la grandeur de la république n'avaient point accoutumées aux alarmes de la guerre, on les voit se désoler, lever au ciel des mains suppliantes, s'apitoyer sur leurs petits enfants, interroger chacun, s'épouvanter de tout, et, oubliant le faste et les plaisirs, désespérer d'elles et de la patrie. Cependant l'âme implacable de Catilina n'en poursuit pas moins ses projets, malgré ces préparatifs de défense, et bien que lui-même, en vertu de la loi Plautia (75), eût été interrogé par L. Paulus (76). Enfin, pour mieux dissimuler (77), et comme pour se justifier en homme provoqué par une accusation injurieuse, il se rend au sénat. Alors le consul M. Tullius, soit qu'il craignît la présence de Catilina, soit qu'il fût poussé par la colère, prononça un discours lumineux (78), et qui fut utile à la république ; il l'a publié depuis. Dès que Cicéron se fut assis, Catilina, fidèle à son rôle de dissimulation, les yeux baissés, d'une voix suppliante, conjura les sénateurs « de ne rien croire légèrement sur son compte : la noble maison dont il était sorti, la conduite qu'il avait tenue dès sa première jeunesse, lui permettant d'aspirer à tout (79), ils ne devaient pas penser qu'un patricien qui, à l'exemple de ses ancêtres, avait rendu de grands services au peuple romain, eût intérêt à la perte de la république, tandis qu'elle aurait pour sauveur M. Tullius, citoyen tout nouveau

---

lætitia atque lascivia, quæ diuturna quies pepererat, repente omnis tristitia invasit. Festinare, trepidare; neque loco, nec homini cuiquam satis credere; neque bellum gerere, neque pacem habere : suo quisque metu pericula metiri. Ad hoc mulieres, quibus, reipublicæ magnitudine, belli timor insolitus incesserat, adflictare sese, manus supplices ad cœlum tendere; miserari parvos liberos; rogitare, omnia pavere; superbia atque deliciis omissis, sibi patriæque diffidere. At Catilinæ crudelis animus eadem illa movebat, tametsi præsidia parabantur, et ipse lege Plautia interrogatus ab L. Paullo. Postremo, dissimulandi caussa, et quasi sui expurgandi, sicuti jurgio lacessitus foret, in senatum venit. Tum M. Tullius consul, sive præsentiam ejus timens, seu ira commotus, orationem habuit luculentam atque utilem reipublicæ : quam postea scriptam edidit. Sed, ubi ille adsedit, Catilina, ut erat paratus ad dissimulanda omnia, demisso voltu, voce supplici postulare, « Patres conscripti ne quid de se temere crederent : ea familia ortum, ita ab adolescentia vitam instituisse, ut omnia bona in spe haberet : ne existumarent, sibi patricio homini, cujus ipsius atque majorum plurima beneficia in plebem romanam essent, perdita republica opus esse, quum

dans la ville de Rome. » Comme à ces traits contre Cicéron (80) il ajoutait d'autres injures, tous les sénateurs l'interrompent par leurs murmures, le traitent d'ennemi public et de parricide. Furieux, il s'écrie : « Puisque, environné d'ennemis, on me pousse vers l'abîme, j'éteindrai sous des ruines l'incendie qu'on me prépare (81). »

XXXII. A ces mots il sort brusquement du sénat et rentre dans sa maison. Là, il roule mille projets dans son esprit; considérant que ses entreprises contre le consul sont déjouées, que des gardes protégent la ville contre l'incendie, il juge que ce qu'il y a de mieux à faire est de renforcer son armée et de s'assurer, avant que l'enrôlement des légions soit achevé, de tout ce qui doit servir ses opérations de guerre. Il part donc au milieu de la nuit, et presque sans suite, pour le camp de Mallius; mais il mande à Cethegus, à Lentulus, et à d'autres conjurés dont il connaissait l'activité et l'audace, d'employer tous les moyens pour fortifier le parti, hâter l'assassinat du consul, disposer le meurtre, l'incendie, et toutes les horreurs de la guerre : pour lui, dans peu de jours, il sera aux portes de la ville avec une grande armée.

XXXIII. Tandis que ces événements se passent à Rome, C. Mallius prend dans son armée des députés qu'il envoie vers Marcius Rex, avec un message ainsi conçu : « Nous en prenons les dieux et les hommes à témoin, général : ce n'est ni contre la patrie que nous avons pris les armes, ni contre la sûreté de nos concitoyens; nous voulons seulement garantir nos personnes de l'oppression, nous malheureux, indigents, et qui,

---

eam servaret M. Tullius, inquilinus civis urbis Romæ. » Ad hoc maledicta alia quum adderet, obstrepere omnes, hostem atque parricidam vocare. Tum ille furibundus : « Quoniam quidem circumventus, inquit, ab inimicis præceps agor, incendium meum ruina restinguam. »

XXXII. Dein se ex curia domum proripuit. Ibi multa secum ipse volvens, quod neque insidiæ consuli procedebant, et ab incendio intellegebat urbem vigiliis munitam, optumum factu credens exercitum augere, ac, prius quam legiones scriberentur, antecapere quæ bello usui forent, nocte intempesta cum paucis in Malliana castra profectus est. Sed Cethego atque Lentulo, ceterisque quorum cognoverat promtam audaciam, mandat, quibus rebus possent, opes factionis confirment; insidias consuli maturent; cædem, incendia, aliaque belli facinora, parent : sese prope diem cum magno exercitu ad Urbem accessurum.

XXXIII. Dum hæc Romæ geruntur, C. Mallius ex suo numero legatos ad Marcium Regem mittit, cum mandatis hujuscemodi : « Deos hominesque testamur, imperator, nos arma neque contra patriam cepisse, neque quo periculum aliis faceremus, sed uti corpora nostra ab injuria tuta forent; qui miseri, egentes,

grâce aux violences et à la cruauté des usuriers, sommes la plupart sans patrie, tous sans considération et sans fortune. A aucun de nous il n'a été permis, selon la coutume de nos pères, d'invoquer la loi, et, après la perte de notre patrimoine, de sauver notre liberté personnelle : tant fut grande la barbarie des usuriers et du préteur! Souvent vos pères, touchés des maux du peuple romain, sont venus, par des décrets, au secours de son indigence; et, naguère, nous avons pu voir le taux excessif des dettes amener, du consentement de tous les bons citoyens, la réduction à un quart pour cent (82). Souvent le peuple, mû par le désir de dominer, ou soulevé par l'orgueil des magistrats, se sépara des patriciens; mais nous, nous ne demandons ni le pouvoir, ni les richesses, ces grands, ces éternels mobiles de guerre et de combats entre les mortels; nous ne voulons que la liberté, à laquelle tout homme d'honneur ne renonce qu'avec la vie. Nous vous conjurons, vous et le sénat; prenez en pitié de malheureux concitoyens : ces garanties de la loi, que nous a enlevées l'injustice du préteur, rendez-les-nous, et ne nous imposez point la nécessité de chercher en mourant les moyens de vendre le plus chèrement possible notre vie. »

XXXIV. A ce message, Q. Marcius répondit que, « s'ils avaient quelque demande à faire au sénat, ils devaient mettre bas les armes, et se rendre à Rome comme suppliants; que toujours le sénat et le peuple romain avaient montré assez de mansuétude et d'humanité pour que nul n'eût jamais en vain im-

---

violentia atque crudelitate feneratorum, plerique patria, sed omnes fama atque fortunis expertes sumus : neque cuiquam nostrum licuit, more majorum, lege uti, neque, amisso patrimonio, liberum corpus habere : tanta sævitia feneratorum atque prætoris fuit! Sæpe majores vestrum, misériti plebis romanæ, decretis suis inopiæ opitulati sunt : ac novissume, memoria nostra, propter magnitudinem æris alieni, volentibus omnibus bonis, argentum ære solutum est. Sæpe ipsa plebes, aut dominandi studio permota, aut superbia magistratuum armata, a Patribus secessit. At nos non imperium neque divitias petimus, quarum rerum caussa bella atque certamina omnia inter mortalis sunt; sed libertatem, quam nemo bonus, nisi cum anima simul, amittit. Te atque senatum obtestamur, consulatis miseris civibus; legis præsidium, quod iniquitas prætoris eripuit, restituatis; neve eam necessitudinem imponatis, ut quæramus quonam modo, ulti maxume sanguinem nostrum, pereamus. »

XXXIV. Ad hæc Q. Marcius respondit : « Si quid ab senatu petere vellent, ab armis discedant, Romam supplices proficiscantur; ea mansuetudine atque misericordia senatum populumque romanum semper fuisse, ut nemo unquam ab

ploré son assistance. » Cependant Catilina, pendant qu'il est en route, écrit à la plupart des personnages consulaires et aux citoyens les plus recommandables « qu'en butte à de fausses accusations, et ne pouvant résister à la faction de ses ennemis, il cédait à la fortune et s'exilait à Marseille; non qu'il se reconnût coupable d'un si grand crime, mais pour donner la paix à la république et ne point susciter de sédition par sa résistance. » Mais bien différentes étaient les lettres dont Q. Catulus fit lecture au sénat, et qu'il dit lui avoir été remises de la part de Catilina. En voici la copie :

XXXV. « L. Catilina, à Q. Catulus, salut. — Le rare dévouement dont vous m'avez donné des preuves, et qui m'est si précieux, me fait, dans l'imminence de mes périls, avoir confiance à la recommandation que je vous adresse. Ce n'est donc point l'apologie de ma nouvelle entreprise que je veux vous présenter; c'est une explication que, sans avoir la conscience d'aucun tort, j'entreprends de vous donner, et certes vous ne manquerez pas de la trouver satisfaisante. Des injustices, des affronts, m'ont poussé à bout. Voyant que, privé du fruit de mes travaux et de mes services, je ne pouvais obtenir le rang convenable à ma dignité, j'ai pris en main, selon ma coutume, la cause commune des malheureux : non que je ne fusse en état d'acquitter avec mes biens mes engagements personnels, puisque, pour faire face à des engagements qui m'étaient étrangers, la générosité d'Orestilla et la fortune de sa fille ont été plus que suffisantes; mais des hommes indignes étaient comblés d'honneurs sous mes yeux, tandis que, par une injuste pré-

---

eo frustra auxilium petiverit. » At Catilina ex itinere plerisque consularibus, præterea optumo cuique, litteras mittit : « Se falsis criminibus circumventum, quoniam factioni inimicorum resistere nequiverit, fortunæ cedere, Massiliam in exilium proficisci; non quo sibi tanti sceleris conscius, sed uti respublica quieta foret, neve ex sua contentione seditio oriretur. » Ab his longe diversas litteras Q. Catulus in senatu recitavit, quas sibi nomine Catilinæ redditas dicebat. Earum exemplum infra scriptum.

XXXV. « L. Catilina Q. Catulo S. — Egregia tua fides, re cognita, gratam in magnis periculis fiduciam commendationi meæ tribuit. Quamobrem defensionem in novo consilio non statui parare : satisfactionem ex nulla conscientia de culpa proponere decrevi; quam, me Dius Fidius, veram licet cognoscas. Injuriis contumeliisque concitatus, quod, fructu laboris industriæque meæ privatus, statum dignitatis non obtinebam, publicam miserorum caussam, pro mea consuetudine, suscepi : non quin æs alienum meis nominibus ex possessionibus solvere possem, quum alienis nominibus liberalitas Orestillæ suis filiæque copiis persolveret; sed quod non dignos homines honore honestatos videbam,

vention, je m'en voyais écarté. C'est par ce motif que, prenant un parti assez honorable dans ma disgrâce, j'ai embrassé l'espoir de conserver ce qui me restait de dignité. Je me proposais de vous en écrire davantage; mais l'on m'annonce qu'on prépare contre moi les dernières violences. Je n'ai que le temps de vous recommander Orestilla, et je la confie à votre foi. Protégez-la contre l'oppression, je vous en supplie par vos enfants. Adieu. »

XXXVI. Catilina s'arrêta quelques jours chez C. Flaminius Flamma, sur le territoire d'Arretium, pour distribuer des armes à tout le voisinage, déjà préparé à la révolte; puis, avec les faisceaux et les autres insignes du commandement, il se rendit au camp de Mallius. Dès qu'on en fut instruit à Rome, le sénat déclare (83) « Catilina et Mallius ennemis de la république : à la foule de leurs partisans, il fixe le jour avant lequel ils pourront, en toute sûreté, mettre bas les armes; il n'excepte que les condamnés pour crime capital. » On décrète en outre « que les consuls feront des levées; qu'Antoine, à la tête de l'armée, se mettra sans délai à la poursuite de Catilina, et que Cicéron restera à la défense de la ville. » Combien dans cette conjoncture l'empire romain me parut digne de compassion! Du levant au couchant, toute la terre soumise par ses armes lui obéissait; au dedans, on avait à souhait paix et richesses, les premiers des biens aux yeux des mortels; et cependant des citoyens s'obstinaient à se perdre, eux et la république; car, malgré les deux décrets du sénat, il ne se trouva pas un seul homme, dans une si grande multitude, que l'appât de la récompense déterminât

---

meque falsa suspicione alienatum sentiebam. Hoc nomine satis honestas pro meo casu spes reliquæ dignitatis conservandæ sum secutus. Plura quum scribere vellem, nunciatum est vim mihi parari. Nunc Orest illam commendo tuæque fidei trado. Eam ab injuria defendas, per liberos tuos rogatus. Haveto. »

XXXVI. Sed ipse paucos dies commoratus apud C. Flaminium Flammam in agro arretino, dum vicinitatem antea sollicitatam, armis exornat, cum fascibus atque aliis imperii insignibus in castra ad Mallium contendit. Hæc ubi Romæ comperta, senatus « Catilinam et Mallium hostes judicat; ceteræ multitudini diem statuit, ante quam liceret sine fraude ab armis discedere, præter rerum capitalium condemnatis. » Præterea decernit « uti consules delectum habeant; Antonius cum exercitu Catilinam persequi maturet; Cicero Urbi præsidio sit. » Ea tempestate mihi imperium populi romani multo maxume miserabile visum : cui, quum ad occasum ab ortu solis omnia domita armis parerent, domi otium atque divitiæ, quæ prima mortales putant, adfluerent; fuere tamen cives qui seque remque publicam obstinatis animis perditum irent. Namque duobus senati decretis, ex tanta multitudine, neque præmio inductus conjurationem pa-

à révéler la conjuration, pas un qui désertât le camp de Catilina : tant était grande la force d'un mal qui, comme une contagion, avait infecté l'âme de la plupart des citoyens!

XXXVII. Et ces dispositions hostiles (84) n'étaient pas particulières aux complices de la conjuration : en général, dans tout l'empire, la populace, avide de ce qui est nouveau, approuvait l'entreprise de Catilina, et en cela elle suivait son penchant habituel; car toujours, dans un État, ceux qui n'ont rien portent envie aux honnêtes gens, exaltent les méchants, détestent les vieilles institutions, en désirent de nouvelles, et, en haine de leur position personnelle, veulent tout bouleverser. De troubles, de séditions ils se repaissent sans nul souci, car la pauvreté se tire facilement d'affaire. Et quant au peuple de Rome, plus d'un motif le poussait vers l'abîme : d'abord, ceux qui, en quelque lieu que ce fût, se faisaient remarquer par leur bassesse et par leur audace; d'autres aussi, qui, par d'infâmes excès, avaient dissipé leur patrimoine; tous ceux enfin qu'une action honteuse ou un forfait avaient chassés de leur patrie étaient venus refluer sur Rome comme dans une sentine. En second lieu, beaucoup d'autres, se rappelant la victoire de Sylla, et voyant de simples soldats devenus, les uns sénateurs, les autres si riches, qu'ils passaient leur vie au sein de l'abondance et d'un faste royal, se flattaient, si eux-mêmes prenaient les armes, d'obtenir les mêmes avantages de la victoire. De plus, la jeunesse qui, dans les campagnes, n'avait, pour tout salaire du travail de ses mains que l'indigence à supporter, attirée par l'appât des largesses publiques et particulières,

---

tefecerat, neque ex castris Catilinæ quisquam omnium discesserat : tanta vis morbi, uti tabes plerosque civium animos invaserat!

XXXVII. Neque solum illis aliena mens erat, qui conscii conjurationis; sed omnino cuncta plebes, novarum rerum studio, Catilinæ incepta probabat. Id adeo more suo videbatur facere. Nam semper in civitate, quis opes nullæ sunt, bonis invident, malos extollunt; vetera odere, nova exoptant; odio suarum rerum mutari omnia student; turba atque seditionibus sine cura aluntur, quoniam egestas facile habetur sine damno. Sed urbana plebes, ea vero præceps ierat multis de caussis. Primum omnium, qui ubique probro atque petulantia maxume præstabant, item alii per dedecora patrimoniis amissis, postremo omnes quos flagitium aut facinus domo expulerat; ii Romam, sicuti in sentinam, confluxerant. Deinde multi, memores Sullanæ victoriæ, quod ex gregariis militibus alios senatores videbant, alios ita divites, uti regio victu atque cultu ætatem agerent, sibi quisque, si in armis forent, ex victoria talia sperabant. Præterea juventus, quæ in agris manuum mercede inopiam toleraverat, privatis largitionibus excita, urbanum otium ingrato labori prætulerat. Eos atque alios

avait préféré l'oisiveté de Rome à un travail ingrat. Ceux-là et tous les autres subsistaient du malheur public. Aussi ne doit-on pas s'étonner que de tels hommes, indigents, sans mœurs, pleins de magnifiques espérances, vissent le bien de l'État là où ils croyaient trouver le leur. En outre, ceux dont Sylla vainqueur avait proscrit les pères, ravi les biens, restreint la liberté, n'attendaient pas dans des dispositions différentes l'événement de la guerre. Joignez à cela que tout le parti opposé au sénat aimait mieux voir l'État bouleversé que de perdre son influence : tant, après de longues années, ce fléau des vieilles haines s'était de nouveau propagé parmi les citoyens!

XXXVIII. En effet, dès que, sous le consulat de Cn. Pompée et de M. Crassus, la puissance tribunitienne eut été rétablie, de jeunes hommes, se voyant tout à coup revêtus de cette haute dignité, commencèrent, avec toute la fougue de leur âge, à déclamer contre le sénat, à agiter le peuple; bientôt, par leurs largesses et leurs promesses, ils l'animent de plus en plus; et c'est ainsi qu'ils obtenaient la célébrité et la puissance. Contre eux luttaient de toute leur influence la plupart des nobles, en apparence pour le sénat, en réalité pour leur propre grandeur; car, à parler sans détour, tous ceux qui, dans ces temps-là, agitèrent la république sous des prétextes honorables, les uns comme pour défendre les droits du peuple, les autres pour rendre prépondérante l'autorité du sénat, n'avaient en vue, quoiqu'ils alléguassent le bien public, que leur puissance personnelle. Il n'y avait dans ce débat ni modération ni mesure ; chacun des deux partis usa cruellement de la victoire.

---

mnis malum publicum alebat. Quo minus mirandum est, homines egentis, malis moribus, maxuma spe, reipublicæ juxta ac sibi consuluisse. Præterea quorum, victoria Sullæ, parentes proscripti, bona erepta, jus libertatis imminutum erat, haud sane alio animo belli eventum exspectabant. Ad hoc, quicunque aliarum atque senati partium erant, conturbari rempublicam, quam minus valere ipsi malebant : id adeo malum multos post annos in civitatem reverterat!

XXXVIII. Nam, postquam, Cn. Pompeio et M. Crasso consulibus, tribunitia potestas restituta est, homines adolescentes summam potestatem nacti, quibus ætas animusque ferox, cœpere, senatum criminando, plebem exagitare; dein, largiundo atque pollicitando, magis incendere ; ita ipsi clari potentesque fieri. Contra eos summa ope nitebatur pleraque nobilitas, senati specie, pro sua magnitudine. Namque, uti paucis verum absolvam, per illa tempora quicumque rempublicam agitavere, honestis nominibus, alii sicuti populi jura defenderent, pars quo senati auctoritas maxuma foret, bonum publicum simulantes, pro sua quisque potentia certabant. Neque modestia, neque modus contentionis erat; utrique victoriam crudeliter exercebant.

XXXIX. Mais, après que Cn. Pompée eut été chargé de la guerre maritime et de celle contre Mithridate, l'influence du peuple diminua, et la puissance d'un petit nombre s'accrut. Magistratures, gouvernements, tous les honneurs étaient à eux : inviolables, comblés d'avantages, ils passaient leur vie sans alarmes, et, par la terreur des condamnations, ils empêchaient les autres citoyens d'agiter le peuple pendant leur magistrature. Mais, dès que, grâce à la fluctuation des partis, l'espoir d'un changement fut offert, le vieux levain de la haine se réveilla dans ces âmes plébéiennes; et si, d'un premier combat, Catilina fût sorti vainqueur, ou que, du moins, le sort en eût été douteux, il est certain que les plus grands désastres auraient accablé la république; on n'eût pas permis aux vainqueurs de jouir longtemps de leur triomphe : profitant de leur lassitude et de leur épuisement, un ennemi plus puissant leur eût enlevé la domination et la liberté.

On vit alors plusieurs citoyens étrangers à la conjuration partir d'abord pour le camp de Catilina : de ce nombre était Aulus Fulvius (85), fils du sénateur, que son père fit arrêter en chemin, et mettre à mort. Dans le même temps, à Rome, Lentulus, conformément aux instructions de Catilina, sollicitait par lui-même ou par d'autres tous ceux que leur caractère ou l'état de leur fortune semblait disposer à une révolution : il s'adressait non-seulement aux citoyens, mais aux hommes de toute autre classe, pourvu qu'ils fussent propres à la guerre.

XL. Il charge donc un certain P. Umbrenus (86) de s'aboucher avec les députés des Allobroges (87), et de les engager, s'il

---

XXXIX. Sed, postquam Cn. Pompeius ad bellum maritimum atque Mithridaticum missus est, plebis opes imminutæ, paucorum potentia crevit. Ili magistratus, provincias, aliaque omnia tenere : ipsi innoxii, florentes, sine metu ætatem agere, ceteros judiciis terrere, quo plebem in magistratu placidius tractarent. Sed ubi primum dubiis rebus novandis spes oblata est, vetus certamen animos eorum arrexit. Quod si primo prœlio Catilina superior aut æqua manu discessisset, profecto magna clades atque calamitas rempublicam oppressisset; neque illis, qui victoriam adepti forent, diutius ea uti licuisset, quin defessi et exsanguibus, qui plus posset, imperium atque libertatem extorqueret.

Fuere tamen extra conjurationem complures qui ad Catilinam initio profect' sunt. In his A. Fulvius, senatoris filius, quem retractum ex itinere parens neci jussit. Iisdem temporibus Romæ Lentulus, sicuti Catilina præceperat, quos cumque moribus aut fortuna novis rebus idoneos credebat, aut per se, aut pe alios sollicitabat; neque solum civis, sed cujuscumque modi genus hominum quod modo bello usui foret.

XL. Igitur P. Umbreno cuidam negotium dat, uti legatos Allobrogum requi

lui est possible, à prendre parti pour eux dans cette guerre. Il pensait qu'accablés du fardeau des dettes, tant publiques que particulières, belliqueux d'ailleurs, comme toute la nation gauloise, ils pourraient facilement être amenés à une telle résolution. Umbrenus, qui avait fait le commerce dans la Gaule, connaissait presque tous les principaux citoyens des grandes villes, et il en était connu. Sans perdre donc un instant, la première fois qu'il voit les députés dans le Forum, il leur fait quelques questions sur la situation de leur pays; puis, comme s'il déplorait leur sort, il en vient à leur demander « quelle fin ils espèrent à de si grands maux. » Dès qu'il les voit se plaindre de l'avidité des gouverneurs, accuser le sénat, dans lequel ils ne trouvaient aucun secours, et n'attendre plus que la mort pour remède à leurs misères : « Eh bien! leur dit-il, si vous voulez seulement être des hommes, je vous indiquerai le moyen de vous soustraire à tant de maux. » A ces paroles, les Allobroges, pleins d'espérance, supplient Umbrenus d'avoir pitié d'eux; rien de si périlleux ni de si difficile qu'ils ne soient prêts à tenter avec ardeur, si c'est un moyen de libérer leur patrie du fardeau des dettes. Umbrenus les conduit dans la maison de D. Brutus (88) : elle était voisine du Forum, et on n'y était pas étranger au complot, à cause de Sempronia; car, dans ce moment, Brutus était absent de Rome. Il fait aussi venir Gabinius, afin de donner plus de poids à ce qu'il va dire, et, en sa présence, il dévoile la conjuration, nomme les complices, et même un grand nombre d'hommes de toutes les classes tout à fait in-

---

rat, eosque, si possit, impellat ad societatem belli, existumans publice privatimque ære alieno oppressos, præterea, quod natura gens gallica bellicosa esset, facile eos ad tale consilium adduci posse. Umbrenus, quod in Gallia negotiatus, plerisque principibus civitatum notus erat, atque eos noverat. Itaque, sine mora, ubi primum legatos in Foro conspexit, percontatus pauca de statu civitatis, et quasi dolens ejus casum, requirere cœpit « quem exitum tantis malis sperarent. » Postquam illos videt queri de avaritia magistratuum, accusare senatum, quod in eo auxilii nihil esset, miseriis suis remedium mortem exspectare : « At ego, inquit, vobis, si modo viri esse voltis, rationem ostendam qua tanta ista mala effugiatis. » Hæc ubi dixit, Allobroges, in maximam spem adducti, Umbrenum orare uti sui misereretur : nihil tam asperum neque tam difficile quin cupidissume facturi essent, dum ea res civitatem ære alieno liberaret. Ille eos in domum Decimi Bruti perducit; quod Foro propinqua, neque aliena consilii, propter Semproniam : nam tum Brutus ab Roma aberat. Præterea Gabinium arcessit, quo major auctoritas sermoni inesset : eo præsente conjurationem aperit; nominat socios, præterea multos cujusque generis

nocents, afin de donner aux députés plus de confiance : ceux-ci lui promettent leur concours; il les congédie.

XLI. Les Allobroges furent longtemps incertains sur le parti qu'ils devaient prendre. D'un côté leurs dettes, leur penchant pour la guerre, les avantages immenses qu'on espérait de la victoire; de l'autre la supériorité des forces, des mesures infaillibles, et, pour un espoir très-douteux, des récompenses certaines. Après qu'ils eurent ainsi tout pesé, la fortune de la république l'emporta enfin. Ils révèlent donc tout ce qu'ils ont entendu à Q. Fabius Sanga, qui était le principal patron de leur pays. Cicéron, instruit du complot par Sanga (89), ordonne aux députés de feindre le plus grand zèle pour la conjuration, de se mettre en rapport avec le reste des complices, de leur prodiguer les promesses, et de ne rien négliger pour acquérir les preuves les plus évidentes de leur projet.

XLII. Vers ce même temps il y eut des mouvements dans la Gaule citérieure et ultérieure, le Picénum, le Bruttium et l'Apulie. En effet, les émissaires que Catilina avait précédemment envoyés voulant, avec irréflexion et comme par esprit de vertige, tout faire à la fois, tenir des assemblées nocturnes, transporter des armes et des traits, presser, mettre tout en mouvement, causent plus d'alarmes que de danger. Il y en eut un grand nombre que le préteur Q. Metellus Céler, après avoir, en vertu d'un sénatus-consulte, informé contre eux, fit jeter en prison. Semblable mesure fut prise dans la Gaule ultérieure par C. Murena (90), qui gouvernait cette province en qualité de lieutenant.

---

innoxios, quo legatis animus amplior esset; dein eos, pollicitos operam suam, dimittit.

XLI. Sed Allobroges diu in incerto habuere, quidnam consilii caperent. In altera parte erat æs alienum, studium belli, magna merces in spe victoriæ; at in altera majores opes, tuta consilia, pro incerta spe certa præmia. Hæc illis volventibus, tandem vicit fortuna reipublicæ. Itaque, Q. Fabio Sangæ, cujus patrocinio civitas plurimum utebatur, rem omnem, uti cognoverant, aperiunt. Cicero, per Sangam consilio cognito, legatis præcipit, studium conjurationis vehementer simulent, ceteros adeant, polliceantur, dentque operam uti eos quam maxume manifestos habeant.

XLII. Iisdem fere temporibus in Gallia citeriore atque ulteriore, item in agro piceno, Bruttio, Apulia, motus erat. Namque illi, quos antea Catilina dimiserat, inconsulte ac veluti per dementiam, cuncta simul agere : nocturnis consiliis, armorum atque telorum portationibus, festinando, agitando omnia, plus timoris quam periculi effecerant. Ex eo numero compluris Q. Metellus Celer prætor, ex senati consultu, caussa cognita, in vincula conjecerat; item in ulteriore Gallia C. Murena, qui ei provinciæ legatus præerat.

XLIII. A Rome, Lentulus et les autres chefs de la conjuration, ayant, à ce qu'ils croyaient, des forces suffisantes, avaient décidé qu'aussitôt l'arrivée de Catilina sur le territoire de Fésules L. Bestia (91), tribun du peuple, convoquerait une assemblée pour se plaindre des harangues de Cicéron, et rejeter sur cet estimable consul (92) tout l'odieux d'une guerre si désastreuse. C'était le signal auquel, dès la nuit suivante, la foule des conjurés devait exécuter ce que chacun d'eux avait à faire. Voici, dit-on, comment les rôles étaient distribués : Statilius et Gabinius, avec une nombreuse escorte, devaient dans le même moment mettre le feu à douze endroits convenables dans Rome, afin qu'à la faveur du tumulte l'accès fût plus facile auprès du consul et auprès de ceux que l'on voulait sacrifier; Cethegus, assaillir la maison de Cicéron, et le poignarder : chacun avait sa victime. Quant aux fils de famille, de la classe noble la plupart, ils devaient tuer leurs pères; puis, dans le trouble universel causé par le meurtre et l'incendie, tous se faire jour pour joindre Catilina.

Au milieu de ces apprêts et de ces résolutions, Cethegus ne cessait de se plaindre de l'inertie des conjurés : avec leurs hésitations, leurs remises d'un jour à l'autre, ils laissaient échapper les plus belles occasions; il fallait, dans un si grand péril, agir, et non délibérer; pour lui, si quelques braves voulaient le seconder, les autres dussent-ils rester endormis, il attaquerait le sénat. Naturellement fougueux, violent, prompt à l'exécution, il ne voyait de succès que dans la célérité.

XLIV. Cependant, d'après les instructions de Cicéron, les Al-

---

XLIII. At Romæ Lentulus, cum ceteris qui principes conjurationis erant, paratis, ut videbatur, magnis copiis, constituerant uti, Catilina in agrum Fœsulanum quum venisset, L. Bestia tribunus plebis, concione habita, quereretur de actionibus Ciceronis, bellique gravissumi invidiam optumo consuli imponeret; eo signo, proxuma nocte, cetera multitudo conjurationis suum quisque negotium exsequerentur. Sed ea divisa hoc modo dicebantur : Statilius, Gabinius, uti cum magna manu duodecim simul opportuna loca Urbis incenderent, quo tumultu facilior aditus ad consulem, ceterosque quibus insidiæ parabantur, fieret : Cethegus Ciceronis januam obsideret, eum vi adgrederetur, alius autem alium ; sed filii familiarum, quorum ex nobilitate maxuma pars, parentes interficerent; simul, cæde et incendio perculsis omnibus, ad Catilinam erumperent.

Inter hæc parata atque decreta, Cethegus semper querebatur de ignavia sociorum : illos, dubitando et dies prolatando, magnas opportunitates corrumpere; facto, non consulto, in tali periculo opus esse; seque, si pauci adjuvarent, languentibus aliis, impetum in curia facturum. Natura ferox, vehemens, manu promtus, maxumum bonum in celeritate putabat.

XLIV. Sed Allobroges, ex præcepto Ciceronis, per Gabinium ceteros conveniunt;

lobroges (93) se rendent auprès des conjurés par l'entremise de Gabinius. Ils demandent à Lentulus, à Cethegus, à Statilius et à Cassius de leur donner, revêtu de leur seing, un engagement qu'ils puissent montrer à leurs concitoyens, qui, sans cela, se laisseraient difficilement engager dans une si grande entreprise. Tous le donnent sans défiance, excepté Cassius, qui promet de se rendre bientôt en personne dans leur pays, et part de Rome un peu avant les députés. Lentulus envoie avec eux un certain T. Volturcius, de Crotone, afin qu'avant de rentrer dans leur pays ils se lient encore plus étroitement par des serments réciproques avec Catilina. Le même Volturcius doit remettre à Catilina une lettre conçue en ces termes :

« Celui que je vous envoie (94) vous dira qui je suis. Songez à votre détresse, et rappelez-vous que vous êtes homme. Réfléchissez à tout ce qu'exige votre position, et cherchez des auxiliaires partout, même dans la plus basse classe. »

Lentulus charge Volturcius d'ajouter verbalement : « Déclaré ennemi de la république, dans quel but Catilina repousserait-il les esclaves ? A Rome, tout est prêt comme il l'a ordonné; qu'il ne tarde plus à s'en approcher. »

XLV. Ces mesures prises, et pendant la nuit fixée pour le départ des ambassadeurs, Cicéron, par eux instruit de tout, donne aux préteurs L. Valerius Flaccus et C. Pomptinus (95) l'ordre de se tenir en embuscade sur le pont Milvius, et d'arrêter l'escorte des Allobroges. Il leur explique en détail le but de leur mission, puis en abandonne l'exécution à leur pru-

---

ab Lentulo, Cethego, Statilio, item Cassio, postulant jusjurandum, quod signatum ad civis perferant : aliter haud facile eos ad tantum negotium impelli posse. Ceteri nihil suspicantes dant : Cassius semet eo brevi venturum pollicetur, ac paullo ante legatos ex Urbe proficiscitur. Lentulus cum his T. Volturcium quemdam Crotoniensem mittit, uti Allobroges, prius quam domum pergerent, cum Catilina, data et accepta fide, societatem confirmarent. Ipse Volturcio litteras ad Catilinam dat, quarum exemplum infra scriptum est :

« Quis sim ex eo, quem ad te misi, cognosces. Fac cogites in quanta calamitate sis, et memineris te virum ; consideres quid tuæ rationes postulent : auxilium petas ab omnibus, etiam ab infimis. »

Ad hoc mandata verbis dat : « Quum ab senatu hostis judicatus sit, quo consilio servitia repudiet? in Urbe parata esse quæ jusserit : ne cunctetur ipse propius accedere. »

XLV. His rebus ita actis, constituta nocte qua proficiscerentur, Cicero, per legatos cuncta edoctus, L. Valerio Flacco et C. Pomptino prætoribus imperat uti in ponte Mulvio per insidias Allobrogum comitatus deprehendant; rem omnem aperit, cujus gratia mittebantur; cetera, uti facto opus sit, ita agant per-

dence. Ces deux hommes de guerre disposent leur troupe sans bruit, et, suivant leurs instructions, se rendent secrètement maîtres des abords du pont. A peine Volturcius et les Allobroges y sont-ils arrivés, qu'un cri s'élève des deux côtés en même temps. Les Allobroges, reconnaissant aussitôt de quoi il s'agit, se rendent sans hésiter aux préteurs. Volturcius d'abord exhorte les siens, et, l'épée à la main, se défend contre cette multitude; mais, dès qu'il se voit abandonné par les députés, il prie instamment Pomptinus, dont il était connu, de le sauver; enfin, intimidé et ne comptant plus sur la vie, il se rend aux préteurs comme à des ennemis.

XLVI. Cette expédition terminée (96), le consul est instruit de tout par un prompt message. Alors il se sent partagé entre une joie et une inquiétude également vives. S'il se réjouit de voir, par la découverte de la conspiration, Rome arrachée au danger, il se demande avec anxiété ce qu'il doit faire de si éminents citoyens surpris en un si affreux délit. Il prévoit que l'odieux de leur supplice retombera sur lui, et que leur impunité perdra la république. Enfin, raffermissant son âme, il envoie chercher Lentulus, Cethegus, Statilius, Gabinius, ainsi que Q. Céparius de Terracine, qui se disposait à partir pour l'Apulie, afin d'y soulever les esclaves. Tous arrivent sans délai, excepté Céparius, qui, sorti de sa maison un instant auparavant et apprenant que tout était découvert, avait fui de Rome. Le consul, par considération pour la dignité de préteur dont Lentulus est revêtu, le conduit par la main; il fait amener les autres, sous escorte, dans le temple de la Concorde. Là, il con-

---

mittit. Homines militares, sine tumultu præsidiis collocatis, sicuti præceptum erat, occulte pontem obsidunt. Postquam ad id loci legati cum Volturcio venere, et simul utrinque clamor exortus est; Galli, cito cognito consilio, sine mora prætoribus se tradunt. Volturcius primo, cohortatus ceteros, gladio se a multitudine defendit; dein, ubi a legatis desertus est, multa prius de salute sua Pomptinum obtestatus, quod ei notus erat; postremo, timidus ac vitæ diffidens, veluti hostibus, sese prætoribus dedit.

XLVI. Quibus rebus confectis, omnia propere per nuncios consuli declarantur. At illum ingens cura atque lætitia simul occupavere. Nam lætabatur, conjuratione patefacta, civitatem periculis ereptam esse : porro autem anxius erat, in maxumo scelere tantis civibus deprehensis, quid facto opus esset; pœnam illorum sibi oneri, impunitatem perdundæ reipublicæ credebat. Igitur, confirmato animo, vocari ad sese jubet Lentulum, Cethegum, Statilium, Gabinium, item Q. Cœparium quemdam Terracinensem, qui in Apuliam ad concitanda servitia proficisci parabat. Ceteri sine mora veniunt : Cœparius, paullo ante domo egressus, cognito indicio, ex Urbe profugerat. Consul Lentulum, quod prætor erat, ipse manu tenens perducit; reliquos cum custodibus in ædem Concordiæ

voque le sénat, et, en présence d'un grand nombre de ses membres, il fait entrer Volturcius avec les Allobroges (97), et ordonne au préteur Flaccus d'apporter aussi le portefeuille et la lettre que ces ambassadeurs lui avaient remis.

XLVII. Interrogé sur son voyage, sur cette lettre, enfin sur tous ses projets et sur leurs motifs, Volturcius a d'abord recours au mensonge et à la dissimulation; mais ensuite, sommé de parler, sous la garantie de la foi publique, il dévoile tout ce qui a été fait : « C'est depuis peu de jours seulement que Gabinius et Céparius l'ont fait entrer dans la conjuration; il ne sait rien de plus que les ambassadeurs; seulement il a plus d'une fois entendu dire à Gabinius que P. Autronius, Servius Sylla, L. Vargunteius, et bien d'autres encore, étaient dans la conjuration. » Les Allobroges font les mêmes déclarations; et, Lentulus persistant à nier, ils le confondent, et par sa lettre, et par des propos qu'il avait souvent à la bouche : « Que les livres Sibyllins avaient promis l'empire de Rome à trois Cornelius; que déjà l'on avait vu Cinna et Sylla; et qu'il était, lui, le troisième dont la destinée serait d'être le maître de Rome. » Il avait dit encore: « Qu'on était dans la vingtième année depuis l'incendie du Capitole; et que, d'après divers prodiges, les aruspices avaient souvent prédit qu'elle serait ensanglantée par la guerre civile. » La lecture des lettres achevée, chacun des conjurés ayant préalablement reconnu sa signature, le sénat décrète : « que Lentulus abdiquera sa magistrature, et sera remis, avec ses complices, à la garde de citoyens. » On confie donc Lentulus à P. Lentulus Spinther, alors édile (98); Cethe-

---

venire jubet. Eo senatum advocat, magnaque frequentia ejus ordinis, Volturcium cum legatis introducit : Flaccum prætorem scrinium cum litteris quas a legatis acceperat eodem adferre jubet.

XLVII. Volturcius, interrogatus de itinere, de litteris, postremo quid aut qua de caussa consilii habuisset, primo fingere alia, dissimulare de conjuratione; post, ubi fide publica dicere jussus est, omnia uti gesta erant aperit : « se paucis ante diebus a Gabinio et Cœpario socium adscitum, nihil amplius scire quam legatos; tantummodo audire solitum ex Gabinio, P. Autronium, Servium Sullam, L. Vargunteium, multos præterea, in ea conjuratione esse. » Eadem Galli fatentur : ac Lentulum dissimulantem coarguunt, præter litteras, sermonibus, quos ille habere solitus erat : « Ex libris Sibyllinis regnum Romæ tribus Corneliis portendi; Cinnam atque Sullam antea; se tertium, cui fatum foret Urbis potiri; præterea ab incenso Capitolio illum esse vigesimum annum, quem sæpe ex prodigiis haruspices respondissent bello civili cruentum fore. » Igitur perlectis litteris, quum prius omnes signa sua cognovissent, senatus decernit « uti, abdicato magistratu, Lentulus, item ceteri, in liberis custodiis haberentur. » Itaque Lentulus P. Lentulo Spintheri, qui tum ædilis erat, Cethegus

gus à Q. Cornificius; Statilius à C. César; Gabinius à M. Crassus; et Céparius, qui venait d'être arrêté dans sa fuite, au sénateur Cn. Terrentius.

XLVIII. Cependant, la conjuration découverte, la populace, qui d'abord, par amour de la nouveauté, n'avait été que trop portée pour cette guerre, change de sentiment, maudit l'entreprise de Catilina, élève Cicéron jusqu'aux nues (99), et, comme si elle venait d'être arrachée à la servitude, témoigne sa joie et son allégresse. En effet, les autres fléaux de la guerre lu promettaient plus de butin que de dommage; mais l'incendie lui semblait cruel, monstrueux, et désastreux surtout pour elle, dont tout l'avoir consistait dans son mobilier, ses ustensiles et ses vêtements. Le lendemain, on avait amené devant le sénat un certain L. Tarquinius, qui, au moment de son arrestation, était, dit-on, en chemin pour se rendre auprès de Catilina. Comme il promettait de faire des révélations si on lui garantissait sa grâce, le consul lui ayant commandé de dire tout ce qu'il savait, il donne à peu près les mêmes détails que Volturcius sur les apprêts pour l'incendie, sur le massacre des gens de bien, sur la marche de l'ennemi; il ajoute « qu'il est dépêché par M. Crassus à Catilina pour lui dire de ne point s'épouvanter de l'arrestation de Lentulus, de Cethegus et des autres conjurés; que c'était une raison de plus pour se hâter de marcher sur Rome, afin de relever le courage des autres conjurés, et de faciliter la délivrance de ceux qui avaient été arrêtés. »

Mais, dès que Tarquinius eut nommé Crassus (100), homme

Q. Cornificio, Statilius C. Caesari, Gabinius M. Crasso, Coeparius (nam is paullo ante ex fuga retractus erat) Cn. Terentio senatori, traduntur.

XLVIII. Interea plebes, conjuratione patefacta, quæ primo cupida rerum novarum nimis bello favebat, mutata mente, Catilinæ consilia exsecrari, Ciceronem ad cœlum tollere; veluti ex servitute erepta, gaudium atque lætitiam agitabat. Namque alia belli facinora prædæ magis quam detrimento, incendium vero crudele, immoderatum, ac sibi maxume calamitosum putabat; quippe cui omnes copiæ in usu quotidiano et cultu corporis erant. Post eum diem, quidam L. Tarquinius ad senatum adductus erat, quem ad Catilinam proficiscentem ex itinere retractum aiebant. Is quum se diceret indicaturum de conjuratione, si fides publica data esset, jussus a consule quæ sciret edicere, eadem fere, quæ Volturcius, de paratis incendiis, de cæde bonorum, de itinere hostium, senatum edocet : præterea « se missum a M. Crasso, qui Catilinæ nunciaret, ne eum Lentulus et Cethegus, aliique ex conjuratione deprehensi, terrerent; eoque magis properaret ad Urbem accedere, quo et cæterorum animos reficeret, et illi facilius e periculo eriperentur. »

Sed ubi Tarquinius Crassum nominavit, hominem nobilem, maxumis divitiis,

d'une naissance illustre, d'une immense richesse, d'un crédit sans bornes, les uns se récrièrent sur l'invraisemblance d'une telle dénonciation; les autres, tout en la croyant fondée, jugèrent néanmoins que, dans un pareil moment, il fallait plutôt ménager qu'aigrir un citoyen si redoutable : la plupart étaient, pour leurs affaires particulières, dans la dépendance de Crassus. Tous donc de proclamer Tarquinius « faux témoin, » et de demander qu'il en soit délibéré. Cicéron recueille les votes : le sénat, ce jour-là très-nombreux, décrète « que la dénonciation de Tarquinius est évidemment fausse, qu'il sera retenu dans les fers, et qu'il ne recouvrera sa liberté que lorsqu'il aura fait connaître par le conseil de qui il avait avancé une si énorme imposture. »

Quelques-uns ont cru, dans le temps, que P. Autronius avait fabriqué cette accusation, dans l'espoir que, si Crassus se trouvait compromis, dans un commun danger il couvrirait les conjurés de sa puissance. Selon d'autres, Tarquinius avait été mis en jeu par Cicéron, qui voulut ainsi empêcher que Crassus, en se chargeant, selon sa coutume, de la cause des coupables, n'excitât des troubles dans la république. Et j'ai moi-même entendu plus tard Crassus dire hautement qu'un si cruel affront lui avait été ménagé par Cicéron.

XLIX. Cependant Q. Catulus (101) et C. Pison ne purent alors, ni par leur crédit, ni par leurs instances, ni à force d'argent, engager Cicéron à se servir des Allobroges, ni d'aucun autre délateur, pour accuser faussement C. César. Tous deux, en effet, étaient ses ennemis déclarés : Pison, depuis qu'il avait

---

summa potentia; alii, rem incredibilem rati; pars, tametsi verum existumabant, tamen, quia in tali tempore tanta vis hominis leniunda magis quam exagitanda videbatur; plerique Crasso ex negotiis privatis obnoxii, conclamant « indicem falsum, » deque ea re postulant uti referatur. Itaque, consulente Cicerone, frequens senatus decernit : « Tarquinii indicium falsum videri, eumque in vinculis retinendum ; neque amplius potestatem faciundam, nisi de eo indicaret, cujus consilio tantam rem mentitus esset. »

Erant eo tempore qui æstumarent illud a P. Autronio machinatum, quo facilius, adpellato Crasso, per societatem periculi reliquos illius potentia tegeret. Alii Tarquinium a Cicerone immissum aiebant, ne Crassus, more suo, suscepto malorum patrocinio, rempublicam conturbaret. Ipsum Crassum ego postea prædicantem audivi, tantam illam contumeliam sibi ab Cicerone impositam.

XLIX. Sed iisdem temporibus Q. Catulus et C. Piso neque gratia, neque precibus, neque pretio, Ciceronem impellere potuere, uti per Allobroges, aut alium indicem, C. Cæsar falso nominaretur. Nam uterque cum illo gravis inimicitias exercebant : Piso obpugnatus in judicio repetundarum, propter cujusdam

été attaqué devant le tribunal des concussions pour le supplice injuste d'un habitant de la Gaule transpadane ; Catulus, depuis ses démarches pour le pontificat, nourrissait cette haine ardente, en voyant qu'à la fin de sa carrière, et après avoir passé par les plus hautes dignités, il avait succombé dans sa lutte contre un tout jeune homme tel que César. L'occasion semblait favorable ; les immenses libéralités particulières de celui-ci et ses largesses publiques l'avaient prodigieusement endetté. Mais, ne pouvant déterminer le consul à une action si odieuse, eux-mêmes vont de proche en proche répandre cette imposture, qu'ils disent tenir de Volturcius ou des Allobroges, et excitent contre César des préventions si fortes, que plusieurs chevaliers romains, qui, pour la sûreté du sénat, étaient en armes autour du temple de la Concorde, poussés, soit par l'idée du péril, soit par le noble désir de faire éclater leur zèle pour la patrie, menacèrent César de leurs épées lorsqu'il sortit de l'assemblée du sénat.

L. Tandis que ces délibérations occupent le sénat, et qu'on décerne des récompenses aux ambassadeurs allobroges, ainsi qu'à Titus Volturcius, dont les dépositions avaient été reconnues vraies, les affranchis de Lentulus, et un petit nombre de ses clients, allaient, chacun de son côté, exciter dans les rues les artisans et les esclaves à venir le délivrer : quelques-uns cherchaient avec empressement ces meneurs de la multitude, qui, pour de l'argent, étaient toujours prêts à troubler l'État. De son côté, Cethegus, par des émissaires, sollicitait ses esclaves et ses affranchis, troupe d'élite exercée aux coups d'audace, pour qu'en masse et avec des armes ils se fissent jour jusqu'à lui.

Transpadani supplicium injustum : Catulus ex petitione pontificatus odio incensus, quod extrema ætate, maxumis honoribus usus, ab adolescentulo Cæsare victus discesserat. Res autem opportuna videbatur quod, privatim egregia liberalitate, publice maxumis muneribus, grandem pecuniam debebat. Sed ubi consulem ad tantum facinus impellere nequeunt, ipsi singulatim circumeundo, atque ementiundo quæ se ex Volturcio aut Allobrogibus audisse dicerent, magnam illi invidiam conflaverant; usque eo, ut nonnulli equites romani, qui præsidii caussa cum telis erant circum ædem Concordiæ, seu periculi magnitudine, seu animi nobilitate impulsi, quo studium suum in rempublicam clarius esset, egredienti ex senatu Cæsari gladio minitarentur.

L. Dum hæc in senatu aguntur, et dum legatis Allobrogum et Tito Volturcio, comprobato eorum indicio, præmia decernuntur, liberti, et pauci ex clientibus Lentuli, divorsis itineribus, opifices atque servitia in vicis ad eum eripiendum sollicitabant : partim exquirebant duces multitudinum, qui pretio rempublicam vexare soliti. Cethegus autem per nuncios familiam atque libertos suos, lectos et exercitatos in audaciam, orabat, grege facto, cum telis ad sese irrumperent.

Le consul, instruit de ces mouvements, fait les dispositions de troupes qu'exigent la circonstance et le moment, convoque le sénat, et met en délibération *le sort des détenus*. Déjà dans une précédente assemblée, le sénat, très-nombreux, les avait déclarés *traîtres à la patrie*. Decimus Junius Silanus (102), appelé à opiner le premier en qualité de consul désigné, fut d'abord d'avis que l'on condamnât au dernier supplice ceux qui étaient détenus, ainsi que L. Cassius, P. Furius, P. Umbrenus et Q. Annius, si on parvenait à les arrêter. Mais ensuite le même Silanus, ébranlé par le discours de C. César, annonça qu'il se rangerait à l'avis de Tibérius Néron (103), qui demandait qu'après avoir renforcé les postes on ajournât la décision. César, quand son tour fut venu, invité par le consul à donner son opinion, s'exprima à peu près en ces termes (104) :

LI. « Sénateurs, tout homme qui délibère sur des affaires douteuses doit être exempt de haine, d'affection, de colère et de pitié. Difficilement il parvient à démêler la vérité, l'esprit que ces sentiments préoccupent, et jamais personne n'a pu à la fois servir sa passion et ses intérêts. Appliquez à un objet toute la puissance de votre esprit, il sera fort; si la passion s'en empare et le domine, il sera sans force. Ce serait ici pour moi une belle occasion, sénateurs, de rappeler et les rois et les peuples qui, cédant à la colère ou à la pitié, ont pris de funestes résolutions : mais j'aime mieux rapporter ce que nos ancêtres, en résistant à la passion, ont su faire de bon et de juste. Dans la guerre de Macédoine (105), que nous fîmes contre le roi Per-

---

Consul, ubi ea parari cognovit, dispositis præsidiis, ut res atque tempus monebat, convocato senatu, refert, *quid de his fieri placeat qui in custodiam traditi erant.* Sed eos, paullo ante, frequens senatus judicaverat *contra rempublicam fecisse.* Tum D. Junius Silanus, primus sententiam rogatus, quod eo tempore consul designatus erat, de his qui in custodiis tenebantur, præterea de L. Cassio, P. Furio, P. Umbreno, Q. Annio, si deprehensi forent, supplicium sumendum decreverat. Isque postea, permotus oratione C. Cæsaris, pedibus in sententiam Tib. Neronis iturum se dixerat; quod de ea re, præsidiis additis, referundum censuerat. Sed Cæsar, ubi ad eum ventum (rogatus sententiam a consule), hujuscemodi verba locutus est :

LI. « Omnis homines, Patres conscripti, qui de rebus dubiis consultant, ab odio, amicitia, ira atque misericordia, vacuos esse decet. Haud facile animus verum providet, ubi illa obficiunt; neque quisquam omnium lubidini simul et usui paruit. Ubi intenderis ingenium, valet; si lubido possidet, ea dominatur, animus nihil valet. Magna mihi copia memorandi, Patres conscripti, qui reges atque populi, ira aut misericordia impulsi, male consuluerint : sed ea malo dicere quæ majores nostri, contra lubidinem animi, recte atque ordine fecere. Bello macedonico, quod cum rege Perse gessimus, Rhodiorum civitas, magna at-

sée, la république de Rhodes (106), puissante et glorieuse, qui devait sa grandeur à l'appui du peuple romain, se montra déloyale et hostile envers nous. Mais lorsque, la guerre terminée, on délibéra sur le sort des Rhodiens, nos ancêtres, pour qu'il ne fût pas dit que les richesses de ce peuple, plutôt que ses torts, avaient donné lieu à la guerre, les laissèrent impunis. De même, dans toutes les guerres puniques, bien que les Carthaginois eussent souvent, soit pendant la paix, soit pendant les trêves, commis d'atroces perfidies, nos pères n'en prirent jamais occasion de les imiter, plus occupés du soin de leur dignité (107) que d'obtenir de justes représailles.

« Et vous aussi, sénateurs, vous devez prendre garde que le crime de P. Lentulus et de ses complices n'ait plus de pouvoir sur vous que le sentiment de votre dignité; et l'on ne vous verra pas consulter votre colère plutôt que votre gloire. En effet, si un supplice digne de leur forfait peut s'inventer, j'approuve la mesure nouvelle que l'on propose : si, au contraire, la grandeur du crime surpasse tout ce qu'on peut imaginer, je pense qu'il faut s'en tenir à ce qui a été prévu par les lois. La plupart de ceux qui ont énoncé avant moi leur opinion ont, avec art, et en termes pompeux, déploré le malheur de la république : ils ont énuméré les horreurs que la guerre doit entraîner et les maux réservés aux vaincus; le rapt des jeunes filles et des jeunes garçons; les enfants arrachés des bras de leurs parents; les mères de famille forcées de subir les caprices du vainqueur; le pillage des temples et des maisons, le carnage, l'incendie; partout enfin les armes, les cadavres, le sang

---

que magnifica, quæ populi romani opibus creverat, infida atque adversa nobis fuit : sed postquam, bello confecto, de Rhodiis consultum est, majores nostri, ne quis divitiarum magis quam injuriæ caussa bellum inceptum diceret, impunitos dimisere. Item bellis punicis omnibus, quum sæpe Carthaginienses, et in pace et per inducias, multa nefaria facinora fecissent, nunquam ipsi per occasionem talia fecere : magis, quid se dignum foret, quam quid in illis jure fieri posset, quærebant.

« Hoc idem vobis providendum est, Patres conscripti, ne plus valeat apud vos P. Lentuli et ceterorum scelus quam vestra dignitas; neu magis iræ quam famæ consulatis. Nam si digna pœna pro factis eorum reperitur, novum consilium adprobo : sin magnitudo sceleris omnium ingenia exsuperat, iis utendum censeo quæ legibus comparata sunt. Plerique eorum qui ante me sententias dixerunt, composite atque magnifice casum reipublicæ miserati sunt : quæ belli sævitia, quæ victis acciderent, enumeravere : rapi virgines, pueros; divelli liberos a parentium complexu; matres familiarum pati quæ victoribus collibuissent; fana atque domos exspoliari; cædem, incendia fieri; postremo armis,

et la désolation. Mais, au nom des dieux immortels, à quoi tendaient ces discours? A vous faire détester la conjuration? Sans doute, celui qu'un attentat si grand et si atroce n'a pu émouvoir, un discours va l'enflammer! Il n'en est pas ainsi : jamais les hommes ne trouvent légères leurs injures personnelles; beaucoup les ressentent trop vivement. Mais, sénateurs, à tous n'est pas donnée la même liberté. Ceux qui, dans une humble condition, passent obscurément leur vie peuvent faillir par emportement : peu de gens le savent; chez ceux-là, renommée et fortune sont égales. Mais ceux qui, revêtus d'un grand pouvoir, vivent en spectacle aux autres, ne font rien dont tout le monde ne soit instruit (108). Ainsi, plus est haute la fortune, et plus grande est la contrainte (109) : alors la partialité, la haine, mais surtout la colère, ne sont point permises. Ce qui chez les autres se nomme emportement, on l'appelle, chez les hommes du pouvoir, orgueil et cruauté.

« Pour vous exprimer mon opinion, sénateurs, toutes les tortures n'égaleront jamais les forfaits des conjurés. Mais, chez la plupart des mortels, ce sont les dernières impressions qui restent : or, des plus grands scélérats on oublie le crime, et l'on ne parle que du châtiment, pour peu qu'il ait été trop sévère.

« Ce qu'a dit D. Silanus, homme ferme et courageux, il l'a dit, je le sais, par zèle pour la république, et, dans une affaire si grave, ni l'affection ni la haine n'ont eu sur lui aucune influence. Je connais trop la sagesse et la modération de cet illustre citoyen. Toutefois son avis me paraît, je ne dis pas

---

cadaveribus, cruore atque luctu, omnia complent. Sed, per deos immortalis, quo illa oratio pertinuit? An uti vos infestos conjurationi faceret? scilicet, quem res tanta atque tam atrox non permovit, eum oratio accendet! Non ita est : neque cuiquam mortalium injuriæ suæ parvæ videntur : multi eas gravius æquo habuere. Sed aliis alia licentia, Patres conscripti. Qui demissi in obscuro vitam habent, si quid iracundia deliquere, pauci sciunt; fama atque fortuna pares sunt : qui magno imperio præditi in excelso ætatem agunt, eorum facta cuncti mortales novere. Ita in maxuma fortuna minuma licentia est. Neque studere, neque odisse, sed minume irasci decet. Quæ apud alios iracundia dicitur, ea in imperio superbia atque crudelitas adpellatur.

« Equidem ego sic æstumo, Patres conscripti, omnis cruciatus minores quam facinora illorum esse. Sed plerique mortales postrema meminere; et, in hominibus impiis, sceleris obliti, de pœna disserunt, si ea paullo severior fuit.

« Decimum Silanum, virum fortem atque strenuum, certe scio, quæ dixerit, studio reipublicæ dixisse, neque illum in tanta re gratiam aut inimicitias exercere. Eos mores, eam modestiam viri cognovi. Verum sententia non mihi cru-

cruel (car peut-on être cruel envers de pareils hommes?), mais contraire à l'esprit de notre gouvernement. Assurément, Silanus, ce ne peut être que la crainte ou l'indignation qui vous ait forcé, vous, consul désigné, à voter une peine d'une nouvelle espèce. La crainte? il est inutile d'en parler, lorsque, grâce à l'active prévoyance de notre illustre consul, tant de gardes sont sous les armes; la peine? il nous est bien permis de dire la chose telle qu'elle est : dans l'affliction, comme dans l'infortune, la mort n'est point un supplice, c'est la fin de toutes les peines : par elle, tous les maux de l'humanité s'évanouissent; au delà il n'est plus ni souci ni joie.

« Mais, au nom des dieux immortels, pourquoi donc à votre sentence, Silanus, n'avez-vous pas ajouté qu'ils seraient préalablement battus de verges? Est-ce parce que la loi Porcia (110) le défend? mais d'autres lois aussi défendent d'ôter la vie à des citoyens condamnés, et ordonnent de les laisser aller en exil. Est-ce parce qu'il est plus cruel d'être frappé de verges que mis à mort? mais qu'y a-t-il de trop rigoureux, de trop cruel envers des hommes convaincus d'un si noir attentat? Que si cette peine est plus légère, convient-il de respecter la loi sur un point moins essentiel pour l'enfreindre dans ce quelle a de plus important?

« Mais, dira-t-on, qui osera censurer votre décret contre les fils parricides de la république? Le temps, un jour, la fortune, dont le caprice gouverne le monde. Quoi qu'il leur arrive, ils l'auront mérité. Mais vous, sénateurs, considérez l'influence que, pour d'autres accusés, peut avoir votre décision. Tous les

---

delis, quid enim in talis homines crudele fieri potest? sed aliena a republica nostra videtur. Nam profecto aut metus aut injuria te subegit, Silane, consulem designatum, genus pœnæ novum decernere. De timore supervacaneum est disserere, quum præsenti diligentia clarissumi viri consulis tanta præsidia sint in armis. De pœna possumus equidem dicere id quod res habet : in luctu atque miseriis mortem ærumnarum requiem, non cruciatum esse, eam cuncta mortalium mala dissolvere; ultra neque curæ neque gaudio locum esse.

« Sed, per deos immortalis, quamobrem in sententiam non addidisti, uti prius verberibus in eos animadverteretur? An quia lex Porcia vetat? at aliæ leges item condemnatis civibus animam non eripi, sed exilium permitti jubent. An quia gravius est verberari quam necari? quid autem acerbum aut grave nimis in homines tanti facinoris convictos? Sin quia levius; qui convenit in minore negotio legem timere, quum eam in majore neglexeris?

« At enim quis reprehendet quod in parricidas reipublicæ decretum erit? Tempus, dies, fortuna, cujus lubido gentibus moderatur. Illis merito accidet quidquid evenerit. Ceterum vos, Patres conscripti, quid in alios statuatis, con-

abus sont nés d'utiles exemples; mais, dès que le pouvoir tomb
à des hommes inhabiles ou moins bien intentionnés, un pre
mier exemple, fait à propos sur des sujets qui le méritaient
s'applique mal à propos à d'autres qui ne le méritent point.

Vainqueurs des Athéniens (111), les Lacédémoniens leur imposèrent trente chefs pour gouverner leur république. Ceux-ci commencèrent par faire périr sans jugement tous les plus scélérats, tous ceux que chargeait la haine publique : le peuple de se réjouir et de dire que c'était bien fait. Plus tard, ce pouvoir sans contrôle s'enhardit peu à peu; bons et méchants furent indistinctement immolés au gré du caprice : le reste était dans la terreur. Ainsi Athènes, accablée sous la servitude, expia bien cruellement son extravagante joie.

« De nos jours, lorsque Sylla vainqueur fit égorger Damasippe et d'autres hommes de cette espèce, qui s'étaient élevés pour le malheur de la République, qui ne louait point cette action? C'étaient, disait-on, des hommes de crime, des factieux, qui, par leurs séditions, avaient bouleversé la République; ils périssaient avec justice. Mais cette exécution fut le signal d'un grand carnage. Car, pour peu que l'on convoitât une maison, une terre, ou seulement un vase, un vêtement appartenant à un citoyen, on s'arrangeait de manière à le faire mettre au nombre des proscrits. Ainsi ceux pour qui la mort de Damasippe avait été un sujet de joie furent bientôt eux-mêmes traînés au supplice; et les égorgements ne cessèrent qu'après que Sylla eut comblé tous les siens de richesses.

---

siderate. Omnia mala exempla ex bonis orta sunt : sed ubi imperium ad ignaros aut minus bonos pervenit, novum illud exemplum ab dignis et idoneis ad indignos et non idoneos transfertur.

« Lacedaemonii devictis Atheniensibus triginta viros imposuere, qui rempublicam eorum tractarent. Hi primo cœpere pessumum quemque et omnibus invisum indemnatum necare. Ea populus laetari et merito dicere fieri. Post, ubi paullatim licentia crevit, juxta bonos et malos lubidinose interficere, ceteros metu terrere. Ita civitas, servitute obpressa, stultae laetitiae gravis pœnas dedit.

« Nostra memoria, victor Sulla quum Damasippum et alios hujuscemodi, qui malo reipublicae creverant, jugulari jussit, quis non factum ejus laudabat? Homines scelestos, factiosos, qui seditionibus rempublicam exagitaverant, merito necatos aiebant. Sed ea res magnae initium cladis fuit. Nam uti quisque domum, aut villam, postremo aut vas, aut vestimentum alicujus concupiverat, dabat operam uti in proscriptorum numero esset. Ita quibus Damasippi mors laetitiae fuerat, post paullo ipsi trahebantur : neque prius finis jugulandi fuit, quam Sulla omnis suos divitiis explevit.

Assurément ce n'est pas moi qui redoute rien de pareil, ni de la part de M. Tullius, ni dans les circonstances actuelles; mais, au sein d'un grand État, la variété des caractères est infinie. On peut, dans un autre temps, sous un autre consul, qui comme lui disposerait d'une armée, croire à la réalité d'un complot imaginaire. Si, d'après cet exemple, armé d'un décret du sénat, un consul tire le glaive, qui arrêtera, qui réglera le cours de ces exécutions?

« Nos ancêtres, sénateurs, ne manquèrent jamais de prudence ni de décision; et l'orgueil ne les empêchait point d'adopter les usages étrangers, quand ils leur paraissaient bons. Aux Samnites, ils empruntèrent leurs armes offensives et défensives; aux Toscans (112), la plupart des insignes des magistratures; en un mot, tout ce qui, chez leurs alliés ou leurs ennemis, leur paraissait convenable, ils mettaient une ardeur extrême à se l'approprier, aimant mieux imiter les bons exemples qu'en être jaloux. A la même époque, adoptant un usage de la Grèce, ils infligèrent les verges aux citoyens et le dernier supplice aux condamnés. Plus tard, la République s'agrandit; l'agglomération des citoyens donna aux factions plus d'importance, l'innocent fut opprimé : on se porta à bien des excès de ce genre. Alors la loi Porcia et d'autres lois furent promulguées, qui n'autorisent que l'exil contre les condamnés. C'est surtout cette considération, sénateurs, qui, pour nous détourner de toute innovation, me paraît décisive. Certes, il nous étaient supérieurs en vertu et en sagesse, ces hommes qui, avec de si faibles moyens, ont élevé un si grand empire, tandis que

---

« Atque ego hæc non in M. Tullio, neque his temporibus vereor; sed in magna civitate multa et varia ingenia sunt. Potest alio tempore, alio consule, cui item exercitus in manu sit, falsum aliquid pro vero credi. Ubi, hoc exemplo, per senati decretum consul gladium eduxerit, quis finem statuet? aut quis moderabitur?

« Majores nostri, Patres conscripti, neque consilii neque audaciæ unquam eguere : neque superbia obstabat, quo minus aliena instituta, si modo proba, imitarentur. Arma atque tela militaria ab Samnitibus, insignia magistratuum ab Tuscis pleraque sumserunt : postremo, quod ubique apud socios aut hostis idoneum videbatur, cum summo studio domi exsequebantur : imitari, quam invidere bonis, malebant. Sed eodem illo tempore, Græciæ morem imitati, verberibus animadvertebant in civis, de condemnatis summum supplicium sumebant. Postquam respublica adolevit et multitudine civium factiones valuere, circumveniri innocentes, alia hujuscemodi fieri cœpere. Tum lex Porcia aliæque paratæ, quibus legibus exilium damnatis permissum. Hanc ego caussam, Patres conscripti, quo minus novum consilium capiamus, imprimis magnam puto.

nous, héritiers d'une puissance si glorieusement acquise, c'est à grand'peine que nous la conservons.

« Mon avis est-il donc qu'on mette en liberté les coupables, pour qu'ils aillent grossir l'armée de Catilina? Nullement; mais je vote pour que leurs biens soient confisqués; pour qu'eux-mêmes soient retenus en prison dans les municipes les mieux pourvus de force armée; pour qu'on ne puisse jamais, par la suite, proposer leur réhabilitation, soit au sénat, soit au peuple : que quiconque contreviendra à cette défense soit déclaré par le sénat ennemi de l'état et du repos public. »

LII. Dès que César eut cessé de parler, les sénateurs exprimèrent, d'un seul mot, leur assentiment à l'une ou à l'autre des opinions émises (115). Mais, quand M. Porcius Caton fut invité à dire la sienne, il prononça le discours suivant :

« Je suis d'un avis bien différent, sénateurs, soit que j'envisage la chose même et nos périls, soit que je réfléchisse sur les avis proposés par plusieurs des préopinants. Ils se sont beaucoup étendus, ce me semble, sur la punition due à des hommes qui ont préparé la guerre à leur patrie, à leurs parents, à leurs autels, à leurs foyers : or la chose même nous dit qu'il faut plutôt songer à nous prémunir contre les conjurés qu'à statuer sur leur supplice. Car les autres crimes, on ne les poursuit que quand ils ont été commis ; mais celui-ci, si vous ne le prévenez, vous voudrez en vain, après son accomplissement, recourir à la vindicte des lois. Dans une ville conquise il ne reste rien aux vaincus. Mais, au nom des dieux immortels, je vous adjure, vous, pour qui vos maisons, vos terres, vos statues,

---

Profecto virtus atque sapientia major in illis fuit, qui ex parvis opibus tantum imperium fecere, quam in nobis, qui ea bene parta vix retinemus.

« Placet igitur eos dimitti, et augeri exercitum Catilinæ? Minume. Sed ita censeo : Publicandas eorum pecunias, ipsos in vinculis habendos per municipia quæ maxume opibus valent : neu quis de his postea ad senatum referat, neve cum populo agat: qui aliter fecerit, senatum existumare eum contra rempublicam et salutem omnium facturum. »

LII. Postquam Cæsar dicendi finem fecit, ceteri verbo, alius alii, varie adsentiebantur : at M. Porcius Cato, rogatus sententiam, hujuscemodi orationem habuit :

« Longe mihi alia mens est, Patres conscripti, quum res atque pericula nostra considero, et quum sententias nonnullorum mecum ipse reputo. Illi mihi dis seruisse videntur de pœna eorum qui patriæ, parentibus, aris atque focis sui bellum paravere : res autem monet cavere ab illis, quam quid in illos statuamus consultare. Nam cetera tum persequare, ubi facta sunt; hoc nisi provideris n accidat, ubi evenit frustra judicia implores. Capta urbe, nihil fit reliqui victis Sed, per deos immortalis ! vos ego adpello qui semper domos, villas, signa

vos tableaux, ont toujours été d'un plus grand prix que la république ; si ces biens, de quelque nature qu'ils soient, objets de vos tendres attachements, vous voulez les conserver ; si à vos jouissances vous voulez ménager un loisir nécessaire, sortez enfin de votre engourdissement, et prenez en main la chose publique. Il ne s'agit aujourd'hui ni des revenus de l'État ni d'outrages faits à nos alliés : c'est votre liberté, c'est votre existence, qui sont mises en péril.

« Souvent, sénateurs, ma voix s'est élevée dans cette assemblée ; souvent le luxe et l'avarice de nos citoyens y furent le sujet de mes plaintes ; et, pour ce motif, je me suis fait beaucoup d'ennemis : car, moi qui ne me serais jamais pardonné même la pensée d'une faute, je ne pardonnais pas facilement aux autres les excès de leurs passions. Mais, bien que vous tinssiez peu de compte de mes représentations, la république n'en était pas moins forte : sa prospérité compensait votre insouciance. Aujourd'hui il ne s'agit plus de savoir si nous aurons de bonnes ou de mauvaises mœurs, si l'empire romain aura plus ou moins d'éclat et d'étendue, mais si toutes ces choses, quelles qu'elles puissent être, nous resteront ou tomberont avec nous au pouvoir de nos ennemis.

« Et l'on viendra ici me parler de douceur et de clémence ! Il y a déjà longtemps que nous ne savons plus appeler les choses par leur nom : pour nous, en effet, prodiguer le bien d'autrui s'appelle largesse ; l'audace du crime, c'est courage : voilà pourquoi la république est au bord de l'abîme. Que l'on soit (j'y consens, puisque ce sont là nos mœurs) généreux des richesses de nos alliés, compatissant pour les voleurs publics ;

---

tabulas vestras, pluris quam rempublicam fecistis : si ista, cujuscunque modi sint, quæ amplexamini, retinere, si voluptatibus vestris otium præbere voltis, expergiscimini aliquando, et capessite rempublicam. Non agitur de vectigalibus, non de sociorum injuriis; libertas et anima nostra in dubio est.

« Sæpenumero, Patres conscripti, multa verba in hoc ordine feci : sæpe de luxuria atque avaritia nostrorum civium questus sum ; multosque mortalis ea caussa advorsos habeo. Qui mihi atque animo meo nullius unquam delicti gratiam fecissem, haud facile alterius lubidini malefacta condonabam. Sed ea tametsi vos parvi pendebatis, tamen respublica firma ; opulentia neglegentiam tolerabat. Nunc vero non id agitur, bonis an malis moribus vivamus ; neque quantum aut quam magnificum imperium populi romani ; sed cujus hæc cumque modi nostra an nobiscum una hostium futura sint.

« Hic mihi quisquam mansuetudinem et misericordiam nominat ! Jampridem equidem nos vera rerum vocabula amisimus ; quia bona aliena largiri, liberalitas ; malarum rerum audacia, fortitudo vocatur : eo respublica in extremo sita. Sint sane, quoniam ita se mores habent, liberales ex sociorum fortunis ;

mais que, du moins, on ne se montre pas prodigue de notre sang ; et que, pour sauver quelques scélérats, tous les bons citoyens ne soient pas sacrifiés

« C'est avec beaucoup d'art et de talent que C. César vient de disserter devant cette assemblée sur la vie et sur la mort : il estime faux, je le crois, ce que l'on raconte des enfers (114); que, séparés des bons, les méchants vont habiter des lieux noirs, arides, affreux, épouvantables. Son avis est donc *de confisquer les biens des conjurés et de les retenir en prison dans les municipes :* il craint sans doute que, s'ils restaient à Rome, ils ne fussent, ou par les complices de la conjuration, ou par une multitude soudoyée, enlevés à force ouverte : comme s'il n'y avait de méchants et de scélérats que dans Rome, et qu'il n'y en eût pas par toute l'Italie! comme si l'audace n'avait pas plus de force là où il existe moins de moyens pour la réprimer! Le conseil que donne César est donc illusoire, s'il craint quelque danger de la part des conjurés; si, au milieu d'alarmes si grandes et si générales, seul il est sans crainte, c'est, pour vous comme pour moi, un motif de craindre davantage.

« Ainsi donc, lorsque vous statuerez sur le sort de P. Lentulus et des autres détenus, tenez pour certain que vous prononcerez à la fois sur l'armée de Catilina et sur tous les conjurés. Plus vous agirez avec vigueur, moins ils montreront de courage ; mais, pour peu qu'ils vous voient mollir un instant, vous les verrez ici plus déterminés que jamais.

« Gardez-vous de penser que ce soit par les armes que nos

---

sint misericordes in furibus ærarii : ne sanguinem nostrum largiantur; et, dum paucis sceleratis parcunt, bonos omnis perditum eant.

« Bene et composite C. Cæsar paullo ante in hoc ordine de vita et morte disseruit; falsa, credo, existumans quæ de inferis memorantur, diverso itinere malos a bonis loca tetra, inculta, fœda atque formidolosa habere. Itaque censuit *pecunias eorum publicandas, ipsos per municipia in custodiis habendos;* videlicet timens ne, si Romæ sint, aut a popularibus conjurationis, aut a multitudine conducta, per vim eripiantur : quasi vero mali atque scelesti tantummodo in Urbe, et non per totam Italiam sint; aut non ibi plus possit audacia, ubi ad defendendum opes minores. Quare vanum equidem hoc consilium, si periculum ex illis metuit : sin in tanto omnium metu solus non timet, eo magis refert mihi atque vobis timere

« Quare quum de P. Lentulo ceterisque statuetis, pro certo habetote vos simul de exercitu Catilinæ et de omnibus conjuratis decernere. Quanto vos attentius ea agetis, tanto illis animus infirmior erit. Si paullulum modo vos languere viderint, jam omnes feroces aderunt.

« Nolite existumare majores nostros armis rempublicam ex parva magnam

ancêtres ont élevé la république, si petite d'abord, à tant de grandeur. S'il en était ainsi, elle serait entre nos mains encore plus florissante, puisque, citoyens, alliés, armes, chevaux, nous avons tout en plus grande quantité que nos pères. Mais ce sont d'autres moyens (115) qui firent leur grandeur, et ces moyens nous manquent : au dedans, l'activité ; au dehors, une administration juste ; dans les délibérations, une âme libre et dégagée de l'influence des vices et des passions. Au lieu de ces vertus, nous avons le luxe et l'avarice ; la pauvreté de l'État, l'opulence des particuliers (116); nous vantons la richesse, nous chérissons l'oisiveté ; entre les bons et les méchants, nulle distinction : toutes les récompenses de la vertu sont le prix de l'intrigue. Pourquoi s'en étonner, puisque, tous tant que vous êtes, chacun de vous ne pense que pour soi? Chez vous, esclaves des voluptés ; ici, des richesses ou de la faveur. De là vient que l'on ose se jeter sur la république délaissée. Mais laissons ce discours.

« Des citoyens de la plus haute noblesse ont résolu l'embrasement de la patrie ; le peuple gaulois, cet ennemi implacable du peuple romain, ils l'excitent à la guerre ; le chef des révoltés, avec son armée, tient le glaive sur vos têtes. Et vous temporisez encore! vous hésitez sur ce que vous devez faire d'ennemis arrêtés dans l'enceinte de vos murs! Prenez en pitié, je vous le conseille, de jeunes hommes que l'ambition a égarés : faites-mieux : laissez-les tout armés partir. Je le veux bien, pourvu que toute cette mansuétude et cette pitié, une fois qu'ils auront pris les armes, ne tournent pas en malheur pour vous.

---

fecisse. Si ita res esset, multo pulcherrumam eam nos haberemus : quippe sociorum atque civium, præterea armorum atque equorum, major nobis copia quam illis. Sed alia fuere quæ illos magnos fecere, quæ nobis nulla sunt : domi industria, foris justum imperium, animus in consulendo liber, neque delicto, neque lubidini obnoxius. Pro his, nos habemus luxuriam atque avaritiam; publice egestatem, privatim opulentiam; laudamus divitias, sequimur inertiam; inter bonos et malos discrimen nullum : omnia virtutis præmia ambitio possidet. Neque mirum; ubi vos separatim sibi quisque consilium capitis, ubi domi voluptatibus, hic pecuniæ aut gratiæ servitis : eo fit ut impetus fiat in vacuam rempublicam. Sed ego hæc omitto.

« Conjuravere nobilissumi civis patriam incendere; Gallorum gentem infestissumam nomini romano ad bellum arcessunt; dux hostium cum exercitu supra caput est. Vos cunctamini etiam nunc, et dubitatis quid intra mœnia adprehensis hostibus faciatis! Misereamini, censeo : deliquere homines adolescentuli per ambitionem. Atque etiam armatos dimittatis; næ, ista vobis mansuetudo et misericordia, si illi arma ceperint, in miseriam vertet. Scilicet res aspera est;

Sans doute le danger est terrible, mais vous ne le craignez pas: qu'ai-je dit? il vous épouvante; mais, dans votre indolence, dans votre pusillanimité, vous vous attendez les uns les autres; vous différez, vous fiant sans doute sur ces dieux immortels à qui, dans les plus grands périls, notre république a plus d'une fois dû son salut. Ce n'est ni par des vœux ni par de lâches supplications que s'obtient l'assistance des dieux. La vigilance, l'activité, la sagesse des conseils, voilà ce qui garantit les succès. Dès qu'on s'abandonne à l'indolence et à la lâcheté, en vain implore-t-on les dieux : ils sont courroucés et contraires (117).

« Du temps de nos pères, T. Manlius Torquatus, dans la guerre des Gaulois, fit mourir son propre fils, pour avoir combattu l'ennemi sans son ordre. Ce noble jeune homme expia par sa mort un excès de courage. Et vous, vous balancez à statuer sur le sort d'exécrables parricides ! Sans doute le reste de leur vie demande grâce pour ce forfait. Oui, respectez la dignité de Lentulus, si lui-même a jamais respecté la pudeur ou sa propre réputation, s'il a jamais respecté ou les dieux ou les hommes; pardonnez à la jeunesse de Cethegus, si deux fois déjà il ne s'est armé contre la patrie (118). Mais que dirai-je de Gabinius, de Statilius, de Céparius, qui, s'il eût encore existé pour eux quelque chose de sacré, n'auraient point tramé un si noir complot contre la république?

« Enfin, sénateurs, je le déclare, s'il pouvait être ici permis de faillir, je ne m'opposerais pas à ce que l'événement vînt vous donner une leçon, puisque vous méprisez mes discours;

---

sed vos non timetis eam : immo vero maxume; sed inertia et mollitia animi, alius alium exspectantes, cunctamini, videlicet dis immortalibus confisi, qui hanc rempublicam maxumis sæpe periculis servavere. Non votis neque suppliciis muliebribus auxilia deorum parantur : vigilando, agendo, bene consulendo, prospera omnia cedunt. Ubi secordiæ te atque ignaviæ tradideris, nequidquam deos implores ; irati infestique sunt.

« Apud majores nostros T. Manlius Torquatus bello gallico filium suum, quod is contra imperium in hostem pugnaverat, necari jussit. Atque ille egregius adolescens immoderatæ fortitudinis morte pœnas dedit. Vos de crudelissumis parricidis quid statuatis cunctamini! Videlicet vita cetera eorum huic sceleri obstat. Verum parcite dignitati Lentuli, si ipse pudicitiæ, si famæ suæ, si dis aut hominibus unquam ullis pepercit : ignoscite Cethegi adolescentiæ, nisi iterum patriæ bellum fecit. Nam quid ego de Gabinio, Statilio, Cœpario, loquar? quibus si quidquam unquam pensi fuisset, non ea consilia de republica habuissent.

« Postremo, Patres conscripti, si, mehercule ! peccato locus esset, facile paterer vos ipsa re corrigi, quoniam verba contemnitis ; sed undique circumventi

mais nous sommes enveloppés de toutes parts : Catilina, avec son armée, est à nos portes : dans nos murailles, au cœur même de la ville (119), nous avons d'autres ennemis. Il n'est mesure ni délibération qui puissent être prises secrètement : raison de plus pour nous hâter. Voici donc mon avis : « puisque par l'exécrable complot des plus grands scélérats, la république est tombée dans le plus grand péril; que par le témoignage de T. Volturcius et des ambassadeurs allobroges, aussi bien que par leurs propres aveux, ils sont convaincus d'avoir comploté le massacre, l'incendie et d'autres attentats affreux, atroces, envers leurs concitoyens, j'opine pour que, d'après ces aveux et la preuve acquise contre eux d'un crime capital, ils soient, conformément aux institutions de nos ancêtres, livrés au dernier supplice. »

LIII. Après que Caton se fut assis, tous les consulaires, comme aussi la plupart des sénateurs, approuvent son avis, élèvent jusqu'au ciel la fermeté de son âme, et, s'adressant des reproches, s'accusent réciproquement de timidité. Caton est proclamé grand et illustre; le décret du sénat est rédigé conformément à sa proposition (120).

Pour moi, dans tout ce que j'ai lu (121), dans tout ce que j'ai entendu, sur ce que le peuple romain a, au dedans comme au dehors, et par mer et sur terre, accompli d'exploits glorieux, je me suis complu à rechercher quel avait été le principal mobile de tant d'heureux succès. Je savais que souvent, avec une poignée d'hommes, Rome avait su résister aux nombreuses légions de l'ennemi; j'avais reconnu qu'avec des ressources bornées elle avait soutenu des guerres contre des rois opulents;

---

sumus. Catilina cum exercitu faucibus urget; alii intra mœnia, in sinu urbis, sunt hostes; neque parari, neque consuli quidquam occulte potest : quo magis properandum. Quare ita ego censeo : « quum nefario consilio sceleratorum civium respublica in maxuma pericula venerit, hique indicio T. Volturcii et legatorum Allobrogum convicti confessique sint, cædem, incendia, alia fœda atque crudelia facinora in civis patriamque paravisse; de confessis, sicuti de manifestis rerum capitalium, more majorum, supplicium sumendum. »

LIII. Postquam Cato adsedit, consulares omnes, itemque senatus magna pars, sententiam ejus laudant, virtutem animi ad cœlum ferunt; alii alios increpantes timidos vocant. Cato magnus atque clarus habetur : senati decretum fit sicuti ille censuerat.

Sed mihi multa legenti, multa audienti, quæ populus romanus domi militiæque, mari atque terra, præclara facinora fecit, forte lubuit adtendere quæ res maxume tanta negotia sustinuisset. Sciebam sæpenumero parva manu cum magnis legionibus hostium contendisse; cognoveram parvis copiis bella gesta

qu'en outre elle avait souvent éprouvé les coups de la fortune; enfin que les Grecs en éloquence, les Gaulois dans l'art militaire, avaient surpassé les Romains. Après beaucoup de réflexions, il est demeuré constant pour moi que c'est à l'éminente vertu d'un petit nombre de citoyens (122) que sont dus tous ces exploits : par là notre pauvreté a triomphé des richesses, et notre petit nombre de la multitude.

Mais, après que le luxe et la mollesse eurent corrompu notre cité, ce fut par sa grandeur seule que la république put supporter les vices de ses généraux et de ses magistrats ; et, comme si le sein de la mère commune eût été épuisé (123), on ne vit plus, pendant bien des générations, naître à Rome d'homme grand par sa vertu. Toutefois, de mon temps, il s'est rencontré deux hommes de haute vertu, mais de mœurs diverses, M. Caton et C. César; et, puisque le sujet m'en a fourni l'occasion, mon intention n'est point de les passer sous silence, et je vais, autant qu'il est en moi, faire connaître leur caractère et leurs mœurs (124).

LIV. Chez eux donc la naissance, l'âge (125), l'éloquence, étaient à peu près pareils : grandeur d'âme égale, et gloire aussi, mais sans être la même. César fut grand par ses bienfaits et sa générosité; Caton, par l'intégrité de sa vie. Le premier s'était fait un nom par sa douceur et par sa clémence; la sévérité du second avait ajouté au respect qu'il commandait. César, à force de donner, de soulager, de pardonner, avait obtenu la gloire ; Caton, en n'accordant rien. L'un était le refuge des malheureux ; l'autre, le fléau des méchants. La facilité de celui-là, la fermeté de celui-ci, étaient également vantées.

---

cum opulentis regibus : ad hoc, sæpe fortunæ violentiam toleravisse; facundia Græcos, gloriam belli Gallos, ante Romanos fuisse. Ac mihi multa agitanti constabat paucorum civium egregiam virtutem cuncta patravisse; eoque factum uti divitias paupertas, multitudinem paucitas superaret.

Sed postquam luxu atque desidia civitas corrupta est, rursus respublica magnitudine sua imperatorum atque magistratuum vitia sustentabat ; ac, sicuti effeta parente, multis tempestatibus haud sane quisquam Romæ virtute magnus fuit. Sed memoria mea, ingenti virtute, diversi moribus, fuere viri duo, M. Cato et C. Cæsar: quos, quoniam res obtulerat, silentio præterire non fuit consilium, quin utriusque naturam et mores, quantum ingenio possem, aperirem.

LIV. Igitur his genus, ætas, eloquentia, prope æqualia fuere : magnitudo animi par, item gloria; sed alia alii. Cæsar beneficiis ac munificentia magnus habebatur; integritate vitæ Cato. Ille mansuetudine et misericordia clarus factus; huic severitas dignitatem addiderat. Cæsar dando, sublevando, ignoscendo; Cato nihil largiundo gloriam adeptus. In altero miseris perfugium ; in altero malis

César s'était proposé pour règle de conduite l'activité, la vigilance : tout entier aux intérêts de ses amis, il négligeait les siens, ne refusait rien de ce qui valait la peine d'être accordé ; pour lui-même, grand commandement, armée, guerre nouvelle, voilà ce qu'il ambitionnait ; c'était là que son mérite pouvait briller dans tout son éclat. Mais Caton, lui, faisait son étude de la modération, de la décence, et surtout de l'austérité : il ne le disputait ni d'opulence avec les riches, ni d'influence avec les meneurs de factions, mais bien de courage avec les plus fermes, de retenue avec les plus modérés, de désintéressement avec les plus intègres ; aimant mieux être homme de bien que de le paraître : aussi, moins il cherchait la gloire, plus il en obtenait.

LV. Lorsque le sénat, comme je l'ai dit, se fut rangé à l'avis de Caton, le consul, jugeant que le mieux à faire était de devancer la nuit qui était proche, de peur qu'il n'éclatât, durant cet intervalle, quelque nouvelle tentative, ordonne aux triumvirs (126) de tout préparer pour le supplice. Lui-même, ayant disposé des gardes, conduit Lentulus à la prison ; les autres y sont menés par les préteurs. Dans cette prison l'on trouve, en descendant un peu sur la gauche, à environ douze pieds de profondeur, un lieu appelé *Tullianum*. Il est partout entouré de murs épais, et couvert d'une voûte cintrée de grosses pierres (127). La saleté, les ténèbres, l'infection, en rendent l'aspect hideux et terrible. Dès que dans ce cachot Lentulus eut été descendu, les exécuteurs, d'après l'ordre qu'ils en avaient reçu, lui passèrent au cou le nœud fatal. C'est ainsi que ce patricien

---

pernicies. Illius facilitas, hujus constantia laudabatur. Postremo, Cæsar in animum induxerat laborare, vigilare; negotiis amicorum intentus, sua neglegere; nihil denegare quod dono dignum esset ; sibi magnum imperium, exercitum, novum bellum exoptabat, ubi virtus innitescere posset. At Catoni studium modestiæ, decoris, sed maxume severitatis erat : non divitiis cum divite, neque factione cum factioso, sed cum strenuo virtute, cum modesto pudore, cum innocente abstinentia, certabat : esse, quam videri, bonus malebat ; ita, quo minus gloriam petebat, eo magis adsequebatur.

LV. Postquam, ut dixi, senatus in Catonis sententiam discessit, consul optumum factum ratus noctem quæ instabat antecapere, ne quid eo spatio novaretur; triumviros quæ supplicium postulabat, parare jubet : ipse, dispositis præsidiis, Lentulum in carcerem deducit; idem fit ceteris per prætores. Est locus in carcere, quod Tullianum adpellatur, ubi paullulum descenderis ad lævam, circiter duodecim pedes humi depressus. Eum muniunt undique parietes, atque insuper camera, lapideis fornicibus vincta : sed inculto, tenebris, odore, fœda atque terribilis ejus facies est. In eum locum postquam demissus Lentulus, quibus præceptum erat, laqueo gulam fregere. Ita ille patricius, ex clarissuma

de la très-illustre maison de Cornelius, qui avait exercé dans Rome l'autorité consulaire (128), trouva une fin digne de ses mœurs et de ses actions. Cethegus, Statilius, Gabinius et Céparius furent exécutés de la même manière.

LVI. Tandis que ces événements se passent à Rome, Catilina, avec toutes les troupes qu'il avait amenées, et que commandait Mallius, organise deux légions; il proportionne la force de ses cohortes (129) au nombre des soldats; ensuite, à mesure que des volontaires ou quelques-uns de ses complices arrivent au camp, il les répartit également dans les cohortes. Ainsi, en peu de temps, il parvient à mettre ses légions au complet, lui qui d'abord n'avait pas plus de deux mille hommes. Mais, de toute cette troupe, il n'y avait guère que le quart qui fût régulièrement armé; les autres, selon ce qui leur était tombé sous la main, portaient des bâtons ferrés ou des lances; quelques-uns, des pieux aiguisés (130). A l'approche d'Antoine avec son armée, Catilina dirige sa marche à travers les montagnes, portant son camp tantôt vers Rome, tantôt vers la Gaule, sans jamais laisser à l'ennemi l'occasion de combattre. Il espérait avoir au premier jour de grandes forces, dès qu'à Rome les conjurés auraient effectué leur entreprise. En attendant, il refusait les esclaves qui, dès le commencement, n'avaient cessé de venir le joindre par troupes nombreuses. Plein de confiance dans les ressources de la conjuration, il regardait comme contraire à sa politique de paraître rendre la cause des citoyens commune à des esclaves fugitifs.

LVII. Mais, lorsque dans le camp arrive la nouvelle qu'à

---

gente Corneliorum, qui consulare imperium Romæ habuerat, dignum moribus factisque suis exitum vitæ invenit. De Cethego, Statilio, Gabinio, Cœpario, eodem modo supplicium sumptum est.

LVI. Dum ea Romæ geruntur, Catilina, ex omni copia quam et ipse adduxerat, et Mallius habuerat, duas legiones instituit; cohortes pro numero militum complet : deinde, ut quisque voluntarius, aut ex sociis in castra venit, æqualiter distribuerat; ac brevi spatio legiones numero hominum expleverat, quum initio non amplius duobus millibus habuisset. Sed ex omni copia circiter pars quarta erat militaribus armis instructa; ceteri, ut quemque casus armoverat, sparos, aut lanceas, alii præacutas sudes, portabant. Sed postquam Antonius cum exercitu adventabat, Catilina per montis iter facere, ad Urbem modo, modo in Galliam versus, castra movere; hostibus occasionem pugnandi non dare. Sperabat propediem magnas copias se habiturum, si Romæ socii incepta patravissent. Interea servitia repudiabat, cujus initio ad eum magnæ copiæ concurrebant, opibus conjurationis fretus; simul alienum suis rationibus existumans, videri caussam civium cum servis fugitivis communicavisse.

LVII. Sed postquam in castra nuncius pervenit Romæ conjurationem patefa-

Rome la conjuration était découverte; que Lentulus, Cethegus, et les autres conspirateurs dont je viens de parler, avaient subi leur supplice, la plupart de ceux qu'avait entraînés à la guerre l'espoir du pillage ou l'amour du changement se dispersent. Catilina conduit le reste à marches forcées, à travers des montagnes escarpées, sur le territoire de Pistoie, dans l'intention de s'échapper secrètement, par des chemins de traverse, dans la Gaule cisalpine. Mais Q. Metellus Celer, avec trois légions, était posté en observation dans le Picénum : d'après l'extrémité où Catilina se trouvait réduit, et que nous avons déjà fait connaître, il avait pressenti le dessein qu'il méditait. Aussi, dès que par des transfuges il fut instruit de la marche de Catilina, il se hâta de décamper, et vint stationner au pied même des montagnes par où celui-ci devait descendre. De son côté, C. Antonius n'était pas éloigné, bien qu'avec une armée considérable il fût obligé de suivre, par des chemins plus faciles, des gens que rien n'arrêtait dans leur fuite.

Catilina, se voyant enfermé entre les montagnes et les troupes de l'ennemi, tandis qu'à Rome tout avait tourné contre lui, et qu'il ne lui restait plus aucun espoir de fuir ou d'être secouru, jugea qu'il n'avait rien de mieux à faire dans une telle extrémité que de tenter le sort des armes, et résolut d'en venir au plus tôt aux mains avec Antonius. Ayant donc convoqué ses troupes, il leur adressa ce discours :

LVIII. « Je le sais, soldats, des paroles n'ajoutent rien à la valeur, et jamais la harangue d'un général ne fit d'un lâche un brave, d'une armée timide une troupe aguerrie. Ce que

---

ctam, de Lentulo, Cethego, ceteris quos supra memoravi, supplicium sumtum, plerique, quos ad bellum spes rapinarum aut novarum rerum studium illexerat, dilabuntur : reliquos Catilina per montis asperos magnis itineribus in agrum pistoriensem abducit, eo consilio uti per tramites occulte profugeret in Galliam. At Q. Metellus Celer cum tribus legionibus in agro piceno præsidebat, ex difficultate rerum eadem illa existumans, quæ supra diximus, Catilinam agitare; igitur, ubi iter ejus ex perfugis cognovit, castra propere movet, ac sub ipsis radicibus montium consedit qua illi descensus erat. Neque tamen Antonius procul aberat, utpote qui magno exercitu, locis æquioribus, expeditos in fugam sequeretur.

Sed Catilina, postquam videt montibus atque copiis hostium sese clausum, in Urbe res advorsas, neque fugæ neque præsidii ullam spem; optumum factum ratus in tali re fortunam belli tentare, statuit cum Antonio quam primum confligere. Itaque, concione advocata, hujuscemodi orationem habuit :

LVIII. « Compertum ego habeo, milites, verba virtutem non addere, neque ex ignavo strenuum, neque fortem ex timido exercitum oratione imperatoris fieri.

la nature ou l'habitude a mis d'intrépidité au cœur d'un homme, il le déploie à la guerre. Celui que ni la gloire ni les dangers ne peuvent enflammer d'ardeur, vous l'exhortez en vain ; la crainte ferme ses oreilles. Je ne vous ai donc convoqués que pour vous donner quelques avis, et en même temps pour vous exposer le motif du parti que j'ai embrassé.

« Vous ne savez que trop, soldats, combien la lenteur et la lâcheté de Lentulus ont été fatales et à nous et à lui-même ; et comment, tandis que j'attendais des renforts de Rome, je me suis vu fermer le chemin de la Gaule. Maintenant quelle est la situation de nos affaires? Vous l'appréciez tous comme moi. Deux armées ennemies, l'une du côté de Rome, l'autre du côté de la Gaule, s'opposent à notre passage. Garder plus longtemps notre position; quand même telle serait notre volonté, le manque de blé et d'autres approvisionnements nous en empêche. Quelque part que nous voulions aller, c'est le fer à la main qu'il faut nous frayer une route.

« Je vous y exhorte donc : montrez-vous braves et intrépides; et, quand vous engagerez le combat, souvenez-vous que fortune, honneur, gloire, et, de plus, liberté et patrie, tout repose dans vos mains (131). Vainqueurs, tout s'aplanit devant nous (132) : nous aurons des vivres en abondance; les colonies, les municipes, nous seront ouverts. Si la peur nous fait reculer, tout se tournera contre nous : aucun asile, aucun ami, ne protégera celui que ses armes n'auront point protégé. Considérez en outre, soldats, que l'ennemi n'est pas soumis à l'empire de la nécessité qui nous presse; nous, c'est pour

---

Quanta cujusque animo audacia natura aut moribus inest, tanta in bello patere solet. Quem neque gloria, neque pericula excitant, nequidquam hortere : timor animi auribus obficit. Sed ego vos, quo pauca monerem, advocavi, simul uti caussam mei consilii aperirem.

« Scitis equidem, milites, secordia atque ignavia Lentuli quantam ipsi cladem nobisque adtulerit : quoque modo, dum ex Urbe præsidia obperior, in Galliam proficisci nequiverim. Nunc vero quo in loco res nostræ sint juxta mecum omnes intelligitis. Exercitus hostium duo, unus ab Urbe, alter a Gallia obstant : diutius in his locis esse, si maxume animus ferat, frumenti atque aliarum rerum egestas prohibet. Quocunque ire placet, ferro iter aperiundum est.

« Quapropter vos moneo uti forti atque parato animo sitis; et, quum prœlium inibitis, memineretis vos divitias, decus, gloriam, præterea libertatem atque patriam, in dextris portare. Si vincimus, omnia nobis tuta erunt, commeatus abunde, coloniæ atque municipia patebunt. Sin metu cesserimus, eadem illa adversa fiunt : neque locus, neque amicus quisquam teget quem arma non texerint. Præterea, milites, non eadem nobis et illis necessitudo impendet; nos pro patria,

la patrie, pour la liberté, pour la vie, que nous luttons. Eux, il leur est indifférent de combattre pour l'autorité de quelques citoyens. Attaquez donc audacieusement, et souvenez-vous de votre ancienne valeur.

« Nous pouvions, accablés de honte, traîner notre vie dans l'exil : quelques-uns même de vous auraient pu à Rome, dépouillés de leurs biens, attendre pour vivre l'assistance d'autrui. Cette existence honteuse n'était pas tolérable pour des hommes. Vous avez préféré celle-ci ; si vous voulez la faire cesser, il est besoin d'audace. Nul, s'il n'est vainqueur, ne fait succéder la paix à la guerre (133) ; car espérer le salut dans la fuite, alors que vous aurez détourné de l'ennemi les armes qui vous défendent, c'est pure démence. Toujours, dans le combat, le plus grand péril est pour les plus timides ; l'intrépidité tient lieu de rempart (134).

« Soldats, lorsque mes yeux s'arrêtent sur vous, et que je me retrace vos exploits, j'ai le plus grand espoir de vaincre. Votre ardeur, votre âge, votre valeur, excitent ma confiance, sans compter la nécessité, qui seule donne du courage aux plus timides. D'ailleurs, la multitude des ennemis ne peut nous envelopper dans un lieu si resserré. Toutefois, si la fortune trahissait votre courage, gardez-vous de périr sans vengeance ; et, plutôt que de vous laisser prendre pour être égorgés comme de vils troupeaux, combattez en hommes, et ne laissez à l'ennemi qu'une victoire sanglante et douloureuse. »

LIX. Après ce discours, qui fut suivi de quelques moments de silence, Catilina fait sonner les trompettes, et conduit ses

---

pro libertate, pro vita, certamus : illis supervacaneum est pugnare pro potentia paucorum. Quo audacius adgredimini, memores pristinæ virtutis.

« Licuit nobis cum summa turpitudine in exilio ætatem agere : potuistis nonnulli Romæ, amissis bonis, alienas opes exspectare. Quia illa fœda atque intoleranda viris videbantur, hæc sequi decrevistis. Si hæc relinquere voltis, audacia opus est; nemo, nisi victor, pace bellum mutavit. Nam in fuga salutem sperare, quum arma quis corpus tegitur ab hostibus averteris, ea vero dementia est. Semper in prœlio his maxumum est periculum qui maxume timent : audacia pro muro habetur.

« Quum vos considero, milites, et quum facta vestra æstumo, magna me spes victoriæ tenet. Animus, ætas, virtus vestra, hortantur; præterea necessitudo, quæ etiam timidos fortis facit. Nam multitudo hostium ne circumvenire queat prohibent angustiæ loci. Quod si virtuti vestræ fortuna inviderit, cavete inulti animam amittatis; neu capti potius, sicuti pecora trucidemini, quam, virorum more pugnantes, cruentam atque luctuosam victoriam hostibus relinquatis. »

LIX. Hæc ubi dixit, paullulum commoratus, signa canere jubet, atque instru-

troupes en bon ordre sur un terrain uni. Alors il renvoie tous les chevaux, afin que l'égalité du péril augmente le courage du soldat : lui-même, à pied, range son armée selon la disposition du lieu et la qualité des troupes. Il occupait une petite plaine resserrée à gauche par des montagnes, à droite par une roche escarpée : il compose de huit cohortes son front de bataille ; le reste, dont il forme sa ligne de réserve, est rangé en files plus serrées. Il en tire tous les centurions d'élite, tous les réengagés, et parmi les simples soldats ce qu'il y avait de mieux armés, pour les placer au premier rang. Il donne à C. Mallius le commandement de la droite, et celui de la gauche à un certain habitant de Fésules (135). Quant à lui, avec les affranchis et les colons de Sylla, il se place auprès de l'aigle qu'à la guerre cimbrique C. Marius avait eue, dit-on, dans son armée.

De l'autre côté, C. Antonius, empêché par la goutte (136) d'assister au combat, remet à M. Petreius (137), son lieutenant, le commandement de l'armée. Petreius range en première ligne les cohortes des vétérans, qu'il avait enrôlées au moment du *tumulte* (138). Derrière eux il place le reste de l'armée en réserve ; lui-même parcourt les rangs à cheval, appelant chaque soldat par son nom, l'exhortant, le priant de se souvenir que c'est contre des brigands mal armés qu'ils combattent pour la patrie, pour leurs enfants, pour leurs autels et leurs foyers. Cet officier, vieilli dans l'art militaire (car durant plus de trente ans il avait, comme tribun, préfet, lieutenant ou préteur, servi dans l'armée avec beaucoup de gloire), connaissait

---

ctos ordines in locum æquum deducit ; dein, remotis omnium equis, quo militibus exæquato periculo animus amplior esset, ipse pedes exercitum pro loco atque copiis instruit. Nam, uti planities erat inter sinistros montis et ab dextra rupes aspera, octo cohortis in fronte constituit ; reliqua signa in subsidio arctius collocat. Ab his centuriones omnis lectos et evocatos, præterea ex gregariis militibus optumum quemque armatum, in primam aciem subducit. C. Mallium in dextra, Fæsulanum quemdam in sinistra parte curare jubet : ipse cum libertis et colonis propter aquilam adsistit, quam bello cimbrico C. Marius in exercitu habuisse dicebatur.

At ex altera parte C. Antonius, pedibus æger, quod prælio adesse nequibat, M. Petreio legato exercitum permittit. Ille cohortis veteranas, quas tumulti caussa conscripserat, in fronte ; post eas ceterum exercitum in subsidiis locat. Ipse, equo circumiens, unumquemque nominans adpellat, hortatur, rogat uti meminerint se contra latrones inermos, pro patria, pro liberis, pro aris atque focis suis, certare. Homo militaris, quod amplius annos triginta tribunus, aut præfectus, aut legatus, aut prætor, cum magna gloria fuerat, plerosque ipsos fa-

presque tous les soldats et leurs belles actions : en les leur rappelant, il enflammait leur courage.

LX. Toutes ces dispositions prises, Petreius fait sonner la charge, et ordonne aux cohortes de s'avancer au petit pas. L'armée ennemie exécute le même mouvement. Quand on fut assez proche pour que les gens de trait pussent engager le combat, les deux armées, avec un grand cri, s'élancent l'une contre l'autre : on laisse là les javelots ; c'est avec l'épée que l'action commence. Les vétérans, pleins du souvenir de leur ancienne valeur, serrent l'ennemi de près : ceux-ci soutiennent intrépidement le choc; on se bat avec acharnement. Cependant Catilina, avec les soldats armés à la légère, se tient au premier rang, soutient ceux qui plient, remplace les blessés par des troupes fraîches, pourvoit à tout, combat surtout lui-même, frappe souvent l'ennemi, et remplit à la fois l'office d'un valeureux soldat et d'un bon capitaine.

Petreius, voyant Catilina combattre avec plus de vigueur qu'il n'avait cru, se fait jour avec sa cohorte prétorienne à travers le centre des ennemis, tue et ceux qu'il met en désordre et ceux qui résistent sur un autre point; ensuite il attaque les deux ailes par le flanc. Mallius et l'officier fésulan sont tués à la tête de leurs corps. Lorsque Catilina voit ses troupes dispersées, et que seul il survit avec un petit nombre des siens, il se rappelle sa naissance et son ancienne dignité; il se précipite dans les rangs les plus épais de l'ennemi, et succombe en combattant.

LXI. Mais, le combat fini, c'est alors qu'on put apprécier

ctaque eorum fortia noverat; ea commemorando militum animos accendebat.

LX. Sed ubi, rebus omnibus exploratis, Petreius tuba signum dat, cohortis paullatim incedere jubet. Idem facit hostium exercitus. Postquam eo ventum est unde a ferentariis prœlium committi posset, maxumo clamore cum infestis signis concurrunt; pila obmittunt; gladiis res geritur. Veterani, pristinæ virtutis memores, cominus acriter instare; illi haud timidi resistunt. Maxuma vi certatur. Interea Catilina cum expeditis in prima acie versari, laborantibus subcurrere, integros pro sauciis arcessere, omnia providere, multum ipse pugnare, sæpe hostem ferire. Strenui militis et boni imperatoris officia simul exsequebatur.

Petreius, ubi videt Catilinam, contra ac ratus erat, magna vi tendere, cohortem prætoriam in medios hostis inducit; eos perturbatos atque alios alibi resistentes interficit; deinde utrinque ex lateribus ceteros adgreditur. Mallius et Fæsulanus, in primis pugnantes, cadunt. Postquam fusas copias, seque cum paucis relictum videt Catilina, memor generis atque pristinæ dignitatis, in confertissumos hostes incurrit, ibique pugnans confoditur.

LXI. Sed confecto prœlio, tum vero cerneres quanta audacia quantaque animi

toute l'intrépidité, toute la force d'âme qu'avait montrée l'armée de Catilina. En effet, presque partout, la place où chaque soldat avait combattu vivant, mort il la couvrait de son cadavre. Un petit nombre, dans les rangs desquels la cohorte prétorienne avait mis le désordre, étaient tombés à quelque distance, mais tous frappés d'honorables blessures. Catilina fut trouvé bien loin des siens (139), au milieu des cadavres des ennemis : il respirait encore ; et ce courage féroce qui l'avait animé pendant sa vie demeurait empreint sur son visage (140).

Enfin, de toute cette armée, ni dans le combat ni dans la fuite il n'y eut pas un seul homme libre fait prisonnier : tous avaient aussi peu ménagé leur vie que celle des ennemis. L'armée du peuple romain n'avait pas non plus remporté une victoire sans larmes et peu sanglante ; car tous les plus braves avaient péri dans le combat ou s'étaient retirés grièvement blessés. Beaucoup, qui étaient sortis de leur camp pour visiter le champ de bataille ou pour dépouiller les morts, retrouvèrent, en retournant les cadavres, les uns un ami, les autres un hôte ou un parent. Il y en eut encore qui reconnurent des ennemis personnels. Ainsi des émotions diverses, la joie, la douleur, l'allégresse et le deuil, agitaient toute l'armée.

vis fuisset in exercitu Catilinæ : nam fere quem quisque pugnando locum ceperat, eum, amissa anima, corpore tegebat; pauci autem, quos medios cohors prætoria disjecerat, paullo diversius, sed omnes tamen adversis volneribus, conciderant. Catilina vero, longe a suis, inter hostium cadavera repertus est, paullulum etiam spirans, ferociamque animi, quam habuerat vivus, in voltu retinens.

Postremo ex omni copia neque in prœlio neque in fuga quisquam civis ingenuus captus est : ita cuncti suæ hostiumque vitæ juxta pepercerant. Neque tamen exercitus populi romani lætam aut incruentam victoriam adeptus; nam strenuissimus quisque aut occiderat in prælio, aut graviter volneratus discesserat. Multi autem, qui de castris, visundi aut spoliandi gratia, processerant, volventes hostilia cadavera, amicum alii, pars hospitem, aut cognatum reperiebant. Fuere item qui inimicos suos cognoscerent. Ita varie per omnem exercitum lætitia, mœror, luctus atque gaudia, agitabantur.

FIN DE LA CONJURATION DE CATILINA.

NOTES

DE LA CONJURATION DE CATILINA.

(1) ..... Dans l'âme et dans le corps.

Salluste a pris le fond de ces idées dans le premier chapitre de la *Politique* d'Aristote : « Tout animal est composé de corps et d'âme, celle-ci commande, l'autre est essentiellement obéissant. Telle est la loi qui régit les êtres vivants, lorsqu'ils ne sont pas viciés et que leur organisation est dans la nature... Je ne parle pas de ces êtres dégradés chez lesquels le corps commande à l'âme : ceux-là sont constitués contre le vœu de la nature. »

(2) ..... Le corps à obéir.

Salluste, au chapitre Ier de *Jugurtha*, présente la même idée : *Sed dux atque imperator vitæ mortalium animus est.* On peut voir, dans la note qui précède, qu'elle est imitée d'Aristote. Sénèque (épit. cxiv) a dit : *Rex noster est animus.*

Lactance cite ce passage dans son traité *de Origine erroris*, et ce qu'il dit à ce propos est curieux : « Dans cette alliance du ciel et de la terre, dont l'homme est l'expression et l'image, la substance la plus sublime vient de Dieu : c'est l'âme qui possède l'empire sur le corps; la substance la plus grossière est le corps qui vient du démon : et c'est le corps qui, formé de terre, doit être soumis à l'âme, comme la terre au ciel. Il est comme un vase, dont l'esprit, qui vient du ciel, se sert comme d'une demeure temporaire. L'âme et le corps ont chacun leurs fonctions distinctes : de façon que ce qui vient du ciel et de Dieu commande, et que ce qui vient de la terre soit assujetti au démon. Cette vérité n'a pas échappé à Salluste, ce méchant homme. (Ici Lactance cite le passage depuis ces mots : *Sed omnis,* jusqu'à ceux-ci : *servitio magis utimur*, puis il ajoute :) A merveille, s'il eût aussi bien vécu qu'il a parlé. Il fut assujetti en esclave aux plus honteuses voluptés, et sa conduite dépravée donna le démenti à ses paroles. » (Liv. II, page 206 de l'édition de Leyde, 1660.)

(3) ..... Avant d'entreprendre il faut réfléchir.

Il n'est pas, pour ainsi dire, un mot de ce premier chapitre de la *Catilinaire* qui n'ait été cité comme exemple par les grammairiens et les scoliastes. *Voyez* Nonius Marcellus *de Varia verbor. signif.*; Donat et Eugraphius *sur Térence.*

(4) ..... Dans l'origine des sociétés, les rois.

C'est encore d'Aristote que Salluste a pris cette idée que les rois ont été le premier pouvoir établi sur la terre. Cicéron dit également dans le traité des *Lois* (liv. III, chap. II) : *Omnes antiquæ gentes regibus quondam paruerunt.* Justin s'exprime de même en commençant son histoire : *Principio rerum, gentium nationumque imperium penes reges erat.* Saint Augustin, dans la *Cité de Dieu,* où il reproduit presque tout le préambule de Salluste, cite ce passage depuis ces mots : *Igitur initio reges,* jusqu'à ceux-ci : *satis placebant;* d'abord au chapitre x, puis au chapitre xiv du livre III. Il cite dans ce même chapitre xiv le passage suivant, depuis *Postea vero,* jusqu'à *instituerat dicere.*

(5) ..... Sont vouées à l'oubli.

Sénèque, dans son traité de la *Brièveté de la vie,* a emprunté à Salluste plusieurs pensées.

(6) Et mensonge.....

Imitation de Thucydide. (Lib. II, c. xxxv.)
Ce passage de Salluste a été cité par Grégoire de Tours, le père de notre histoire nationale. Après avoir, au commencement de son septième livre, fait un éloge touchant des vertus du saint évêque d'Albi, Sauve, son ami, il ajoute : « En écrivant ceci, je crains que quelque lecteur ne le trouve incroyable, selon ce qu'a écrit Salluste dans son histoire : » puis il rapporte le passage depuis les mots : *Ubi de magna virtute,* jusqu'à ceux-ci : *pro falsis ducit.*

(7) ..... A la haine.

Salluste, ainsi que nous l'avons dit dans sa vie, écrivait cette histoire peu de temps après son expulsion du sénat. On voit qu'il cherche à pallier les motifs de sa disgrâce, comme s'il eût été mal à propos confondu par la calomnie avec d'autres personnes plus justement décriées. « Cependant, ainsi que l'observe de Brosses, il ne se mit pas en peine de lui imposer silence dans la suite par une conduite plus régulière. »

(8) ..... Lucius Catilina.

Lucius Sergius, surnommé *Catilina*, c'est-à-dire le *pillard* (voyez Festus, au mot *Catillatio*), était de l'illustre maison patricienne *Sergia*, qui faisait remonter son origine à Sergeste, l'un des compagnons d'Énée.

(9) ..... Esprit audacieux, rusé.

« A dire vrai, observe Saint-Évremont, les anciens avaient un grand avantage sur nous à connaître les génies par ces différentes épreuves où l'on était obligé de passer dans l'administration de la république; mais ils n'ont pas eu moins de soin pour les bien dépeindre; et qui examinera leurs éloges avec un peu de curiosité et d'intelligence, y découvrira une étude particulière et un art infiniment recherché. En effet, vous leur voyez rassembler des qualités comme opposées qu'on n'imaginerait pas se rencontrer dans une même personne : *animus audax, subdolus*; vous leur voyez trouver de la diversité dans certaines qualités qui paraissent tout à fait les mêmes, et qu'on ne saurait démêler sans une grande délicatesse de discernement : *subdolus, varius, cujuslibet rei simulator ac dissimulator*.

« Il y a une autre diversité dans les éloges des anciens, plus délicate, et qui nous est encore moins connue : c'est une certaine différence dont chaque vice et chaque vertu est marquée par l'impression particulière qu'elle prend dans les esprits où elle se trouve. Par exemple..., l'audace de Catilina n'est pas la même que celle d'Antoine.

« Salluste nous dépeint Catilina comme un homme de méchant naturel, et la méchanceté de ce naturel est aussitôt exprimée : *sed ingenio maloque pravoque*. L'espèce de son ambition est distinguée par le déréglement des mœurs, et le déréglement est marqué, à l'égard du caractère de son esprit, par des imaginations trop vastes et trop élevées : *vastus animus immoderata, incredibilia, nimis alta, semper cupiebat.* Il avait l'esprit assez méchant pour entreprendre toutes choses contre les lois, et trop vaste pour se fixer à des desseins proportionnés aux moyens de les faire réussir. »

(10) ..... Son esprit exalté.

Saint-Évremont, qui a traduit cette expression *vastus animus* par *son esprit vaste*, fait une dissertation très-ingénieuse sur la signification du mot *vastus*. « Il me prend envie de nier, dit-il, que *vaste* puisse jamais être une louange, et que rien soit capable de rectifier cette qualité. Le grand est une perfection dans les esprits; le vaste est toujours un vice. L'étendue juste et réglée fait le grand; la grandeur démesurée fait le vaste. *Vastitas*, grandeur excessive. Le vaste et l'affreux ont bien du rapport.... *Vastus quasi vastatus.* » Après avoir prouvé qu'appliquée aux solitudes, aux forêts, aux campagnes, aux rivières, aux animaux, aux hommes, *vastos Cyclopas, vasta se mole moventem Polyphemum*, l'épithète de *vastus* n'est jamais prise en bonne part, Saint-Évremont examine particulièrement ce que c'est qu'un esprit vaste. « Vaste, dit-il, se peut appliquer à une imagination qui s'égare, qui se perd, qui se forme des visions et des chimères. Je n'ignore pas qu'on a prétendu louer Aristote en lui attribuant un génie vaste.... On a dit qu'Alexandre, que Pyrrhus, que Catilina, que César, que Charles-Quint, que le cardinal de Richelieu, ont eu un esprit vaste; mais, si on prend la peine d'examiner tout ce qu'ils ont fait, on trouvera que les beaux ouvrages, que les belles actions, doivent s'attribuer aux autres qualités de leur esprit, et que les erreurs et les fautes doivent être imputées à ce qu'ils ont de vaste. »

Après avoir prouvé sa thèse à l'égard d'Aristote, d'Alexandre, de Pyrrhus, Saint-Évremont arrive à Catilina. « Il aspira, dit-il, aux emplois que Pompée sut obtenir; et, si rien n'était trop grand pour le crédit de Pompée, rien n'était trop élevé pour l'ambition de Catilina. L'impossible ne lui paraissait qu'extraordinaire, l'extraordinaire lui semblait commun et facile. *Vastus animus immoderata, incredibilia, nimis alta, cupiebat.* Et par là vous voyez le rapport qu'il y a d'un esprit vaste aux choses démesurées. Les gens de bien condamnent son crime, les politiques blâment son entreprise comme mal conçue; car tous ceux qui ont voulu opprimer la république, excepté lui, ont eu pour eux la faveur du peuple ou l'appui des légions. Catilina n'avait ni l'un ni l'autre de ces secours : son industrie et son courage lui tinrent lieu de toutes choses dans une affaire si grande et si difficile, etc.

(11) ..... Depuis la dictature de L. Sylla.

Catilina fut un des satellites les plus cruels de Sylla, qui le mit à la tête d'un certain nombre de soldats gaulois chargés d'égorger Nannius Titinius, L. Tanasius et divers autres chevaliers romains (Q. Cicéron, *de Petitione consulatus*, c. 11). « Mais ce fut au milieu d'eux, dit Q. Cicéron (*ibid.*), qu'il assassina de ses propres mains le mari de sa sœur, Q. Cecilius, » etc. Rien n'égale les cruautés qu'il exerça sur le préteur M. Marius Gratidianus, oncle de Cicéron par sa sœur, et de la famille de Marius. Catilina le tira de sa main d'une étable où il s'était caché, le chassa devant lui à coups de bâton par toute la ville jusqu'au delà du Tibre, et l'immola aux mânes de Lutatius, devant le tombeau de cette famille. Là, il lui fit successivement briser les jambes, arracher les yeux, couper les oreilles, la langue et les mains.

(12) ..... Le luxe et l'avarice.

Il faut comparer ce morceau avec le portrait de Catilina tracé par Cicéron dans le discours *pro Cælio* (c. v.). On y remarquera les mêmes contrastes que dans le tableau dessiné par Salluste. En effet, selon Plutarque, « il était à la fois hardi et hasardeux à entreprendre de grandes choses, cauteleux et malicieux de nature. » Dans les fragments du discours *in Toga candida*, Cicéron revient encore sur le caractère de Catilina; et, dans le discours plusieurs fois cité en la note précédente, Q. Cicéron s'exprime ainsi sur Catilina : « De quel éclat, grands dieux ! brille votre autre rival? Aussi noble que le premier, a-t-il plus de vertu? non, mais plus d'audace. Antoine craint jusqu'à son ombre : Catilina ne craint pas même les lois. » (Ch. 11.)

(13) ..... Le sujet même.

Tacite a imité Salluste : *Res poscere videtur, quia iterum in mentionem incidimus viri sæpius memorandi, ut vitam studiumque ejus paucis repetam.* (*Hist.* lib. IV.)

(14) ..... Puis, par quel changement insensible.

Le commentaire de M. Burnouf offre des observations précieuses sur la construction de cette phrase, dans laquelle le verbe *disserere* a pour sujet à la fois et l'accusatif *instituta* et ces liaisons pronominales *quomodo*, puis *quantamque*. M. Burnouf cite un exemple analogue dans notre langue :

> Vous-même de vos soins craignez *la récompense*,
> *Et que*, dans votre sein ce serpent élevé,
> Ne vous punisse un jour de l'avoir élevé.

(15) ..... Des Troyens fugitifs.

Tradition fort contestée (*voir* à ce sujet la note 8 du président de Brosses sur l'*Histoire de la Conjuration*, et, dans l'*Histoire romaine* de Niebuhr, l'article intitulé *Énée et les Troyens dans le Latium*). — Au surplus, par ces mots *sicut ego accepi*, Salluste semble exprimer lui-même du doute à cet égard. En général, ceux qui lisent les historiens romains ne font pas une attention assez sérieuse à ces formes dubitatives, qui indiquent chez ceux-ci peu de foi à leurs antiquités nationales.

(16) ..... En recevant des services.

(Thucyd., lib. II, c. xl.) La même pensée se trouve dans la *Guerre de Jugurtha* : *Beneficia dare, invitus accipere*.

(17) ..... Un pouvoir annuel et deux chefs.

Passage rapporté par saint Augustin (*de Civitate Dei*, lib. V, c. xii). Puis il ajoute : *Consules appellati sunt a consulendo*. Voltaire, dit le P. d'Otteville, avait vraisemblablement en vue cet endroit, lorsque, dans *Rome sauvée*, il fait dire à Cicéron par Catilina :

> Vous abusez beaucoup, magistrat d'une année,
> De votre autorité passagère et bornée.

(18) ..... Que les gens de bien.

Ce trait, d'une éternelle vérité, s'applique aux tyrans comme aux rois faibles. Fénelon l'a développé d'une manière admirable dans *Télémaque*. « C'est un crime encore plus grand à Tyr, fait-il dire à Narbal, d'avoir de la vertu : car Pygmalion suppose que les bons ne peuvent souffrir ses injustices et ses infamies. La vertu le condamne, il s'aigrit et s'irrite contre elle. » Et ailleurs : « Le défaut des princes trop faciles et inappliqués est de se livrer avec une aveugle confiance à des favoris artificieux et corrompus. Le défaut de celui-ci était, au contraire, de se défier des plus honnêtes gens…. Les bons lui paraissaient pires que les méchants, parce qu'il les croyait aussi méchants et plus trompeurs. » (Liv. III, *passim*.)

(19) ….. Point de fatigue extraordinaire.

Il y a dans le texte *labos*. Servius nous apprend que Salluste n'écrivait jamais *labor* (*in Æneidos*, lib. I, v. 253).

(20) ….. La fortune exerce sur toutes choses son influence.

Lactance cite ce passage dans son traité *de Falsa sapientia* pour établir l'inconséquence des idées des anciens sur la Divinité : car, dit-il, si la fortune gouverne toutes choses, *quid ergo ceteris diis loci superest?* (Lib. III, page 340.)

(21) ….. A produit de grands écrivains.

Le roi Louis XII parlait à peu près de même des Français…. Il s'accorde avec Salluste en ce qui regarde les Grecs, et pense différemment à l'égard des Romains. Tous deux ont raisonné juste relativement au temps où ils vivaient, lors duquel leurs nations n'avaient pas encore eu d'historiens comparables à ceux des Grecs. Ce prince avait coutume de dire « que les faits des Grecs étaient peu de chose par eux-mêmes, mais qu'ils les avaient rendus grands et glorieux par la sublimité de leur éloquence; que les Français avaient fait quantité de belles actions, mais qu'ils n'avaient pas su les écrire; que les Romains, parmi tous les peuples, étaient ceux qui avaient en même temps accompli beaucoup d'exploits glorieux, et su les écrire et les raconter dignement. » (DE BROSSES.)

(22) ….. Que sur le penchant naturel.

C'est ainsi que Tacite dit des Germains : *Plus ibi mores valent quam alibi bonæ leges* (c. XIX); et Justin, des Scythes : *Justitia gentis ingeniis culta, non legibus* (lib. II, c. II), et Virgile, des Latins :

> Neve ignorate Latinos,
> Saturni gentem, haud vinclo, nec legibus æquam,
> Sponte sua, veterisque dei se more tenentem.
> *Æneidos*, lib. VII, v. 202.

On voit qu'ici la poésie et l'histoire sont d'accord pour attribuer à des peuples au berceau des vertus supposées. Il ne faut que lire les commencements de l'*Histoire romaine,* dans Tite-Live et Denys d'Halycarnasse, pour s'assurer combien est flatté ce portrait tracé par Salluste. Sur ces mots, *concordia maxima,* d'Otteville a dit, avec vérité : « Trouverait-on, dans les siècles qui précédèrent la destruction de Carthage, deux années où les Romains aient été parfaitement unis ? »

(23) ..... Ils aimaient mieux pardonner que punir.

Saint Augustin, dans son Épître adressée à Marcellina, s'exprime ainsi : *Dignum esset exsurgere civitatem quæ tot gentibus imperitaret : quod accepta injuria, ignoscere quam persequi malebant.* Cicéron (*Tuscul.* v) : *Accipere quam facere præstat injuriam.*

(24) ..... Carthage, rivale de l'empire romain.

Comparez cet aperçu moral de l'*Histoire romaine* avec les *Fragments* vi, vii, viii, ix et x de la *Grande histoire* de Salluste.

(25) ..... Fait sa passion des richesses.

Caton, cité par Aulu-Gelle, avait dit : *Avaritiam omnia vitia habere putabant* (*voyez* Aulu-Gelle, liv. III, ch. i). Les mêmes idées que Salluste expose ici et dans le chapitre suivant se trouvent présentées en d'autres termes dans sa première lettre à César, *passim.*

(26) ..... Après que L. Sylla, dont les armes avaient reconquis la république, sur Marius, Cinna et Carbon.

On lit dans l'*Epitome* de Tite-Live, livre LXXXIII : *Recuperata republica, pulcherrimam victoriam crudelitate, quanta in nullo hominum unquam fuit, inquinavit.* — *Voyez* aussi Valère-Maxime, liv. IX, ch. xi, n° 2 ; Plutarque, *Vie de Sylla;* Salluste, dans sa deuxième lettre à César, ch. iv, *an illa* jusqu'à *atque crudelia erant;* Lucain, *Pharsale,* liv. II, *passim.*

(27) ..... Aux particuliers et au public.

Ces expressions, *et privatim et publice,* se trouvent au commencement de la dernière *Verrine* : *Quin Verres sacra profanaque om-*

nia et privatim et publice *spoliavit.* Si le P. d'Otteville avait fait ce rapprochement, il n'eût pas, sur la foi du journal de Trévoux, commis dans sa seconde édition un énorme contre-sens, qu'il avait évité dans la première, et qui consiste à dire les *enlever pour les particuliers ou pour l'État.*

(28) ..... Couvertes de constructions.

> Contracta pisces æquora sentiunt
> *Jactis in altum molibus...*
> HORATIUS, *Carminum*, lib. III, ode I.

On a cru que Salluste faisait ici allusion au faste de Lucullus (*voyez* VELLEIUS PATERCULUS, liv. II).

(29) ..... Toutes les terres et toutes les mers.

> Et quæsitorum terra pelagoque ciborum
> Ambitiosa fames, et lautæ gloria mensæ!
> LUCANUS, *Pharsalia*, lib IV, v. 375.

(30) ..... L'infamie, la misère ou le remords.

Quis tota Italia, dit Cicéron, *veneficus, quis gladiator, quis latro, quis sicarius, quis parricida, quis testamentorum subjector, quis circumscriptor, quis ganeo, quis nepos, quis adulter, quæ mulier infamis, quis corruptor juventutis, quis corruptus inveniri potest, qui se cum Catilina non familiarissime vixisse fateatur?* (Catil. II, c. IV; *voyez* aussi le discours *de Petitione consulatus,* c. II.)

(31) ..... L'intimité.

« Il avoit, dit Plutarque, corrompu une partie de la jeunesse. Car il leur subministroit à chacun les plaisirs auxquels la jeunesse est encline, comme banquets, amours de folles femmes, et leur fournissoit argent largement pour soutenir toute cette dépense. » (*Vie de Cicéron.*)

(32) ..... Une vierge de noble famille.

Quelle était cette jeune fille? on l'ignore. Selon Lucceius, qui avait écrit contre Catilina un ouvrage qui n'existe plus, Catilina eut sa première intrigue criminelle avec la femme d'Aurelius Orestes, qui fut depuis sa belle-mère, et prétend que cette même Orestilla, qu'il épousa dans la suite, était née de ce commerce. « La même intrigue, dit Cicéron (*Fragm. orat. in Toga candida*), lui a produit une fille et une épouse. »

(33) ..... Une vestale.

Cette aventure arriva l'an de Rome 681. La vestale se nommait *Fabia Terentia* : elle était sœur de Terentia, femme de Cicéron (ASCONIUS *in Toga candida*). Au surplus, si Catilina fut trouvé dans l'appartement de cette vestale, les suites de ce rendez-vous ne furent pas assez constatées; et, malgré la véhémence des accusations de P. Clodius, Pison, qui prononça pour elle un plaidoyer admirable, selon Cicéron (*Brutus*, ch. LXVIII), la fit acquitter.

(34) ..... A cet horrible hymen.

Valère-Maxime raconte ce fait, liv. IX, ch. I, n° 9, et Cicéron y fait allusion dans sa 1re *Catilinaire*, ch. VI; mais, selon lui, ce n'était pas le premier crime qu'eût inspiré à Catilina son amour adultère pour Aur. Orestilla. Avant son fils, il avait fait périr sa première épouse.

(35) ..... Cn. Pompée.

Pompée était alors, en Orient, occupé d'abattre les derniers restes de la puissance de Mithridate. « Le luxe et la débauche, puis la ruine totale de son patrimoine, qui en fut la suite; enfin l'occasion favorable que lui offrait l'éloignement des armées romaines, occupées aux extrémités de la terre, poussèrent Catilina à former le détestable dessein d'opprimer sa patrie. » (FLORUS, liv. IV, ch. I.) — « Pompée, dit Bossuet, achevait de soumettre ce vaillant roi (Mithridate), l'Arménie où il s'était réfugié, l'Ibérie et l'Albanie qui le soutenaient, la Syrie déchirée par les factions, la Judée, où la division des Asmonéens ne laissa à Hyrcan II, fils d'Alexandre Jannée, qu'une ombre de puissance, et enfin tout l'Orient; mais il n'eût pas su où triompher de tant d'ennemis sans le consul Cicéron, qui sauvait la ville des feux que lui préparait Catilina suivi de la plus illustre noblesse de Rome. » (*Discours sur l'histoire universelle*, IXe époque.)

(36) ..... De briguer le consulat.

Catilina était incertain s'il pourrait briguer le consulat. Il était encore sous le poids de l'accusation de concussion intentée contre lui par les peuples de son gouvernement d'Afrique. Il ne pouvait, dans cet état d'accusation (*reatus*), remplir la formalité imposée aux candidats, qui consistait à déclarer sa prétention dans l'assemblée du peuple, vingt-sept jours avant l'élection. Catilina fut absous, mais trop tard.

(37) ..... P. Lentulus Sura

P. Cornelius Lentulus Sura avait été consul l'an de R. 683, avec Cn. Aufidius Orestes; mais les désordres de sa conduite publique et privée le firent chasser du sénat par les censeurs Gellius et Lentulus, l'an de R. 686. Pour y rentrer, Lentulus brigua la préture, et obtint celle de Rome l'année même du consulat de Cicéron. On peut consulter sur ce personnage la 3e *Catilinaire* de Cicéron. Questeur quelque temps avant la dictature de Sylla, Lentulus avait dissipé les deniers publics; puis, quand Sylla voulut lui faire rendre compte, il s'en moqua et dit qu'il était hors d'état de les rendre, mais qu'il tiendrait le gras de sa jambe (*sura*) pour y être frappé, faisant allusion à la punition que s'infligeaient entre eux les enfants qui n'avaient pas de quoi payer au jeu. — *P. Autronius Petus* avait été condisciple de Cicéron, et son collègue dans la préture. L'an 687, il brigua, avec P. Sylla, neveu du dictateur, le consulat pour l'année 689; et tous deux eurent si ouvertement recours à des menées coupables, que le consul C. Calpurnius Pison fut obligé de porter contre les nouvelles brigues une loi très-sévère. Autronius et Sylla n'en continuèrent pas moins leurs manœuvres avec succès; ils furent, l'an 688, désignés consuls pour l'année suivante, au préjudice de L. Manlius Torquatus et de L. Aurelius Cotta. Ceux-ci accusèrent leurs heureux rivaux d'avoir acheté les voix, et invoquèrent contre eux la nouvelle loi Calpurnia. Leur élection fut déclarée nulle, ce qui était jusqu'alors sans exemple (*voyez* Cicéron, *pro P. Sylla* et *pro Cornelio, passim*). — *L. Cassius Longinus* avait été, l'an 690, un des compétiteurs de Cicéron et de Catilina dans la demande du consulat. Son embonpoint, sur lequel Cicéron le raille dans la 3e *Catilinaire* (ch. vii), ne l'empêcha pas de se sauver au plus vite après la découverte de la conspiration. On disait de lui qu'il était plus stupide que méchant. Cependant il souscrivit toujours aux avis les plus cruels : ce fut même lui qui se chargea de mettre le feu dans Rome (*voyez* Asconius, *in Toga candida*, et ci-dessous notre auteur). — *C. Cethegus.* Il a déjà été parlé de ce personnage. Cethegus avait été dans toutes les factions, ayant d'abord servi Marius, puis Sylla ; ensuite il avait été complice de Lepidus (*voyez* Cicéron, 3° *Catilinaire, passim*). — *P. et Ser. Sylla*, neveux du dictateur. Il ne paraît pas prouvé que Publius ait fait partie de la conjuration, du moins si l'on en croit Cicéron (*pro Sulla, passim*). — *L. Vargunteius.* Salluste parle de lui ci-après (ch. xxxviii). Cicéron (*pro Sulla*, c. xi) dit qu'il avait subi une accusation pour fait de brigue, et avait eu pour défenseur Hortensius. — *Q. Annius.* Ce sénateur avait été de la faction de Marius. Ce fut lui qui tua de sa main l'orateur Marc-Antoine (Plutarque, *Vie de Marius*; Valère-Maxime, liv. VIII, ch. ix, n° 2, et liv. IX, ch. ii, n° 2). — *M. Porcius Leca*, de la famille des Catons. C'est le même dont le nom est écrit *Lecca* dans la 1re *Catilinaire*, ch. iv. — *L. Bestia.* L. Calpurnius Pison Bestia, petit-fils du Pison qui avait été consul l'an 643, et qui avait commandé dans la guerre de Numidie, fut nommé tribun du peuple l'année même du consulat de Cicéron. — *Q. Curius.* Salluste parlera souvent de ce personnage (ch. xxiii, xxvi, xxxviii, etc.), qui déshonorait un sang illustre sans racheter ses vices par aucun mérite.

(38) ..... M. Fulvius Nobilior.

D'une des familles les plus illustres de la république. Il ne faut pas le confondre avec un autre conjuré, A. Fulvius, sénateur, dont Salluste parle ci-après, ch. xxxix. — *L. Statilius* descendait de Statilius, qui commandait la cavalerie lucanienne à la bataille de Cannes. Cicéron en parle dans la 3° *Catilinaire* (ch. iii). — *P. Gabinius Capiton.* Cicéron lui donne le surnom de *Cimber* dans la même *Catilinaire* (ibid.) ; il était parent d'A. Gabinius, sous le consulat duquel Cicéron fut exilé, l'an de R. 696. — *C. Cornelius* était de la maison plébéienne de ce nom. Il laissa un fils qui, quelques années après, fut l'un des accusateurs de P. Sylla, à l'occasion de cette même conjuration. A ce catalogue des conjurés, Cicéron joint Q. Magius Chilo, Tongillus, Publicius, Cincius Munatius et Furius. Salluste nomme encore ailleurs Septimius, Julius Ceparius, Umbrenus, Sittius, Pison, Fulvius, Vultureius, Tarquitius, Manlius, ou plutôt Mallius, Flaminius.

(39) ..... M. Licinius Crassus.

Il avait été consul l'an 684. Il paraît prouvé qu'il était avec César de la première conjuration. Il devait, après le meurtre des sénateurs désignés aux poignards des conjurés, être élevé à la dictature et nommer César général de la cavalerie. On soupçonna encore d'être de la conjuration Paulus, frère de Lepidus, depuis triumvir, et le consul C. Antonius, collègue de Cicéron.

(40) ..... Sous le consulat de L. Tullus et de M. Lepidus, l'an 688.

L. Volcatius Tullus avait été tribun du peuple l'an 678. Cicéron en parle avec estime (*pro Plancio*, c. xxi). Manius Emilius Lepidus, étant questeur l'an 676, fit rebâtir en marbre l'ancien pont du Tibre, qui porte encore aujourd'hui le nom de pont Émilien. C'est à tort que les éditions de Salluste portent *M*. (Marcus) au lieu de *M'*. (Manius) Lepidus.

(41) ..... Cn. Pison.

De la famille Calpurnia. Cicéron, dans son discours sur la *Demande du consulat*, l'appelle le petit poignard de l'Espagne, *pugiunculum hispaniense*.

(42) ..... Les nones de décembre.

Le 5 décembre.

(43) ..... Aux calendes de janvier.

Le 31 décembre.

(44) ..... Aux nones de février.

Le 5 février 689.

(45) ..... Des gens de bien.

Metellus *Creticus* et Catulus lui-même se joignirent en cette occasion à Crassus.

(46) ..... Clients de C. Pompée.

L'Espagne était pleine de gens dévoués à Pompée, qui longtemps y avait commandé. Asconius parle comme Salluste sur ce fait dans ses remarques sur le discours de Cicéron, *in Toga candida*. Mais, selon Tacite (*Annales*, liv. IV), Pison périt par la main des habitants de Termeste, où il avait voulu enlever les deniers publics.

(47) ..... Si votre courage.

Le président de Brosses observe avec raison que ce discours est du nombre de ceux que l'historien a visiblement composés; car il est clair qu'il n'a pu savoir ce qui s'était dit dans les conférences nocturnes des conjurés.

(48) ..... Deux palais ou plus à la suite l'un de l'autre.

Ces paroles de Salluste rappellent ce passage d'Isaïe (ch. v, ỹ 8) : « Malheur à vous, qui joignez des maisons à des maisons, et qui ajoutez terres à terres, jusqu'à ce qu'enfin le lieu vous manque ! »

(49) ..... P. Sittius de Nucérie.

Ayant été expulsé de Rome pour quelque méfait, il ramassa une petite armée, avec laquelle il passa d'Espagne en Afrique, où il se maintint jusqu'au temps de la guerre civile entre César et Pompée. Il rendit de grands services au premier en Numidie, et finit par être tué en trahison par l'Africain Arabion, fils du roi Manassès.

(50) ..... C. Antonius.

Il fut surnommé *Hybrida*, le *Métis*, fils de Marc Antoine le célèbre orateur, et oncle de Marc Antoine le triumvir.

(51) ..... Remplies de sang humain.

Plutarque et Florus rapportent positivement ce fait, ainsi que Dion Cassius. Cependant le silence absolu de Cicéron sur une circonstance si affreuse forme, selon de Brosses, une preuve négative bien complète que ce fait n'est qu'un conte inventé après coup.

(52) ..... Fulvie.

« Florus, qui la nomme une très-vile courtisane, dit le président de Brosses, a sans doute moins égard à sa naissance qu'à ses mœurs. »

(53) ..... L'envie et l'orgueil se turent.

Salluste fait des réflexions analogues au sujet de l'élection de Marius, dans la *Guerre de Jugurtha* (ch. LXIII).

(54) ..... Mallius.

Ainsi l'ont écrit Plutarque, Dion Cassius, Appien et d'antiques inscriptions : cependant les manuscrits de Salluste portent Manlius. C'était un vieil officier qui s'était distingué dans les guerres de Sylla, et qui, après y avoir gagné d'immenses richesses, les avait dissipées dans la débauche.

(55) ..... Quelques femmes.

Appien nous apprend que Catilina tira beaucoup d'argent des femmes de cette espèce, dont plusieurs ne s'étaient engagées dans le complot que par l'espoir de devenir bientôt veuves.

(56) ..... Sempronia.

D'une ancienne et illustre maison plébéienne, Sempronia avait épousé Decimus Junius Brutus, consul en 677, dont elle eut un fils du même nom, qui fut un des meurtriers de César.

(57) ..... D'une audace virile.

L'esprit hardi d'une femme voluptueuse, telle qu'était Sempronia, dit Saint-Évremont, eût pu faire croire que son audace allait à tout entreprendre en faveur de ses amours; mais, comme cette sorte de hardiesse est peu propre pour les dangers où l'on s'expose dans une conjuration, Salluste explique d'abord ce qu'elle est capable de faire par ce qu'elle a fait auparavant : *quæ multa sæpe, etc.* Voilà l'espèce de son audace exprimée. Il la fait chanter et danser, non avec les façons, les gestes et les mouvements qu'avaient à Rome les chanteuses et les baladines, mais avec plus d'art et de curiosité qu'il n'était bienséant à une honnête femme : *psallere et saltare elegantius*. Quand il lui attribue un esprit assez estimable, il dit en même temps en quoi consistait le mérite de cet esprit : *ceterum ingenium ejus*, etc.

(58) ..... Le consulat pour l'année suivante.

C'était la troisième fois que Catilina briguait cette dignité. Il était soutenu par le consul Antonius ; il avait pour concurrent Ser. Sulpicius, L. Licinius Murena et Decimus Junius Silanus, qui avait déjà échoué en 690. Cicéron, pour traverser la brigue de Catilina, fit passer au sénat une nouvelle loi qui ajoutait à la rigueur des dispositions de la loi Calpurnia. Comme Catilina ne put être élu, l'effet de cette loi ne retomba point sur Catilina, mais sur Murena, intime ami de Cicéron, que Sulpicius et Caton accusèrent d'avoir acheté les suffrages. Cicéron le défendit l'année suivante.

(59) ..... L'assurance d'un gouvernement.

En tirant au sort entre les consuls, les gouvernements, comme c'était l'usage, la Macédonie échut à Cicéron, et la Gaule cisalpine à Antoine ; mais, comme la première de ces provinces était beaucoup plus lucrative que l'autre, Cicéron la lui céda.

(60) ..... Contre Cicéron.

Les comices dont il est ici question se tinrent pour l'élection des consuls de l'année suivante : D. Julius Silanus et Murena furent élus.

(61) ..... C. Mallius à Fésules.

Plutarque (*Vie de Cicéron*) marque que ce Mallius, dont il est parlé au ch. XXIV, avait déjà été envoyé en Étrurie, et était revenu momentanément à Rome pour s'entendre de nouveau avec Catilina, et pour le seconder dans sa demande du consulat.

(62) ..... Septimius de Camerte.

Homme obscur de *Camerte* ou *Camerie*, colonie romaine en Ombrie.

(63) ..... C. Julius.

Il portait un beau nom, dit le président de Brosses, sans en être plus connu.

(64) ..... Utiles à ses desseins.

Cicéron dit dans la 2ᵉ *Catilinaire* (ch. III) : *Video, cui Apulia sit attributa, qui habeat Etruriam, qui agrum picenum, qui gallicum, qui sibi has urbanas insidias cædis atque incendiorum depoposcerit.*

(65) ..... Insensible à la fatigue et à l'insomnie.

Cicéron donne la même idée de l'inconcevable activité de Catilina dans sa 3ᵉ *Catilinaire* (ch. VII) : *Ille erat unus timendus*, etc.

(66) ..... Porcius Léca.

Cicéron, dans la 1ʳᵉ *Catilinaire* (ch. IV) et dans le plaidoyer *pour Sylla* (ch. XVIII) parle avec détail de cette réunion, qui eut lieu dans la nuit du 6 au 7 novembre chez Porcius Léca.

(67) ..... Pour que la république n'éprouve aucun dommage.

Cette formule solennelle investissait les consuls d'une autorité presque égale à celle du dictateur. — Ici l'ordre des faits est interverti dans la narration de Salluste. Ce décret, rendu le 20 octobre, était antérieur de dix-sept jours à la réunion secrète chez Porcius Léca. Les projets de Catilina étant découverts depuis plusieurs jours, c'était le 19 octobre que Cicéron en fit part officiellement au sénat, qui, le lendemain, porta le décret dont il est question dans la présente note.

(63) ..... Le sénateur L. Sénius lut dans le sénat une lettre.

Cette communication ouvrit enfin les yeux au public sur le projet es conjurés : encore, beaucoup de gens croyaient qu'on exagérait es choses, et que tout ceci n'était qu'une querelle de faction, ordiaire à Rome entre les grands. Ce préjugé survécut même à la mort e Catilina, et obscurcit la gloire que s'attribuait Cicéron d'avoir uvé Rome.

(69) ..... Le sixième jour avant les calendes de novembre.

Le 27 octobre.

(70) ..... Les uns annoncent des prodiges.

Cicéron en fait mention dans sa 3ᵉ *Catilinaire* (ch. viii), et Pline, *Hist. Nat.*, liv. II, ch. li.

(71) ..... Q. Marcius Rex.

Consul l'an 686, avait succédé à Lucullus dans le commandement de la guerre contre Mithridate et Tigrane. — *Q. Metellus Creticus*, consul l'an 685, venait de s'emparer de la Crète, à la suite d'une expédition qui lui fit peu d'honneur. Comme ces deux généraux attendaient aux portes de Rome les honneurs du triomphe, ils avaient conservé avec eux leurs troupes.

(72) ..... Q. Pompeius Rufus.

Il n'était pas de la même famille que le grand Pompée ; il tirait son origine de Q. Pompeius Rufus, qui fut consul avec Sylla en 666, puis gouverneur d'Espagne. C'était, dit Cicéron (*pro Cælio*), un homme d'une probité reconnue et fort exact à son devoir.

(73) ..... Metellus Céler.

Un des plus honorables citoyens de la république, un de ceux qui secondèrent avec le plus de zèle le consul Cicéron. Il descendait de Metellus le Macédonique, fut préteur l'an 691 et consul l'an 694. Cicéron, au sortir de son consulat, lui céda le gouvernement de la Gaule cisalpine.

(74) ..... Cent mille sesterces.

Vingt mille quatre cent cinquante-huit francs trente-trois centimes.

(75) ..... En vertu de la loi Plautia.

Proposée par le tribun Plautius Silvanus, l'an 665 de Rome, *de vi publica*, contre ceux qui formaient des entreprises contre le sénat, les magistrats, qui paraissaient armés dans les rues de Rome, qui, à la la faveur d'une sédition, s'emparaient de postes élevés, etc.

(76) ..... L. Paulus.

L. Emilius Lepidus Paulus, fils du consul Lepidus, qui suscita une guerre civile après la mort de Sylla. Il était si jeune à l'époque de la conjuration, qu'il ne put être questeur que quatre ans après. Or il fallait avoir vingt-sept ans pour aspirer à cette magistrature. L. Paulus n'exerçait donc alors aucune magistrature ; mais c'était l'usage à Rome que les jeunes gens qui voulaient se faire une réputation débutassent par des accusations publiques contre des citoyens puissants. Cicéron (*pro Vatino,* c. x), fait un grand éloge du zèle et du courage que montra dans cette occasion L. Paulus Emilius, qui fut depuis, avec L. César et Cicéron, une des trois principales victimes du deuxième triumvirat.

(77) ..... Enfin, pour mieux dissimuler,

Salluste reprend ici la série des faits qui suivirent le conciliabule nocturne tenu chez Léca, et la tentative d'assassinat sur le consul Cicéron.

(78) ..... Un discours lumineux.

C'est un éloge assez froid de la 1re *Catilinaire*, prononcée le 9 novembre par Cicéron. L'expression est vraie cependant, car, dans cette harangue, toutes les circonstances de la conjuration sont si clairement déduites, qu'il devenait impossible de la révoquer en doute. Elle fut utile en ce qu'elle força Catilina de quitter Rome. Le président de Brosses prétend rectifier Salluste en donnant à cette harangue l'épithète de *foudroyante*.

(79) ..... Lui permettant d'aspirer à tout.

Empruntons ici à M. Burnouf une excellente remarque de goût : « Dixit Catilina conjuratis : *Mala res, spes multo asperior.* — Dicit senatui : *Omnia bona in spe habeo.* In utroque servit causæ et tempori. »

(80) ..... Comme à ces traits contre Cicéron.....

Ce discours, que Salluste prête à Catilina, paraît controuvé ; car s'il avait été réellement tenu, Cicéron n'eût pas manqué de le rappeler devant le peuple.

(81) ..... L'incendie qu'on me prépare.

Cette parole menaçante de Catilina fut, selon Cicéron (*pro Murena*, c. xxv), adressée par lui à Caton, avant les comices, pour l'élection des consuls. La faute que Salluste a commise ici a été reproduite par Valère-Maxime et par Plutarque ; mais, comme l'a dit Beauzée, avec plus de vérité que de goût : « Cicéron savait son Catilina mieux que personne, » et nous devons avec lui rectifier Salluste, qui ne fut pas, comme l'orateur romain, en position de tenir note des faits de la conjuration, pour ainsi dire jour par jour et d'heure en heure.

(82) ..... La réduction à un quart pour cent.

Argentum ære solutum est. Mot à mot l'argent fut payé en airain ; c'est-à-dire que pour un sesterce qui était d'argent, on donna un as qui était d'airain et qui valait le quart du sesterce. Allusion à la loi rendue, l'an 668, par le consul L. Valerius Flaccus. *Turpissimæ legis auctor, qua creditoribus quadrantem solvi jusserat.* (VELLEIUS PATERCULUS, lib. II, c. XXIII.)

(83) ..... Le sénat déclare.

Ce fut le troisième décret rendu dans cette affaire. Ce jour-là Cicéron adressa au peuple sa 2ᵉ *Catilinaire*.

(84) ..... Ces dispositions hostiles.

Rapprochez ce qui est dit dans ce chapitre et dans le suivant avec les chap. XLI et LXXXVI de *Jugurtha*.

(85) ..... Aulus Fulvius.

— *Voyez* sur ce fait VALÈRE-MAXIME, liv. V, ch. v, n° 5, et DION CASSIUS, liv. XXXVII.

(86) ..... P. Umbrenus.

C'était un affranchi, ainsi que Cicéron nous l'apprend dans sa 3ᵉ *Catilinaire* (ch. vi).

(87) ..... Les Allobroges.

Leur république faisait partie de la province romaine dans les Gaules, et comprenait une partie du Dauphiné et de la Savoie.

(88) ..... D. Brutus.

L'époux de Sempronie.

(89) ..... Q. Fabius Sanga.

Il descendait de Fabius l'Allobrogique, qui avait été consul l'an 633 ; et, à ce titre, Sanga était le patron des Allobroges.

(90) ..... Dans la Gaule ultérieure, par C. Murena,

C'est-à-dire dans la Gaule au delà des Alpes, par rapport à Rome. Des manuscrits et nombre d'éditions portent ici *in citeriore Gallia;* mais c'est une erreur évidente, et l'on en voit la preuve dans le plaidoyer de Cicéron *pour Murena*, où il parle de la conduite de son client dans la Gaule cisalpine (ch. XLI).

(91) ..... L. Bestia.

Il avait été désigné tribun du peuple pour l'année qui allait s'ouvrir (PLUTARQUE, *Vie de Cicéron*). Or, dès le 10 décembre, il devait rendre possession de sa magistrature, et l'exécution des mesures concertées par Lentulus et les autres conjurés devait avoir lieu le 17 décembre, époque de la fête des Saturnales, qui était pour la populace un temps de licence.

(92) ..... Sur cet estimable consul.

C'est la seule louange directe qui soit donnée à Cicéron dans toute cette histoire ; heureusement Salluste ne dissimule pas les faits qui eux-mêmes font assez l'éloge de Cicéron.

(93) ..... Cependant les Allobroges.

Quel rôle honteux pour des ambassadeurs! faire ainsi le personnage d'agents provocateurs! Au surplus, Rome se montra peu reconnaissante envers eux : elle ne fit pas droit aux réclamations de leur république au sujet des dettes dont elle était accablée, et les Allobroges surent fort mauvais gré à leurs députés de leur conduite.

(94) ..... Celui que je vous envoie.

Cicéron, dans la 3ᵉ *Catilinaire* (ch. v), rapporte cette lettre en termes un peu différents.

(95) ..... Aux préteurs L. Valerius Flaccus et C. Pomptinus.

L. Valerius Flaccus, de l'illustre maison Valeria, mérita les remercîments du sénat pour l'énergie qu'il déploya dans toute cette affaire. Au sortir de sa préture, il fut gouverneur de l'Asie Mineure. Accusé de concussion l'an 695, par D. Lélius, il eut pour défenseurs Hortensius et Cicéron, qui le firent absoudre (*Voir* le plaidoyer *pro Flacco*). — C. Pomptinus avait été lieutenant de Crassus dans la guerre des esclaves. Au sortir de sa préture, il succéda à Murena dans le gouvernement de la Gaule ultérieure. Quand Cicéron fut fait gouverneur de Cilicie, il emmena comme lieutenant Pomptinus, qui contribua aux succès que son général obtint dans cette province.

(96) ..... Cette expédition terminée.

Ceci se passa dans la nuit du 2 au 3 décembre. Cicéron raconte les faits à peu près de la même manière dans sa 3ᵉ *Catilinaire* (ch. II).

(97) ..... Il fait entrer Volturcius avec les Allobroges.

Encore une circonstance où Salluste a pour contradicteur Cicéron, qui dit, dans sa 3ᵉ *Catilinaire*, qu'il introduisit Volturcius sans les Gaulois, et qu'il ne fit entrer ceux-ci qu'ensuite.

(98) ..... P. Lentulus Spinther, alors édile.....

Il était parent du conjuré. Il fut consul avec Metellus Népos l'an de

R. 697, et suivit constamment le parti de Pompée. — *Q. Cornificius*, d'une maison plébéienne, avait cette année brigué le consulat avec Cicéron. — *Cn. Terentius* fut préteur l'année suivante. Il était parent du docte Varron et de Terentia, épouse de Cicéron.

(99) ..... La populace... élève Cicéron jusqu'aux nues.

Ici l'on a reproché à Salluste de s'être abstenu de détailler les honneurs que le sénat rendit à Cicéron, sauveur de la république. Sans doute cela peut indiquer dans l'historien quelque partialité contre celui qui est l'objet de cet oubli; mais a-t-on bien fait attention que des détails de ce genre entraient peu dans la manière austère de notre historien? Au surplus, Cicéron, dans sa 3ᵉ *Catilinaire* et dans son discours *contre Pison*, fait lui-même l'énumération de toutes les distinctions dont il fut comblé.

(100) Dès que Tarquinius eut nommé Crassus.

Il paraît hors de doute que Crassus et César étaient dans le secret de la conjuration. C'est l'opinion qu'a suivie Voltaire dans sa tragédie de *Rome sauvée* (acte II, sc. III):

CÉSAR.
J'ai pesé tes projets, je ne veux pas leur nuire;
Je peux leur applaudir, et n'y veux point entrer.
CATILINA.
J'entends : pour les heureux tu veux te déclarer, etc.

(101) ..... Cependant Q. Catulus.

Le président de Brosses accuse ici formellement Salluste de calomnie envers Catulus. Toutefois Plutarque dit bien que cet illustre citoyen fut, ainsi que C. Pison, du nombre de ceux qui reprochèrent à Cicéron d'avoir manqué l'occasion de se défaire de César, contre lequel on avait tant d'indices, en empêchant les chevaliers romains de le tuer. — *C. Pison* avait été consul avec Glabrion l'an 687. Il fut ensuite gouverneur de la Gaule cisalpine.

(102) ..... Decimus Junius Silanus.

Cicéron (*Brutus*, c. LXVIII) vante Silanus comme orateur : « Il avait, dit-il, peu d'acquis, mais beaucoup de brillant et d'éloquence naturelle. » Cicéron nous apprend encore (*in Pison.*, c. XXIV) que Silanus, au sortir de son consulat, alla commander en Illyrie.

Il semblerait, d'après le récit de Salluste, que Silanus aurait seul opiné à la mort contre les conjurés; qu'ensuite il abandonna son avis pour embrasser celui de César, et que Caton osa seul reprendre et appuyer l'opinion de Silanus. Trompé sans doute par les bruits qu'on avait affecté de répandre, Brutus s'en était expliqué de même dans un écrit; et Cicéron réfute cette assertion dans une de ses *lettres à Atticus*, (liv. XII, lett. XXI), où il rappelle que tous les consulaires, ainsi que Murena, l'autre consul désigné, opinèrent comme Silanus.

(103) Tiberius Néron.

Tiberius Claudius Nero fut l'aïeul de l'empereur Tibère.

(104) ..... César... s'exprima à peu près en ces termes.

Nous ne sommes pas tout à fait de l'avis du président de Brosses, qui ne doute point que le discours de César, et celui de Caton, qui va suivre, n'aient été prononcés par eux dans les mêmes termes qui se trouvent rapportés ici. Plutarque, en effet, nous apprend que Cicéron avait fait venir ce jour-là des sténographes exercés, pour consigner sur-le-champ par écrit les harangues des différents orateurs; mais, comme l'a fort bien fait observer d'Otteville, il faut que Salluste ait retranché au moins de la harangue de Caton certain passage dans lequel il reprenait grièvement Silanus de s'être rétracté, et inculpait César, qui, sous une apparence de popularité, et pour affecter la clémence et la douceur, compromettait la république et intimidait le sénat (PLUTARQUE, *Vie de Caton*). Velleius nous apprend encore que Caton plaça dans son discours des éloges de Cicéron, que Salluste a également retranchés. Il est évident que notre historien a pris à tâche d'éloigner tout ce qui pouvait inculper trop directement César, et faire à Cicéron une trop belle part d'éloges. Remarquons enfin, avec M. Burnouf, qu'en se servant de ces mots *hujuscemodi verba*, pour le discours de César, *hujuscemodi orationem* pour celui de Caton, Salluste n'annonce pas leurs paroles mêmes, *eadem omnia verba*, mais seulement la substance de leurs harangues. Enfin, demande le savant humaniste, qui ne reconnaît dans ces deux discours le style sallustien? Concluons-en que Salluste a sans doute rédigé ces deux harangues d'après les originaux qu'il avait sous les yeux, mais qu'il ne s'est pas fait scrupule d'en modifier le fond au gré de ses affections politiques, et d'en assortir la forme à sa manière.

(105) ..... Dans la guerre de Macédoine.

Dans laquelle Paul-Émile défit Persée : an de R. 686.

(106) ..... La république de Rhodes.

Voyez Tite-Live, liv. XXXVII, ch. lv; liv. XLIV, ch. xiv; liv. XLV, ch. xx et suiv.; Velleius Paterculus, liv. I, ch. ix; Aulu-Gelle, liv. VII, ch. iii.

(107) ..... Du soin de leur dignité.

Cicéron (*pro Rabirio*, c. v.) a dit : *Quid deceat vos, non quantum liceat vobis, spectare.*

(108) ..... Ne font rien dont tout le monde ne soit instruit.

Omne animi vitium tanto conspectius in se
Crimen habet, quanto major, qui peccat, habetur.
Juvenalis, Sat. VIII, v. 140.

Pline a dit encore, dans le *Panégyrique de Trajan* : *Habet hoc magna fortuna, quod nihil tectum, nihil occultum esse patitur.*

(109) ..... Plus grande est la contrainte.

Sénèque (*Consol. ad Polyb.*, c. xxvi,) a dit : *Magna servitus est magna fortuna.*

(110) ..... La loi Porcia.

« Il n'y a pas une histoire chez les Romains, observe Saint-Évremont, où l'on ne puisse connaître le dedans de la république par ses lois, comme le dehors par ses conquêtes.... La conjuration de Catilina, dans Salluste, est toute pleine des constitutions de la république, et la harangue de César, si délicate et si détournée, ne roule-t-elle pas toute sur la loi Porcia, sur les justes considérations qu'eurent leurs pères pour quitter l'ancienne rigueur dans la punition des citoyens, sur les dangereuses conséquences qui s'ensuivraient si une ordonnance aussi sage était violée?

(111) ..... Les Lacédémoniens, vainqueurs des Athéniens.

A la fin de la guerre du Péloponèse, l'an de R. 351, avant J. C. 404. — Sur les trente tyrans d'Athènes, consultez Justin, liv. V, ch. VIII et suiv.

(112) ..... Aux Toscans.

Comparez ce passage à ce que dit Florus (liv. I, ch. v) sur le même sujet.

(113) ..... Les sénateurs exprimèrent, d'un seul mot, leur assentiment à l'une ou à l'autre des opinions émises.

Ce fut alors que Cicéron prononça sa 4° *Catilinaire*, où il s'attachait à réfuter l'opinion de César (*voyez* surtout le paragraphe 4 de ce discours, qui jette le plus grand jour sur l'opinion de César). On ne peut excuser Salluste d'avoir évité ici de nommer Cicéron. Après Cicéron, Catulus, prince du sénat, prit la parole, et réfuta directement l'opinion de César. Tibère Néron ouvrit un troisième avis, auquel se réunit Silanus. Le frère même de Cicéron vota pour l'opinion de César. Enfin Caton, qui, en qualité de tribun du peuple, était assis à la porte du sénat dans sa chaise curule, opina des derniers.

(114) ..... Il estime faux ce que l'on raconte des enfers.

Ce langage était commun à Rome. Dans le plaidoyer *pour Cluentius*, ne voyons-nous pas Cicéron traiter de *vieilles rêveries auxquelles personne ne croit plus* l'opinion des supplices de l'enfer ? On voit dans la 4° *Catilinaire*, d'après la manière dont Cicéron réfute ce passage du discours de César, qu'il n'admettait le dogme de l'éternité des peines que comme une croyance *légale*, instituée par la sagesse des anciens législateurs de Rome. « Nos ancêtres, dit-il, pour imposer dans cette vie une crainte aux méchants, voulurent que dans les enfers des supplices fussent réservés aux impies, » etc.

(115) ..... Il est d'autres moyens.....

« Qui ne croirait, dit saint Augustin, à entendre ici Salluste ou Caton, que l'ancienne république romaine était un modèle accompli de vertus, sans mélange d'aucun vice ? Cependant ce n'était rien moins que cela : je n'en veux d'autre témoignage que Salluste lui-même dans sa *Grande histoire*. »

(116) ..... La pauvreté de l'État, l'opulence des particuliers.

La contre-partie de cette pensée se trouve exprimée dans Horace :

Privatus illis census erat brevis
Commune magnum.....
Carminum lib. II, ode xv.

(117) ..... Ils sont courroucés et contraires.

Salluste, dans le discours de Lepidus, a imité les expressions dont il se sert ici. *Non votis deorum auxilia parantur.* Aulu-Gelle rapporte de Metellus le Numidique des paroles analogues : *Quid ergo nos a diis immortalibus divinitus exspectemus, nisi malis rationibus finem faciamus? His demum deos propitios esse æquum est, qui sibi adversarii non sunt. Dii immortales virtutem approbare, non adhibere debent.* (Lib. I, c. v.) Les anciens pensaient, à l'exemple des Lacédémoniens, qu'il faut invoquer les dieux en mettant la main à l'œuvre, et que, selon le précepte d'Hésiode, il faut que le laboureur fasse sa prière la main sur la charrue. Les supplications des fainéants étaient, selon eux, désagréables au ciel et renvoyées à vide (*voyez* PLUTARQUE, *Vie de Paul-Émile*). Ovide a dit :

. . . . Sibi quisque profecto
Fit deus : ignavis precibus Fortuna repugnat.
Metamorphoseon, lib. VIII, v. 72,

Le ciel est inutile à qui ne s'aide pas.
ROTROU.

Aide-toi, le ciel t'aidera.
LA FONTAINE.

(118) ..... Si deux fois déjà.....

Dans la guerre civile de Marius, lors du soulèvement de Lepidus

(119) ..... Au cœur même de la ville.

Dans le plaidoyer *pro Murena* (c. xxxix), prononcé entre la 2ᵉ et la 3ᵉ *Catilinaire*, Cicéron s'exprime d'une manière analogue sur les dangers imminents de la patrie : *Hostis est enim non apud Aniensem, quod bello punico gravissimum visum est*, etc.

(120) ..... Conformément à sa proposition.

Quand Salluste dit que le décret du sénat fut rédigé conformément à la proposition de Caton, il suit l'opinion commune qui n'était pas exacte; car, opinant des derniers, Caton n'avait fait que soutenir l'avis de la plupart des consulaires.

(121) ..... Pour moi dans tout ce que j'ai lu.

On a critiqué cette digression, qui arrive au moment où l'on voudrait que Salluste eût pris pour règle *ad eventum festina*. Toutefois, une fois sorti de la transition assez pénible par laquelle il commence, on doit dire qu'il nous offre une des plus belles pages de son histoire.

(122) ..... A l'éminente vertu d'un petit nombre de citoyens.

« La république, dit Cicéron dans son discours *pro Sextio*, ne se soutint plus que par les efforts d'un petit nombre de gens qui lui servaient pour ainsi dire d'étais. »

(123) Comme si le sein de la mère commune eût été épuisé.

Ici le texte de Salluste, qui paraît altéré, a exercé la sagacité des critiques. *Veluti effeta parente* est le texte adopté par Beauzée, d'Otteville, M. Burnouf. Cortius nous apprend que cette version ne se rencontre que dans un seul manuscrit : c'est cependant la seule qui présente un sens satisfaisant et même assez naturel. *Veluti effeta parentum*, tel est le texte de Cortius et d'Havercamp, adopté par Dureau de Lamalle. Au reste, selon l'observation de Dureau de Lamalle, quelque leçon qu'on adopte, s'il y a toujours quelque chose d'un peu extraordinaire dans le tour de phrase, il ne reste pas le plus léger nuage sur la pensée.

(124) ..... Leurs caractères et leurs mœurs.

« Salluste, dit Saint-Évremont, ne se contente pas de nous dépeindre les hommes dans les éloges, il fait qu'ils se dépeignent eux-mêmes dans les harangues, où vous voyez toujours une expression de leur naturel. La harangue de César nous découvre assez qu'une conspiration ne lui déplaît pas. Sous le zèle qu'il témoigne à la conservation des lois et à la dignité du sénat, il laisse apercevoir son inclination pour les conjurés. Il ne prend pas tant de soin à cacher l'opinion qu'il a des enfers : les dieux lui sont moins considérables que les consuls; et, à son avis, la mort n'est autre chose que la fin de nos tourments et le repos des misérables. Caton fait lui-même son portrait après que César a fait le sien. Il va droit au bien, mais d'un air farouche : l'austérité de ses mœurs est inséparable de l'intégrité de sa vie. Il mêle le chagrin de son esprit et la dureté de ses manières avec l'utilité de ses conseils. »

(125) ..... L'âge.

César avait trente-sept ans et Caton trente-trois.

(126) ..... Aux triumvirs.

Triumviri capitales. Magistrats inférieurs qui étaient chargés de présider aux supplices et d'informer contre les criminels de la lie du peuple.

(127) ..... Couvert d'une voûte cintrée de grosses pierres.

« Ce lieu subsiste encore aujourd'hui, dit le président de Brosses. J'y suis descendu pour l'examiner. Il m'a paru entièrement conforme à la description qu'en donne ici Salluste. La voûte, l'exhaussement et tout le reste sont encore tels qu'il les dépeint. Il sert de chapelle souterraine à une petite église appelée *San Pietro in Carcere*, qu'on y a bâtie en mémoire de l'apôtre saint Pierre, qui avait été mis en prison dans le *Tullien*. Il ne tire son jour que par un trou grillé qui donne dans l'église supérieure. Au-dessous il y a un autre cachot plus profond, ou plutôt un égout (car nous apprenons des *Actes des Martyrs* que l'égout de la place passait sous le cachot). Ce bâtiment et les magnifiques égouts d'Ancus Martius sont constamment les deux plus anciens bâtiments qui subsistent en Europe. » C'est le cachot où avait été jeté et où expira Jugurtha.

(128) ..... L'autorité consulaire.

Il faut se rappeler que Lentulus, quoique préteur alors, avait déjà été consul.

(129) ..... Proportionne la force de ses cohortes.

Il y avait originairement dix cohortes de quatre cent vingt soldats dans chaque légion, qui, par conséquent, était de quatre mille deux cents hommes, outre trois cents cavaliers. Marius porta la légion à six mille hommes.

(130) ..... Quelques-uns des pieux aiguisés.

Selon Appien, Catilina avait environ vingt mille hommes, dont un quart seulement de troupes réglées et armées convenablement; mais la plus grande partie se dissipa dès qu'elle eut appris ce qui venait de se passer à Rome.

(131) ..... Votre liberté, votre patrie, reposent dans vos mains.

Dans *Q. Curce* (liv. IV, ch. xiv), Darius dit à ses soldats : *In dextris vestris jam libertatem, opem, spem futuri temporis geritis...*

(132) ..... Vainqueurs, tous les périls cesseront pour nous.

Tacite (*Vie d'Agricola*, ch. xxxiii) : *Omnia prona victoribus, atque eadem victis adversa.*

(133) ..... Ne fait succéder la paix à la guerre.

La même pensée se trouve reproduite dans la *Guerre de Jugurtha* (ch. lxxxiii) : *Omne bellum... quum victores velint.*

(134) ..... L'intrépidité tient lieu de rempart.

Ici Salluste se ressemble encore à lui-même. On lit dans la *Guerre de Jugurtha,* (ch. cvii) : *Quanto sibi in prœlio minus pepercissent, tanto tutiores fore.*

Quinte-Curce a dit, dans le discours déjà cité, note 131 : *Effugit mortem quisquis contempserit; timidissimum quemque consequitur.* Et Horace :

> Mors et fugacem persequitur virum,
> Nec parcit imbellis juventæ
> Poplitibus, timidove tergo.
> *Carminum* lib. III, ode II.

(135) ..... A un certain habitant de Fésules.

Plutarque le nomme Furius.

(136) ..... C. Antonius empêché par la goutte.

Dion (liv. XXXVI) assure qu'Antonius feignit d'être malade.

(137) ..... M. Petreius.

C'est le même Petreius qui, avec Afranius, commanda en Espagne les légions de Pompée. Après la bataille de Pharsale, lorsque le parti pompéien se rallia en Afrique, Petreius réunit ses forces à celles de Juba, roi de Mauritanie, et se montra pour César un adversaire habile et acharné. Après la défaite de Thapsus, Petreius et Juba s'entretuèrent à la suite d'un festin, « de sorte, dit Florus, qu'on vit le sang royal et le sang romain souiller à la fois les mets à moitié consommés de ce funèbre banquet. » (Liv. IV, ch. II.)

(138) ..... Au moment du tumulte.

Les Romains employaient ce mot pour exprimer un danger pressant, tel qu'une révolte des provinces ou un armement de la part des Gaulois. Crébillon, dans son *Catilina*, s'est servi de ce mot dans son acception particulière :

> On dirait, à vous voir assemblés en tumulte,
> Que Rome des Gaulois craigne encore une insulte.

(139) ..... Catilina fut trouvé bien loin des siens.

Cette admirable description du combat de Pistoie a été très-heureusement imitée par Florus (liv. IV, ch. iv) : *Quam atrociter dimicatum est, exitus docuit*, etc.

(140) ..... Encore empreint sur son visage.

Fronte minæ durant, et stant in vultibus iræ.
Silius Ital., *Punicorum*, lib. V, v. 673.

. . . . Cui frons nec morte remissa
Irarum servat rabiem. . . . . . .
Lib. XIII, v. 755.

FIN DES NOTES DE LA CONJURATION DE CATILINA.

LETTRES

DE C. C. SALLUSTE A C. CÉSAR

PRÉFACE

Les anciens éditeurs et traducteurs de Salluste avaient interverti l'ordre de ces deux *Lettres à César*, plaçant la première celle qui est ici la seconde, et de la seconde faisant la première; mais de Brosses, Beauzée, et après eux MM. Salverte, Dureau de Lamalle, Lebrun et Burnouf les ont replacées dans l'ordre convenable à la vérité historique, et à la suite logique des idées, qui sont bien différentes dans l'une et dans l'autre.

Dans la première, qui a été écrite environ un an avant la rupture de Pompée et de César, dans le temps où celui-ci se bornait à demander un second consulat (an de Rome 705), ou selon quelques traducteurs, postérieurement au passage du Rubicon, et antérieurement à l'arrivée de César à Rome, Salluste montre comment le peuple a peu à peu dégénéré de son antique simplicité, de ses mœurs pures et innocentes, de son amour désintéressé de la liberté; il indique ensuite les moyens les plus propres à faire renaître dans les Romains leur primitive vertu : il faut appeler à Rome des citoyens nouveaux et les mêler avec les anciens; instituer des tribunaux, et dans ces tribunaux quelque chose qui ressemble à notre jury; établir une égalité parfaite entre les citoyens pauvres et les citoyens riches, soit qu'il faille créer des magistrats, ou participer d'une manière quelconque aux affaires de la république : semblant de liberté dans le despotisme. Il demande aussi que l'on donne à l'éducation de la jeunesse une direction morale, qu'on rétablisse les bonnes mœurs qu'on a détruites, ou du moins qu'on diminue la cupidité des richesses. Tous conseils fort sages assurément, et dont quelques-uns ont été mis en pratique par César; mais qui les donne? est-ce le spoliateur de l'Afrique; l'homme qui avait dilapidé les deniers du fisc et ceux des particuliers? Oui, c'est bien le même personnage; c'est le sénateur, chassé du sénat pour ses désordres; c'est aussi le tribun factieux qui, de démagogue devenu partisan du pouvoir, en même temps qu'il parle des moyens de rétablir la liberté de Rome, conseille à César de transformer la république en monarchie, et s'emporte par avance contre ceux à qui ce changement pourrait ne pas agréer : « Je ne l'ignore pas, dit-il, quand ce changement s'opérera, les nobles deviendront furieux, indignés qu'ils seront que tout soit ainsi confondu, et qu'une telle servitude soit imposée aux citoyens. » Les nobles qui, pour renverser la tyrannie que Salluste encourageait, eussent, selon son expression, excité des tempêtes, n'auraient-ils pas bien plus naturellement invoqué, pour justifier leur conduite, cette même liberté, que ne l'invoquait Salluste pour justifier la domination de César?

La seconde lettre fut évidemment écrite après la bataille de Pharsale, peut-être même après l'entier achèvement de la guerre civile. L'auteur s'attache à montrer à César les difficultés qui doivent naître sous ses pas, à mesure qu'il voudra affermir sa puissance; ce qu'il y a à craindre, ce n'est plus la paix, mais la guerre. Pour sortir heureusement de cette position périlleuse, il doit calmer les haines, faire taire ses propres vengeances: la clémence, en ramenant la concorde, peut seule assurer l'existence de la république. A ces conseils de modération, Salluste joint des avis plus pratiques : il veut que l'on augmente le nombre des sénateurs, et qu'on établisse le scrutin secret; il s'élève de nouveau contre la fureur des richesses et demande qu'on abolisse l'usure pour l'avenir.

Deux commentateurs, Cortius et Carrion, ont, nous l'avons dit, contesté à Salluste ce titre littéraire. Carrion en a donné pour preuve qu'aucun grammairien n'a cité ces deux Lettres. Mais ce silence n'est pas très-concluant; car, quand la *Grande Histoire de Salluste,* quand son *Catilina* et son *Jugurtha* fournissaient aux scholastes tant d'exemples, ils ont bien pu négliger ces deux Lettres, qui, par leur sujet, n'eurent sans doute que peu de publicité, et ne pouvaient guère devenir classiques dans les écoles de Rome; ce ne sont en effet que deux pamphlets politiques. Il faut donc, bien que l'on puisse avoir quelques doutes, se ranger à l'opinion générale, qui les a attribuées à Salluste et les lui maintient.

Cependant je ne saurais partager l'avis de certains traducteurs qui trouvent que dans aucun de ses écrits Salluste ne déploie plus d'énergie de style, plus de concision et plus de profondeur. Sans doute on y retrouve cette vigueur d'expression et ce relief de la phrase que l'on admire dans le *Jugurtha* et le *Catilina*; mais souvent aussi l'obscurité et l'embarras s'y font sentir. Les idées surtout me paraissent manquer d'ordre et de clarté; c'est, si je l'ose dire, une brochure vive et quelquefois éloquente, mais encore plus violente et déclamatoire.

LETTRES

DE C. C. SALLUSTE A C. CÉSAR

PREMIÈRE LETTRE.

I. Je sais combien il est difficile (1) et délicat de donner des conseils à un roi, à un général, à tout mortel enfin qui se voit au faîte du pouvoir; car, autour des hommes puissants, la foule des conseillers abonde, et personne ne possède assez de sagacité ni de prudence pour prononcer sur l'avenir. Souvent même les mauvais conseils plutôt que les bons tournent à bien (2), parce que la fortune fait mouvoir au gré de son caprice presque toutes les choses humaines (3).

Pour moi, dans ma première jeunesse, porté par goût à prendre part aux affaires publiques, j'en ai fait l'objet d'une étude longue et sérieuse, non dans la seule intention d'arriver à des

EPISTOLÆ C. C. SALLUSTII AD C. CÆSAREM

EPISTOLA PRIMA.

I. Scio ego, quam difficile, atque asperum factu sit, consilium dare regi aut imperatori, postremo cuiquam mortali, cujus opes in excelso sunt: quippe quum et illis consultorum copiæ adsint; neque de futuro quisquam satis callidus satisque prudens sit. Quinetiam sæpe prava magis, quam bona consilia prospere eveniunt : quia plerasque res fortuna ex lubidine sua agitat.

Sed mihi studium fuit adolescentulo rempublicam capessere : atque in ea cognoscenda multam, magnamque curam habui : non ita, uti magistratum modo

dignités que plusieurs avaient obtenues par de coupables moyens, mais aussi pour connaître à fond l'état de la république sous le rapport civil et militaire, la force de ses armées, de sa population, et l'étendue de ses ressources.

Préoccupé donc de ces idées, j'ai cru devoir faire au dévouement que vous m'inspirez le sacrifice de ma réputation et de mon amour-propre, et tout risquer, si je puis ainsi contribuer en quelque chose à votre gloire. Et ce n'est point légèrement, ni séduit par l'éclat de votre fortune, que j'ai conçu ce dessein; c'est qu'entre toutes les qualités qui sont en vous, j'en ai reconnu une vraiment admirable : cette grandeur d'âme qui, dans l'adversité, brille toujours chez vous avec plus d'éclat qu'au sein de la prospérité (4). Mais, au nom des dieux, votre magnanimité est assez connue, et les hommes seront plutôt las de vous payer un tribut de louanges et d'admiration, que vous de faire des actions glorieuses.

II. J'ai reconnu, en effet, qu'il n'est point de pensée si profonde, que chez vous un instant de réflexion ne fasse aussitôt jaillir; et, si je vous expose mes idées en politique, ce n'est pas avec une confiance présomptueuse dans ma sagesse ou dans mes lumières; mais j'ai pensé que, au milieu des travaux de la guerre, au milieu des combats, des victoires et des soins du commandement, il serait utile d'appeler votre attention sur l'administration intérieure de Rome. Car, si vos projets se bornaient à vous garantir des attaques de vos ennemis et à défendre contre un consul malveillant (5) les bienfaits du peuple, ce serait une pensée trop au-dessous de votre grande âme. Mais,

---

caperem, quem multi malis artibus adepti erant; sed etiam uti rempublicam domi, militiæque, quantumque armis, viris, opulentia posset, cognitam haberem.

Itaque mihi multa cum animo agitanti consilium fuit, famam, modestiamque meam post tuam dignitatem habere, et cujus rei Jubet periculum facere, dum quid tibi ex eo gloriæ accederit. Idque non temere, aut fortuna tua decrevi, sed quia in te, præter ceteras, artem unam egregie mirabilem comperi, semper tibi majorem in adversis, quam in secundis rebus animum esse. Sed per deos immortales illa res clarior est, quod et prius defessi sint homines laudando atque admirando munificentiam tuam, quam tu faciendo quæ gloria digna essent.

II. Equidem mihi decretum est, nihil tam ex alto reperiri posse, quod non cogitanti tibi in promtu sit : neque ego, quæ visa sunt, de republica tibi scripsi, quia mihi consilium atque ingenium meum amplius æquo probaretur; sed inter labores militiæ, interque prœlia, victorias, imperium, statui admonendum te de negotiis urbanis. Namque tibi si id modo in pectore consilii est, uti te ab inimicorum impetu vindices, quoque modo contra adversum consulem beneficia populi retineas, indigna virtute tua cogites. Sin in te ille animus est,

si l'on voit toujours en vous ce courage qui, dès votre début, abattit la faction de la noblesse; qui, délivrant le peuple romain d'un dur esclavage, le rendit à la liberté; qui, durant votre préture (6), a su, sans le secours des armes, disperser vos ennemis armés; et qui, soit dans la paix, soit dans la guerre, accomplit tant de hauts faits, que vos ennemis n'osent se plaindre que de vous voir si grand, vous accueillerez les vues que je vais vous exposer sur la haute administration de l'État; j'espère qu'elles vous sembleront vraies, ou du moins bien peu éloignées de la vérité.

III. Or, puisque Cn. Pompée, ou par ineptie ou par son aveugle penchant à vous nuire, a fait de si lourdes fautes, qu'on peut dire qu'il a mis les armes à la main de ses ennemis, il faut que ce qui par lui a porté la perturbation dans l'État devienne par vous l'instrument de son salut. Son premier tort (7) est d'avoir livré à un petit nombre de sénateurs la haute direction des recettes, des dépenses, du pouvoir judiciaire, et laissé dans la servitude (8) et soumis à des lois injustes le peuple romain, qui auparavant possédait la puissance souveraine. Quoique le droit de rendre la justice ait été, comme antérieurement, dévolu aux trois ordres, cependant ce sont ces mêmes factieux qui administrent, donnent, ôtent ce qui leur plaît; ils oppriment les gens de bien, ils élèvent aux emplois leurs créatures : point de crime, point d'action honteuse ou basse, qui leur coûte pour arriver au pouvoir; tout ce qui leur convient, ils l'obtiennent ou le ravissent; enfin, comme dans une ville prise d'assaut, ils n'ont de loi que leur caprice ou leur passion.

---

qui jam a principio nobilitatis factionem disturbavit, plebem romanam ex gravi servitute in libertatem restituit, in prætura inimicorum arma inermis disjecit, domi militiæque tanta et tam præclara facinora fecit, uti ne inimici quidem queri quidquam audeant, nisi de magnitudine tua; quin accipe tu ea, quæ dicam de summa republica, quæ profecto aut tu vera invenies, aut certe haud procul a vero.

III. Sed quoniam Cn. Pompeius, aut animi pravitate, aut quia nihil eo maluit, quam quod tibi obesset, ita lapsus est, ut hostibus tela in manus jaceret; quibus ille rebus rempublicam conturbavit, eisdem tibi restituendum est. Primum omnium, summam potestatem moderandi, de vectigalibus, sumtibus, judiciis; senatoribus paucis tradidit; plebem romanam, cujus antea summa potestas erat, ne æquis quidem legibus, in servitute reliquit. Judicia tametsi, sicut antea, tribus ordinibus tradita sunt; tamen iidem illi factiosi regunt, dant, adimunt, quæ lubet : innocentes circumveniunt; suos ad honorem extollunt ; non facinus, non probrum, aut flagitium obstat, quo minus magistratus capiant : quod commodum est, trahunt, rapiunt : postremo, tanquam urbe capta, lubidine ac licentia sua, pro legibus utuntur.

Ma douleur serait moins vive, je l'avoue, s'ils fondaient sur une victoire due à leur courage ce droit d'asservir qu'ils exercent à leur gré; mais ces hommes si lâches, qui n'ont de force, de vertu, qu'en paroles, abusent insolemment d'une domination que le hasard ou la négligence d'autrui leur ont mise dans les mains. Est-il, en effet, une sédition, une guerre civile qui ait exterminé tant et de si illustres familles? à qui la victoire inspira-t-elle jamais tant de violence, tant d'emportement?

IV. L. Sylla (9), à qui, dans sa victoire, tout était permis par le droit de la guerre, savait bien que la perte de ses ennemis ajoutait à la force de son parti; cependant, après en avoir sacrifié un petit nombre, il a mieux aimé retenir les autres par des bienfaits que par la crainte. Mais aujourd'hui, grands dieux, avec Caton, L. Domitius et tous les autres chefs de la même faction, quarante sénateurs et une foule de jeunes gens de grande espérance ont été frappés comme des victimes; et toutefois la rage de ces hommes conjurés à notre perte n'est pas encore assouvie par le sang de tant de malheureux citoyens : l'abandon des orphelins, la triste vieillesse des pères et des mères, les gémissements des maris, la désolation des épouses, rien n'a pu empêcher ces âmes inhumaines de se porter à des attentats, à des accusations de plus en plus atroces, pour dépouiller les uns de leur dignité (10), les autres du droit de citoyen (11).

Et de vous, César, que dirai-je? de vous que ces hommes, pour comble de lâcheté, veulent abaisser au prix de leur sang? moins sensibles qu'ils sont au plaisir de cette domination, qui

---

Ac me quidem mediocris dolor angeret, si virtute partam victoriam, more suo, per servitium exercerent; sed homines inertissumi, quorum omnis vis, virtusque in lingua sita est, forte, atque alterius socordia dominationem oblatam insolentes agitant. Nam, quæ seditio, ac dissensio civilis tot tamque illustres familias ab stirpe avertit? aut quorum unquam victoria animus tam præceps tamque immoderatus fuit?

IV. Lucius Sulla, cui omnia in victoria lege belli licuerunt, tametsi supplicio hostium partes suas muniri intellegebat; tamen, paucis interfectis, ceteros beneficio quam metu retinere maluit. At hercule nunc cum Catone, Lucio Domitio, ceterisque ejusdem factionis, quadraginta senatores, multi præterea cum spe bona adolescentes, sicuti hostiæ, mactati sunt : quum interea importunissuma genera hominum tot miserorum civium sanguine satiari nequiverunt : non orbi liberi, non parentes exacta ætate, non gemitus virorum, luctus mulierum, immanem eorum animum inflexit, quin, acerbius in dies male faciundo ac dicundo, dignitate alios, alios civitate eversum irent.

Nam, quid ego de te dicam, cujus contumeliam homines ignavissumi vita sua commutare volunt? Scilicet neque illis tantæ voluptati est (tametsi insperanti-

leur est échue contre toute apparence, qu'au regret d'être témoins de votre élévation; et plus volontiers mettraient-ils pour vous perdre la liberté en péril que de voir par vos mains le peuple romain élevé au faîte de la grandeur. Voilà donc ce qui vous fait une loi d'examiner avec la plus profonde attention comment vous pourrez établir et consolider votre ouvrage. Je n'hésiterai point, de mon côté, à vous exposer le résultat de mes réflexions, sauf à votre sagesse d'adopter ce qui vous paraîtra juste et convenable.

V. La république fut toujours divisée en deux classes, je le pense, et la tradition de nos pères en fait foi : les patriciens et les plébéiens. Aux patriciens fut primitivement dévolue l'autorité suprême; mais dans le peuple n'en résidait pas moins la force réelle. Aussi y eut-il souvent scission dans l'État; et la noblesse ne cessa de perdre de ses priviléges, tandis que les droits du peuple s'étendaient. Ce qui faisait que le peuple vivait libre, c'est qu'il n'y avait personne dont le pouvoir fût au-dessus des lois : ce n'étaient ni les richesses, ni l'orgueil, mais la considération et la valeur, qui mettaient le patricien au-dessus du plébéien. Dans son champ ou à l'armée, le moindre citoyen, ne manquant jamais de l'honnête nésessaire, se suffisait à lui-même, suffisait à la patrie. Mais, lorsque, chassés peu à peu de leur patrimoine (12), les citoyens eurent été réduits par l'oisiveté et la misère à n'avoir plus de demeure assurée, ils commencèrent à compter sur les richesses d'autrui, et à faire de leur liberté et de la chose publique un trafic honteux. Ainsi, peu à peu, le peuple, qui était souverain et en possession de

---

bus accidit) dominatio, quanto mœrori tua dignitas : quin optatius habent, ex tua calamitate periculum libertatis facere, quam per te populi romani imperium maxumum ex magno fieri. Quo magis tibi etiam atque etiam animo prospiciendum est, quonam modo rem stabilias communiasque. Mihi quidem quæ mens subpetit, eloqui non dubitabo : ceterum tui erit ingenii probare, quæ vera atque utilia factu putes.

V. In duas partes ego civitatem divisam arbitror, sicut a majoribus accepi, in Patres, et plebem. Antea in Patribus summa auctoritas erat, vis multo maxuma in plebe. Itaque sæpius in civitate secessio fuit; semperque nobilitatis opes deminutæ sunt, et jus populi amplilicatum. Sed plebes eo libere agitabat, quia nullius potentia super leges erat; neque divitiis, aut superbia, sed bona fama factisque fortibus nobilis ignobilem anteibat : humillumus quisque in armis, aut militia, nullius honestæ rei egens, satis sibi, satisque patriæ erat. Sed, ubi eos paullatim expulsos agris, inertia, atque inopia incertas domos habere subegit; cœpere alienas opes petere, libertatem suam cum republica venalem habere. Ita paullatim populus, qui dominus erat, et cunctis gentibus imperitabat, di-

commander à toutes les nations, est venu à se désorganiser (13); et, au lieu d'une part dans l'autorité publique, chacun s'est créé sa servitude particulière. Or cette multitude, d'abord infectée de mauvaises mœurs, puis adonnée à une diversité infinie de métiers et de genres de vie, composée d'éléments incohérents, est, à mon avis, bien peu propre au gouvernement de l'État. Cependant, après l'introduction de nouveaux citoyens, j'ai grand espoir que tous se réveilleront pour la liberté, puisque chez les uns naîtra le désir de conserver cette liberté, et chez les autres celui de mettre fin à leur servitude. Je pense donc que, ces nouveaux citoyens mêlés avec les anciens, vous pourrez les établir dans les colonies (14) : ainsi s'accroîtront nos forces militaires, et le peuple, occupé à des travaux honorables, cessera de faire le malheur public.

VI. Mais je n'ignore pas, je ne me cache pas combien l'exécution de ce plan excitera la fureur et les emportements des nobles : alors ils s'écrieront avec indignation que l'on bouleverse tout, que c'est imposer une servitude aux anciens citoyens, qu'enfin c'est transformer en royaume une cité libre, si par le bienfait d'un seul une multitude nombreuse parvient au droit de cité. Quant à moi, j'établis en principe que celui-là se rend coupable d'un grand crime, qui obtient la popularité au détriment de la république; mais, du moment où le bien public tourne aussi à l'avantage particulier, hésiter à l'entreprendre, c'est, à mon avis, indolence, c'est lâcheté. M. Livius Drusus (15), dans son tribunat, eut constamment en vue de travailler de toute sa puissance pour la noblesse, et, dans le

---

lapsus est : et, pro communi imperio, privatim sibi quisque servitutem peperit. Hæc igitur multitudo primum malis moribus imbuta, deinde in artes, vitasque varias dispalata, nullo modo inter se congruens, parum mihi quidem idonea videtur ad capessendam rempublicam. Ceterum, additis novis civibus, magna me spes tenet, fore, ut omnes expergiscantur ad libertatem : quippe quum illis libertatis retinendæ, tum his servitutis amittendæ cura orietur. Hos ego censeo, permixtos cum veteribus novos, in coloniis constituas : ita et res militaris opulentior erit, et plebes bonis negotiis impedita malum publicum facere desinet.

VI. Sed non inscius, neque imprudens sum, quum ea res agetur, quæ sævitia, quæve tempestates hominum nobilium futuræ sint; quum indignabuntur omnia, funditus misceri, antiquis civibus hanc servitutem imponi, regnum denique ex libera civitate futurum, ubi unius munere multitudo ingens in civitatem pervenerit. Equidem ego sic apud animum meum statuo, malum facinus in se admittere, qui incommodo reipublicæ gratiam sibi conciliet : ubi bonum publicum etiam privatim usui est, id vero dubitare adgredi, socordiæ, atque ignaviæ duco. Marco Livio Druso semper consilium fuit, in tribunatu summa ope niti pro nobilitate : neque ullam rem in principio agere intendit, nisi illi auctores fierent.

commencement, il ne voulut rien faire qui ne lui eût été conseillé par les nobles eux-mêmes. Mais ces factieux, pour qui le plaisir de tromper et de nuire l'emportait sur la foi des engagements, n'eurent pas plutôt vu un seul homme départir à un grand nombre d'individus le plus précieux des biens, que chacun d'eux, ayant la conscience de ses intentions injustes et perverses, jugea de M. Livius Drusus d'après soi-même. Craignant donc que, par un si grand bienfait, il ne s'emparât seul du pouvoir, ils réunirent contre lui leurs efforts et firent échouer ses projets, qui n'étaient, après tout, que les leurs. C'est donc pour vous, général, une raison de redoubler de soins, afin de vous assurer des amis dévoués et de nombreux appuis.

VII. Combattre un ennemi de front et le terrasser n'est pas difficile à un homme de cœur; ne savoir ni tendre des piéges ni s'en défendre, telle est la disposition des gens de bien. Lors donc que vous aurez introduit ces hommes dans la cité, le peuple étant ainsi régénéré, appliquez surtout votre attention à entretenir les bonnes mœurs, à cimenter l'union entre les anciens et les nouveaux citoyens. Mais le plus grand bien, certes, que vous puissiez procurer à la patrie, aux citoyens, à vous-même, à nos enfants, à l'humanité enfin, ce sera de détruire l'amour de l'argent, ou au moins de l'affaiblir autant que possible : autrement on ne saurait, soit en paix, soit en guerre, administrer ni les affaires privées ni les affaires publiques. Car, là où a pénétré l'amour des richesses, il n'est plus d'institutions, d'arts utiles, de génie, qui puissent résister : l'âme elle-même, tôt ou tard, finit par succomber.

Sed homines factiosi, quibus dolus atque malitia fide cariora erant, ubi intellexerunt, per unum hominem maximum beneficium multis mortalibus dari; videlicet et sibi quisque conscius, malo atque infido animo esse, de Marco Livio Druso juxta, ac de se, existumaverunt. Itaque metu, ne per tantam gratiam solus rerum potiretur, contra eum nixi, sua ipsius consilia disturbaverunt. Quo tibi, imperator, majore cura fideque, amici et multa præsidia paranda sunt.
VII. Hostem adversum obprimere, strenuo homini haud difficile est : occulta pericula neque facere, neque vitare, bonis in promtu est. Igitur, ubi eos in civitatem adduxeris; quoniam quidem revocata plebes erit, in ea re maxume animum exercitato, uti colantur boni mores, concordia inter veteres et novos coalescat. Sed multo maximum bonum patriæ, civibus, tibi, liberis, postremo humanæ genti, peperceris, si studium pecuniæ aut sustuleris, aut, quoad res feret, minueris : aliter neque privata res, neque publica, neque domi, neque militiæ, regi potest. Nam ubi cupido divitiarum invasit, neque disciplina, neque artes bonæ, neque ingenium ullum satis pollet; quin animus magis, aut minus mature, postremo tamen subcumbit.

J'ai souvent entendu citer les rois, les villes, les nations, auxquels leur opulence a fait perdre de grands empires acquis par leur courage au temps de la pauvreté. Et cela n'a rien d'étonnant : car, dès que l'homme de bien voit le méchant, à cause de ses richesses, plus honoré, mieux accueilli que lui, il s'indigne d'abord, puis il roule mille pensées dans son cœur; mais, si l'orgueil l'emporte toujours de plus en plus sur l'honneur, et l'opulence sur la vertu, il perd courage et quitte les vrais biens pour la volupté. La gloire, en effet, est l'aliment de l'activité; et, si vous la retranchez (16), la vertu toute seule est, par elle-même, pénible et amère. Enfin, là où les richesses sont en honneur, tous les biens véritables sont avilis, la bonne foi, la probité, la pudeur, la chasteté : car, pour arriver à la vertu, il n'est qu'un chemin toujours rude; mais chacun court à la fortune par où il lui plaît, elle s'obtient indifféremment par de bonnes ou de mauvaises voies. Commencez donc par renverser la puissance de l'or; que le plus ou le moins de fortune ne donne point, n'ôte point le droit de prononcer sur la vie, sur l'honneur des citoyens ; comme aussi que la préture, le consulat, soient accordés, non d'après l'opulence, mais d'après le mérite : on peut s'en rapporter au peuple pour juger les magistrats qu'il doit élire. Laisser la nomination des juges au petit nombre, c'est du despotisme ; les choisir d'après la fortune, c'est de l'injustice. Tous les citoyens de la première classe doivent donc être appelés aux fonctions de juge, mais en plus grand nombre qu'ils n'y sont admis aujourd'hui. Jamais les Rhodiens, ni bien d'autres cités, n'ont eu à se repentir de la composition de leurs tribunaux, où, sans distinction et d'a-

---

Sæpe jam audivi, qui reges, quæ civitates, et nationes, per opulentiam magna imperia amiserint, quæ per virtutem inopes ceperant. Id adeo haud mirandum est : nam ubi bonus deteriorem divitiis magis clarum, magisque acceptum videt, primo æstuat, multaque in pectore volvit : sed ubi gloria honorem magis in dies, virtutem opulentia vincit, animus ad voluptatem a vero deficit. Quippe gloria industria alitur : ubi eam demseris, ipsa per se virtus amara, atque aspera est. Postremo, ubi divitiæ claræ habentur, ibi omnia bona vilia sunt, fides, probitas, pudor, pudicitia : nam ad virtutem una, et ardua via est; ad pecuniam, qua quique lubet, nititur; et malis, et bonis rebus ea creatur. Ergo in primis auctoritatem pecuniæ demito : neque de capite, neque de honore ex copiis quisquam magis, aut minus judicaverit; sicut neque prætor, neque consul, ex opulentia, verum ex dignitate creetur. Sed de magistratu facile populi judicium fit. Judices a paucis probari, regnum est; ex pecunia legi, inhonestum. Quare omnes primæ classis judicare placet, sed numero plures, quam judicant. Neque Rhodios, neque alias civitates unquam suorum judiciorum pœnituit : ubi promiscue

près la loi du sort, le riche et le pauvre prononcent également sur les plus grandes et sur les moindres affaires. Quant à l'élection des magistrats, ce n'est pas sans raison que j'approuve la loi promulguée par C. Gracchus dans son tribunat, pour que les centuries fussent prises, d'après le sort, dans les cinq classes sans distinction. Devenus ainsi égaux en honneur (17) et en fortune, ce sera par le mérite que les citoyens s'empresseront de se surpasser l'un l'autre.

VIII. Voilà les remèdes puissants que j'oppose aux richesses : car, aussi bien que toute autre chose, on ne les loue, on ne les recherche que pour leur utilité : ce sont les récompenses qui mettent en jeu la perversité. Otez-les, personne absolument ne veut faire le mal sans profit. Au surplus, l'avarice, ce monstre farouche, dévorant, ne saurait être tolérée : partout où elle se montre, elle dévaste les villes et les campagnes, les temples et les maisons ; elle foule aux pieds le sacré et le profane ; point d'armées, point de murailles, où elle ne pénètre par sa seule puissance ; réputation, pudeur, enfants, pairie, famille, elle ne laisse rien aux mortels. Mais, faites tomber le crédit de l'argent, les bonnes mœurs triompheront sans peine de toute cette grande influence de la cupidité.

Ces vérités sont reconnues par tous les hommes, justes ou pervers ; vous n'aurez cependant pas de médiocres combats à soutenir contre la faction de la noblesse ; mais, si vous vous garantissez de leurs artifices, tout le reste vous sera facile : car, s'ils avaient un mérite réel, ils se montreraient les émules des gens de bien plutôt que leurs détracteurs ; mais c'est parce que

---

dives, et pauper, ut cuique fors tulit, de maxumis rebus juxta, ac de minumis disceptat. Sed de magistratibus creandis haud mihi quidem absurde placet lex, quam Caius Gracchus in tribunatu promulgaverat ; ut ex confusis quinque classibus sorte centuriæ vocarentur. Ita coæquati dignitate, pecunia, virtute anteire alius alium properabit.

VIII. Hæc ego magna remedia contra divitias statuo. Nam perinde omnes res laudantur, atque adpetuntur, ut earum rerum usus est : malitia præmiis exercetur. Ubi ea demseris, nemo omnium gratuito malus est. Ceterum avaritia bellua fera, immanis, intoleranda est : quo intendit, oppida, agros, fana, atque domos vastat : divina cum humanis permiscet : neque exercitus, neque mœnia obstant, quominus vi sua penetret : fama, pudicitia, liberis, patria, atque parentibus cunctos mortales spoliat. Verum, si pecuniæ decus ademeris, magna illa vis avaritiæ facile bonis moribus vincetur.

Atque hæc ita sese habere, tametsi omnes æqui, atque iniqui memorent, tamen tibi cum factione nobilitatis haud mediocriter certandum est : cujus si dolum caveris, alia omnia in proclivi erunt. Nam hi, si virtute satis valerent, magis æmuli bonorum, quam invidi essent : quia desidia, et inertia, et stupor

l'indolence, la lâcheté, l'apathie, les dominent, qu'ils murmurent, qu'ils cabalent et qu'ils regardent la renommée d'autrui comme leur déshonneur personnel.

IX. Mais à quoi bon vous parler d'eux encore, comme d'êtres inconnus? M. Bibulus (18) a fait éclater son courage et sa force d'âme durant son consulat : inhabile à s'énoncer, il a dans l'esprit plus de méchanceté que d'adresse. Qu'oserait celui pour qui la suprême autorité du consulat a été le comble de la dégradation? Et L. Domitius (19) est-il un homme bien redoutable, lui qui n'a pas un membre qui ne soit un instrument d'infamie ou de crime : langue sans foi, mains sanglantes, pieds agiles à la fuite, plus déshonnêtes encore les parties de son corps qu'on ne peut honnêtement nommer? Il en est un cependant, M. Caton (20), dont l'esprit fin, disert, adroit, ne me paraît pas à mépriser. Ce sont qualités que l'on acquiert à l'école des Grecs; mais la vertu, la vigilance, l'amour du travail, ne se trouvent nulle part chez les Grecs. Et croira-t-on que des gens qui, par leur lâcheté, ont perdu chez eux leur liberté fournissent de bien bons préceptes pour conserver l'empire? Tout le reste de cette faction se compose de nobles sans caractères, et qui, semblables à des statues, ne donnent à leur parti d'autre appui que leur nom. L. Postumius (21) et M. Favonius me semblent des fardeaux superflus dans un grand navire : s'il arrive à bon port, on en tire quelque parti; mais, au premier orage, c'est d'eux qu'on se défait d'abord, comme de ce qu'il y a de moins précieux. Maintenant que j'ai indiqué les moyens propres, selon moi, à régénérer et à réformer le peuple, je vais

---

eos atque torpedo invasit; strepunt, obtrectant, alienam famam bonam suum dedecus existumant.

IX. Sed, quid ego plura, quasi de ignotis, memorem? Marci Bibuli fortitudo atque animi vis in consulatum erupit : hebes lingua, magis malus quam callidus ingenio. Quid ille audeat, cui consulatus maxumum imperium maxumo dedecori fuit? An Lucii Domitii magna vis est, cujus nullum membrum a flagitio aut facinore vacat : lingua vana, manus cruentæ, pedes fugaces; quæ honeste nominari nequeant, inhonestissuma? Unius tamen Marci Catonis ingenium versutum, loquax, callidum haud contemno. Parantur hæc disciplina Græcorum; sed virtus, vigilantia, labos, apud Græcos nulla sunt. Quippe, quum domi libertatem suam per inertiam amiserint, censesne eorum præceptis imperium haberi posse? Reliqui de factione sunt inertissumi nobiles; in quibus, sicut in statua, præter nomen, nihil est additamenti. Lucius Postumius, et Marcus Favonius, mihi videntur quasi magnæ navis supervacua onera esse : ubi salvi pervenere, usui sunt; si quid adversi coortum est, de illis potissumum jactura fit, quia pretii minumi sunt. Nunc, quoniam, sicut mihi videor, de plebe reno-

passer à ce qu'il me semble que vous devez faire à l'égard du sénat.

X. Lorsque avec l'âge mon esprit se fut développé, assez peu j'exerçai mon corps aux armes et à l'équitation, mais j'appliquai mon intelligence à la culture des lettres, consacrant ainsi aux travaux la portion de moi-même que la nature avait douée d'une plus grande vigueur (22). Or tout ce que m'ont appris dans ce genre de vie la lecture et la conversation m'a convaincu que tous les royaumes, toutes les cités, tous les peuples, ont été puissants et heureux tant qu'ils ont obéi à de sages conseils; mais qu'une fois corrompus par la flatterie, la crainte ou la volupté, leur puissance a été aussitôt affaiblie; qu'ensuite l'empire leur a été enlevé; qu'enfin ils sont tombés dans l'esclavage.

Il m'est bien démontré aussi que celui qui se voit au-dessus de ses concitoyens par le rang et le pouvoir prend fortement à cœur le bien de l'État. Pour les autres, en effet, le salut de l'État n'est que la conservation de leur liberté; mais celui qui, par son mérite, s'est élevé aux richesses, aux distinctions, aux honneurs, pour peu que la république ébranlée éprouve quelque agitation, aussitôt son âme succombe sous le poids des soucis et de l'anxiété. C'est tout à la fois sa gloire, sa liberté, sa fortune, qu'il lui faut défendre : il faut que partout il soit présent et s'évertue. Plus, dans les temps heureux, il s'est vu dans une situation florissante, plus, dans les revers, il est en proie à l'amertume et aux alarmes. Lors donc que le peuple obéit au sénat comme le corps à l'âme, lorsqu'il exécute ses

vanda, corrigendaque disserui, de senatu, quæ tibi agenda videntur, dicam.
X. Postquam mihi ætas ingeniumque adolevit, haud ferme armis, atque equis, corpus exercui, sed animum in litteris agitavi; quod natura firmius erat, id in laboribus habui. Atque ego in ea vita, multa legendo atque audiendo ita comperi, omnia regna, item civitates, nationes, usque eo prosperum imperium habuisse, dum apud eos vera consilia valuerunt: ubicumque gratia, timor, voluptas, ea corrupere, post paullo imminutæ opes, deinde ademtum imperium, postremo servitus imposita est.
Equidem ego sic apud animum meum statuo : cuicumque in sua civitate amplior illustriorque locus, quam aliis est, ei magnam curam esse reipublicæ. Nam ceteris, salva urbe, tantummodo libertas tuta est; qui per virtutem sibi divitias, decus, honorem pepererunt, ubi paullum inclinata respublica agitari cœpit, multipliciter animus curis, atque laboribus fatigatur; aut gloriam, aut libertatem, aut rem familiarem defensat : omnibus locis adest, festinat; quanto in secundis rebus florentior fuit, tanto in adversis asperius, magisque anxie agitat. Igitur ubi plebes senatui, sicuti corpus animo, obedit, ejusque consulta

décisions, c'est dans la sagesse que les sénateurs trouvent leur force ; le peuple n'a pas besoin de tant de sagacité. Aussi nos ancêtres, accablés sous le poids des guerres les plus rudes, après la perte de leurs soldats, de leurs chevaux, de leur argent, ne se lassèrent jamais de combattre armés pour l'empire : ni l'épuisement du trésor public, ni la force de l'ennemi, ni les revers, rien ne fit descendre leur cœur indomptable à penser que, tant qu'il leur resterait un souffle de vie, ils pussent céder ce qu'ils avaient acquis par leur courage. Et c'est la fermeté dans leurs conseils, bien plus que le bonheur des armes, qui leur a valu tant de gloire. Pour eux, en effet, la république était une; elle était le centre de tous les intérêts, et il n'y avait de ligues que contre l'ennemi ; et, si chacun déployait toutes les facultés de l'esprit et du corps, c'était pour la patrie, et non pour son ambition personnelle.

Aujourd'hui, au contraire, les nobles, vaincus par l'indolence et la lâcheté, ne connaissent ni les fatigues, ni l'ennemi, ni la guerre ; ils forment dans l'État une faction compacte, armée, qui gouverne avec insolence toutes les nations. Aussi le sénat, dont la sagesse faisait autrefois le soutien de la république en ses dangers, opprimé désormais, flotte çà et là, poussé par le caprice d'autrui, décrétant aujourd'hui une chose, demain tout le contraire : c'est au gré de la haine et de l'arrogance de ceux qui dominent qu'il prononce qu'une chose est utile ou nuisible à l'intérêt public.

XI. Si tous les sénateurs avaient une égale liberté, et leurs délibérations moins de publicité, le gouvernement de l'État au-

---

exsequitur, Patres consilio valere decet, populo supervacanea est calliditas. Itaque majores nostri, quum bellis asperrumis premerentur, equis, viris, pecunia amissa, numquam defessi sunt armati de imperio certare. Non inopia ærarii, non vis hostium, non adversa res, ingentem eorum animum subegit, quin, quæ virtute ceperant, simul cum anima retinerent. Atque ea magis fortibus consiliis, quam bonis prœliis, patrata sunt. Quippe apud illos una respublica erat, ei omnes consulebant ; factio contra hostes parabatur ; corpus atque ingenium, patriæ, non suæ quisque potentiæ, exercitabat.

At hoc tempore contra, homines nobiles, quorum animos socordia atque ignavia invasit, ignari laboris, hostium, militiæ, domi factione instructi, per superbiam cunctis gentibus moderantur. Itaque Patres, quorum consilio antea dubia respublica stabiliebatur, obpressi, ex aliena lubidine huc atque illuc fluctuantes agitantur; interdum alia, deinde alia decernunt : ut eorum, qui dominantur, simultas ac arrogantia fert, ita bonum, malumque publicum existumant.

XI. Quod si aut libertas, æqua omnium, aut sententia obscurior esset, majo-

rait plus de force, et la noblesse moins d'influence. Mais, puisqu'il est difficile de ramener au même niveau le crédit de tous (les uns ayant, grâce au mérite de leurs ancêtres, hérité de la gloire, de l'illustration, d'une nombreuse clientèle, et les autres n'étant pour la plupart qu'une multitude arrivée de la veille), faites que les votes de ces derniers ne soient plus dictés par la crainte : chacun, dès lors, protégé par le secret, fera prévaloir sur la puissance d'autrui son opinion individuelle. Bons et méchants, braves et lâches, tous désirent également la liberté ; mais, dans leur aveuglement, la plupart des hommes l'abandonnent par crainte, et, sans attendre l'issue d'un combat incertain, sont assez lâches pour se soumettre d'avance aux chances de la défaite.

Il est donc, selon moi, deux moyens de donner de la force au sénat : c'est d'augmenter le nombre de ses membres (23), et d'y établir le vote par scrutin secret (24). Le scrutin sera une sauvegarde à l'abri de laquelle les esprits oseront voter avec plus de liberté ; dans l'augmentation du nombre de ses membres, ce corps trouvera plus de force et d'action. En effet, depuis ces derniers temps, les sénateurs sont, les uns astreints à siéger dans les tribunaux, les autres distraits par leurs propres affaires ou par celles de leurs amis ; ils n'assistent presque plus aux délibérations publiques : il est vrai qu'ils en sont écartés moins par ces occupations que par l'insolence d'une faction tyrannique. Quelques nobles, avec un petit nombre d'auxiliaires de leur faction, pris dans les familles sénatoriales, sont maîtres d'approuver, de rejeter, de décréter, de tout faire enfin au gré de leur caprice. Mais, dès que le nombre des sénateurs

---

ribus opibus respublica, et minus potens nobilitas esset. Sed quoniam coæquari gratiam omnium difficile est (quippe quum illis majorum virtus partam reliquerit gloriam, dignitatem, clientelas; cetera multitudo, pleraque insititia sit) ; sententia eorum a metu libera. Ita occulte sibi quisque alterius potentia carior erit. Libertas juxta bonis et malis, strenuis et ignavis, optabilis est. Verum eam plerique metu deserunt, stultissumi mortales, quod in certamine dubium est, quorsum accidat, id per inertiam in se, quasi victi, recipiunt.

Igitur duabus rebus confirmari posse senatum puto : si numero auctus per tabellam sententiam ferat. Tabella obtentui erit, quo magis animo libero facere audeat : in multitudine, et præsidii plus, et usus amplior est. Nam fere, his tempestatibus, alii judiciis publicis, alii privatis suis atque amicorum negotiis implicati, haud sane reipublicæ consiliis adfuerunt : neque eos magis occupatio, quam superba imperia distinuere. Homines nobiles cum paucis senatoriis quos additamenta factionis habent, quæcumque libuit probare, reprehendere, decernere, ea, uti lubido tulit, facere. Verum ubi, numero senatorum aucto, per ta-

aura été augmenté, et que les votes seront émis au scrutin secret, il faudra bien qu'ils laissent là leur orgueil, quand ils se verront contraints de fléchir devant ceux que naguère ils dominaient avec tant d'arrogance.

XII. Peut-être, général, après avoir lu cette lettre, demanderez-vous à quel nombre je voudrais porter les membres du sénat; comment j'y répartirais les fonctions nombreuses et variées qui lui sont attribuées ; et, puisque je propose de confier l'administration de la justice à tous ceux de la première classe, quelle serait la limite des différentes juridictions, le nombre des magistrats pour chaque espèce.

Il ne m'eût pas été difficile d'entrer dans ces détails; mais j'ai cru devoir d'abord m'occuper du plan général, et vous en montrer la convenance : si vous le prenez pour point de départ, le reste marchera de soi-même. Je veux sans doute que mes vues soient sages, utiles surtout; car plus elles produiront d'heureux résultats, plus j'en recueillerai de gloire ; mais je désire bien plus fortement que, au plus tôt et par tous les moyens possibles, on vienne au secours de la chose publique. La liberté m'est plus chère que la gloire, et je vous prie, général, je vous conjure, par cette immortelle conquête des Gaules, de ne pas laisser le grand et invincible empire romain tomber de vétusté, s'anéantir par la fureur de nos discordes.

Ah! sans doute, si ce malheur arrive, votre esprit ne trouvera plus, ni le jour ni la nuit, un seul instant de repos : tourmenté d'insomnie, furieux, hors de vous, on vous verra frappé d'un funeste égarement. Car je tiens pour vrai que l'œil de la

---

bellam sententiæ dicentur; næ illi superbiam suam dimittent, ubi iis obediundum erit, quibus antea crudelissume imperitabant.

XII. Forsitan, imperator, perlectis litteris desideres, quem numerum senatorum fieri placeat; quoque modo in multa et varia officia distribuantur; et quoniam judicia primæ classis mittenda putem, quæ descriptio, qui numerus in quoque genere futurus sit.

Ea mihi omnia generatim describere, haud difficile factu fuit; sed prius laborandum visum est de summa consilii, idque tibi probandum verum esse : si hoc itinere uti decreveris, cetera in promtu erunt. Volo ego consilium meum prudens, maximeque usui esse; nam ubicumque tibi res prospere cedet, ibi mihi bona fama eveniet. Sed me illa magis cupido exercet, uti quocumque modo, et quam primum respublica adjuvetur. Libertatem gloria cariorem habeo, atque ego te oro, hortorque, ne clarissumus imperator, gallica gente subacta, populi romani summum atque invictum imperium tabescere vetustate, ac per summam discordiam dilabi, patiaris.

Profecto, si id accidat, neque tibi nox, neque dies, curam animi sedaverit, quin insomniis exercitus, furibundus, atque amens alienata mente feraris.

Divinitté est ouvert sur les actions de tous les mortels; qu'il n'en est aucune, bonne ou mauvaise, dont il ne soit tenu compte; et que, suivant la loi invariable de la nature, les bons et les méchants reçoivent un jour chacun leur récompense. Quelquefois ce prix peut être tardif; mais chacun peut déjà, dans sa conscience, lire ce qui lui est réservé.

XIII. Si la patrie, si les auteurs de vos jours, pouvaient prendre la parole, voici ce qu'ils vous diraient : « O César! nous les plus vaillants des hommes, nous t'avons fait naître dans la première des villes pour être notre gloire, notre appui, la terreur des ennemis. Ce que nous avons acquis au prix de mille travaux, de mille dangers, nous te l'avons confié dès ta naissance avec la vie : une patrie grande aux yeux de l'univers, et, dans cette patrie, une origine, une famille illustre; avec cela de grands talents, une fortune digne de ton rang; enfin tout ce qui honore dans la paix et récompense dans la guerre. Pour prix de si grands bienfaits, nous ne te demandons aucun crime, aucune bassesse, mais de relever la liberté détruite : accomplis cette tâche, et la gloire due à ton courage se propagera parmi les nations. Car, aujourd'hui, malgré tes belles actions dans la paix et dans la guerre, ta renommée cependant est encore égalée par celle de plusieurs vaillants capitaines; mais, si à ta patrie sur le penchant de sa ruine tu rends et tout l'éclat de son nom et toute l'étendue de sa puissance, qui, dans l'univers, sera plus illustre, plus grand que toi? Si, en effet, par son état de consomption ou par les coups du sort, cet empire venait à succomber, qui peut douter qu'aussitôt le

---

Namque mihi pro vero constat, omnium mortalium vitam divino numine invisi; neque bonum, neque malum facinus cujusquam pro nihilo haberi : sed ex natura, diversa præmia bonos, malosque sequi. Interea forte ea tardius procedunt : suus cuique animus ex conscientia spem præbet.

XIII. Quod si tecum patria, atque parentes possent loqui, scilicet hæc tibi dicerent : « O Cæsar, nos te genuimus fortissumi viri, in optuma urbe decus præsidiumque nobis, hostibus terrorem : quæ multis laboribus et periculis ceperamus, ea tibi nascenti cum anima simul tradidimus, patriam maxumam in terris; domum familiamque in patria clarissumam; præterea bonas artes, honestas divitias; postremo omnia honestamenta pacis et præmia belli. Pro his amplissumis beneficiis non flagitium a te, neque malum facinus, petimus; sed uti libertatem eversam restituas : qua re patrata, profecto per gentes omnes fama virtutis tuæ volitabit. Namque hac tempestate, tametsi domi militiæque præclara facinora egisti, tamen gloria tua cum multis viris fortibus æqualis est : si vero urbem amplissumo nomine, ex maxumo imperio, prope jam ab occasu restitueris, quis te clarior, quis major, in terris fuerit? Quippe si morbo

monde entier ne fût livré à la désolation, à la guerre, au carnage? Mais si, animé d'une généreuse inspiration, tu assures le repos de ta patrie, de ta famille, dès lors, restaurateur de la chose publique, tu effaceras, de l'aveu de tous, la gloire de tous les mortels, et ta mort seule pourra ajouter à l'éclat de ta vie. Ici-bas, en effet, exposés quelquefois aux coups du sort, nous le sommes souvent aux attaques de l'envie; mais, avons-nous payé le tribut à la nature, l'envie se tait, la vertu s'élève et brille de jour en jour d'un nouvel éclat. »

— Telles sont, général, les vues qui m'ont paru utiles et convenables à vos intérêts; je vous les ai indiquées le plus brièvement que j'ai pu. Au reste, quel que soit le plan que vous adoptiez, je prie les dieux immortels qu'il tourne à votre avantage et à celui de la république.

SECONDE LETTRE.

I. C'était autrefois une vérité reçue, que la fortune était la dispensatrice des royaumes, de la puissance et de tous les biens que convoitent si avidement les mortels; et, en effet, ces dons étaient souvent départis, comme par caprice, à des sujets indignes et entre les mains desquels ils ne tardaient pas à déchoir. Mais l'expérience a démontré combien Appius a eu raison de dire dans ses vers (25) : « Chacun est l'artisan de sa fortune. »

jam, aut fato huic imperio secus accidat; cui dubium est, quin per orbem terrarum vastitas, bella, cædes, oriantur? Quod si tibi bona lubido fuerit, patriæ, parentibus gratificandi; postero tempore, republica restituta, super omnis mortales gloria agnita, tuaque unius mors vita clarior erit. Nam vivos interdum fortuna, sæpe invidia fatigat : ubi anima naturæ cessit, demtis obtrectationibus, ipsa se virtus magis magisque extollit. »

Quæ mihi utilia factu visa sunt, quæque tibi usui fore credidi, quam paucissumis potui, perscripsi. Ceterum deos immortalis obtestor, uti, quocumque modo agas, ea res tibi reique publicæ prospere eveniat

EPISTOLA SECUNDA.

I. Pro vero antea obtinebat, regna, atque imperia, fortunam dono dare, item alia, quæ per mortalis avide cupiuntur : quia et apud indignos sæpe erant, quasi per lubidinem data; neque cuiquam incorrupta permanserant. Sed res docuit, id verum esse, quod in carminibus Appius ait, « Fabrum esse suæ quemque

Et cela est encore plus vrai de vous, César, qui avez tellement surpassé les autres hommes, qu'on se lasse plus tôt de louer vos actions que vous d'en faire qui soient dignes d'éloges. Mais, comme les ouvrages de l'art, les biens conquis par la vertu doivent être conservés avec le plus grand soin, de peur que la négligence n'en laisse ternir l'éclat, ou n'en précipite la ruine. En effet, qui volontairement cède à un autre l'autorité? et, quelle que soit la bonté, la clémence de celui qui a le pouvoir, on le redoute cependant, parce qu'il peut, s'il le veut, être méchant. Cela vient de ce que la plupart des hommes revêtus de la puissance en usent mal, et pensent qu'elle sera d'autant plus assurée, que ceux qui leur sont soumis seront plus corrompus (26).

Mais vous devez, au contraire, puisque chez vous la bonté s'allie à la fermeté, faire en sorte de n'avoir à commander qu'aux hommes les plus vertueux : car pire on est, et plus impatiemment souffre-t-on un chef.

Mais il vous est plus difficile qu'à aucun de ceux qui vous ont précédé de régler l'usage que vous avez à faire de votre victoire. La guerre avec vous a été plus douce que la paix avec eux : d'un autre côté, les vainqueurs veulent des dépouilles, et les vaincus sont des citoyens. C'est entre ces deux écueils qu'il vous faut naviguer, et assurer pour l'avenir le repos de la république, non-seulement par la force des armes, qui la protégera contre ses ennemis, mais, ce qui est bien plus important, bien plus difficile, par des institutions, heureux fruits de la paix.

Cet état de choses semble appeler tous les citoyens, quel que

---

fortunæ : » atque in te maxume, qui tantum alios prætergressus es, uti prius defessi sint homines laudando facta tua, quam tu laude digna faciundo. Ceterum uti fabricata, sic virtute parta, quam magna industria haberi decet, ne incuria deformentur, aut corruant infirmata. Nemo enim alteri imperium volens concedit : et, quamvis bonus atque clemens sit, qui plus potest, tamen, quia malo esse licet, formidatur. Id evenit, quia plerique rerum potentes perverse consulunt : et eo se munitiores putant, quo illi, quibus imperitant, nequiores fuere.

At contra id eniti decet; quum ipse bonus, atque strenuus sis, uti quam optumis imperites. Nam pessumus quisque asperrume rectorem patitur.

Sed tibi hoc gravius est, quam ante te omnibus, armis parta componere. Bellum aliorum pace mollius gessisti: ad hoc victores prædam petunt, victi cives sunt. Inter has difficultates evadendum est tibi : atque in posterum firmanda respublica non armis modo, neque advorsum hostes; sed, quod multo majus, multoque asperius est, bonis pacis artibus.

Ergo omnes magna mediocrique sapientia res huc vocat : quæ quisque optuma

soit le degré de leurs lumières, à énoncer les avis qui leur semblent les plus salutaires. Pour ma part, je pense que de la manière dont vous userez de la victoire dépend tout notre avenir.

II. Mais quels seront, pour l'accomplissement de cette tâche, les moyens les meilleurs, les plus faciles ? Je vais, à ce sujet, vous exposer en peu de mots ma pensée. Vous avez, général, eu la guerre contre un homme illustre, puissant, et qui devait plus à la fortune qu'à son habileté : parmi ceux qui l'ont suivi, un petit nombre sont devenus vos ennemis par suite des torts qu'ils s'étaient donnés envers vous (27); d'autres ont été entraînés par les liens du sang ou de l'amitié. Car il n'a fait part à personne de sa puissance; et, en effet, s'il eût pu en souffrir le partage (28), le monde ne serait pas ébranlé par la guerre. Le reste, tourbe vulgaire, par imitation plutôt que par choix (29), a suivi comme le plus sage l'exemple de ceux qui marchaient devant.

Dans le même temps, sur la foi de vos détracteurs, des hommes tout souillés d'opprobre et de débauche, espérant que l'État allait leur être livré, accoururent dans votre camp, et menacèrent ouvertement les citoyens paisibles de la mort, du pillage, enfin de toutes les violences qu'inspirait la corruption de leur âme. Une grande partie d'entre eux, voyant que vous ne réalisiez point de telles espérances, et que vous ne traitiez point les citoyens en ennemis, se séparèrent de vous : il n'en est resté qu'un petit nombre qui ont trouvé dans votre camp plus de tranquillité que dans Rome, tant la foule des créanciers les assiégeait. Mais c'est une chose qui fait frémir que de dire le nombre et l'importance des citoyens qui, par les mêmes motifs,

---

potest, ut dicat. Ac mihi sic videtur : qualicumque modo tu victoriam composueris, ita alia omnia futura.

II. Sed jam, quo melius faciliusque constituas, paucis, quæ me animus monet, accipe. Bellum tibi fuit, imperator, cum homine claro, magnis opibus, avido potentiæ, majore fortuna, quam sapientia : quem sequuti sunt pauci, per suam injuriam tibi inimici; item quos adfinitas, aut alia necessitudo, traxit. Nam particeps dominationis neque fuit quisquam; neque, si pati potuisset, orbis terrarum bello concussus foret. Cetera multitudo volgi, more magis quam judicio, post alius alium, quasi prudentiorem, sequuti.

Per idem tempus maledictis iniquorum occupandæ reipublicæ in spem adducti homines, quibus omnia probro ac luxuria polluta erant, concurrere in castra tua; et aperte quietis mortem, rapinas, postremo omnia, quæ corruptus animus lubebat, minitari. Ex quis magna pars, ubi neque creditum condonare, neque te civibus, sicuti hostibus, uti vident, defluxere : pauci restitere; quibus majus otium in castris, quam Romæ, futurum erat; tanta vis creditorum impendebat. Sed ob easdem caussas immane dictu est, quanti et quam multi mor-

ont ensuite passé du côté de Pompée; et ce fut là, pendant tout le temps de la guerre, l'asile sacré et inviolable où se réfugièrent tous les débiteurs.

III. Maintenant donc que la victoire vous rend l'arbitre de la guerre et de la paix, pour mettre fin à l'une en bon citoyen, et fonder l'autre sur une justice exacte et sur des bases durables, c'est en vous le premier, en vous qui devez concilier tant d'intérêts, que vous en trouverez les moyens les plus efficaces. Quant à moi, toute domination cruelle me semble plus terrible que durable : nul ne peut être à craindre pour beaucoup, que beaucoup ne soient à craindre pour lui. Sa vie me semble une guerre continuelle et incertaine, puisque, sans cesse attaqué de front, par derrière et sur les flancs, il n'est jamais exempt de danger ni d'inquiétude. A ceux, au contraire, dont la bonté et la clémence ont tempéré le pouvoir, tout est prospère et favorable, et dans leurs ennemis mêmes ils trouvent plus de bienveillance que d'autres chez des concitoyens.

Mais me reprocherait-on de vouloir, par de tels conseils, énerver votre victoire, et me montrer trop favorable aux vaincus, parce que je demande pour des concitoyens ce que, nos ancêtres et nous, nous avons souvent accordé à des peuples étrangers, nos ennemis naturels; parce que je ne veux pas que chez nous, comme chez les Barbares, le meurtre soit expié par le meurtre, et le sang par le sang?

IV. A-t-on oublié les reproches qu'on faisait, peu de temps avant cette guerre, à Cn. Pompée et à sa victoire pour la cause de Sylla? A-t-on oublié Domitius (30), Carbon, Brutus, et tant

---

tales, postea ad Pompeium discesserint : eoque, per omne tempus belli, quasi sacro atque inspoliato fano debitores usi.

III. Igitur, quoniam tibi victori de bello atque pace agitandum est, hoc ut civiliter deponas, illa ut quam justissuma et diuturna sit; de te ipso primum, quia compositurus es, quod optumum factu est, existuma. Equidem ego cuncta imperia crudelia, magis acerba, quam diuturna, arbitror; neque quemquam a multis metuendum esse, quin ad eum ex multis formido recidat : eam vitam bellum æternum atque anceps gerere : quoniam neque adversus, neque ab tergo, aut lateribus tutus sis; semper in periculo, aut metu agites. Contra qui benignitate et clementia imperium temperavere, his læta et candida omnia visa, etiam hostes æquiores quam aliis cives.

An qui me his dictis corruptorem victoriæ tuæ, nimisque in victos bona voluntate prædicent? Scilicet quod ea, quæ externis nationibus, natura hostibus nosque majoresque nostri sæpe tribuere, ea civibus danda arbitror; neque barbaro ritu cæde cædem, et sanguine sanguinem expiandum.

IV. An illa, quæ paullo ante hoc bellum in Cn. Pompeium victoriamque Sullanam increpabantur, oblivio intercepit? Domitium, Carbonem, Brutum, alios

d'autres Romains comme eux désarmés, suppliants, indignement égorgés hors du champ de bataille et contre les lois de la guerre? Peut-on oublier enfin tant de citoyens renfermés dans un édifice public (31), et, là, immolés comme un vil bétail? Hélas! ces massacres clandestins de citoyens, ces meurtres inopinés des pères et des fils dans les bras les uns des autres, cette dispersion des femmes et des enfants, cette destruction de familles entières, que tout cela, avant votre victoire, nous paraissait affreux et cruel! Et voilà les excès auxquels ces hommes vous engagent! A leur sens, la guerre a eu sans doute pour objet de décider si l'injustice se commettrait au nom de Pompée ou de César : l'État doit être envahi, et non reconstitué par vous; et des soldats émérites, après les plus longs, les plus glorieux services, n'auront porté les armes contre leurs pères, leurs frères et leurs enfants (32), qu'afin que les hommes les plus dépravés trouvent dans les malheurs publics de quoi fournir à leur gloutonnerie et à leur insatiable lubricité, flétrissent votre victoire d'un tel opprobre, et souillent de leurs vices la gloire des braves.

Vous n'ignorez pas, je pense, quelle a été la conduite et la retenue de chacun d'eux, lors même que la victoire était incertaine; comment, au milieu des travaux de la guerre, plusieurs se livraient à des orgies ou à des prostituées : chose impardonnable à leur âge, même pendant le loisir de la paix. Mais en voilà assez sur la guerre.

V. Quant à l'affermissement de la paix, qui est votre but et celui de tous les vôtres, commencez, je vous prie, par exa-

---

item non armatos, neque in prælio belli jure, sed post ea supplices per summum scelus interfectos : plebem romanam in villa publica, pecoris modo, conscissam? Heu! quam illa occulta civium funera, et repentinæ cædes in parentum, aut liberorum sinum, fuga mulierum et puerorum, vastatio domorum, ante partam a te victoriam omnia sæva atque credulia erant! Ad quæ te illi iidem hortantur : et scilicet id certatum esse, utrius vestrum arbitrio injuriæ fierent; neque receptam, sed captam a te rempublicam; et ea caussa exercitus, stipendiis confectis, optumos et veterrumos omnium, advorsum fratres parentesque ac liberos armis contendere; ut ex alienis malis deterrumi mortales ventri, atque profundæ lubidini sumtus quærerent; atque essent obprobria victoriæ, quorum flagitiis commacularetur bonorum laus.

Neque enim te præterire puto, quali quisque eorum more aut modestia, etiam tum dubia victoria, sese gesserit; quoque modo in belli administratione scorta aut convivia exercuerint nonnulli; quorum ætas ne per otium quidem tales voluptates sine dedecore attigerit. De bello satis dictum.

V. De pace firmanda quoniam tuque et omnes tui agitatis; primum id, quæso,

miner à fond combien cet objet est important, afin que, distinguant les inconvénients d'avec les avantages, vous arriviez, par un large chemin, au véritable but. Je pense, puisque tout ce qui a commencé doit finir, qu'au temps marqué pour la ruine de Rome les citoyens en viendront aux mains avec les citoyens; qu'ainsi fatigués, épuisés, ils seront la proie de quelque roi, de quelque nation (33) : autrement, le monde entier ni tous les peuples conjurés ne pourraient ébranler, encore moins renverser cet empire. Il faut donc consolider tous les éléments d'union et bannir les maux de la discorde.

Vous aurez atteint ce double but, si vous arrêtez la licence des profusions et des rapines (34), non point en rappelant d'antiques institutions (35) que nos mœurs corrompues rendent pour nous depuis longtemps ridicules, mais en faisant du patrimoine de chacun la limite invariable de sa dépense : car il est passé en usage chez nos jeunes gens de commencer par dissiper leur bien et celui des autres; pour vertu suprême, ils excellent à ne rien refuser à leurs passions et à quiconque les sollicite, traitant de bassesse la pudeur et l'économie. Aussi à peine ces esprits ardents, engagés dans une mauvaise route, voient-ils manquer leurs ressources ordinaires, qu'ils se portent avec violence, tantôt contre nos alliés, tantôt contre les citoyens, renversent l'ordre établi, et font leur fortune aux dépens de celle de l'État.

Il est donc urgent d'abolir l'usure pour l'avenir (36), afin que chacun remette de l'ordre dans ses affaires. Voilà le vrai remède

---

considera, quale id sit, de quo consultas : ita, bonis malisque dimotis, patenti via ad verum perges. Ego sic existumo : quoniam orta omnia intereunt, qua tempestate urbi romanæ fatum excidii adventarit, cives cum civibus manus conserturos : ita defessos et exsangues regi, aut nationi prædæ futuros : aliter non orbis terrarum, neque cunctæ gentes conglobatæ, movere aut contundere queunt hoc imperium. Firmanda igitur sunt concordiæ bona, et discordiæ mala expellenda.

Id ita eveniet, si sumtuum et rapinarum licentiam demseris; non ad vetera instituta revocans, quæ, jam pridem corruptis moribus, ludibrio sunt; sed si suam cuique rem familiarem finem sumtuum statueris : quoniam is incessit mos, ut homines adolescentuli, sua atque aliena consumere, nihil lubidini, atque aliis rogantibus denegare, pulcherrumum putent; eam virtutem, et magnitudinem animi, pudorem, atque modestiam pro socordia æstument. Ergo animus ferox, prava via ingressus, ubi consueta non subpetunt, fertur accensus in socios modo, modo in cives; movet composita, et res novas veteribus adquirit.

Quare tollendus fœnerator in posterum, uti suas quisque res curemus. Ea

et le plus simple : par là les magistrats n'exerceront plus pour leurs créanciers, mais pour le peuple, et ils mettront leur grandeur d'âme à enrichir, et non à dépouiller la république.

VI. Je sais combien cette obligation sera d'abord pénible, surtout à ceux qui s'attendaient à trouver dans la victoire toute liberté, toute licence, et non de nouvelles entraves; mais, si vous consultez leur intérêt plutôt que leur passion, vous leur assurerez, ainsi qu'à nous et à nos alliés, une paix solide. Si la jeunesse conserve les mêmes goûts, les mêmes mœurs, certes votre gloire si pure s'anéantira bientôt avec la république. En un mot, c'est pour la paix que l'homme prévoyant fait la guerre (37); c'est dans l'espoir du repos qu'il affronte tant de travaux, et cette paix, si vous ne la rendez inébranlable, qu'importe que vous soyez vainqueur ou vaincu ?

Ainsi donc, César, au nom des dieux, prenez en main le timon de l'État; surmontez, avec votre courage ordinaire, tous les obstacles : car, si vous ne portez remède à nos maux, il n'en faut attendre de personne. Et ce ne sont point des châtiments rigoureux, des sentences cruelles, que l'on vous demande : choses qui déciment les populations sans les réformer; mais on veut que vous préserviez la jeunesse du déréglement des mœurs et des passions dangereuses.

La véritable clémence consiste à faire en sorte que les citoyens ne s'exposent point à un juste exil, à les préserver des folies et des trompeuses voluptés, à asseoir la paix et la concorde sur des bases solides, et non point à condescendre à des

---

vera, atque simplex via est, magistratum populo, non creditori, gerere; et magnitudinem animi in addendo, non demendo reipublicæ, ostendere.

VI. Atque ego scio, quam aspera hæc res in principio futura sit, præsertim iis qui se in victoria licentius liberiusque, quam arctius, futuros credebant : quorum si saluti potius, quam lubidini consules, illosque nosque et socios in pace firma constitues. Sin eadem studia artesque juventuti erunt, næ ista egregia tua fama simul cum urbe Roma brevi concidet. Postremo sapientes pacis caussa bellum gerunt, laborem spe otii sustentant : nisi illam firmam efficis, vinci, an vicisse, quid retulit?

Quare capesse, per deos, rempublicam, et omnia aspera, uti soles, pervade. Namque aut tu mederi potes, aut obmittenda est cura omnibus. Neque quisquam te ad crudeles pœnas, aut acerba judicia invocat, quibus civitas vastatur magis quam corrigitur; sed uti pravas artes, malasque lubidines, ab juventute prohibeas.

Ea vera clementia erit, consuluisse, ne immerito cives patria expellerentur; retinuisse ab stultitia et falsis voluptatibus; pacem, concordiamque stabili-

actions honteuses, à tolérer les délits, pour acheter la satisfaction du moment au prix d'un malheur prochain.

VII. Mon esprit se rassure, je l'avoue, par le motif même qui effraye les autres : je veux dire par la grandeur de la tâche qui vous est confiée, le soin de pacifier à la fois et les terres et les mers. Un génie tel que le vôtre est peu fait pour descendre à de minces détails : les grands succès sont pour les grands travaux.

Il vous faut donc pourvoir à ce que le peuple, que corrompent les largesses (38) et les distributions de blé, ait des travaux qui l'occupent et qui le détournent de faire le malheur public; il faut que la jeunesse prenne le goût du devoir et de l'activité, et non des folles dépenses et des richesses. Ce but sera atteint si vous faites perdre à l'argent, le plus dangereux des fléaux, ses applications et son influence.

Souvent, en effet, en réfléchissant sur les moyens par lesquels les hommes les plus illustres avaient fondé leur élévation, en recherchant comment les peuples et les nations s'étaient agrandis par la capacité des chefs, quelle cause enfin avait amené la chute des royaumes et des empires les plus puissants, j'ai constamment reconnu les mêmes vices et les mêmes vertus : chez les vainqueurs, le mépris des richesses; chez les vaincus, la cupidité. Il est impossible, en effet, de s'élever à rien de grand, et un mortel ne peut approcher des dieux, s'il ne fait taire la cupidité et les appétits des sens, et ne condescend aux affections de l'âme, non pour la flatter, pour lui céder en tous ses désirs et pour l'amollir par une fatale indulgence; mais

---

visse : non, si flagitiis obsecutus, delicta perpessus, præsens gaudium cum mox futuro malo concesseris.

VII. Ac mihi animus, quibus rebus alii timent, maxume fretus est, negotii magnitudine : et quia tibi terræ et maria simul omnia componenda sunt; quippe res parvas tantum ingenium adtingere nequit : magnæ curæ magna merces est.

Igitur provideas oportet uti plebes, largitionibus et publico frumento corrupta, habeat negotia sua, quibus ab malo publico detineatur : juventus probitati et industriæ, non sumptibus, neque divitiis studeat. Id ita eveniet, si pecuniæ, quæ maxuma omnium pernicies est, usum atque decus demseris.

Nam sæpe ego cum animo meo reputans, quibus quisque rebus clarissumi viri magnitudinem invenissent; quæ res populos, nationesve, magnis auctoribus auxissent; ac deinde quibus caussis amplissuma regna et imperia corruissent : eadem semper bona, atque mala reperiebam omnesque victores divitias contemsisse, et victos cupivisse. Neque aliter quisquam extollere sese, et divina mortalis adtingere potest, nisi, obmissis pecuniæ et corporis gaudiis, animo indulgens, non adsentando, neque concupita præbendo, perversam gratiam gra-

17.

pour la tenir continuellement exercée au travail, à la patience, aux saines maximes et aux actions courageuses.

VIII. En effet, élever un palais ou une maison de plaisance, l'embellir de statues, de tapis et de mille autres chefs-d'œuvre; faire que tout y soit plus digne des regards que soi-même, ce n'est pas s'honorer par ses richesses, c'est les déshonorer par soi. Quant à ceux qui, deux fois le jour (39), se gorgent de nourriture, qui ne savent reposer la nuit qu'entre les bras d'une concubine, dès qu'ils ont avili dans l'esclavage cette âme faite pour commander, vainement ensuite ils veulent, dans cet état d'incapacité et d'épuisement, trouver en elle les puissances d'une faculté exercée : leur nullité ruine presque tous leurs desseins, et les perd eux-mêmes. Mais ces maux et tous les autres disparaîtront dès que l'argent ne sera plus en honneur, dès que les magistratures et les autres objets de l'ambition des hommes cesseront de se vendre.

Il faut aussi pourvoir à la sûreté de l'Italie et à celle des provinces; le moyen n'est pas difficile à trouver : car ce sont encore ces mêmes hommes qui portent partout la dévastation, abandonnant leurs demeures et s'emparant par violence de celles des autres. Empêchez aussi, ce qui a lieu encore, que le service militaire ne soit injustement ou inégalement réparti; car les uns servent pendant trente ans, et les autres point du tout. Et que le blé, qui jusqu'à présent a été la récompense de la fainéantise, soit distribué dans nos colonies et dans nos villes municipales aux vétérans rentrés dans leurs foyers après avoir accompli leur temps de service.

---

tificans; sed in labore, patientia, bonisque præceptis, et factis fortibus exercitando.

VIII. Nam domum aut villam exstruere, eamque signis, aulæis, aliisque operibus exornare, et omnia potius, quam semet, visenduin efficere; id est, non divitias decori habere, sed ipsum illis flagitio esse. Porro ii, quibus bis die ventrem onerare, nullam noctem sine scorto quiescere, mos est; ubi animum, quem dominari decebat, servitio obpressere, nequicquam eo postea hebeti atque claudo, pro exercito uti volunt : nam imprudentia pleraque et se præcipitant. Verum hæc et omnia mala pariter cum honore pecuniæ desinent, si neque magistratibus, neque alia vulgo cupiunda venalia erunt.

Ad hoc providendum est, quonam modo Italia atque provinciæ tutiores sint : id quod factu haud obscurum est. Nam iidem omnia vastant, suas deserendo domos, et per injuriam alienas obcupando. Item ne, ut adhuc, militia injusta, aut inæqualis sit : quum alii triginta, pars nullum stipendium faciet. Et frumentum id, quod antea præmium ignaviæ fuit, per municipia et colonias, illis dare conveniet, quum stipendiis emeritis domos reverterint.

Je vous ai exposé aussi brièvement que possible ce que j'ai cru nécessaire à la république et glorieux pour vous. Il me semble à propos aussi de dire un mot de mes motifs. La plupart des hommes jugent ou se piquent de juger avec assez de sagacité; et, en effet, pour reprendre les actions ou les paroles d'autrui, tous ont l'esprit merveilleusement éveillé; ils croient ne jamais parler assez haut ni assez vivement pour manifester leur pensée. J'ai cédé à ce penchant, et je ne m'en repens point : je regretterais davantage d'avoir gardé le silence. En effet, que vous tendiez au but par cette voie ou par une meilleure, j'aurai toujours parlé, j'aurai tenté de vous servir selon mes faibles lumières. Il ne me reste plus qu'à prier les dieux immortels d'approuver vos plans et de les faire réussir.

Quæ reipublicæ necessaria, tibique gloriosa ratus sum, quam paucissumis absolvi. Non pejus videtur pauca nunc de facto meo disserere. Plerique mortales ad judicandum satis ingenii habent, aut simulant : verum enim ad reprehendenda aliena facta, aut dicta, ardet omnibus animus; vix satis apertum os, aut lingua promta videtur, quæ meditata pectore evolvat. Quibus me subjectum haud pœnitet, magis reticuisse pigeret. Nam sive hac, seu meliore alia via perges, a me quidem pro virili parte dictum et adjutum fuerit. Reliquum est optare, uti, quæ tibi placuerint, ea dii immortales adprobent, beneque evenire sinant.

FIN DES LETTRES A C. CÉSAR.

NOTES
DES LETTRES A C. CÉSAR.

(1) ..... Je sais combien il est difficile.

Tacite a dit (*Hist.*, liv. I, ch. xv) : *Suadere principi quod oportet, multi laboris.*

(2) ..... Tournent à bien.

Cicéron dans une de ses lettres à Atticus : *Eventum non virtus, sed fortuna moderatur : omnium rerum incerti sunt exitus : multa male consulta, quum adversarios inconsultiores nacta sunt, felicem eventum habuerunt.*

(3) ..... Presque toutes les choses humaines.

Déjà Salluste a dit, dans la *Guerre de Jugurtha* (ch. III) : *Fortuna pleraque rerum humanarum regit*; et dans sa *Catilinaire* (ch. VIII): *Fortuna in omni re dominatur; ea res cunctas ex lubidine magis, quam ex vero celebrat obscuratque.*

(4) ..... Qu'au sein de la prospérité.

Claudien a dit de Stilicon (liv. I, v. 283) :

> .... Nil fessa remisit
> Officii virtus, contraque minantia fata
> Pervigil, eventusque sibi latura secundos,
> Major in adversis micuit...............

(5) ..... Contre un consul malveillant.

C. Claudius Marcellus et L. Cornelius Lentulus Crus étaient consuls l'an de Rome 705 (avant J.-C. 50-49), année à laquelle se rapporte la date de cette lettre, et tous deux ennemis de César : mais, selon de Brosses, il s'agit plus particulièrement de C. Marcellus ; M. Burnouf, au contraire, veut qu'il s'agisse de Lentulus, et il renvoie le lecteur aux *Commentaires de César sur la guerre civile.* Au surplus, ces deux consuls ne contribuèrent pas peu, par leur violence, à précipiter la guerre civile, et à donner une apparence de justice aux plaintes de l'agresseur.

(6) ..... Durant votre préture.

« La manière dont Salluste s'exprime ici semble en dire là-dessus plus que nous n'en savons. » (DE BROSSES.) En effet, Plutarque, dans la *Vie de César*, se borne à rappeler que la préture de César n'apporta aucun trouble dans l'état ; mais, dans la *Vie de Caton*, il se contredit lui-même, en nous apprenant que César s'était ligué avec un tribun factieux, Metellus Nepos, qui voulut emporter par la violence une loi subversive de la liberté publique ; elle avait pour objet de rappeler à Rome Pompée avec son armée, pour opérer la réforme de l'État. Caton s'opposa, avec constance et au péril de sa vie, aux efforts de Metellus et de César, qui avaient aposté dans l'assemblée une troupe de gladiateurs et d'esclaves armés. Cette noble résistance rendit le courage au sénat, qui arma les consuls du pouvoir dictatorial. Suétone nous apprend que Metellus et César furent interdits tous deux des fonctions de leur charge. Metellus prit la fuite, et sortit de Rome. César y resta, se soumit au décret du sénat, renvoya ses licteurs, quitta la robe prétexte, et rentra dans la vie privée ; il se refusa même aux offres de la multitude, qui voulait employer la force pour le réintégrer dans ses fonctions. Cette modération désarma le sénat, et, à la sollicitation de Caton lui-même, on rendit à César et à Metellus l'exercice de leur magistrature.

(7) ..... Son premier tort.

Salluste parle bien sévèrement du troisième consulat de Pompée, lequel mérite des éloges sous plusieurs rapports : il porta une loi très-sévère sur la brigue, rétablit l'ordre dans Rome, et fit respecter les lois. Cicéron, dans une lettre à Atticus, traite de divin ce consulat ; mais on sait qu'il manque presque toujours de mesure, soit dans le blâme, soit dans l'éloge.

(8) ..... Dans la servitude.

« Ce prétendu asservissement du peuple, dit Dureau de Lamalle, n'était autre chose que le silence imposé à des cris factieux et le retranchement du salaire infâme par lequel des candidats cupides et ambitieux soudoyaient une vile plèbe, vendue à tout ce qui l'achetait. »

(9) ..... L. Sylla.

« La manière dont Salluste s'exprime au sujet de Sylla, semble d'autant plus extraordinaire, dit un traducteur, que César, parent de Marius et presque proscrit lui-même par le dictateur, ne devait pas être flatté d'entendre diminuer l'horreur due à ses crimes. Mais il importait davantage de flétrir toute la faction patricienne ; et, d'ailleurs, c'était servir l'homme qui voulait arriver au pouvoir de Sylla que de faire envisager une telle domination, non moins funeste et non moins sanguinaire que celle des sénateurs. Salluste s'exprime bien autrement dans la seconde épître, où, comparant à Sylla Pompée qui le servit, il inspire l'indignation la plus vive pour les forfaits de tous deux : c'est qu'à cette époque on avait combattu non pour la patrie, mais pour l'élévation de Pompée ou de César. César était vainqueur : il fallait rendre odieux Sylla, et surtout Pompée. En rappelant aux Romains ce qu'ils avaient souffert de l'un, ce qu'ils eussent eu à souffrir de l'autre, on les excitait à bénir, à adorer la clémence de César victorieux. »

(10) ..... Pour dépouiller les uns de leur dignité.

Salluste parle ici de la censure d'Appius Claudius, qui flétrit un certain nombre de sénateurs et de chevaliers romains. La plupart de ces flétrissures étaient méritées : malheureusement elles étaient infligées par un homme décrié, et qui, peu de temps avant sa censure, impliqué dans deux accusations, n'avait dû son salut qu'au crédit de Pompée, et non point à son innocence. Salluste fut une des victimes de la sévérité d'Appius. *Inde iræ*, s'écrie M. Burnouf. Dureau de Lamalle n'hésite point à blâmer ce censeur : « Quelques galanteries avec des dames romaines, dit-il, vice malheureusement trop commun dans ces temps de dépravation, n'étaient point alors un tort assez grave pour attirer à un homme tel que Salluste une flétrissure aussi humiliante. »

(11) ..... Les autres du droit de citoyen.

Dans le troisième consulat de Pompée, Hypséus et Scaurus, convaincus de brigue; Q. Pompeius et Plancus Bursa, tribuns séditieux, coupables de violences pendant les troubles qui précédèrent et suivirent le meurtre de Clodius; Sextus Clodius, qui avait mis le feu à la curie Hostilia, et quelques autres citoyens, avaient été condamnés à l'exil, qui emportait la dégradation civique. La plupart embrassèrent plus tard le parti de César, et rentrèrent à sa suite dans Rome.

(12) ..... Chassés peu à peu de leur patrimoine.

La même idée se trouve reproduite dans la *Guerre de Jugurtha* (ch. XLI) : *Interea parentes... sedibus pellebantur*.

(13) ..... A se désorganiser.

Dans la *Guerre de Jugurtha*, même chapitre : *Plebis vis, soluta atque dispersa in multitudine, minus poterat*.

(14) ..... Dans les colonies.

La plupart des conseils que Salluste donne ici sur la formation des colonies, sur l'augmentation du sénat, furent suivis par César, à son retour à Rome. Suétone (ch. XLII) nous apprend que César distribua quatre-vingt mille citoyens dans les colonies d'outre-mer.

(15) ..... M. Livius Drusus.

Tribun du peuple l'an de Rome 663 (92-91 av. J.-C.), se ligua avec le sénat pour détruire la loi des Gracques, qui avait ôté l'autorité judiciaire au sénat pour la donner aux chevaliers romains. Afin de faire passer sa loi, qui éprouvait une grande opposition, il essaya de gagner, d'un côté, le peuple par des distributions de terres et de blé, et par l'établissement de colonies; de l'autre, les peuples de l'Italie, en leur conférant à tous le droit de cité; enfin, pour indemniser les chevaliers, il proposait de porter à six cents le nombre des sénateurs, dont la moitié serait choisie dans l'ordre équestre. Drusus trouva ainsi moyen de mécontenter à la fois les chevaliers, en leur ôtant le pouvoir judiciaire; le sénat, en avilissant sa dignité par l'introduction simultanée de trois cents membres; enfin le peuple romain, en lui assimilant les alliés. Aussi Livius ne fit-il que ranimer le feu des séditions, dont les Gracques avaient été victimes; il fut assassiné par les patriciens, et sa mort fut suivie de la guerre Sociale. LVIII *Epitome*, lib. LXXI; FLORUS, lib. III, c. XVII; VAL. MAX., lib. IX, c. V, n° 2; AUREL. VICTOR, *de Vir. illustr.*; CICERO, *pro Cluentio*, LVI; enfin une notice très-détaillée du président DE BROSSES, t. III, p. 265 et suiv. de son *Salluste*.)

(16) ..... Et, si vous la retranchez.

.... Tanto major famæ sitis est, quam
Virtutis! quis enim virtutem amplectitur ipsam,
Præmia si tollas?...............................
JUVEN., sat. X, v. 140.

(17) ..... Devenus ainsi égaux en honneur.

César ne suivit pas entièrement, à cet égard, les conseils de Salluste : Suétone nous apprend qu'il n'attribua la judicature qu'aux sénateurs et aux chevaliers, à l'exclusion des tribuns du trésor, qui tenaient à la classe plébéienne. Dion Cassius atteste le même fait.

(18) ..... M. Bibulus.

Ici Salluste traite avec tout le dénigrement de l'esprit de parti ce consul, qui peut avoir été un homme médiocre, mais qui fut un bon citoyen. Toujours sacrifié à César, il fut avec lui édile curule, et César retira seul de la popularité des jeux qu'ils donnèrent à frais communs. Ils furent ensuite préteurs ensemble; puis enfin consuls. Sous leur consulat César proposa une loi agraire. Bibulus, avec Caton, s'y opposa au péril de sa vie; il ne put empêcher que la loi ne passât. Bibulus se renferma dès-lors dans sa maison, déclarant jours fériés tous ceux de son consulat : mais lui seul les observa, et César ne tint aucun compte de son absence. (*Voyez*, sur ce personnage, PLUTARQUE, *Vie de César*; APPIEN, *de la Guerre civile*; DION CASSIUS, liv. XXXVIII; VELLEIUS PATERCULUS, liv. II, etc.)

(19) ..... L. Domitius.

L. Domitius, surnommé *Ahenobarbus,* trisaïeul de l'empereur Néron, fut consul avec Appius Claudius Pulcher l'an de Rome 700. Ennemi acharné de César, il fut tué dans la déroute de Pharsale. M. Burnouf fait observer avec beaucoup de justesse que la mention qui est faite ici de L. Domitius est encore une preuve que cette lettre fut écrite avant la bataille de Pharsale.

(20) ..... M. Caton.

« Dans ce portrait de Caton, dit M. Salverte, l'odieuse partialité ne peut flétrir absolument le plus vertueux des hommes; Salluste est forcé de reconnaître sa prudence et son éloquence. Les qualités qu'il lui refuse, la vertu, la vigilance, l'habitude du travail, appartenaient si éminemment à Caton, qu'une telle imputation ne déshonore que son auteur. A cette image mensongère opposez le parallèle de César et de Caton tracé par la même main (*Catil.*, ch. LIV), et que termine ce trait profond plus honorable qu'un long panégyrique : Il aimait mieux être vertueux que de le paraître. »

(21) ..... L. Postumius.

Personnage inconnu. — *M. Favonius :* c'était un homme de bien, plein d'énergie, grand admirateur de Caton, dont il copiait jusqu'aux ridicules. Il fut fidèle à la cause de la république; mais il ne trempa point dans la mort de César. Fait prisonnier à la seconde bataille de Philippes, il fut tué par ordre d'Octave. (*Voyez* PLUTARQUE, *Vie de Caton d'Utique, Vie de Brutus, Vie de Pompée;* DION CASSIUS, liv. XLVII; VALÈRE-MAX., liv. VI, c. II, n° 7.)

(22) ..... D'une plus grande vigueur.

Ce passage rappelle ce que Salluste a dit de lui-même au quatrième chapitre de la *Catilinaire.*

(23) ..... C'est d'augmenter le nombre de ses membres.

C'est ce que fit César; il porta jusqu'à neuf cents le nombre des sénateurs, et y introduisit même des étrangers, ce qui donna lieu à cette affiche assez plaisante: « Avis important : on est prié de ne pas indiquer aux nouveaux sénateurs le chemin du sénat. »

(24) ..... Le vote par scrutin secret.

Dion Cassius nous apprend que Mécène donna le même conseil à Auguste.

(25) ..... Combien Appius a eu raison de dire dans ses vers.

On voit, dans les *Tusculanes* de Cicéron (liv. IV), qu'Appius Claudius l'aveugle avait écrit des maximes dans le goût des vers dorés de Pythagore. Les grammairiens Festus et Priscien en citent quelques fragments.

(26) ..... Seront plus corrompus.

Salluste exprime la même pensée dans la *Guerre de Catilina* (ch. VII) : *Regibus boni quam mali suspectiores sunt, semperque his aliena virtus formidolosa est.*

Intimide et corromps : c'est ainsi que l'on règne,

dit Tibère dans la tragédie de ce nom, par Chénier (acte I, sc. IV).

(27) ..... Des torts qu'ils s'étaient donnés envers vous.

Les personnes dont il est ici question sont, suivant le président de Brosses, les principaux de la noblesse et des consulaires, tels que Marcellus, Domitius, Lentulus, Metellus Scipion, Caton et Cicéron.

(28) ..... S'il eût pu en souffrir le partage.

Lucain a dit :

> Nec quemquam jam ferre potest, Cæsarve priorem,
> Pompeiusve parem.......................
> *Pharsaliæ*, lib. 1, v. 125.

et Florus (liv. IV, ch. II) : *Nec hic ferebat parem, nec ille superiorem.*

(29) ..... Par imitation plutôt que par choix.

Plutarque rapporte que Caton l'Ancien comparait le peuple romain à un troupeau de bétail, qui suit machinalement celui qui marche le premier. Ce qu'il y a de singulier, c'est que Cicéron lui-même ne parle pas autrement de sa propre conduite dans la circonstance dont Salluste fait mention ici. Il écrit à Atticus : « Qu'allons-nous faire ? Ma foi, tout bonnement ce que fait le bétail : quand on le pousse, chaque bête s'en va comme elle voit aller les autres de son espèce; le bœuf s'en va avec le gros bétail. De même je m'en irai avec les bons citoyens, avec les honnêtes gens, ou du moins avec ceux à qui l'on veut bien donner ce nom. » (*Lett. à Attic.*, liv. VII, lettre VII.)

(30) ..... A-t-on oublié Domitius, Carbon, Brutus ?

« C'est avec beaucoup de malice et de partialité, observe de Brosses, que Salluste, retraçant les horreurs des précédentes guerres civiles, affecte de ne nommer que les trois personnes tuées par ordre de Pompée. »

(31) ..... Dans un édifice public.

C'était un grand bâtiment, dans le champ de Mars, destiné au logement des ambassadeurs étrangers. L'affreux massacre de six mille Romains, que Salluste rappelle ici, eut lieu par ordre de Sylla.

(32) ..... Et leurs enfants.

On trouve dans presque toutes les éditions : *Optumos et veterrumos omnium, adversum fratres parentesque, alii liberos armis contendere*. Beauzée, regardant *alii* comme une faute de copiste, y a substitué *ac*, qui présente un sens complet et une construction lucide. M. Burnouf a admis cette correction, et je n'ai pas hésité à l'adopter, car on s'égare peu sur les pas d'un si bon guide.

(33) ..... Ils seront la proie de quelque roi, de quelque nation.

Cette pensée se trouve heureusement exprimée dans une épître du chancelier de l'Hôpital au cardinal de Lorraine :

O cæcas hominum mentes! dum mutua stulti
Pastores jurgia exercent, lupus intrat ovile

(54) ..... La licence des profusions et des rapines.

« C'est, dit Ruperti, prendre de haut et de loin les causes de discorde; car, des profusions naît l'indigence, de l'indigence les rapines, des rapines les dissensions civiles. »

(55) ..... D'antiques institutions.

Il s'agit ici des lois somptuaires Licinia, Didia, Fannia, Orchia, etc., qu'au rapport de Suétone (*Vie de J. César*, ch. XLIII) Jules César remit en vigueur.

(56) ..... D'abolir l'usure pour l'avenir.

On pressait beaucoup César d'éteindre entièrement, par un édit, les dettes des particuliers, comme cela s'était fait déjà plus d'une fois, et comme on s'y attendait encore : « car, dit le président de Brosses, c'était toujours une des grandes espérances des gens dérangés, quand ils se jetaient dans la guerre civile. Il ne le voulut pas, mais il ordonna que les débiteurs seraient reçus à céder des fonds à leurs créanciers au prix de leur acquisition, ou par estimation faite de leur valeur avant la guerre civile, c'est-à-dire au temps de la paix, en déduisant sur le capital de la créance les intérêts usuraires qui auraient été joints ou qu'ils auraient payés, ce qui fit à peu près une diminution d'un quart sur les capitaux. »

(57) ..... Que l'homme prévoyant fait la guerre.

Cicéron a dit quelque part : *Ita bellum suscipiatur, ut nihil aliud quam pax quæsita videatur.*
Sénèque, dans *Hercule furieux :*

> Pacem reduci velle victori expedit,
> Victo necesse est..............

(58) ..... Le peuple que corrompent les largesses.

Cicéron a dit du peuple romain : *Illa concionalis hirudo ærarii, misera ac jejuna plebecula* (ad Att., lib. I, ep. XVI). Suétone nous apprend que César réduisit à cent cinquante mille individus le nombre de ceux qui avaient part aux largesses publiques, et qui, auparavant, s'élevait à trois cent vingt mille.

(39) ..... Ceux qui deux fois le jour.....

Cicéron (*Tuscul.*, liv. V, ch. xxxv) : *Bis in die saturum fieri, nec unquam pernoctare solum*, etc. Les Romains ne faisaient que deux repas : l'un très-léger dans le milieu de la journée, *prandium;* l'autre plus copieux, le soir, *cœna*.

FIN DES NOTES DES LETTRES A C. CÉSAR.

FRAGMENTS

DE LA GRANDE HISTOIRE DE SALLUSTE

AVERTISSEMENT

On sait que Salluste, outre l'*Histoire de la Conquête de la Numidie*, celle de la *Conjuration de Catilina*, et ses deux *Discours adressés à César sur le gouvernement de la république*, avait, dans ses derniers jours, composé l'*Histoire d'une partie du septième siècle de Rome*, et la *Description du Pont-Euxin*. Ces deux ouvrages sont perdus, mais il en reste des fragments. Le premier contenait, en cinq ou six livres, adressés à Lucullus, fils du vainqueur de Mithridate, un récit des *Événements civils et militaires arrivés dans la république romaine depuis le consulat de Lépide et de Catulus*, époque de la mort de Sylla, jusqu'au moment où le pouvoir que la loi *Manilia* conférait à Pompée remettait de nouveau la république sous la dictature d'un seul homme : *Res populi romani, M. Lepido, Q. Catulo, coss., ac deinde militiæ et domi gestas composui*, disait Salluste au début de son ouvrage (1). Cet intervalle ne comprenait pas plus de quatorze années, de l'an de Rome 675 à l'an 688. Mais, comme l'historien remontait jusqu'au commencement des démêlés de Marius et de Sylla, c'est-à-dire jusque vers l'époque où s'était terminée la guerre de Jugurtha, l'an 650, et qu'il ne s'arrêtait que vers le temps de la conjuration de Catilina, on peut dire que le corps entier de ses Histoires, y compris la *Guerre de Jugurtha*, son *His-*

(1) Fragment tiré de Pompeius Messalinus : *de Numeris et pedibus orat.*, et de Priscianus, *Instit. grammaticæ*, lib. XV, c. III.

toire générale, et celle de la *Conjuration de Catilina*, embrassait un espace de cinquante ans. La perte de l'*Histoire* de Salluste est d'autant plus à regretter, que, par une fatalité singulière, tous les auteurs qui ont écrit d'une manière complète et suivie les annales de cette époque se trouvent avoir une lacune dans cet endroit intéressant. Cependant il reste de nombreux fragments de l'*Histoire* de Salluste, et de sa *Description du Pont-Euxin*, presque tous épars dans les anciens grammairiens latins et les vieux glossateurs. Tous ces lambeaux, rapportés par des rhéteurs qui n'avaient que la grammaire en vue, sont isolés, fort courts et d'un faible intérêt historique. Des fragments plus étendus, mais en petit nombre, ont été rapportés par Sénèque, Quintilien, Aulu-Gelle, Isidore de Séville, et surtout par saint Augustin, en son livre *de la Cité de Dieu*. Enfin Pomponius Létus, dans un manuscrit du Vatican, qui contenait la copie d'un grand nombre de morceaux tirés des anciens historiens, trouva quatre discours et deux lettres extraites de l'ouvrage perdu de Salluste. Janus Van-der-Does (Jean Douza), Riccoboni, Paul Manuce et Louis Carrion avaient commencé avec plus ou moins de succès à rassembler ces fragments et à les annoter; mais, quelque louables qu'aient été leurs efforts, combien leur travail n'est-il pas inférieur à celui du président de Brosses!

A son exemple, jaloux de reproduire tout ce qui nous reste de Salluste, M. Du Rozoir avait recueilli et traduit de nouveau, non-seulement les six fragments les plus considérables de sa Grande Histoire, déjà publiés en français, mais encore un grand nombre de passages bien moins étendus, que les traducteurs n'avaient pas jugés dignes de leur attention. On aura donc dans cette édition le recueil le plus exact et le plus complet qui ait été fait jusqu'ici des *Fragments* de Salluste.

FRAGMENTS

DE LA PRÉFACE ET DU PREMIER LIVRE

DE LA GRANDE HISTOIRE DE SALLUSTE

Dans cette préface, l'historien semblait fortement pénétré de l'importance de la tâche qu'il avait entreprise :

I.
Nihil tam necessarium, aut magis cum cura dicendum quam quod in manibus est.

I.
Il n'en est pas de plus importante, ni qui mérite d'être écrite avec plus de soin, que l'histoire qui nous occupe maintenant.

II.
Neque me divorsa pars in civilibus armis movit a vero.

II.
Au milieu des factions qui ont armé les citoyens les uns contre les autres, l'esprit de parti ne m'a point fait trahir la vérité.

De là, Salluste passait en revue les divers historiens qui l'avaient précédé dans la carrière :

III.
Nos in tanta doctissumorum hominum copia.....

III.
Dans ce grand nombre d'habiles écrivains.....

IV.
Cato, romani generis disertissumus, paucis absolvit.

IV.
Caton, le plus disert de tous les Romains, habile surtout à renfermer beaucoup de choses en peu de mots.

Il citait aussi Fannius, dont il proclamait la *véracité*.

V.
Fannius vero veritatem.....

Il faisait ensuite le résumé des dissensions qui avaient agité

Rome depuis l'expulsion des rois jusqu'au temps des Gracques, de Marius et de Sylla. Il indiquait en même temps les causes de la grandeur romaine ; et tel est le sujet des fragments détachés qui vont suivre.

VI.

Parmi nous, les premières dissensions n'ont point eu d'autre cause que cette disposition fatale du cœur humain, qui, toujours inquiet, indomptable, ne se plaît qu'à lutter pour la liberté, pour la gloire ou pour la puissance.

VII.

Mais l'esprit de discorde, de cupidité, d'ambition, et tous les autres vices, fruits ordinaires de la prospérité, prirent, après la ruine de Carthage, un nouvel essor. Et, en effet, les injustices des grands, et par suite la scission du peuple d'avec le sénat, et bien d'autres dissensions, avaient eu lieu dès l'origine. Même après l'expulsion des rois, ce fut seulement tant qu'on craignit Tarquin et une guerre terrible contre l'Étrurie, que la justice et la modération présidèrent au gouvernement. Mais, aussitôt après, les patriciens traitèrent le peuple en esclave, condamnèrent à mort, firent battre de verges, comme avaient fait les rois ; s'emparèrent des biens, et, usurpant les droits de leurs concitoyens, s'arrogèrent seuls toute la puissance. Soulevé par ces barbaries, accablé surtout par une dévorante usure, tandis qu'il avait à supporter, dans des guerres perpétuelles, le poids du service militaire et des impôts, le peuple se retira en armes sur le mont Sacré et sur le mont Aventin. C'est ainsi qu'il obtint des tribuns, et revendiqua bien d'autres droits. Les querelles et la lutte des deux partis eurent pour terme la seconde guerre punique.

VIII.

De sérieuses alarmes s'emparèrent de nouveau des esprits, et, détournant leur inquiétude de ces dissensions pour un intérêt plus pressant, rétablirent l'union entre les citoyens. Alors la direction des affaires revint

VI.

Nobis primæ dissensiones vitio humani ingenii evenere, quod inquies atque indomitum semper in certamine libertatis, aut gloriæ, aut dominationis agit.

VII.

At discordia, et avaritia, atque ambitio, et cetera secundis rebus oriri sueta mala, post Carthaginis excidium maxume aucta sunt. Nam injuriæ validiorum, et ob eas discessio plebis a patribus, aliæque dissensiones domi fuere jam inde a principio; neque amplius quam, regibus exactis, dum metus a Tarquinio et bellum grave cum Etruria positum est, æquo et modesto jure agitatum : dein servili imperio patres plebem exercere, de vita atque tergo, regio more, consulere; agro pellere, et ceteris expertibus, soli in imperio agere. Quibus agitata sævitiis, et maxume fœnoris onere oppressa plebes, quum assiduis bellis tributum simul et militiam toleraret, armata montem Sacrum atque Aventinum insedit. Tumque tribunos plebis et alia sibi jura paravit. Discordiarum et certaminis utrimque finis fuit secundum bellum punicum.

VIII.

Rursus gravis metus cœpit urgere atque illis perturbationibus alia majore cura cohibere animos inquietos et ad concordiam revocare civilem. Sed per quosdam paucos, qui pro suo modo boni erant, magna administra-

IX.

Res romana plurimum imperio valuit : Servio Sulpicio et M. Marcello consulibus, omnis Gallia cis Rhenum, atque inter mare nostrum, atque Oceanum nisi quæ a paludibus fuit invia, perdomita.

Optumis autem moribus et maxuma concordia egit populus romanus inter secundum atque postremum bellum carthaginense.

X.

Postquam, remoto metu punico, simultates exercere vacuum fuit, plurimæ turbæ, seditiones, et ad postremum bella civilia orta sunt : dum pauci potentes, quorum in gratiam plerique concesserant, sub honesto patrum aut plebis nomine, dominationes affectabant; bonique et mali cives appellati, non ob merita in rempublicam, omnibus pariter corruptis; sed uti quisque locupletissumus et injuria validior, quia præsentia defendebat, pro bono ducebatur. Ex quo tempore majorum mores non paullatim, ut antea, sed torrentis modo præcipitati : adeo juventus luxu atque avaritia corrupta est, uti merito dicatur genitos esse, qui neque ipsi habere possent res familiares, neque alios pati.

---

bantur, atque illis toleratis ac temperatis malis, paucorum bonorum providentia res illa crescebat.

aux mains d'un petit nombre d'hommes honnêtes, mais à leur manière; et, les anciens abus étant devenus plus tolérables par des concessions mutuelles, la république dut sa grandeur à la sage politique d'un petit nombre de bons citoyens.

IX.

L'habileté de ses généraux a fait la principale force de Rome. C'est sous le consulat de Servius Sulpicius et de M. Marcellus qu'ont été soumises par les armes romaines toutes les Gaules comprises entre le Rhin, la Méditerranée et l'Océan, à l'exception des lieux que des marais rendent impraticables.

Une sagesse irréprochable, une parfaite union, marquèrent la conduite du peuple romain durant l'intervalle de la seconde à la troisième guerre punique.

X.

Affranchis de la crainte de Carthage, les Romains eurent le loisir de se livrer à leurs dissensions ; alors s'élevèrent de toutes parts les troubles, les séditions, et enfin les guerres civiles. Un petit nombre d'hommes puissants, dont la plupart des citoyens étaient devenus les créatures, exercèrent, sous le nom imposant tantôt du sénat, tantôt du peuple, un véritable despotisme. On ne fut plus bon ou mauvais citoyen, selon ce qu'on faisait pour ou contre la patrie; car tous étaient également corrompus : mais plus on était riche, e en état de faire impunément le mal plus, pourvu qu'on défendît l'ordre présent des choses, on passait pour homme de bien. Dès ce moment, ce ne fut plus par degrés comme autrefois, mais avec la rapidité d'un torrent, que se répandit la dépravation; la jeunesse fut tellement infectée du poison du luxe et de l'avarice, qu'on vit une génération de gens dont il fut juste de dire qu'ils ne pouvaient avoir de patrimoine ni souffrir que d'autres en eussent.

Salluste, poursuivant le cours de son rapide résumé, arrive aux séditions des Gracques, et c'est aux événements dont elles furent l'occasion, qu'on peut rapporter les fragments qui suivent :

XI.
Les plus funestes séditions commencèrent au temps de Gracchus (Tiberius).

XII.
Ce fut un prétexte pour introduire des innovations.

XI.
A Graccho seditiones graves ortæ.

XII.
Quæ causa fuerat novandis rebus.

Après les premiers démêlés de Marius et de Sylla, venait la guerre Sociale, à laquelle se réfèrent ces deux fragments :

XIII.
Telle avait été la sollicitude affectueuse de nos ancêtres pour la nation italique.

XIV.
En se secourant ainsi de proche en proche, les différents peuples de l'Italie furent tous successivement entraînés à la guerre.

XIII.
Tantum antiquitatis curæque pro italica gente majoribus fuit.

XIV.
Dum paullatim suis invicem subveniunt, omnes in bellum coacti sunt.

Après la guerre Sociale, Sylla, consul, fut chargé par le sénat d'aller combattre Mithridate; mais Marius, aidé du tribun Sulpicius, se fait donner ce commandement par un plébiscite. Sylla, qui était déjà en Campanie, à la tête de son armée, revient sur Rome, s'en rend maître, et proscrit Sulpicius, qui est mis à mort, et Marius, qui n'échappe qu'avec des périls inouïs. Après avoir rendu au sénat ses prérogatives, Sylla part pour la Grèce; mais Cornelius Cinna, fougueux partisan de Marius, attaque à main armée Octavius, son collègue, et le parti du sénat. Vaincu et chassé de Rome, il rassemble une nouvelle armée, rappelle Marius et les autres proscrits, puis vient assiéger la capitale de l'empire. Le sénat, après la défaite de l'armée d'Octavius et de celle du proconsul Pompeius Strabon, n'avait plus à ses ordres que l'armée de Metellus Pius; mais il était en Apulie, occupé de combattre les Samnites :

XV.
Et, Metellus étant éloigné, l'espérance du secours l'était aussi.

XV.
Et Metello procul agente, longa spes auxiliorum,

Son arrivée tardive n'empêcha point Cinna et Marius d'entrer dans Rome, qui devint le théâtre des plus sanglantes exécutions : les autels des dieux ne furent pas même un asile contre les proscrits.

XVI.
Quum aræ et alia dis sacrata, supplicum sanguine fœdarentur.

XVI.
Quand on souillait du sang des suppliants les autels et tous les lieux consacrés au culte.

La tyrannie de Marius fut courte : il mourut le dix-septième jour de son septième consulat; mais Cinna et Carbon en perpétuèrent les excès. Après avoir vaincu Mithridate, Sylla lui avait accordé la paix, mais à de dures conditions, quoique ce prince eût espéré que, pressé d'aller à Rome accabler ses ennemis,

XVII.
Bellum, quibus posset conditionibus, desineret.

XVII.
Il aurait terminé cette guerre à quelques conditions que ce fût.

Arrivé en Italie, Sylla défit le consul Norbanus en Campanie, puis attira sous ses drapeaux, près de Téanum, l'armée de Corn. Scipion Asiaticus, collègue de ce dernier.

XVIII.
Cujus advorsa voluntate, colloquio militibus permisso, corruptio facta paucorum, et exercitus Sullæ datus est.

XVIII.
En dépit de ce consul, il permit à ses soldats d'entrer en pourparlers [avec ceux de Scipion]; quelques-uns se laissèrent gagner, et leur exemple entraîna toute l'armée, qui se donna à Sylla.

Cette défection fut d'autant plus prompte, que la plupart des soldats de Scipion

XIX.
Non repugnantibus modo, sed ne deditis quidem, A. B. C. M. [i. e. fort. atrocis belli cladem metuentibus.]

XIX.
...N'avaient, à vrai dire, ni éloignement ni affection [pour Sylla], mais n'envisageaient qu'avec horreur les désastres d'une guerre civile.

Cependant le jeune Cn. Pompée, ayant levé des troupes de sa propre autorité, remporta divers avantages sur les partisans de Marius, puis alla se joindre à Sylla, qui lui décerna le surnom d'*imperator*.

Carbon, quoique vaincu, rentra dans Rome, et se fit nommer consul pour la quatrième fois, avec le jeune Marius, qui renouvela les proscriptions de son père adoptif. Sylla marche vers Rome, bat le jeune Marius,

XX.
Apud Præneste locatus.

XX.
Qui avait son quartier-général à Preneste.

Nouvel allié de Marius, Pontius Telesinus, chef des Samnites, toujours en armes depuis la guerre Sociale, dispute à Sylla l'entrée de Rome.

XXI.
Ainsi la défaite de Marius avait imposé à Sylla la tâche d'une double guerre.

XXI.
Et Marius victus duplicaverat bellum.

Telesinus est tué au moment où la victoire allait le rendre maître de Rome. Sylla fait égorger huit mille prisonniers sur le champ de bataille. Un corps de trois mille Samnites, Marses et Lucaniens lui demande quartier. Il répondit qu'il l'accorderait à ceux qui s'en rendraient dignes par la mort de leurs compagnons. Ils acceptent avec empressement cette cruelle alternative,

XXII.
Et [paraissant] moins céder à la contrainte qu'emportés par l'animosité, ils tombent sous le fer les uns des autres, plus coupables encore que malheureux.

XXII.
Atque ea cogentes, non coactos, scelestos magis quam miseros distringi.

Bientôt commencèrent dans Rome les proscriptions de Sylla, dont le tableau tracé par Salluste est entièrement perdu, sauf deux traits, l'un relatif au supplice affreux de Marius Gratidianus, qui fut immolé sur le tombeau des Catulus ; l'autre, concernant les biens des proscrits.

XXIII.
Après qu'on lui eut brisé les jambes, pour que tous ses membres subissent les angoisses de la mort.

XXIII.
Quum, fractus prius crura, per artus, exspiraret.

XXIV.
Les biens des proscrits ayant été vendus ou dissipés en largesses.

XXIV.
Igitur venditis proscriptorum bonis, aut dilargitis.

La fureur des proscriptions ne s'arrêta point dans Rome ; le sang coula par toute la république, et la guerre civile se propagea jusqu'en Afrique. Le consul Carbon, qui était aux prises avec Metellus Pius, dans la Gaule cispadane, pouvait encore résister longtemps ; mais, à la nouvelle de deux échecs peu décisifs reçus par ses lieutenants,

XXV.
Saisi d'une lâche terreur, il déserta tout à coup l'Italie et son armée.

XXV.
Carbo turpi formidine Italiam atque exercitum deseruit.

Il s'embarqua à Rimini, et fit voile vers Cossura, petite île sur la côte d'Afrique ; mais il tomba entre les mains de Pompée, qui venait de soumettre la Sicile. Carbon semblait pouvoir tout espérer de la clémence de ce jeune lieutenant de Sylla, dont il avait protégé la jeunesse. Pompée fut insensible à ses supplications : il fit périr sous ses yeux Carbon, qui, pour gagner un instant de vie,

XXVI.	XXVI.
Simulans alvum purgari sibi,	Feignit d'avoir à satisfaire un besoin naturel,

« Et il fut, dit Valère-Maxime, décapité dans cette posture. »
Cependant Domitius Ahenobarbus, lieutenant de Carbon, s'était retiré en Afrique, où Hiarbas, roi d'une partie de la Numidie, vint le joindre avec toutes ses forces, dont il s'était servi pour dépouiller Hiempsal II, autre prince de la race de Masinissa. Pompée se hâta de passer en Afrique, et débarqua à *Curubis*, petit port voisin de Carthage. Vainqueur de Domitius, qui fut tué dans l'action, il poursuit Hiarbas, et dissipe sans peine les Africains, qui avaient pris les armes.

XXVII.	XXVII.
Id bellum excitabat metus Pompeii victoris, Hiempsalem in regnum restituentis.	Cette guerre avait pour motif la crainte de Pompée vainqueur, et qui voulait rétablir Hiempsal dans son royaume.

Après avoir terminé en quarante jours cette campagne, Pompée, dont la gloire portait ombrage à Sylla, fut rappelé en Italie. Il obéit malgré ses troupes, qui lui offraient leurs bras s'il eût voulu résister à cet ordre. Un ennemi moins digne de lui devait s'élever contre Sylla ; c'était M. Emilius Lepidus, qui déshonorait un nom illustre par ses vices et par sa présomptueuse impéritie. On l'avait vu zélé fauteur du parti populaire, au temps du triomphe de Marius, sous le septième consulat duquel il fut édile curule. Il fut des premiers à passer sous les drapeaux de Sylla vainqueur, et s'enrichit des biens des proscrits. Après avoir exercé la préture, il fut envoyé en Sicile, et, par ses concussions, il mérita d'être traduit en justice à son retour ; mais ses accusateurs, cédant aux instances du peuple, se désistèrent ; et Lepidus, enhardi par l'impunité, osa briguer le consulat. Adulateur servile de Sylla, il en avait espéré la protection ; mais le dictateur, qui avait trop bien jugé ce factieux, lui défendit de se mettre sur les rangs. Alors Lepidus se tourne vers Pompée, qui, flatté de voir qu'on espérait obtenir par son influence ce que Sylla ne voulait pas accorder, saisit cette occasion de montrer son crédit sur le peuple; il fit élire Lepidus consul, par préférence à Catulus, qui ne fut nommé que le second, malgré son mérite éminent et la protection déclarée du dictateur. Sylla, déjà résolu d'abdiquer la puissance, ne parut pas très-sensible à cette espèce d'affront; il se contenta de prédire à Pompée, encore tout enorgueilli de ce triomphe, les maux qui allaient résulter de l'élection de Lepidus : « C'est à vous maintenant, dit-il, à veiller aux affaires, et à ne pas vous endormir après avoir armé contre vous-même un dangereux ennemi. »

Ce pronostic ne tarda pas à se vérifier. Lepidus, à peine désigné consul, conçoit le projet de se rendre maître du gouvernement à la place de Sylla. Il cabale, il murmure sourdement contre l'état présent des choses; il rallie les familles des proscrits; puis, exagérant ses ressources pour multiplier ses partisans, il se vante d'avoir des fauteurs en Étrurie, dans la Gaule transalpine; enfin d'avoir tout pouvoir sur Pompée. Ainsi parlait Lepidus, d'abord dans des entretiens particuliers. Bientôt dans une réunion générale de ses principaux partisans, tenue le plus secrètement possible, il révéla tous ses projets dans le discours qui suit :

XXVIII.

DISCOURS DU CONSUL EMILIUS LEPIDUS.

I. Romains, votre clémence et votre droiture, qui font, aux yeux des nations étrangères, votre supériorité et votre gloire, m'inspirent bien des alarmes au sujet de la tyrannie de L. Sylla. Je crains que, peu portés à supposer dans les autres ce que vous auriez horreur de faire, vous ne vous laissiez surprendre; je le crains d'autant plus, que vous avez affaire à un homme qui n'a d'espoir que dans le crime et dans la perfidie, et qui ne peut se croire en sûreté qu'en se montrant plus méchant et plus détestable, afin de vous ôter, par l'excès de vos maux, jusqu'au sentiment de votre liberté: ou, si votre prudence veille encore, de vous tenir plus occupés à vous défendre de vos périls, qu'à as-

XXVIII.

M. ÆMILII LEPIDI CONSULIS ORATIO.

1. Clementia et probitas vestra, Quirites, quibus per ceteras gentis maxumi et clari estis, plurimum timoris mihi faciunt advorsus tyrannidem L. Sullæ; ne, aut ipsi, nefanda quæ æstumatis ea parum credendo de aliis, circumveniamini; præsertim quum illi spes omnis in scelere atque perfidia sit; neque se aliter tutum putet, quam si pejor atque intestabilior metu vestro fuerit, quo captivis libertatis curam miseria eximat : aut, si provideritis, in tutandis periculis magis, quam in ulciscendo teneamini. Satellites quidem ejus, homines maxumi nominis, non minus optumis majorum exemplis, nequeo satis mirari, dominationis in vos servitium suum mercedem dant; utrumque per injuriam

malunt, quam optumo jure libere agere.

II. Præclara Brutorum, atque Æmiliorum, et Lutatiorum proles, geniti ad ea quæ majores virtute peperere subvertunda! Nam quid a Pyrrho, Hannibale, Philippoque, et Antiocho defensum est aliud, quam libertas et suæ cuique sedes; neu cui nisi legibus pareremus? Quæ cuncta sævus iste Romulus, quasi ab externis rapta, tenet, non tot exercituum clade neque consulis et aliorum principum quos fortuna belli consumpserat, satiatus; sed tum credulior, quum plerosque secundæ res in miserationem ex ira vertunt. Quin solus omnium post memoriam hominum supplicia in post futuros composuit, quis prius injuria quam vita certa esset; pravissumeque per sceleris immanitatem adhuc tutus furit; dum vos, metu gravioris servitii, a repetunda libertate terremini.

III. Agendum atque obviam eundum est, Quirites, ne spolia vestra penes illum sint; non prolatandum, neque votis paranda auxilia : nisi forte speratis, per tædium jam aut pudorem tyrannidis, esse eum per scelus occupata, periculosius demissurum. At ille eo processit, uti nihil gloriosum, nisi tutum, et omnia retinendæ dominationis honesta existumet. Itaque illa quies et otium cum libertate, quæ multi probi potius quam laborem cum honoribus capessebant, nulla sunt; hac tempestate serviundum aut imperare...

surer votre vengeance. Pour satellites, il a, je l'avoue, des hommes du plus grand nom, illustres par les belles actions de leurs ancêtres, et je ne puis me lasser d'admirer comment, achetant par leur servitude le droit de domination sur vous, ils préfèrent une double injustice au noble exercice d'une légitime liberté.

ll. Oh ! les glorieux rejetons des Brutus, des Emilius, des Lutatius, nés tout exprès pour détruire ce que leurs ancêtres avaient conquis par leur valeur! car enfin, contre Pyrrhus et Annibal, contre Philippe et Antiochus, que prétendait-on défendre, sinon la liberté publique, les propriétés de chaque citoyen, le droit enfin de n'obéir qu'aux lois ? Tous ces biens, ce cruel Romulus nous les a ravis comme à des étrangers, et il les retient encore. Ni le sang de tant d'armées, ni celui d'un consul, ni celui de nos premiers citoyens, victimes des hasards de la guerre, n'ont assouvi sa rage ; et sa cruauté s'accroît même au sein de la prospérité, qui d'ordinaire change la colère en pitié. Que dis-je? il est le seul entre tous les mortels qui ait prononcé des supplices contre les enfants à naître, voulant ainsi qu'une injuste proscription leur fût assurée avant l'existence ; et maintenant, ô comble de perversité ! il peut, grâce à l'excès même de ses forfaits, en toute sûreté, se livrer à sa fureur, tandis que vous, dans la crainte d'une servitude plus affreuse encore, vous n'osez reconquérir votre liberté.

III. Il faut agir, Romains, il faut le prévenir, de peur que vos dépouilles ne lui appartiennent à jamais. Il n'est plus temps de différer ni de compter sur l'efficacité de vœux pusillanimes, à moins peut-être que vous n'espériez qu'un jour le dégoût ou la honte de la tyrannie ne lui fasse abandonner un pouvoir usurpé par le crime, mais qu'il est trop périlleux de quitter. Sachez-le : au point où il en est, il n'y a pour lui de glorieux que ce qui est sûr, d'honorable que ce qui peut affermir sa domination. Ainsi ce calme, ce loisir avec la liberté, que nombre de vertueux citoyens préféraient aux sollicitudes inséparables des honneurs, ne sont plus de saison. Il faut aujourd'hui, Romains, servir ou commander, subir ou imposer la crainte.

IV. Et qu'attendez-vous de plus? que vous reste-t-il de droits divins ou humains qui n'aient été violés? Naguère l'arbitre des nations, maintenant dépouillé de sa puissance, de sa gloire, de ses droits, sans ressources pour exister, et méprisé, le peuple romain ne reçoit pas même les aliments assurés aux esclaves. Une grande partie des alliés et des habitants du Latium avaient, pour prix de nombreux et honorables services, reçu de vous le droit de cité : un seul homme les leur enlève; et des populations paisibles ont vu les demeures de leurs pères envahies par un petit nombre de satellites, ainsi payés de leurs crimes. Lois, jugements, trésor public, provinces, royaumes étrangers, tout est à la discrétion d'un seul, tout, jusqu'au droit de vie et de mort sur les citoyens. Vous avez vu les hommes immolés comme des victimes, et les tombeaux arrosés du sang des citoyens.

Y a-t-il, pour des hommes, d'autre parti que de s'affranchir de l'oppression ou de mourir avec courage? Car enfin la nature a prescrit à tous les hommes, à ceux même qu'environne un rempart de fer, un terme inévitable, et, s'il n'a un cœur de femme, nul n'attend le dernier coup sans oser se défendre.

V. Mais, à entendre Sylla, je suis un séditieux, parce que je m'élève contre ceux que nos troubles ont enrichis; un homme qui veut la guerre, parce que je réclame les droits de la paix. Ah! je comprends : il n'y aura ni bienêtre ni sûreté dans l'état, si le Picentin Vettius et le greffier Cornelius ne dissipent en profusions les légitimes propriétés d'autrui; si l'on n'approuve les proscriptions de tant d'innocents, sacrifiés pour leurs richesses, les supplices des personnages les plus illustres, Rome dépeuplée par l'exil et le meurtre, et les biens des citoyens

ritandum, habendus metus est aut faciundus, Quirites.

IV. Nam quid ultra? quæve humana superant, aut divina impolluta sunt? Populus romanus paullo ante gentium moderator, exutus imperio, gloria, jure, agitandi inops, despectusque, ne servilia quidem alimenta, reliqua habet. Sociorum et Latii magna vis civitate pro multis et egregiis factis, a vobis data, per unum prohibentur; et plebis innoxiæ patrias sedes occupavere pauci satellites, mercedem scelerum. Leges, judicia, ærarium, provinciæ, reges, penes unum; denique necis civium et vitæ licentia : simul humanas hostias vidistis, et sepulcra infecta sanguine civili.

Estne viris reliqui aliud, quam solvere injuriam aut mori per virtutem? quoniam quidem unum omnibus finem natura, vel ferro septis, statuit; neque quisquam extremam necessitatem nihil ausus, nisi muliebri ingenio, exspectat?

V. Verum ego seditiosus, uti Sulla ait, qui præmia turbarum queror; et bellum cupiens, quia jura pacis repeto. Scilicet quia non aliter salvi satisque tuti in imperio eritis, nisi Vettius picens, scriba Cornelius, aliena bene parata prodegerint; nisi approbaveritis omnis proscriptiones, innoxiorum ob divitias, cruciatus virorum illustrium, vastam urbem fuga et cædibus, bona civium miserorum, quasi cimbricam prædam, venum aut dono data..

At objectat mihi possessiones ex bonis proscriptorum : quod quidem scelerum illius vel maxumum est, non me, neque quemquam omnium satis tutum fuisse, si recte faceremus. Atque illa, quæ tum formidine mercatus sum, pretio soluto, jure dominis tamen restituo; neque pati consilium est ullam ex civibus prædam esse.

VI. Satis illa fuerint, quæ rabie contracta toleravimus; manus conserentes inter se romanos exercitus, et arma ab externis in nosmet versa. Scelerum et contumeliarum omnium finis sit. Quorum adeo Sullam non pœnitet, ut et facta in gloria numeret, et, si liceat, avidius fecerit.

Neque jam, quid existumetis de illo, sed quantum vos audeatis, vereor; ne, alius alium principem exspectantes, ante capiamini non opibus ejus, quæ futiles et corruptæ sunt, sed vestra secordia; quia captum ire licet, et quam audeat, tam videri felicem.

Nam præter satellites commaculatos, quis eadem vult! aut quis non omnia mutata, præter victoriam ? Scilicet milites, quorum sanguine Tarrulæ Scyrroque, pessumis servorum, divitiæ partæ sunt? An quibus prælatus in magistratibus capiundis Fusidius, ancilla turpis, honorum omnium dehonestamentum ?

VII. Itaque maxumam mihi fiduciam parit victor exercitus, cui per tot vulnera et labores nihil præter tyrannum quæsitum est : nisi forte tribunitiam potestatem eversum profecti sunt per arma conditam a majoribus suis; uti-

donnés ou vendus comme le butin pris sur les Cimbres.

Mais je possède aussi des biens de proscrits ! Oui, et c'est là le plus grand de ses crimes, qu'il n'y ait eu, ni pour moi, ni pour personne, de sûreté à rester fidèle à la justice. Mais ce qu'alors j'ai acheté par crainte, ce dont j'ai versé le prix, j'offre de le rendre aux légitimes propriétaires : mon intention est de ne pas souffrir que personne soit riche de la dépouille de ses concitoyens.

VI. C'en est bien assez d'avoir supporté les effets inévitables de nos fureurs, d'avoir vu les armées romaines en venir entre elles aux mains, d'avoir tourné contre nous-mêmes les armes que nous aurions dû diriger contre l'étranger. Mettons un terme aux crimes, à tous ces honteux égarements. Mais lui, loin de se repentir, il les compte au nombre de ses titres de gloire, et, si l'on n'y mettait ordre, il recommencerait avec encore plus d'emportement.

Et déjà je ne suis plus en doute de ce que vous pensez de lui, mais bien du parti que vous oserez prendre : je crains qu'en vous attendant les uns les autres pour mettre la main à l'œuvre vous ne soyez victimes, je ne dis pas de sa puissance (elle n'a plus ni réalité ni consistance), mais de votre inaction; il vous préviendra, et fera ainsi voir au monde qu'il a autant de bonheur que d'audace.

En effet, à l'exception de quelques satellites déshonorés, qui donc est satisfait du présent? ou bien, qui ne désire voir tout changer, si l'on n'abuse pas de la victoire? Seraient-ce les soldats dont le sang a coulé pour enrichir un Tarrula, un Scyrrus, les plus détestables des esclaves? Sont-ce des citoyens auxquels on a préféré, pour les magistratures, un Fusidius, l'opprobre de son sexe et des dignités qu'il dégrade?

VII. Je place donc toute ma confiance dans une armée victorieuse, qui, pour prix de tant de blessures et de travaux, n'a obtenu qu'un tyran. A moins peut-être que nos soldats ne se soient levés en masse que pour renverser la puissance tribunitienne fondée par leurs ancêtres, et pour s'arracher à eux-mêmes leurs droits avec la garantie des tribunaux : noblement payés, sans doute, lorsque, relégués dans les marais et dans les bois, voués à la honte et à la haine, ils verront les récompenses réservées à quelques favoris !

Pourquoi donc, entouré d'un nombreux cortége, marche-t-il avec tant d'assurance? C'est que la prospérité voile merveilleusement le vice; qu'elle vienne à chanceler, et, à la terreur qu'il inspirait, succédera un égal mépris. Il compte aussi, pour colorer son crime et son parricide, sur ces prétextes de concorde et de paix; à l'entendre, Rome ne cessera d'être en guerre avec elle-même que quand les patriciens seront à jamais chassés de leur patrimoine, les citoyens dépouillés sans pitié, les lois et la justice, priviléges du peuple romain, dévolues à ses caprices..

VIII. Si c'est là ce que vous prenez pour la paix et pour la concorde, approuvez l'entier bouleversement de la république et sa destruction, souscrivez aux lois qu'on vous impose, acceptez le repos avec l'esclavage. Montrez à la postérité comment, pour prix du sang qu'il a versé, on peut imposer au peuple romain la servitude. Quant à moi, bien que par la dignité suprême où je suis parvenu j'aie satisfait à ce que je devais au nom de mes ancêtres, à ma considération et à ma sûreté personnelles, je n'ai point l'intention de profiter seul de ces avantages. J'ai toujours, à un tranquille esclavage, préféré la liberté avec ses périls. Si tel est aussi votre sentiment, montrez-vous, Romains, et, avec le secours des dieux, suivez M. Emilius, votre consul, votre chef; allez sur ses pas reconquérir la liberté.

que jura et judicia sibimet extorquerent; egregia scilicet mercede, quum, relegati in paludes et silvas, contumeliam atque invidiam suam, præmia penes paucos intelligerent.

Quare igitur tanto agmine atque animis incedit? Quia secundæ res mire sunt vitiis obtentui, quibus labefactatis, quam formidatus antea est tam contemnetur. Nisi forte specie concordiæ et pacis, quæ sceleri et parricidio suo nomina indidit; neque aliter populo esse belli finem ait, nisi maneat expulsa agri plebes, præda civilis acerbissuma, jus judiciumque omnium rerum penes se, quod populi romani fuit.

VIII. Quæ si vobis pax et concordia intelleguntur, maxuma turbamenta reipublicæ atque exitia probate : annuite legibus impositis : accipite otium cum servitio, et tradite exemplum posteris ad populum romanum suimet sanguinis cæde circumveniundum. Mihi, quanquam per hoc summum imperium satis quæsitum erat nomini majorum, dignitati, atque etiam præsidio; tamen non fuit consilium privatas opes facere; potiorque visa est periculosa libertas quieto servitio. Quæ si probatis, adeste, Quirites; et, bene juvantibus diis, M. Æmilium, consulem, ducem et auctorem, sequimini ad recipiundam libertatem.

On peut supposer que ce discours produisit peu d'effet ; du moins ne fut-il suivi d'aucune tentative contre le dictateur. Bientôt se justifièrent les rumeurs qui avaient encouragé la témérité de Lepidus. Sylla résigna entre les mains du peuple romain le pouvoir dont il avait tant abusé, et alla mourir en paix au sein d'une voluptueuse retraite. Ici Salluste avait esquissé quelques traits du caractère de cet homme étonnant : témoin ce passage où notre historien est cité par Plutaque :

« Sylla ne fut jamais modéré en ses concupiscences, ny par pauvreté lorsqu'il étoit jeune, ny par l'aage lorsqu'il feut devenu vieil : ainsi en faisant les ordonnances à ses citoyens touchant l'honnesteté des mariages, touchant la continence, luy cependant ne faisoit que vacquer à l'amour et commettre adultères, *ainsy que l'escript Sallustius.* »

Le calme qui avait suivi l'abdication de Sylla, en prouvant combien il lui eût été facile de conserver le pouvoir, avait porté le dernier coup à la liberté. Il était désormais reconnu que la république pouvait impunément être opprimée, et cette conviction détruisit le seul préjugé qui faisait encore les bons citoyens. Tout chef habile, à la tête d'une armée dévouée, se crut appelé aux brillantes destinées de Sylla. Encore si une pareille ambition n'avait germé que dans les cœurs d'hommes incapables de s'élever au pouvoir par d'indignes manœuvres,

XXIX.
Ea paucis, quibus peritia et verum ingenium est, abnuentibus.

XXIX.
Et du petit nombre de ceux dont l'habileté et l'esprit élevé eussent dédaigné de pareils moyens.

Mais tel n'était pas Lepidus, qui, pour se faire des partisans, avait été chercher les débauchés du plus bas étage :

XXX.
Quin lenones et vinarii laniique, quorum præterea vulgus in dies usum habet, pretio compositi.

XXX.
Jusqu'aux teneurs de mauvais lieux, aux cabaretiers, aux bouchers, il gagna par son or tous les gens qui ont avec la populace des rapports journaliers.

Sans doute, un pareil ennemi avait semblé trop méprisable au dictateur, et voilà ce qui explique l'impunité de Lepidus :

XXXI.
Nam dominationem Sullæ audebat.
....
Neque est offensus [dominationem] Sullæ.

XXXI.
Car lui, qui bravait la domination de Sylla.... ....
N'avait point éprouvé combien elle était redoutable.

Après la mort de Sylla, ce fut *au bûcher même du dictateur que Lepidus alluma le feu de la guerre civile.* Ses propositions incendiaires avaient pour but l'abrogation de toutes les lois

Corneliennes : c'était remettre les factions en présence, c'était vouloir plonger dans de nouveaux désordres

XXXII.	**XXXII.**
La république, à peine remise de ses guerres intestines.	Quietam a bellis civitatem.

Les tribuns, dont il prétendait faire revivre les prérogatives, les fils des proscrits, à qui il promettait la restitution de leurs biens, les alliés, qu'il voulait rappeler à l'exercice du droit de cité romaine, avaient intérêt à soutenir Lepidus de tous leurs efforts ; son caractère personnel attirait à lui tous les gens qui à Rome avaient vécu de désordres et de séditions, jusqu'au moment où la main puissante de Sylla les avait forcés à l'inaction. A la tête des adhérents du factieux consul, on distinguait Cethegus, qui, bien qu'issu d'une des premières familles de Rome,

XXXIII.	**XXXIII.**
Avait néanmoins, dès sa jeunesse, exercé les violences les plus graves contre des citoyens recommandables.	Multos tamen ab adolescentia bonos insultavit.

Cependant Lepidus allait trouver un adversaire redoutable dans son collègue Catulus, qui,

XXXIV.	**XXXIV.**
Au milieu des guerres civiles, n'avait cherché que la réputation d'homme juste et de bon citoyen.	Inter arma civilia æqui boni famas petit.

Malheureusement, la plupart des sénateurs n'opposaient qu'une timide réprobation aux projets d'un consul qui, oubliant qu'il était le chef du sénat, descendait au rôle de tribun du peuple. Plusieurs même faisaient à Lepidus un mérite de sa conduite, et, tenant la balance égale entre lui et Catulus, prétendaient que

XXXV.	**XXXV.**
Octavius et Cépion avaient agi de même sans avoir trompé l'attente de personne, ni encouru le blâme public :	Idem fecere Octavius et Q. Cæpio, sine gravi cujusquam exspectatione, neque sane ambiti publice :

Octavius, lorsque malgré son caractère de tribun il avait engagé le peuple à renoncer aux distributions de vivres que lui avait fait accorder Tib. Gracchus ; et Cépion, lorsqu'en dépit de sa naissance patricienne il avait empêché Livius Drusus de transférer la puissance judiciaire de l'ordre équestre à l'ordre sénatorial.

Ce partage des opinions, au sujet de Lepidus, entraîna le sénat dans des mesures imprudentes. Sous prétexte que la haine mutuelle des deux consuls allait engendrer la guerre civile, on leur fit jurer qu'ils ne prendraient pas les armes l'un contre l'autre ; on crut urgent de les éloigner de Rome, et on ne put le faire qu'en leur assignant les provinces proconsulaires,

XXXVI.
Uti Lepidus et Catulus, decretis exercitibus, maturrume proficiscerentur.

XXXVI.
Afin que Lépidus et Catulus, munis du décret qui leur accordait une armée à chacun, partissent le plus tôt possible.

Catulus, à qui le sort avait assigné l'Italie, était disposé à tenir son serment ; mais Lepidus, au lieu de se rendre directement dans la Gaule Cisalpine, sa province, parcourut l'Étrurie, où les restes du parti de Marius étaient encore en force. Là il vit accourir autour de lui tous les proscrits échappés aux sicaires de Sylla,

XXXVII.
Qui nullo certo exsilio vagabantur.

XXXVII.
Qui erraient sans avoir aucun lieu d'exil déterminé.

De tous côtés il levait, empruntait de l'argent, et

XXXVIII.
Exercitum argento fecit.

XXXVIII.
De cet argent il se fit une armée.

La confiance qu'il inspirait aux anciens partisans de Marius était loin d'être générale : plusieurs, pour le succès de leur entreprise,

XXXIX.
Tunc vero et posci, quum ceteri ejusdem caussæ, ducem [senatus] se nactos rati, maxumo gaudio bellum irritare.

XXXIX.
Demandaient encore un chef ; tandis que les autres, fauteurs de la même cause, croyant l'avoir trouvé, s'excitaient joyeusement à la guerre.

Le sénat ne crut pas encore devoir employer des mesures énergiques contre Lepidus, et le rappela à Rome pour tenir les comices consulaires ; mais Lepidus,

XL.
Prudens omnium quæ senatus censuerat,

XL.
Pressentant les véritables dispositions du sénat,

SALLUSTE.

XLI.
Quitte la toge pour l'habit militaire.

XLI.
Togam paludamento mutavit.

Puis, laissant le préteur Brutus campé

XLII.
Sous Modène,

XLII.
Apud Mutinam,

pour contenir la Gaule Cisalpine, il marche vers Rome avec toute son armée. Dans cet appareil, il demande un second consulat. On proposa encore dans le sénat des mesures conciliatrices. Vainement Catulus et quelques autres répétaient que le mal était à son comble ; que,

XLIII.
Si l'on n'allait au-devant avec une promptitude égale à ses progrès,

XLIII.
Cui nisi pariter obviam iretur,

il ne serait plus temps d'y remédier. On envoya à Lepidus des députations, qu'il reçut avec hauteur :

XLIV.
Faut-il donc [dit-il] me soumettre en esclave au décret du sénat?

XLIV.
Ergo senati decreto serviundumne sit?

Il déclara

XLV.
Qu'il ne se départirait point de son entreprise.

XLV.
Non pœniturum.

Que, d'ailleurs, puisque son consulat allait expirer,

XLVI.
Les engagements qu'il avait pris par ses conventions avec Catulus, avaient cessé de le lier.

XLVI.
Quæ pacta in conventione non præstitissent.

Ce fut alors qu'un personnage consulaire, qui avait toujours secondé la fermeté de Catulus,

XLVII.
Philippe, remarquable entre tous les sénateurs par son âge et son expérience,

XLVII.
Philippus, qui ætate et consilio ceteros anteibat,

XLVIII.
S'exprima en ces termes :

XLVIII.
In hunc modum disseruit.

XLIX.
DISCOURS DE L. PHILIPPE.

I. Il serait bien à souhaiter, séna-

XLIX.
ORATIO L. PHILIPPI.

I. Maxume vellem, P. C., rempublicam quietam esse, aut in periculis a promptissumo quoque defendi, denique prava incepta consultoribus noxæ esse. Sed contra seditionibus omnia turbata sunt, et ab iis, quos prohibere magis decebat; postremo, quæ pessumi et stultissumi decrevere, ea bonis et sapientibus faciunda sunt. Nam bellum atque arma, quanquam vobis invisa, tamen quia Lepido placent, sumenda sunt; nisi forte cui pacem præstare, et bellum pati consilium est. Proh, dii boni, qui hanc urbem, omissa cura, adhuc regitis!

II. M. Æmilius, omnium flagitiosorum postremus, qui pejor, an ignavior sit, deliberari non potest, exercitum opprimundæ libertatis habet, et se, e contempto, metuendum effecit: vos, mussantes et retractantes verbis et vatum carminibus, pacem optatis magis, quam defenditis; neque intellegitis, mollitia decretorum vobis dignitatem, illi metum detrahi. Atque id jure; quoniam ex rapinis consulatum, ob seditionem provinciam cum exercitu adeptus est. Quid ille ob benefacta cepisset, cujus sceleribus tanta præmia tribuistis?

At scilicet ii qui ad postremum usque legatos, pacem, concordiam, et alia hujuscemodi decreverunt, gratiam ab eo peperisse? Immo, despecti et indigni republica habiti, prædæ loco æstumantur; quippe metu pacem repetentes, quo habitam amiserant.

III. Equidem a principio, quum Etruriam conjurare, proscriptos arcessiri, largitionibus rempublicam lacerari videbam, maturandum putabam,

teurs, que la république fût en paix, ou que, du moins, dans ses périls, elle vît ses meilleurs citoyens courir à sa défense; enfin, que les entreprises coupables tournassent contre leurs auteurs! Mais, loin de là, tout est en proie à des séditions excitées par ceux mêmes qui les premiers devraient les prévenir; et, pour comble de maux, ce que des insensés et des furieux ont résolu, des hommes sages et vertueux sont obligés de l'exécuter. Ainsi, malgré votre éloignement pour la guerre, cependant, parce que Lepidus veut la faire, il vous faut prendre les armes; à moins que l'on n'aime mieux se résigner à souffrir, sous une ombre de paix, tous les maux de la guerre. Grands dieux, qui daignez encore gouverner notre ville, quand nous l'abandonnons!

II. M. Emilius, le plus infâme des scélérats, lui, dont on ne saurait dire s'il est plus lâche que méchant, a sous ses ordres une armée pour renverser la liberté: méprisé hier, aujourd'hui redoutable; et vous, toujours murmurant, différant toujours, c'est par des discours inutiles, de vaines prédictions, que vous attendez la paix, au lieu de la défendre. Et vous ne voyez pas que la mollesse de vos décrets vous fait perdre toute dignité, et à lui toute crainte. Il a raison, en effet; ses rapines lui ont valu le consulat, et la sédition une province avec une armée. Qu'aurait-il obtenu pour des services, celui dont vous avez si bien récompensé les crimes?

Mais ceux qui, jusqu'au dernier moment, n'ont dans leurs décrets parlé que de députations, de paix, de concorde, et d'autres choses semblables, ont apparemment trouvé grâce devant lui! Loin de là, il les méprise et les juge indignes de participer en quoi que ce soit à la chose publique; il ne voit en eux qu'une proie, parce qu'ils sollicitent aujourd'hui la paix aussi lâchement qu'ils se la sont laissé ravir.

III. Quant à moi, dès que je vis l'Étrurie se soulever, les proscrits rappelés, et le déchirement de la république préparé par des largesses, je pensai qu'il fallait se hâter, et je suivis, avec un petit nombre, l'avis de Catulus. Au reste, ceux qui, vantant les services de la maison Emilia, et cette clémence qui a contribué à l'agrandissement du peuple romain, disaient que Lepidus n'avait encore fait aucune démarche séditieuse, lors même que, de son autorité privée, il avait armé pour la ruine de la liberté; ceux-là, dis-je, en cherchant pour eux-mêmes et du pouvoir et des appuis, faussèrent nos délibérations publiques.

Cependant Lepidus n'était alors qu'un brigand à la tête de misérables valets d'armée et de quelques sicaires, tous faisant métier d'engager leur vie pour une journée de salaire. Aujourd'hui c'est un proconsul revêtu d'un commandement, non plus acheté, mais conféré par vous-mêmes; il a des lieutenants, tenus légalement jusqu'ici de lui prêter obéissance. Vers lui sont également accourus les hommes les plus corrompus d'entre les citoyens de tous les ordres, aiguillonnés par l'indigence et par leurs passions, bourrelés par la conscience de leurs crimes, gens pour qui le repos, ce sont les séditions, et les alarmes, la paix. Ces gens-là sèment trouble sur trouble, et guerre sur guerre : autrefois satellites de Saturninus, ensuite de Sulpicius, puis de Marius et de Damasippe, de Lepidus aujourd'hui.

Regardez autour de vous : l'Étrurie est prête à rallumer les feux d'une guerre mal éteinte; on soulève les Espagnes; Mithridate, sur les flancs de nos provinces, dont les tributs fournissent encore à notre subsistance, attend impatiemment le jour qui ramènera la guerre : enfin, à l'exception d'un chef capable, rien ne manque pour la ruine de la république.

IV. Je vous en conjure, sénateurs, apportez-y la plus sérieuse attention; ne souffrez pas que la fureur contagieuse des séditions atteigne ceux qui sont encore purs de ses excès. En effet, lorsque les récompenses appartiennent aux méchants, on n'est guère d'humeur à rester gratuitement homme de bien.

et Catuli consilia cum paucis sequutus sum. Ceterum, illi qui gentis Æmiliæ benefacta extollebant et ignoscendo populi romani magnitudinem auxisse, nusquam etiam tum Lepidum progressum aiebant, quum privata arma opprimundæ libertatis cepisset, sibi quisque opes aut patrocinia quærendo, consilium publicum corruperunt.

At tum erat Lepidus latro, cum calonibus et paucis sicariis, quorum nemo non diurna mercede vitam mutaverit. Nunc est proconsul cum imperio, non empto, sed dato a vobis; cum legatis, adhuc jure parentibus. Et ad eum concurrere homines omnium ordinum corruptissumi, flagrantes inopia et cupidinibus, scelerum conscientia exagitati, quibus quies in seditionibus, in pace turbæ sunt. Hi tumultum ex tumultu, bellum ex bello serunt; Saturnini olim, post Sulpicii, dein Marii Damasippique, nunc Lepidi satellites.

Præterea Etruria atque omnes reliquiæ belli arrectæ; Hispaniæ armis sollicitatæ; Mithridates, in latere vectigalium nostrorum, quibus adhuc sustentamur, diem bello circumspicit; quin, præter idoneum ducem, nihil abest ad subvertendum imperium.

IV. Quod ego vos oro atque obsecro, P. C., ut animadvortatis; neu patiamini licentiam scelerum, quasi rabiem, ad integros contactu procedere. Nam, ubi malos præmia sequuntur, haud facile quisquam gratuito bonus est.

An exspectatis dum, exercitu rursus admoto, ferro atque flamma Urbem invadat? quod multo propius est ab eo, quo agitat, statu, quam ex pace et concordia ad arma civilia quæ ille advorsum divina et humana omnia cepit non pro sua, aut quorum simulat, injuria, sed legum ac libertatis subvertundæ. Angitur enim ac laceratur animi cupidine et noxarum metu; expers consilii, inquies, hæc atque illa tentans, metuit otium, odit bellum; luxu atque licentia carendum videt, atque interim abutitur vestra secordia.

V. Neque mihi satis consilii metum an ignaviam, an dementiam eam appellem; qui videmini intenta mala, quasi fulmen, optare, se quisque ne attingat; sed prohibere, ne conari quidem. Et, quæso, considerate quam conversa rerum natura sit. Antea malum publicum occulte, auxilia palam, instruebantur; et eo boni malos facile anteibant : nunc pax et concordia disturbantur palam; defenduntur occulte; quibus illa placent, in armis sunt; vos, in metu.

Quid exspectatis? nisi forte pudet an piget recte facere? an Lepidi mandata animos movent, qui placere ait sua cuique reddi, et aliena tenet : belli jura rescindi, quum ipse armis cogat : civitatem confirmari, qui ademptam negat : concordiæ gratia plebi tribunitiam potestatem restitui, ex qua omnes discordiæ accensæ?

VI. Pessime omnium atque impudentissime! tibine egestas civium et

Attendez-vous qu'avec une armée, qui pour la seconde fois menacera vos murs, il se rende, le fer et la flamme à la main, maître de la ville? Et, au point où il en est, n'a-t-il pas, pour en venir à cette extrémité, moins de chemin à faire qu'il n'en avait pour passer de la paix à la guerre civile, que contre toutes les lois divines et humaines il a allumée, non pour venger ses propres injures, ni ceux qu'il feint de protéger, mais pour renverser les lois et la liberté? Dévoré, tourmenté par l'ambition, par l'effroi de ses crimes; inconsidéré, inquiet, sans suite dans ses projets, il craint le repos et redoute la guerre; il prévoit qu'il lui faudra renoncer à ses dissolutions, à ses désordres; et, en attendant, il profite de votre inaction.

V. Est-ce, chez vous, crainte, abattement ou démence, je ne le saurais dire, car chacun, à la vue des maux qui vont fondre sur nous, semble, comme s'il s'agissait de la foudre, désirer de n'être pas atteint; mais, s'en garantir, aucun n'y songe. Considérez, je vous prie, combien les choses ont changé. Autrefois c'était en secret que se tramaient les complots contre l'État, ouvertement qu'on les réprimait; ainsi les gens de bien prévenaient facilement les desseins des méchants. Aujourd'hui la paix et l'union sont troublées ouvertement, et l'on se cache pour les défendre; les perturbateurs sont en armes, vous dans la crainte.

Qu'attendez-vous? rougiriez-vous ou craindriez-vous de bien faire? Seriez-vous touchés des décrets de Lepidus, lui qui veut que l'on restitue à chacun son bien, et qui retient celui d'autrui; que l'on abroge les lois dictées par la violence, et qui nous dicte les siennes les armes à la main; que l'on rende le droit de cité, lui qui prétend qu'il n'a pas été ravi; et que, pour ramener la concorde, on rétablisse dans ses prérogatives cette puissance tribunitienne, qui fut le flambeau de toutes nos discordes?

VI. Homme détestable et sans pudeur! quel souci prends-tu donc de la misère et de la désolation de tes concitoyens, puisque, dans ta patrie, tu n'as rien qui ne soit le fruit de la violence ou de la rapine! Tu demandes un second consulat, comme si tu t'étais démis du premier; tu veux la concorde, et ce sont tes armes qui la détruisent! Traître envers nous, sans foi pour tes complices, tu es l'ennemi de tous les gens de bien; comme tu te joues et des hommes et des dieux que tu as offensés, les uns par ta perfidie, les autres par tes parjures! Eh bien! puisque tel est ton caractère, persévère dans tes desseins, reste en armes, je t'y exhorte; du moins, ton humeur inquiète, en suspendant tes entreprises séditieuses, ne nous tiendra pas en d'éternelles perplexités. Nos provinces, nos lois, nos dieux pénates, ne verront plus en toi qu'un citoyen. Achève comme tu as commencé, afin de trouver plus promptement le prix que tu as mérité.

VII. Et vous, sénateurs, jusques à quand laisserez-vous par vos retardements la république sans défense, et n'opposerez-vous aux armes que des paroles? Des troupes sont levées contre vous; les caisses publiques et particulières ont été mises à contribution; on a mis, on a déplacé des garnisons; on vous impose arbitrairement des lois; et vous vous contentez de voter des députations et des décrets! Eh! ne voyez-vous pas que, plus vous demanderez la paix avec instance, plus il poussera la guerre avec vigueur, convaincu qu'il sera que c'est votre défaut d'énergie, et non la justice de sa cause, qui fait toute sa force. Tel allègue son horreur des troubles et de la guerre civile, et veut qu'en présence de Lépidus en armes vous restiez désarmés, qui prétend sans doute aussi que vous vous soumettiez d'avance au sort des vaincus, quand vous pourriez le faire subir; vous parler ainsi de paix, c'est lui conseiller la guerre contre vous.

Si un tel conseil vous agrée, si vous portez l'apathie au point qu'oubliant les crimes de Cinna, dont le retour à Rome fut marqué par l'avilissement

luctus curæ sunt, cui nihil est domi, nisi armis partum, aut per injuriam? Alterum consulatum petis, quasi primum reddideris : bello concordiam quæris, quo parta disturbatur. Nostri proditor, istis infidus, hostis omnium bonorum : ut te neque hominum neque deorum pudet, quos perfidia aut perjurio violasti! Qui, quando talis es, maneas in sententia, et retineas arma, te hortor, neu prolatandis seditionibus, inquies ipse, nos in sollicitudine retineas. Neque te provinciæ, neque leges, neque dii penates civem patiuntur. Perge, qua cœpisti, ut quam maturrume merita invenias.

VII. Vos autem, P. C., quousque cunctando rempublicam intutam patiemini, et verbis arma tentabitis? Delectus adversum vos habiti, pecuniæ publicæ et privatim extortæ; præsidia deducta atque imposita; ex lubidine leges imperantur; quum interim vos legatos et decreta paratis, et quanto, mehercule! avidius pacem petieritis, tanto bellum acrius erit; quum intelleget se metu magis quam æquo et bono sustentatum. Nam qui turbas et cædem civium odisse ait, et ob id, armato Lepido, vos inermes retinet; quæ victis toleranda sunt, ea quum facere possitis, patiamini potius censet : ita illi a vobis pacem, vobis ab illo bellum suadet.

Hæc si placent; si tanta torpedo animos oppressit, ut, obliti scelerum Cinnæ, cujus in Urbem reditu decus ordinis ejus interiit, nihilominus vos, atque conjuges et liberos Lepido permissuri sitis : quid opus decretis? quid auxilio Catuli? Quin, is et alii boni rempublicam frustra curant.

VIII. Agite, uti lubet; parate vobis Cethegi, atque alia proditorum patrocinia, qui rapinas et incendia instaurare cupiunt, et rursus advorsum deos penates manus armare. Sin libertas et bella magis placent, decernite digna nomine, et augete ingenium viris fortibus. Adest novus exercitus, ad hoc, coloniæ veterum militum, nobilitas omnis, duces optumi : fortuna meliores sequitur : jam illa, quæ collecta sunt, secordia nostra, dilabentur.

Quare ita censeo, quoniam Lepidus exercitum, privato consilio paratum, cum pessumis et hostibus reipublicæ, contra hujus ordinis auctoritatem ad Urbem ducit; ut Appius Claudius, interrex, cum Q. Catulo proconsule, et ceteris quibus imperium est, Urbi præsidio sint, operamque dent, ne quid respublica detrimenti capiat.

de notre ordre, vous abandonniez encore à Lepidus et vos épouses et vos enfants, qu'avez-vous besoin de décrets? à quoi bon le secours de Catulus? C'est bien en vain que lui et d'autres bons citoyens songeraient au salut de la république.

VIII. Faites à votre gré; ménagez-vous le patronage de Cethegus, et l'appui de ces traîtres qui brûlent de recommencer les pillages, les incendies, et d'armer une seconde fois leurs bras contre vos dieux pénates. Mais, si vous jugez préférables la liberté et la guerre, rendez des décrets conformes à votre dignité, et qui relèvent le courage de nos braves citoyens. Vous avez pour vous une armée nouvelle, les colonies de légionnaires vétérans, toute la noblesse, d'excellents généraux. La fortune est toujours aux plus braves; et bientôt ces forces, dont nos irrésolutions ont favorisé le rassemblement, seront facilement dissipées.

Voici donc mon avis : attendu que Lepidus, après avoir, de son autorité privée, levé une armée composée des plus mauvais citoyens et des ennemis de la république, marche sur Rome, au mépris de l'autorité du sénat, l'interroi Appius Claudius, de concert avec Q. Catulus, proconsul, et tous les magistrats, qui ont un commandement, seront préposés à la garde de la ville, et veilleront à ce que la république ne reçoive aucun dommage.

Ce discours releva les esprits des sénateurs : la proposition de Philippe fut convertie en sénatus-consulte; bien que chacun reconnût dans Catulus

L.
Sanctus aliter et ingenio validus,

L.
Un homme irréprochable d'ailleurs, et d'un esprit énergique.

LI.
Belli sane sciens,

LI.
Et qu'il fût même assez versé dans l'art de la guerre,

on lui adjoignit Pompée dans le commandement. Tous deux allèrent camper sur le mont Janicule, et occupèrent le pont Milvius. Le chef des rebelles avait espéré qu'à son approche le peuple se soulèverait; trompé dans son attente,

LII.
Lepidus commença à se repentir de son entreprise.

LII.
Lepidus pœnitens consilii.

Mais il n'était plus temps. Les soldats de Catulus et de Pompée,

LIII.
Combattant sous les yeux de leurs familles, de leurs concitoyens, du peuple entier,

LIII.
In ore gentibus agens, populo, civitati,

chargèrent avec tant d'ardeur, que du premier choc ils mirent le désordre dans les rangs de l'armée ennemie. Le peuple, voyant plier les troupes de Lepidus, voulut prendre part à l'affaire,

LIV.
Et se mit à leur courir sus par derrière;

LIV.
Atque eos a tergo incurrerunt;

puis à insulter leur général,

LV.
L'appelant à haute voix tyran et nouveau Cinna.

LV.
Tyrannumque et Cinnam appellantes.

LVI.
Pressés de tous côtés par la multitude,

LVI.
Pressi undique multitudine,

les vaincus fuient dans toutes les directions, et, tandis que Pompée se met à leur poursuite, Catulus rentra dans Rome,

LVII.
Aux acclamations de ses concitoyens, qui le félicitaient de sa victoire.

LVII.
Et ei voce magna vehementer gratulabantur.

La Gaule Cisalpine se soumit sans coup férir aux armes de Pompée; Brutus seul, dans Modène, opposa quelque résistance; mais il capitula bientôt. Au mépris de la foi jurée, Pompée le fit mourir avec cette même cruauté froide qu'il avait montrée à l'égard de Carbon. Cependant Lepidus s'était réfugié avec Perpenna sous les murs de Cosa, ville maritime d'Étrurie. Catulus les y suivit; mais, jaloux

LVIII.
De remporter une victoire qui ne coûtât point de sang à son armée,

LVIII.
Incruento exercitu victoriam deportare,

il se contenta de bloquer étroitement ses ennemis, et

FRAGMENTS.

LIX.
Locum editiorem quam victoribus decebat, capit.

LIX.
Prit, sur une hauteur, un avantage de position peu séant pour un vainqueur.

Le sénat, rassuré sur l'issue prochaine de cette guerre, s'occupa de l'élection des consuls. Junius fut élu le premier ; mais, quand on passa au scrutin pour la seconde place, les premières centuries donnèrent leurs suffrages à Mamercus Emilius ; les suivantes, au contraire, avant d'avoir voté, se déclarèrent d'avance pour Curion ; alors l'interroi Appius, qui présidait l'assemblée,

LX.
Curionem quæsivit, uti adolescentior, et a populi suffragiis integer, ætati concederet Mamerci.

LX.
Pria Curion, qui était le plus jeune, puisque les suffrages n'étaient pas encore ouverts en sa faveur, d'avoir cette déférence pour l'âge de Mamercus.

Curion se désista, et Mamercus fut élu.

Cependant un combat se livra devant Cosa entre Lepidus et Catulus. Lepidus eut d'abord l'avantage ; mais Pompée, qui revenait en ce moment de la Gaule, lui arracha la victoire, et le contraignit de fuir en Sardaigne. Là, il espérait, en interceptant tous les convois, fatiguer par là disette le peuple romain ; mais le propréteur Valerius Triarius défendit vaillamment sa province, et Lepidus, partout repoussé, tomba malade de fatigue et de chagrin. Une disgrâce domestique vint encore aggraver ses peines. Parmi les lettres qu'on lui apporta d'Italie, il s'en trouva une qu'Apuleia, sa femme, écrivait à son amant, et dans laquelle, pour obtenir de lui un service important, elle lui disait

LXI.
Nihil ob tantam mercedem sibi jabnuituros] abnuiturum.

LXI.
Qu'après toutes les faveurs qu'elle lui avait accordées il ne pouvait rien lui refuser.

Elle s'exprimait ensuite sur son époux de la manière la plus injurieuse :

LXII.
Insanum aliter sua sententia, atque aliarum mulierum.

LXII.
C'était un vrai sot, non-seulement aux yeux de sa femme, mais au dire de toutes les autres.

Cette lettre donna, pour ainsi dire, à Lepidus le coup de la mort. On le vit,

LXIII.
Comme saisi d'un soudain accablement, perdre tout à coup la faculté de parler, d'entendre et de penser.

LXIII.
Sic vero, quasi formidine attonitus, neque animo, neque auribus, aut lingua competere.

Il s'empressa d'envoyer des lettres de divorce à son épouse coupable, et, dès lors ayant perdu le peu qu'il avait montré d'énergie, il parut moins, en Sardaigne, un chef de parti qu'un fugitif. Conduit à *Tharros*, bourgade sur la rive occidentale de l'île, on refusa d'abord de le recevoir ; mais ses serviteurs firent une peinture si touchante de la situation de leur maître ; ils rappelèrent si vivement les égards que méritaient sa naissance et sa dignité,

LXIV.
Enfin ils supplièrent tous les habitants avec tant d'instances, au nom des misères et des vicissitudes humaines,

LXIV.
Postremo ipsos colonos per miserias et incerta humani generis orare,

que ceux-ci lui donnèrent asile dans leur ville, où il mourut au bout de peu de jours. Sa mort, qui ne causa les regrets de personne, n'entraîna pas la ruine totale de son parti. Perpenna, qui venait d'obtenir quelque succès en Sicile, se hâta de venir en Sardaigne recueillir les débris de l'armée de Lepidus.

On peut dès lors regarder la guerre civile comme terminée, du moins au centre de la république ; mais,

LXV.
Bien que Lepidus eût été chassé de l'Italie avec toutes ses forces, le sénat ne s'occupa pas moins activement de soins importants et multipliés.

LXV.
M. Lepido cum omnibus copiis Italia pulso, segnior neque minus gravis, sed multiplex curâ patres exercebat.

LXVI.
En effet, l'Italie désolée par le brigandage, la fuite ou le massacre de ses habitants,

LXVI.
Quippe vasta Italia rapinis, fuga, cædibus,

appelait toute sa sollicitude. Des nations barbares ne cessaient d'infester les frontières de la Macédoine, que Cicéron, pour cette raison, appelait une pépinière de triomphateurs.

LXVII.
Toute l'Espagne Citérieure était en feu.

LXVII.
Ardebat omnis Hispania Citerior.

Les pirates de Cilicie parcouraient impunément toutes les

mers de la Grèce et de l'Italie, et se montraient jusque devant le port d'*Ostie*. Mais on avait à redouter

LXVIII.
Maxumeque ferocia regis Mithridatis in tempore bellaturi.

LXVIII.
Surtout l'humeur indomptable de Mithridate, toujours prêt à renouveler la guerre à la première occasion.

Le sénat sut par sa modération fermer les plaies intérieures de la république, qui, « étant pour ainsi dire blessée et malade, avait besoin de repos, n'importe à quel prix. » Il accorda, par un décret, l'amnistie à tous ceux qui avaient pris part à la guerre civile, et ce décret fut ratifié par le peuple. César, qui était alors tribun militaire, porta la parole dans cette occasion, et contribua plus que tout autre au rappel des bannis. Il insista sur la convenance de décider promptement ces mesures de réconciliation, et observa que le moment de les prendre ne pouvait être plus favorable

LXIX.
Nisi quum ira belli desenuisset.

LXIX.
Que celui où venaient de se ralentir les fureurs de la guerre.

L'amnistie fut publiée, et le beau-frère de César, L. Cornelius Cinna, fils du consul, s'empressa d'en profiter et de revenir d'Espagne avec ceux qu'il avait entraînés dans le parti de Lepidus; et, après tant de guerres, l'Italie jouit enfin pour quelques années d'une paix profonde.

LXX.
Septimium neque animo neque lingua compotem.

LXX.
Septimius qui ne savait gouverner ni sa tête ni sa langue.

LXXI.
Liberis ejus avunculus erat.

LXXI.
Il était l'oncle de ses enfants.

LXXII.
Perpenna tam paucis prospectus (profectus?) vera est æstimanda.

LXXII.
(Inintelligible.)

Après la tenue des comices, dans lesquels avaient été élus les consuls Decimus Junius Brutus et Mamercus Emilius Lepidus Livanius, leurs prédécesseurs Appius Claudius et P. Servilius, revêtus de la dignité proconsulaire, partirent, le premier pour la Macédoine, le second pour aller combattre les pirates. Il était urgent de mettre un frein à leurs brigandages.

LXXIII.
Itaque Servilius ægrotum Tarenti collegam prior transgressus.

LXXIII.
Aussi Servilius, laissant son collègue malade à Tarente, traversa le premier la mer.

Ces forbans se nommaient Ciciliens et Isauriens, parce qu'ils avaient leurs principaux établissements dans l'Isaurie et dans la Cilicie. De tout temps des pirates avaient infesté ces parages;

LXXIV.	LXXIV.
Les Cariens, peuple insulaire fameux par ses pirateries, et qui fut vaincu par Minos.	Cares insulares populi, piratica famosi, victi a Minoe.

Mais les pirates ne commencèrent à former une puissance redoutable que lors des troubles civils qui déchirèrent le royaume de Syrie, quand Tryphon, révolté contre Demetrius Nicator, trouva une place d'armes

LXXV.	LXXV.
Dans Coryque,	Apud Corycum,

forteresse de Cilicie, bâtie sur un roc escarpé, d'où les Ciliciens couraient les mers pour s'enrichir par le brigandage.

Servilius, arrivé en Orient, chassa d'abord les pirates d'un château-fort qu'ils occupaient dans l'île de Rhodes.

LXXVI.	LXXVI.
Il ne s'embarqua qu'après avoir désarmé les barques de Sida, dont les habitants étaient venus porter secours aux Rhodiens.	Ille vero portu solvit, postquam Sidetarum paronas exarmasset. Rhodiis enim auxilium laturi venerant.

Les pirates, vaincus, cherchèrent un refuge

LXXVII.	LXXVII.
Dans Olympe et dans Phaselis.	Ad Olympum atque Phaselida.

Servilius vint d'abord assiéger Olympe, que défendait Zenicetus, l'un des chefs des pirates. Il plaça son camp sur une hauteur,

LXXVIII.	LXXVIII.
D'où l'on découvrait toutes les campagnes de la Lycie et de la Pisidie.	Lyciæ Pisidiæque agros despectantem.

Olympe ne se rendit qu'après une vigoureuse résistance. Quant à Phaselis, entièrement peuplée de Lyciens, et qui ne s'était livrée aux pirates que par force, elle fit une moins longue défense : toutefois, comme ses trois ports pouvaient offrir aux forbans un asile couvert par la place même, le proconsul la détruisit, en accordant aux habitants des conditions assez favorables. Il marcha ensuite contre Nicon, le principal chef des pirates, qui,

LXXIX.	LXXIX.
Fessus in Pamphyliam se receperat.	Accablé de ses pertes, s'était retiré dans la Pamphylie.

Mais, apprenant qu'il avait dépassé le mont Taurus, Servilius

LXXX.	LXXX.
Iter vortit ad Corycum urbem inclutam pastusque nemore (specu et nemore) in quo crocum gignitur.	Dirigea sa marche vers Coryque, ville célèbre par sa grotte, et par un bois où croît le safran.

Par la prise de Coryque se terminèrent, cette année, les opérations de Servilius en Cilicie. Cependant son collègue Appius était occupé contre les Mèdes,

LXXXI.	LXXXI.
Feroces Dalmatas,	Les féroces Dalmates,

et d'autres peuplades thraces,

LXXXII.	LXXXII.
Genus armis ferox et servitii insolitum.	Race indomptable dans les combats, et inaccoutumée à la servitude.

Bien que sa maladie l'eût empêché de partir pour son département aussitôt que Servilius, ses lieutenants

LXXXIII.	LXXXIII.
Maturaverunt exercitum Dyrrachium cogere.	Se hâtèrent de faire passer son armée à Dyrrachium.

Appius, rétabli, obtint quelques succès sur les Thraces, et repoussa une tribu d'origine sarmate,

LXXXIV.	LXXXIV.
Gens raro egressa finibus suis,	Peuple rarement sorti de ses limites,

qui venait cependant de faire une irruption sur les frontières de la Macédoine. Le proconsul les força de demander la paix ; mais ce ne fut pas lui qui en dicta les conditions ; car il mourut, l'anné suivante, des fatigues qu'il avait essuyées dans cette campagne.

Un seul homme avait pu résister à la fortune de Sylla : c'était Sertorius, qui égalait Marius en talents militaires, mais le surpassait par des vertus dignes de briller ailleurs que dans des troubles civils. Il s'était distingué dans la guerre qui éclata en Italie,

LXXXV.
Après la défection des alliés et du Latium.

LXXXV.
Post defectionem sociorum et Latii.

Mais il était encore éloigné du moment où il devait s'élever au premier rang dans la république, qui se voyait alors illustrée

LXXXVI.
Par de si grands capitaines et des hommes d'État fermes et énergiques.

LXXXVI.
Maxumis ducibus, fortibus strenuisque ministris.

LXXXVII.
Tribun militaire, il se couvrit de gloire en Espagne, sous les ordres de T. Didius. Il se rendit infiniment utile dans la guerre des Marses, en rassemblant des troupes et des armes. Les succès que l'on dut alors à sa bonne conduite n'ont pas été célébrés, d'abord parce qu'il était encore peu connu, puis à cause de la partialité haineuse des historiens. Il se plaisait à montrer de près sa face sillonnée de plusieurs cicatrices et privée d'un œil. Loin de s'affliger de cette disgrâce corporelle, il s'en réjouissait fort, glorieux qu'il était de ne conserver que les débris de lui-même.

LXXXVII.
Magna gloria tribunus militum in Hispania T. Didio imperante; magno usu, bello marsico, paratu militum et armorum fuit. Multaque tum ductu ejus curata, primo per ignobilitatem, deinde per invidiam scriptorum, incelebrata sunt. Cominus faciem suam ostentabat, aliquot divorsis cicatricibus, et effosso oculo. Quo ille dehonestamento corporis maxume lætabatur : neque illis anxius, quia reliqua gloriosius retinebat.

De retour à Rome, il brigua le tribunat ; mais, repoussé par la faction de Sylla, il se jeta dans le parti populaire, et prit part à l'entreprise audacieuse de Cinna, du vieux Marius et de Carbon, qui rentrèrent dans Rome à main armée, dès que Sylla eut quitté l'Italie pour aller combattre Mithridate. Tandis que ses collègues ensanglantaient Rome par des massacres, Sertorius montra seul quelque modération. Il obtint la préture, puis, l'année suivante, l'Espagne pour département. Sylla, de retour en Italie avec son armée victorieuse, vint encore une fois abattre ses adversaires. Aussitôt après la défection de l'armée du consul Scipion Asiaticus, dont il était lieutenant, Sertorius se retira en Espagne. Il ne put d'abord s'y maintenir, Annius, l'un des généraux de Sylla, ayant forcé les Pyrénées avec une puissante armée. Hors d'état de tenir la campagne,

LXXXVIII.
Ni même d'opérer sa retraite avec si peu de troupes, Sertorius songeait à fuir sur ses vaisseaux.

LXXXVIII.
Quum Sertorius neque erumperet, tam levi copia, navibus fugam maturabat.

Il fit voile pour l'Afrique, où il demeura quelques années, et se fit connaître par d'aventureuses expéditions. Alors

LXXXIX.
Traditur fugam in longinqua Oceani agitavisse.

XC.
Cujus duas insulas propinquas inter se et decem stadium procul a Gadibus sitas, constabat suopte ingenio alimenta mortalibus gignere.

XCI.
Insulæ Fortunatæ inclutæ Homeri carminibus.

LXXXIX.
Il médita, dit-on, le projet de fuir au loin à travers l'Océan,

XC.
Là où deux îles rapprochées l'une de l'autre, et distantes de Gadès de dix mille stades, passaient pour produire d'elles-mêmes ce qui est nécessaire à la nourriture des hommes.

XCI.
Ce sont les îles Fortunées, illustrées par les chants d'Homère.

Là ne se borna point le merveilleux des récits que l'on fit à Sertorius sur ces contrées lointaines.

XCII.
Maurique vanum genus, ut alia Africæ, contendebant antipodas ultra Æthiopiam cultu Persarum justos et egregios agere.

XCIII.
Rumore primo

XCII.
... Et les Maures, nation menteuse comme toutes celles de l'Afrique, soutenaient qu'au-delà de l'Éthiopie existaient des peuples antipodes, justes et bienfaisants, dont les mœurs étaient semblables à celles des Perses.

XCIII.
Au premier bruit

du projet de Sertorius, une partie de ses soldats menaça de l'abandonner, et il se vit forcé d'y renoncer. Bientôt les Lusitaniens, qui espéraient trouver en lui un nouveau Viriathe, l'appelèrent à se mettre à leur tête. Mais la flotte romaine, commandée par Cotta, était là pour s'opposer à son passage.

XCIV.
Itaque Sertorius, levi præsidio relicto in Mauritania, nactus obscuram noctem, æstu secundo, furtivaque celeritate, vitare prœlium in transgressu conatus est.

XCV.
Transgressos omnis recepit mons Ballera, præceptus a Lusitanis.

XCIV.
En conséquence Sertorius, après avoir laissé une garnison peu nombreuse en Mauritanie, choisit une nuit obscure; puis, par une brise favorable, par le secret et la promptitude, il s'efforça d'effectuer sans combat la traversée.

XCV.
Toutes ses troupes, étant passées, prirent position sur le mont Ballera, que lui avaient indiqué les Lusitaniens.

Il avait sous ses ordres deux mille fantassins et sept cents cavaliers de toutes nations, qu'il appelait Romains, et auxquels vinrent aussitôt se joindre quatre mille Lusitaniens. Il défit d'abord Cotta dans un combat naval, près de Mellaria, ville du détroit de Gadès.

XCVI.
La valeur se trahit du moment qu'elle hésite.

XCVI.
Incerta est fortitudo, dum pendet.

XCVII.
Habile dans l'art militaire,

XCVII.
Militiæ peritus,

Sertorius résolut de surprendre l'ennemi par la rapidité de ses mouvements. Apprenant que Fusidius, gouverneur de Bétique, veut, avec des troupes, lui disputer le passage du Bétis, il vient prendre position sur la rive méridionale de ce fleuve.

XCVIII.
Bientôt Fusidius, survenant avec ses légions, reconnaît, à l'inégalité du terrain, et à la difficulté que doit offrir le gué à des gens obligés de combattre, que tout est plus favorable à l'ennemi qu'aux siens.

XCVIII.
Et mox Fusidius adveniens cum legionibus, postquam tantas asperitates, haud facilem pugnantibus vadum, cuncta hosti quam suis obportuniora videri.

Sertorius, profitant de son incertitude, se met en devoir de passer le fleuve dans des barques : les unes étaient de grandeur à soutenir la charge de ses troupes, et à résister au courant ;

XCIX.
Les autres, s'étant un peu trop rapidement avancées, surchargées qu'elles étaient d'un poids à la fois excessif et vacillant, la crainte agitant les corps des passagers, semblaient prêtes à s'enfoncer.

XCIX.
Earum aliæ paullulum progressæ, nimio simul et incerto onere, quum pavor corpora agitaverat, deprimebantur.

Alors Sertorius, au moyen de câbles,

C.
Les lia ensemble, de manière à former une chaîne.

C.
Nexuit catenæ modo.

Arrivé sur l'autre rive, il exhorta ses troupes, en leur disant que, s'ils en sortaient vainqueurs,

CI.
Ce combat serait en quelque sorte un présage pour toute la guerre.

CI.
Pugnam illam pro omine belli futuram.

Puis, aussitôt, il fond sur les ennemis avec une telle impétuosité, que

CII.
Ils n'eurent le temps ni de se retirer ni de se ranger en bataille.

CII.
Neque se recipere aut instruere proelio quivere.

FRAGMENT

CIII.
Equi, sine rectore, exterriti, aut saucii consternantur.

CIII.
Leurs chevaux, sans guide, sont emportés par la terreur, ou succombent sous les blessures.

Après cette victoire, Sertorius continua sa route vers les confins de la Bétique, et arriva à Ébora,

CIV.
Lusitaniæ gravem civitatem.

CIV.
Ville importante de la Lusitanie.

De là il passa dans la Celtibérie, dont les habitants l'accueillirent comme un libérateur, et il se vit maître jusqu'à l'Èbre. Cependant le proconsul Q. Cécilius Metellus Pius passa ce fleuve, à son tour, et fit quelques progrès le long de la mer, dans le pays des des Turdétans. Metellus,

CV.
Doctus militiam,

CV.
Savant dans l'art de la guerre,

grâce à sa longue expérience, et, malgré son âge,

CVI.
In prœliis actu promptus,

CVI.
Homme d'action dans les combats,

était sans doute pour Sertorius un adversaire redoutable; mais celui-ci confondit toute la science du proconsul, et rendit inutile, pour les légions romaines, l'avantage du nombre, en lui faisant cette guerre de partisans, si propre au territoire et à l'habitant de l'Espagne. Ainsi, sans avoir combattu, Metellus éprouvait tous les embarras et tous les maux des vaincus. Dans cette position,

CVII.
Domitium proconsulem ex citeriore Hispania cum omnibus copiis, quas paraverat, arcessivit.

CVII.
Il invita à venir le joindre, du fond de l'Espagne citérieure, le proconsul Domitius, avec tout ce qu'il pouvait avoir de troupes disponibles.

Il réclama également les secours de Lollius, préteur de la Gaule narbonnaise; enfin il détacha Thorius, un de ses lieutenants, pour aller au-devant de L. Domitius. Hirtuleius, questeur de Sertorius, défit L. Domitius, puis tailla en pièces Thorius, qui fut tué dans l'action. Après ce double succès, Hirtuleius et son frère se disposent à rejoindre Sertorius.

CVIII.
Itineris eorum Metellus per litteras gnarus,

CVIII.
Metellus informé du chemin qu'ils prennent par une dépêche

interceptée, quitte subitement la direction qu'il suit pour se replier sur la Tarraconnaise. Ce mouvement rapide, habilement dérobé à l'ennemi,

CIX.
Puis l'occupation d'une colline très-élevée, près d'Ilerda, et les ouvrages considérables dont il avait entouré son camp,

CIX.
Occupatusque collis editissumus Ilerdam et cum multa opera circumdata (castra),

ne purent le rassurer contre un adversaire si redoutable :

CX.
Sortant de ce poste, il se mit en devoir d'incendier les bourgs et les châteaux, et porta la flamme dans les campagnes abandonnées par les laboureurs en fuite ; et cela, sans pouvoir s'affranchir l'esprit de la crainte que lui inspirait un peuple si propre à la guerre de surprise.

CX.
Illo profectus, vicos castellaque incendere, et, fuga cultorum deserta, igni vastare : neque elato, aut securo esse animo, metu gentis ad furta peridoneæ.

Cependant Sertorius, trouvant le camp de Metellus abandonné, se met à sa poursuite.

CXI.
Malgré l'infériorité du nombre, il ne cesse de les harceler dans toutes les directions.

CXI.
Dum inferior omni via grassaretur.

Les soldats romains, fatigués, voulurent forcer leur général d'accepter le combat singulier que lui proposait Sertorius pour terminer la guerre ; mais Metellus ne tint pas compte de ce défi. Toutefois, voulant satisfaire son armée par quelque expédition glorieuse, il résolut de mettre le siége devant Leucobrige, dont Sertorius tirait de grands secours. Il quitta donc son camp,

CXII.
Et de là, sans s'arrêter à s'approvisionner ou à prendre du repos, il marcha jour et nuit vers cette ville.

CXII.
Ac inde nulla munitionis aut requiei mora processit ad oppidum.

Sertorius sut déjouer son dessein : il ordonna d'emplir d'eau deux mille outres, destinées aux habitants de Lecobrige, promettant une récompense pécuniaire pour chaque outre. Nombre d'Espagnols et de Maurusiens se présentèrent.

CXIII.
Parmi eux, de préférence,

CXIII.
Quos inter maxume,

Sertorius choisit les plus dispos, et, prenant par le plus court chemin, il ravitailla promptement la place. Metellus, qui dans son camp commençait à manquer de vivres, envoie à la provision Aquinus, un de ses lieutenants, avec six mille hommes. Sertorius forme la résolution de surprendre cet officier :

CXIV.
Consedit in valle virgulta nemorosaque.

CXIV.
Il se place en embuscade dans un vallon couvert de broussailles et de bois.

La troupe d'Aquinus, attaquée à l'improviste, est mise en fuite, non sans perdre beaucoup de monde : le convoi est enlevé, et Metellus se voit contraint de lever le siége de Leucobrige. On peut juger de la joie des habitants lorsque, pour signal de départ,

CXV.
Jussu Metelli cornicines occanuere.

CXV.
Par ordre de Metellus, les trompettes se firent entendre.

Ce nouvel avantage remporté par Sertorius redouble pour lui l'enthousiasme des Espagnols. Rien n'égale l'attachement de ces peuples pour leurs chefs :

CXVI.
Se regibus devovent et post eum (eos) vitam refutant : adeo est illis ingenita sanctitas regii nominis !

CXVI.
Ils se dévouent pour les rois, et ne veulent pas leur survivre : tant, chez eux, est inné le respect pour le nom royal !

Sertorius fit l'épreuve de leur dévouement dans les revers qu'il dut éprouver. Ayant un jour été mis en fuite près d'une ville d'Espagne, les Romains le poursuivirent vivement. Harcelé par eux, il fait volte-face, se retranche de poste en poste,

CXVII.
Neque detrusus aliquotiens terretur.

CXVII.
Et, bien que plusieurs fois délogé, il ne perd pas courage.

Enfin arrivé, avec les siens, sous les murs de la ville,

CXVIII.
Sertorius portis turbam morantibus et nullo, ut in terrore solet, generis aut imperii discrimine, per calonum corpora, ad medium, quasi deinsuper adstantium manibus in murum adtollitur.

CXVIII.
Comme les portes retardaient l'écoulement de la foule, et que la terreur générale empêchait de se reconnaître et d'entendre le commandement, Sertorius, hissé sur les corps des valets d'armée, jusqu'au milieu de la muraille, fut porté au haut, sur les bras de ceux qui s'y trouvaient.

Cependant le sénat de Rome juge convenable d'adjoindre à Metellus Pompée, avec le titre de proconsul. En quarante jours, celui-ci lève une armée, se fraye, par les Alpes, un chemin plus facile que celui d'Annibal, traverse la Gaule et arrive dans la province romaine.

CXIX.
À [Narbonne, l'assemblée des Gaulois

CXIX.
Narbone concilia Gallorum

lui vote des hommes et des subsides. L'arrivée de Pompée en Espagne fit briller d'un nouvel éclat les talents de Sertorius. Pour aller à la rencontre du jeune proconsul, Sertorius avait à traverser un pays

CXX.
Sauvage,

CXX.
Agreste,

où les Characitains étaient postés

CXXI.
Dans les seuls chemins

CXXI.
Solis viis

qu'il lui fût possible de traverser. Ils étaient retranchés sur une montagne inaccessible. Dans l'impuissance de les en déloger, Sertorius ne voyait d'autre parti à prendre que

CXXII.
D'aller au-devant des ennemis, et de périr avec eux.

CXXII.
Obviam ire et commori hostibus.

Enfin il observa que la terre, au pied de la colline, était aussi légère que de la cendre, et que la bise qui règne constamment dans cette exposition, lorsque

CXXIII.
L'Orion s'élève au moment de l'équinoxe d'été,

CXXIII.
Orion oritur juxta solis æstivi pulsum,

donnait directement contre l'ouverture des cavernes. Il fit donc entasser en monceau, vis-à-vis de la colline, une longue traînée de cette terre friable. Dès le lendemain, au lever de l'aurore, le vent commence à chasser vers les Characitains des nuages de poussière qui devinrent intolérables, surtout

CXXIV.
Au milieu du jour,

CXXIV.
Medio diei,

lorsque, favorisés par la bise, les soldats de Sertorius se mirent à faire passer leurs chevaux sur cet amas de terre. Les Barbares aveuglés, suffoqués par la poussière, finirent par se rendre à discrétion, et laissèrent le passage libre à Sertorius, qui se dirigea vers Lauron pour en faire le siége. Pompée, espérant le prévenir, traverse à la hâte le territoire

CXXV.	CXXV.
Saguntium,	Sagontin,

et arrive à la vue de Lauron. Il veut se saisir d'une hauteur qui dominait cette ville ; Sertorius le prévient, et Pompée, loin de s'affliger de cet événement, se flatte de tenir son adversaire assiégé entre la place et sa propre armée. Il s'en vante même dans une lettre adressée aux habitants de la ville. Sertorius, à la lecture de cette dépêche interceptée, dit en souriant : « J'apprendrai bientôt à cet écolier de Sylla qu'un général doit toujours plutôt regarder derrière que devant lui. Je veux lui donner une si bonne leçon,

CXXVI.	CXXVI.
« Ad Jovis mandent nostra. »	« Que le temple de Jupiter en ait des nouvelles. »

En effet, six mille soldats d'élite, laissés par lui dans son ancien camp, tinrent Pompée dans la même position où il croyait avoir placé son adversaire. Les Romains n'allaient jamais à la provision sans être obligés de combattre. Pompée fait partir, sous les ordres de Tarquitius, toute sa cavalerie pour aller, le jour suivant, faire un grand fourrage. Informé de cette disposition,

CXXVII.	CXXVII.
Quibus a Sertorio triplices insidiæ per idoneos saltus positæ erant : prima quæ fronte venientes exciperet.	Sertorius leur dressa une triple embuscade, dans des bois propres à ce stratagème : la première devait prendre les fourrageurs en face.

Tout réussit à son gré. Pompée envoie aussitôt Lélius, son lieutenant, avec une légion, pour réparer le désordre : bientôt lui-même sort de son camp avec toute son armée. Alors celle de Sertorius descend de la colline en ordre de bataille. A cette vue,

CXXVIII.	CXXVIII.
Dubitavit acie pars	L'hésitation se manifeste dans une partie de la ligne

des Romains; Pompée n'ose risquer la bataille, il opère précipitamment sa retraite. Sertorius se rapproche de Laur on,

CXXIX.	CXXIX.
Et bientôt cette place importante, qui depuis plusieurs jours résistait à ses armes, fut domptée.	Et propere validam urbem, multos dies restantem pugnando, vicit.

Il y fit mettre le feu pour humilier son adversaire, qui put contempler les flammes de l'incendie.

Tel fut le triste début des campagnes si vantées de Pompée en Espagne. Nous verrons la suite répondre à de tels commencements, et laisser à l'historien la tâche pénible d'examiner si Pompée n'a pas fait d'autant moins pour sa gloire, que les acclamations des peuples l'ont flatté davantage : car non-seulement il éprouva des échecs en Espagne, en présence de Sertorius, mais encore bien loin de lui, contre les naturels du pays. Arrivé

CXXX.	CXXX.
Près de la ville de Léthé,	Apud Lethe oppidum,

ainsi nommée d'une petite rivière

CXXXI.	CXXXI.
A laquelle on a donné le nom d'Oubli,	Cui nomem Oblivionis condiderunt,

il voulut s'emparer de cette place; mais,

CXXXII.	CXXXII.
Repoussé de la ville de Léthé,	Repulsus a Lethe oppido,

il effectua sa retraite vers le pays des Vaccéens, et de là vers les Pyrénées.

La même année, en Macédoine, les lieutenants de Curion obtinrent quelques succès, dont le plus marqué fut l'occupation de Sardique, et

CXXXIII.	CXXXIII.
Il ne dut la prise de cette ville, après de grands ouvrages de siége, qu'à L. Catilina, son lieutenant.	Magnis operibus profectus (perfectis), oppidum cepit per L. Catilinam legatum.

En Italie, cette année fut marquée par des prodiges qui effrayèrent les esprits. Un tremblement de terre renversa presque en entier la ville de Réate.

CXXXIV.
Ventis per cava terræ citatis, rupti aliquot montes tumulique sedere.

CXXXIV.
Les vents s'étant engouffrés dans les cavités de la terre, des montagnes s'entr'ouvrirent, et des hauteurs s'affaissèrent.

A ce fléau se joignit la peste, qui prit naissance en Égypte. La crue du Nil y ayant dépassé les limites ordinaires, les eaux séjournèrent trop longtemps sur la terre, et, du limon formé par elles, naquit une infinité d'insectes et de reptiles.

CXXXV.
Nam ex aeris et aquæ corruptione frugibus infectis, gravis etiam animantibus pestilentia coorta est.

CXXXV.
Car, par suite de la corruption de l'air et des eaux, l'infection ayant atteint les productions de la terre, une affreuse contagion se répandit sur les animaux.

Le fléau pénétra en Europe,

CXXXVI.
Primum modo Iapydiam ingressus,

CXXXVI.
Après s'être d'abord introduit dans l'Iapydie,

puis sur toute la côte orientale de l'Adriatique, et il se répandit enfin en Italie. Des animaux, le mal gagna les hommes, et bientôt la disette et la famine vinrent s'y joindre.

CXXXVII.
Inde morbi graves ob inediam insolitam vescentibus,

CXXXVII.
Aussi, de graves maladies atteignant les populations, à cause des étranges aliments dont la disette forçait de se nourrir,

CXXXVIII.
Ne simplici quidem morte moriepantur.

CXXXVIII.
Ne succombait-on pas à un seul genre de mort.

FRAGMENTS DU DEUXIÈME LIVRE.

La famine et l'épidémie ne furent pas les seuls fléaux qui désolèrent Rome cette année. On y vit renaître les débats politiques qui avaient cessé depuis la mort de Sylla. L'année précédente, le tribun Sicinius avait voulu proposer une loi tendant à rendre au tribunat ses prérogatives. Curion, l'un des consuls, s'était vivement opposé à cette prétention, et c'est même ce qui avait retardé son départ pour la Macédoine. Sicinius et ses adhérents ne lui répondirent que par d'indécentes plaisanteries, et

CXXXIX.	CXXXIX.
Comme Curion avait dans les gestes et dans la parole quelque chose de vif et de saccadé, ils lui donnaient le nom de Burbuleius, bouffon à demi fou.	Quia corpore et lingua percitum, et inquietem, nomine histrionis vix sani, Burbulcium appellabant.

L'insolence de Sicinius le perdit : on le trouva mort peu de temps après, et Curion passa pour n'être pas étranger à ce sinistre événement.

En Cilicie, Servilius ouvrit la campagne par le passage du mont Taurus, que jusqu'à lui les Romains n'avaient jamais franchi. Après s'être assuré du pays des Oryndiens, il entra dans le canton des Solymes, où sont les pics les plus élevés du mont Taurus, et dont plusieurs

CXL.	CXL.
Dépassent de deux mille pas la hauteur de tous les sommets environnants.	Omnes qui circum sunt præminent altitudine millium passuum duorum.

Servilius était peu disposé à attaquer les Solymes ainsi défendus par leurs montagnes inaccessibles ; heureusement pour les Romains, Nicon, qui s'était réfugié dans ce pays, y avait été reçu d'une manière assez équivoque ; il venait de se jeter dans Isaure. Le proconsul obtient donc sans peine la soumission des Solymes et des ôtages. Alors il entra dans l'Isaurie, et vint en assiéger la capitale, place très-forte, bien approvisionnée, et que défendait une garnison résolue de résister jusqu'à la dernière extrémité ; mais elle n'était alimentée par d'autre eau

CXLI.	CXLI.
Que celle que lui fournit la rivière de Lurda, qui descend du mont Taurus.	Nisi qua flumen Lurda Tauro monte defluens.

Ce siège devait occuper Servilius pendant plusieurs mois, et ce ne fut que l'année suivante qu'il lui fut possible de retourner à Rome.

En Macédoine, le proconsul Appius Claudius, après avoir, dans l'état languissant de sa santé, épuisé le peu de vie qui lui restait en combattant les Mèdes, eut pour successeur Oreste, qui acheva de les réduire, et qui leur imposa un traité.

FRAGMENTS.

CXLII.
Eam deditionem senatus, per nuncios Orestis cognitam, approbat.

CXLII.
Le sénat, informé de cette soumission par les envoyés d'Oreste, en approuve les conditions.

Après la mort de Lépide, Perpenna, qui avait obtenu quelque succès en Sicile, se vit obligé de quitter cette île pour aller joindre ses troupes aux débris du parti Lépide en Sardaigne. Mon sujet semble m'inviter à donner un aperçu de la position de la Sardaigne, à rassembler quelques souvenirs sur ses antiquités.

CXLIII.
Sardinia in Africo mari facie vestigii humani, in orientem quam in occidentem latior prominet :

CXLIII.
La Sardaigne, qui, dans la mer d'Afrique, présente la figure de la plante d'un pied d'homme, s'élargit plus à l'orient qu'à l'occident.

CXLIV.
Inde Ichnusa appellata est

CXLIV.
De là elle a été appelée *Plante du pied*

par les Grecs, qui y abordèrent les premiers. Elle paraît avoir été originairement peuplée d'Aborigènes, et les côtes ne paraissent avoir été visitées par des étrangers

CXLV.
Trojanorum tempore, invadendarum terrarum caussa, fuerat navigatio.

CXLV.
Qu'au temps des Troyens, alors que la navigation avait pour objet d'aller envahir des terres éloignées.

Selon une autre tradition, quelques générations auparavant,

CXLVI.
Sardis Hercule procreatus cum magna multitudine a Libya profectus, insulam occupavit, et ex suo vocabulo insulæ nomen indidit.

CXLVI.
Sardis, fils d'Hercule, sorti de la Libye à la tête d'une nombreuse colonie, vint occuper cette île, et lui donna son nom.

Dans la suite,

CXLVII.
Apollinis filius et Cyrenes,

CXLVIII.
Aristæus, post laniatum a canibus Actæonem filium, matris instinctu Thebas reliquit et Coam insulam tenuit, primo adhuc hominibus vacuam; postea, ea relicta, cum Dædalo in Sardiniam transitum fecit.

CXLVII.
Un fils d'Apollon et de Cyrène,

CXLVIII.
Aristée, ayant vu son fils Actéon déchiré par ses chiens, quitta Thèbes, de l'avis de sa mère, et se fixa d'abord dans l'île de Cos, jusqu'alors inhabitée; plus tard, renonçant à ce séjour, il se transporta en Sardaigne, accompagné de Dédale.

On sait que, selon les mêmes traditions,

CXLIX.
Ce fut de la Sicile que, fuyant la colère et la puissance de Minos, Dédale partit

CXLIX.
Dædalum ex Sicilia profectum, quum Minonis fugeret iram atque opes

avec Aristée. Au surplus, là ne s'arrêta point la vie errante de ce célèbre artiste

CL.
Car Dédale s'était transporté en Sardaigne, puis à Cumes.

CL.
Dædalus primo Sardiniam, post delatus est Cumas.

Selon certains auteurs, Aristée trouva l'île déserte, d'une admirable fertilité, et peuplée d'une innombrable quantité de gros oiseaux. Selon d'autres, une ville de Nora avait été fondée en Sardaigne par Norax, fils de Mercure et d'une fille

CLI.
De Géryon,

CLI.
Geryonis,

chef d'une colonie venue d'Espagne. On parle encore d'Olbia, fondée par le Thespien Jolaos, auquel s'étaient joints quelques Athéniens. Quoi qu'il en soit, la Sardaigne n'offrait sur ses côtes qu'un petit nombre d'établissements, sans aucun lien politique entre eux, jusqu'à l'arrivée de la colonie thébaine.

CLII.
Bientôt, à ce qu'on assure, Aristée signala son règne, en réunissant dans la ville de Caralis, dont lui-même était le fondateur, la population de l'une et l'autre race; il introduisit la conformité de mœurs chez les deux nations qui, jusqu'à lui, avaient vécu étrangères l'une à l'autre, et qui, n'ayant jamais connu le frein de l'autorité, ne l'avaient jamais repoussée.

CLII.
Mox Aristæum regnando his proximum asserunt in urbe Caralis, quam condiderat ipse, conjuncto populo utriusque sanguinis, sejuges usque ad se gentes ad unum morem conjugasse, imperium ex insolentia nihil aspernatas.

Enfin, après la ruine de Troie, la Sardaigne reçut une nouvelle colonie,

CLIII.
Lorsqu'une foule d'habitants, échappés au désastre de leur ville, vinrent se fixer en divers lieux du monde, comme Capys en Campanie, Helenus en Épire, Antenor en Vénétie, et d'autres en Sardaigne.

CLIII.
Quum multi evaserint trojanum periculum... orbis diversa tenuere, uti Capys Campaniam, Helenus Epirum, Antenor Venetiam, alii Sardiniam.

CLIV.
Cette contrée a cent quarante milles de long sur quarante de large.

CLIV.
Terra patet in longitudine mill. CXL., latitudine XL.

FRAGMENTS.

CLV.
In ea neque serpens gignitur, neque lupus, sed *solifuga* tantum, animal exiguum, hominibus perniciosum. Venenum quoque ibi non nascitur, nisi herba [quæ Sardoa dicitur] apiastro similis, quæ comesa ora rictus dolore contrahit, et quasi ridentes interimit.

CLV.
On n'y trouve ni serpents ni loups, mais seulement un petit animal nommé *solifuge*, dont la piqûre est fort dangereuse pour les hommes. Il n'y croit non plus aucune herbe vénéneuse, si ce n'est la plante *sardonique*, qui ressemble à de l'ache. Quand on en a mangé, elle contracte les muscles de la bouche, et tue en causant la convulsion du rire.

Un détroit assez resserré sépare la Sardaigne de la Corse, qui, dit-on, fut originairement peuplée par les Liguriens.

CLVI.
Sed, ut ipsi ferunt,

CLVI.
Mais, ainsi que ceux-ci le rapportent,

un taureau découvrit le premier leur île.

CLVII.
Nam quædam, Corsa nomine, Ligus mulier, quum taurum ex grege quem prope litora regebat, transnatare solitum, atque per intervalla, corpore aucto, remeare videret, cupiens scire incognita sibi pabula, taurum a ceteris degredientem usque ad insulam navigio prosequuta est. Cujus regressu insulæ fertilitatem cognoscentes Ligures, ratibus eo profecti, eamque nomine mulieris auctoris et ducis appellaverunt.

CLVII.
En effet, une femme ligurienne, nommée Corsa, ayant remarqué qu'un taureau quittait habituellement le troupeau qu'elle conduisait sur le bord de la mer, faisait un trajet à la nage, et quelque temps après revenait avec plus d'embonpoint, voulut savoir quels étaient ces pâturages qui lui étaient inconnus; et, pendant que le taureau s'éloignait du troupeau, elle le suivit sur une barque jusque dans une île. À son retour, les Liguriens, informés de la fertilité de cette île, y débarquèrent, et lui donnèrent le nom de la femme qui en avait découvert l'existence et le chemin.

Tradition évidemment fabuleuse; car, quand on songe à la distance des deux îles, il est impossible de supposer que ces fréquentes allées et venues

CLVIII.
Ne illa tauro parata sint.

CLVIII.
Aient pu être faites par un taureau.

Arrivé en Sardaigne, pour recueillir les débris du parti de Lépide, Perpenna grossit son armée des insulaires qui avaient servi sous ce chef de parti,

CLIX.
Genus militum suetum a pueritia latrociniis.

CLIX.
Espèce de soldats accoutumés dès l'enfance au brigandage.

Malgré cet accroissement de forces, ne se sentant pas en état de continuer seul la guerre civile dans une île qui pouvait si promptement recevoir des secours de Rome, et d'ailleurs ne pouvant licencier ses soldats,

CLX.	CLX.
Car (ils venaient) de loin, et de contrées diverses,	Nam procul et divorsis ex regionibus,

et la plupart d'ailleurs n'étaient que

CLXI.	CLXI.
Des bannis, sans asile et sans patrie,	Urbe, patriaque extorres,

il résolut de passer en Espagne. Mais Perpenna avait-il emmené de Sicile avec lui toutes ses troupes,

CLXII.	CLXII.
Ou firent-elles voile vers l'Espagne directement, ou en passant par la Sardaigne?	Perrexere in Hispaniam an Sardiniam?

c'est ce qu'il n'est pas facile de décider, vu la contradiction des témoignages. En effet, je lis quelque part que Perpenna

CLXIII.	CLXIII.
Prit en Gaule une ville qui a le nom de Calé.	In Gallia civitatem, quæ Cale dicitur, cepit.
CLXIV.	CLXIV.
Cependant Sertorius, de loisir pendant l'hiver, d'augmenter ses forces.	At Sertorius, vacuus hieme, augere copias.
CLXV.	CLXV.
De former son armée à la discipline de nos ancêtres.	Exercitum (more majorum) vertere

C'est ainsi qu'il eut bientôt sous ses ordres soixante mille fantassins et dix mille chevaux bien disciplinés, bien armés, et pleins d'ardeur.

Dans la ville d'Osca, au pays des Illergètes, il forma une académie pour la jeunesse ibérienne. Lui qui se plaisait à répéter

CLXVI.	CLXVI.
Que l'Espagne était pour lui, depuis bien longtemps, une patrie,	Hispaniam antiquam sibi patriam esse,

il fut pour ce peuple, à demi civilisé, un génie créateur : il le dota des mœurs, de la discipline et des institutions romaines. Il est vrai qu'il n'eut pas grand'peine à former à la guerre un peuple si naturellement épris de la gloire des armes. Les fêtes, la poésie nationale des Espagnols, sont toutes guerrières; les mères et les épouses contribuent à entretenir la jeunesse dans ces sentiments belliqueux.

CLXVII.
Hispanorum mos erat ut in bella euntibus juvenibus parentum facta memorarentur a matribus.

CLXVII.
C'était une coutume en Espagne que, lorsque les jeunes gens partaient pour la guerre, leurs mères leur rappelaient le souvenir des hauts faits de leurs pères.

CLXVIII.
Neque virgines nuptum a parentibus mittebantur, sed ipsæ belli promptissumos deligebant.

CLXVIII.
Les filles, pour se marier, n'attendaient point le vœu de leurs parents; mais elles-mêmes, parmi les plus braves à la guerre, se choisissaient un époux.

Il faut admirer chez Sertorius la constance de ses succès. Tout était dû à ses talents, à ses efforts personnels. Le héros de l'Espagne se faisait aimer par sa simplicité et sa modération.

CLXIX.
Ea continentia vir gravis, et nulla arte cuiquam inferior,

CLXIX.
Respectable par cette modération, et ne le cédant en rien à aucun autre,

il réunissait toutes les qualités du chef de parti. Cependant il était facile de prévoir que la guerre ne pourrait se terminer à son avantage. Toute la force de son parti était en lui seul, et l'on peut douter que la jonction de Perpenna eût ajouté à ses forces. Ce général, qui avait été contraint par ses troupes à se réunir à Sertorius, travaillait sourdement à détruire l'influence du collègue dont il était jaloux : de là un système de dénigrement tendant à diminuer l'influence de Sertorius auprès des peuples de l'Espagne.

CLXX.
Ad hoc rumoribus adversa in pravitatem, secunda in casum, fortunam in temeritatem declinando corrumpebant.

CLXX.
Dans ce but, par de perfides rumeurs, on attribuait ses revers à ses fautes, ses succès au hasard, et sa fortune à sa témérité.

CLXXI.
Sed Metellus in Ulteriore provincia

CLXXI.
Cependant ce fut dans la province Ultérieure que Metellus

passa l'hiver, où il était tenu en observation par les troupes d'Hirtuleius.

Pompée, qui avait ramené ses légions au pied des Pyrénées,

ne demeura point dans l'inaction ; mettant de côté la vieille discipline romaine,

CLXXII.
Pompée le disputait, pour le saut, au plus léger; pour la course, au plus agile; pour la lutte, au plus vigoureux. En effet, il ne pouvait se mettre en état de lutter avec Sertorius qu'en se livrant assidûment, lui et ses soldats, aux exercices qui pouvaient le rendre propre aux combats,

CLXXII.
Pompeius cum alacribus saltu, cum velocibus cursu, cum validis recte certabat. Neque enim aliter potuisset par esse Sertorio, nisi se et milites frequentibus exercitiis præparavisset ad prœlia,

aux mouvements, aux surprises de la guerre de chicane et de montagnes. Il les formait

CLXXIII.
A rester jour et nuit sur pied et à faire des patrouilles.

CLXXIII.
Noctu diuque vigilias et stationes tentare.

Son armée manquait de vivres : pour y pourvoir,

CLXXIV.
Il fit venir de l'argent emprunté

CLXXIV.
Argentum mutuum arcessivit

en son nom. Pour cette conduite, on doit des éloges à Pompée, qui toujours se montra

CLXXV.
Modéré sur tout autre article que le désir de dominer.

CLXXV.
Modestus ad omnia alia, nisi ad dominationem.

Cette modération, au dire de ses ennemis, n'était qu'affectation ; car, selon eux, sans aucun scrupule pour parvenir,

CLXXVI.
Pompée, au cœur aussi pervers que son visage était modeste,

CLXXVI.
Pompeius oris probi, animo inverecundo,

sacrifiait tout, sans pudeur, à son ambition. Seul, dans sa jeunesse, il se mit au-dessus de Sylla, comme depuis il devait toujours se mettre au-dessus des lois. Lorsqu'après la défaite des partisans de Marius, en Afrique et en Sicile, Sylla lui ordonna de licencier son armée, Pompée mit en délibération s'il ne tirerait pas l'épée plutôt que d'obéir. Il eût été soutenu dans cette révolte non-seulement par son armée, mais, à Rome, par un parti puissant ;

CLXXVII.
Car, lorsque Sylla, en qualité de

CLXXVII.
Nam Sullam consulem de reditu

ejus Iicgem ferentem ex composito trib. pll. C. Herennius prohibuerat;

consul, avait porté devant le peuple le décret ordonnant le rappel de Pompée, le tribun du peuple C. Herennius, après avoir lié sa partie, y forma opposition;

et ce ne fut pas sans peine que l'on obtint d'Herennius

CLXXVIII.
Ut actione desisteret.

CLXXVIII.
Qu'il se désistât de la poursuite de cette affaire.

CLXXIX.
Nova æstas

CLXXIX.
La campagne qui s'ouvrit alors

devait être fertile en événements. En Bétique, Hirtuleius, lieutenant de Sertorius, dut faire tête à Metellus, tandis que Sertorius marcha contre Pompée. Près d'Italica, Hirtuleius vint présenter la bataille à Metellus. Dès le lever du soleil, il fit sortir ses troupes de ses retranchements. Metellus leur laissa supporter tout le poids du jour, et se tint longtemps immobile,

CLXXX.
Post ubi fiducia nimius,

CLXXX.
Puis lorsque, dans l'excès de la confiance,

son adversaire fatigué commençait à mettre moins de vigilance dans ses mouvements, Metellus sortit enfin de ses retranchements. Ayant remarqué que les principales forces des ennemis étaient au centre,

CLXXXI.
Apud latera certos conlocaverat,

CLXXXI.
Il avait placé aux ailes ses hommes sûrs,

et il les fit avancer de manière à attaquer les deux ailes d'Hirtuleius, tandis que son centre restait immobile. Le succès couronna cette manœuvre : les deux ailes de l'ennemi ayant été enfoncées et poussées dans un endroit coupé de courants d'eau, les fuyards, tombant les uns sur les autres,

CLXXXII.
Ictu eorum, qui in flumine ruebant, necabantur,

CLXXXII.
Périssaient sous les coups de ceux qui tombaient avec eux dans l'eau.

En vain Hirtuleius, pour rétablir le combat,

CLXXXIII.
Suos equites hortatus, vado transmittit,

CLXXXIII.
Après avoir exhorté ses cavaliers, leur fait passer un gué,

et veut soutenir son infanterie ainsi enveloppée de trois côtés à la fois. Néanmoins la victoire est loin encore d'être décidée : de part et d'autre, on se la dispute avec acharnement,

CLXXXIV.	CLXXXIV.
On s'attaque au général, et le combat s'anime au point que Metellus eut sa cotte d'armes, et Hirtuleius son bras, percés d'un javelot.	Occurrere duci et prœlium accendere, adeo uti Metello in sagum, Hirtuleio in brachium, tela venirent.

Enfin, Hirtuleius cède la victoire, laissant vingt mille des siens sur le champ de bataille. Bientôt, avec de nouvelles troupes, il veut prendre sa revanche près de Ségovie, mais il est défait et tué avec son frère.

Pompée, de son côté, eut affaire à deux autres lieutenants de Sertorius, Perpenna et C. Herennius. Ils étaient campés près de Valence, ayant

CLXXXV.	CLXXXV.
Leur gauche appuyée aux murs de cette ville, et leur droite à la rivière de Turia, qui coule à une petite distance de Valence.	Inter læva mœnium, et dextrum flumen Turiam, quod Valentiam parvo intervallo præterfluit.

Pompée marche

CLXXXVI.	CLXXXVI.
Hardiment,	Audaciter,

contre eux, les défait, les force à la retraite, après une perte de plus de dix mille hommes, et la possession de Valence est le prix de sa victoire. Sans attendre l'arrivée de Metellus, qui n'était pas éloigné, il se hâte de marcher vers Sertorius, qui partageait son empressement. Sertorius craignait un second adversaire; Pompée, un rival de gloire. Aussi ne saurait-on exprimer avec quel empressement

CLXXXVII.	CLXXXVII.
Ils vinrent au-devant l'un de l'autre.	Obviam fuere.

Dès qu'ils furent en présence, près des rives du Sucron, l'action s'engagea ; mais,

CLXXXVIII.	CLXXXVIII.
Sur le soir,	Vespera,

Sertorius avait déjà fait plier l'aile que commandait Afranius, lorsqu'il fut averti que son aile droite, aux ordres de Perpenna, était en pleine déroute. Il court sur ce point, et, voyant les soldats fuir en jetant leurs armes, il leur crie qu'ils se couvrent de honte,

CLXXXIX.	CLXXXIX.
Neque inermes ox prœlio viros quemquam agnoturum.	Et que, en les voyant revenir désarmés du combat, personne ne les reconnaîtra pour des hommes.

Ses discours, son exemple, produisent leur effet. Pompée voit la victoire lui échapper; dans la mêlée, il reçoit une blessure, et d'un revers coupe le bras à l'Africain qui vient de l'atteindre. Il n'échappa même aux Barbares qu'en abandonnant son cheval, richement enharnaché, qui tentait leur cupidité. Cependant Afranius, lieutenant de Pompée, avait, de son côté, rétabli le combat. Voyant plier l'aile gauche des Espagnols, il précipita, en quelque sorte, sa victoire

CXC.	CXC.
Antequam egressus Sertorius pugnæ instrueret suos,	Avant que Sertorius, de retour, eût rangé les siens en bataille,

enfonça les lignes ennemies, qui, n'étant plus électrisées par la présence de Sertorius, fuyaient dans toutes les directions, et livrèrent ainsi à Afranius

CXCI.	CXCI.
Castra sine volnere introitum.	L'entrée du camp sans coup férir.

Sertorius, de retour, est tout étonné de trouver son camp au pouvoir de l'ennemi; il voit les Romains occupés à piller; ce spectacle excite la fureur des soldats qui viennent de vaincre sous Sertorius. Profitant de la surprise que cause leur arrivée, ils se précipitent l'épée à la main dans toutes les lignes du camp, et tuent tout ce qu'ils rencontrent d'ennemis. Ainsi, dans cette journée, où les succès et les revers furent si balancés, Sertorius eut la gloire d'attirer la victoire partout où il se montrait. Cependant, comme Perpenna abandonna son camp, Pompée se donna pour vainqueur. Le lendemain, Sertorius aurait voulu encore en venir aux mains; mais il rentra dans son camp à la vue de Metellus qui revenait de la Bétique, où il avait vaincu Hirtuleius. Cette nouvelle, et encore plus la jonction des deux généraux, détermina sa retraite.

Grande fut la joie des deux armées romaines en opérant leur réunion : on eût vu les soldats se chercher, se reconnaître, se parler avec l'empressement d'anciens amis, comme il arrive en pareille circonstance.

CXCII.
De là naissent les propos de gens qui se demandent réciproquement comment ils se portent, s'ils sont bien avec leurs chefs, et de quels profits personnels ils ont augmenté leur avoir.

CXCII.
Inde ortus sermo, percunctantibus utrimque, satin' salve? quam grati ducibus suis, quantis familiaribus copiis augerentur.

Les deux chefs se donnèrent des témoignages réciproques de respect et d'estime. Pompée fit baisser ses faisceaux devant Metellus : Metellus refusa cet honneur, et accepta seulement le droit de donner le mot d'ordre.

Ici se place le trait de la biche de Sertorius, qui savait si bien mettre à profit la superstition espagnole. Il l'avait perdue, il la retrouva, et fit subitement reparaître à leurs yeux cet animal prophétique. A cette vue, cette armée, naguère si découragée, reprend une ardeur si vive,

CXCIII.
Qu'un changement si grand et si subit ne semblait s'être opéré que par la volonté d'un dieu.

CXCIII.
Ut tanta repente mutatio non sine deo viderentur.

Les généraux romains, intimidés, se replient sur Sagonte. Quels sentiments de respect et de sympathie ne réveillèrent pas dans l'armée romaine

CXCIV.
Les Sagontins, fameux par leur fidélité et leurs malheurs, plus grands par les souvenirs qu'ils ont laissés dans la mémoire des hommes que par leurs forces; car alors, chez eux encore, leurs remparts à moitié détruits, leurs maisons découvertes, les murailles de leurs temples noircies par les flammes, montraient que la main des Carthaginois avait passé par là.

CXCIV.
Saguntini fide atque ærumnis incluti, per mortalium studium majores quam opibus; quippe queis etiam tum semiruta mœnia, domus intectæ, parietesque templorum ambusti, manus punicas ostentabant;

Sous les murs de Sagonte fut livrée une bataille où Sertorius fut sur le point d'arracher la victoire à ses deux adversaires. Dans cette journée, on combattit de part et d'autre

CXCV.
Sous des chefs si ardents, si braves de leur personne, que Metellus fut blessé d'un coup de demi-pique.

CXCV.
Avidisque ita, promptisque ducibus, uti Metellus ictu tragulæ sauciaretur;

et cette heureuse blessure donna la victoire aux Romains : à la vue de leur général couvert de sang.

FRAGMENTS. 363

CXCVI.
Immane quantum animi exarsere.

CXCVI.
On ne saurait exprimer à quel point la fureur embrasa leurs cœurs.

CXCVII.
Quo cupidius in ore ducis sese quisque bonum et strenuum ostentantes,

CXCVII.
Ce n'est qu'avec plus d'ardeur que, sous les yeux de son chef, chacun d'eux cherchant à se montrer plus dévoué et plus intrépide,

se précipite sur les Espagnols, arrache le vieux Metellus de la mêlée, et renverse tout ce qui s'oppose à leurs efforts.

CXCVIII.
Sed Metellus in vulnere

CXCVIII.
Cependant Metellus, malgré sa blessure,

se mit sans relâche à la poursuite de Sertorius, qui, marchant à grandes journées à travers l'Édétanie, opéra sa retraite jusqu'au pays des Vascons. Il arriva ainsi jusqu'à la rivière Bilbilis, qu'il passa en présence de l'ennemi, au moyen d'un habile stratagème. Calagurris, où il voulait s'arrêter, n'était pas éloignée : arrivé à la vue de cette ville, voyant que les Romains le serraient de trop près, il donna ordre à son armée de se disperser.

CXCIX.
At illi, quibus res (regio) incognita erat, ivere (ruere) cuncti ad portas, in (alii) cognita tendere.

CXCIX.
Alors ceux qui ne connaissaient pas le pays se portèrent en foule vers les portes; ceux qui le connaissaient se mirent à la débandade.

Les Romains, aux yeux desquels disparut ainsi tout à coup l'armée qu'ils poursuivaient, se virent dans l'obligation de s'éloigner du pays. Sertorius, en leur coupant les vivres, les mit bientôt hors d'état de tenir la campagne. Une escadre interceptait par mer les convois des Romains,

CC.
Ad hoc pauca piratica adjungit actuaria navigia;

CC.
Il y joignit en outre quelques vaisseaux corsaires très-lestes à la manœuvre;

en même temps, il tirait d'Afrique des grains qu'il faisait acheter par un transfuge important du pays,

CCI.
Quem ex Mauritania rex Leptasta proditionis insimulatum cum custodibus miserat.

CCI.
Que le roi Leptasta avait envoyé de Mauritanie sous escorte, comme accusé de trahison.

Il devait être livré aux généraux romains du parti du sénat; mais il avait eu le bonheur de tromper la surveillance de ses gardes, et s'était réfugié dans le camp de Sertorius. Ainsi Sertorius sut ménager l'abondance à ses troupes et à ses partisans, tandis que les Romains étaient dans la disette. Pour eux point de convois, point de magasins, même

CCII.	CCII.
Après avoir épuisé les ressources ordinaires des impôts	Neque subsidiis uti soluerat compositis

et des réquisitions particulières.

Pompée prit ses quartiers d'hiver près des Pyrénées comme l'année précédente.

CCIII.	CCIII.
Metellus, à son retour de l'Espagne ultérieure, après une année d'absence, vit de toutes parts accourir, au bruit de sa gloire, hommes et femmes qui, pour le voir, couvraient toutes les routes et tous les toits. Lorsque le questeur C. Urbinus et d'autres personnes qui connaissaient son faible l'invitaient à souper, ils lui rendaient des hommages qui n'étaient ni dans les mœurs romaines, ni convenables à un mortel. Les maisons étaient ornées de tapisseries et de draperies éclatantes, et des théâtres dressés pour y représenter des jeux scéniques; enfin la terre était jonchée de safran, et tout rappelait l'image du temple le plus magnifique. De plus, quand il était assis, une figure de la Victoire, descendant par le moyen d'une machine, lui posait une couronne sur la tête, au milieu d'un bruit imitant le tonnerre; puis, quand il marchait, on lui offrait, comme à un dieu, de l'encens et des vœux. Pendant les repas il était, le plus souvent, revêtu d'une toge relevée de broderies de diverses couleurs : rien de plus recherché que les mets de sa table; et ce n'était pas de la province seulement, mais d'outre-mer, de la Mauritanie, qu'on apportait des oiseaux ou des animaux de diverses espèces jusqu'alors inconnues. Tout ce faste avait porté quelque atteinte à sa gloire, surtout aux yeux des hommes vertueux et de la vieille roche,	At Metellus in ulteriorem Hispaniam post annum regressus, magna gloria concurrentium undique, virile et muliebre secus, per vias ac tecta omnium visebatur. Quum quæstor C. Urbinus aliique, cognita voluntate, eum ad cœnam invitaverant, ultra Romanorum et mortalium etiam morem curabant : exornatis ædibus per aulæa et insignia, scenisque ad ostentationem histrionum fabricatis ; simul croco sparsa humus, et alia in modum templi celeberrumi. Præterea quum, sedenti, transenna demissum Victoriæ simulacrum, cum machinato strepitu tonitruum, coronam capiti imponebat : tum venienti, thure, quasi deo, supplicabatur. Toga picta plerumque amiculo erat ei accumbenti : edulæ quæsitissumæ ; neque per omnem modo provinciam, sed trans maria, ex Mauritania, volucrum et ferarum incognita antea plura genera : queis rebus aliquantam partem gloriæ demserat, maxume apud veteres et sanctos vi-

ros, superba illa, gravia, indigna romano imperio æstumantes.

qui trouvaient ces pratiques blâmables, et indignes de la majesté de Rome.

Cependant Curion, l'un des consuls de l'année précédente, était en Macédoine avec l'autorité proconsulaire. Il voulait porter la guerre chez les Dardaniens, qui n'avaient pas encore subi la victoire romaine. Ces barbares, ainsi que les Bastarnes et les Scordisques, ont conservé leur férocité primitive. Comme

CCIV.
Germani intectum rhenonibus corpus tegunt :

CCIV.
Les Germains, ils couvraient leurs corps nus de *rhenons :*

CCV.
Vestes de pellibus rhenones vocant.

CCV.
Ils appellent ainsi des pelisses faites de peaux de bêtes.

Les Dardaniens ont la même origine que les Mysiens qui habitent le nord de la Phrygie. De là une partie de cette contrée est nommée

CCVI.
Dardania, sic dicta a rege Dardanorum Mida qui Phrygiam tenuit.

CCVI.
Dardanie, de Midas, roi des Dardaniens, qui vint se fixer en Phrygie.

Les Dardaniens de l'Asie sont aussi policés que ceux d'Europe sont demeurés farouches ; ceux-ci inspiraient tant de terreur aux soldats romains, qu'une légion refusa de suivre Curion. Le proconsul, montrant à la tête de l'armée la fermeté qu'il avait déployée sous son consulat, casse toute la légion,

CCVII.
Copiis integra,

CCVII.
Bien que présentant un effectif complet,

et incorpore les soldats dans ses quatre autres légions. A la vue de leurs enseignes brisées, les légionnaires donnèrent les signes du plus violent désespoir.

CCVIII.
Circumventi, dextera unde ferrum erat, saxa aut quid tale capiti adfligebant.

CCVIII.
Entourés de toutes parts, leur main, désarmée de leur glaive, frappait leur tête avec des cailloux, ou avec tout ce qu'ils pouvaient atteindre.

Ces divers incidents empêchèrent Curion de faire rien de mémorable durant cette campagne.

En ce temps-là, Nicomède, roi de Bithynie, légua par testament ses États au peuple romain. Le sénat chargea le préteur

Silanus de réduire la Bithynie en province romaine. Mais Mithridate, qui, du vivant de Nicomède, avait toujours convoité et plusieurs fois envahi cette contrée, n'était pas d'humeur à laisser les Romains jouir en paix d'une si belle acquisition.

Le sujet m'invite à faire connaître ce prince, qui fut pour les Romains un adversaire plus redoutable que Pyrrhus et qu'Annibal. Il convient aussi, ce me semble, de donner une idée de la situation et de l'étendue de son empire, qui s'était extrêmement agrandi par sa politique et par ses armes, et qui comprenait tout le périple du Pont-Euxin. Cette mer n'a de communication avec les autres mers que par un étroit canal qui sépare le continent d'Europe de celui d'Asie; on le nomme Bosphore ou *trajet du Bœuf*, parce que cet animal le peut sans peine traverser à la nage, dans sa partie la plus étroite. L'eau de l'Euxin coule dans ce canal d'un cours presque uniforme, depuis son ouverture jusqu'en cet endroit, où, se trouvant resserrée par les continents qui se rapprochent, elle acquiert, pendant quelques stades, une extrême rapidité. Plus loin, le rivage s'arrondit en une large baie.

CCIX.	CCIX.
Là, les détroits de l'embouchure de l'Euxin commencent à s'élargir;	Se angustiæ pontici oris illic dilatant;

alors les eaux tombent sans violence dans la Propontide, venues de l'Euxin, et se déchargent ainsi perpétuellement dans la mer Égée.

Vers l'entrée du Bosphore à la Propontide, les côtes s'élargissent extrêmement de côté et d'autre, et se creusent en sinuosités circulaires, mais peu marquées, si ce n'est à l'endroit où s'avance dans la mer le cap Carambis, comme sur la côte opposée, il existe un rocher de la Chersonèse Taurique,

CCX.	CCX.
Le plus voisin des promontoires de la Paphlagonie, que les Grecs ont appelé *Front de bélier*.	Proxumum de promontoriis Paphlagonum, quod Κριοῦ μέτωπον Græci appellaverunt.

La longue saillie de ce cap forme ce que les Grecs du pays appellent le *Pli de l'arc*,

CCXI.	CCXI.
Car il a la forme d'un arc scythe.	Nam speciem efficit scythici arcus.

Tout l'Euxin, renfermé dans un vaste cercle de montagnes, est presque toujours couvert de brouillards, à moins que la surface ne soit battue des vents : dans ce dernier cas, le roulis des vagues y est fort dangereux,

CCXII.
Crebritate fluctuum, ut Aquilone solet,

CCXII.
Par l'oscillation fréquente des flots, effet ordinaire de l'Aquilon,

tandis que le choc du rivage en renvoie d'autres en sens contraire. Leur rencontre élève des lames si rapides et si serrées, que,

CCXIII.
Triplici fluctu,

CCXIII.
Au troisième flot,

il n'est point de barque qui puisse aborder à la côte.

CCXIV.
Ipsum mare Ponticum dulcius quam cetera,

CCXIV.
L'eau du Pont-Euxin est moins salée que celle des autres mers,

à cause du grand nombre de rivières qui s'y jettent,

CCXV.
Unde hic tulit colorem

CCXV.
D'où il tire la couleur

blanchâtre qui le distingue des autres mers. L'Euxin est très-favorable à la pêche, surtout en été.

CCXVI.
Qua tempestate ex Ponto vis piscium erumpit,

CCXVI.
Durant cette saison, il sort de l'Euxin une prodigieuse quantité de poissons,

qui reflue dans le lac Méotis et dans la Propontide.

Le Pont-Euxin reçut d'abord des Grecs le nom de *Pontus*, mer par excellence, puis celui d'*Axenos*, inhospitalier, qu'il changea contre celui d'*Euxenos*, nom de meilleur augure, quand les Ioniens y eurent fondé un grand nombre de colonies. Au reste, ce fut assez tard que les Grecs connurent cette mer :

CCXVII.
Namque primum Jasonem novo itinere maris Æetæ hospitis domum violasse.

CCXVII.
Car Jason fut le premier qui, parmi eux, osa se frayer une route nouvelle à travers la mer, lorsqu'il alla violer la maison d'Æétès, son hôte.

En parcourant les côtes du Pont-Euxin,

CCXVIII.
Ergo introrsus prima Asiæ Bithynia est multis ante nominibus appellata;

CCXVIII.
La première contrée de l'Asie que l'on rencontre dans l'intérieur des

terres est donc la Bithynie, auparavant appelée de divers noms, car c'est la même région nommée Bébrycie, ensuite Mygdonie ; plus tard le roi Bithynus la fit appeler Bithynie : c'est aussi la même région qu'on appelle Grande Phrygie.

nam prius Bebrycia dicta, deinde Mygdonia, mox a Bithyno rege Bithynia nuncupata est. Ipsa est et Major Phrygia.

Tout porte à croire que cette contrée fut, ainsi que les pays environnants, peuplée par différentes colonies venues de Thrace. Ce sont également des Thraces, partis des alentours du cap Tinias, qui ont occupé l'Ascanie,

CCXIX.
Qui s'étend tout entière au delà du lac jusqu'au fleuve

CCXIX.
Quem trans stagnum omnis usque ad flumen

nommé Ascan, entre la mer, le fleuve Sangar et le mont Olympe. Vous trouvez

CCXX.
En Paphlagonie la ville de Teios,

CCXX.
In Paphlagonia Teium oppidum,

Héraclée, Sésame, Sitore, etc. Plus loin est Sinope. A l'est de la Paphlagonie se trouve le Pont avec les villes d'Amise et d'Amasie.

CCXXI.
Ensuite sont les campagnes thémysciriennes, qu'occupèrent les Amazones, lorsqu'elles quittèrent, on ne sait pour quel motif, les bords du Tanaïs.

CCXXI.
Dein campi Themyscirii, quos habuere Amazones a Tanai flumine incertum quamobrem digressæ.

Après les champs thémysciriens, se trouve le territoire de Cerasus, puis Trapézunte. Vient enfin la Colchide, qui forme à elle seule tout le rivage oriental de l'Euxin. Elle est arrosée par le Phase, dont l'embouchure forme un vaste golfe. Là se trouve la ville d'Æa, qui fut, au temps des Argonautes, la demeure du roi Æétès. Les Mosques, les Albaniens, habitent les bords du Phase et du Cyrus, entre le Pont-Euxin et la mer Caspienne. Entre ces deux mers s'élève la plus haute chaîne du Caucase.

Le long de la côte, au nord du Phase, est la ville de Dioscuriade, dans le pays des Dandariens et des Hénioques, puis les Achéens du Bosphore, qui se distinguent entre tous les peuples par la barbarie de leurs mœurs.

CCXXII.
Car les plus féroces de tous, même

CCXXII.
Namque omnium ferocissumi ad hoc

tempus Achæi atque Tauri sunt, quod, quantum conjicio, locorum egestate rapto vivere coacti.

de notre temps, sont les Achéens et ceux de la Tauride, ce qui, autant que je puis le présumer, vient de ce que la stérilité de leur territoire les a forcés de vivre de rapines.

Au milieu de tant de peuples sauvages, le petit royaume du Bosphore Cimmérien s'est maintenu pendant plus de quatre siècles, il renferme plusieurs villes très-commerçantes. Le lac Méotide a son issue dans l'Euxin, au milieu du Bosphore, dont les côtes maritimes bordent en partie ce vaste lac. Là sont les villes Panticapée, sur la côte d'Europe, et Phanagor, en Asie. A l'entrée de l'isthme qui rejoint la Chersonèse Taurique au continent de l'Europe se trouve la ville de Taphré, fondée par des esclaves du continent. Ayant eu commerce avec les femmes de leurs maîtres, qui étaient alors à la guerre contre les Thraces, ils résolurent, soit par crainte, soit

CCXXIII.
Ad mutandum modo in melius servitium,

CCXXIII.
Pour changer seulement leur servitude contre une meilleure condition,

de se réfugier dans l'isthme, et de se fortifier dans la ville de Taphré, qu'ils bâtirent. Telle est

CCXXIV.
Mæotici situs æquoris.

CCXXIV.
La description de la mer Méotide.

Depuis Taphré jusqu'au Borysthène, le pays est occupé par des Scythes nomades qui se tiennent sur de vastes pâturages,

CCXXV.
In quibus plaustra sedes sunt.

CCXXV.
Où ils ont leurs demeures sur des chariots.

Dans l'île de Leucé, formée par des atterrissements à l'embouchure du Borysthène, est un temple révéré.

CCXXVI.
Primus Græcorum Achilles,

CCXXVI.
Achille, le premier des Grecs,

ayant traversé l'Euxin pour chercher Iphigénie, s'arrêta, dit-on, dans cette île, afin d'y célébrer des jeux. Thétis, sa mère, lui fit présent de cette terre éloignée, où s'élève encore aujourd'hui le temple de ce héros.

CCXXVII.
Tota autem insula modica, et cultoribus inanis est.

CCXXVII.
Toute l'île est peu étendue, et vide d'habitants.

De l'autre côté du Borysthène, sont les Sarmates Basilides, puis les Gètes, et plus avant les Bastarnes, dont le pays est arrosé par le Danaster.

CCXXVIII.
De tous les fleuves qui affluent dans les mers dépendantes de la domination romaine, le plus grand, celui que les Grecs appellent seconde mer, est le Nil; et, après lui, le plus grand est l'Ister:

CCXXVIII.
Omnium fluminum, quæ in maria qua imperium romanum est, fluunt, quem Græci τὴν εἴσω θάλασσαν appellant, maximum esse Nilum consentitur, proxuma magnitudine est Ister :

ainsi l'appelèrent les Grecs et les hommes du pays,

CCXXIX.
Mais il a aussi le nom de Danube.

CCXXIX.
Nomenque Danubium habet.

Il est temps de revenir à l'histoire de Mithridate.

CCXXX.
Artaban, fondateur du royaume

CCXXX.
Artabanes conditor regni

de Pont, et fils de Darius, fils d'Hystaspes, était le premier des ancêtres paternels de Mithridate. Le père de celui-ci avait été l'allié fidèle des Romains. Il mourut laissant deux fils en bas âge. Mithridate, l'aîné, vit se liguer contre lui ses tuteurs, sa mère et son jeune frère.

CCXXXI.
Mais, bien qu'arrivé au trône, au sortir de l'enfance, Mithridate, après avoir fait mourir sa mère par le poison,

CCXXXI.
Sed Mithridates, extrema pueritia regnum ingressus, matre veneno interfecta,

puis son jeune frère, car il fut toujours

CCXXXII.
Implacable dans ses vengeances,

CCXXXII.
Ipse animi atrox,

s'annonça comme un roi digne de porter le sceptre. Ennemi persévérant des Romains, il manifesta sa haine contre eux en dépouillant de leurs États plusieurs princes alliés de la république. Il ne reculait devant aucune mesure atroce. On dit que, par ses ordres, Zenobius, son général, après avoir rançonné les habitants de Chios,

CCXXXIII.
Fit jeter dans un vaisseau tous ces malheureux, victimes-dévouées.

CCXXXIII.
Omnia sacrata corpora in ratem imposuisse.

Mais ce qui surpasse tous ses crimes, c'est le massacre de plus de cent mille Romains, dans l'Asie, le même jour. Il fut une première fois châtié par Sylla, qui le força de souscrire au traité de Dardanum. Dans une seconde guerre contre la république, il eut à combattre Murena. Un mot de Sylla fit cesser cette guerre. Ce fut au sujet de la Bithynie que Mithridate prit les armes contre les Romains une troisième fois. Il produisit, comme héritier du royaume de la Bithynie, un prince né, selon lui, de Nicomède et de Moysa, sœur de Mithridate. Mais, lorsque ses partisans se mirent en devoir de le proclamer,

CCXXXIV.
Quos adversum multi ex Bithynis volentes occurrere, falsum filium arguituri.

CCXXXIV.
Contre eux on vit spontanément s'élever une foule de Bithyniens, pour leur apporter la preuve que ce n'était qu'un fils supposé.

Le sénat opposa au Nicomède, neveu de Mithridate, un autre Nicomède surnommé *Frugi*, que le roi de Pont disait être fils d'une danseuse; mais le rôle de ces deux fantômes fut court. Bientôt Mithridate fit alliance avec Sertorius. Ce prince, curieux de savoir ce qui se passait dans les pays étrangers, s'entretenait volontiers avec les navigateurs. Des commerçants qui fréquentaient

CCXXXV.
Tartessum Hispaniæ civitatem, quam nunc Tyrii, mutato nomine, Gadir habent, ut alii tradiderunt,

CCXXXV.
Tartessus, ville d'Espagne, que, par un changement de nom, les Tyriens appellent aujourd'hui Gadir,

étant venus trafiquer dans l'Euxin, lui vantèrent les talents et la puissance de Sertorius.

CCXXXVI.
Ibi fimbriana seditione, qui regi per obsequelam orationis, et maxume odium Sullæ, graves carique erant,

CCXXXVI.
Là se trouvaient quelques Romains, débris de la désertion fimbriane, qui, par leurs discours obséquieux, et encore plus par leur haine contre Sylla, s'étaient bien fait venir auprès du roi,

entre autres, L. Magius et L. Fannius. Ils lui inspirèrent le dessein de faire alliance avec ce chef de parti. Le roi les fit partir pour l'Espagne avec le plus intime de ses confidents.

CCXXXVII.
Metrophanes promeruit gratiam Mithridatis obsequendo;

CCXXXVII.
Métrophane, par son zèle obséquieux, avait mérité la faveur de Mithridate;

ce prince l'employait de préférence à tous les autres; mais

comme il arrive le plus souvent aux flatteurs des rois, Métrophane devait finir par trahir son maître.

A Rome, on s'attendait bien à une guerre contre Mithridate. Les consuls Lucullus et M. Cotta en sollicitent tous deux la conduite. Le sort avait déféré à Lucullus le gouvernement de la Cisalpine. Mais Octavius, proconsul de Cilicie, étant mort, Lucullus se mit sur les rangs pour obtenir ce gouvernement, assuré d'avoir ainsi part à la guerre pontique. A cet effet, il se fit le courtisan assidu de Precia, maîtresse du tribun Cethegus. Cette femme, souillée de tous les vices, mais

CCXXXVIII.	CCXXXVIII.
Ornée de tous les charmes extérieurs,	Cultu corporis ornata egregio,

exerçait sur son amant un empire absolu : elle se prêta aux vues du consul, qui se montra généreux, et Cethegus n'eut plus à la bouche que l'éloge de Lucullus, qui obtint ainsi le proconsulat de Cilicie, avec l'armée destinée contre ce prince ; mais son collègue M. Cotta arracha du peuple, à force d'instances, la Bithynie, avec le commandement d'une flotte dans la Propontide.

Lucullus n'emmena d'Italie qu'une seule légion, comptant y joindre les troupes romaines répandues en Orient, et principalement les bandes fimbrianes que Sylla avait laissées en Asie; mais, pour les villes de l'Asie, ces troupes indisciplinées

CCXXXIX.	CCXXXIX.
Étaient des ennemis cruels plutôt que des alliés venus pour les protéger.	Graviore bello quo prohibituri venerant socii fregere.

Lucullus sut les discipliner et leur apprendre ce qu'était un général. En même temps, il adoucit, par son administration modérée, le sort des villes d'Asie, et les rattacha ainsi à l'obéissance de Rome.

Mithridate ouvre la campagne en menaçant Chalcédoine, l'une des métropoles de la Bithynie, avec une armée de plus de cent soixante mille hommes. Cotta, sans attendre Lucullus, prit la résolution de le combattre seul. Il confie l'armée à Nudus, et reste à la garde de Chalcédoine : Nudus est forcé dans sa position, et opère une retraite précipitée vers la ville. Les portes sont bientôt encombrées par les fuyards. Le soldat, poussé de toutes parts, ne peut fuir ni se défendre :

CCXL.
Ruuntque pars magna suismet, aut proxumorum telis; ceteri vicem pecorum obtruncabantur.

CCXL.
Une bonne partie tombe blessée par ses propres armes, ou par celles de leurs voisins; le reste se laissa égorger comme de vils troupeaux.

Le même jour, Mithridate força la flotte romaine dans le port de Chalcédoine, sans que Cotta osât s'y opposer. Mithridate avait laissé peu de troupes dans cette place; on conseillait à Lucullus de la châtier. Il aima mieux aller au secours de Cotta, puis ensuite parut devant Chalcédoine; mais il ne songea pas à attaquer dès lors Mithridate : en voyant le nombre prodigieux de ses troupes, il compta d'avance le nombre de jours qu'il fallait pour les affamer. En effet, le roi fut obligé de se replier dans la Troade, où le consul le suivit. Malgré la rapidité de ces mouvements, l'armée romaine eut à souffrir, bien que

CCXLI.
Frugum pabulique lætus ager.

CCXLI.
La campagne fût fertile en vivres et fourrages.

CCXLII.
At Lucullum regis cura machinata fames brevi fatigabat,

Multique commeatus interierant insidiis latronum.

CCXLII.
Mais, occasionnée par les mesures du roi, la disette avait bientôt fatigué Lucullus;

En outre, nombre de convois étaient tombés dans les embûches des pirates.

Bientôt Mithridate vient mettre, par terre et par mer, le siége devant Cyzique. Cette ville est située sur la côte de Phrygie, au pied du mont Arté, dans un emplacement uni au continent par un isthme.

CCXLIII.
Dubium an insula sit, quod Euri atque Austri superjactis fluctibus, circumlavit.

CCXLIII.
On ne saurait dire si c'est une île: car cet isthme, battu par l'Eurus et par l'Auster, est sans cesse baigné par les vagues.

La côte s'avance encore dans la mer par un autre promontoire.

CCXLIV.
Unde pons in oppidum pertinens explicetur.

CCXLIV.
Là est bâti un pont qui communique avec la ville.

Mithridate n'épargna rien pour triompher de la résistance des habitants, que commandait Lysistrate, guerrier habile et courageux. Le roi avait en son pouvoir trois mille Cyzicains, pris tant devant Chalcédoine que dans d'autres rencontres; il les fit amener dans des bateaux et exposer sur le rivage, au pied des murs de Cyzique, d'où ces infortunés tendaient leurs mains suppliantes vers leurs concitoyens, les conjurant de ne pas les exposer à une mort certaine par une résistance opiniâtre. Ils restèrent ainsi entre la terre et la muraille, exposés aux coups, à la faim, aux injures de l'air, n'ayant d'autre retraite

CCXLV.	CCXLV.
Que les masures qui se trouvaient çà et là autour de la ville, dans les faubourgs.	Quæ mapalia sunt circumjecta civitati, suburbana ædificia.

Le gouverneur de la place, dans la disette où l'on était de vivres, ne put leur y accorder un asile; leurs concitoyens prirent pitié d'eux, et, ne pouvant leur faire passer des vivres,

CCXLVI.	CCXLVI.
Leur coulaient des chiens dans des paniers, le long des murs.	E muris canes sportis demittebant.

Tel était, au reste, le spectacle qu'offraient toutes les campagnes de la Bithynie où l'armée pontique avait exercé les plus grands ravages; et ce qui justifiait les sévères mesures de Lysistrate, c'est que

CCXLVII.	CCXLVII.
Une multitude d'hommes, chassés de leurs champs ou de leurs villes, s'étaient réunis	Magna vis hominum convenerat agris pulsa aut civitate ejecta

dans Chalcédoine. Mithridate, pourvu de machines de guerre, donna plusieurs assauts à la place. A l'acharnement des assaillants, Lysistrate et sa courageuse garnison répondent par la défense la plus persévérante. Si les tours de Mithridate amènent ses soldats sur le rempart, Lysistrate

CCXLVIII.	CCXLVIII.
Les repousse des murailles.	Mœnibus deturbat.

La redoutable hélépole avait renversé une partie des remparts voisins d'un marais. Lysistrate, mettant à profit la soirée et la nuit, appelle au travail tous les habitants,

CCXLIX.	CCXLIX.
Fait élever un mur, depuis l'angle du côté droit, jusqu'à un étang qui n'était pas éloigné.	Murum ab angulo dextri lateris ad paludem haud procul remotum duxit.

Cependant Lucullus, persuadé que le roi n'aurait pas longtemps de quoi faire subsister une si grande armée, ne s'effraya point de ces immenses moyens d'attaque; sûr de vaincre sans tirer l'épée, il se contenta de tenir en observation l'armée pontique; l'évènement devait justifier ses prévisions.

CCL.
Eodem anno in Macedonia C. Curio principio veris cum exercitu profectus in Dardaniam quibus potest modis dictas pecunias coegit;

CCL.
La même année, C. Curion, qui était en Macédoine, étant parti au commencement du printemps pour la Dardanie, mit tous les moyens en usage pour imposer à ce pays les plus grosses contributions en argent;

après quoi il ramena ses légions en Macédoine, et transporta ses quartiers d'hiver

CCLI.
Stabos.

CCLI.
A Stobes.

A Rome, la querelle du tribunat était sérieusement engagée. Ce qui augmentait encore le mécontentement public, c'est que l'iniquité régnait sans contrôle dans les tribunaux, pour peu que des coupables fussent puissants.

CCLII.
In fiducia quam argumentis purgatiores, demittuntur.

CCLII.
Leur assurance audacieuse, plutôt que leurs arguments, les fait renvoyer absous.

FRAGMENTS DU TROISIÈME LIVRE.

La famine continuait à se faire sentir dans Rome. Le gouvernement se voyait sans pouvoir pour faire cesser le mal, et

CCLIII.
Festinantibus in summa inopia patribus,

CCLIII.
Les sénateurs, s'agitant sans but dans ce dénûment extrême,

étaient accusés, non pas d'impéritie, mais de malveillance.

Dans la violence de leur mécontentement, les plébéiens s'écrient que la disette est l'œuvre des implacables patriciens; ils s'attroupent autour du temple de la Concorde, où était assemblé le sénat. Le consul C. Aurelius Cotta, objet principal de ces clameurs séditieuses, ose les braver : il descend dans le Forum, et s'exprime à peu près en ces termes :

CCLIV.

DISCOURS DU CONSUL C. COTTA AU PEUPLE.

Citoyens, j'ai eu à subir bien des dangers dans nos crises politiques, à la guerre bien des revers; j'ai supporté les uns et détourné les autres par le secours des dieux et par mon courage, et, en toutes ces épreuves, ni la résolution n'a, de ma part, manqué aux affaires, ni la fermeté d'exécution aux décisions prises. La mauvaise et la bonne fortune changeaient pour moi l'état des choses, et non mon caractère. Mais aujourd'hui, dans notre position malheureuse, tout m'abandonne avec la fortune; de plus, la vieillesse, par elle-même pesante, aggrave ma peine; et j'ai la douleur, dans un âge déjà vieux, de ne pouvoir espérer même une mort honorable. En effet, si je suis envers vous un parricide; si, après avoir reçu ici deux fois l'existence, je compte pour rien et mes dieux pénates, et ma patrie, et mon autorité suprême, quel supplice assez cruel pour moi pendant ma vie, quel châtiment après ma mort, puisque tous les supplices connus aux enfers sont au-dessous de mon crime ?

Dès ma première jeunesse j'ai, comme particulier ou comme magistrat, vécu sous vos yeux : quiconque a réclamé ma voix, mes conseils, ma bourse, en a disposé, et je n'ai employé ni les prestiges de l'éloquence ni mes talents pour nuire. Bien que fort avide de la faveur de chacun des citoyens, j'ai encouru les haines les plus puissantes pour la république; et, lorsque vaincu avec elle et réduit à implorer le secours d'autrui, je m'attendais à de nouveaux malheurs, c'est vous, citoyens, qui m'avez rendu ma patrie, mes dieux pénates, en y joignant la plus haute dignité. Pour tous ces bienfaits, je me croirais à peine assez reconnaissant, quand même je

CCLIV.

ORATIO C. COTTÆ CONSULIS AD POPULUM.

Quirites, multa mihi pericula domi, militiæ multa adversa fuere; quorum alia toleravi, partim repuli deorum auxiliis et virtute mea; in quis omnibus, neque animus negotio defuit, neque decretis labos. Malæ secundæque res opes, non ingenium, mihi mutabant. At contra in his miseriis cuncta me cum fortuna deseruere : præterea senectus, per se gravis, curam duplicat; cui misero, senecta jam ætate, ne mortem quidem honestam sperare licet. Nam si parricida vestri sum, et bis genitus hic deos penates meos, patriamque, et summum imperium vilia habeo, quis mihi vivo cruciatus satis est, aut quæ pœna mortuo ? quum omnia memorata apud inferos supplicia scelere meo vici.

A prima adolescentia in ore vestro, privatus et in magistratibus egi ! qui lingua, qui consilio meo, qui pecunia voluere, usi sunt : neque ego callidam facundiam, neque ingenium ad malefaciundum exercui. Avidissumus privatæ gratiæ maxumas inimicitias pro republica suscepi; qui victus cum illa simul, quum egens alienæ opis plura mala exspectarem, vos, Quirites, rursus mihi patriam, deos penates, cum ingenti dignitate dedistis. Pro quibus beneficiis, vix satis gratus videar, si singulis animam, quam nequeo, concesserim. Nam vita et mors jura naturæ sunt : uti sine dedecore cum civibus, fama et fortunis integer agas, id dono datur, atque accipitur.

Consules nos fecistis, Quirites, domi bellique impeditissuma republica. Namque imperatores Hispaniæ stipendium, milites, arma, frumentum poscunt : et id res cogit; quoniam post defectionem sociorum, et Sertorii per montis fugam, neque manu certare possunt, neque utilia parare. Exercitus in Asia Ciliciaque ob nimias opes Mithridatis aluntur; Macedonia plena hostium est; nec minus Italiæ marituma, et provinciarum; quum interim vectigalia parva, et bellis incerta, vix partem sumtuum sustinent : ita classe, qua commeatus vehebatur, minore, quam antea navigamus. Hæc si dolo aut socordia nostra contracta sunt, agite, et, uti monet ira, supplicium sumite ; sin communis fortuna asperior est, quare indigna vobis nobisque et republica incipitis? Atque ego, cujus ætati mors propior est, non deprecor, si quid ea vobis incommodi demitur ; neque mox ingenui corpori honestius, quam pro vestra salute finem vitæ fecerim. Adsum en C. Cotta consul : facio, quod sæpe majores asperis bellis fecere; voveo dedoque me pro republica quam dein, cui mandetis, circumspicite. Nam talem honorem bonus nemo volet, quum fortunæ, et maris, et belli ab aliis acti, ratio reddenda, aut turpiter moriundum sit. Tantummodo in animis habetote, non me ob scelus, aut avaritiam cæsum,

pourrais donner ma vie à chacun de vous; en effet, la vie et la mort sont entre les mains de la nature : mais une vie honorable au milieu de ses concitoyens, l'honneur avec toute une réputation, une fortune sans atteinte, c'est là un don qui s'accorde et qu'on accepte.

Vous nous avez faits consuls, citoyens, dans un moment bien critique au dedans et au dehors. En effet, nos généraux en Espagne demandent de l'argent, des hommes, des armes, du blé; ils y sont bien forcés, puisque, par la défection des alliés et la retraite de Sertorius sur les montagnes, ils ne peuvent ni combattre ni pourvoir à leurs besoins. En Asie et en Cilicie, les forces immenses de Mithridate nous forcent à entretenir des armées; la Macédoine est infestée d'ennemis : on en peut dire autant des côtes de l'Italie et des provinces; en même temps le produit des impôts diminue, et, rendu incertain par la guerre, couvre à peine une partie des dépenses : aussi la flotte qui nous approvisionnait de vivres est-elle devenue moins nombreuse qu'auparavant. Si ces maux sont l'effet de notre perfidie et de notre négligence, allez, et au gré de votre colère livrez-moi au supplice; mais, si c'est la fortune qui nous accable tous de ses rigueurs, pourquoi vous porter à des actions indignes de vous, de moi et de la république? Cette mort, que mon âge me rend si prochaine, je ne la refuse point, si elle peut en quelque chose alléger vos maux; et une vie irréprochable, qui touche à son terme, ne peut finir plus honorablement que pour votre salut. Je remets donc entre vos mains votre consul C. Cotta. Je fais ce que souvent nos ancêtres ont fait dans les guerres périlleuses : je me dévoue et me sacrifie pour la république. Cherchez ensuite autour de vous à qui vous en confierez l'administration, car un tel honneur, aucun homme de bien n'en voudra, lorsqu'il faudra qu'il réponde de la fortune, de la mer, d'une guerre faite par d'autres, ou qu'il meure honteusement. Seulement, pensez bien que ce ne sera point par trahison ou par malversation que j'aurai perdu la vie, mais volontairement, en homme qui, par reconnaissance pour de grands bienfaits, sait faire le sacrifice de son existence.

Je vous en conjure, Romains, par votre gloire, par celle de vos ancêtres, supportez l'adversité, et pourvoyez au salut de la république. Il n'est point de vaste puissance sans de nombreuses difficultés, sans de pénibles efforts; en vain vous flatteriez-vous de vous y soustraire, et demanderiez-vous l'abondance de la paix, lorsque toutes les provinces, les royaumes, les mers, toute la terre, enfin, sont accablés des maux et des fatigues de la guerre.

sed volentem pro maxumis beneficiis animam dono dedisse.

Per vos, Quirites, et gloriam majorum, tolerate advorsa, et consulite reipublicæ. Multa cura summo imperio inest, multi ingentes labores; quos nequidquam abnuitis, et pacis opulentiam quæritis, quum omnes provinciæ, regna, maria, terræque aspera, aut fessa bellis sint.

Ce discours, prononcé avec dignité par un homme qui n'avait point la défaveur populaire, produisit une heureuse impression. La sédition s'apaisa ; mais Cotta, voulant en prévenir le retour, fit faire des distributions de grains aux dépens du trésor. Une autre concession bien importante mit le comble à sa popularité.

CCLV.

Il porta dans l'assemblée générale, en dépit de la noblesse, mais à la grande satisfaction du peuple, une loi qui donnait à ceux qui avaient été tribuns la faculté d'arriver aux autres magistratures, faculté qu'une loi de L. Sylla leur avait interdite quelques années auparavant.

CCLV.

Legem in concione tulit, repugnante nobilitate, magno populi studio, ut iis qui tribuni plebis fuissent, alios quoque magistratus capere liceret : quod lex a L. Sulla paucis ante annis prohibebat.

En Espagne, les armées se trouvaient réciproquement réduites à la plus grande disette.

CCLVI.

Car, à cause du dérangement absolu des saisons, la stérilité des récoltes par toute la province, dans ces deux dernières années, avait fait monter les denrées à un prix exorbitant.

CCLVI.

Namque his præter solita vitiosis magistratibus (magis æstatibus), quum per omnem provinciam infecunditate biennii proxumi grave pretium fructibus esset.

Pompée surtout avait en vain écrit lettres sur lettres au sénat. On ne pouvait guère satisfaire à sa demande ; car la disette était générale dans tout l'empire.

FRAGMENTS. 379

CCLVII.
L'argent levé à l'intention de Metellus, pour la guerre d'Espagne,

CCLII.
Quæ pecunia ad hispaniense bellum Metello facta erat,

avait été employé à des achats pour nourrir le peuple de Rome. C'est dans cette circonstance que Pompée écrivit au sénat une lettre dont voici la teneur :

CCLVIII.
EPISTOLA CN. POMPEII AD SENATUM.

Si adversus vos patriamque, et deos penates, tot labores et pericula suscepissem, quotiens a prima adolescentia ductu meo scelestissumi hostes fusi, et vobis salus quæsita est; nihil amplius in absentem me statuissetis, quam adhuc agitis, P. C., quem contra ætatem projectum ad bellum sævissumum, cum exercitu optume merito, quantum est in vobis, fame, miserruma omnium morte, confecistis. Hac in spe populus romanus liberos suos ad bellum misit? Hæc sunt præmia pro volneribus; et totiens ob rempublicam fuso sanguine? fessus scribundo, mittundoque legatos, omnes opes et spes privatas meas consumsi, quum interim a vobis per triennium vix annuus sumtus datus est. Per deos immortales, utrum censetis me vicem ærarii præstare, an exercitum sine frumento et stipendio habere posse?

Equidem fateor, me ad hoc bellum majore studio, quam consilio, profectum; quippe qui nomine modo imperii a vobis accepto, diebus quadraginta exercitum paravi, hostesque in cervicibus jam Italiæ agentes ab Alpibus in Hispaniam summovi; per eas, iter aliud atque Annibal, nobis obportunius patefeci. Recepi Galliam, Pyrenœum, Lacetaniam, Indigetes : et primum impetum Sertorii victoris novis quidem militibus, et multo pauciori-

CCLVIII.
LETTRE DE CN. POMPÉE AU SÉNAT.

Si, combattant contre vous, contre la patrie et nos dieux pénates, j'avais essuyé tous les travaux, tous les dangers qui m'ont valu, dès ma première jeunesse, sur des ennemis trop coupables, la victoire à laquelle vous devez votre salut, vous n'auriez pas pris contre moi, en mon absence, sénateurs, des mesures plus cruelles que vous ne le faites aujourd'hui encore. Après m'avoir jeté, malgré mon âge, au milieu des périls d'une si rude guerre, vous m'exposez, autant qu'il est en vous, moi, et mon armée qui a rendu les plus grands services, au trépas le plus cruel, c'est-à-dire à mourir de faim. Est-ce dans cette espérance que le peuple romain a envoyé ses enfants à la guerre ? est-ce là le prix de tant de blessures, de tant de sang versé pour la république ? Fatigué d'écrire et d'envoyer des messages, j'ai épuisé toutes mes ressources, toutes mes espérances personnelles, tandis que vous nous avez à peine donné, pendant trois ans, la subsistance d'une année. Au nom des dieux, pensez-vous que je puisse suppléer au trésor, ou entretenir une armée sans vivres et sans argent ?

Je confesse, il est vrai, que je suis parti pour cette guerre avec plus d'ardeur que de prévoyance, puisque, n'ayant reçu de vous que le titre de général, en quarante jours j'ai su me donner une armée. L'ennemi était déjà maître des défilés qui mènent en Italie; du pied des Alpes je l'ai refoulé en Espagne. A travers ces montagnes je me suis ouvert une route autre que celle d'Annibal, et pour nous plus commode; j'ai reconquis la Gaule, les

Pyrénées, la Lalétanie, les Indigètes; le premier choc de Sertorius victorieux, je l'ai soutenu avec des soldats novices et de beaucoup inférieurs en nombre : et l'hiver, c'est dans les camps, au milieu d'ennemis acharnés, et non dans les villes, que, sans écouter mon désir de complaire aux troupes, je l'ai passé.

Qu'est-il besoin encore d'énumérer nos combats, nos expéditions au cœur de l'hiver, les villes détruites ou reprises? les faits en disent plus que les paroles. Le camp ennemi pris près de Sucron, la bataille livrée près du fleuve Durius, le général ennemi, C. Herennius, complètement battu avec son armée, et Valence emportée, tout cela vous est assez connu; et, pour de tels services, votre reconnaissance, sénateurs, nous donne la misère et la faim. Ainsi, pour mon armée et pour celle de l'ennemi, traitement pareil de votre part : car de paye, aucune pour l'une ni pour l'autre. Quel que soit le vainqueur, il peut venir en Italie. Je vous en avertis donc, et je vous en conjure, réfléchissez-y bien; ne me forcez pas, dans mes besoins extrêmes, à ne prendre conseil que de moi seul pour y pourvoir.

L'Espagne citérieure, qui n'est point occupée par l'ennemi, a été d'un bout à l'autre dévastée par nous ou par Sertorius; j'en excepte les villes maritimes, et encore sont-elles pour nous un surcroît de charges et de dépenses. La Gaule, l'an passé, a fourni à l'armée de Metellus les vivres et la solde; aujourd'hui, avec sa mauvaise récolte, elle peut à peine se suffire à elle-même. J'ai épuisé non-seulement ma fortune personnelle, mais aussi mon crédit. Vous seuls me restez : or, si vous ne venez à mon secours, je vous le prédis, et ce sera bien malgré moi, on verra mon armée, et avec elle toute la guerre d'Espagne, prendre la route de l'Italie.

bus sustinui : mememque in castris inter sævissumos hostes, non per oppida, neque ex ambitione mea, egi.

Quid dein prælia, aut expeditiones hibernas, oppida excisa, aut recepta enumerem? quando res plus valent quam verba. Castra hostium apud Sucronem capta, et prœlium apud flumen Durium, et dux hostium C. Herennius cum urbe Valentia et exercitu deleti, satis clara vobis sunt : pro quis, o grati Patres, egestatem et famem redditis. Itaque meo et hostium exercitui par conditio est : namque stipendium neutri datur : victor uterque in Italiam venire potest. Quod ego vos moneo, quæsoque, ut animadvortatis; neu cogatis necessitatibus privatim mihi consulere.

Hispaniam Citeriorem, quæ non ab hostibus tenetur, nos aut Sertorius ad internecionem vastavimus; præter maritumas civitates, quæ ultro nobis sumtui onerique. Gallia superiore anno Metelli exercitum stipendio frumentoque aluit; et nunc malis fructibus, ipsa vix agitat. Ego non rem familiarem modo, verum etiam fidem consumsi. Reliqui vos estis; qui, nisi subvenitis, invito et prædicente me, exercitus hinc, et cum eo omne bellum Hispaniæ in Italiam transgrediuntur.

Le style menaçant de cette lettre fit impression sur le sénat et sur le peuple. Ce fut un bruit généralement répandu que Pompée allait revenir, mais que Sertorius arriverait avant lui.

FRAGMENTS.

Rien ne servit mieux la demande de Pompée que l'ambition personnelle de Lucullus, qui, tremblant d'avoir ce dernier pour compétiteur à la conduite de la guerre contre Mithridate, lui fit promptement envoyer des secours pécuniaires. On n'en doit pas moins s'étonner du ton arrogant qu'avait pris, en écrivant au sénat, le collègue de Metellus ; c'était plutôt le langage d'un roi que celui d'un citoyen. Bien que Metellus fût en butte aux mêmes embarras, on ne vit rien de tel de sa part dans sa correspondance avec le sénat : car, malgré les travers que nous avons pu relever chez lui, il était

CCLIX.
Sanctus alia;

CCLIX.
Sans reproche sous tout autre rapport;

CCLX.
Sane bonus ea tempestate contra pericula et ambitionem.

CCLX.
Assez vertueux à cette époque pour être exempt d'ambition et des démarches hasardées qu'elle inspire.

CCLXI.
Sed Pompeius a prima adolescentia, sermone fautorum, similem fore se credens Alexandro regi, facta consultaque ejus quidem æmulus erat.

CCLXI.
Mais Pompée, dès son adolescence, grâce aux flatteries de ses partisans, jaloux de ressembler au roi Alexandre, se piquait d'imiter les projets et les actions de ce prince.

En attendant la réponse du sénat, il fit une expédition heureuse dans un pays que sa situation au milieu d'épaisses forêts avait jusqu'alors préservé des fléaux de la guerre.

CCLXII.
His saltibus occupatis, tum externorum (Termestinorum) agros invasere, frumentique ex inopia gravi satias facta.

CCLXII.
Après avoir occupé ces défilés boisés, les Romains envahirent le pays des Termestins : et l'extrême disette fit place à l'abondance des grains.

Cependant Sertorius avait reçu, à Dianium, les envoyés de Mithridate, à la tête desquels était le transfuge romain L. Maius.

CCLXIII.
Eum atque Metrophanem senatus magna industria perquirebat, quum per tot scaphas quas ad ostia cum paucis fidis percunctatum miserant.

CCLXIII.
Le sénat le faisait chercher, ainsi que Métrophane, avec le plus grand soin, tandis que, de leur côté, ils avaient envoyé à chacun des ports où ils devaient aborder, des barques montées par quelques hommes de confiance, pour prendre des informations.

Sertorius reçut les ambassadeurs de Mithridate avec la même fierté que s'il eût été consul à Rome, donnant audience en plein sénat; il envoya au roi un corps de soldats romains, commandés par M. Marius, avec le titre de proconsul. Marius fut reçu avec respect par Mithridate, qui, dans toutes les occasions, lui donnait le premier rang.

Metellus et Pompée, depuis leur jonction, n'avaient obtenu d'autres résultats que la prise de quelques forts et la ruine de quelques bourgades. Sertorius devait se maintenir à Dianium, à Tarragone et dans quelques autres places jusqu'à sa mort. Quel autre que lui aurait pu tenir si longtemps la fortune en suspens?

Durant le cours de la même campagne, épris de la gloire de donner le Danube pour limites aux conquêtes romaines, Curion s'engagea dans les défilés de la branche septentrionale des monts Borées. La difficulté des chemins allait le faire renoncer à cette entreprise, lorsque

CCLXIV.	CCLXIV.
Un soldat ligurien, sorti du camp pour un besoin naturel,	Profectus quidam Ligus ad requisita naturæ,
CCLXV.	CCLXV.
S'éleva au-dessus de la base de la montagne,	Radicem montis excessit,

et découvrit, par une échappée de vue qui donnait sur la plaine, un chemin assez facile pour y pénétrer. De retour au camp, il rendit compte à son tribun légionnaire et de ce qu'il avait vu et de l'usage que l'on pouvait faire de sa découverte. L'officier s'empresse

CCLXVI.	CCLXVI.
De faire agréer au général	Duci probare

l'idée conçue par le soldat,

CCLXVII.	CCLXVII.
Et Curion, après avoir loué et enflammé ce soldat par l'espoir des récompenses, lui donne ordre d'aller avec ceux qu'il choisira	Atque eum Curio laudatum, accensumque præmiorum spe, quibuscum optavisset, ire jubet

pour essayer le passage. La chose réussit; l'armée pénétra par le défilé, et les Barbares n'osèrent tenir de toute cette année la campagne.

A son arrivée devant Chalcédoine, Lucullus, en voyant l'effroyable multitude que commandait Mithridate, s'était senti un instant

FRAGMENTS.

CCLXVIII.
Dubius consilii

CCLXVIII.
Incertain du parti

qu'il avait à prendre ; mais il ne tarda pas à s'apercevoir, dans quelques escarmouches, que cette tourbe d'Asiatiques n'était rien moins que redoutable,

CCLXIX.
Dedecores inultique terga ab hostibus cædebantur.

CCLXIX.
Et que, lâches, incapables de résister, ils se laissaient tuer par derrière.

Aussi, plein de confiance, voulut-il tenter une action décisive ; mais le ciel sembla s'y opposer,

CCLXX.
Nubes fœdavere lumen.

CCLXX.
Les nuages obscurcirent le jour.

CCLXXI.
Nam tetra tunc erat et sublima nebula cœlum obscurabat.

CCLXXI.
Car l'horizon était alors tout noir, et à une grande hauteur assombrissait le ciel.

Ce phénomène effraya les deux armées, qui se retirèrent sans en venir aux mains. A peine eut-il dégagé Cotta, il suivit Mithridate.

CCLXXII.
Postquam egressus angustias,

CCLXXII.
Et après être sorti des défilés,

où l'armée de Mithridate aurait pu facilement l'arrêter,

CCLXXIII.
Ad Cyzicum perrexit firmatus animi.

CCLXXIII.
Il se dirigea vers Cyzique, le cœur plein d'assurance.

Pour faire connaître aux assiégés son approche, il eut recours à un expédient ingénieux. Un soldat des légions Valériennes, excellent nageur, se fit fort de pénétrer, par mer, jusque dans Cyzique.

CCLXXIV.
Duos quam maxumos utres levi tabulæ subjecit : qua super omni corpore quietus, invicem tractu pedis quasi gubernator exsisteret : ea inter molem atque insulam mari vitabundus classem hostium, ad oppidum pervenit.

CCLXXIV.
Il attacha deux outres des plus grosses à une planche d'un bois léger, sur laquelle, étendu de tout son long sans remuer le corps, il se servait alternativement de chacun de ses pieds comme d'un gouvernail. Ainsi, nageant entre le môle et l'île, il évita la flotte ennemie, et parvint dans la ville.

Grande fut la joie des habitants en voyant l'émissaire de Lucullus ; mais, pour arriver sous les murs de Cyzique, il lui fallait traverser un défilé inexpugnable, que le roi faisait soigneusement garder. Ici encore la ruse supplée à la force : le proscrit romain Magius, que le roi avait envoyé en Espagne, prévoyant le déclin des affaires de Sertorius, désirait vivement rentrer en grâce auprès des Romains. Il écrivit plusieurs lettres au proconsul.

CCLXXV.	CCLXXV.
Une de ces lettres, que portait un esclave, ayant, de fortune, été trouvée par des maraudeurs Valériens, ils la lancèrent, avec une arbalète à scorpion, dans le camp	Quarum unam epistolam forte cum servo nacti prædatores Valeriani scorpione in castra misere

des Romains. Le proconsul promet l'amnistie à Magius; celui-ci engage le roi à laisser les Romains franchir, occuper le défilé; il l'assure que les légions Valériennes déserteraient aussitôt de son côté, et que, de la sorte, il aurait bon marché du reste de l'armée romaine. Mithridate donne dans le piége : Lucullus s'empresse d'occuper les gorges; les Valériens restent fidèles, et le roi de Pont n'était pas en état de les déloger. Il n'en fut que plus ardent à presser les travaux de siége : il fit donner un assaut général. Ses soldats mirent beaucoup d'ardeur à l'escalade; mais,

CCLXXVI.	CCLXXVI.
Dès que l'un d'eux s'approchait du mur des ennemis, son châtiment ne se faisait pas attendre:	Quum murum hostium successisset, pœnas dederat:

il était précipité du rempart. Les assiégeants de revenir à la charge, après avoir déposé la cuirasse et le bouclier pour être plus agiles; mais ce soin leur devint funeste : les assiégés étaient munis de matières brûlantes qui,

CCLXXVII.	CCLXXVII.
Jetées sur les corps découverts,	In nuda injecta corpora,

obligèrent bien vite les Asiatiques à fuir. Pas d'effort, pas de sacrifice qui paraisse trop pénible aux assiégeants. Électrisés par leur brave commandant, tous jurent à Lysistrate de s'ensevelir sous les ruines de la place plutôt que de se rendre : puis,

CCLXXVIII.	CCLXXVIII.
Pour en donner la preuve par les	Ut res magis quam verba gereren-

tur, liberos parentesque in muris locaverunt.

effets mieux que par les paroles, ils avaient placé sur les remparts leurs enfants et les auteurs de leurs jours.

Bientôt Mithridate renouvelle l'assaut par terre et par mer; la redoutable hélépole menace les murs de Cyzique : sur ce point se concentrent les principaux efforts des assiégés. Eux-mêmes firent de ce côté brèche à la muraille, en enlevant le ciment;

CCLXXIX.

Saxaque ingentia, et trabes axe vinctæ per pronum incitabantur, axibusque eminebant, in modum ericii militaris, veruta binum pedum.

CCLXXIX.

Puis de grosses pierres, et des poutres liées par un axe de fer, étaient disposées en pente, faisant, au moyen de ces axes, saillie en dehors, à l'image de la herse de guerre, et s'appuyant sur des poteaux fixés en terre.

Cette construction improvisée amortit l'effort de la machine; mais, tandis que les Cyzicains obtiennent de ce côté quelque avantage, quatre soldats des plus hardis, montés sur une galère,

CCLXXX.
Muros successerant.

CCLXXX.
Avaient escaladé les murs.

De ce côté, le bruit de cette attaque jette les habitants dans le désespoir;

CCLXXXI.

At tum maxume, uti solet extremis in rebus, sibi quoque carissumum domi recordari, cunctique omnium ordinum extrema munia sequi.

CCLXXXI.

Et alors, comme il arrive dans les dangers extrêmes, chacun de se rappeler les objets chéris qu'il avait laissés à la maison; tous ensemble, quel que soit leur rang, s'acquittent des plus humbles offices.

De ce côté encore, les assiégeants sont repoussés; le lendemain, nouvel assaut. Déjà les murailles de la ville, partout ébranlées, semblaient devoir donner accès aux assiégeants, lorsqu'une tempête, qui s'éleva tout à coup, vint détruire les machines de Mithridate.

CCLXXXII.
Et onere turrium incertis navibus,

CCLXXXII.
Et d'abord, vacillant sous le poids des tours, les vaisseaux

furent bientôt submergés. Les cris, la confusion

CCLXXXIII.
Impediebant jussa nautarum.

CCLXXXIII.
Rendaient impossibles les ordres des pilotes.

Plusieurs navires furent engloutis, et presque tous les équipages périrent.

CCLXXXIV.
Déjà il n'était plus possible de tenir la mer, les vagues s'élevant à une hauteur immense, et les vents se déchaînant.

CCLXXXV.
Car ceux qui tentèrent de se sauver à la nage, frappés à tout moment par les ferrures des vaisseaux, ou blessés par leurs compagnons, ou jetés contre les carènes par la force des vagues, périrent enfin, le corps horriblement mutilé.

CCLXXXIV.
Neque jam sustineri poterat immensum aucto mari, et vento gliscenti.

CCLXXXV.
Nam qui enare conati fuerant, icti sæpe ferramentis navium, aut vulnerati a suis, aut afflicti alveos undarum vi, mulctato fœde corpore, postremo tamen periere.

Cependant,

CCLXXXVI.
Dans la ville, épouvante à peu près égale : on craint vivement que l'inondation n'ébranle sur ce point les remparts nouvellement construits, car le pied des murs y baignait dans les flots, l'agitation de la mer faisant partout refluer les égouts.

CCLXXXVI.
Quasi par in oppido festinatio, et ingens terror erat; ne ex latere nova munimenta madore infirmarentur, nam mœnia oppidi stagnabant, redundantibus cloacis advorso æstu maris.

Découragé par tant de revers, accablé par la disette, Mithridate leva le siége et s'embarqua. On peut juger de la joie des habitants de Cyzique.

CCLXXXVII.
Aussitôt on eût vu une foule innombrable d'habitants s'échapper de toutes les issues, alors que, comme en pleine paix, répandus au dehors,

CCLXXXVII.
Simul immanis hominum vis ex locis invasere patentes tum et pacis modo effusas,

ils se livraient aux charmes d'une sécurité si longtemps interrompue. Les lieutenants de Mithridate, ramenant son armée par terre, furent atteints par Lucullus, au passage du Rhyndaque, et mis en déroute avec perte de vingt mille hommes.

CCLXXXVIII.
Alors pour la première fois les Romains virent des chameaux.

CCLXXXVIII.
Tum primum Romanis visi cameli.

Dès ce moment, les fléaux de la guerre avaient cessé pour cette ville,

CCLXXXIX.	CCLXXXIX.
Apertæ portæ, repleta arva cultoribus.	Les portes en restent ouvertes, et les champs sont remplis de cultivateurs.

L'entrée du proconsul dans cette ville fut un triomphe; mais, sans se laisser retenir par les fêtes qui lui étaient offertes, il se mit à poursuivre vivement la flotte royale sur les mers adjacentes. Dans une première action, qui eut lieu près de Ténédos, il mit hors de combat une escadre de treize vaisseaux pontiques; puis, dans une seconde rencontre, à la vue de Lemnos, il eut affaire à toute la flotte royale, montée par dix mille hommes de troupes, outre les soldats que Sertorius avait envoyés d'Espagne, et qui étaient sous les ordres du transfuge Marius. Ces derniers firent la plus vigoureuse résistance, car ils étaient dans une situation où

CCXC.	CCXC.
Nihil socordia claudebat.	La lâcheté ne pouvait en rien les mettre à couvert.

Lucullus, voyant que par les moyens ordinaires il ne pouvait ébranler l'ennemi, transforme en quelque sorte cette action navale en un combat de terre. Par ses ordres, les Romains

CCXCI.	CCXCI.
Fine inguinum ingrediuntur mare,	Entrent dans la mer jusqu'à la ceinture,

et, venant à l'abordage, triomphent de l'ennemi. Marius, fait prisonnier, est tué par l'ordre de Lucullus. Cependant Mithridate, cerné dans Nicomédie, trouve moyen de s'échapper. A la vue des côtes de Bithynie, il est surpris par une tempête, qui dura plusieurs jours; le vaisseau qu'il montait faisait eau de toutes parts; il était sur le point d'être submergé, lorsque

CCXCII.	CCXCII.
Primo incidit forte per noctem in lenunculo piscantis,	La nuit, par hasard, il fit rencontre d'une barque de pêcheur,

luttant à grand'peine contre les vagues. Mithridate confie sa personne à ce frêle esquif, et débarque non loin d'Héraclée. Là il trouve moyen de surprendre cette ville au moyen de secrètes intelligences avec Lamachus, qui en était gouverneur; or il fut convenu que, dès la nuit même, à la faveur d'une fête religieuse, et dès qu'on pourrait

CCXCIII.	CCXCIII.
Entendre le tumulte des Bacchanales,	Exaudirique sonus Bacchanaliorum,

le roi se saisirait de l'une des portes; ce qui fut exécuté.

Toute la Bithynie cependant était rentrée sous la domination romaine. Cette province eut beaucoup à souffrir des exactions du proconsul Cotta et de son questeur Oppius. Ces deux magistrats étaient sans cesse en querelle pour le partage de leurs vols : Oppius demanda à quitter son chef; Cotta refusa : Oppius insista; Cotta fut inexorable.

CCXCIV.	CCXCIV.
Alors Oppius, voyant que les prières n'obtenaient rien, essaye timidement de tirer un poignard caché sous sa robe; Cotta et Vulscius retiennent sa main.	At Oppius, postquam orans nihil proficiebat, timide veste tectum pugionem expedire conatus, a Cotta Vulscioque impeditur.

Était-ce pour assassiner le consul? était-ce pour se poignarder? C'est ce qui jamais n'a été bien éclairci. Quoi qu'il en soit, le proconsul chassa de la province, comme concussionnaire et comme traître, Oppius, qui fut traduit à Rome devant les tribunaux et acquitté.

Cependant, poursuivant toujours leurs avantages sous les ordres de Lucullus,

CCXCV.	CCXCV.
Les Romains, au bout de trois mois, arrivèrent dans le Pont beaucoup plus tôt que Mithridate n'avait compté.	Illi tertio mense pervenere in Pontum multo celerius spe Mithridatis.

L'Italie était alors le théâtre d'une guerre qui menaça un instant le siége de la république. Soixante-treize esclaves, détenus à Capoue dans une académie de gladiateurs, brisent leurs armes et se réfugient sur le mont Vésuve : voilà le faible commencement d'un embrasement qui, comme une lave brûlante, remplit l'Italie de sang et de ruines. Les esclaves avaient à leur tête un homme supérieur : c'était Spartacus,

CCXCVI.	CCXCVI.
Grand par son courage et sa vigueur.	Ingens ipse virium atque animi.

Le préteur de la province, Claudius Pulcher, vient avec trois mille hommes les investir sur cette montagne. Les gladiateurs lui échappent par un stratagème hardi, et se répandent dans la Campanie. Là ils voient leur troupe se grossir d'une foule

FRAGMENTS.

de montagnards et de brigands du pays. Spartacus appelle tous les esclaves à la liberté. Dans les discours qu'il leur adresse, il insiste surtout sur la mollesse et la tyrannie des maîtres, qui tirent du travail et des sueurs de leurs esclaves le moyen de vivre au sein du luxe et des voluptés. De tels hommes sont faciles à vaincre :

CCXCVII.
Hi sunt qui secundum pocula et alias res aureas, diis sacrata instrumenta convivio mereantur.

CCXCVII.
Ce sont ceux qui, profanant des coupes et d'autres vases d'or, instruments consacrés au culte des dieux, font à table toutes leurs campagnes.

De toutes parts les esclaves accoururent sous ses drapeaux. Bientôt il compte dix mille hommes sous ses ordres, et, pour les équiper convenablement, il leur prescrit

CCXCVIII.
Exuant armis equisque

CCXCVIII.
De dépouiller de leurs armes et de leurs chevaux

les habitants des campagnes.

CCXCIX.
Repente incautos agros invasit

CCXCIX.
Tout aussitôt, sur ces contrées sans défiance, on vit fondre

cette armée d'esclaves. La Campanie est le premier théâtre de leurs excès. Chacun d'eux,

CCC.
Ex insolentia avidus male faciundi,

CCC.
D'autant plus ardent à malfaire que le pouvoir de nuire est nouveau pour lui,

se livre, comme à plaisir, à tous les abus de la force. Après avoir saccagé Cora, ils se surpassent encore par les horreurs qu'ils commettent à Nucera, à Noles. A leur entrée dans cette ville, chacun d'eux courut s'attacher aux objets de sa haine ou de son ressentiment personnel. On frémit au tableau de leurs cruautés :

CCCI a.
Nefandum in modum perverso volnere et interdum lacerum corpus semianimum omittentes, alii in tecta jaciebant ignes, multique ex loco servi, quos ingenium socios dabat, abdita a dominis aut ipsos trahebant ex occulto; neque sanctum aut nefandum quicquam fuit iræ barbarorum et ser-

CCCI a.
Dans leurs caprices atroces, ils se plaisaient à laisser à demi morts les corps déchirés des plus cruelles blessures ; on en voyait qui jetaient des feux sur les toits des maisons; nombre d'esclaves de l'endroit même, disposés par caractère à s'associer aux fugitifs, arrachaient des lieux les plus

secrets les objets cachés par leurs maîtres, ou leurs maîtres eux-mêmes. Rien n'est sacré, rien ne paraît trop criminel à la fureur de ces barbares, à leur naturel d'esclaves. Spartacus, ne pouvant empêcher ces excès, malgré des prières réitérées...,

vili ingenio. Quæ Spartacus nequiens prohibere multis precibus quo moraret (quum oraret) celeritate prævertere... nuntios...,

leur fit donner, par quelques affidés, le faux avis que le préteur Varinius Glaber arrivait avec ses troupes. Ce généreux stratagème sauva Noles d'une entière destruction. Ce préteur, en effet, n'était pas loin : Spartacus voulait, à son approche, abandonner les plaines de la Campanie et se replier en Lucanie, derrière les montagnes de l'Apennin. Trois mille fugitifs gaulois, ayant pour chef OEnomaüs, voulurent au contraire attaquer Varinius : ils furent défaits, OEnomaüs resta sur la place. Ses compagnons, émules de sa valeur, vendirent chèrement cet avantage aux Romains, et, après l'action, on trouva leurs cadavres

CCCII.
Sur la place même où ils avaient combattu.

CCCII.
Locum nullum, nisi in quo armati institissent.

Alors le reste des esclaves revint à l'avis de Spartacus, et la retraite commença, inquiétée par quelques corps de cavalerie qu'avait envoyés en avant le préteur. Spartacus,

CCCI b.
Avant que Varinius arrivât avec le reste de son armée, s'étant sur-le-champ assuré de bons guides à travers les sentiers, déroba sa marche en s'enfonçant dans les gorges des Picentins, puis des Éburinins, arriva à Narès de Lucanie, et de là, à la pointe du jour, à Popliforme, dont les habitants ignoraient leur marche. Aussitôt les fugitifs, au mépris de l'ordre de leur chef, violent les femmes et les filles ; puis d'autres...

CCCI b.
Priusquam *cum* reliquo exercitu adesset Varinius, propere nanctus idoneos ex calli*bus* duces, Picentinis, deinde eburinis jugis occultus ad Nares Lucanas, atque inde, prima luce, pervenit ad *Popili* forum ignaris cultori*bus*. Ac statim fugitivi contra præceptum ducis rapere ad *stuprum* virgines, matres; et alii...

ne songent qu'au meurtre et au pillage. Spartacus surprend Furius, lieutenant de Varius, et lui tue deux mille hommes. Varinius n'en parvint pas moins à resserrer les fugitifs dans une position désavantageuse.

CCCI c.
Ensuite les fugitifs, ayant consommé

CCCI c.
Deinde fugitivi consu*m*ptis jam ali-

mentis, nec *suppeditantibus* ex propinquo, ...tis ...... instar et solita militiæ vigilias *stationes*que et alia munia *exsequentes* secunda vigilia cuncti egrediu*ntur*, *r*elicto buccina*tore in castris* et ad vigi*liarum speciem* procul visen*ti*, *e*rexerant fulta palis recenti*a* cadavera ac signa......

tou*s* leurs vivres, et n'en pouvant tirer du voisinage,... sortent tous à la seconde veille, laissant dans leur camp un trompette, et, pour offrir à quiconque eût regardé de loin l'aspect de sentinelles, ils dressèrent sur des poteaux des corps récemment morts et des enseignes...

Spartacus, sorti de ce pas dangereux, s'achemine vers la mer Supérieure, où il espérait se ménager une place de refuge. Cossinius, détaché pour s'opposer à ce dessein, vient camper aux bains salants de l'Apulie, entre les rivières du Cerbale et de l'Aufide. Les gens du pays tombèrent à l'improviste sur son camp. En ce moment

CCCIII.
Cossinius in proxumo fonte lavabatur.

CCCIII.
Cossinius se baignait dans une fontaine voisine.

Il se sauva nu, et fut tué dans sa fuite. Bientôt les fugitifs attaquent Varinius lui-même, non qu'ils fussent tous armés en guerre, mais toute chose devenait une arme pour leur fureur: un épieu, une fourche ou tout autre outil de bois durci au feu, auxquels ils avaient donné

CCCI d.
M. or trequii præter s r ciem (*duritiem*) bello necessario (*necessariam*), haud multo secus quam ferro noceri poterat.

CCCI d.
La dureté nécessaire pour combattre, portait des coups presque aussi dangereux que le sont ceux des armes de guerre.

CCCI e.
At Varinius, dum hæc aguntur a fugitivis, ægra parte militum autumni gravitate, neque ex postrema fuga, quum severo edicto juberentur, ullis ad signa redeuntibus, et qui reliqui erant per summa flagitia detrectantibus militiam, quæstorem suum C. Thoranium ex quo præsente vera facillume noscerent. Commiserant (*in Urbem miserat*) et tamen interim cum volentibus numero quatuor,

CCCI e.
Mais, tandis que les fugitifs obtenaient tous ces succès, voyant qu'une partie de ses soldats était atteinte des maladies qu'amène l'automne ; que, depuis leur dernière déroute, aucun ne revenait aux drapeaux, malgré l'édit sévère qu'il avait rendu, et que ceux qui restaient mettaient la plus honteuse lâcheté à se refuser au service, Varinius envoya C. Thoranius, son questeur, à Rome, afin que, par témoin oculaire, on y sût mieux l'état des choses. Néanmoins, en attendant son retour avec quatre cohortes de soldats de bonne volonté,

il alla en avant contre l'ennemi ; puis, ayant reçu quelques renforts, il put être maître de la campagne, resserra les fugitifs dans leurs incursions, et leur interdit l'accès de la Lucanie.

Spartacus, dans la vue de rétablir ses communications avec cette province, s'approche du camp romain; mais il était si bien fortifié, qu'il n'osa rien entreprendre.

<table>
<tr><td>CCCI f.</td><td>CCCI f.</td></tr>
<tr><td>Quelques jours après, nos soldats, contre leur ordinaire, commencent à sentir croître leur confiance, et à tenir un langage plus assuré. Varinius est entraîné lui-même par cette ardeur inattendue; il met de côté les précautions, puis, des soldats novices, non encore éprouvés, et tout préoccupés des revers de leurs camarades, il les conduit néanmoins contre le camp des fugitifs.</td><td>Aliquot dies contra morem fiducia augeri nostris cœpit et promi lingua. Qua Varinius contra spectatam rem incaute motus novos incognitosque, et aliorum casibus perculsos milites, ducit tamen ad castra fugitivorum.</td></tr>
</table>

Dès que les Romains aperçoivent de loin **ceux**-ci rangés en bon ordre et poussant des cris menaçants, leur courage s'ébranle.

<table>
<tr><td>CCCI g.</td><td>CCCI g.</td></tr>
<tr><td>Déjà, ralentissant le pas et gardant le silence, ils ne se présentent pas aussi superbement au combat qu'ils l'avaient demandé.</td><td>Presso gradu silentes jam, neque tam magnifice sumentes prœlium, quam postulaverant.</td></tr>
</table>

Ils attaquent cependant la ligne ennemie;

<table>
<tr><td>CCCIV.</td><td>CCCIV.</td></tr>
<tr><td>Mais cette tentative n'ayant pas réussi, les soldats commencèrent à la charge avec plus de mollesse, en ne tenant pas leurs armes serrées comme ils l'avaient fait d'abord, et en desserrant les rangs.</td><td>Quod ubi frustra tentatum est, socordius ire milites occœpere, non aptis armis, uti in principio, et laxiore agmine.</td></tr>
</table>

D'ailleurs, harrassés de s'être tenus en haleine depuis le matin, ils étaient si accablés par la chaleur,

<table>
<tr><td>CCCV.</td><td>CCCV.</td></tr>
<tr><td>Que la plupart, pouvant à peine se soutenir, s'appuyaient, fatigués et fixés sur leurs armes.</td><td>Ut sustinere corpora plerique nequeuntes, fessi, arma sua quisque stantes incumberent.</td></tr>
</table>

La défaite devient générale : Varinius donne le signal de la retraite et se replie sur la Lucanie, abandonnant aux esclaves toute la pointe de l'Italie jusqu'au détroit.

A Rome, le tribun Licinius Macer crut le moment favorable pour obtenir l'abolition des lois de Sylla, en ce qui concernait la puissance tribunitienne. Il jugeait d'ailleurs le parti populaire renforcé

CCCVI.

Post reditum eorum, quibus senatus belli Lepidani gratiam fecerat.

CCCVI.

Par le retour de ceux à qui, après la guerre de Lepidus, le sénat avait fait grâce.

Voici le discours qu'il prononça à cette occasion

CCCVII.

ORATIO M. LICINII TRIBUNI PLEBIS AD PLEBEM.

Si, Quirites, parum existumaretis, quod inter jus a majoribus relictum vobis, et hoc a Sulla paratum servitium interesset, multis mihi disserendum fuisset, docendumque, quas ob injurias et quotiens a Patribus armata plebes secessisset; utique vindices paravisset omnis juris sui, tribunos plebis. Nunc hortari modo reliquum est, et ire primum via, qua capessundam arbitror libertatem.

Neque me præterit, quantas opes nobilitatis solus, impotens, inani specie magistratus, pellere dominatione incipiam; quantoque tutius factio noxiorum agat, quam soli innocentes. Sed præter spem bonam ex vobis, quæ metum vicit, statui certaminis adversa pro libertate potiora esse forti viro, quam omnino non certavisse. Quamquam omnes alii, creati pro jure vestro, vim cunctam et imperia sua, gratia, aut spe, aut præmiis in vos convortere, meliusque habent mercede delinquere, quam gratis recte facere. Itaque omnes concessere jam in paucorum dominationem, qui per militare nomen, ærarium, exercitus regna, provincias occupavere, et arcem habent ex spoliis vestris : quum interim, more pecorum, vos, multitudo, singulis habendos fruendosque præbetis, exuti omnibus, quæ majores reliquere : nisi quia vobismet ipsi per suffragia, uti præsides olim, nunc dominos destinatis. Itaque concessere illuc omnes : et mox, si vestra

CCCVII.

DISCOURS DE M. LICINIUS, TRIBUN DU PEUPLE, AU PEUPLE.

Si vous mettiez peu de différence Romains, entre les droits que vous ont laissés vos pères, et la présente servitude que vous a léguée Sylla, j'aurais à vous faire un long discours, et à vous apprendre pour quelles injures et combien de fois le peuple en armes s'est séparé du sénat; enfin comment il a, pour défenseurs de tous ses droits, établi ses tribuns. Aujourd'hui ma tâche ne consiste qu'à vous exhorter, et à prendre le premier chemin qui, selon moi, doit vous ramener à la liberté.

Je n'ignore point combien nombreuses sont les ressources de la noblesse, que, seul, sans pouvoir, avec une vaine ombre de magistrature, j'entreprends de déposséder de sa domination; je sais aussi combien une faction d'hommes malintentionnés agit plus sûrement que de bons citoyens isolés. Mais, sans parler du juste espoir que je fonde sur vous, espoir qui m'élève au-dessus de la crainte, j'établis que mieux vaut, pour un homme de cœur, essuyer une défaite en combattant pour la liberté, que de n'avoir point entrepris le combat. Ce n'est pas que, dans l'espoir d'obtenir du crédit et des récompenses, tous ceux qui ont été élus pour défendre vos droits n'aient contre vous dirigé leur influence et leur autorité, et n'aient mieux aimé prévariquer avec profit que bien faire gratuitement. Tous se sont rangés sous la domination de quelques hommes, qui, à la faveur d'un renom militaire, se sont emparés du trésor, de l'armée, des royaumes, des provinces, et se font un rempart de vos dépouilles, tandis que vous, multitude semblable à un troupeau, vous vous livrez à chacun d'eux comme une chose dont ils ont la propriété, la jouissance, dépouillés ainsi de tout ce que vous laissèrent vos ancêtres, sauf cependant votre droit de suffrage, qui autrefois vous donnait des chefs, et aujourd'hui vous donne des maîtres. De ce côté donc tous se sont rangés; mais bientôt, si vous recouvrez ce qui vous appartient, ils seront à vous la plupart. Peu d'hommes ont le courage de défendre le parti qui leur plaît; le plus grand nombre suit celui du plus fort.

Pouvez-vous croire que rien vous puisse faire obstacle, si vous marchiez dans un même esprit, vous qui, dans votre état de langueur et de découragement, avez su vous faire craindre? A moins peut-être que C. Cotta, élevé au consulat du sein de la faction, ait, autrement que par crainte, rendu quelques droits aux tribuns du peuple; et, quoique L. Sicinius, pour avoir osé le premier parler de la puissance tribunitienne, ait été, malgré vos murmures, victime de la perfidie des patriciens, cependant, chez eux, la crainte de votre courroux s'est fait plutôt sentir que, chez vous, le sentiment de l'injure. C'est ce que je ne puis assez admirer, Romains; car, combien vaines furent vos espérances, vous avez pu le reconnaître! Sylla mort lui qui avait imposé une odieuse servitude, vous pensiez être à la fin de vos maux : il s'est élevé un tyran bien plus cruel, c'est Catulus. Des troubles ont éclaté pendant le consulat de Brutus et d'Emilius Mamercus; après quoi C. Curion a porté l'abus du pouvoir jusqu'à faire périr un tribun innocent. Lucullus, l'année dernière, quelle animosité n'a-t-il pas montrée contre L. Quinctius? vous l'avez vu. Quelles tempêtes enfin aujourd'hui ne soulève-t-on pas contre moi? Certes, ce serait bien vainement qu'on les exciterait, s'ils devaient se lasser de la domination plutôt que vous de la servitude, d'autant plus que si, dans le cours de nos guerres civiles, on a mis en avant d'autres prétextes, on

receperitis, ad vos plerique : raris enim animus est ad ea, quæ placent, defendenda : ceteri validiorum sunt.

An dubium habetis, ne officere quid vobis uno animo pergentibus possit, quos languidos socordesque pertimuere? Nisi forte C. Cotta, ex factione media consul, aliter quam metu jura quædam tribunis plebis restituit. Et quamquam L. Sicinius primus de potestate tribunorum loqui ausus, mussantibus vobis, circumventus erat; tamen prius illi invidiam metuere, quam vos injuriæ pertæsum est. Quod ego nequeo satis mirari, Quirites : nam spem frustra fuisse intellexistis. Sulla mortuo, qui scelestum imposuerat servitium, finem mali credebatis : ortus est longe sævior Catulus. Tumulus intercessit Bruto, et Æmilio Mamerco Coss.; dein C. Curio ad exitium usque insontis tribuni dominatus est. Lucullus superiore anno quantis animis ierit in L. Quinctium, vidistis. Quantæ denique nunc mihi turbæ concitantur! Quæ profecto incassum agebantur, si, prius quam vos serviundi finem, illi dominationis facturi erant : præsertim quum his civilibus armis dicta alia, sed certatum utrimque de dominatione in vobis sit. Itaque cetera ex licentia, aut odio, aut avaritia in tempus arsere : permansit una res modo, quæ utrimque quæsita est; et erepta in posterum, vis tribunicia, telum a majoribus libertati paratum.

Quod ego vos moneo, quæsoque, ut animadvortatis : neu nomina rerum ad ignaviam mutantes, otium pro servitio appelletis. Quo jam ipso frui, si vera et honesta flagitium superaverit, non est conditio : fuisset, si omnino quiessetis. Nunc animum advortite : et, nisi viceritis, quoniam omnis injuria gravitate tutior est, artius habebunt.

Quid censes igitur? aliquis vestrum subjecerit. Primum omnium, amittendum morem hunc quem agitis, impigræ linguæ, animi ignavi, non ultra concionis locum memores libertatis; dein (ne vos ad virilia illa vocem, quo tribunis plebei mandando patricium magistratum, libera ab auctoribus patriciis suffragia majores vestri paravere), quum vis omnis, Quirites, in vobis sit, uti, quæ jussa nunc pro aliis toleratis, pro vobis agere aut non agere certe possitis. Jovem, cut alium quem deum consultorem exspectatis? Magna illa consulum imperia et Patrum decreta, vos exsequendo rata efficitis, Quirites; ultroque licentiam in vos auctum atque adjutum properatis.

Neque ego vos ultum injurias hortor, magis uti requiem cupiatis; neque discordias, ut illi criminantur, sed earum finem vloens, jure gentium

n'a de part et d'autre combattu que pour asservir. Ainsi tous les maux nés de la licence, de la haine, de l'avidité, n'ont produit qu'un embrasement passager; il n'est resté que le but commun des deux factions, qu'on vous a enlevé pour l'avenir, la puissance tribunitienne, cette égide de la liberté conquise par vos ancêtres.

Je vous en avertis, je vous en conjure, songez-y sérieusement : n'allez pas, changeant le nom des choses au gré de votre lâcheté, nommer tranquillité ce qui est servitude. Si le crime l'emporte sur le droit, sur l'honneur, la tranquillité ne sera point votre partage : elle l'eût été si vous étiez toujours restés calmes. Maintenant faites-y bien attention; et, si vous n'êtes vainqueurs, comme l'oppression trouve sa sûreté en se rendant plus pesante, ils vous tiendront encore plus serrés.

Que demandez-vous donc? va m'objecter quelqu'un de vous. Qu'avant tout vous vous départiez de votre manière d'agir, hommes à la langue brave, au cœur lâche, et qui, une fois hors de l'enceinte de cette assemblée, ne pensez plus à la liberté; ensuite (et devrais-je avoir besoin de vous appeler à ces mâles efforts par lesquels, en attribuant aux tribuns du peuple les magistratures patriciennes, vos ancêtres ont dû affranchir les élections de l'influence exclusive des patriciens?) puisque toute puissance réside en vous, les commandements qu'aujourd'hui vous voulez bien subir de la part des autres, vous pouvez assurément les exécuter ou les enfreindre à votre gré. Jupiter, ou quelque autre dieu, est-il donc le protecteur que vous attendez? Cette grande autorité des consuls et des décrets du sénat, votre docilité lui sert de sanction, Romains; et c'est un plaisir qui, comme toute licence qu'on se permet contre vous, trouve en vous des auxiliaires commodes et empressés.

Je ne vous exhorte pas à venger vos injures, mais plutôt à chercher le repos : ce n'est pas non plus les discordes que j'appelle, ainsi qu'ils m'en accusent; mais, comme je veux y mettre fin, j'invoque, au nom du droit des gens, ce qui nous appartient; et, s'ils s'opiniâtrent à le retenir, ne recourez ni aux armes ni à la retraite, contentez-vous de ne plus donner votre sang : c'est là mon avis. Qu'ils exercent, qu'ils possèdent, comme ils l'entendront, les commandements militaires; qu'ils cherchent des triomphes; qu'avec les images de leurs ancêtres ils poursuivent Mithridate, Sertorius, et les débris des exilés : point de périls ni de travaux pour ceux qui n'ont aucune part dans les avantages; à moins toutefois que cette loi improvisée sur les subsistances ne soit pour vos services une compensation. Or, par elle, à cinq mesures de blé a été estimée la liberté de chacun de vous; aussi bien la ration d'un prisonnier ne s'élève pas plus haut. En effet, par son exiguïté, elle est tout juste ce qu'il fau pour l'empêcher de mourir, en épuisant ses forces; ainsi, pour vous, une si faible distribution n'affranchit pas des embarras domestiques, et tout ce qu'il y a d'hommes lâches se laissent abuser par une chétive espérance. Mais, serait-elle abondante, cette largesse que l'on vous montrerait comme le prix de votre liberté, qui de vous serait assez faible pour se laisser surprendre, et pour penser devoir quelque reconnaissance à qui vous donne insolemment ce qui vous appartient? En effet, pour établir leur puissance sur la masse, ils n'ont pas d'autre moyen, et ils n'en tenteront pas d'autre.

Le piége n'en est pas moins à fuir. Ainsi, en même temps qu'ils cherchent des adoucissements, ils vous remettent jusqu'à l'arrivée de Cn. Pompée, de ce Pompée qu'ils ont craint tant qu'ils l'ont vu au-dessus de leurs têtes, et qu'ils déchirent depuis que leur frayeur est passée. Et ils ne rougissent pas, ces vengeurs de la liberté, comme ils se nomment, de voir que tant d'hommes n'osent, faute d'un seul, mettre un terme à leur oppression, ou ne puissent défendre leurs droits. Quant à moi, il m'est assez

tium, res repeto; et, si pertinaciter retinebunt, non arma, neque secessionem, tantummodo, ne amplius sanguinem vestrum præbeatis, censeo. Gerant, habeantque suo modo imperia; quærant triumphos; Mithridatem, Sertorium et reliquias exsulum persequantur cum imaginibus suis : absit periculum et labos, quibus nulla pars fructus est. Nisi forte repentina ista frumentaria lege munia vestra pensantur : qua tamen quinis modiis libertatem omnium æstumavere, qui profecto non amplius possunt alimentis carceris. Namque ut illis exiguitate mors prohibetur, senescunt vires; sic neque absolvit cura familiari tam parva res, et ignavissumi quique tenuissuma spe frustrantur. Quæ tamen quamvis ampla, quoniam servitii pretium ostentaretur, cujus torpedinis erat decipi et vestrarum rerum ultro, injuria, gratiam debere? Namque alio modo, neque valent in universos, neque conabuntur.

Cavendus tamen dolus est. Itaque simul comparant delenimenta, et differunt vos in adventum Cn. Pompeii; quem ipsum ubi pertimuere, sublatum in cervices suas, mox demto metu lacerant. Neque eos pudet vindices, uti se ferunt, libertatis, tot viros sine uno, aut remittere injuriam non audere, aut jus non posse defendere. Mihi quidem satis spectatum est, Pompeium, tantæ gloriæ adolescentem, malle principem volentibus vobis esse, quam illis dominationis socium; auctoremque in primis fore tribunicia potestatis. Verum, Quirites, antea singuli cives in pluribus, non in uno cuncti præsidia habebatis : neque mortalium quisquam dare aut eripere talia unus poterat.

prouvé que Pompée, si jeune et si glorieux, aime mieux être le chef de votre choix que le complice de leur tyrannie; et qu'avant tout il sera le restaurateur de la puissance tribunitienne. Mais autrefois, Romains, chaque citoyen trouvait appui chez tous les autres, et non tous chez un seul; et nul, parmi les mortels, n'avait le pouvoir de donner ou d'ôter de tels droits.

Itaque verborum satis dictum est; neque enim ignorantia res claudit. Verum occupavit vos nescio quæ torpedo, qua neque gloria movemini, neque flagitio; cunctaque præsenti ignavia mutastis : abunde libertatem rati, quia tergis abstinetur, et huc ire licet et illuc, munere ditium dominorum. Atque hæc eadem non sunt agrestibus; sed cæduntur inter potentium inimicitias, donoque dantur in provincias magistratibus. Itaque pugnatur, et vincitur paucis : plebes, quodcumque accidit, pro victis est, et in dies magis erit, si quidem majore cura dominationem illi retinuerint, quam vos repetiveritis libertatem.

Ainsi donc assez de paroles, car ce n'est pas l'ignorance qui vous fait faillir; mais vous vous êtes laissé gagner par je ne sais quelle torpeur, qui fait que vous n'êtes émus ni par la gloire ni par la honte; et pour croupir dans votre présente inertie, tout par vous a été donné en échange; et vous croyez jouir largement de la liberté, parce que la verge du licteur épargne votre croupe, et que vous pouvez aller et venir par la grâce de vos maîtres opulents. Et encore telle n'est pas la condition des habitants de la campagne : ils sont battus, meurtris au milieu des querelles des grands, et donnés comme apanage aux magistrats des provinces. Ainsi le combat et la victoire sont l'affaire d'un petit nombre; le peuple, quoi qu'il advienne, est traité en vaincu; et de jour en jour il le sera encore bien mieux, si vos tyrans continuent à mettre plus d'ardeur à garder la domination que vous à recouvrer la liberté.

Le discours de Macer produisit une sensation d'autant plus grande, que dans les derniers rangs du peuple la foule des harangueurs, race d'hommes

CCCVIII.
Male jam adsuetum ad omnes vis controversiarum,

CCCVIII.
Nourris de la méchante habitude des débats les plus tumultueux,

ne cessait de reproduire et de commenter les arguments du tribun ; mais le sénat parvint encore à gagner du temps en mettant en avant le nom de Pompée, et reçut alors fort à propos des lettres dans lesquelles ce général annonçait

CCCIX.
Si nihil ante adventum suum inter

CCCIX.
Que si, avant son arrivée, aucun ar-

rangement n'était conclu entre le sénat et le peuple, il s'occuperait en leur présence de cette affaire.

plebem et Patres convenisset, coram se daturum operam.

La question resta donc en suspens.

En Espagne, Perpenna n'avait cessé, depuis quatre ans, de manœuvrer sourdement contre Sertorius, dont il était bassement jaloux. Bientôt il en vint à une conspiration dont le résultat fut que nombre de villes celtibériennes ouvrirent leurs portes à Metellus. Aigri par ces défections, Sertorius devint défiant, emporté, cruel même. Metellus, rendu plus entreprenant, obtint divers avantages, et Sertorius fut obligé de transporter son quartier général à Osca, pour être à portée de se diriger partout où sa présence serait nécessaire. Cependant rien

CCCX.
Dans la conjuration ne périclite,

CCCX.
Conjuratione, claudit,

et c'est dans Osca même que Perpenna et ses affidés achèvent d'arrêter leur complot. Perpenna invite Sertorius à souper ; ce général s'y rend sans défiance.

CCCXI.
On se mit donc à table : Sertorius en bas, sur le lit du milieu, ayant au-dessus de lui L. Fabius Hispaniensis, l'un des sénateurs proscrits ; sur le lit d'en haut était Antoine, et, au-dessous de lui, Versius, secrétaire de Sertorius ; son autre secrétaire, Mécénas, était sur le lit d'en bas, entre Tarquitius et Perpenna, le maître de la maison.

CCCXI.
Igitur discubuere : Sertorius inferior in medio, super eum L. Fabius Hispaniensis senator ex proscriptis, in summo Antonius, et infra scriba Sertorii Versius ; et alter scriba Mæcenas in imo, medius inter Tarquitium, et dominum Perpennam.

Ainsi, le général et chacun de ses secrétaires se trouvaient placés entre deux conjurés. Sur la fin du repas, Antoine feint de prendre querelle avec Tarquitius.

CCCXII.
Tarquitius lui répond avec aigreur,
CCCXIII.
S'écartant de la retenue habituelle

CCCXII.
Hunc igitur redarguit Tarquitius,
CCCXIII.
Communem habitum transgressus,

que l'on gardait en présence du général. Sertorius, qui ne veut ni souffrir une telle inconvenance ni gêner la liberté des convives, feint de s'abandonner au sommeil. Ce fut le moment que les conjurés prirent pour l'assassiner, ainsi que ces deux secrétaires. Rome fut ainsi délivrée, par un crime, de ce nouveau

FRAGMENTS. 399

Viriate, car les Espagnols étaient dans l'habitude de le comparer au héros lusitanien, et souvent aussi à Annibal. Il fut plus humain envers les ennemis que le Carthaginois, moins téméraire que Pyrrhus; mais, sous le rapport des exploits militaires, ne peut-on pas le mettre au-dessus de ces grands ennemis de Rome ?

CCCXIV.
Nam quidem Pyrrho et Annibali æquor et terra

CCCXIV.
Car enfin à Pyrrhus, à Annibal, la mer et la terre

fournissaient de puissants secours; au lieu que Sertorius, jeté au milieu d'un peuple barbare, dont une partie obéissait à ses ennemis, n'avait de ressources que celles qu'il tirait de son génie. Sa mort opéra une révolution en faveur du parti des Romains. Perpenna devint un objet d'horreur. Pompée se mit à sa poursuite, l'atteignit sur les bords du Tage, et remporta sur lui une victoire peu disputée. Perpenna voulut, dans sa fuite, mettre le fleuve entre sa personne et l'ennemi; mais à peine, avec quelques officiers, se fut-il engagé dans les flots, que

CCCXV.
Jam repente visus sævire Tagus.

CCCXV.
Le Tage lui sembla se gonfler tout à coup.

Néanmoins ils purent passer à l'autre bord, mais ils y furent atteints par des cavaliers ennemis, qui ne se doutèrent point d'abord de l'importance de leur prisonnier;

CCCXVI.
Et Perpennam forte cognoscit mulio redemptoris.

CCCXVI.
Et ce fut le muletier d'un entrepreneur de vivres qui, par hasard, reconnut Perpenna.

Conduit à Pompée, Perpenna lui offrit de lui montrer des lettres de grands personnages qui appelaient Sertorius en Italie. Pompée, par une généreuse politique, refusa ces honteuses communications, et fit mourir Perpenna.

CCCXVII.
Ibi triennio frustra trito

CCCXVII.
Après y avoir vainement consumé trois années

contre les pirates qui recommençaient de plus belle leurs brigandages. On avait nommé, pour lui succéder, le consul

CCCXVIII.
Octavium mitem et captum pedibus

CCCXVIII.
Octavius, homme doux, et perclus des pieds

par l'effet de la goutte. C'était un général peu propre à une guerre qui demandait autant d'activité que de vigueur. L'audace des pirates ne connaissait plus de bornes. Ils allaient jusqu'à faire journellement des descentes en Italie. Sextilius, gouverneur de Sicile, leur voulut donner la chasse, mais il fut pris et défait. Bellienus, préteur de la Campanie, mit alors en mer une escadre pour couvrir la Sicile, mais il ne fut pas plus heureux.

CCCXIX.	CCCXIX.
Et par hasard, dans la traversée, une cohorte romaine, portée sur un bâtiment long, s'écarta du reste de l'escadre, et, arrêtée par un grand calme, fut capturée par deux brigantins de pirates.	Et forte, in navigando, cohors una, grandi faselo vecta, a ceteris deerravit, marique placido a duobus prædonum myoparonibus circumventa.

C'était précisément le navire que montait Bellienus. Il tomba entre leurs mains avec ses faisceaux et l'aigle de la légion. Les pirates allèrent alors jusqu'à menacer le port d'Ostie,

CCCXX.	CCCXX.
Ce rendez-vous des navigateurs.	Illum nautis forum.

Le tribun Cethegus employa tout son crédit pour faire donner à Octavius un successeur dans la personne de son ami M. Antonius, fils du célèbre orateur de ce nom.

CCCXXI.	CCCXXI.
M. Antonius, né pour dissiper l'argent, incapable de s'occuper d'aucun soin, si ce n'est au dernier moment,	M. Antonius perdundæ pecuniæ genitus, vacuusque curis nisi instantibus,

était moins que tout autre propre à terminer heureusement cette guerre.

Cependant Lucullus, s'éloignant d'Amise, qu'il avait tenue bloquée pendant l'hiver, marcha vers la ville de Cabire, aux environs de laquelle campait l'armée royale. Dans un combat de cavalerie, les Asiatiques eurent l'avantage. Lucullus, averti par cet échec, se saisit d'un poste si avantageux, que, bien qu'il pût surveiller tous les mouvements de l'ennemi.

CCCXXII.	CCCXXII.
Et que les deux camps se touchassent, la situation naturelle du terrain empêchait d'en venir aux mains.	Castrisque collatis, pugna tamen ingenio loci prohibebatur.

Il y eut de fréquentes escarmouches dans lesquelles brillèrent

FRAGMENTS. 401

l'impétueuse valeur des soldats asiatiques et la salutaire discipline de l'armée romaine. Enfin, après un combat dans lequel le camp de Taxile, un des satrapes du roi, tomba au pouvoir des Romains, Mithridate se résolut à la retraite. Ce mouvement s'effectua pendant la nuit, dans un si grand tumulte, que ce monarque,

CCCXXIII.	CCCXXIII.
Mithridates corpore ingenti perinde armatus,	Mithridate, couvert d'une armure assortie à sa taille gigantesque,

se vit foulé aux pieds par ses propres soldats. Poursuivi dans sa fuite par les soldats romains, car toujours il était

CCCXXIV.	CCCXXIV.
Equis et armis decoribus cultus,	Remarquable par la beauté de ses chevaux et de ses armes,

il n'échappa qu'en poussant, entre ceux qui étaient près de l'atteindre et sa personne, un mulet chargé d'or.

A la suite de cette campagne, Mithridate envoya Métrodore, son plus intime confident, solliciter le secours de Tigrane, roi d'Arménie. Celui-ci se montra peu disposé à embrasser la cause de son beau-père. Métrodore

CCCXXV.	CCCXXV.
Magnam exorsus orationem	Ayant commencé une longue harangue

pour persuader Tigrane : « Je serais fou, interrompit ce monarque, d'aller me jeter dans le feu quand je ne l'ai pas chez moi. » — D'accord, répliqua Métrodore ; mais

CCCXXVI.	CCCXXVI.
Non tu scis, si quas ædes ignis cepit, haud facile sunt defensu quin et comburantur proxumæ ? »	Ne savez-vous pas que, quand le feu a pris à une maison, il n'est pas facile de préserver de l'incendie les maisons voisines ? »

La superstition concourut aussi à refroidir les dispositions de Tigrane pour son beau-père : il se rappelait que la fondation du royaume de Pont avait été un échec pour les rois de Syrie, à la puissance et aux prétentions desquels il avait succédé. Il crut voir en songe qu'il semait l'or à pleines mains dans un champ. Ce rêve l'effraya : les devins, consultés, le rassurèrent ;

CCCXXVII.	CCCXXVII.
Contra ille calvi ratus, quærebat	Mais lui, craignant d'avoir été

trompé, consulta les entrailles des victimes pour savoir si ce songe lui promettait un trésor.

num somnio thesaurus portenderetur.

La réponse des aruspices ne le satisfit pas davantage, et ce fut dans cette disposition que le trouva Métrodore. La négociation ne produisit donc aucun résultat.

FRAGMENTS DU QUATRIÈME LIVRE.

A Rome, les consuls avaient eu à pourvoir au soulagement du peuple, dans un moment où la cherté des blés, l'entretien de plusieurs armées employées à des guerres étrangères, et la révolte des fugitifs en Italie, avaient épuisé toutes les ressources du trésor et des contribuables. Gellius, l'un d'eux,

CCCXXVIII.
Plein d'anxiété et d'incertitude,

CCCXXVIII.
Anxius animi atque incertus,

ne savait à quel parti s'arrêter ;

CCCXXIX.
Mais son collègue, Cn. Lentulus, d'une maison patricienne, et qui portait le surnom de Clodianus, promulgua sans qu'on puisse dire s'il se montra plus inconsidéré qu'inconséquent à ses principes une loi portant qu'on exigerait des acheteurs des biens des proscrits toutes les sommes dont Sylla leur avait fait la remise.

CCCXXIX.
At Cn. Lentulus patriciæ gentis, collega ejus, cui cognomen Clodiano fuit, perincertum stolidior, an vanior, legem de pecunia, quam Sulla emptoribus bonorum remiserat, exigunda promulgavit.

Cette proposition souleva tous les partisans de Sylla.

CCCXXX.
Tous ceux qui, malgré leur âge, conservaient dans un corps vieilli l'esprit militaire

CCCXXX.
Omnes, quibus ætas senecto corpore, animus militaris erat,

étaient prêts à se soulever et à renouveler la guerre civile; car, depuis les sanglantes querelles de Sylla et de Marius,

CCCXXXI.
Dans Rome était répandue, comme un fléau contagieux, la manie

CCCXXXI.
Qui quidem mos, uti tabes, in Urbem conjectus

FRAGMENTS. 405

de vouloir tout décider par violence. Il fallut renoncer à cette ressource dangereuse qu'assurément,

CCCXXXII.	CCCXXXII.
Consilii æger.	Bien mal conseillé,

Lentulus avait cru devoir mettre en avant.

Spartacus, loin de se laisser éblouir par ses succès, s'occupa sérieusement de discipliner la révolte dont il était le chef. Il promulgua des lois et des statuts tendant à maintenir l'ordre parmi cette foule de gens sans aveu qui l'avaient choisi pour chef. Ces lois n'avaient dans le principe été faites que pour la Lucanie, d'où les fugitifs étaient d'abord sortis en plus grand nombre. Mais, voyant affluer à son camp les esclaves de l'Étrurie et de la Gaule cisalpine, Spartacus étendit ces règlements à tous les fugitifs des cités gauloises, latines ou étrusques, qui entraient dans la ligue. Ainsi

CCCXXXIII.	CCCXXXIII.
Citra Padum omnibus lex Lucania fratra fuit.	La loi Lucanienne devint commune à tous les fugitifs, même en deçà du Pô.

Pour mettre un frein à la cupidité des esclaves, il établit que, dans son camp,

CCCXXXIV.	CCCXXXIV.
Neu quis miles, neve pro milite,	Aucun soldat, ni tout autre en faisant les fonctions,

n'introduirait aucune matière d'or ou d'argent.

Les levées faites, Gellius et Lentulus marchent contre les fugitifs. Spartacus, fidèle à son système de circonspection, ne songe qu'à opérer sa retraite vers les Alpes; mais le chef des Gaulois, Crixus,

CCCXXXV.	CCCXXXV.
Impotens et nimius animi est;	Se laisse enfler par le succès, au point de ne se posséder plus;

il ne rêve que la conquête de Rome. Ses compatriotes partageaient sa présomption. Ainsi les fugitifs

CCCXXXVI.	CCCXXXVI.
Dissidere inter se cœpere, neque in medium consultare.	Commencèrent à ne plus être d'accord entre eux, et à ne plus tenir conseil en commun.

Mais la division devint plus marquée parmi eux au moment où

la présence de deux consuls armés contre eux aurait dû les engager à l'union.

cccih.
Ainsi ces fugitifs. tous d'accord pour soutenir la lutte, étaient sur le point d'en venir entre eux à une sédition. Crixus et ceux de sa nation, Gaulois et Germains, s'obstinèrent à aller au devant de l'ennemi, et à lui offrir la bataille ; Spartacus, au contraire,

cccih.
Atque illi certamini conscii, inter se juxta seditionem erant. Crixo et gentis ejusdem Gallis atque Germanis obviam ire et ultro obferre pugnam cupientibus; contra Spartacum

de continuer son chemin pour exécuter son plan. Gellius cependant s'était avancé le long de l'Apennin. Crixus, à la tête de ses vingt mille Germains ou Gaulois, marcha au-devant de lui par la Lucanie et l'Apulie, et le joignit sur le territoire des Samnites. Là on en vint aux mains. Dans cette circonstance, la valeur impétueuse des Gaulois leur procura un avantage dont ils ne surent pas profiter. Ils avaient repoussé les Romains, qui abandonnèrent leur camp. Les Barbares y entrèrent, mais n'osèrent pas le piller entièrement pendant la nuit.

CCCXXXVII.
De retour au camp le lendemain, ils y trouvèrent quantité de choses que, dans leur précipitation, les Romains avaient abandonnées; et, pendant que, joyeux, ils s'excitaient à boire et à manger,

CCCXXXVII.
Revorsi postero die, multa quæ properantes deseruerant in castris, nacti, quum se ibi cibo, vinoque læti invitarent,

ils furent surpris par les légions aux ordres du préteur Arrius, qui les mit en complète déroute. Crixus fut tué comme il tâchait, à force de valeur, de réparer sa faute. Cependant Spartacus dirigeait sa marche par la branche des Apennins qui longe l'Étrurie. Mais il trouva le consul Lentulus disposé à lui disputer le passage. Il résolut de le forcer avant qu'il eût opéré sa jonction avec Gellius.

CCCXXXVIII.
Il fit donc harceler les légions, qui depuis la veille étaient postées sur la montagne;

CCCXXXVIII.
Igitur legiones pridie in monte positas arcessivit ;

mais Lentulus,

CCCXXXIX.
Attendant son collègue, moins âgé que lui, et qui lui témoignait beaucoup d'égards,

CCCXXXIX.
Collegam minorem, et sui cultorem exspectans,

n'accepta point la bataille. Cependant Gellius approchait. Au moyen d'abatis et de tranchées pratiquées dans les défilés, Spartacus arrête la marche de cet adversaire comme il était déjà presque à la vue des légions de Lentulus, puis il attaqua ce dernier avec impétuosité.

CCCXL.

Et eodem tempore Lentulus duplici acie locum editum multo sanguine suorum defensus, postquam ex sarcinis paludamenta adstari et delectæ cohortes intelligi cœpere,

CCCXL.

En même temps Lentulus, qui, en présentant un double front, avait su défendre sa position sur une élévation, non sans perdre beaucoup de monde, dès qu'il aperçut la casaque de pourpre sur les bagages de son collègue, et que les cohortes d'élite, commençant à se montrer à ses yeux,

débouchaient de la vallée voisine, n'hésita pas à quitter les hauteurs pour accélérer sa jonction avec son collègue ; mais il ne fit que ménager à Spartacus une victoire plus facile et plus complète, à la suite de laquelle, afin d'honorer les mânes de Crixus, il força

CCCXLI.

Opprobrii gratia,

CCCXLI.

Pour les couvrir d'opprobre,

quatre cents prisonniers romains de combattre comme gladiateurs autour du bûcher de ce chef. Malgré ce succès, Spartacus, toujours éloigné de toute présomption,

CCCXLII.

Avidior modo properandi factus

CCCXLII.

N'en fut que plus empressé à hâter sa marche

vers les Alpes. Arrivé sur le Pô, un débordement subit arrêta son mouvement vers les Alpes, et le força de se replier sur Rome. Le préteur Arrius, ayant recueilli les débris des légions dans le Picénum, vient au-devant des fugitifs : il leur livre bataille, il est vaincu ; et les Romains, dans une déroute complète,

CCCXLIII.

Divorsa, uti solet rebus perditis, capessunt. Namque alii fiducia gnaritatis locorum occultam fugam, alii globis eruptionem tentavere.

CCCXLIII.

Prennent, comme il arrive en un pareil désastre, la fuite en diverses directions ; les uns, se fiant à la connaissance des lieux, essayent à se dérober par la fuite ; les autres, se ralliant en petits corps, forcent les passages.

D'autres, ayant sur leur chemin

CCCXLIV.
Trouvé des bêtes de somme, se hâtent de se réfugier dans la ville

CCCXLIV.
Rursus jumenta nacti ad oppidum ire contendunt.

voisine. Ce désastre jette la consternation dans Rome. La foule des citoyens, les femmes, les enfants éperdus,

CCCXLV.
Se jettent aux genoux des sénateurs,

CCCXLV.
Genua Patrum advolvuntur,

pour les conjurer de détourner le danger qui menace la ville. Crassus, alors préteur, se présente : il s'offre à marcher contre les fugitifs. Sa confiance inspire quelque résolution aux bons citoyens ; ils viennent en grand nombre et s'enrôlent sous ses ordres. Ayant pris

CCCXLVI.
Parmi eux tous les vétérans et centurions

CCCXLVI.
Ab his omnes evocatos et centuriones

retirés du service, il en forme le noyau de ses nouvelles levées. Il eut avis aussi que les villes latines assemblaient une troupe

CCCXLVII.
Qui en peu de jours se trouverait réunie sous les armes.

CCCXLVII.
Quæ cis paucos dies juncta in armis foret.

A peine sorti de Rome, il envoya en avant Mummius, son lieutenant, avec ordre de recueillir les débris de l'armée d'Arrius, et d'éviter surtout une action avec Spartacus. Mummius n'obéit pas : il fut vaincu ; et Crassus, après avoir recueilli les fuyards, sévit contre les troupes de Mummius, qui avaient montré de la lâcheté. Il fait décimer les cohortes,

CCCXLVIII.
Et périr sous le bâton ceux que le sort a désignés.

CCCXLVIII.
Sorte ductos fusti necat.

CCCXLIX.
Ensuite, sa colère étant apaisée, il reconforta le lendemain ses légionnaires par des paroles encourageantes.

CCCXLIX.
Dein, lenita jam ira, postero die liberalibus verbis permulcti sunt.

Fidèle au plan qu'il avait prescrit à Mummius, après s'être emparé des défilés de l'Apennin, il se contente d'observer la marche de Spartacus, le harcelant quelquefois, et ne s'arrêtant jamais

CCCL.
Sans tirer de chaque cohorte les sol-

CCCL.
Ex parte cohortium præcipere in-

structa, et stationes locatæ pro castris.

dats les mieux dressés, qu'il portait en gardes avancées au-devant de son camp.

Spartacus reconnut qu'il avait un adversaire digne de lui, et il reprit le chemin de la Lucanie, suivi d'assez près par l'armée romaine. Il voulait regagner son ancienne retraite dans l'Abruzze, avec l'espoir de s'y maintenir en prenant position sur l'Apennin. De ce côté,

CCCLI.
Omnis Italia coacta in angustias scinditur in duo promontoria bruttium et salentinum.

CCCLI.
Toute l'Italie, resserrée par un détroit, se termine coupée par deux promontoires, celui du Bruttium et celui des Salentins.

Il se flattait, à tout événement,

CCCLII.
Serum bellum in angustiis futurum.

CCCLII.
Que dans des défilés la guerre pourrait se prolonger.

Spartacus comptait, en outre, passer en Sicile sur les vaisseaux des pirates, et transporter le théâtre de la guerre dans cette île où deux fois les esclaves en révolte avaient osé faire tête aux Romains. Serrés de près par l'armée de Crassus, les fugitifs

CCCLIII.
In silva Sila fugerunt.

CCCLIII.
Se réfugièrent dans la forêt Sila.

Alors Spartacus entra en marché avec les pirates, pour qu'ils lui fournissent des bâtiments de passage ; mais ceux-ci, après avoir reçu l'argent, repartirent. Crassus, pour enfermer Spartacus dans la pointe méridionale de l'Italie, fit creuser un fossé d'une mer à l'autre. Dès que ce

CCCLIV.
Labos,

CCCLIV.
Travail,

qui employa plusieurs

CCCLV.
Luces,

CCCLV.
Journées,

fut achevé, les fugitifs se virent

CCCLVI.
Clausi lateribus, altis pedem

CCCLVI.
Enfermés de tous côtés par un retranchement de [quinze] pieds

de profondeur sur autant de large ; nul moyen de s'échapper. Spartacus songe alors à passer le détroit sur des radeaux ; mais l'entreprise était impossible dans cette mer resserrée. C'est ici le lieu de parler de la situation relative de la Sicile et de l'Italie. A ce sujet, les traditions varient, et la tradition

CCCLVII.
A parmi ces récits, grâce à l'éloignement des temps, rendu encore plus absurdes plusieurs fables tirées d'un fond de vérité.

CCCLVII.
In quis longissimo ævo plura de bonis falsa in deterius composuit.

CCCLVIII.
Il est certain que l'Italie fut jointe à la Sicile ; et, lorsqu'elle ne formait qu'un seul continent, l'isthme qui les unissait s'est trouvé ou submergé par les eaux, à cause de son peu d'élévation, ou coupé par elles, à cause de son peu d'étendue,

CCCLVIII.
Italiam conjunctam Siciliæ constat fuisse, et, dum esset una tellus, medium spatium, aut per humilitatem obrutum est aquis, aut propter angustiam scissum,

CCCLIX.
Et le sol s'entr'ouvrit à une grande profondeur,

CCCLIX.
Atque hiavit humus vasta et profunda,

qui fut aussitôt comblée par les flots de la mer.

CCCLX.
De là ce lieu a été nommé Rhegium.

CCCLX.
Inde Rhegium nominatum.

CCCLXI.
Ce qui arrondit ce détroit, c'est le gisement du sol de l'Italie, qui est plus bas, et la hauteur du sol de la Sicile, qui rejette sur cette contrée l'action des vagues,

CCCLXI.
Ut autem curvum sit, facit natura mollioris Italiæ, in quam asperitas et altitudo Siciliæ æstum relidit ;

car, à vrai dire, le terrain

CCCLXII.
De l'Italie est peu élevé, et doux à gravir,

CCCLXII.
Italiæ plana et mollis,

à l'exception des dépendances de la chaîne de l'Apennin.

On prétend que, pour garantir la Sicile des débordements auxquels elle se trouvait exposée, ses habitants construisirent, à force de bras, une digue très-élevée. C'est aujourd'hui

CCCLXIII.
Le cap Pélore, situé dans la partie septentrionale de la Sicile, ainsi appelé du nom d'un pilote d'Annibal, qui y fut inhumé. Il fut victime de l'igno-

CCCLXIII.
Pelorum, promontorium Siciliæ, respiciens Aquilonem, dictum a gubernatore Annibalis illic sepulto, qui fuerat occisus per regis ignorantiam,

quum se ejus dolo crederet esse deceptum, veniens de Petilia

rance de son chef, qui, à son retour de Petilia, croyait avoir été égaré par la trahison de ce pilote

dans ces parages qui lui étaient inconnus,

CCCLXIV.
Ad Siciliam vergens faucibus non amplius patet millibus v et xxx.

CCCLXV.
Est autem arctissimum trium millium spatio Siciliam ab Italia dividens, fabulosis infame monstris, quibus hinc et inde Scylla et Charybdis ostenditur. Scyllam accolæ saxum in mari imminens appellant, simile celebratæ formæ procul visentibus. Unde et monstruosam speciem fabulæ illi dederunt, quasi formam hominis capitibus succinctam caninis, qui collisi ibi fluctus latratus videntur exprimere.

CCCLXIV.
Le détroit qui forme courbure le long de la Sicile n'a pas plus de trente-cinq milles de long.

CCCLXV.
Dans sa moindre largeur, il sépare la Sicile de l'Italie sur un espace de trois mille pas. Il est fameux par ces monstres fabuleux, Charybde d'un côté, Scylla de l'autre, qui se montrent au navigateur. Les habitants appellent Scylla un rocher qui s'élève au-dessus de la mer, et qui, de loin, offre à l'œil quelque apparence de la forme qu'on lui a tant attribuée : voilà pourquoi la Fable lui a donné l'aspec d'un monstre à forme humaine, entouré de têtes de chiens, parce que les flots, qui se brisent contre cet écueil, font un bruit qui ressemble à des aboiements.

CCCLXVI.
Charybdis, mare vorticosum,

CCCLXVI.
Autour de Charybde la mer forme un gouffre,

car elle engloutit tout ce qui s'en approche ; ce qui a donné lieu à la fable d'une femme vorace qui, pour avoir enlevé les bœufs d'Hercule, fut d'un coup de foudre précipitée dans la mer. Les courants que forment Charybde,

CCCLXVII.
Quod forte illata naufragia sorbens gurgitibus occultis, millia sexaginta tauromenitana ad litora trahit,

CCCLXVIII.
Ubi se laniata navigia fundo emergunt.

CCCLXVII.
Absorbant par des gouffres cachés les objets naufragés que des accidents y amènent, vont les porter à soixante milles de là, aux rivages de Tauromenium,

CCCXLVIII.
Où les vaisseaux, mis en pièces, ressortent du fond des eaux.

Traverser un pareil détroit sur des radeaux et de faibles embarcations était impossible. Les fugitifs revinrent donc dans la forêt Sila, résolus de forcer, les armes à la main, le fossé creusé par Crassus ;

CCCLXIX.

Car, si les efforts de l'ennemi y mettaient obstacle, encore valait-il mieux perir par le fer que par la faim.

CCCLXIX.

Sin vis obsistat, ferro quam fame æquius perituros.

Ce coup désespéré réussit ; les fugitifs franchirent la barrière. Le dessein de Spartacus était de gagner Brindes et de faire une nouvelle tentative pour sortir d'Italie par mer ; mais les Gaulois, toujours disposés à la révolte, firent de nouveau bande à part, et allèrent camper sur les marais-salans de Lucanie. Crassus marche aussitôt au-devant d'eux, les attaque, les bat ; et il en aurait fait un grand carnage, si Spartacus, qui survint, n'eût donné à ses ingrats compagnons le temps de se rallier et de se retrancher sur le mont Calamarque. Dans une seconde journée, un détachement romain, aux ordres de Pontinius et de Marcius Rufus, lieutenants de Crassus, était au moment de s'emparer, à la faveur de l'obscurité, d'une éminence qui dominait le camp gaulois,

CCCLXX.

Lorsque, sur l'entrefaite, le jour commençant à peine à poindre, deux femmes gauloises, qui, pour passer leur époque, étaient au moment de se séquestrer de la société, gravirent la hauteur

CCCLXX.

Quum interim, lumine etiam tum incerto, duæ Galliæ mulieres conventum vitantis, ad menstrua solvenda, montem ascendunt

d'un autre côté. Elles découvrirent la marche du détachement, et donnèrent l'alarme au camp. Les Gaulois, avertis, reçurent si bien ceux qui comptaient les surprendre, qu'ils auraient remporté à leur tour la victoire, si Crassus n'était survenu avec le gros de l'armée. Il choisit, pour les attaquer, un bas-fond humide où l'avantage du terrain était pour lui ;

CCCLXXI.

Alors, comme ils étaient tous et chacun en désordre, à cause de la difficulté de se tenir sur leurs pieds dans ce terrain glissant, ils virent tomber sur eux les premières cohortes, puis le reste de l'armée de Crassus, avec cette ardeur qui ne manque jamais au soldat quand il est sûr de l'avantage.

CCCLXXI.

Simul eos et cunctos jam inclinatos laxitate loci, plures cohortes, atque omnes, ut in secunda re, pariter acre invadunt.

Les Gaulois furent repoussés et perdirent dix mille hommes. Dans une seconde action, qui eut lieu le soir même, Crassus remporta une seconde victoire sur les fugitifs ; six mille des leurs restèrent encore sur le champ de bataille. Les Romains firent neuf cents prisonniers, et recouvrèrent cinq aigles romaines, vingt-six drapeaux et cinq faisceaux armés de haches.

Toutefois, à Rome, la consternation était extrême, et le peuple demandait à grands cris le rappel de Pompée. Cet heureux général, après avoir détruit ou rallié à ses drapeaux les armées ennemies, n'avait plus qu'à faire rentrer dans l'obéissance les villes jusqu'alors demeurées fidèles au parti de Sertorius. Calagurris seule opposa une résistance invincible. Les habitants, plutôt que de se rendre, eurent le courage de manger les corps de leurs femmes et de leurs enfants morts de faim ;

CCCLXXII.	CCCLXXII.
Parte consumta, reliqua cadaverum ad diuturnitatem usus sallerent.	Et, après avoir consommé une partie des cadavres, ils salèrent le reste, afin de le conserver pour cet usage.

La ville finit par être prise d'assaut, détruite, et les habitants passés au fil de l'épée. Les Romains, en entrant dans la place, trouvèrent

CCCLXXIII.	CCCLXXIII.
Reliqua cadavera salita.	Le reste des cadavres en salaison.

La ruine de Calagurris entraîna la fin de la guerre en Espagne. Metellus alors sortit de la Péninsule et

CCCLXXIV.	CCCLXXIV.
Exercitum dimisit, ut primum Alpes digressus est.	Licencia son armée, dès qu'il eut passé les Alpes.

Toujours épris de son importance,

CCCLXXV.	CCCLXXV.
Pompeius, devictis Hispanis, tropæa in Pyrenæis jugis constituit.	Pompée éleva sur les monts Pyrénées des trophées, monument de ses victoires sur les Espagnols.

C'est à cela qu'il employa ses troupes ; accoutumé qu'il était à braver les lois, il n'eut garde de les licencier. Spartacus cependant s'était réfugié sur le mont Cliban, près de Pétélie. Crassus détache contre lui Tremellius Scrofa, son questeur, et Quinctius, son lieutenant ; ils sont défaits, et, cette victoire inspirant aux fugitifs une confiance funeste, ils forcent leur capitaine à les conduire en Lucanie. C'était aller au-devant des désirs de Crassus, qui voulait vaincre avant l'arrivée de Pompée. Le résultat d'une dernière bataille, que Spartacus aurait voulu éviter, fut décisif : il y perd la vie, et sa mort devient la fin de la guerre; mais dans cette action les fugitifs ont bien fait leur devoir, et aucun d'eux

CCCLXXVI.
Ne périt lâchement et sans vengeance.

CCCLXXVI.
Haud impigre neque inultus occiditur.

Après le combat, Crassus poursuivit les fugitifs jusqu'à ce qu'ils fussent détruits. On leur donna la chasse comme à des bêtes fauves. De retour à Rome, il reçut l'honneur de l'ovation : on ne crut pas devoir récompenser par le grand triomphe le vainqueur dans une guerre servile. Cependant

CCCLXXVII.
Un seul chef des révoltés se maintint dans la Lucanie, grâce à la connaissance des lieux; il se nommait Publipor.

CCCLXXVII.
Unus constitit in agro lucano, gnarus loci, nomine Publipor.

Près de cinq mille esclaves se rallièrent autour de lui. Déjà il avait fait quelques progrès, lorsqu'un malheureux hasard le fit tomber dans l'armée de Pompée, qui revenait d'Espagne. En une seule action, la troupe de Publipor fut détruite, et Pompée ne craignit pas de mettre ce facile avantage au-dessus des succès bien autrement réels de Crassus.

Ainsi se termina cette guerre honteuse pour Rome, bien qu'en cette occasion elle fût parvenue à vaincre des ennemis dont la valeur personnelle est au-dessus de toute comparaison. Dans d'autres circonstances, elle avait vaincu facilement de grandes nations pourvues de tous les moyens d'attaque et de défense : ici ce sont des ennemis qui d'esclaves se sont faits hommes, et à qui la plus indomptable fureur fournit des armes.

CCCLXXVIII.
Parfaitement au fait des localités, et habitués à recouvrir d'osier des vases agrestes, grâce à cette industrie, chacun d'eux put s'armer d'un bouclier de forme semblable à ceux de la cavalerie.

CCCLXXVIII.
Hi locorum pergnari, et soliti nectere ex viminibus vasa agrestia, ibi, tum quum inopia scutorum fuerat, ad eam artem se quisque in formam parmæ equestris armabat.

Ils recouvrirent l'osier avec le cuir des bestiaux qu'ils avaient enlevés dans la campagne,

CCCLXXIX.
Et ces cuirs, récemment écorchés, s'y appliquaient sur-le-champ, comme si on les eût collés.

CCCLXXIX.
De pecore coria recens detracta, quasi glutino adolescebant.

En Macédoine, Curion avait poursuivi contre plusieurs nations thraciques le cours de ses succès, pendant le consulat de C. Cassius Varus et de M. Terentius Varro Lucullus, frère du vainqueur de Mithridate. Après avoir mis fin à la guerre contre les Dardaniens, par la terreur des supplices, et pénétré jusqu'au Danube, il revint prendre ses quartiers d'hiver non loin des bords de l'Èbre. L'année suivante, avant de se mettre en campagne,

CCCLXXX.
Curio Vulcanaliorum die ibidem moratus,

CCCLXXX.
Curion, s'étant arrêté dans ce lieu jusqu'au jour de la célébration des fêtes de Vulcain,

apprit qu'il avait pour successeur M. Terentius Varro Lucullus, frère de Lucullus ; alors il ramena ses légions le long de la mer, par

CCCLXXXI.
Ænum et Maroneam et viam militarem.

CCCLXXXI.
Énéos, Maronée, puis la grande route militaire.

Revenons à la guerre contre les pirates :

CCCLXXXII.
Antonius, ille trium Antoniorum corruptor, qui oræ maritimæ quantum romanum est imperium, contrarius piratis,

CCCLXXXII.
Cet Antoine, la honte du nom glorieux des trois Antoines, qui, pour combattre les pirates, eut le commandement de la côte maritime par toute l'étendue de la domination romaine,

se montra trop au-dessous d'une si haute mission. Ses premiers exploits se bornèrent à rançonner la Grèce et l'Asie, sans qu'il tentât rien contre les pirates ;

CCCLXXXIII.
Suspectusque fuit, incertum vero an per neglegentiam societatem prædarum cum latronibus composuisse,

CCCLXXXIII.
Ce qui l'exposa aux soupçons, sans qu'on puisse dire si ce fut par suite de sa nonchalance, d'une secrète collusion avec ces larrons qui lui faisaient une part dans le butin;

mais il ne ménagea pas les alliés de Rome. Sous prétexte que les Crétois avaient fourni des secours à Mithridate, il attaqua leur île. Cette agression inopinée les effraya d'abord ; bientôt ralliés par leurs chefs Lasthène et Penares, ils forcèrent les Romains à se rembarquer. Antoine alors se dirigea d'un autre côté pour y tenter une nouvelle descente. Lasthène, devinant son dessein, se mit en croisière dans le détroit que l'île de Dia forme vers la côte de l'île de Crète. On comprendra mieux les opérations de cette guerre,

CCCLXXXIV.	CCCLXXXIV.
Quand j'aurai dit d'abord la position de cette île	Quum prædixero positum insulæ
CCCLXXXV.	CCCLXXXV.
Éloignée du continent.	Longe a continenti.

L'île de Dia, opposée au rivage oriental de la Crète, n'est qu'un long écueil boisé, en face de la plaine Othienne. Selon la tradition des poëtes, de même qu'en Sicile Encélade a été enseveli sous le mont Etna, de même

CCCLXXXVI.	CCCLXXXVI.
Othus en Crète	Othus in Creta

a été abîmé, avec son frère Éphialte, sous le mont Othus, par les foudres victorieux de Jupiter ; d'où le nom de Campagne d'Othus donné aux environs de Gnosse.

CCCLXXXVII.	CCCLXXXVII.
L'île de Crète est plus élevée dans toute sa partie orientale,	Creta altior est qua parte spectat orientem,

ce qui devait rendre plus facile la défense de ses habitants contre Antoine.

Enhardi par le petit nombre des vaisseaux que commande Lasthène, le préteur l'attaque sans précaution. Les Romains sont bientôt accablés par l'impétuosité des manœuvres de l'ennemi, qui les pousse vers quelques bas-fonds.

CCCLXXXVIII.	CCCLXXXVIII.
Leurs vaisseaux, embarrassés, ne pouvaient plus exécuter les manœuvres.	Inplicatæ rates ministeria prohibebant.

Plus des deux tiers de la flotte romaine tomba au pouvoir des Crétois. Ils y trouvèrent une grande quantité de chaînes que, dans sa présomption, M. Antoine avait destinées pour eux ; à l'instant, par représailles, se saisissant des prisonniers romains,

CCCLXXXIX.	CCCLXXXIX.
Ils leur liaient les bras derrière le dos.	Tergis vinciebant.

Le préteur et ceux qui avaient pu s'échapper sur quelques

vaisseaux furent les tristes témoins de ce spectacle ignominieux, tant qu'ils eurent en vue les navires crétois,.

CCCXC.
In quis notissumus quisque, aut malo dependens verberabatur, aut immutilato corpore, improbo patibulo adfigebatur.

CCCXC.
Sur lesquels les hommes qui leur étaient le mieux connus, suspendus au mât, étaient battus de verges, ou, le corps tout mutilé, attachés à un ignoble gibet.

Antoine mourut de honte et de douleur, et le peuple lui donna, par dérision, le surnom de Crétique.

Cependant, à Rome, tout retentissait du nom de Pompée, dont le peuple avait accueilli le retour avec enthousiasme. Dans ses préventions l'opinion populaire, injuste envers Metellus comme envers Crassus, attribuait à Pompée tout ce qui s'était fait de grand en Espagne et contre les esclaves. Aussi n'eut-il qu'à se montrer pour être élu consul avec Crassus. Ce fut alors qu'il passa la revue des censeurs à son rang de simple chevalier romain, trait de modestie orgueilleuse qui décelait qu'à Rome alors il n'y avait plus de lois pour un citoyen comme Pompée. Ce fut encore sous son consulat qu'il rétablit la puissance tribunitienne dans ses anciennes prérogatives. Déjà le tribun

CCCXCI.
M. Atilius Palicanus, humili loco, Picens, loquax magis quam facundus,

CCCXCI.
M. Atilius Palicanus, homme de bas lieu, Picentin d'origine, grand parleur plutôt qu'éloquent.

avait réveillé cette grave question. On eût pu croire que, dans cette occasion, Pompée aurait embrassé la cause du sénat, ou du moins serait, comme Crassus, resté neutre; mais déjà, dans plusieurs occasions

CCCXCII.
Multisque suspicionibus, volentia plebi facturus videbatur.

CCCXCII.
Et par maintes démarches suspectes, il avait paru disposé à faire tout ce qui serait conforme au vœu de la multitude.

C'est ce qui ne manqua pas d'arriver : Pompée soutint de toute son influence dans le sénat les propositions de Palicanus, et le tribunat fut rendu à ses anciennes prérogatives.

Lucullus, toujours poursuivant Mithridate, s'avança vers Comane. Dorylaüs, gouverneur de cette place, avait traité secrètement avec le proconsul pour

CCCXCIII.	CCCXCIII.
La remise des châteaux où étaient les trésors	Castella custodias thesaurorum in deditionem acciperentur

du roi : alors surtout Lucullus recueillit ces richesses prodigieuses qui reculèrent à Rome les limites du luxe. La Cappadoce fut réduite, à l'exception de Samosate, qui soutint un siége meurtrier. Les habitants employèrent à la défense

CCCXCIV.	CCCXCIV.
Des feux de naphte,	Naphthas,

espèce de limon résineux qui a du rapport avec le bitume liquide de Babylone. Lucullus soumit ensuite la petite Arménie, et quelques nations voisines.

En Bithynie, Cotta entreprit le siége d'Héraclée, et ce fut sans succès pendant la première campagne. Les Héracléotes, dans plusieurs sorties, repoussèrent les Romains. Cotta, pour se dédommager, envoya des détachements piller la Lycie, d'où les Héracléotes tiraient leurs vivres. Dans une de ces rencontres, les Romains, surpris par un parti ennemi, allaient être mis en pleine déroute;

CCCXCV.	CCCXCV.
Mais alors les Bithyniens, déjà arrivés proche du fleuve Tartanius,	Tum vero Bithyni propinquantes jam amnem Tartanium

vinrent à propos pour les soutenir. Triarius, avec la flotte romaine, resserra si étroitement Héraclée, que les habitants se virent réduits aux plus cruelles extrémités : enfin la trahison rendit Triarius maître de cette ville, qui fut livrée au pillage.

CCCXCVI.	CCCXCVI.
C'est alors qu'osant et subissant mille excès plus horribles que ne le comportait leur déplorable situation,	Ubi multa nefande casu super ausi atque passi,

les Héracléotes se barricadèrent en plusieurs quartiers de la ville, et, sans espoir de salut, défendirent leur vie avec une farouche opiniâtreté, rendant ainsi à leurs vainqueurs cruauté pour cruauté.

Le siége ou plutôt le blocus d'Amise durait depuis plus d'une année : les deux légions de Muréna suffisaient à peine pour investir cette grande cité. Tant qu'il s'était maintenu dans le camp de Cabire, c'avait été sans inquiétude que Mithridate

CCCXCVII.	CCCXCVII.
Apprenait qu'Amise continuait d'être assiégée sans être vivement attaquée;	Amisumque adsideri sine prœliis audiebat;

le petit nombre des assiégeants le rassurait, et il pouvait alors y faire passer des secours. Mais, lorsque Lucullus revint avec ses légions victorieuses, la situation des Amisiens parut moins rassurante. Néanmoins, grâce à leur persévérance et à l'habileté de Callimaque, leur gouverneur, Amise tint bon, et Lucullus parvint à s'emparer d'Eupatorie, ville voisine, qu'Amise résistait encore. Ayant fait fabriquer

CCCXCVIII.	CCCXCVIII.
Scalas pares mœnibus altitudine	Des échelles égales en hauteur aux murailles.

d'Eupatorie, il donna l'assaut pendant la nuit. L'assiégeant monte sur les échelles,

CCCXCIX.	CCCXCIX.
Pluteosque rescindit, ac munitiones demolitur, locoque summo potitur.	Brise les parapets et les créneaux dont sont revêtues les murailles, et gagne le haut du rempart.

C'est ainsi qu'Eupatorie tomba en son pouvoir. Thémiscyre fut aussi prise par le moyen de la mine. Après quoi Lucullus réunit toutes ses forces contre Amise. Il avait, comme à l'ordinaire, donné un assaut général, et s'était retiré. Les assiégés, croyant avoir du relâche jusqu'au lendemain, se gardaient négligemment ; mais Lucullus,

CD.	CD.
Paullulum requietis militibus,	Après avoir donné quelque repos à ses soldats,

les ramène de nouveau à l'attaque. Cette fois, Amise fut prise et brûlée, malgré la volonté du général, qui déplora amèrement son malheur de n'avoir pu préserver de sa ruine cette belle colonie grecque. Sinope, qu'assiége ensuite Lucullus, est divisée par les factions : les chefs qu'y avait placés Mithridate, après avoir mis le feu aux maisons,

CDI.	CDI.
Speciem captæ urbis effecere discedentes.	Laissèrent à la ville, en se retirant, l'apparence d'une place emportée d'assaut.

La prise de Sinope entraîna la reddition d'Amasie, et la soumission de tout le Pont. Lucullus alors, après avoir donné les plus sages règlements pour la province d'Asie, alla passer l'hiver à Sardes, et accorda enfin un repos bien mérité à ses soldats,

CDII.
Déjà fort indisposés contre lui, parce que, devant Cyzique, puis devant Amise, il leur avait fait passer deux hivers sous la tente.

CDII.
Jam male in eum animatos, quod ad Cyzicum, et iterum ad Amisum duas hiemes eos in castris continuisset.

Mithridate, qui s'était réfugié auprès de Tigrane, son gendre, éprouva, par le refus que fit celui-ci de l'accueillir, que les rois sont aussi les courtisans de la fortune. Lucullus, qui pressentait les dispositions peu généreuses du monarque arménien, lui envoya des émissaires secrets, et ce fut par suite d'une secrète

CDIII.
Convention que, lui ayant envoyé son lieutenant Publius

CDIII.
Pactione, omisso Publio legato

Clodius, le proconsul entra en négociation régulière avec lui. Ce ne fut pas sans raison que, pour traiter avec l'orgueilleux despote, Lucullus fit choix de ce jeune homme plein de hardiesse et d'esprit, d'ailleurs son très-proche parent ; car Clodius était frère de Clodia, épouse de Lucullus. Chemin faisant, voyant que plusieurs princes subjugués par Tigrane n'attendaient que le moment favorable pour secouer le joug, car toute l'Asie

CDIV.
Détestait ce monarque,

CDV.
Il affermit dans leurs dispositions les tétrarques et les rois effrayés

CDIV.
Regem avorsabatur,

CDV.
Tetrarchas regesque territos animi firmavit

de la formidable puissance de ce monarque. Arrivé devant Tigrane, il lui tint le langage libre d'un Romain. Tigrane,

CDVI.
Ses prospérités allant au delà de ses vœux,

CDVI.
Rebus supra votum fluentibus,

eut quelque peine à supporter ce langage ; cependant il se posséda assez pour répondre à Clodius, avec modération, que « bien que Mithridate fût un méchant homme, il n'en était pas moins son beau-père, et qu'il ne l'abandonnerait point. » En effet, après le départ de Clodius, il fit venir auprès de lui le roi de Pont. Lucullus résolut alors de porter la guerre en Arménie. Il ne prit avec lui que deux légions ; puis, voulant surprendre Tigrane par sa célérité,

CDVII.

Quam maxumis itineribus per regnum Ariobarzanis contendit, ad flumen Euphratem; qua in parte Cappadocia ab Armenia disjungitur. Et, quamvis ad id naves codicariæ occulte per hiemem fabricatæ aderant,

CDVII.

Il traversa avec le plus de rapidité possible le royaume d'Ariobarzane pour gagner l'Euphrate, à l'endroit où ce fleuve sépare l'Arménie de la Cappadoce. Et, quoique à cet effet il eût, pendant l'hiver, fait fabriquer secrètement plusieurs pontons,

la fonte des neiges avait tellement enflé les eaux du fleuve, que le passage était impossible; mais, le soir même, les eaux commencèrent à baisser, et Lucullus put, dès le lendemain, arriver à l'autre rive; l'on ne manqua pas d'attribuer à la protection des dieux cet effet naturel. Après avoir traversé la Sophène et franchi le mont Taurus, il entra dans la Gordyène, sans rien exiger des Barbares, que des contributions en argent. Ceux-ci, redoutant également les Arméniens et les Romains, s'abstinrent de prendre parti dans cette guerre; les tribus de la Gordyène furent, dit-on,

CDVIII.
Solas festinare

CDVIII.
Les seules à s'empresser

d'entrer dans l'alliance du proconsul, et de lui fournir ouvertement tous les secours. Enfin Lucullus franchit le Tigre non loin de sa source, et se trouva sur les frontières de l'Arménie. Il avait ainsi passé les deux plus grands fleuves de l'Orient. Après avoir consulté les auteurs, j'ai trouvé que

CDIX.

Tigrim et Euphratem uno fonte manare in Armenia, qui per diversa euntes longius dividantur, spatio medio relicto multorum millium; quæ tamen terra, quæ ab ipsis ambitur, Mesopotamia dicitur.

CDIX.

Le Tigre et l'Euphrate sortent d'une même source en Arménie; plus loin ils se séparent et prennent une direction différente, en laissant entre eux un intervalle d'un grand nombre de milles : le territoire qu'ils environnent ainsi de leur cours s'appelle Mésopotamie.

Tigrane n'était rien moins qu'instruit de l'approche des Romains; et, lorsqu'un premier courrier vint lui en donner avis, ce roi,

CDX.
Insolens vera accipiundi,

CDX.
Dont l'oreille était peu faite à la vérité,

lui fit trancher la tête comme à un imposteur. Il fallut bien enfin se rendre à l'évidence : un premier avantage, remporté par les Romains, détermina le roi à évacuer Tigranocerte, sa capitale, et à concentrer ses forces sur le mont Taurus. Dans sa marche, il fut mis en fuite par Murena, tandis que Sextilius battait un corps d'Arabes auxiliaires. Encouragé par les succès de ses lieutenants, Lucullus vint mettre le siége devant Tigranocerte. Mithridate conseillait à son gendre d'éviter une bataille; mais Tigrane ne se vit pas plutôt à la tête d'une armée de plus de deux cent mille hommes, qu'il s'empressa d'accepter le combat que lui offrait Lucullus qui avait besoin de brusquer la victoire. Rien n'était, en apparence, plus imposant que les innombrables bataillons des Arméniens : la nouveauté des armures, l'éclat des cuirasses et des casques dorés, la diversité des couleurs,

CDXI.
Et l'appareil même de la chose,

CDXI.
Atque ipse cultus rei,

tout était capable d'étonner les Romains.

CDXII.
Marchaient en première ligne les cavaliers, cuirassés des pieds à la tête, présentant l'aspect de statues de fer.

CDXII.
Qui prætergrediebantur equites cataphracti, ferrea omni specie.

CDXIII.
Leurs chevaux étaient pareillement couverts de lames de fer cousues sur de la toile, et disposées comme des plumes d'oiseaux.

CDXIII.
Equis paria operimenta erant, quæ lintea ferreis laminis in modum plumæ adnexuerant.

Lucullus sentit tout l'avantage qu'il y aurait pour lui d'attaquer, avec des troupes légères, des hommes si pesamment armés. Sa cavalerie devait engager l'action, puis se retirer, et forcer ainsi la cavalerie ennemie à perdre ses rangs dans la poursuite.

A cet effet,

CDXIV.
Il avait disposé en seconde ligne ses cohortes légères.

CDXIV.
In secunda festinas cohortes composuerat.

Mais de si habiles dispositions étaient-elles nécessaires contre une armée qui se débanda sans combattre, et qui livra au proconsul la plus facile victoire? Tigrane s'enfuit du champ de bataille, en perdant son diadème. Tigranocerte tomba bientôt après au pouvoir du vainqueur. Cependant Taxile, que Mithridate avait envoyé auprès de Tigrane,

CDXV.	CDXV.
Fecit ut nunciis confestim lugubribus,	Se hâta de lui faire savoir, par des courriers en deuil,

la triste nouvelle de ce désastre. Le roi de Pont alla joindre Tigrane; tous deux se retirèrent sur le mont Taurus, puis allèrent ensemble couvrir Artaxate, ancienne capitale de l'Arménie. Lucullus rentra dans la Gordyène, s'empara de Sytalca, ville limitrope du pays des Parthes, et, pour prouver aux Gordyéniens combien il était sensible à leur dévouement pour Rome, il fit célébrer magnifiquement les obsèques de Zarbienus, leur roi, que Tigrane avait fait périr comme ami des Romains.

CDXVI.	CDXVI.
Apud Gorduennos amomum et alii leves odores gignuntur.	Chez les Gordyéniens, l'amomum et d'autres parfums délicieux viennent naturellement.

Lucullus voulut qu'on les prodiguât pour la construction du bûcher. Lui-même, à la tête des officiers de l'armée romaine, il fit des libations funéraires. Après quoi il repassa dans la Sophène, où il reçut la soumission des Syriens, des Arabes et de plusieurs autres peuples voisins.

En Thrace, M. Varron Lucullus dompta le premier les Besses, après une victoire sanglante remportée sur le mont Hémus; il prit Uscudama et Eumolpiade, leurs villes. De là, il alla combattre, à l'Orient, les Odrysses.

CDXVII.	CDXVII.
Tum etiam Lucullus Mysios superavit,	Alors Lucullus soumit aussi les Mysiens,

peuple qui habitait le long du Danube, et termina ses courses glorieuses à Périnthe, après avoir réduit une partie de la Thrace en province romaine.

En Arménie, Lucullus et Mithridate employèrent l'hiver à solliciter, chacun de son côté, l'alliance des Parthes. Arsace flottait entre les deux partis, et s'était rapproché du théâtre de la guerre, en se transportant

CDXVIII.	CDXVIII.
Camisos,	A Camisos,

ville de la Parthiène, située non loin des portes Caspiennes. Arsace, flatté des avances de Lucullus, penchait pour l'alliance des Romains, lorsqu'il reçut de Mithridate la lettre suivante :

CDXIX.

LETTRE DU ROI MITHRIDATE AU ROI ARSACE.

Le roi Mithridate au roi Arsace, salut.

Toute puissance qui, dans une situation prospère, est sollicitée de prendre part à une guerre doit considérer d'abord s'il lui est possible de conserver la paix; ensuite, si la guerre qu'on lui propose est légitime, sûre, glorieuse ou déshonorante. Si vous pouviez jouir d'une paix éternelle; si vous n'aviez des ennemis aussi acharnés que faciles à vaincre; si une gloire éclatante, après avoir accablé les Romains, ne devait être votre partage, je n'oserais réclamer votre alliance, et bien en vain je me flatterais d'unir ma mauvaise fortune à votre prospérité. Cependant les motifs mêmes qui sembleraient devoir vous arrêter, le ressentiment que vous a inspiré contre Tigrane une guerre récente, et jusqu'aux revers que j'ai éprouvés, ces motifs, si vous voulez bien apprécier les choses, sont précisément ce qui doit vous empêcher d'hésiter. En effet, Tigrane, qui a des torts à votre égard, acceptera votre alliance telle que vous la lui prescrirez; et moi, la fortune qui m'a fait essuyer tant de pertes m'a donné cette expérience qui ajoute du poids aux conseils; et, chose si désirable à ceux qui prospèrent, bien que très-peu puissant, je vous offre l'exemple de mieux aviser à vos intérêts. Car, pour les Romains, contre toutes les nations, contre tous les peuples, contre tous les rois, l'unique, l'éternel motif de faire la guerre, est un désir immodéré de la domination et des richesses; voilà pourquoi ils ont, pour la première fois, pris les armes contre Philippe, roi de Macédoine. Pendant qu'ils étaient pressés par les Carthaginois, on les vit, sous les dehors de l'amitié, faire à Antiochus, venant au secours de Philippe, des concessions en Asie, qui le détachèrent frauduleusement de son allié. Plus tard, Philippe une fois asservi,

CDXIX.

EPISTOLA REGIS MITHRIDATIS SCRIPTA AD REGEM ARSACEM.

Rex Mithridates regi Arsaci S.

Omnes, qui secundis rebus suis ad belli societatem orantur, considerare debent, liceatne tum pacem agere; dein quod quæritur, satisne pium, tutum, gloriosum, an indecorum sit. Tibi perpetua pace frui liceret, nisi hostes obportuni et scelestissumi. Egregia fama, si Romanos obpresseris, futura est; neque petere audeam societatem, et frustra mala mea cum tuis bonis misceri sperem. Atqui ea, quæ te morari posse videntur, ira in Tigranem recentis belli, et meæ res parum prosperæ, si vera æstumare voles, maxume hortabuntur. Ille enim obnoxius, qualem tu voles, societatem accipiet; mihi fortuna, multis rebus ereptis, usum dedit bene suadendi; et, quod florentibus optabile est, ego non validissumus præbeo exemplum, quo rectius tua componas. Namque Romanis, cum nationibus, populis, regibus cunctis, una et ea vetus caussa bellandi est, cupido profunda imperii et divitiarum. Qua primum cum rege Macedonum Philippo bellum sumsere. Dum a Carthaginiensibus premebantur, amicitiam simulantes, ei subvenientem Antiochum concessione Asiæ per dolum avortere; ac mox, fracto Philippo, Antiochus, omni cis Taurum agro, et decem milibus talentorum spoliatus est. Persen deinde, Philippi filium, post multa et varia certamina, apud Samothracas deos acceptum in fidem, callidi, et repertores perfidiæ, quia pacto vitam dederant, insomniis occidere. Eumenem, cujus amicitiam gloriose ostentant, initio prodidere Antiocho, pacis mercedem; post Attalum, custodem agri captivi, sumtibus et contumeliis ex rege miserrumum servorum effecere; simulatoque impio testamento, filium ejus Aristonicum, quia patrium regnum petiverat, hostium more per triumphum duxere. Asia ab ipsis obsessa est; postremo totam Bithyniam, Nicomede mortuo, diripuere, quum filius Nysæ, quam reginam appellaverant, genitus haud dubie esset. Nam quid ego me appellem? Quem disjunctum undique regnis et tetrarchiis ab imperio eorum, quia fama erat divitem, neque serviturum esse, per Nicomedem bello lacessiverunt; sceleris eorum haud ignarum, et ea, quæ accidere, testatum antea, Cretenses, solos omnium liberos ea tempestate, et regem Ptolemæum. Atque ego ultus injurias, Nicomedem Bithynia expuli, Asiamque spolium regis Antiochi recepi, et Græciæ demsi grave servitium. Incepta mea postremus servorum Archelaus, exercitu prodito, impedivit; illique, quos ignavia aut prava calliditas, uti meis laboribus tuti essent, armis abstinuit, acerbissumas pœnas solvunt : Ptolemæus pretio diem belli prolatans; Cretenses impugnati semel jam, neque finem nisi excidio habituri. Equidem quum mihi ob ipsorum interna mala, dilata prœlia magis, quam pacem datam intelligerem, abnuente Tigrane, qui mea dicta sero probat, te remoto procul, omnibus aliis obnoxiis, rursus tamen bellum cœpi, Marcumque Cottam romanum ducem apud Chalcedona terra fudi, mari exui classe pulcherruma. Apud Cyzicum magno cum exercitu, in obsidio moranti frumentum defuit, nullo circum adnitente; simul hiems mari prohibebat. Ita, sine vi hostium regredi coactus in patrium regnum, naufragiis apud Parium et Heracleam militum optumos cum classibus amisi. Restituto deinde apud Cabira exercitu, et variis inter me atque Lucullum prœliis, inopia rursus ambos incessit. Illi suberat regnum Ariobarzanis bello intactum ; ego, vastatis circum omnibus locis, in Armeniam concessi ; sequutique Romani non me, sed morem suum omnia regna subvortundi, quia multitudinem artis locis pugna prohibuere, imprudentiam Tigranis pro victoria ostentant. Nunc, quæso, considera, nobis obpressis, utrum firmiorem te ad resistendum, an finem belli futurum putes? Scio equidem tibi magnas opes virorum, armorum, et auri esse ; et

Antiochus fut dépouillé de toutes ses possessions en deçà du mont Taurus, et de dix mille talents. Ensuite Persée, fils de Philippe, après de nombreux combats et des succès balancés, s'est abandonné à leur foi à la face des dieux de Samothrace; mais, toujours habiles à inventer des perfidies, comme par le traité ils lui ont accordé la vie, c'est d'insomnie qu'ils le font mourir. Cet Eumène, dont ils vantent fastueusement l'amitié, ils l'avaient d'abord livré à Antiochus pour prix de la paix. Bientôt Attale, gardien d'un royaume qui lui appartient, est, à force d'exactions et d'outrages, réduit de la condition de roi à celle du plus misérable des esclaves. Ils supposent ensuite un testament impie; et, parce que son fils Aristonicus revendique le trône paternel, ils le traînent en triomphe comme un ennemi. Ils tiennent l'Asie assiégée; enfin, toute la Bithynie est, après la mort de Nicomède, envahie par eux, quoique l'existence d'un fils de Nysa, à qui ils avaient donné le titre de reine, fût incontestable. Faut-il aussi que je me cite? J'étais de tous côtés, par des royaumes, par des tétrarchies, séparé de leur empire; mais, sur le bruit de mes richesses et de mon refus d'être leur esclave, ils suscitent contre moi les continuelles attaques de Nicomède, qui cependant connaissait leurs desseins criminels, et qui avait déjà déclaré, ce que l'événement a justifié, que les Crétois étaient avec le roi Ptolémée seuls libres alors dans le monde. Mais je vengeai mon injure; je chassai Nicomède de la Bithynie; je repris l'Asie, dépouille arrachée au roi Antiochus, et je délivrai la Grèce d'un dur esclavage. Ce que j'avais si bien commencé, le plus vil des esclaves, Archélaüs, en livrant mon armée, l'a détruit; et ceux qui, par lâcheté ou par une aveugle politique, refusèrent de seconder mes efforts pour les protéger en sont bien cruellement punis. Ptolémée éloigna à prix d'argent la guerre d'un jour à l'autre. Quant aux Crétois, déjà une fois vaincus, la lutte ne finira que par leur ruine.

Pour ce qui est de moi, je prévis bien que, grâce aux divisions intestines des Romains, c'était plutôt une trêve qu'une paix véritable qui m'était accordée. Malgré donc les refus de Tigrane, qui aujourd'hui, mais trop tard, reconnaît la justesse de mes prédictions ; malgré toute la distance qui sépare vos états des miens, et la position dépendante de toutes les autres puissances, je commençai la guerre; je battis sur terre, auprès de Chalcédoine, le général romain Marcus Cotta, et sur mer je lui détruisis une très-belle flotte. Devant Cyzique, que je tins assiégé avec une armée nombreuse, les vivres me manquèrent, car je ne recevais des contrées voisines aucun secours, et l'hiver me fermait la mer. Ainsi, sans aucun engagement avec l'ennemi, forcé de rentrer dans le royaume de mes pères, des naufrages auprès de Paros et d'Héraclée me firent perdre, avec ma flotte, l'élite de mes soldats. Je remis ensuite une armée sur pied à Cabire; et, après une suite de combats plus ou moins heureux contre Lucullus, la famine vint encore nous assaillir tous les deux. Mais Lucullus trouvait des ressources dans le royaume d'Ariobarzane, où la guerre n'avait pas pénétré ; autour de moi, au contraire, tout était dévasté : je me retirai donc en Arménie; les Romains y vinrent sur mes pas, bien moins pour me poursuivre que pour céder à leur habitude de renverser tous les royaumes. Pour avoir, en la resserrant dans d'étroits défilés, réduit une multitude dans l'inaction, ils vantent comme une victoire l'imprudence de Tigrane. Maintenant, je vous prie, considérez si, après ma défaite, vous aurez plus de force pour résister ou si la guerre finira. Vous avez, il est vrai, bien des ressources en hommes, en armes, en argent; je le sais, et c'est là ce qui fait désirer, à moi votre alliance, aux Romains votre dépouille. Au reste voici le parti à prendre : le royaume de Tigrane est encore intact ; mes soldats savent la guerre; loin de chez vous, sans grands efforts, avec nos

ea re a nobis ad societatem, ab illis ad prædam peteris. Ceterum consilium est, Tigranis regno integro, meis militibus belli prudentibus, procul ab domo, parvo labore per nostra corpora bellum conficere : quo neque vincere neque vinci sine periculo tuo possumus. An ignoras Romanos, postquam ad Occidentem pergentibus finem Oceanus fecit, arma huc convortisse? neque quicquam a principio nisi raptum habere, domum, conjuges, agros, imperium? convenas, olim sine patria, parentibus, peste conditos orbis terrarum : quibus non humana ulla, neque divina obstant, quin socios, amicos, procul, juxta sitos, inopes potentesque trahant, exscindant; omniaque non serva et maxume regna, hostilia ducant. Namque pauci libertatem, pars magna justos dominos volunt : nos suspecti sumus æmuli, et in tempore vindices adfuturi. Tu vero, cui Seleucia maxuma urbium, regnumque Persidis inclutis divitiis est, quid ab illis, nisi dolum in præsens, et postea bellum exspectas? Romani arma in omnis habent, acerruma in eos, quibus victis spolia maxuma sunt; audendo et fallendo, et bella ex bellis serendo, magni facti. Per hunc morem exstinguent omnia, aut occident : quod haud difficile est, si tu Mesopotamia, nos Armenia circumgredimur exercitum sine frumento, sine auxiliis, fortuna aut nostris vitiis adhuc incolumis. Teque illa fama sequetur, auxilio profectum magnis regibus, latrones gentium oppressisse. Quod uti facias moneo, hortorque, neu malis pernicie nostra tuam prolatare, quam societate victor fieri.

corps et nos bras; je saurai terminer la guerre; mais vous devez songer que je ne puis, sans danger pour vous, être vainqueur ou vaincu. Ignorez-vous que les Romains portent ici leurs armes, parce que l'Océan les a arrêtés du côté de l'Occident? que, depuis leur origine, ils n'ont acquis maisons, épouses, territoire, puissance, que par le brigandage? qu'autrefois, vil ramas de vagabonds sans patrie, sans famille, ils ne se sont rassemblés que pour être le fléau de l'univers? qu'il n'est aucune loi humaine ou divine qui les empêche d'asservir, de sacrifier alliés, amis, nations voisines ou lointaines, faibles ou puissantes, et de regarder tout ce qui ne leur obéit pas, les rois surtout, comme ennemis? En effet, si quelques peuples désirent la liberté, la plupart veulent des maîtres légitimes. Les Romains craignent donc en moi un rival qui pourra les punir un jour. Et vous, maître de Séleucie, la première des villes du monde; vous, souverain du noble et riche empire des Perses, que pouvez-vous attendre d'eux, que perfidie aujourd'hui, et guerre ouverte demain? Les Romains, toujours armés contre tous, s'acharnent avec le plus de fureur sur ceux dont la dépouille sera la plus riche. C'est sur l'audace et la perfidie, sur la guerre née de la guerre, qu'ils ont fondé leur grandeur. Avec cette politique, ils anéantiront tout, ou périront eux-mêmes. Mais il ne sera pas difficile de les accabler, si vous par la Mésopotamie, et moi par l'Arménie, nous enveloppons leur armée, qui ne peut espérer ni vivres ni secours : jusqu'ici la fortune ou nos fautes ont seules fait son salut. Et vous, vous recueillerez la gloire d'avoir secouru deux puissants monarques, et fait justice des spoliateurs des nations. N'hésitez donc pas, je vous le conseille, je vous y exhorte, à moins que vous ne préfériez votre perte, qui n'est différée que par la nôtre, à la victoire que doit nous assurer votre alliance.

Lucullus, informé que le roi des Parthes négociait avec ses

ennemis, voulut porter chez lui la guerre ; mais ses troupes s'y refusèrent obstinément, et il se borna à poursuivre le roi d'Arménie.

CDXX.
L'on était en plein été,

CDXX.
Adulta erat æstas,

lorsque commença la seconde campagne contre Tigrane. Les deux rois, fidèles à la vieille tactique de l'Orient, où,

CDXXI.
Dès la plus haute antiquité, on s'est servi de chars armés de faux,

CDXXI.
Curribus falcatis usque usi sunt majores,

avaient fait fabriquer un grand nombre de ces machines, moins redoutables d'effet que d'apparence. Lucullus, après avoir ravagé l'Arménie, se présenta devant Artaxate. Les trois rois ligués vinrent, pour dégager cette place, avec leurs forces respectives. C'était un spectacle que de les voir,

CDXXII.
Remarquables par la beauté de leurs coursiers et de leur armure,

CDXXII.
Equo atque armis insignibus,

précéder, sur un char élevé, la nombreuse et brillante élite qui leur servait de garde. Lucullus, frappé de ce spectacle, changea quelque chose à son ordre de bataille.

CDXXIII.
Il tira aussitôt de sa réserve des troupes pour renforcer le premier rang et le front de son armée.

CDXXIII.
Ille festinat subsidiis principes augere, et densare frontem.

L'action une fois engagée,

CDXXIV.
On combattit à des reprises différentes,

CDXXIV.
Per vicissitudinem pugnabatur,

CDXXV.
Les escadrons, selon la manœuvre ordinaire d'un combat de cavalerie, chargeaient tour à tour, puis se repliant, et, par ce mouvement rétrograde, se donnant un champ plus facile pour revenir à la charge.

CDXXV.
More equestris prœlii sumptis tergis atque redditis, et regressi ad faciliores ictus loco cedebant.

Lucullus crut d'abord que la victoire allait lui être disputée ; mais la cavalerie légère des ennemis prit bientôt la fuite, et sa grosse cavalerie, commandée par Tigrane en personne, ne tint pas longtemps. Les trois rois prirent la fuite, et ce fut Mithridate qui donna l'exemple. Cette victoire eût amené, sans doute, la conquête de l'Arménie, sans la mauvaise volonté des légions fimbrianes, qui refusèrent de faire le siége d'Artaxate. Rien ne put vaincre leur indocilité, et Lucullus fut contraint de renoncer à une entreprise dont le succès

CDXXVI.
Hostes obpressi aut delapsi forent.

CDXXVI.
Aurait ou taillé en pièces ou mis en déroute les ennemis.

Les deux rois, ayant rallié leurs forces, occupèrent les hauteurs et harcelèrent l'armée romaine. Ici se placent quelques opérations qui n'eurent rien de décisif. A la fin,

CDXXVII.
Præceps æstas

CDXXVII.
La saison avancée

força les deux rois à abandonner leurs positions. Lucullus voulut s'attacher à la poursuite de Tigrane, qui gagnait l'Arménie intérieure. Le froid devint si vif et la gelée si forte, qu'à peine trouvait-on de quoi faire boire les chevaux. Dans leur mécontentement, les soldats romains refusèrent d'aller plus loin. Lucullus se vit donc obligé de renoncer à la poursuite de Tigrane, comme il avait été contraint de renoncer au siége d'Artaxate : juste récompense du peu de soin que ce général prenait de se faire aimer du soldat.

Après la journée de Dia, le sénat crétois songea bientôt aux conséquences d'une victoire remportée sur un peuple aussi redoutable que les Romains. Et d'abord il ordonna que, pour ne pas paraître faire trophées des dépouilles prises dans le combat, elles seraient déposées dans le temple de Jupiter Idéen, temple vénérable par son antiquité : car

CDXXVIII.
Primos Cretenses constat invenisse religionem.

CDXXVIII.
Il est certain que les Crétois sont les premiers inventeurs du culte religieux.

En effet, tout porte à croire

CDXXIX.
Curetes, quia principes intelligendi divina fuerunt, vetustatem uti cetera in majus componentem, altores Jovis celebravisse.

CDXXIX.
Que, comme les Curètes ont les premiers introduit la science des choses sacrées, l'antiquité, accoutumée à tout exagérer, les a célébrés comme les pères nourriciers de Jupiter.

Trente députés crétois furent donc envoyés à Rome pour faire amende honorable de la victoire sur Marc Antoine : ils furent reçus avec dédain. Alors les Crétois, excités par Lasthène, prennent la résolution de résister à l'oppression. Le sénat déclare donc la guerre aux Crétois, et l'on en charge le consul Metellus.

CDXXX.	CDXXX.
Or dès que le retour de la belle saison eut rendu la mer praticable aux flottes.	Sed ubi tempore anni mare classibus patefactum est,

il mit à la voile; délivra, chemin faisant, le port de Syracuse, assiégé par Pyrganion, pirate sicilien, puis débarqua en Crète, au port de Cydonie. Une première victoire sur Lasthène, dans la plaine cydoniate, le rendit maître de la campagne. Après avoir pris Cydonie, Metellus marcha sur Gnosse, qu'à son approche Lasthène évacua, après avoir brûlé cette ville. Enfin la conquête de toute la partie septentrionale de l'île signala la première année du commandement de Metellus.

FRAGMENTS DU CINQUIÈME LIVRE.

Pendant que Metellus achevait la conquête de l'île de Crète, le tribun Gabinius proposa de donner à Pompée le proconsulat de toutes les mers de la domination romaine, et la conduite de la guerre contre les pirates. Pompée, bien que

CDXXXI.	CDXXXI.
Désirant cette loi avec ardeur,	Cupientissumus legis,

crut devoir se parer d'une feinte modestie; mais, comme on connaissait à quel point il était

CDXXXII.	CDXXXII.
Immodéré dans ses désirs,	Immodicus animi,

personne ne fut dupe de ce manége. Le jour que la loi fut portée au peuple, Catulus s'efforça de la combattre. Loin d'attaquer le caractère de Pompée, il fit son éloge le plus complet. Remontant, au contraire, aux premiers exploits de ce général, lequel, à peine sorti de l'adolescence, s'était élevé à la hauteur des plus illustres capitaines, il ajouta

CDXXXIII.
« Quibus de caussis Sullam in victoria dictatorem, uni sibi equo descendere, adsurgere de sella, caput aperire solitum.

CDXXXIII.
« Que, en considération de ces exploits, on avait vu Sylla, dictateur de Rome vaincue, descendre de cheval, se lever de son siége, se découvrir, pour le seul Pompée.

« Tant de gloire doit lui suffire, ajoutait Catulus; car

CDXXXIV.
« Sæpe celebritatem nominis intellego timentem,

CDXXXIV.
« Je vois bien des gens craindre l'éclat d'un nom fameux,

« non que de sa part il y ait aucun péril à redouter, mais il faut craindre l'enthousiasme irréfléchi de ses partisans, que nous voyons

CDXXXV.
« Diu noctuque laborare, festinare,

CDXXXV.
« Jour et nuit travailler, se fatiguer,

« pour capter, en faveur de Pompée, le suffrage des tribuns :

CDXXXVI.
« Video ingentia dona quæsitum ire properantem

CDXXXVI.
« Je vois, empressé d'arracher d'immenses concessions

« au peuple, le tribun Gabinius, qui ne songe qu'à rétablir sa fortune personnelle à la faveur de l'élévation de Pompée. Enfin, Romains, ce grand général a bien assez payé sa dette à la patrie; craignez d'exposer, dans toutes les guerres, une tête si précieuse :

CDXXXVII.
« Nam, si Pompeio quid humani evenisset,

CDXXXVII.
« Car, s'il arrivait à Pompée quelque événement dans l'ordre des choses humaines,

« si vous veniez à le perdre, qui mettriez-vous à sa place? — Vous, Catulus! » s'écria le peuple tout d'une voix. A ces mots si flatteurs, Catulus ne put que se taire et se retirer. Après lui, Hortensius parla dans le même sens, mais avec aussi peu de succès. Deux tribuns, Tremellius et Roscius, voulurent s'opposer à la loi de Gabinius; mais le peuple les réduisit au silence par des cris, des menaces, et toutes les manifestations tumultueuses que

CDXXXVIII.
Vulgus amat fieri.

CDXXXVIII.
Le vulgaire se plaît à employer.

La loi passa, et l'on sait que Pompée, revêtu du proconsulat des mers, justifia la loi Gabinia par le succès avec lequel, en soixante-dix jours, il détruisit les pirates sur toutes les mers de la domination romaine.

Ici se place la tentative du tribun Cornelius pour ôter au sénat le privilége d'exempter de la loi commune tout magistrat investi d'un pouvoir extraordinaire. Cette proposition émut profondément le sénat. Le consul Pison suscita contre Cornelius le tribun Globulus, homme modéré, et par conséquent ennemi des innovations. Les chefs du sénat s'attachaient alors à opposer tribuns à tribuns pour arrêter, au profit de l'aristocratie, le nouvel essor de la puissance tribunitienne. En s'ouvrant à Globulus, Pison se garda bien de lui laisser entrevoir le fond de sa pensée ;

CDXXXIX.	CDXXXIX.
Car de tels projets, faits pour bouleverser la république, n'auraient pas mis de son côté celui qu'il consultait.	Nam talia incepta non consultorem vertissent, rerum pestem factura.

Grâce à la division mise ainsi entre les tribuns, l'affaire se termina à l'avantage du sénat, et Cornelius, accusé du crime de lèse-majesté, ne dut son salut qu'à l'éloquence de Cicéron.

Au retour du printemps, Lucullus mit le siége devant Nisibe, forteresse importante qui était la clef de la Mésopotamie. Quoiqu'elle fût d'un abord difficile

CDXL.	CDXL.
Par sa situation élevée, on l'avait fortifiée de tous côtés d'une triple enceinte de murailles garnies de hautes tours.	Atque edita, undique tribus tamen cum muris, et magnis turribus...

Nisibe arrêta les Romains sous ses murs pendant toute la campagne ; mais enfin, elle ne put tenir contre une attaque imprévue et nocturne de Lucullus, et cette place devint désormais le boulevard de la domination romaine du côté de la Mésopotamie.

Mithridate, rentré dans le Pont après la bataille d'Arsanias, remporta en personne deux avantages successifs sur Fabius, lieutenant de Lucullus. Dans la dernière de ces deux actions, le roi fut atteint de deux pierres, dont l'une le blessa au genou ; par l'autre

CDXLI.	CDXLI.
Luxo pede,	Ayant le pied démis,

il n'en continua pas moins de combattre, et donna le temps à ses soldats de le retirer de la mêlée. On ne saurait exprimer l'enthousiasme avec lequel Mithridate fut reçu dans son royaume :

CDXLII.	CDXLII.
Adeo illis ingenita est sanctitas nominis regii !	Tant est inné chez ces peuples le respect superstitieux pour le nom de roi !

Mithridate trouva d'autant plus facilement moyen de reconquérir ses États sur les Romains, que, négligeant les affaires de la république, les uns ne songeaient qu'à jouir des douceurs d'une fortune acquise par le pillage,

CDXLIII.	CDXLIII.
Ceteri negotia sequebantur familiaria legatorum, aut tribunorum ; et pars sua commeatibus mercatis.	Le reste s'occupait exclusivement, soit des affaires personnelles de leurs commandants et de leurs tribuns, soit du trafic de leurs vivres.

Une grande victoire, remportée l'année suivante sur Triarius, près de Gadasa, met le roi Mithridate à même d'expulser entièrement les Romains de son royaume.

En Mésopotamie, l'armée de Lucullus achevait de se démoraliser au milieu d'une nation corrompue au delà de toute expression ; car,

CDXLIV.	CDXLIV.
Mesopotameni homines effrenatæ libidinis sunt in utroque sexu.	En Mésopotamie, les hommes sont d'un libertinage excessif avec les deux sexes.

Les soldats ne veulent plus désormais faire aucun service, et Clodius ne cesse de les provoquer contre leur général ; conduite indigne, car ce jeune homme était comblé de ses bienfaits,

CDXLV.	CDXLV.
Et uxori ejus frater erat.	Et il était le frère de son épouse.

En l'absence de Lucullus, il eut l'audace de les convoquer pour déclamer contre le général. Lucullus, à son retour, le fit venir à la tête des troupes,

CDXLVI.	CDXLVI.
Ubi eum tota concione ab exercitu cogit discedere, dicit se ejus opera non usurum, eumque ab armis dimittit.	Où, en présence de tous les corps assemblés, il le força de quitter l'armée, lui disant qu'il avait cessé d'être employé, et qu'il eût à déposer ses armes.

Clodius se retira en Pisidie auprès de Q. Marcius Rex, son autre beau-frère. Son éloignement ne guérit pas le mal : dès que les soldats apprirent qu'Acilius Glabrion venait de débarquer en Asie, avec la mission de remplacer Lucullus, ce fut chez eux une joie universelle.

CDXLVII.	CDXLVII.
Les légions Valériennes, assurées qu'en vertu de la loi Gabinia la Bithynie et le Pont étaient donnés au consul, soutiennent qu'elles ont leur congé.	Legiones Valerianæ comperto, lege Gabinia Bithyniam et Pontum consuli datum, esse missos.

Alors, se prétendant dégagés de tout serment envers Lucullus, elles lèvent leurs aigles et sortent des rangs. Il fallut l'intercession du reste de l'armée pour arrêter cette désertion. Lucullus se dirige vers le Pont ; mais, après avoir perdu un temps précieux devant Talaure, apprenant que Tigrane ravage impunément la Cappadoce, il se met à sa poursuite : en route, les légions fimbrianes désertèrent tout de bon.

CDXLVIII.	CDXLVIII.
Alors Lucullus, apprenant que le proconsul Q. Marcius Rex traversait la Lycaonie avec trois légions pour se rendre en Cilicie,	At Lucullus, audito Q. Marcium Regem pro consule per Lycaoniam cum tribus legionibus in Ciliciam tendere,

crut que la fortune lui amenait exprès ce général, qui était aussi son beau-frère, pour le tirer d'un embarras si fâcheux. Il lui demanda de lui prêter ses légions ; mais Marcius refusa. Lucullus n'eut alors d'autre ressource que de se fortifier dans un poste avantageux, en attendant l'arrivée de Glabrion, auquel il devait remettre le commandement. Ce fut alors que le tribun Manilius proposa d'ajouter aux attributions confiées par la loi Gabinia à Pompée le commandement de tout l'Orient, et de la guerre contre les deux rois. Ce projet fut combattu par Catulus et par Hortensius. Dans cette occasion,

CDXLIX.	CDXLIX.
Cicéron donna carrière à son éloquence hargneuse, comme disait Appius,	Cicero caninam facundiam, ut Appius inquit, exercuit,

et appuya de toutes ses forces la proposition qui fut adoptée. Pompée eut ainsi la facile mission de recommencer, sur des ennemis accablés, ces victoires que Lucullus avait, à si grand'peine, remportées, mais dont il avait eu le malheur de laisser perdre les fruits.

FRAGMENTS QUI N'ONT PU ENTRER DANS LES CINQ LIVRES.

LIVRE PREMIER.

CDL.
Res populi romani, M. Lepido, Q. Catulo coss., ac deinde militiæ et domi gestas composui.

CDL.
J'ai retracé les événements civils et militaires arrivés dans la république romaine depuis le consulat de Lépide et de Catulus.

CDLI.
Nam a primordio urbis ad bellum Persi macedonicum.

CDLI.
Car, depuis le commencement de Rome jusqu'à la guerre de Macédoine contre Persée.

CDLII.
Recens scripsi.

CDLII.
J'ai dernièrement écrit.

(Ces deux fragments auraient pu être placés dans les *Prolégomènes* du livre Ier des *Fragments*.)

CDLIII.
Nec juvenis libidines refrenavit ab inopia, nec ab ætate senex; verum leges connubiales et sumptuarias tulit civibus, quum ipse amoribus et adulteriis indulgeret.

CDLIII.
Jeune, il ne fut jamais refréné dans ses passions par la pauvreté; vieux, par les glaces de l'âge. Des lois sur les mariages et sur les dépenses furent données par lui à ses concitoyens, tandis qu'il ne faisait que vaquer aux amours et aux adultères.

(Ce fragment, qui n'est pas réellement de Salluste, mais la traduction latine d'un passage de Plutarque (*comparaison de Sylla et de Lysandre*), évidemment copié dans Salluste, que cite même ce biographe, aurait dû être placé dans le livre Ier, entre les fragments xxiii et xxiv, ainsi qu'on peut l'inférer de la suite du passage de Plutarque précité.)

LIVRE II.

CDLIV.
Et Pœni ferunt adversus A. N. C. M.

CDLIV.
(Inexplicable.)

Cependant de Brosses explique ainsi ces lettres A. N. C. M. : *Africam nancisci contra meridiem*, et, l'appliquant aux îles Fortunées, il traduit : « En effet, les Carthaginois racontent qu'à l'opposite de la côte d'Afrique on trouve, en tirant au midi, ces îles, » etc. Nous n'avons pu prendre cette version attendu qu'elle était contrariée par l'ordre des livres.

LIVRES INCERTAINS.

CDLV.
(Inexplicable.)

CDLV.
..... ne inrumiendi po... sublicibus cavata.... sent.

De Brosses trouve une explication à ce passage, qu'il applique à la reconstruction du pont Sublicien par le questeur Marcus Émilius, l'an de Rome 696. (*Voyez* tome Ier, page 396 de son ouvrage.)

(Ces trois fragments, cités par Sénèque, ne sont pas de Salluste, mais d'Arruntius.)

Hiero rex Syracusanorum bellum fecit.
Fugam nostris fecere.
Quæ audita Panormitanos dedere Romanis fecere.
Eos qui hoc malum publicum clandestinis consiliis comparaverunt.

(Fragment de Sisenna.)

CDLVI.
(Ce mot aurait dû être détaché, comme fragment, dans le livre Ier, où il se trouve placé dans le cours de la narration.

CDLVI.
Cosa.

(Allusion à un passage de Salluste sur Calpurnius Bestia, dans la *Guerre de Jugurtha*; ce passage s'est glissé, on ne sait pourquoi, dans les diverses éditions des Fragments.)

Sallustianus Calpurnius.
Calpurniani discipuli.

Pour compléter cette réunion des fragments de Salluste, il ne nous reste plus qu'à donner le *fac-simile* des lambeaux d'un manuscrit de sa grande histoire, dont nous avons employé la partie intelligible dans notre travail sur le livre III, numéros CCCI *a, b, c, d, e, f, g, h.*

Fragmenta quæ in ms. Servio legi auctor est Andreas Schottus, *et quæ a* Douza *primum edita sunt.*

* m or Trequii præter s r ciem necessariam haud multo secus quam ferro noceri poterat. At Varinius, dum hæc aguntur a fugitivis, ægra parte militum autumni gravitate, neque ex postrema fuga, quum severo edicto juberentur, ullis ad signa redeuntibus, et qui reliqui erant per summa flagitia detrectantibus militiam, quæstorem suum C. Thoranium, ex quo præsente vera facillime noscerent. *** commiserant, et tamen interim quum volentibus numero quatuor.

* ingre, tante setui debacrittur, nefandum in modum perverso volnere et interdum lacerum corpus semianimum omittentes, alii in tecta jaciebant ignes, multique ex loco servi, quos ingenium socios dabat, abdita a dominis, aut ipsos trahebant ex occulto, neque sanctum aut nefandum quicquam fuit iræ barbarorum, et servili ingenio : quæ Spartacus nequiens prohibere, multis precibus quum oraret, celeritate **** nuncios.

Aliquot dies contra morem fiducia augeri nostris cœpit, et promi lingua. Qua Varinius contra spectatam rem incaute motus novos incognitosque et aliorum casibus perculsos milites, ducit tamen ad castra fugitivorum. Presso gradu silentes jam, neque tam magnifice sumentes prœlium, quam postulaverant. Atque illi certamini conscii inter se juxta seditionem erant. Crixo et gentis ejusdem Gallis atque Germanis obviam ire et ultro offerre pugnam cupientibus contra Spartacum.

FRAGMENTA EX MURATORIO DECERPTA.

1 [1].

....
NI IORRERE QVIT PRAETER
S...CIEM BELLO NECESSARIO
HAVD MVLTO SECVS QVAM
FERRO NOCERI POTERAT AT
VARINIVS DVM HAEC AGVN
TVR A FVGITIVIS AEGRA PAR
TE MILITVM AVTVMNI GRA
VITATE NEQVE EX POSTREMA
FVGA CVM SEVERO EDICTO

IVVERENTVR AD SIG
NA DEEVNTIBVS ET QVI RELI
QVI ERANT PER SVMMA FLA
GITIA DE TRACTANTIB MILI
TIAM QVAESTOREM SVVM
C. THORANIVM EX QVO PRE
SENTE VERA FACILLIME NOS
CERENT VM MISERANT ET TA
MEN INTERIM QVVM VO
LENTIB NVMERO QVATVOR.

2.

....
IN S CONVERTERENT
INTVS MVLTA IAM LVCE
  DERANS SOLITA A FVLI
  ONO ACTAE ET IN CASS
  NI ICTVS SI ARIDVM
  STREPITVS TVMVL
I CON RES VNDIQ
VM MITTIT EQVITIS
VM CIRCVM PRO

VI EXE ORARENT
PRO TIRE VESTI
S CREDENS IO
OTA MENAG
...PAVENS SE....
....M DVPLI......
......VM A......
......DA....
....

---

[1] Chacune des colonnes numérotées 1, 2, 3, 4, etc., se suivent dans le manuscrit original, et ne forment qu'une seule colonne. Ainsi, après la ligne FVGA CVM SEVERO EDICTO, suit celle-ci : IVVERENTVR AD SIG....

Ajoutons que l'original de ces fragments, qui d'abord avait appartenu à la France, était tombé entre les mains de Christine, reine de Suède, et, depuis la mort de cette princesse, décédée à Rome, demeurait ignoré au Vatican. M. Mai, l'ayant découvert, en donna une copie exacte, et en fit graver le *fac-simile* sur trois grandes planches qui ont l'aspect des plus belles calligraphies. Les caractères de ces manuscrits paraissent si anciens, qu'ils doivent appartenir au siècle de l'historien lui-même.

3.

```
. . . . . . . . . . . . . . . . . .      LICTO BVCINA
NIS OPERIS COMMVN           TRIS ET AD VIGIL
DEINDE FVGITIVI CON         PROCVL VISEN
TIS IAM ALIMENTIS NEP       XERANT FVLT
DANTIB EX PROPINQ           RECENTI AC
TIS INSTAR ET SOLITIA       BRO SIGN
LITIAE VIGILIAS STA         MIDIN
Q ET ALIA MVNIA ES          RIN
SECVNDA VIGILIA             TV
CVNCTI EGREDIV
```

4.

```
. . . . . . . . . . . . . . . . . . .    PRESSO GRADV SILENTIS IAM
ALIQVOD DIES CONTRA MO      NEQ. TAM MAGNIFICE SVME
REM FIDVCIA AVGERINVS       TIS PROELIUM QVAM POSTV
TRIS COEPIT ET PROMI LINGV  LAVERANT ATQ. ILLI CERTA
QVA VARINIVS CONTRA S       MINI CONSILII INTER SE IVS
PECTATAM REM INCAVTAE       TA SEDITIONEM ERANT CRI
MOTVS NOVOS INCOGNITO       XO ET GENTIS EIVSDEM GAL
Q. ET ALIORVM CASIBVS PER   LIS ATQ. GERMANIS OBVIAM
CVLSOS MILITES DVCIT TAME   IRE ET VLTRO FERRE PVGNA
AD CASTRA FVGITIVORVM       CVPIENTIBVS CONTRA SPARTA
```

5.

```
                   INGRES   NIS AVT IPSOS TRAHEBANT
TANT ESE ILLVDEBANT SIM L   EX OCCVLTO NEQVE SANCTV
NEFANDVM IN MODVM PER       AVT NEFANDVM QVICQVA
VERSO VOLNERE ET INTER      FVIT IRAE BARBARORVM
DVM LACERVM CORPVS SE       ET SERVILI INGENIO QVAE
MIANIMVM OMITTENTES         SPARTACVS NEQVIENS PRO
ALII IN TECTA IACEBANT IG   HIBERE MVLTIS PRECIB QVO
NIS MVLTIQ EX LOCO SER      MORARET CELERITATE PRAE
VI QVOS INGENIVM SOCI       VERTERE       NVNTIOS
OS DABAT ABDITA A DOMI
```

6.

```
CON . . . . . . . . . . . . . . .    ET CENTINIS DEINDE EBVR
TIMILIRVIT. . . . . . . . . .        NIS IVGIS OCCVLTIVS AD N
CEPS MONET IN . . . .                RIS LVCANAS ATQ INDE PRI
AGROS MALISQ PE     VRIO             MA LVCE PERVENIT AD N
VE EGREDIANTOR VBI PRIO              NI FORVM IGNARIS CVL
QVAM RELIGIO EXERCITV                RIB AC STATIM FVGITIVI CO
ADESSE VARINIVS AVGER                TRA PRAECEPTVM DVCIS
TUR NVMERO SELECTIS VIR              RAPERE AD SE VIRVM VIR
ET PROPERE NANCTVS IDO               NES MATR    ET ALII C
NEVM ET CALLIVIS DVCIS
```

NOTICES

SUR LES GRAMMAIRIENS ET LES SCOLIASTES

A QUI L'ON DOIT LA CONSERVATION DE LA PLUPART DES FRAGMENTS DE SALLUSTE.

Acron (Helenius Acro) a vécu à une époque incertaine, mais il est postérieur toutefois à Servius. Il a écrit, sur Horace, des notes dont on n'a encore publié que des extraits ; il nous a conservé une partie des scolies de C. Emilius, de Julius Modestus et de Quintus Terentius Scaurus, les plus anciens commentateurs d'Horace.

Agrætius ou Agroetius, grammairien, qui vivait au cinquième siècle, a composé un traité *de Orthographia, proprietate et differentia sermonis*, pour faire suite au livre de Flavius Caper, autre grammairien, sur le même sujet.

Ampelius (Lucius), qui vivait au quatrième siècle de notre ère, a écrit le *Liber memorabilis* en cinquante chapitres, qui offre des notions très-abrégées sur l'astronomie, l'histoire naturelle et surtout l'histoire.

Arusianus Messus vivait au sixième siècle après Jésus-Christ. C'est le dernier rhéteur latin dont il nous reste quelque ouvrage.

Asconius Pedianus (Quintus) vivait du temps de Claude, et mourut sous Domitien à l'âge de quatre-vingt-deux ans. Il a commenté les *Oraisons* de Cicéron.

Asper, grammairien souvent cité par Acron, par Nonius, par Sosipater Charisius, et dont il ne nous reste aucun ouvrage.

AVIÉNUS FESTUS (Rufus), qui vivait au commencement du cinquième siècle, et qui fut proconsul et gouverneur de province, a laissé plusieurs ouvrages scientifiques en vers, entre autres *Carmen de astris*, *Ora maritima*, etc.

CHARISIUS (Flavius Sosipater) vivait, selon les uns, dans le cinquième siècle de notre ère; selon d'autres, dans le sixième. Né en Campanie, il était chrétien et professait la grammaire à Rome. Il composa des *Institutiones grammaticæ*, dans lesquelles il citait avec le plus grand soin les auteurs dont il se servait : cet ouvrage était en cinq livres; mais le premier et le cinquième ne nous sont pas parvenus entiers.

CLEDONIUS vivait au cinquième siècle, sous Théodose le Grand; il était sénateur; il a laissé, sous le titre d'*Ars*, deux commentaires sur les deux parties de Donat.

DIOMÈDE, contemporain de Charisius, a laissé un ouvrage en trois livres, intitulé *de Oratione, partibus orationis, et vario rhetorum genere*.

DONAT (Elius Donatus) enseignait la grammaire à Rome l'an 534. Il a laissé un *Commentaire* sur cinq comédies de Térence, très-riche en fragments de Salluste. On lui doit en outre : 1° *Ars sive editio prima de litteris, syllabisque, pedibus et tonis*; 2° *Ars sive editio secunda de octo partibus orationis*; 3° *de Barbarismo, solæcismo, schematibus, et tropis*.

EUTYCHÈS, disciple de Priscien, professa la grammaire à Constantinople : il est auteur d'un ouvrage *de Discernendis conjugationibus*.

FESTUS (Sextus Pompeius) vivait au troisième siècle de notre ère. On lui doit, sous le titre de *de Verborum significatione*, un abrégé du grand ouvrage de Verrius Flaccus sur les mots de la langue latine.

ISIDORE, évêque de Séville, mort l'an 636 de notre ère, et que l'Église a mis au nombre des saints, a laissé, sous le nom d'*Originum sive etymologiarum liber*, un ouvrage en vingt livres, qui est une véritable encyclopédie de toutes les branches des connaissances humaines que l'on cultivait à cette époque. Il a publié, en outre, plusieurs glossaires que ses éditeurs ont réunis en un seul.

JULIUS (Rufinianus) vécut sous le règne de Constantin, continua l'ouvrage d'Aquila Romanus, *de Figuris sententiarum et elocutionis liber*. On a encore de lui un livre intitulé *de Schematis lexeos*.

NONIUS MARCELLUS vécut, selon les uns, à la fin du deuxième siècle de notre ère; car il ne cite aucun écrivain postérieur à cette époque; selon d'autres, il serait contemporain de Constantin. Il a laissé un ouvrage en dix-neuf livres ou chapitres, intitulé *de Compendiosa doctrina*, adressé à son fils : c'est un riche arsenal de citations et de fragments de toute espèce.

PHILARGYRIUS (Junius) a laissé des scolies sur les *Bucoliques* et les *Géorgiques* de Virgile. On ne sait à quelle époque il vécut.

POMPEIUS (Messalinus), grammairien, a laissé, sur l'*Art* de Donat, un *Commentaire* non encore imprimé. L'époque ou il a vécu est inconnue.

POMPEIUS FESTUS (Sextus). *Voyez* FESTUS.

PORPHYRIO (Pomponius) a écrit, ainsi qu'Acron, des notes sur Horace.

PRISCIEN, natif de Césarée, vécut à Constantinople sous le règne de Justinien Ier. Il est l'auteur de la grammaire la plus complète que nous ait léguée l'antiquité romaine.

SERVIUS (Marius Servius Maurus Honoratus) vivait au commencement du cinquième siècle, sous Théodose et ses fils. Il a laissé un commentaire de Virgile très-précieux, mais qui ne nous est parvenu que tronqué. Il existe des manuscrits de Servius plus complets que toutes les éditions qu'on a publiées. Ses autres ouvrages sont une *Interprétation de la seconde partie ou édition de Donat*, un traité *de Ratione ultimarum syllabarum*, et une introduction à la métrique, nommée *Ars de pedibus versuum, sive centum metris*, ou *centimetrum*.

SOLINUS (C. Julius), grammairien d'une époque inconnue, mais qui ne peut pas remonter plus haut que le règne de Vespasien, a écrit un ouvrage en soixante-dix chapitres, intitulé *Polyhistor*, qui forme un recueil de diverses notices la plupart géographiques.

VALERIUS PROBUS. Deux grammairiens de ce nom ont existé : l'un, originaire de Béryte, en Syrie, sous Vespasien et Domitien; l'autre, sous Adrien. Sous ce nom il existe divers petits traités : I. *Grammaticarum institutionum libri II*; — II. *de Interpretandis notis Ro-*

manorum, qui contient : 1° *de Litteris antiquis;* 2° *de Ponderibus;* 3° *de Numeris.*

VEGETIUS RENATUS (Flavius) vivait à la fin du quatrième siècle. Les manuscrits lui donnent le titre de *Comes* et *de Vir inlustris*. Il a donné un *Epitome institutionum rei militaris*, en cinq livres.

VIBIUS SEQUESTER, qui vivait, à ce que l'on croit, au sixième ou au septième siècle, a composé une nomenclature des *fleuves, fontaines, lacs, forêts, marais, monts et peuples dont les poëtes font mention*, à l'usage de Virgilianus son fils.

FIN DES NOTICES SUR LES GRAMMAIRIENS.

INVECTIVE

DE SALLUSTE CONTRE CICÉRON

ET

RÉPONSE DE CICÉRON A SALLUSTE

AVERTISSEMENT

Nous n'avions pas d'abord l'intention de comprendre, dans cette édition de Salluste, les deux morceaux connus sous le titre d'*Invective* de Salluste contre Cicéron, et de Cicéron contre Salluste; mais, en y réfléchissant, il nous a semblé qu'on ne serait pas fâché de trouver ici ces deux pièces qui, quelquefois publiées dans les œuvres complètes de Cicéron, ne l'ont jamais été dans celles de Salluste. Ce sont, on le sait, deux déclamations violentes, sorties très-probablement de l'école d'un rhéteur. Mais l'antiquité n'en jugeait pas ainsi. Quintilien les croyait originales, et il les cite comme telles (1). Saint Jérôme, Laurent Valla, plusieurs grammairiens anciens et modernes, sont de son avis. Mais la critique de nos jours ne se range point à l'opinion de Quintilien (2) : elle prétend que ces citations de Quintilien ne sont pas véritablement de lui; que, mises par quelques copistes en marge des chapitres de Quintilien, où il est question du genre des déclamations en général, d'autres copistes les auront insérées dans le texte même. Le président de Brosses s'inscrit ouvertement en faux contre elles (3) : suivant lui, elles impliquent contradiction en plusieurs endroits. On y suppose la destruction de la république, de même que la mort de César. Il y est aussi question de la

---

(1) Liv. IV, c. 1; liv. IX, c. III.
(2) Seb. Corrado, *Quæstiones*.
(3) *Vie de Salluste*, tom. III, de l'*Histoire de la république romaine*.

maison de Tibur, que Salluste acheta de la succession de César. D'un autre côté, le prétendu Salluste maltraite beaucoup la femme de Cicéron ; il y parle de sa fille comme d'une personne vivante, et ne la traite pas mieux. Or tout ceci se contrarie visiblement. En 709, Terentia n'était plus la femme de Cicéron, mais bien de Salluste lui-même, qui n'aurait pas parlé de ce ton-là sur la vie passée de sa femme. Tullie mourut en 708, et César ne fut assassiné qu'en 710. Enfin, une dernière preuve de l'ignorance du déclamateur et de la fausseté de ces pièces se tire de ce qu'il y est question de vols faits par Salluste dans son gouvernement, et qu'il semble néanmoins que, dans le temps où l'on parle, il fut encore banni du sénat par ordonnance des censeurs. *Dès lors, y est-il dit, nous ne l'avons plus revu;* cependant Salluste rentra au sénat plusieurs années avant d'avoir le gouvernement de Numidie.

Évidemment donc ces deux diatribes ne sont pas authentiques; toutefois, comme témoignage historique, elles ne sont pas sans valeur. En effet, si elles ne sont contemporaines de Salluste et de Cicéron, elles ont certainement été écrites peu de temps après la mort de ces deux personnages; elles sont un reflet fidèle de l'opinion populaire qui aimait à s'entretenir de ces grandes haines de l'historien et de l'orateur, haines qui n'étaient pas seulement un profond dissentiment particulier, mais l'expression de deux partis : le parti de César et celui de la république. Au point de vue littéraire, elles offrent aussi quelque intérêt, car elles appartiennent à ce moment incertain et brillant encore des lettres latines où l'éloquence et la liberté, bannies du Forum, s'étaient réfugiées dans les écoles des rhéteurs; où Sénèque le père, par la bouche de ses élèves, maudissait les tyrans, et exaltait le courage de Labiénus, qui, fidèle à Pompée, alors même que le calme de l'empire avait amorti toutes les résistances, et privé de cette liberté qui était dans son caractère et dans son génie, s'ensevelit, en quelque sorte volontairement, au milieu de ces flammes auxquelles, premier exemple de la violence exercée sur la pensée, en avait condamné ses ouvrages (1).

(1) Animus per vitia ingens, et ad similitudinem ingenii sui violentus, et qui Pompeianos spiritus nondum in tanta pace posuisset. In hunc pri-

AVERTISSEMENT. 445

Nous avons donc cru que l'on verrait ici avec plaisir ces deux déclamations, traduites séparément en 1537 par Pierre Saliat, en 1547 par Victor de la Roche, en 1629 par J. Baudoin. Nous donnons ici la traduction qu'en a faite M. A. Péricaud, bibliothécaire de la ville de Lyon, dans le tome XXXVI des *OEuvres complètes de Cicéron*, collection Panckoucke.

mum excogitata est nova pœna : effectum est enim per inimicos ut omnes ejus libri incenderentur. Non tulit hanc Labienus contumeliam, nec superstes ingenio suo esse voluit, sed in monumenta se majorum suorum ferri jussit atque ita includi, veritus scilicet ne ignis qui nomini suo subjectus erat, corpori negaretur : non finivit tantum se ipse, sed sepelivit. — Seneca, *Controv.*

INVECTIVE

DE SALLUSTE CONTRE M. T. CICÉRON

I. Je serais grièvement blessé, M. Tullius, et je supporterais impatiemment tes outrages, si je pouvais les attribuer plutôt à une opinion réfléchie qu'à un travers d'esprit. Toutefois, ne voyant en toi ni pudeur ni retenue, je romprai le silence et changerai en amertume les douceurs que tu as pu trouver à m'accabler d'injures. Mais devant qui porterais-je mes plaintes? à qui pourrais-je dire que la république est déchirée, et qu'elle est à la merci des plus ambitieux? Sera-ce au peuple romain? corrompu par des largesses, il a mis à l'encan sa personne et ses biens. Sera-ce à vous, pères conscrits, à vous dont l'autorité est devenue le jouet de tout ce qu'il y a de scélérats et de pervers, depuis qu'un Tullius, s'arrogeant le titre de défenseur des lois et des décrets du peuple romain, s'est constitué le chef de votre ordre, comme s'il était le dernier rejeton de la famille la plus illustre, d'un Scipion l'Africain, et non un homme

C. SALLUSTII CRISPI IN M. T. CICERONEM DECLAMATIO

I. Graviter, et iniquo animo, maledicta tua paterer, M. Tulli, si te scirem judicio magis, quam morbo animi, petulantia ista uti. Sed, quoniam in te neque modum, neque modestiam ullam animadverto, respondebo tibi; uti, si quam maledicendo voluptatem cepisti, eam male audiendo amittas. Ubi querar? quos implorem, P. C. ? diripi rempublicam, atque audacissumo cuique esse perfidiæ? an apud populum romanum, qui ita largitionibus corruptus est, uti sese, ac fortunas suas venales habeat? an apud vos, P. C., quorum auctoritas turpissumo cuique et sceleratissumo, ludibrio est? ubi M. Tullius leges, judicia populi romani defendit, atque in hoc ordine ita moderatur, quasi unus reliquus

sorti du néant, qui a usurpé le droit de cité, et ne s'est élevé qu'à force de ramper?

Penses-tu, M. Tullius, que tes turpitudes soient couvertes d'un voile impénétrable? N'as-tu pas vécu de telle sorte, depuis ton enfance, qu'il ne t'a jamais semblé que satisfaire la passion d'autrui fût pour toi une action infâme? Crois-tu que l'on ne sache pas à quelles complaisances honteuses tu dois cette faconde effrénée dont M. Pison t'a donné les premières leçons? Faut-il, après cela, s'étonner du trafic odieux que tu fais d'un art que tu as acquis par le déshonneur? Mais serait-ce l'éclat intérieur de ta maison qui cause ton orgueil? Je n'y vois qu'une épouse sacrilége qui a vieilli dans le parjure, une fille pour laquelle ta tendresse passe les bornes de celle d'un père, une fille dont la condescendance pour toi n'est point celle qu'un père doit attendre de sa fille (1). Et cette maison elle-même, si funeste à toi et aux tiens, n'est-ce pas à la violence et à la rapine que tu la dois? O le plus méchant des hommes! tu ne pouvais nous offrir une preuve plus complète du bouleversement général qu'en habitant une maison qui a jadis appartenu à un illustre consulaire, à P. Crassus.

II. Quoi qu'il en soit, Cicéron ne s'en vante pas moins d'avoir assisté au conseil des dieux immortels, et d'avoir été envoyé par eux dans cette ville pour être le sauveur des Romains, lui qui met sa plus grande gloire à en être le bourreau! comme si ton consulat, ô Cicéron! n'avait pas été l'unique cause de la conjuration de Catilina ; comme si la république, dans ce temps-là même, n'avait pas été dans une perpétuelle

---

ex familia viri clarissumi Scipionis Africani, ac non reptitius, accitus, ac paullo ante insitus huic urbi civis.

An vero, M. Tulli, facta ac dicta tua obscura sunt? an non ita a pueritia vixisti, ut nihil flagitiosum corpori tuo putares, quod alteri collubuisset? Scilicet istam immoderatam eloquentiam apud M. Pisonem non pudicitiæ jactura perdidisti? Itaque minime mirandum est, si eam flagitiose venditas, quam turpissume parasti. Verum, ut opinor, splendor domesticus tibi animos attollit : uxor sacrilega, ac perjuriis delibuta; filia matris pellex, tibi jucundior atque obsequentior, quam parenti par est. Domum ipsam tuam vi et rapinis, funestam tibi ac tuis, comparasti : videlicet uti nos commonefacias, quam conversa sit respublica, quum in ea domo habitas, homo flagitiosissume, quæ P. Crassi, viri consularis, fuit.

II. Atque hæc quum ita sint, tamen Cicero se dicit in concilio deorum immortalium fuisse; inde missum huic urbi civibusque custodem, absque carnificis nomine, qui civitatis incommodum in gloriam suam ponit : quasi vero non illius conjurationis caussa fuerit consulatus tuus, et idcirco respublica disjecta eo tem-

agitation pour avoir été confiée à ta garde. Mais, à mon avis, ce qui te rend encore plus glorieux, c'est sans doute d'avoir, après ton consulat, et à l'aide de ta femme Terentia, sauvé la république, lorsque, rendant chez vous des arrêts fondés sur la loi Plautia, vous condamniez les conjurés, les uns à des amendes, les autres à la mort, lorsque vous exigiez que tel vous fît bâtir une villa à Tusculum ou à Pompéies, que tel autre vous donnât un palais. Malheur à quiconque se trouvait dans l'impuissance de te satisfaire ! Livré aux tribunaux, il avait assiégé ta maison ou conspiré contre le sénat ; tu avais au besoin et à l'instant même des preuves toutes prêtes. Si mes allégations sont fausses, rends-nous tes comptes ; dis-nous de quel patrimoine tu as hérité, de combien il s'est accru par les procès que tu as eus, avec quel argent tu as acheté ta maison, et fait construire de si beaux palais à Tusculum et à Pompéies? Si tu gardes le silence, qui pourra douter que ton immense fortune ne soit le prix du sang et des dépouilles de tes concitoyens? Mais, si je ne me trompe, l'homme nouveau d'Arpinum, cet allié de la famille de Marius, imitant les vertus de ses ancêtres, se rit de la haine des grands, ne se laisse emporter ni par la crainte ni par la faveur, et n'a d'affection que pour le peuple romain ; il ne connaît que l'amitié et la vertu. Non, il n'en est point ainsi : c'est l'homme le plus léger, souple devant ses ennemis, fier devant ses amis, tantôt d'un parti, tantôt d'un autre, infidèle à chacun ; sénateur sans dignité, avocat mercenaire, n'ayant aucune partie de son corps qui ne soit souillée : sa langue est l'organe du mensonge, ses mains sont rapaces, ses

---

pore, quo te custodem habebat. Sed, ut opinor, illa te magis extollunt, quæ post consulatum cum Terentia uxore de republica consuluisti, quum legis Plautiæ judicia domi faciebas; ex conjuratis alios morte, alios pecunia condemnabas; quum tibi alius Tusculanam, alius Pompeianam villam exædificabat, alius domum emebat; qui vero nihil poterat, is erat calumniæ proximus; is aut domum tuam oppugnatum venerat, aut insidias senatui fecerat; denique de eo tibi compertum erat. Quæ si tibi falsa objicio, redde rationem, quantum patrimonii acceperis, quid tibi litibus accreverit, qua ex pecunia domum paraveris Tusculanum et Pompeianum infinito sumptu ædificaveris. Aut, si retices, cui dubium potest esse, quin opulentiam istam ex sanguine et visceribus civium paraveris? Verum, ut opinor, homo novus Arpinas, ex C. Marii familia, ejus virtutem imitatur; contemnit simultatem hominum nobilium, populi romani curam habet, neque terrore, neque gratia commovetur. Illud vero amicitiæ tantum, ac virtutis est animi? Immo vero homo levissumus, supplex inimicis, amicis contumeliosus, modo harum, modo illarum partium, fidus nemini, levissumus senator, mercenarius patronus, cujus nulla pars corporis a turpitudine vacat: lingua vana,

pieds fugitifs, sa bouche insatiable, et, ce qu'on ne peut honnêtement nommer, extrêmement malhonnête (2).

III. Et toutefois c'est lui qui a le front de s'écrier :

  O Rome fortunée, en mon consulat née !

Quoi ! Cicéron, Rome fut heureuse sous ton consulat ? Jamais elle ne fut plus malheureuse, plus digne de pitié : elle a vu, toi consul, ses habitants proscrits, lorsqu'au milieu du trouble universel tu contraignais les hommes paisibles, abattus par la terreur, à se soumettre à tes ordres barbares ; lorsque la justice et la loi étaient entre tes mains une arme à deux tranchants, et qu'après avoir abrogé la loi Porcia tu nous ravissais la liberté en faisant dépendre de toi seul la vie ou la mort de tes concitoyens. Il ne te suffit pas de jouir impunément du fruit de tes forfaits ; il faut encore qu'en nous les rappelant tu en fasses le monument de notre honte, afin qu'il ne nous soit plus permis d'oublier la servitude dans laquelle tu nous avais plongés. Cicéron, tu as entrepris et consommé ta grande œuvre au gré de tes désirs ; sois satisfait de nous avoir trouvés si patients. Jusques à quand fatigueras-tu nos oreilles des accents de ta haine ? Jusques à quand nous répéteras-tu sans cesse à tout propos ces mots qui nous offensent :

  Que les armes le cèdent à la toge, et les lauriers à l'éloquence (3) !

comme si c'était en toge, et non sous les armes, que tu as exé-

---

manus rapacissumæ, gula immensa, pedes fugaces; quæ honeste nominari non possunt, inhonestissuma.

III. Atque is, quum ejusmodi sit, tamen audet dicere :

  O fortunatam natam me consule Romam !

Te consule fortunatam, Cicero ! immo vero infelicem et miseram, quæ crudelissumam proscriptionem civium perpessa est, quum tu, perturbata republica, metu perculsos omnes bonos parere crudelitati tuæ cogebas; quum omnia judicia, omnes leges, in tua lubidine erant ; quum tu, sublata lege Porcia, erepta libertate omnium nostrum vitæ necisque potestatem ad te unum revocaveras. Atque parum est, quod impune fecisti : verum etiam commemorando exprobras; neque licet oblivisci servitutis suæ. Egeris, oro te, Cicero, perfeceris quod lubet; satis est perpessos esse : etiamne aures nostras odio tuo onerabis ? etiamne molestissumis verbis insectabere :

  Cedant arma togæ, concedat laurea linguæ !

quasi vero togatus, et non armatus, ea, quæ gloriaris, confeceris; atque

cuté les hauts faits dont tu te glorifies, et comme si entre ta tyrannie et celle du dictateur Sylla il y avait eu d'autre différence que le nom.

Que me reste-t-il donc à dire encore de l'insolence d'un homme auquel Minerve elle-même a enseigné tous les arts, d'un homme que Jupiter a reçu dans l'assemblée des dieux, et que l'Italie entière, au retour de l'exil, a porté sur ses épaules?

Dis-nous, je t'en conjure, Romulus d'Arpinum, toi qui surpasses en génie les Paul, les Scipion, les Fabius, quelle est la place que tu occupes enfin dans cette cité, quel parti tu as embrassé, qui tu as pour ami ou pour ennemi? N'es-tu pas l'esclave de celui contre lequel tu as conspiré dans cette ville même? Comment, depuis ton exil à Dyrrachium, es-tu devenu son protégé? Tu favorises aujourd'hui l'ambition de ceux que tu nommais naguère des tyrans; tu traites de factieux et d'insensés ceux qui te semblaient hier les premiers de l'État; tu plaides la cause de Vatinius, et Sextius a perdu ton estime; tu lances sur Bibulus les traits les plus mordants, et tu fais le panégyrique de César; tu es le plus zélé partisan de celui que tu méprisais le plus. Ta manière de voir varie selon que tu es assis ou debout; tu médis de celui-ci, tu accables celui-là de ton mépris; transfuge inconstant, tu trahis tantôt un parti, tantôt un autre.

inter te Sullamque dictatorem, præter nomen imperii, quidquam interfuerit.
Sed quid ego plura de tua insolentia commemorem? quem Minerva omnes artes edocuit, Jupiter optumus maxumus in concilio deorum admisit, Italia exsulem humeris suis reportavit.
Oro te, Romule Arpinas, qui egregia tua virtute omnes Paullos, Fabios, Scipiones, superasti; quem tandem locum in hac civitate obtines? quæ tibi partes reipublicæ placent? quem amicum, quem inimicum habes? Cui in civitate fecisti insidias, ancillaris; quo jure, quum de exsilio tuo Dyrrachino redisti, eum sequeris? Quos tyrannos appellabas, eorum nunc potentiæ faves; qui tibi ante optimates videbantur, eosdem nunc dementes ac furiosos vocas; Vatinii caussam agis, de Sextio male existumas; Bibulum petulantissumis verbis lædis, laudas Cæsarem; quem maxume odisti, ei maxume obsequeris. Aliud stans, aliud sedens, de republica sentis; his maledicis, illos odisti; levissume transfuga, neque in hac, neque illa parte fidem habes.

INVECTIVE CONTRE SALLUSTE

ATTRIBUÉE A CICÉRON.

I. C'est donc une grande volupté pour toi, Salluste, de mener une vie conforme à ton langage, et de ne débiter aucune infamie à laquelle ta manière de vivre n'ait, dès tes plus jeunes ans, répondu par toute espèce de crimes, en sorte que l'on peut affirmer que ton discours est le miroir fidèle de tes mœurs! Quiconque vit comme toi ne pourrait pas s'exprimer autrement; et quiconque se sert de termes aussi gossiers ne saurait avoir une conduite très-exemplaire. Combien ma position est pénible, pères conscrits! par où commencer? J'ai à parcourir une carrière d'autant plus difficile, que chacun de nous deux est mieux connu. Si, pour réfuter d'atroces calomnies, je vous entretiens de ma vie et de mes actions, je vois d'ici l'envie toute prête à m'en ravir la gloire; et, si, mettant au grand jour la conduite et les mœurs de mon antagoniste, je vous dévoile sa turpitude, je tremble de tomber dans le vice odieux dont je lui fais un crime. Toutefois, si, par hasard, il m'arrivait de dire la moindre chose qui pût vous blesser, que votre animadversion ne tombe point sur moi; je ne suis point le provocateur. Je ferai, n'en doutez point, tous mes efforts pour ne dire que la vérité en parlant de Salluste, et pour n'être pas fastidieux en

IN C. SALLUSTIUM DECLAMATIO

QUÆ M. T. CICERONI FALSO TRIBUITUR.

I. Ea demum magna voluptas est, C. Sallusti, æqualem ac parem verbis vitam agere, neque quidquam tam obscenum dicere, cui non ab initio pueritiæ omni genere facinoris ætas tua respondeat, ut omnis oratio moribus consonet. Neque enim, qui ita vivit, uti tu, aliter ac tu, loqui potest; neque qui tam illoto sermone utitur, vita honestior est. Quo me vertam, P. C.? unde initium sumam? Majus enim mihi dicendi onus imponitur, quo notior est uterque nostrum: quod aut, si de mea vita atque actibus, huic conviciatori respondero, invidia gloriam consequetur; aut, si hujus facta, mores, omnem ætatem nudavero, in idem vitium incidam procacitatis, quod huic objicio. Id vos, si forte offendimini, justius huic, quam mihi, succensere debetis, qui initium introduxit. Ego dabo operam ut et pro me minimo cum fastidio respondeam, et in hunc minime mentitus esse

parlant de moi. Je n'ignore pas que vous êtes peu disposés à m'écouter, car je ne dois vous révéler aucun forfait de Salluste qui vous soit inconnu, et je viens retracer des accusations dont vos oreilles, les miennes et les siennes ont été trop souvent rebattues.

Et d'abord, quelle horreur ne doit pas vous inspirer un homme qui, pour son coup d'essai, n'a pas commencé par de légères fautes, mais qui a débuté de manière à ne pouvoir se surpasser lui-même et à n'être surpassé par personne dans tout le reste de sa carrière! Semblable aux animaux immondes, il cherche constamment à entraîner quelqu'un avec lui dans la fange. Mais, qu'il ne se fasse pas illusion, les souillures de sa vie ne sont point effacées par l'impudence de sa langue; car il existe un genre de calomnie qu'un sentiment secret nous porte à faire retomber sur son auteur, quand elle est dirigée contre des gens de bien. Cependant, si sa vie passée était ensevelie dans l'oubli, vous ne pourriez vous dispenser de le juger, non sur ses paroles, mais sur ses actions : je serai court en vous les rappelant. Au reste, cette querelle ne vous sera point inutile ; le plus souvent la république prend une nouvelle force de ces inimitiés particulières où chaque citoyen est forcé de se montrer tel qu'il est.

II. Et d'abord, puisque Salluste va chercher ses exemples et ses modèles parmi nos ancêtres, je voudrais bien qu'il nous dît si ceux qu'il nous désigne, les Scipion, les Metellus et les Fabius, étaient déjà célèbres et couverts de gloire avant que de hauts faits et une vie sans reproche les eussent signalés à la

---

videar. Scio me, P. C., in respondendo non habere magnam exspectationem, quod nullum vos sciatis novum crimen in Sallustium audituros, sed omnia vetera recognituros, queis et meæ, et vestræ jam, et ipsius aures calent.

Verum eo magis odisse debetis hominem, qui ne incipiens quidem peccare, minimis rebus posuit rudimentum; sed ita ingressus est, uti neque ab alio vinci possit, neque ipse se omnino reliqua ætate præterire. Itaque nihil aliud studet, nisi, uti luculentus sus, cum quovis volutari. Longe vero fallitur opinione : non enim procacitate linguæ vitæ sordes eluuntur; sed est quædam calumnia, quam unusquisque nostrum, testante animo suo, fert de eo, qui falsum crimen bonis objectat. Quod si vita istius memoriam vicerit, illam, P. C., non ex oratione ejus, sed ex moribus spectare debetis. Jam dabo operam, quam maxime potero, uti breve id faciam. Neque hæc altercatio nostra vobis inutilis erit, P. C. : plerumque enim respublica privatis crescit inimicitiis, ubi nemo civis, qualis sit vir, potest latere.

II. Primum igitur, quoniam omnium majores Sallustius ad unum exemplum et regulam quærit, velim mihi respondeat, numquid ii, quos protulit, Scipiones, et Metellos, vel Fabios, ante fuerint aut opinionis, aut gloriæ, quam eos res

postérité. Si c'est à ces hauts faits qu'ils doivent leur gloire immortelle, pourquoi de belles actions et une vie sans tache ne nous donneraient-elles pas le même privilége? Ne dirait-on pas à t'entendre, Salluste, que tu descends de ces grands hommes? Ah! s'il en était ainsi, il est des gens qui auraient à rougir de ton infamie. Moi, j'ai par mes vertus jeté l'éclat sur le nom de mes pères, et, si avant moi ils n'étaient point encore connus, ils reçoivent de moi un commencement d'illustration (1). Mais, toi, Salluste, tu as par une vie dépravée enveloppé tes ancêtres dans d'épaisses ténèbres, et, supposé qu'ils aient été d'éminents personnages, on les aurait bien certainement vus tomber, grâce à toi, dans un profond oubli. Cesse donc de m'opposer des noms antiques : il me suffit de briller plutôt par mes actions que par ma naissance, et d'avoir vécu de telle sorte, que je serve d'exemple à mes derniers neveux, qui trouveront en moi le premier degré de leur noblesse. Au reste, il ne me convient pas, pères conscrits, de me mettre en parallèle avec ceux qui ne sont plus : les traits de l'envie et de la haine ne sauraient les atteindre (2); toutefois je peux être comparé à ceux que j'ai eus pour collègues dans les différentes fonctions où la république m'a appelé. Mais, si j'eusse, en cherchant les honneurs, poussé trop loin l'ambition (je n'entends point parler de cette ambition patriotique dont je fais profession, mais de cette ambition dangereuse et proscrite par nos lois dont Salluste s'est proclamé le soutien), et si, dans l'exercice de mes charges, j'eusse été ou trop sévère à punir les méchants, ou trop ardent à veiller au salut de l'État (ce que tu nommes, Salluste, un régime de proscription), j'ai lieu de

---

gestæ suæ, et vita innocentissime acta commendavit. Quod si hoc fuit illis initium nominis et dignitatis, cur non æque de nobis existimetur? cujus et res gestæ illustres sunt, et vita integerrime acta. Quasi vero tu sis ab illis viris, Sallusti, ortus : quod si esses, nonnullos jam tuæ turpitudinis pigeret. Ego meis majoribus virtute mea præluxi; ut, si prius noti non fuerint, a me accipiant initium memoriæ suæ; tu tuis vita, quam turpiter egisti, magnas offudisti tenebras; ut, etiam si fuerint egregii cives, certe venerint in oblivionem. Quare noli mihi antiquos viros objectare. Satius est enim, me meis rebus gestis florere, quam majorum opinione niti; et ita vivere, ut ego sim posteris meis nobilitatis initium, et virtutis exemplum. Neque me cum iis conferri decet, P. C., qui jam decesserunt, omnique odio carent et invidia; sed cum iis, qui mecum una in republica versati sunt. Sed si fuerim aut in honoribus petendis nimis ambitiosus (non hanc dico popularem ambitionem, cujus me principem confiteor, sed illam perniciosam contra leges, cujus primos ordines Sallustius duxit); aut in gerendis magistratibus, aut in vindicandis maleficiis tam severus; aut in tuenda

croire que tous ceux qui te ressemblent ne fussent point restés sains et saufs dans cette cité. Oh! que la république serait dans une situation plus florissante, si l'on t'avait compris parmi les scélérats qui causent tes regrets et avec lesquels tu as une si grande conformité! Est-ce donc à tort que je me suis écrié à cette époque : *Que les armes le cèdent à la toge!* puisque c'est en toge que j'ai vaincu des citoyens armés et que j'ai triomphé de la guerre par la paix; et, quand j'ai dit : *O Rome fortunée sous mon consulat!* ai-je donc trahi la vérité, moi qui apaisai de si grandes dissensions, moi qui étouffai l'incendie qui menaçait nos foyers domestiques? Ne devrais-tu pas rougir, ô le plus inconséquent des hommes! de me faire aujourd'hui un crime des actions dont tu m'as loué si pompeusement dans tes histoires? Je vous le demande, pères conscrits, est-il plus honteux de mentir en écrivant pour le public qu'en parlant devant vous?

III. Quant aux reproches que tu fais à ma jeunesse, toujours, j'ose le dire, j'ai été aussi éloigné de l'impudicité que toi de la chasteté. Mais à quoi bon me plaindre encore de toi? De quelle imposture auras-tu honte, après avoir eu l'audace de me faire un crime de cette éloquence dont tu aurais eu sans cesse besoin pour te soustraire à la rigueur des lois? Penses-tu donc qu'un citoyen puisse jamais se rendre recommandable, s'il n'a été initié dans les lettres et dans l'art de l'orateur? Penses-tu donc qu'il y ait d'autres berceaux pour la vertu et d'autres éléments capables de faire germer dans un cœur le désir de la gloire? Mais il n'est point étonnant, pères conscrits, qu'un

---

republica tam vigilans, quam tu proscriptionem vocas (credo, quod non omnes tui similes incolumes in hac urbe vixissent; at quanto meliore loco respublica staret, si tu, par ac similis scelestorum civium, una cum illis annumeratus esses!) : an ego tunc falso scripsi, « Cedant arma togæ, » qui togatus armatos, et pace bellum oppressi? an illud mentitus sum, « Fortunatam me consule Romam, » qui tantum intestinum bellum, et domesticum urbis incendium exstinxi? neque te tui piget, homo levissime, quum ea culpas, quæ in historiis mihi gloriæ ducis? An turpius est, P. C., scribentem mentiri, quam illum palam hoc ordine dicentem?

III. Nam, quod meam ætatem increpuisti, tantum me abesse puto ab impudicitia, quantum tu abes a pudicitia. Sed quid ego de te plura querar? quid enim mentiri turpe duces, qui mihi ausus sis eloquentiam, uti vitium, objicere? cujus semper nocens eguisti patrocinio. An ullum existimas posse fieri civem egregium, qui non his artibus et disciplinis sit eruditus? an ulla alia putas esse rudimenta et incunabula virtutis, quibus animi ad gloriæ cupiditatem aluntur? Sed minime mirum est, P. C., si homo, qui desidiæ ac luxuriæ plenus sit, hæc

homme livré à la mollesse et à la luxure méconnaisse ces vérités et les considère comme des choses nouvelles ou hors d'usage. Lorsque avec une rage dont on n'a pas d'exemple tu as attaqué ma femme et ma fille, qui gardent plus de réserve avec les personnes d'un autre sexe que toi avec celles du tien, tu as agi avec assez d'adresse et de prudence ; tu n'as pas craint que je te rendisse la pareille en attaquant à mon tour et ta femme et ta fille ; mais tu peux à toi seul fournir un texte à mes récriminations, car il n'est personne de plus souillé que toi dans toute ta maison. Quel n'a pas encore été ton aveuglement, lorsque tu as tenté de m'exposer aux traits de l'envie en parlant de mes affaires domestiques! Mes richesses sont bien au-dessous de ce qu'elles devraient être : et plût aux dieux que je fusse moins opulent que je ne le suis, et que mes amis encore pleins de vie ne m'eussent point enrichi par leurs testaments!

Tu me traites de fugitif ; oui, Salluste, j'ai cédé à la fureur d'un tribun, aimant mieux m'exposer seul aux atteintes du sort que d'être la cause d'une guerre civile dont tout le peuple romain eût été la victime. Mais, quand ce tribun eut achevé son année tumultueuse, et quand la concorde et la paix eurent succédé au désordre, le sénat provoqua mon rappel et la république me ramena par la main au sein de ma patrie. Oui, il l'emporte dans mon cœur sur tous les autres jours de ma vie, ce jour où je vous vis tous accourir au milieu d'un peuple immense pour me féliciter sur mon heureux retour. Étais-je donc alors un fugitif, un avocat mercenaire ?

uti nova atque inusitata miratur. Nam quod ista inusitata rabie petulanter in uxorem et in filiam meam invasisti, quæ facilius mulieres se a viris abstinuerunt, quam tu vir a viris, satis docte ac perite fecisti : non enim me sperasti mutuam tibi gratiam relaturum, ut vicissim tuas compellarem. Unus enim satis es materiæ habens; neque quidquam turpius est domi tuæ, quam tu. Multum te vero opinio fallit, qui mihi putasti parare invidiam ex mea re familiari, quæ mihi multo minor est, quam habere dignus sim. Atque utinam ne tanta quidem esset, quanta est ; uti potius amici mei viverent, quam ego testamentis eorum locupletior essem !

Ego fugax, C. Sallusti ? Furori tribuni plebis cessi ; utilius duxi, quamvis fortunam unus experiri, quam universo populo romano civilis esse dissensionis causa : qui, posteaquam ille suum annum in republica perbacchatus est, omniaque, quæ commoverat, pace et otio resederunt, hoc ordine revocante, atque ipsa republica manu retrahente me, reverti. Qui mihi dies, si cum omni reliqua vita conferatur, animo quidem meo superet, quum universo vos, populusque romanus frequens adventu meo gratulatus est. Tanti me fugacem, mercenarium patronum, hi æstimaverunt.

IV. Non, il n'est point surprenant que j'aie mérité la bienveillance de mes concitoyens : je ne me suis jamais fait l'esclave de personne, et mes services n'ont jamais été mis à prix; mais, suivant ce que chaque citoyen avait fait pour la république, il devenait mon ami ou mon ennemi. Tous mes efforts tendaient à faire prévaloir la concorde; d'autres nourrissaient de coupables espérances parmi le peuple. Je n'ai jamais craint que les lois; d'autres voulaient qu'on ne redoutât que leur épée. Je n'ai jamais ambitionné le pouvoir que pour vous; plusieurs d'entre vous, se confiant dans leur puissance, ont abusé contre vous de leurs forces. Ne soyez donc point étonnés si j'ai dédaigné l'amitié de quiconque ne s'est point montré l'ami constant de sa patrie. Je ne me repens ni d'avoir prêté mon ministère à Vatinius, qui, traduit en justice, me l'avait demandé, ni d'avoir gourmandé la patience de Bibulus, ni d'avoir réprimé l'insolence de Sextius, ni d'avoir applaudi aux vertus de César : tout bon citoyen en serait loué et mériterait de l'être. Si toutes ces actions sont à tes yeux des vices, tu seras puni de ta témérité; car de pareils vices ne trouveront jamais de censeurs. J'en dirais davantage, si j'avais à me justifier devant d'autres que vous, pères conscrits, vous que j'ai toujours eus pour régulateurs de ma conduite. Au reste, quand les faits parlent, l'orateur doit se taire.

V. Or maintenant, Salluste, pour en revenir à toi, j'éviterai de parler de ton père : sa vie fut sans doute irréprochable; toutefois il fit une cruelle injure à la république, lorsqu'il engendra un fils tel que toi. J'éviterai aussi de parler de ton

---

IV. Neque hercule mirum est, si ego semper justas omnium amicitias existimavi. Non enim uni privatim ancillatus sum, neque me addixi; sed, quantum quisque reipublicæ studuit, tantum mihi fuit aut amicus aut inimicus. Ego nihil plus volui valere, quam pacem : multi privatorum audacias nutriverunt; ego nihil timui, nisi leges; multi arma sua timeri voluerunt; ego nunquam volui quidquam posse, nisi pro vobis; multi ex vobis, potentia freti, in vos suis viribus abusi sunt. Itaque non est mirum, si nullius amicitia usus sum, qui non perpetuo reipublicæ amicus fuit. Neque me pœnitet, si aut petenti Vatinio reo patrocinium pollicitus sum, aut Sextii insolentiam repressi, aut Bibuli patientiam culpavi, aut virtutibus Cæsaris favi. Hæc laudes enim egregii civis, et unicæ sunt. Quæ si tu mihi, uti vitia, objicis, temeritas tua reprehendetur, non mea vitia culpabuntur. Plura dicerem, si apud alios mihi esset dicendum, P. C., non apud vos, quos habui omnium actionum mearum monitores. Sed, ubi rerum testimonia adsunt, quid opus est verbis?

V. Nunc, ad te uti revertar, Sallusti, patremque tuum prætereám; qui si nunquam in vita sua peccavit, tamen majorem injuriam reipublicæ facere non potuit, quam quod te talem filium genuit; neque, tu si qua in pueritia peccasti, exse-

enfance, car ce serait peut-être accuser ton père, qui dut en prendre soin ; mais j'examinerai comment tu t'es conduit dans ta jeunesse : un pareil examen donnera facilement à entendre combien fut dissolue l'enfance de celui qui, en grandissant, fut si impudique et si effronté. Quand le honteux revenu que tu retirais du trafic le plus infâme ne put suffire à ton extrême voracité, et que, passant de mode, ton âge ne te permit plus de te livrer à une exécrable prostitution, on te vit, emporté par les mouvements les plus déréglés, essayer sur autrui ce que tu n'avais pas jugé déshonorant sur toi (3). Il n'est point facile, pères conscrits, de décider si de pareilles infamies ont augmenté ou diminué sa fortune. Son père était vivant encore, quand il eut la bassesse de mettre sa maison en vente; il la vendit, et l'on ne peut douter qu'il n'ait hâté sa mort, puisque, sans attendre qu'il eût fermé les yeux à la lumière, il disposait de tout en héritier. Et il ne rougit pas de me demander qui habite la maison de P. Crassus, lui qui ne pourrait pas dire qui habite celle de son père! Mais, s'il a failli, dira-t-on, il faut en accuser l'inexpérience de sa jeunesse; il s'est sans doute corrigé dans la suite. Nullement, car il se jeta dans la société du sacrilége Nigidius, et, traduit deux fois en justice, il courut le plus grand danger; toutefois il s'en tira si mal, que ses juges parurent plutôt coupables que lui ne parut innocent. Parvenu au premier degré des honneurs en obtenant la questure, il fut ensuite admis dans le sénat; mais il ne tarda pas à mépriser une dignité dont pouvait être revêtu l'homme le plus vil, puisqu'elle lui avait

---

quar, ne parentem tuum videar accusare, qui eo tempore summam tui potestatem habuit, sed qualem adolescentiam egeris; hac enim demonstrata, facile intelligetur, quam petulanti pueritia tam impudicus et procax adoleveris. Posteaquam immensæ gulæ impudicissimi corporis quæstus sufficere non potuit, et ætas tua jam ad ea patienda, quæ alteri facere collibuisset, exoleverat, cupiditatibus infinitis efferebaris, uti, quæ ipse corpori tuo turpia non duxisses, in aliis experireris. Ita non est facile exputare, P. C., utrum inhonestioribus corporis partibus rem quæsierit, an amiserit. Domum paternam, vivo patre, turpissime venalem habuit, vendidit. Et cui dubium potest esse, quin mori coegerit eum, quo hic nondum mortuo pro hærede gesserit omnia? Neque pudet a me eum quærere, quis in P. Crassi domo habitet? quum ipse respondere non queat, quis in ipsius habitet paterna domo. At hercule, lapsus ætatis tirocinio, postea se correxit. Non ita est : sed abiit in sodalitium sacrilegii Nigidiani; bis judicum ad subsellia attractus, extrema fortuna stetit; et ita discessit, uti non hic innocens esse, sed judices pejerasse existimarentur. Primum honorem in quæstura adeptus, secutus est hunc locum et hunc ordinem despectus, cujus aditus sibi quoque, sordidissimo homini, patuisset. Itaque timens, ne facinora

été donnée. Aussi, dès qu'il fut devenu l'opprobre de toutes les mères, craignant que ses déportements vous restassent inconnus, il eut l'audace de vous confesser un adultère, et votre aspect ne le fit pas même rougir. Tu peux vivre comme il te plaît, Salluste, et faire tout ce que tu voudras; mais qu'il te suffise de n'avoir que toi seul pour complice de tes crimes, et ne nous fais pas un reproche de notre insouciance et de notre léthargie. Quelque attentifs que nous soyons à veiller sur la chasteté de nos épouses, nous ne le sommes point encore assez pour que tu ne puisses nous surprendre; toutes nos précautions cèdent devant ton audace : qui pourrait, en effet, retenir celui qui n'a pas eu honte de confesser en plein sénat un adultère?

VI. Si, dédaignant de te répondre sur ce qui me concerne, je me bornais à lire devant le monde cette sentence si flétrissante que rendirent si légalement contre toi App. Claudius et L. Pison, ces deux censeurs, les plus intègres de tous les hommes, ne te semblerait-il pas que je veux imprimer sur ton front des taches que, dans tout le reste de ta vie, tu ne parviendras point à effacer! Après ton exclusion du sénat, on ne t'a plus revu; sans doute tu t'étais réfugié dans ce camp où avait reflué toute la sentine de la république. Mais ce Salluste qui, pendant la paix, ne sut point conserver sa place au sénat, parvint, lorsque la république, asservie par les armes, vit les bannis reparaître en vainqueurs, à y arriver après une nouvelle questure. Durant l'exercice de cet emploi, tout ce qui pouvait trouver un acheteur était vénal pour lui; tout lui paraissait juste et légitime, pourvu que tout allât au gré de ses désirs.

---

ejus clam vos essent quum omnibus matribus familias opprobrio esset, confessus est, vobis audientibus, adulterium; neque erubuit ora vestra. Vixeris, uti libet, Sallusti; egeris, quæ volueris; satis sit, unum te tuorum scelerum conscium esse; noli nobis languorem et soporem nimium exprobrare. Sumus diligentes in tuenda pudicitia uxorum nostrarum; sed ita experrecti non sumus, ut a te cavere possimus : audacia tua vincit studia nostra. Ecquod hunc movere posset, P. C., factum aut dictum turpe, quem non puduit palam, vobis audientibus, adulterium confiteri?

VI Quod si nihil pro me tibi respondere voluissem, sed illud censorium elogium App. Claudii et L. Pisonis, integerrimorum virorum, quo usus est quisque eorum pro lege, palam universis recitarem, nonne tibi viderer æternas inurere maculas, quas reliqua vita tua eluere non possit? Neque post illum delectum senatus te unquam vidimus; nisi forte in ea te castra conjecisti, quo omnis sentina reipublicæ confluxerat. At idem Sallustius, qui in pace ne senator quidem manserat, posteaquam respublica armis oppressa est, et idem victores, qui exsues, reduxit, in senatum post quæsturam reductus est. Quem honorem ita

Ses déprédations furent telles, que l'on aurait pu croire qu'il n'avait accepté cette magistrature que comme un butin fait sur nos ennemis. Sa questure achevée, il donna les gages les moins équivoques à ceux avec lesquels une parfaite conformité de mœurs l'avait uni : dès lors on ne douta plus qu'il ne fît partie de leur infâme bande. Au surplus, il était bien digne de figurer au milieu de ce repaire, où s'était précipité par torrents tout ce qu'il y avait de débauchés, de bateleurs, de parricides, de sacriléges, de banqueroutiers dans Rome, dans les villes municipales, dans les colonies, dans toute l'Italie ; gens perdus et sans crédit, qui, dans les camps, n'étaient propres à rien, si ce n'est à y introduire une extrême licence et la rage des innovations.

VII. Mais, quand il eut été nommé préteur, il se conduisit sans doute avec intégrité, avec modération ? Point du tout : lorsqu'il eut obtenu le gouvernement de l'Afrique intérieure, ne l'a-t-il pas tellement dévastée, que nos alliés, s'ils eussent été en guerre avec nous, n'auraient rien eu de pire à supporter que ce qu'ils éprouvèrent au sein de la paix ? Il soutira de ce pays tout l'argent qu'il put emporter, soit en se servant de noms empruntés, soit en remplissant ses vaisseaux (4). Enfin, pères conscrits, il pilla autant qu'il voulut, et, pour ne pas être mis en jugement, il composa avec César et lui donna douze cent mille sesterces. Si ce que j'avance est faux, hâte-toi de nous dire comment, toi qui ne pus pas racheter la maison de ton père, devenu tout à coup et par enchantement le plus for-

---

gessit, uti nihil venale in eo habuerit, cujus aliquis emptor fuerit. Ita igitur egit, ut nihil non æquum ac verum duxerit, quod ipsi facere collibuisset; neque aliter vexavit, ac debuit, si quis prædæ loco accepisset magistratum. Peracta quæstura, posteaquam magna pignora eis dederat, cum quibus similitudine vitæ se conjunxerat, unus jam ex illo grege videbatur : ejus enim partis erat exemplar Sallustius, quo tanquam in imam voraginem cœtus omnium vitiorum excesserat ; quidquid impudicorum, cillonum, parracidarum, sacrilegorum, debitorum fuit in Urbe, municipiis, coloniis, Italia tota, sicut in fretis, subsederant, nominis perditi ac notissimi, nulla in parte castris apti, nisi licentia vitiorum et cupiditate rerum novarum.

VII. At posteaquam prætor factus est, modeste se gessit, et abstinenter ? Nonne ita provinciam vastavit, uti nihil neque passi sint, neque exspectarint gravius socii nostri in bello, quam experti sunt in pace, hoc Africam interiorem obtinente ? unde tantum hic exhausit, quantum potuit aut fide nominum trajici, aut in naves contrudi ; tantum, inquam, P. C., exhausit, quantum voluit. Ne causam diceret, sestertio duodecies cum Cæsare paciscitur. Quod si quidpiam eorum falsum est, hic palam refelle, unde tu, qui modo ne paternam qui-

tumé des hommes, tu as acquis de somptueux jardins, la villa
de César à Tibur, et tes autres domaines. Et tu as l'effronterie
de me demander pourquoi j'ai la maison de Crassus, toi qui
possèdes l'antique villa dont César était tout récemment
le maître! Mais, après avoir non pas mangé, mais dévoré
ton patrimoine, comment, en un clin d'œil, te trouves-tu si
riche et si puissant? Qui t'aurait fait son héritier, toi que nul
ne voudrait avouer pour son ami, à moins qu'il ne fût ton
pareil?

VIII. Mais ce sont peut-être les belles actions de tes ancêtres
qui t'enflent le cœur : soit que tu leur ressembles, soit qu'ils
t'aient ressemblé, on ne peut rien ajouter à la scélératesse, à
la perversité de chacun de vous tous. Ce sont peut-être encore
les dignités dont tu as été revêtu qui t'ont fait si insolent :
penses-tu donc, Salluste, qu'il y ait autant de gloire d'avoir
été deux fois sénateur et deux fois questeur, qu'il y en a d'a-
voir été deux fois consul et deux fois triomphateur? L'accusa-
teur doit être à l'abri de tout reproche, et celui dont la vérité
peut blesser les oreilles doit garder le silence. Mais toi, le pa-
rasite de toutes les tables, toi qui, dans ta jeunesse, fus le mi-
gnon de toutes les ruelles, et qui te fis ensuite un jeu de l'adultère, tu es la honte de tous les ordres, et ton nom seul rappelle
toutes nos discordes civiles. Quoi de plus humiliant pour nous
que de te voir dans cette auguste enceinte? Cesse donc de lancer les traits de ta langue envenimée sur les bons citoyens;
renonce à ta manie de médire; ne juge plus de nos mœurs par

---

dem domum redimere potueris, repente tanquam somnio beatus, hortos pretio-
sissimos, villam Tiburti C. Cæsaris, reliquas possessiones paraveris. Neque
piguit quærere, cur ego P. Crassi domum emissem, quum tu veteris villæ dominus sis, cujus paulo ante fuerat Cæsar. Modo, inquam, patrimonio non
comeso, sed devorato, quibus rationibus repente factus es tam affluens, et tam
beatus? Nam quis te faceret hæredem, quem ne amicum quidem suum satis
honestum quisquam sibi ducit, nisi similis ac par tui?

VIII. At hercule egregia facta majorum tuorum te extollunt : quorum sive tu
similis es, sive illi tui, nihil ad omnium scelus ac nequitiam addi potest. Verum,
ut opinor, honores tui te faciunt insolentem : tu, C. Sallusti, tantidem putas
esse bis senatorem, et bis quæstorem fieri, quanti bis consularem, et bis trium-
phalem? Carere debet omni vitio, qui in alterum paratus est dicere. Is demum
maledicit, qui non potest verum ab altero audire. Sed tu omnium mensarum
assecla, omnium cubiculorum in ætate pellex, et idem postea adulter, omnis
ordinis turpitudo es, et civilis belli memoria. Quid enim gravius pati potuimus,
quam quod te incolumem in hoc ordine videamus? Desine bonos petulantissima
consectari lingua; desine morbo procacitatis isto uti; desine unumquemque

26.

les tiennes : avec de telles mœurs tu ne peux te faire un seul ami, et tu ne parais chercher que des ennemis.

Je m'arrête, pères conscrits, car j'ai souvent remarqué qu'en dévoilant les turpitudes d'autrui on fatigue bien moins ceux qui les ont commises que ceux qui les écoutent. En définitive, j'ai cru devoir dire, non tout ce que Salluste méritait d'entendre, mais ce que je pouvais dire sans violer les bienséances.

moribus tuis æstimare : his moribus amicum tibi facere non potes, videris velle inimicum habere.

Finem dicendi faciam, P. C. Sæpe enim vidi gravius offendere animos auditorum eos, qui aliena flagitia aperte dixerunt, quam eos, qui commiserant. Mihi quidem ratio habenda est, non quid Sallustius merito debeat audire; ed ut ea dicam, si qua ego honeste effari possum.

FIN DES INVECTIVES.

NOTES

SUR LES INVECTIVES

INVECTIVE CONTRE CICÉRON

(1) ..... Une fille dont la condescendance pour toi n'est point celle qu'un père doit attendre de sa fille.

Cette calomnie, que l'abbé de Feller n'a pas craint de renouveler dans son *Dictionnaire historique*, article *Cicéron*, a été victorieusement réfutée par de nombreux critiques. (*Voyez* le *Cicéroniana*, Lyon, Ballanche, 1812, in-8°, p. 115.)

(2) ..... Et ce qu'on ne peut honnêtement nommer, extrêmement malhonnête.

Je ne sais si on a remarqué que la même pensée se trouve dans la première lettre politique de Salluste à César... « Lingua vana, manus cruentæ, pedes fugaces; quæ honeste nominari nequeant, inhonestissuma. » Faudrait-il en conclure que l'auteur des *Invectives* est aussi l'auteur des *Lettres*?

(3) « Que les armes le cèdent à la toge, et les lauriers à l'éloquence. »

Ce vers a fourni à l'épigrammatiste Owen l'idée du distique suivant :

Cedant arma togæ, quid dicere profuit? armis
Si cedat, Cicero, te pereunte, toga.

INVECTIVE CONTRE SALLUSTE

(1) ..... Ils reçoivent de moi un commencement d'illustration.

Cicéron, dans la *Rome sauvée* de Voltaire, dit à Catilina :

> Mon nom commence en moi ; de votre honneur jaloux,
> Tremblez que votre nom ne finisse dans vous.

(2) ..... Les traits de l'envie et de la haine ne sauraient les atteindre.

Ce passage paraît être imité des dernières phrases du discours de Démosthènes *pour la Couronne*.

(3) ..... Essayer sur autrui ce que tu n'avais pas jugé déshonorant sur toi.

Justin (liv. XXII, ch. 1) dit la même chose d'Agathocle, tyran de Sicile.

(4) ..... Il soutira de ce pays tout l'argent qu'il put emporter, soit en se servant de noms empruntés, soit en remplissant ses vaisseaux.

J'ai cru devoir adopter, pour rendre le sens de cette phrase, quelques-unes des expressions du président de Brosses (*Vie de Salluste*, ch. XVIII).

FIN.

TABLE DES MATIÈRES

Étude sur Salluste. . . . . ɪ
Avertissement sur cette nouvelle édition. xlv
Guerre de Jugurtha. 1
Notes de la Guerre de Jugurtha. 129
Conjuration de Catilina. 171
Notes de la Conjuration de Catilina. 237
Lettres à César. 269
Préface. 271
Lettre première. 275
Lettre deuxième. 290
Notes des Lettres à César. 301
Fragments de la grande histoire. 311
Avertissement. 313
Fragments. — Livre I. 315
    —   — II. 351
    —   — III. 375
    —   — IV. 402
    —   — V. 428
Fragments qui n'ont pu entrer dans les cinq livres. 433
Fac-simile du fragment sur la guerre des esclaves. 434
Notices sur les grammairiens et scoliastes à qui l'on doit la conservation de la plupart des fragments de Salluste. 437

TABLE DES MATIÈRES

Invective de Salluste contre Cicéron, et réponse de Cicéron à Salluste. 441
Avertissement. 443
Invective de Salluste contre Cicéron. 447
Invective de Cicéron contre Salluste. 452
Notes sur les Invectives. 463

FIN DE LA TABLE.

PARIS. — IMPRIMERIE ÉDOUARD BLOT, RUE SAINT-LOUIS, 46.

MÊME LIBRAIRIE

RÉIMPRESSION DES CLASSIQUES LATINS DE LA COLLECTION PANCKOUCKE
Format grand in-18 jésus — 3 fr. 50 cent. le volume.

1. **ŒUVRES COMPLÈTES D'HORACE.** Nouv. édit., précédée d'une *Étude* ; par H. Rigault. 1 vol.
2. **ŒUVRES COMPLÈTES DE SALLUSTE.** Traduction par Durozoir. Nouv. édition, revue par I. Charpentier et F. Lemaistre; précédée d'un nouveau travail sur Salluste, par M. Charpentier. 1 vol.
3. **ŒUVRES CHOISIES D'OVIDE** (les Amours, l'Art d'aimer, etc.). Nouv. édit, revue par M. F. Lemaistre, précédée d'une *Étude*, par M. J Janin. 1 vol.
4. **ŒUVRES DE VIRGILE.** Nouv. édit., revue par F. Lemaistre, et précédée d'une *Étude* sur Virgile, M. Sainte-Beuve, 1 vol. Par exception . . 4 fr. 50
5. **ŒUVRES COMPLÈTES DE SÉNÈQUE LE PHILOSOPHE.** Nouvelle édition, revue par Charpentier et F. Lemaistre. . . . 4 vol.
6. **CATULLE, TIBULLE ET PROPERCE**, traduits par MM. Héguin de Guerle, Valatour et Gilles. Nouv. édit., revue par M. Valatour. 1 vol.
7. **CÉSAR.** Commentaires sur la *Guerre des Gaules*, avec les réflexions de Napoléon I, suivis des Commentaires sur la *Guerre civile* et de la *Vie de César*, SUÉTONE. traduction d'Artaud, nouvelle édition, soigneusement revue par M. Félix Lemaistre, précédée d'une *Étude* sur César, par M. Charpentier. 1 fort vol. Par exception. . . . 4 fr. 50
8. **ŒUVRES COMPLÈTES DE PÉTRONE**, traduites par M. Héguin de Guerle. . . . 1 vol.
9. **ŒUVRES COMPLÈTES DE QUINTE-CURCE**, avec la traduction de MM. Aug. et Alph. Trognon; revue avec le plus grand soin par M. Pessonneaux, professeur au lycée Napoléon. . . . 1 vol.
10. **ŒUVRES COMPLÈTES DE JUVÉNAL**, trad. de Dusaulx, revue par MM. Jules Pierrot et Lemaistre. . . . 1 vol.
11. **ŒUVRES CHOISIES D'OVIDE. — Les Fastes, les Tristes.** Nouvelle édition, revue par E. Pessonneaux. . . . 1 vol.
20. **ŒUVRES COMPLÈTES DE TITE LIVE.** Traduites par MM. Liez, Dubois, Verger et Pet. Nouv. édit., revue par MM. E. Pessonneaux, Nichet et Charpentier; précédée d'une *Étude* par M. Charpentier. . . . 6 vol.
21. **ŒUVRES COMPLÈTES DE LUCRÈCE**, la traduction de Lagrange, revue avec le plus grand soin, par M. Blanchet. . . . 1 vol.
22. **LES CONFESSIONS DE SAINT AUGUSTIN.** Traduction française d'Arnauld d'Andilly, soigneusement revue et adaptée pour la première fois au texte latin, avec une introduction par Charpentier. 1 vol. Par exception. . . . 4 fr. 50
23. **ŒUVRES COMPLÈTES DE SUÉTONE.** Traduction de la Harpe, refondue avec le plus grand soin par M. Cabaret-Dupaty. . . 1 vol.
24-25. **ŒUVRES COMPLÈTES D'APULÉE**, traduites en français par M. Victor Bétolaud. Nouvelle édition, entièrement refondue. . . 2 vol.
26. **ŒUVRES COMPLÈTES DE JUSTIN**, traduites par MM. J. Pierrot et E. Boitard. N. édit., revue par M. Pessonneaux. . . . 1 vol.
27. **ŒUVRES CHOISIES D'OVIDE. — Les Métamorphoses.** Nouvelle édition, revue par M. Cabaret-Dupaty, avec une préface par M. Charpentier. 1 fort vol. Par exception. . . . 4 fr. 50
28-29. **ŒUVRES COMPLÈTES DE TACITE.** Traduction de Dureau-Delamalle, revue par M. Charpentier. . . . 2 vol.
30. **LETTRES DE PLINE LE JEUNE**, traduites par de Sacy et J. Pierrot. Nouvelle édit. revue par M. Cabaret-Dupaty. . . . 1 vol.
31-32. **ŒUVRES COMPLÈTES D'AULU-GELLE.** Nouvelle éd., revue par MM. Charpentier et Blanchet. . . . 2 vol.
33 à 35. **QUINTILIEN**, Œuvres complètes, traduites par M. C. V. Ouizille. Nouvelle édition revue par M. Charpentier. . . . 3 vol.
36. **TRAGÉDIES DE SÉNÈQUE.** Trad. par E. Greslou. Nouvelle édition revue par M. Cabaret-Dupaty. . . . 1 vol.
37-38. **VALÈRE MAXIME.** Œuvres complètes, trad. de C. A. F. Frémion. Nouv. édition revue par M. Paul Charpentier. . . . 2 vol.
39. **LES COMÉDIES DE TÉRENCE**, traduction nouv. par M. Victor Bétolaud. 1 très-fort vol. Par exception. . . . 4 fr. 50
40-41. **MARTIAL.** Œuvres complètes, avec la trad. de MM. V. Verger, N. A. Dubois et J. Mangeart. Nouvelle édition, revue avec le plus grand soin, par M. F. Lemaistre et M. N. A. Dubois, et précédée des *Mémoires de Martial*, par M. Jules Janin. . . . 2 vol.
42. **FABLES DE PHÈDRE**, traduites en français, par M. Panckoucke, suivies des œuvres d'Avianus, de Denys Caton, de Publius Syrus, traduites par Levasseur et J. Chenu. Nouvelle édition, revue par M. E. Pessonneaux, et précédée d'une Étude, par M. Charpentier. . . . 1 vol.
43. **VELLEIUS PATERCULUS.** Traduction de Després, refondue avec le plus grand soin par M. Grenand, professeur au lycée Bonaparte. — **ŒUVRES DE FLORUS.** Traduites par M. Ragon, précédé d'une *Notice* sur Florus, par M. Villemain. . . . 1 vol.

En préparation : CICÉRON, CORNÉLIUS NÉPOS, LUCAIN, etc., etc.

BIBLIOTHÈQUE LATINE-FRANÇAISE
PUBLIÉE PAR M. C. L. F. PANCKOUCKE
Au lieu de 7 fr.; net, 3 fr. 50 le vol. in-8, pap. des Vosges, non mécanique

PREMIÈRE SÉRIE
ŒUVRES COMPLÈTES DE CICÉRON, 36 vol. — Œuvres complètes de TACITE, 7 vol. — ŒUVRES COMPLÈTES DE QUINTILIEN, 6 vol. — JUSTIN, 2 vol. — FLORUS, 1 vol. — VELLEIUS PATERCULUS, 1 vol. — VALÈRE MAXIME, 3 vol. — PLINE LE JEUNE, 3 vol. — JUVÉNAL, 2 vol. — PERSE, TURNUS, SULPICIA, 1 vol. — OVIDE, Métamorphoses, 3 vol. — LUCRÈCE, 2 vol. — CLAUDIEN, 2 vol. — VALERIUS FLACCUS, 1 vol. — STACE, 4 vol. — VARRON, etc.

SECONDE SÉRIE. — Les auteurs désignés par un * sont traduits pour la première fois en français. MINORES: ARBORIUS*, CALPURNIUS*, EUCHERIA, GRATIUS FALISCUS, LUPERCUS SERVASTUS*, NEMESIANUS, PENTADIUS*, SABINUS*, VALERIUS CATO*, VESTRITIUS SPURINNA* et le *Pervigilium Veneris*, 1 vol. — JORNANDÈS, 1 vol. — SORINUS*, JULIUS OBSEQUENS*, LUCIUS AMPELLIUS, 1 vol. — AUSONE, 2 vol. — POMPONIUS MELA, VIBIUS SEQUESTER, ETHICUS ISTER*, P. VICTOR*, 1 vol. — R. FESTUS AVIENUS, CL. RUTILIUS NUMATIANUS, etc., 1 vol. — VARRON, EUTROPE, MESSALA CORVINUS*, SEXTUS RUFUS, 1 vol. — PALLADIUS, 1 vol — HISTOIRE AUGUSTE, 3 vol. — COLUMELLE, 3 vol. — C. LUCILIUS, LUCILIUS JUNIOR, SALEIUS BASSUS, CORNELIUS SEVERUS, AVIANUS*, DIONYSIUS, 1 vol. — PRISCIANUS*, SERENUS SAMMONICUS*, MACER*, MARCELLUS*, 1 vol. — MACROBE, 3 vol. — SEXTUS POMPEIUS FESTUS*, 2 vol. — C. J. SOLIN, 1 vol. — VITRUVE, 2 vol. — FRONTIN, 1 vol. — SEXTUS AURELIUS VICTOR, 1 vol.

Il existe encore trois ou quatre collections complètes de la Bibliothèque latine, 244 vol., au prix de 1,200 fr.

PARIS. — IMPRIMERIE ÉDOUARD BLOT, RUE SAINT-LOUIS, 46

www.ingramcontent.com/pod-product-compliance
Lightning Source LLC
Chambersburg PA
CBHW071607230426
43669CB00012B/1854